공기업*
NCS

출제유형별
핵심 기출문제집

유형별 · 연도별 기출문제 + 모의고사 7회

+ 무료NCS특강

SD에듀
㈜시대고시기획

머리말

정부는 공공기관을 통해 청년 일자리 확대를 앞장서서 추진하고 있다. 2015년부터 NCS 기반 채용을 시행하여, 대부분의 공공기관에서 불필요한 스펙 대신 지원자의 직무능력을 중심으로 채용한다. 정부는 각 공공기관이 NCS를 적용하여 인재를 채용할 수 있도록 공공기관에 NCS 기반 채용 도구 개발을 지원하고 컨설팅을 진행하고 있다. 이처럼 NCS를 도입함에 따라 공기업 채용 필기시험이 직무 위주의 상황으로 주어지는 등 변화를 보이고 있지만, 아직도 몇몇 수험생들은 NCS라는 것이 정확히 무엇인지, 또 어떻게 출제되고 있는지 모르고 있다. 특히, 최근에는 NCS 직업기초능력을 대표하는 '모듈형' 문제와 고난도의 복합적 사고력을 판단하는 'PSAT형', 그리고 이 둘을 섞어놓은 소위 '피듈형' 문제 출제가 잦아지면서 수험생에게 보다 더 완벽한 준비를 요구하고 있다. 또한, NCS 출제기관이 어느 곳이냐에 따라 난이도 차이가 점점 벌어지는 경우도 종종 발생한다.

이에 SD에듀에서는 위에서 언급한 전 유형을 한 권으로 대비할 수 있도록 다음과 같은 특징을 가진 본서를 출간하게 되었다.

도서의 특징

첫 째 ▎ 2022년 상반기에 시행된 기출복원문제를 수록하여 최신 출제경향을 확인할 수 있노록 아녔나.

둘 째 ▎ 최근 6년간(2022~2017년) 기출문제를 '모듈형', 'PSAT형'으로 분석ㆍ구성하여 유형별로 학습할 수 있도록 하였다.

셋 째 ▎ 모의고사 7회분(도서 수록 3회+온라인 모의고사 4회)을 제공하여 단시간에 문제 해결능력을 향상시키는 데 초점을 두었다.

넷 째 ▎ 모듈형/PSAT형(휴노)/피듈형(ORP) 실전모의고사를 수록하여 최종 점검할 수 있도록 하였다.

끝으로 본 도서를 통해 공사ㆍ공단 채용을 준비하는 모든 수험생 여러분이 합격의 기쁨을 누리기를 진심으로 기원한다.

NCS직무능력연구소 씀

NCS(국가직무능력표준)란 무엇인가?

국가직무능력표준(NCS; National Competency Standards)

산업현장에서 직무 수행에 요구되는 능력(지식, 기술, 태도 등)을 국가가 산업 부문별, 수준별로
체계화한 설명서

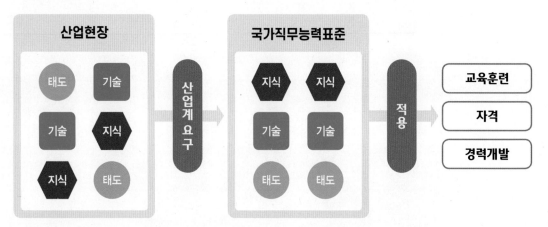

직무능력

직무능력 = 직업기초능력 + 직무수행능력

▶ **직업기초능력** : 직업인으로서 기본적으로 갖추어야 할 공통 능력
▶ **직무수행능력** : 해당 직무를 수행하는 데 필요한 역량(지식, 기술, 태도)

NCS의 필요성

❶ 산업현장과 기업에서 인적자원관리 및 개발의 어려움과 비효율성이 발생하는 대표적 요인으로 산업 전반
　의 '기준' 부재에 주목함
❷ 직업교육훈련과 자격이 연계되지 않은 상태로 산업현장에서 요구하는 직무수행능력과 괴리되어 실시됨에
　따라 인적자원개발과 개인의 경력개발에 비효율적이며 효과성이 부족하다는 비판을 받음
❸ NCS를 통해 인재육성의 핵심 인프라를 구축하고, 산업장면의 HR 전반에서 비효율성을 해소하여 경쟁력
　을 향상시키는 노력이 필요함

NCS = 직무능력 체계화 + 산업현장에서 HR 개발, 관리의 표준 적용

NCS 분류

▶ 일터 중심의 체계적인 NCS 개발과 산업현장 전문가의 직종구조 분석결과를 반영하기 위해 산업현장 직무를 한국고용직업분류(KECO)에 부합하게 분류함

▶ 2021년 기준 : 대분류(24개), 중분류(80개), 소분류(257개), 세분류(1,022개)

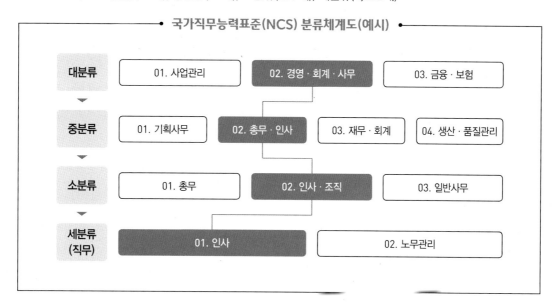

국가직무능력표준(NCS) 분류체계도(예시)

대분류	01. 사업관리	02. 경영 · 회계 · 사무	03. 금융 · 보험
중분류	01. 기획사무	02. 총무 · 인사 / 03. 재무 · 회계	04. 생산 · 품질관리
소분류	01. 총무	02. 인사 · 조직	03. 일반사무
세분류 (직무)	01. 인사	02. 노무관리	

직업기초능력 영역

모든 직업인들에게 공통적으로 요구되는 기본적인 능력 10가지

❶ **의사소통능력** : 타인의 생각을 파악하고, 자신의 생각을 글과 말을 통해 정확하게 쓰거나 말하는 능력

❷ **수리능력** : 사칙연산, 통계, 확률의 의미를 정확하게 이해하는 능력

❸ **문제해결능력** : 문제 상황을 창조적이고 논리적인 사고를 통해 올바르게 인식하고 해결하는 능력

❹ **자기개발능력** : 스스로 관리하고 개발하는 능력

❺ **자원관리능력** : 자원이 얼마나 필요한지 파악하고 계획하여 업무 수행에 할당하는 능력

❻ **대인관계능력** : 사람들과 문제를 일으키지 않고 원만하게 지내는 능력

❼ **정보능력** : 정보를 수집, 분석, 조직, 관리하여 컴퓨터를 사용해 적절히 활용하는 능력

❽ **기술능력** : 도구, 장치를 포함하여 필요한 기술에 대해 이해하고 업무 수행에 적용하는 능력

❾ **조직이해능력** : 국제적인 추세를 포함하여 조직의 체제와 경영에 대해 이해하는 능력

❿ **직업윤리** : 원만한 직업생활을 위해 필요한 태도, 매너, 올바른 직업관

NCS 구성

능력단위

▶ 직무는 국가직무능력표준 분류의 세분류를 의미하고, 원칙상 세분류 단위에서 표준이 개발됨

▶ 능력단위는 국가직무능력표준 분류의 하위단위로, 국가직무능력 표준의 기본 구성요소에 해당되며 능력단위 요소(수행준거, 지식ㆍ기술ㆍ태도), 적용범위 및 작업상황, 평가지침, 직업기초능력으로 구성됨

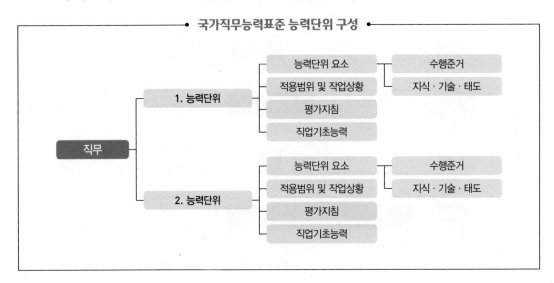

국가직무능력표준 능력단위 구성

NCS의 활용

활동 유형	활용범위
채용 (블라인드 채용)	채용 단계에 NCS를 활용하여 NCS 매핑 및 직무분석을 통한 공정한 채용 프로세스 구축 및 직무 중심의 블라인드 채용 실현
재직자 훈련 (근로자 능력개발 지원)	NCS 활용 패키지의 '평생경력개발경로' 기반 사내 경력개발경로와 수준별 교육훈련 이수 체계도 개발을 통한 현장직무 중심의 재직자 훈련 실시
배치ㆍ승진	현장직무 중심의 훈련체계와 배치ㆍ승진ㆍ체크리스트를 활용한 근로자 배치ㆍ승진으로 직 급별 인재에 관한 회사의 기대와 역량 간 불일치 해소
임금 (직무급 도입)	NCS 기반 직무분석을 바탕으로 기존 관리직ㆍ연공급 중심의 임금체계를 직무급(직능급) 구조로 전환

합격을 위한 체크 리스트

시험 전 CHECK LIST

체크	리스트
☐	수험표를 출력하고 자신의 수험번호를 확인하였는가?
☐	수험표나 공지사항에 안내된 입실 시간 및 주의사항을 확인하였는가?
☐	신분증을 준비하였는가?
☐	컴퓨터용 사인펜과 수정테이프를 준비하였는가?
☐	여분의 필기구를 준비하였는가?
☐	시험시간에 늦지 않도록 알람을 설정해 놓았는가?
☐	시험 전에 섭취할 물이나 간식을 준비하였는가?
☐	수험장 위치를 파악하고 교통편을 확인하였는가?
☐	시험을 보는 날의 날씨를 확인하였는가?
☐	시험장에서 볼 수 있는 자료집을 준비하였는가?
☐	인성검사에 대비하여 지원한 회사의 인재상을 확인하였는가?
☐	자신이 지원한 회사와 계열사를 정확히 인지하고 있는가?
☐	자신이 취약한 영역을 두 번 이상 학습하였는가?
☐	도서의 모의고사를 통해 자신의 실력을 확인하였는가?

시험 후 CHECK LIST

체크	리스트
☐	인적성 시험 후기를 작성하였는가?
☐	상하의와 구두를 포함한 면접복장이 준비되었는가?
☐	지원한 직무의 직무분석을 하였는가?
☐	단정한 헤어와 손톱 등 용모관리를 깔끔하게 하였는가?
☐	자신의 자소서를 다시 한 번 읽어보았는가?
☐	1분 자기소개를 준비하였는가?
☐	도서 내의 면접 기출 질문을 확인하였는가?
☐	자신이 지원한 직무의 최신 이슈를 정리하였는가?

주요 공기업 적중 문제

◀ 공공재 키워드 ▶

02 다음 글에서 추론할 수 있는 것은?

> 많은 재화나 서비스는 경합성과 배제성을 지닌 '사유재'이다. 여기서 경합성이란 한 사람이 어떤 재화나 서비스를 소비하면 다른 사람의 소비를 제한하는 특성을 의미하며, 배제성이란 공급자에게 대가를 지불하지 않으면 그 재화를 소비하지 못하는 특성을 의미한다. 반면 '공공재'란 사유재와는 반대로 비경합적이면서도 비배제적인 특성을 가진 재화나 서비스를 말한다.
>
> 그러나 우리 주위에서는 이렇듯 순수한 사유재나 공공재와는 또 다른 특성을 지닌 재화나 서비스도 많이 찾아볼 수 있다. 예를 들어 영화 관람이라는 소비 행위는 비경합적이지만 배제가 가능하다. 왜냐하면 영화는 사람들과 동시에 즐길 수 있으나 대가를 지불하지 않고서는 영화관에 입장할 수 없기 때문이다. 마찬가지로 케이블 TV를 즐기기 위해서는 시청료를 지불해야 한다.
>
> 비배제적이지만 경합적인 재화들도 찾아낼 수 있다. 예를 들어 출퇴근 시간대의 무료 도로를 생각해 보자. 자가용으로 집을 출발해서 직장에 도달하는 동안 도로에 진입하는 데에 요금을 지불하지 않으므로 도로의 소비는 비배제적이다. 하지만 출퇴근 시간대의 체증이 심한 도로는 내가 그 도로에 존재함으로 인해서 다른 사람의 소비를 제한하게 된다. 따라서 출퇴근 시간대의 도로 사용은 경합적인 성격을 갖는다. 이러한 내용을 표로 정리하면 다음과 같다.

◀ 부서 배치 키워드 ▶

12 다음 글을 근거로 판단할 때, K연구소 신입직원 7명(A~G)의 부서배치 결과로 옳지 않은 것은?

> K연구소에서는 신입직원 7명을 선발하였으며, 신입직원들을 각 부서에 배치하고자 한다. 각 부서에서 요구한 인원은 다음과 같다.

정책팀	재정팀	국제팀
2명	4명	1명

> 신입직원들은 각자 원하는 부서를 2지망까지 지원하며, 1·2지망을 고려하여 이들을 부서에 배치한다. 먼저 1지망 지원부서에 배치하는데, 요구인원보다 지원인원이 많은 경우에는 입사성적이 높은 신입직원을 우선적으로 배치한다. 1지망 지원부서에 배치되지 못한 신입직원은 2지망 지원부서에 배치되는데, 이때 역시 1지망에 따른 배치 후 남은 요구인원보다 지원인원이 많은 경우 입사성적이 높은 신입직원을 우선적으로 배치한다. 1·2지망 지원부서 모두에 배치되지 못한 신입직원은 요구인원을 채우지 못한 부서에 배치된다.
>
> 신입직원 7명의 입사성적 및 1·2지망 지원부서는 아래와 같다. A의 입사성적만 전산에 아직 입력되지 않았는데, 82점 이상이라는 것만 확인되었다. 단, 입사성적의 동점자는 없다.

◀ 전년 대비 비율 계산 유형 ▶

17 다음은 전년 동월 대비 특허 심사건수 증감 및 등록률 증감 추이를 나타낸 자료이다. 자료에 대한 〈보기〉의 설명 중 옳지 않은 것을 모두 고르면?

〈특허 심사건수 증감 및 등록률 증감 추이(전년 동월 대비)〉

(단위 : 건, %)

구분	2021년 1월	2021년 2월	2021년 3월	2021년 4월	2021년 5월	2021년 6월
심사건수 증감	125	100	130	145	190	325
등록률 증감	1.3	−1.2	−0.5	1.6	3.3	4.2

보기

㉠ 전년 동월 대비 등록률은 2021년 3월에 가장 많이 낮아졌다.
㉡ 2021년 6월의 심사건수는 325건이다.
㉢ 2021년 5월의 등록률은 3.3%이다.

한전KPS

◀ 소금물 계산 유형 ▶

15 6%의 소금물 700g에서 한 컵의 소금물을 퍼내고, 퍼낸 양만큼 13%의 소금물을 넣었더니 9%의 소금물이 되었다. 이때, 퍼낸 소금물의 양은?

① 300g   ② 320g
③ 350g   ④ 390g
⑤ 450g

◀ 참 거짓 논증 유형 ▶

13 연경, 효진, 다솜, 지민, 지현 5명 중에 1명이 선생님의 책상에 있는 화병에 꽃을 꽂아두었다. 이 가운데 두 명의 이야기는 모두 거짓이지만 세 명의 이야기는 모두 참이라고 할 때, 선생님 책상에 꽃을 꽂아둔 사람은?

- 연경 : 화병에 꽃을 꽂아두는 것을 나와 지현이만 보았다. 효진이의 말은 모두 맞다.
- 효진 : 화병에 꽃을 꽂아둔 사람은 지민이다. 지민이가 그러는 것을 지현이가 보았다.
- 다솜 : 지민이는 꽃을 꽂아두지 않았다. 지현이의 말은 모두 맞다.
- 지민 : 화병에 꽃을 꽂아두는 것을 세 명이 보았다. 효진이는 꽃을 꽂아두지 않았다.
- 지현 : 나와 연경이는 꽃을 꽂아두지 않았다. 나는 누가 꽃을 꽂는지 보지 못했다.

한국자산관리공사

◀ 조직구조 형태 키워드 ▶

73 다음 (가), (나)의 조직구조의 형태를 이해한 내용으로 옳지 않은 것은?

(가)

최고경영자

총무부   기술부   재무부   영업부   생산부

(나)

최고경영자 — 기획실

제품 1   제품 2   제품 3

생산   판매   기술개발   회계

① (가)의 경우는 업무의 내용이 유사하고 관련성이 있는 것들이 결합되어 형태를 이루고 있다.
② (가)는 (나)보다 분권화된 의사결정이 가능한 사업별 조직구조이다.

PART 1

PART 2

PART 3

도서 200% 활용하기

01 최근 6개년 기출복원문제로 출제경향 파악

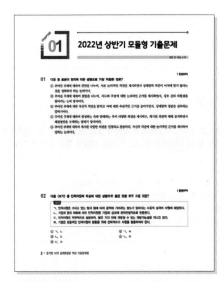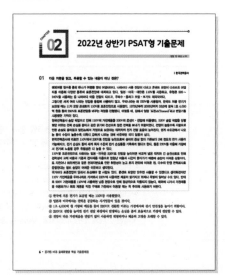

최근 6개년(2022 ~ 2017년) 주요 공기업 NCS 기출문제를 복원하여 최신 출제경향을 파악할 수 있도록 하였다.

02 유형별로 구분하여 공기업별 맞춤 학습 대비

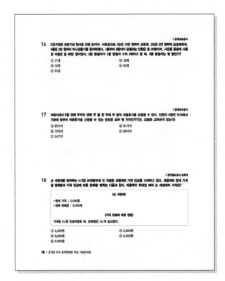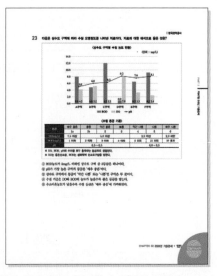

각 기업마다 출제유형이 다르므로 그에 맞게 학습하여 효과적으로 대비할 수 있도록 하였다.

03 유형별 실전모의고사로 최종 점검

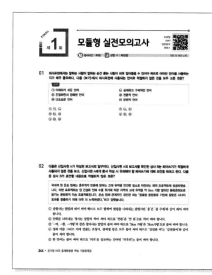
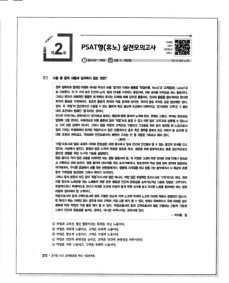

유형별[모듈형 / PSAT형(휴노) / 피듈형(ORP)] 실전모의고사 3회로 최종 점검할 수 있도록 하였다.

04 오답분석을 통한 상세한 해설

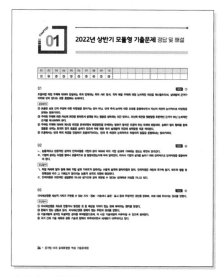
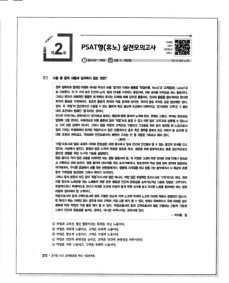

혼자서도 학습할 수 있는 상세한 해설과 오답분석을 통해 문제에 대해 확실하게 이해하고 넘어갈 수 있도록 하였다.

이 책의 차례

Add+
2022년 상반기 ~
2021년 하반기
기출문제

2022년 상반기 모듈형 기출문제

정답 및 해설 p.26

※ 특별부록의 정답 및 해설은 문제 바로 뒤에 수록되어 있습니다.

┃한전KPS

01 다음 중 토론의 정의에 대한 설명으로 가장 적절한 것은?

① 주어진 주제에 대하여 찬반을 나누어, 서로 논리적인 의견을 제시하면서 상대방의 의견이 이치에 맞지 않다는 것을 명확하게 하는 논의이다.

② 주어진 주제에 대하여 찬반을 나누어, 서로의 주장에 대한 논리적인 근거를 제시하면서, 상호 간의 타협점을 찾아가는 논의 방식이다.

③ 주어진 주제에 대한 자신의 의견을 밝히고 이에 대한 추론적인 근거를 들어가면서, 상대방과 청중을 설득하는 말하기이다.

④ 주어진 주제에 대하여 찬성하는 측과 반대하는 측이 다양한 의견을 제시하고, 제시된 의견에 대해 분석하면서 해결방안을 모색하는 말하기 방식이다.

⑤ 주어진 주제에 대하여 제시된 다양한 의견을 인정하고 존중하되, 자신의 의견에 대한 논리적인 근거를 제시하며 말하는 논의이다.

┃한전KPS

02 다음 〈보기〉 중 인적자원의 특성에 대한 설명으로 옳은 것을 모두 고른 것은?

> **보기**
> ㄱ. 인적자원은 가지고 있는 양과 질에 따라 공적에 기여하는 정도가 달라지는 수동적 성격의 자원에 해당한다.
> ㄴ. 기업의 관리 여하에 따라 인적자원은 기업의 성과에 천차만별적으로 반응한다.
> ㄷ. 인적자원은 자연적으로 성장하며, 짧은 기간 안에 개발될 수 있는 개발가능성을 지니고 있다.
> ㄹ. 기업은 효율적인 인적자원의 활용을 위해 전략적으로 자원을 활용하여야 한다.

① ㄱ, ㄴ   ② ㄱ, ㄹ

③ ㄴ, ㄷ   ④ ㄴ, ㄹ

⑤ ㄷ, ㄹ

03 다음 중 지식재산권에 대한 설명으로 옳지 않은 것은?

① 새로운 것을 만들어내는 활동 또는 경험 등을 통해 최초로 만들어내거나 발견한 재산성 가치가 있는 것에 대해 가지는 권리를 말한다.

② 금전적 가치를 창출해낼 수 있는 지식·정보·기술이나, 표현·표시 또는 그 밖에 유·무형적인 지적 창작물에 주어지는 권리를 말한다.

③ 실질적인 형체가 없는 기술 상품의 특성으로 인해 타국과의 수출입이 용이하다.

④ 개발된 기술에 대해 독점적인 권리를 부여해줌으로써, 기술개발이 활성화될 수 있도록 한다.

⑤ 기술을 통해 국가 간의 협력이 이루어지면서 세계화가 장려되고 있다.

04 다음 〈보기〉의 공문서 작성 방법에 대한 설명 중 옳지 않은 것의 개수는?

> **보기**
> ㄱ. 회사 외부 기관에 송달되는 문서인 만큼 육하원칙에 따라 명확하게 작성하여야 한다.
> ㄴ. 날짜의 연도와 월일을 함께 작성하며, 날짜 다음에는 반드시 마침표를 찍는다.
> ㄷ. 내용이 복잡하게 얽혀 있는 경우, '-다음-' 또는 '-아래-'와 같은 표기를 통해 항목을 나누어 서술하도록 한다.
> ㄹ. 대외 문서인 공문서는 특성상 장기간 보관되므로 정확한 기술을 위해 여러 장을 사용하여 세부적인 내용까지 기술하도록 한다.
> ㅁ. 공문서 작성 후 마지막에는 '내용 없음'이라는 문구를 표기하여 마무리하도록 한다.

① 1개   ② 2개
③ 3개   ④ 4개
⑤ 5개

05 다음 중 인사관리의 법칙과 그에 대한 설명으로 옳지 않은 것은?

① 적재적소 배치의 원리 : 해당 업무에 있어 가장 적격인 인재를 배치하여야 한다.

② 공정 보상의 원칙 : 모든 근로자에게 근로의 대가를 평등하게 보상하여야 한다.

③ 종업원 안정의 원칙 : 종업원이 근로를 계속할 수 있다는 신뢰를 줌으로써 근로자가 안정을 갖고 근로를 할 수 있도록 하여야 한다.

④ 창의력 계발의 원칙 : 근로자가 새로운 것을 생각해낼 수 있도록 다양한 기회를 제공함은 물론, 이에 상응하는 보상을 제공하여야 한다.

⑤ 단결의 원칙 : 직장 내에서 근로자들이 따돌림 등과 같은 문제로 소외감을 느끼지 않도록 상호 간의 유대감을 가지고 단합하여야 한다.

06 다음은 브레인스토밍(Brain Storming)의 진행 과정을 도식화한 자료이다. 각 단계에 대한 설명으로 옳은 것은?

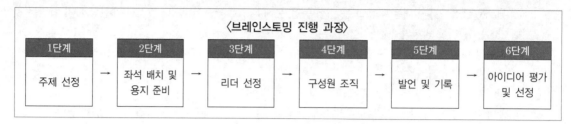

〈브레인스토밍 진행 과정〉

1단계		2단계		3단계		4단계		5단계		6단계
주제 선정	→	좌석 배치 및 용지 준비	→	리더 선정	→	구성원 조직	→	발언 및 기록	→	아이디어 평가 및 선정

① [2단계] : 각 구성원들이 타인을 의식하지 않고 자유롭게 의견을 제시할 수 있는 환경을 만들기 위해 좌석은 일렬로 배치하여야 한다.

② [3단계] : 구성원들이 주제에 적합한 의견을 제시할 수 있도록 각 구성원들을 제지할 수 있는 사람을 리더로 선정하여야 한다.

③ [4단계] : 구성원은 각 주제에 맞는 분야에 해당하는 사람들 5 ∼ 8명으로 구성하여야 한다.

④ [5단계] : 구성원 모두 의견을 자유롭게 제시할 수 있으나, 효율적인 진행을 위해 제시된 의견 중 주제와 관련된 것만을 기록하여야 한다.

⑤ [6단계] : 각 아이디어에 대해 옳고 그름을 판단하는 것이 아닌 아이디어가 가진 독자성과 실제로 행해질 수 있는지에 대해서 고려하여야 한다.

07 다음 상황에서 나타나는 B군의 갈등 해결 방법 유형은 무엇인가?

〈상황〉

A양은 최연소 팀장 타이틀을 달고 직장 내에서 인정을 받고 있는 직원이었다. 반대로 B군은 동기인 A양과 달리 업무능력도 낮았고 뚜렷한 성과도 없었기에 매번 진급 대상자에서 제외되고 있었다. 그런데 B군이 A양과 결혼하게 되자 사내에서 그를 보는 시선이 긍정적으로 바뀌기 시작했다. 처음에는 A양이 왜 B군과 결혼했는지 의아해하던 사람들이 B군을 주시하게 되자, 그동안 B군의 낮은 업무능력 탓에 가려진 B군의 성실성과 친화적인 성격 등 장점들이 보이기 시작한 것이다.

얼마 뒤 이 부부에게 아이가 생겼고, 아이를 봐줄 조부모가 안 계신 두 사람은 둘 중 한 명이 육아휴직을 써야 하는 상황에 놓였다. 하지만 직장 내에서 인정받고 있는 데다가 현재 진급 후보에 있는 A양은 육아휴직을 쓰고 싶지 않았고, 회사 분위기 역시 A양의 육아휴직을 달가워하지 않았다. 또한 B군 역시 이제 막 인정받고 있는 상황에서 육아휴직으로 전과 같이 돌아가고 싶진 않았다. 이와 같은 상황에 매일같이 두 사람이 갈등하게 되자 B군은 A양에게 간절히 호소하기에 이르렀다.

"당신은 이미 직장 내에서 인정받고 있으니, 육아휴직 후에 복귀해도 당신은 분명 잘 할거고, 모두가 당신의 복귀를 환영할 거야. 하지만 나는 이제 막 인정받기 시작했는데 육아휴직을 쓰게 되면 나중에 복귀하더라도 지금보다 나아지지 않을 거야. 그리고 아직까진 사회적 분위기가 남자가 육아휴직 쓰는 것을 이해 못하잖아. 여자인 당신이 육아휴직을 써줬으면 좋겠어. 내가 육아와 직장 모두 최선을 다할게."

① 회피형　　　　　　　　　　　② 경쟁형
③ 수용형　　　　　　　　　　　④ 타협형
⑤ 통합형

08 다음 〈보기〉의 A, B, C사가 선택한 경영전략 유형이 바르게 연결된 것은?

> **보기**
> ㄱ. 환경에 대한 대중들의 관심이 높아짐에 따라, A사는 자사 제품의 용기를 전면 친환경 용기로 교체하였다.
> ㄴ. B사는 인건비 절약을 위해 일부 제조단계를 기계화하기로 결정하였다.
> ㄷ. 10·20대 남성의 색조 화장 비율이 매년 높아짐에 따라, C사는 남성 톤에 맞춘 색조 화장품을 개발하여 올 초부터 판매하기 시작하였다.

	ㄱ	ㄴ	ㄷ
①	집중화 전략	원가우위 전략	차별화 전략
②	집중화 전략	차별화 전략	원가우위 전략
③	차별화 전략	집중화 전략	원가우위 전략
④	차별화 전략	원가우위 전략	집중화 전략
⑤	원가우위 전략	집중화 전략	차별화 전략

09 다음 〈보기〉의 설명이 나타내는 지각오류로 가장 적절한 것은?

> **보기**
> 어떤 사람의 목소리에서 기분 좋은 느낌을 받았을 때, 그 사람의 얼굴이나 성격 등과 같이 목소리로 알 수 없는 부분에 대해서도 좋게 평가하는 오류를 범하게 되는 현상

① 맥락효과 ② 후광효과
③ 방어적 지각 ④ 선택적 지각
⑤ 주관적 표준

10 다음 〈보기〉 중 정보보호 목표에 대한 설명으로 옳은 것을 모두 고른 것은?

> **보기**
> ㄱ. 알 권리에 의거하여 정당한 권한이 부여된 사용자, 프로세스, 시스템에 한하여 정보에 접근이 가능하도록 하여야 한다.
> ㄴ. 네트워크를 통해 송수신된 정보는 사용자에 의해 임의로 생성·변경·삭제될 수 없다.
> ㄷ. 모든 사용자가 정보 또는 자원을 사용하고자 할 때에는 즉각 사용할 수 있도록 하게 한다.
> ㄹ. 정보는 대상의 자격이나 그와 관련한 내용을 확인하는 용도로 사용할 수 있다.

① ㄱ, ㄴ ② ㄱ, ㄷ
③ ㄱ, ㄹ ④ ㄴ, ㄷ
⑤ ㄷ, ㄹ

2022년 상반기 PSAT형 기출문제

정답 및 해설 p.29

| 한국전력공사

01 다음 지문을 읽고, 추론할 수 있는 내용이 아닌 것은?

해외여행 필수품 중의 하나가 여행용 멀티 어댑터이다. 나라마다 사용 전압이 다르고 콘센트 모양이 다르므로 어댑터를 이용해 다양한 종류의 표준전압에 대처하고 있다. 일본·미국·대만은 110V를 사용하고, 유럽은 220~240V를 사용하는 등 나라마다 이용 전압도 다르고, 주파수·플러그 모양·크기도 제각각이다.

그렇다면 세계 여러 나라는 전압을 통합해 사용하지 않고, 우리나라는 왜 220V를 사용할까. 한국도 처음 전기가 보급될 때는 11자 모양 콘센트의 110V를 표준전압으로 사용했다. 1973년부터 2005년까지 32년에 걸쳐 1조 4,000억 원을 들여 220V로 표준전압을 바꾸는 작업을 진행했다. 어렸을 때, 집에서 일명 '도란스(Trance)'라고 변압기를 사용했던 기억이 있다.

한국전력공사 승압 작업으로 인해 110V의 가전제품을 220V의 콘센트·전압에 이용했다. 220V 승압 작업을 진행했던 이유는 전력 손실을 줄이고 같은 굵기의 전선으로 많은 전력을 보내기 위함이었다. 전압이 높을수록 저항으로 인한 손실도 줄어들고 발전소에서 가정으로 보급하는 데까지의 전기 전달 효율이 높아진다. 쉽게 수도관에서 나오는 물이 수압이 높을수록 더욱더 강하게 나오는 것에 비유하면 되지 않을까 싶다.

한국전력공사에 따르면 110V에서 220V로 전압을 높임으로써 설비의 증설 없이 기존보다 2배 정도의 전기 사용이 가능해지고, 전기 손실도 줄어 세계 최저 수준의 전기 손실률을 기록하게 됐다고 한다. 물론 220V를 이용해 가정에서 전기에 노출될 경우 위험성은 더 높을 수 있다.

110V를 표준전압으로 사용하는 일본·미국은 220V로 전압을 높이려면 비교적 넓은 대지와 긴 송전선로로 인해 전력설비 교체 비용과 기존의 전자제품 이용으로 엄청난 비용과 시간이 들어가기 때문에 승압이 어려운 상황이다. 또 지진이나 허리케인과 같은 천재지변으로 인한 위험성이 높고 유지 관리에 어려운 점, 다수의 민영 전력회사로 운영된다는 점도 승압이 어려운 이유라고 생각한다.

국가마다 표준전압이 달라서 조심해야 할 사항도 있다. 콘센트 모양만 맞추면 사용할 수 있겠다고 생각하겠지만 110V 가전제품을 우리나라로 가져와서 220V에 사용하면 제품이 망가지고 화재나 폭발이 일어날 수도 있다. 반대로 220V 가전제품을 110V에 사용하면 낮은 전압으로 인해 정상적으로 작동되지 않는다. 해외에 나가서 가전제품을 이용하거나 해외 제품을 직접 구매해 가정에서 이용할 때는 꼭 주의해 사용하기 바란다.

① 한국에 처음 전기가 보급될 때는 110V를 사용했었다.

② 일본과 미국에서는 전력을 공급하는 사기업들이 있을 것이다.

③ 1조 4,000억 원 가량의 예산을 들여 220V로 전환한 이유는 가정에서의 전기 안전성을 높이기 위함이다.

④ 220V로 전압을 높이면 전기 전달 과정에서 발생하는 손실을 줄여 효율적으로 가정에 전달할 수 있다.

⑤ 전압이 다른 가전제품을 변압기 없이 사용하면 위험하거나 제품의 고장을 초래할 수 있다.

02 〈보기〉는 다음 지문을 읽고 '밀그램 실험'의 내용을 요약한 것이다. 빈칸에 들어갈 단어로 알맞은 것은?

사람이 얼마나 권위있는 잔인한 명령에 복종하는지를 알아보는 악명높은 실험이 있었다. 예일대학교 사회심리학자인 스탠리 밀그램(Stanley Milgram)이 1961년에 한 실험이다. 권위를 가진 주체가 말을 하면 아주 잔인한 명령이라도 기꺼이 복종하는 것을 알아보는, 인간의 연약함과 악함을 보여주는 그런 종류의 실험이다.

밀그램 실험은 피실험자에게 이런 사악한 명령을 내린다. 다른 사람에게 매우 강력한 전기충격을 가해야 한다고. 그 전기충격의 강도는 최고 450볼트로, 사람에게 치명적인 피해를 입힐 수 있다. 물론 이 실험에서 실제로 전기가 통하게 하지는 않았다. 전기충격을 받은 사람은 고통스럽게 비명을 지르며 그만하라고 소리치게 했지만, 이 역시 전문 배우가 한 연극이었다. 밀그램은 실험참가자에게 과학적 발전을 위한 실험이며, 4달러를 제공하고, 중간에 중단해서는 안된다는 지침을 내렸다.

인간성에 대한 근원적인 의문을 탐구하기 위해 밀그램은 특수한 실험장치를 고안했다. 실험에 참가한 사람들은 실험자의 명령에 따라 옆방에 있는 사람에게 전기충격을 주는 버튼을 누르도록 했다. 30개의 버튼은 비교적 해가 안되는 15볼트에서 시작해 최고 450볼트까지 올라간다. 450볼트까지 높아지면 사람들은 치명적인 상처를 입는데, 실험참가자들은 그같은 위험성에 대한 주의를 받았다.

전기충격 버튼을 눌러도 약간의 무서운 소리와 빛이 번쩍이는 효과만 날 뿐 실제로 전기가 흐르지는 않았다. 다만 옆방에서 전기충격을 받는 사람은 전문 배우로서 실험참가자들이 전기버튼을 누를 때마다 마치 진짜로 감전되는 것 같이 소리를 지르고 대가를 받는 훈련된 배우였다.

밀그램 실험에 참가한 40명 중 65%는 명령에 따라 가장 높은 450볼트의 버튼을 눌렀다. 감전된 것처럼 연기한 배우가 고통스럽게 소리를 지르면서 그만하라고 소리를 지르는데도 말이다. 일부 사람들은 실험실에서 나와서는 이같은 잔인한 실험을 계속하는데 대해 항의했다. 밀그램은 실험 전에는 단 0.1%만이 450볼트까지 전압을 올릴 것이라 예상했으나, 실제 실험결과는 무려 65%의 참가자들이 450볼트까지 전압을 올렸다. 이들은 상대가 죽을 수 있다는 걸 알고 있었고, 비명도 들었으나 모든 책임은 연구원이 지겠다는 말에 복종했다.

보기

밀그램이 시행한 전기충격 실험은 사람들이 권위를 가진 명령에 어디까지 복종하는지를 알아보기 위한 실험이다. 밀그램이 예상한 것과 달리 아주 일부의 사람만 (   )을/를 하였다.

① 이타적 행동
② 순응
③ 고민
④ 불복종
⑤ 참가

03 다음은 입사지원자 다섯 명의 학력, 경력, 기타 업무능력 관련 정보와 K공사의 서류전형 평가기준이다. 다섯 명의 지원자 중, 서류전형 점수가 가장 높은 사람은 누구인가?

〈정보〉

지원자	전공	최종학력	가능한 제2외국어	관련업무 경력	자격증	특이사항
A	법학	석사	스페인어	2년	변호사	장애인
B	경영학	대졸	일본어	–	–	다문화가족
C	기계공학	대졸	–	3년	변리사	국가유공자
D	–	고졸	아랍어	7년	정보처리기사	–
E	물리학	박사	독일어	–	–	–

〈평가기준〉

1. 최종학력에 따라 대졸 10점, 석사 20점, 박사 30점을 부여한다.
2. 이학 및 공학 석사 이상 학위 취득자에게 가산점 10점을 부여한다.
3. 일본어 또는 독일어 가능자에게 20점을 부여한다. 기타 구사 가능한 제2외국어가 있는 지원자에게는 5점을 부여한다.
4. 관련업무 경력 3년 이상인 자에게 20점을 부여하고, 3년을 초과하는 추가 경력에 대해서는 1년마다 10점을 부여한다.
5. 변호사 면허 소지자에게 20점을 부여한다.
6. 장애인, 국가유공자, 보훈보상대상자에 대해 10점을 부여한다.

① A   ② B
③ C   ④ D
⑤ E

04 다음 지문을 읽고 ㉠의 질문에 대한 답변으로 가장 알맞은 것은?

한 장의 종이를 반으로 계속해서 접어 나간다면 과연 몇 번이나 접을 수 있을까? 얼핏 생각하면 수없이 접을 수 있을 것 같지만, 실제로는 그럴 수 없다. ㉠ <u>그 이유는 무엇일까?</u>

먼저, 종이를 접는 횟수에 따라 종이의 넓이와 두께의 관계가 어떻게 변하는지를 생각해 보자. 종이를 한 방향으로 접을 경우, 한 번, 두 번, 세 번 접어 나가면 종이의 넓이는 계속해서 반으로 줄어들게 되고, 두께는 각각 2겹, 4겹, 8겹으로 늘어나 두꺼워진다. 이런 식으로 두께 0.1mm의 종이를 10번 접으면 1,024겹이 되어 그 두께는 약 10cm나 되고, 42번을 접는다면 그 두께는 439,805km로 지구에서 달에 이를 수 있는 거리에 이르게 된다. 물론 이때 종이를 접으면서 생기는 종이의 두께는 종이의 길이를 초과할 수 없으므로 종이 접기의 횟수 역시 무한할 수 없다.

다음으로, 종이를 접는 횟수에 따라 종이의 길이와 종이가 접힌 모서리 부분에서 만들어지는 반원의 호 길이가 어떻게 변하는지 알아보자. 종이의 두께가 t이고 길이가 L인 종이를 한 번 접으면, 접힌 모서리 부분이 반원을 이루게 된다. 이때 이 반원의 반지름 길이가 t이면 반원의 호 길이는 πt가 된다. 결국 두께가 t인 종이를 한 번 접기 위해서는 종이의 길이가 최소한 πt보다는 길어야 한다. 예를 들어 두께가 1cm인 종이를 한 번 접으려면, 종이의 길이가 최소 3.14cm보다는 길어야 한다는 것이다.

그런데 종이를 한 방향으로 두 번 접는 경우에는 접힌 모서리 부분에 반원이 3개 나타난다. 그래서 모서리에 생기는 반원의 호 길이를 모두 합하면, 가장 큰 반원의 호 길이인 $2\pi t$와 그 반원 속의 작은 반원의 호 길이인 πt, 그리고 처음 접힌 반원의 호 길이인 πt의 합, 즉 $4\pi t$가 된다. 그러므로 종이를 한 방향으로 두 번 접으려면 종이는 최소한 $4\pi t$보다는 길어야 한다. 종이를 한 번 더 접었을 뿐이지만 모서리에 생기는 반원의 호 길이 합은 이전보다 훨씬 커진다. 결국, 종이 접는 횟수는 산술적으로 늘어나는 데 비해 이로 인해 생기는 반원의 호 길이의 합은 기하급수적으로 커지기 때문에 종이의 길이가 한정되어 있다면 계속해서 종이를 접는 것은 불가능하다는 것을 알 수 있다.

① 종이의 면에 미세하게 존재하는 입자들이 종이를 접는 것을 방해하기 때문에
② 종이에도 미약하지만 탄성이 있기 때문에 원래 모양대로 돌아가려고 하기 때문에
③ 종이가 충분히 접힐 수 있도록 힘을 가하는 것이 힘들기 때문에
④ 종이를 접을 수 있는 방법이 한정되어 있기 때문에
⑤ 접는 종이의 길이는 제한되어 있는데, 접은 부분에서 생기는 반원의 길이가 너무 빠르게 증가하기 때문에

05 다음은 임대아파트 5곳을 대상으로 거주민 만족도를 조사한 자료이다. 다음 중 만족도가 가장 높은 임대아파트는 어디인가?

<임대아파트 A ~ E 거주민 만족도 조사자료>

구분	아파트 A	아파트 B	아파트 C	아파트 D	아파트 E
보안·관리	★★★★	★★★	★★★☆	★★★	★★★☆
하자·보수관리	★★★	★★★★☆	★★★☆	★★★★	★★☆
미화 관리	★★★☆	★★★	★★★★	★★★★☆	★★★★
아파트공동체	★★★	★★☆	★★	★☆	★★
층간소음	★★★	★★☆	☆	★☆	★★★☆
주차시설	★☆	★★★	★★★☆	★★☆	★★★
교통 접근성	★★★	★★	★★★☆	★★★★☆	★★☆
생활편의시설	★★★☆	★★★★☆	★★☆	★★★★	★★★

※ ★은 1점, ☆은 0.5점으로 계산한다.
※ ★ 또는 ☆이 많을수록 만족도가 높음을 나타낸다.

① 아파트 A   ② 아파트 B
③ 아파트 C   ④ 아파트 D
⑤ 아파트 E

06 S사는 A, B, C, D, E 다섯 명의 직원이 주요 4개 시장인 미국, 일본, 중국, 독일에 직접 출장을 가서 시장조사업무를 수행하게 하기로 결정하였다. 4곳의 출장지에는 각각 최소 1명의 직원이 방문해야 하며, 각 직원은 1곳만 방문한다. 제시된 <조건>에 따라 출장지를 결정하였을 때, 발생할 수 있는 경우로 옳은 것은?

조건

ㄱ. A는 중국을 방문하지 않는다.
ㄴ. B는 다른 한 명과 함께 미국을 방문한다.
ㄷ. C는 일본, 중국 중 한 국가를 방문한다.
ㄹ. D는 미국, 중국 중 한 국가를 방문한다.
ㅁ. E는 미국 또는 독일을 방문하지 않는다.

① A가 B와 함께 미국을 방문한다.
② A는 일본을 방문한다.
③ C는 일본을 방문하고, D는 중국을 방문한다.
④ C는 중국을 방문하고, E는 일본을 방문한다.
⑤ D는 중국을 방문하고, E는 일본을 방문한다.

07 다음은 연도별 임대주택 입주지의 근로 형태를 나타낸 자료이다. 이에 대한 설명으로 옳지 않은 것은?(단, 소수점 첫째 자리에서 반올림한다)

〈연도별 임대주택 입주자의 근로 형태〉

구분	2017년	2018년	2019년	2020년	2021년
전업	68%	62%	58%	52%	46%
겸직	8%	11%	15%	21%	32%
휴직	6%	15%	18%	23%	20%
무직	18%	12%	9%	4%	2%
입주자 수(명)	300,000	350,000	420,000	480,000	550,000

① 전년 대비 전업자의 비율은 감소하는 반면, 겸직자의 비율은 증가하고 있다.
② 2021년 휴직자 수는 2020년 휴직자 수보다 많다.
③ 전업자 수가 가장 적은 연도는 2017년이다.
④ 2020년 겸직자 수는 2017년의 4.2배이다.
⑤ 2017년 휴직자 수는 2021년 휴직자 수의 16% 수준이다.

08 다음은 LH의 2022년 신입사원 교육 일정이다. LH인사팀에서는 두 차례로 나뉘어 진행되는 교육에서의 오찬을 위한 식당 예약을 진행하고자 한다. 총비용을 최소화 할 수 있도록 식사 장소를 예약하되 첫째 날과 둘째 날에 각각 다른 식당에서 식사를 하고자 할 때, 인사팀에서 식대로 지출하게 되는 총비용을 바르게 계산한 것은?(단, 오찬 참석자는 신입사원 전원과 대표이사, 인사팀장이며, 모든 임직원은 사원증을 갖고 있다)

〈2022년 신입사원 교육 일정〉

1. 목적
   2022년 신입사원들에게 LH의 비전을 공유하고 조직과 사업에 관한 이해도를 제고하고자 함
2. 교육 안내

구분	세부 사항
대상	2022년 신입사원 전원(20명)
일시	1회차 : 2022년 5월 2일(월)
	2회차 : 2022년 5월 3일(화)
교육주관	인사팀
장소	본사 중강당

3. 식당 정보

식당명	점심메뉴 1인분 가격	비고
A식당	10,000원	10인 이상 단체 손님은 10% 할인
B식당	11,000원	LH 사원증 지참시 1,500원 할인
C식당	12,000원	3인분 주문시 추가 1인분 무료 제공

① 370,000원
② 378,000원
③ 402,000원
④ 407,000원
⑤ 413,000원

09 다음 지문을 읽고, 추론할 수 있는 내용이 아닌 것은?

> 한국중부발전이 2025년까지 재생에너지 전력중개자원을 4GW까지 확보하겠다는 목표를 세웠다. 중부발전에 따르면, 재생에너지 발전사업자 수익향상과 전력계통 안정화를 위해 100MW 새만금세빛발전소(태양광)를 비롯해 모두 130개소 230MW규모 전력중개자원을 확보하는 등 에너지플랫폼 신시장을 개척하고 있다.
>
> 전력중개사업은 가상발전소(VPP; Virtual Power Plant)의 첫걸음으로 중개사업자가 전국에 분산돼 있는 태양광이나 풍력자원을 모아 전력을 중개거래하면서 발전량 예측제도에 참여로 수익을 창출하는 에너지플랫폼 사업이다. 설비용량 20MW 이하 소규모 전력자원은 집합자원으로, 20MW 초과 개별자원은 위탁을 통한 참여가 각각 가능하다.
>
> 앞서 지난해 중부발전은 전력중개사업 및 발전량 예측제도 시행에 맞춰 분산자원 통합관리시스템을 도입했고, 분산에너지 통합 관제를 위한 신재생모아센터를 운영하고 있다.
>
> 특히 날씨 변동이 심해 발전량 예측이 어려운 제주지역에서 발전사 최초로 중개자원을 모집해 발전량 예측제도에 참여하고 있다. 향후 제주지역의 태양광자원 모집에 역량을 집중한다는 계획이다.
>
> 올해 1월부터는 전력중개 예측제도에 참여한 발전사업자 대상으로 첫 수익을 지급하기도 했다. 기대수익은 1MW 발전사업자 기준 연간 약 220만 원씩 20년간 약 4,400만 원이다.
>
> 중부발전은 2025년까지 소규모 태양광 자원 및 풍력 발전량 예측성 향상을 통해 약 4GW의 VPP자원을 모집하는 한편 빅데이터 플랫폼이나 신재생통합관제센터를 활용한 신사업 영역을 확대한다는 구상이다.

① 올해 전력중개 예측제도에 참여한 발전사업자들은 수익을 받을 수 있을 것이다.
② 올해에는 분산되어 있는 에너지를 통합하여 관리할 수 있는 센터를 신설할 예정이다.
③ 제주지역은 날씨 변동이 심해 에너지 생산량을 예측하기가 쉽지 않다.
④ 전력중개를 통해 수익을 창출하는 사업은 기본적으로 에너지플랫폼에 기반하고 있다.
⑤ 설비용량에 따라 전력중개사업에 참여할 수 있는 방식이 달라질 수 있다.

10 다음의 문장이 모두 참이라고 할 때, 빈칸에 들어갈 말로 옳지 않은 것은?

> • 고양이를 좋아하는 사람은 토끼를 좋아한다.
> • 강아지를 선호하는 사람은 토끼를 선호하지 않는다.
> • (   )

① 토끼를 선호하지 않는 사람은 고양이를 선호하지 않는다.
② 강아지를 선호하는 사람은 고양이를 선호하지 않는다.
③ 토끼를 선호하는 사람은 강아지를 선호하지 않는다.
④ 고양이를 선호하는 사람은 강아지를 선호하지 않는다.
⑤ 토끼를 선호하는 사람은 강아지도 선호한다.

정답 및 해설 p.32

┃한국전력공사

01 다음 사례에서 나타난 논리적 오류로 옳은 것은?

〈사례〉

A : 내가 어제 귀신과 싸워서 이겼다.
B : 귀신이 있어야 귀신과 싸우지.
A : 내가 봤다니까. 귀신 없는 거 증명할 수 있어?

① 성급한 일반화의 오류
② 무지에 호소하는 오류
③ 거짓 딜레마의 오류
④ 대중에 호소하는 오류
⑤ 인신공격의 오류

┃국민건강보험공단

02 둘레길이가 456m인 호수 둘레를 따라 가로수기 4m 긴적으로 일정하게 심어져 있다. 출입구에 심어져 있는 가로수를 기준으로 6m 간격으로 재배치하려고 할 때, 새롭게 옮겨 심어야 하는 가로수는 최소 몇 그루인가?(단, 불필요한 가로수는 제거한다)

① 38그루
② 37그루
③ 36그루
④ 35그루

┃한국산업인력공단

03 A씨는 기간제로 6년을 일하였고, 시간제로 6개월을 근무하였다. 다음과 같은 연차 계산법을 활용하였을 때, A씨의 연차는 며칠인가?(단, 소수점 첫째 자리에서 올림한다)

〈연차 계산법〉

• 기간제 : [(근무 연수)×(연간 근무 일수)]÷365일×15
• 시간제 : (근무 총 시간)÷365
※ 근무는 1개월을 30일, 1년을 365일로, 1일 8시간 근무로 계산한다.

① 86일
② 88일
③ 92일
④ 94일
⑤ 100일

04 다음과 같은 상황에서 A의 의사소통을 저해하는 요소로 가장 적절한 것은?

<상황>

A : B씨, 회의 자료 인쇄했어요?
B : 네? 말씀 안 하셔서 몰랐어요.
A : 아니, 사람이 이렇게 센스가 없어서야. 그런 건 알아서 해야지.

① 상호작용 부족   ② 경쟁적인 메시지
③ 감정의 억제 부족   ④ 잘못된 선입견
⑤ 복잡한 메시지

05 다음 중 업무상 명함 예절로 옳지 않은 것은?

① 명함은 악수하기 전에 건네주어야 한다.
② 명함은 아랫사람이 윗사람에게 먼저 준다.
③ 명함은 오른손으로 준다.
④ 명함을 계속 만지지 않는다.
⑤ 명함을 받으면 바로 명합지갑에 넣지 않고 몇 마디 나눈다.

06 다음은 물품을 효과적으로 관리하기 위한 물적자원관리 과정이다. ㉠, ㉡에 들어갈 단어로 가장 적절한 것은?

사용 물품과 보관 물품의 구분 → ___㉠___ 및 ___㉡___ 물품으로의 분류 → 물품 특성에 맞는 보관 장소 선정

	㉠	㉡		㉠	㉡
①	가치	귀중	②	동일	유사
③	진가	쓸모	④	유용	중요
⑤	무게	재질			

07 다음 중 설명서를 작성할 때 유의할 점으로 옳은 것은?

① 추상적 명사를 사용한다.
② 전문용어는 가능한 한 사용하지 않는다.
③ 능동태보다는 수동태의 동사를 사용한다.
④ 여러 가지 명령을 포함하는 문장으로 작성한다.
⑤ 제품 설명서에는 제품 사용 중 해야 할 일만 정의한다.

08 다음 중 내부 벤치마킹에 대한 설명으로 옳은 것은?

① 벤치마킹 대상의 적대적 태도로 인해 자료 수집에 어려움을 겪을 수 있다.
② 다각화된 우량기업의 경우 효과를 보기 어렵다.
③ 경쟁 기업을 통해 경영 성과와 관련된 정보를 획득할 수 있다.
④ 같은 기업 내의 타 부서 간 유사한 활용을 비교 대상으로 삼을 수 있다.
⑤ 문화 및 제도적인 차이로 발생할 수 있는 효과에 대한 검토가 필요하다.

09 다음 중 지출결의서 작성 시 유의해야 할 사항으로 옳지 않은 것은?

① 어느 부서에서 자금을 사용하는지 상세하게 작성한다.
② 어느 용도로 자금을 사용하는지 상세하게 작성한다.
③ 언제 대금이 지출되어야 하는지, 결제 조건은 무엇인지 등을 작성한다.
④ 구매품의서를 작성하기 전에 작성하여 물품의 구매 가능 여부를 승인받아야 한다.
⑤ 이미 지출한 내역이 아닌 앞으로 지출이 예상되는 내역을 작성한다.

10 다음 식을 계산한 값을 이진법으로 나타내면 얼마인가?

$$27+15\div 3$$

① $1000_{(2)}$ ② $10000_{(2)}$
③ $100000_{(2)}$ ④ $101100_{(2)}$
⑤ $100110_{(2)}$

2021년 하반기 PSAT형 기출문제

정답 및 해설 p.34

※ 다음은 N스크린(스마트폰, VOD, PC)의 영향력을 파악하기 위한 방송사별 통합시청점유율과 기존시청점유율에 대한 자료이다. 이어지는 질문에 답하시오. [1~2]

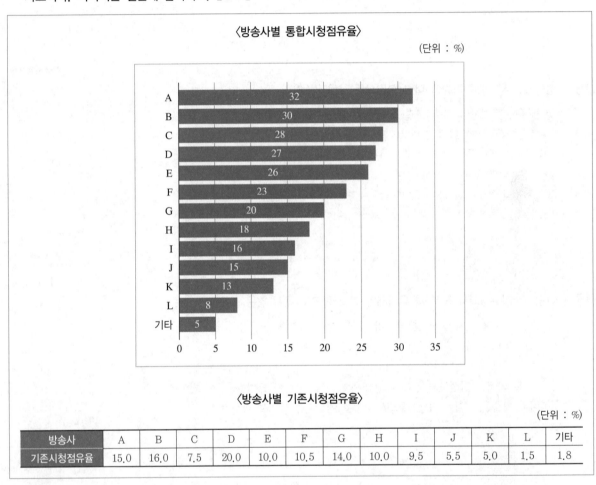

〈방송사별 통합시청점유율〉

(단위 : %)

〈방송사별 기존시청점유율〉

(단위 : %)

방송사	A	B	C	D	E	F	G	H	I	J	K	L	기타
기존시청점유율	15.0	16.0	7.5	20.0	10.0	10.5	14.0	10.0	9.5	5.5	5.0	1.5	1.8

01 다음 중 방송사별 시청점유율에 대한 설명으로 옳지 않은 것은?

① 통합시청점유율 순위와 기존시청점유율 순위가 같은 방송사는 B, J, K이다.

② 기존시청점유율이 가장 높은 방송사는 D이다.

③ 기존시청점유율이 다섯 번째로 높은 방송사는 F이다.

④ 기타를 제외한 통합시청점유율과 기존시청점유율의 차이가 가장 작은 방송사는 G이다.

⑤ 기타를 제외한 통합시청점유율과 기존시청점유율의 차이가 가장 큰 방송사는 A이다.

02 다음은 N스크린 영향력의 범위를 표시한 그래프이다. (가) ~ (마)의 범위에 들어갈 방송국이 옳게 짝지어진 것은?

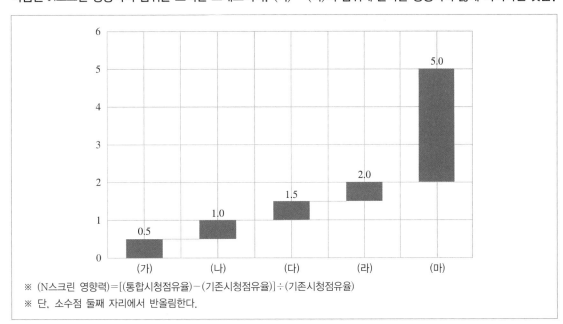

※ (N스크린 영향력)=[(통합시청점유율)−(기존시청점유율)]÷(기존시청점유율)

※ 단, 소수점 둘째 자리에서 반올림한다.

① (가)=A

② (나)=C

③ (다)=F

④ (라)=H

⑤ (마)=K

03 다음 글의 핵심 내용으로 옳은 것은?

> BMO 금속 및 광업 관련 리서치 보고서에 따르면 최근 가격 강세를 지속해 온 알루미늄, 구리, 니켈 등 산업금속들의 4분기 중 공급부족 심화와 가격 상승세가 전망된다. 산업금속이란 산업에 필수적으로 사용되는 금속들을 말하는데, 앞서 제시한 알루미늄, 구리, 니켈뿐만 아니라 비교적 단단한 금속에 속하는 은이나 금 등도 모두 산업에 많이 사용될 수 있는 금속이므로 산업금속의 카테고리에 속한다고 할 수 있다. 이러한 산업금속은 물품을 생산하는 기계의 부품으로서 필요하기도 하고, 전자제품 등의 소재로 쓰이기도 하기 때문에 특정 분야의 산업이 활성화되면 특정 금속의 가격이 뛰거나 심각한 공급난을 겪기도 한다.
>
> 지난 4일 금융투자업계에 따르면 최근 전세계적인 경제 회복 조짐과 함께 탈 탄소 트렌드, 즉 '그린 열풍'에 따른 수요 증가로 산업금속 가격이 초강세이다. 런던금속거래소에서 발표한 자료에 따르면 올해 들어 지난달까지 알루미늄은 20.7%, 구리는 47.8%, 니켈은 15.9% 각 가격이 상승했다. 자료에서도 알 수 있듯이 구리 수요를 필두로 알루미늄, 니켈 등 전반적인 산업금속 섹터의 수요량이 증가하였다. 이는 전기자동차 산업의 확충과 관련이 있다. 전기자동차의 핵심적인 부품인 배터리를 만드는 데 구리와 니켈이 사용되기 때문이다. 이때, 배터리 소재 중 니켈의 비중을 높이면 배터리의 용량을 키울 수 있으나 배터리의 안정성이 저하된다. 기존의 전기자동차 배터리는 니켈의 사용량이 높았기 때문에 더욱 안정성 문제가 제기되어 왔다. 그래서 연구 끝에 적정량의 구리를 배합하는 것이 배터리 성능과 안정성을 모두 향상시키기 위해서 중요하다는 것을 밝혀내었다. 구리가 전기자동차 산업의 핵심 금속인 셈이다.
>
> 이처럼 전기자동차와 배터리 등 친환경 산업에 필수적인 금속들의 수요는 증가하는 반면, 세계 각국의 환경 규제 강화로 인해 금속의 생산은 오히려 감소하고 있기 때문에 산업금속에 대한 공급난과 가격 인상이 우려되고 있다.

① 전기자동차의 배터리 성능을 향상하는 기술
② 세계적인 '그린 열풍' 현상 발생의 원인
③ 필수적인 산업금속 공급난으로 인한 문제
④ 전기자동차 산업 확충에 따른 산업금속 수요의 증가 상황
⑤ 탈 탄소 산업의 대표 주자인 전기자동차 산업

04 다음은 국민건강보험공단의 재난적 의료비 지원사업에 대한 자료이다. 이에 대해 바르게 알고 있는 사람을 〈보기〉에서 모두 고르면?

〈재난적 의료비 지원사업〉

• 개요

질병·부상 등으로 인한 치료·재활 과정에서 소득·재산 수준 등에 비추어 과도한 의료비가 발생해 경제적 어려움을 겪게 되는 상황으로 의료비 지원이 필요하다고 인정된 사람에게 지원합니다.

• 대상질환

1. 모든 질환으로 인한 입원환자

2. 중증질환으로 외래진료를 받은 환자

※ 중증질환 : 암, 뇌혈관, 심장, 희귀, 중증난치, 중증화상질환

• 소득기준

- 기준중위소득 100% 이하 : 지원 원칙(건보료 기준)

- 기준중위소득 100 ~ 200% 이하 : 연소득 대비 의료비부담비율을 고려해 개별심사 후 지원

※ 재산 과표 5.4억 원 초과 고액재산보유자는 지원 제외

• 의료비기준

1회 입원에 따른 가구의 연소득 대비 의료비 발생액[법정본인부담, 비급여 및 예비(선별)급여 본인부담]기준금액 초과 시 지원

- 기초생활수급자, 차상위계층 : 80만 원 초과 시 지원

- 기준중위소득 50% 이하 : 160만 원 초과 시 지원

- 기준중위소득 100% 이하 : 연소득의 15% 초과 시 지원

보기

가 : 18세로 뇌혈관 치료 때문에 외래진료를 받은 학생에게 이 사업에 대해 알려주었어. 학생의 집은 기준중위소득 100%에 해당되기 때문에 지원을 받을 수 있을 거야.

나 : 이번에 개인 질환으로 입원했는데, 200만 원이 나왔어. 기준중위소득 50%에 해당되는데 지원금을 받을 수 있어 다행이야.

다 : 어머니가 심장이 안 좋으셔서 외래진료를 받고 있는데 돈이 많이 들어. 기준중위소득 200%에 속하는데 현금은 없지만 재산이 5.4억 원이어서 공단에서 지원하는 사업에 지원도 못하고 요즘 힘드네.

라 : 요즘 열이 많이 나서 근처 병원으로 통원 치료를 하고 있어. 기초생활수급자인 내 형편으로 볼 때, 지원금을 받는 데 문제없겠지?

① 가, 나   ② 가, 다

③ 나, 다   ④ 다, 라

05 건강보험심사평가원 A팀은 9월 연차 계획을 짜고 있다. A팀의 팀장 B는 업무에 지장이 가지 않는 범위 내에서 남은 연차 3일을 연속으로 사용해 가족과 여행을 가고자 한다. 다음 〈조건〉을 토대로 B가 여행을 갈 수 있는 날짜는?

조건
- 첫째 주에는 팀원이 연차이므로 연차를 사용할 수 없다.
- 연차는 추석연휴에 붙일 수 없다.
- 매주 월요일에는 부서회의가 있어 연차를 사용할 수 없다.
- 이번 달 안으로 해결해야 하는 프로젝트가 있다. 둘째 주에 2일, 셋째 주에 1일, 넷째 주에 1일 동안 팀장이 포함되어 작업해야 한다. 이 작업은 부서회의가 있는 날에는 하지 않는다.

〈9월 달력〉

일요일	월요일	화요일	수요일	목요일	금요일	토요일
			1	2	3	4
5	6	7	8	9	10	11
12	13	14	15	16	17	18
19	20	21	22	23	24	25
26	27	28	29	30		

※ 주중에만 근무함
※ 20 ~ 22일은 추석 연휴
※ 주말은 휴일이므로 연차는 주중에 사용함

① 8 ~ 10일
② 14 ~ 16일
③ 16 ~ 18일
④ 22 ~ 24일
⑤ 27 ~ 29일

※ 약품 공급을 위해 관련 업체들을 사전조사한 후 가장 높은 점수의 업체와 계약을 맺으려고 한다. 이어지는 질문에 답하시오. [6~7]

〈후보 업체 사전조사 결과〉

구분	가격 점수	유통성 점수	안정성 점수
A업체	4	7	9
B업체	5	4	8
C업체	6	10	3
D업체	9	6	7
E업체	7	5	8

조건

• 점수는 선정 위원들이 준 점수를 10점 만점으로 부여한 점수의 평균값이다.
• 각 점수를 모두 합하여 1차 점수를 산정하고, 1차 점수가 높은 후보 업체 3개를 1차 선정한다.
• 안정성이 가장 중요하다고 생각되어 1차 선정된 후보 업체 중 안정성 점수에 1 : 1 : 2 가중치로 합산하여 2차 점수를 산정한다.
• 2차 점수가 가장 높은 1개의 업체를 최종적으로 선정한다. 만일 2차 선정된 후보 업체들의 점수가 동일한 경우, 가격 점수가 가장 높은 후보업체를 선정한다.

| 건강보험심사평가원

06 다음 중 최종적으로 선정될 업체는 어디인가?

① A업체　　　　　　　　　　② B업체
③ C업체　　　　　　　　　　④ D업체
⑤ E업체

| 건강보험심사평가원

07 처음 조사를 할 때 인지도 점수 부분이 빠진 것을 알고 다시 선정하였다. 업체별 인지도 점수가 다음과 같을 때, 최종적으로 선정될 업체는?

〈업체별 인지도 점수〉

구분	A	B	C	D	E
인지도 점수	6	7	9	5	8

① A업체　　　　　　　　　　② B업체
③ C업체　　　　　　　　　　④ D업체
⑤ E업체

08 H팀은 정기행사를 진행하기 위해 공연장을 대여하려 한다. H팀의 상황을 고려하여 공연장을 대여한다고 할 때, 비용은 얼마인가?

〈공연장 대여비용〉

구분	공연 준비비	공연장 대여비	소품 대여비	보조진행요원 고용비
단가	50만 원	20만 원(1시간)	5만 원(1세트)	5만 원(1인, 1시간)
할인	총비용 150만 원 이상 : 10%	2시간 이상 : 3% 5시간 이상 : 10% 12시간 이상 : 20%	3세트 : 4% 6세트 : 10% 10세트 : 25%	2시간 이상 : 5% 4시간 이상 : 12% 8시간 이상 : 25%

※ 할인은 각 품목마다 개별적으로 적용된다.

〈H팀 상황〉

A : 저희 총예산은 수입보다 많으면 안 됩니다. 티켓은 4만 원이고, 50명 정도 관람할 것으로 예상됩니다.

B : 공연은 2시간이고, 리허설 시간 2시간이 필요하며, 공연 준비 및 정리를 위해 공연 앞뒤로 1시간씩은 필요합니다.

C : 소품은 공연 때 2세트 필요한데, 예비로 1세트 더 준비하도록 하죠.

D : 진행은 저희끼리 다 못하니까 주차장을 관리할 인원 1명을 고용해서 공연 시간 동안과 공연 앞뒤로 1시간씩은 공연장 주변을 정리하게 하죠. 총예산이 모자라면 예비 소품 1세트 취소, 보조진행요원 미고용, 리허설 시간 1시간 축소 순서로 줄이도록 하죠.

① 1,800,000원

③ 1,900,000원

⑤ 2,100,000원

② 1,850,000원

④ 2,050,000원

09 한국전력공사의 A팀 가 대리, 나 사원, 다 사원, 라 사원, 마 대리 중 1명이 어제 출근하지 않았다. 이와 관련하여 5명의 직원이 다음과 같이 말했고, 이들 중 2명이 거짓말을 한다고 할 때, 다음 중 출근하지 않은 사람은 누구인가?(단, 출근을 하였어도, 결근 사유를 듣지 못할 수도 있다)

> 가 대리 : 나는 출근했고, 마 대리도 출근했다. 누가 왜 출근하지 않았는지는 알지 못한다.
> 나 사원 : 다 사원은 출근하였다. 가 대리님의 말은 모두 사실이다.
> 다 사원 : 라 사원은 출근하지 않았다.
> 라 사원 : 나 사원의 말은 모두 사실이다.
> 마 대리 : 출근하지 않은 사람은 라 사원이다. 라 사원이 개인 사정으로 인해 출석하지 못한다고 가 대리님에게 전했다.

① 가 대리
② 나 사원
③ 다 사원
④ 라 사원
⑤ 마 대리

10 신종 감염병을 해결하기 위해 한 제약사에서 신약 A ~ E를 연구 중에 있다. 최종 임상실험에 가 ~ 마 5명이 지원하였고, 그 결과가 다음과 같을 때 개발에 성공한 신약은?(단, 성공한 신약을 먹으면 반드시 병이 치료된다)

> 가 : A와 B를 먹었고 C는 먹지 않았다. 나머지는 먹었을 수도, 안 먹었을 수도 있다.
> 나 : C와 D를 먹었다. 나머지는 먹었을 수도, 안 먹었을 수도 있다.
> 다 : A와 B를 먹었고 E는 먹지 않았다. 나머지는 먹었을 수도, 안 먹었을 수도 있다.
> 라 : B를 먹었고 A와 D는 먹지 않았다. 나머지는 먹었을 수도, 안 먹었을 수도 있다.
> 마 : A와 D를 먹었고 B, E는 먹지 않았다. 나머지는 먹었을 수도, 안 먹었을 수도 있다.
> ※ 두 명만 병이 치료되었다.
> ※ '나'는 병이 치료되지 않았다.

① A
② B
③ C
④ D
⑤ E

11 다음 중 대기오염에 대한 설명으로 옳지 않은 것은?

공장 굴뚝에서 방출된 연기나 자동차의 배기가스 등의 대기오염물질은 기상이나 지형 조건에 의해 다른 지역으로 이동·확산되거나 한 지역에 농축된다. 대기권 중 가장 아래층인 대류권 안에서 기온의 일반적인 연직 분포는 위쪽이 차갑고 아래쪽이 따뜻한 불안정한 상태를 보인다. 이러한 상황에서, 따뜻한 공기는 위로, 차가운 공기는 아래로 이동하는 대류 운동이 일어나게 되고, 이 대류 운동에 의해 대기오염물질이 대류권에 확산된다.

반면, 아래쪽이 차갑고 위쪽이 따뜻한 경우에는 공기층이 매우 안정되기 때문에 대류 운동이 일어나지 않는다. 이와 같이 대류권의 정상적인 기온 분포와 다른 현상을 '기온 역전 현상'이라 하며, 이로 인해 형성된 공기층을 역전층이라 한다. 기온 역전 현상은 일교차가 큰 계절이나, 지표가 눈으로 덮이는 겨울, 호수나 댐 주변 등에서 많이 발생한다. 또한 역전층 상황에서는 지표의 기온이 낮기 때문에 공기 중의 수증기가 응결하여 안개가 형성되는데, 여기에 오염물질이 많이 포함되어 있으면 스모그가 된다. 안개는 해가 뜨면 태양의 복사열로 지표가 데워지면서 곧 사라지지만, 스모그는 오염물질이 포함되어 있어 오래 지속되기도 한다.

자동차 배기가스는 잘 보이지 않기 때문에 이동 양상을 관찰하기 어렵지만, 공장의 오염물질은 연기 형태로 대량 방출되므로 이동 양상을 관찰하기 쉽다. 연기의 형태는 기온과 바람의 연직 분포에 따라 다른 모양을 보이기 때문이다. 즉, 대기가 불안정하고 강한 바람이 불어 대류 혼합이 심할 때에는 연기의 형태가 환상형을 이룬다. 또, 날씨가 맑고 따뜻할수록 대류 운동이 활발하게 일어나기 때문에 연기가 빨리 분산된다. 반면, 평평하고 반듯한 부채형은 밤이나 이른 새벽에 많이 나타난다. 밤이나 새벽에는 지표가 흡수하는 태양 복사열이 거의 없으므로 지표의 온도가 내려가 역전층이 형성되고 대기가 안정되기 때문이다.

지형이나 건물로 인해 발생하는 난류도 대기오염물질의 이동 양상과 밀접한 관계가 있다. 바람이 건물에 부딪쳐 분리되면 건물 뒤에는 소용돌이가 생기면서 공동(Cavity)이 형성된다. 공동 부분과 바람의 주 흐름 간에는 혼합이 별로 없기 때문에 공동 부분에 오염물질이 흘러 들어가면 장기간 머물게 되고, 그 결과 오염 농도가 증가하게 된다. 이러한 공동은 높은 언덕의 뒷부분에서도 생길 수 있다.

오염물질의 이동 양상은 공장 굴뚝의 높이에 따라서도 달라질 수 있다. 건물 앞에 굴뚝이 위치하고 있다고 하자. 굴뚝이 건물보다 높으면 연기가 건물에 부딪치지 않으므로 오염물질이 멀리까지 날려가지만, 굴뚝이 건물보다 낮으면 오염물질이 건물 뒤편의 공동 부분에 갇히게 된다. 따라서 건물이나 건물 가까이에 굴뚝을 세울 때에는 통상적으로 건물 높이의 2.5배 이상으로 세워야 한다.

① 대기오염물질은 발생 지역에만 있는 것이 아니라 이동을 하기도 한다.
② 공장 굴뚝에서 발생하는 오염물질은 굴뚝의 높이에 따라 이동하는 양상이 달라질 수 있다.
③ 대기가 안정적일 때는 공장의 연기 형태가 환상형을 이룬다.
④ 아래쪽에 차가운 공기가 모이고, 위쪽에 뜨거운 공기가 모이면 그렇지 않은 경우보다 스모그가 생기기 쉽다.

Add+
2022년 상반기 ~
2021년 하반기
기출문제
정답 및 해설

2022년 상반기 모듈형 기출문제 정답 및 해설

01	02	03	04	05	06	07	08	09	10										
①	④	②	③	②	⑤	②	④	②	③										

01

정답 ①

토론이란 어떤 주제에 대하여 찬성하는 측과 반대하는 측이 서로 맞서 각자 해당 주제에 대한 논리적인 의견을 제시함으로써, 상대방의 근거가 이치에 맞지 않다는 것을 증명하는 논의이다.

오답분석

② 토론은 상호 간의 주장에 대한 타협점을 찾아가는 것이 아닌, 반대 측의 논리에 대한 오류를 증명해내면서 자신의 의견이 논리적으로 타당함을 밝히는 말하기이다.

③ 주어진 주제에 대한 자신의 의견을 밝히면서 상대방 또는 청중을 설득하는 것은 맞으나, 자신의 의견을 뒷받침할 추론적인 근거가 아닌 논리적인 근거를 제시하여야 한다.

④ 주어진 주제에 대하여 제시된 의견을 분석하면서 해결방안을 모색하는 말하기 방식은 토론이 아닌 토의에 해당하며, 승패가 없이 협의를 통해 결론을 내리는 토의와 달리 토론은 승패가 있으며 이때 패한 측이 상대방의 의견에 설득당한 측을 의미한다.

⑤ 토론은 반대 측의 의견을 인정하고 존중하기보다는, 반대 측 의견이 논리적으로 타당하지 않음을 증명해내는 말하기이다.

02

정답 ④

ㄴ. 능동적이고 반응적인 성격의 인적자원은 기업의 관리 여하에 따라 기업 성과에 기여하는 정도도 확연히 달라진다.

ㄹ. 기업의 성과는 자원을 얼마나 효율적으로 잘 활용하였는지에 따라 달려있다. 따라서 기업의 성과를 높이기 위해 전략적으로 인적자원을 활용하여야 한다.

오답분석

ㄱ. 자원 자체의 양과 질에 의해 기업 성과 기여도가 달라지는 수동적 성격의 물적자원과 달리, 인적자원은 개인의 욕구와 동기, 태도와 행동 및 만족감에 따라 그 기여도가 달라지는 능동적 성격의 자원에 해당한다.

ㄷ. 인적자원은 자연적인 성장뿐만 아니라 장기간에 걸쳐 개발될 수 있는 잠재력과 자질을 지니고 있다.

03

정답 ②

지식재산권은 재산적 가치가 구현될 수 있는 지식·정보·기술이나 표현·표시 등의 무형적인 것만을 말하며, 이에 대해 주어지는 권리를 말한다.

오답분석

① 지식재산권은 최초로 만들거나 발견한 것 중 재산상 가치가 있는 것에 부여되는 권리를 말한다.

③ 형체가 있는 상품과 달리, 지식재산권은 형체가 없는 무형의 권리를 말한다.

④ 기술개발의 성과인 독점적인 권리를 부여받음으로써, 더 나은 기술개발이 이루어질 수 있도록 장려한다.

⑤ 국가 간의 기술 제휴와 같은 기술의 협력이 이루어지면서 세계화가 이루어지고 있다.

04

ㄴ. 날짜 작성 시에는 연도와 월일을 함께 기입하고, 날짜 다음에 마침표를 찍되, 만일 날짜 다음에 괄호가 사용되는 경우 마침표는 찍지 않는다.
ㄹ. 공문서 작성 시에는 한 장에 담아내는 것을 원칙으로 한다.
ㅁ. 공문서 작성을 마친 후에는 '내용 없음'이 아닌 '끝'이라는 문구로 마무리하여야 한다.

오답분석

ㄱ. 회사 외부 기관에 송달되는 공문서는 '누가, 언제, 어디서, 무엇을, 어떻게, 왜'가 명확히 드러나도록 작성하여야 한다.
ㄷ. 복잡한 내용을 보다 정확히 전달하기 위해 항목별로 구분하여 작성하여야 하며, 이때에는 '-다음-' 또는 '-아래-'와 같은 표기를 사용할 수 있다.

05

공정 보상의 원칙은 모든 근로자에게 평등한 근로의 대가를 지급하는 것이 아닌, 공헌도에 따라 노동의 대가를 달리 지급함으로써 공정성을 갖도록 하는 것이다.

오답분석

① 적재적소란 알맞은 인재를 알맞은 자리에 배치하는 것으로, 해당 업무에 가장 적합한 인재를 배치하는 것이 적재적소 배치의 원리이다.
③ 종업원의 직장 내에서의 직위와 근로환경을 보장함으로써 근로자에게 신뢰를 주어 업무에 안정적으로 임할 수 있게 하는 것이 종업원 안정의 원칙이다.
④ 근로자가 창의성 향상을 통해 새로운 것을 생각해낼 수 있도록 이에 필요한 다양한 기회의 장을 마련하여, 그 결과에 따라 적절한 보상을 제공하는 것이 창의력 계발의 원칙이다.
⑤ 직장 내에서 근로자들이 서로 유대감을 가지고 단합함으로써 그 안에서 소외감을 느끼지 않도록 하는 체제를 이루는 것이 단결의 원칙이다.

06

구성원들이 자유롭게 다양한 아이디어를 제시할 수 있도록 상호 간의 아이디어에 대해서 옳고 그름을 판단하거나 의견에 대해 평가하는 행위는 지양하여야 한다. 또한 제시된 의견들에 대해서 다른 것과 구별되는 특유한 생각이 있는지, 실제로 해당 의견의 실행이 가능한지를 판단하여 가장 적절한 해결방안을 모색하여야 한다.

오답분석

① 각 구성원이 서로의 의견을 말하고 듣기 위해 좌석은 모두 마주할 수 있는 형태로 배치하여야 한다.
② 리더는 구성원들의 의견을 제지하는 것이 아닌, 구성원들이 보다 자유롭고 다양하게 의견을 제시할 수 있도록 하는 사람이 적합하다.
③ 브레인스토밍을 함께 할 구성원은 다양한 의견을 공유하기 위해 다양한 분야의 사람들 5~8명으로 구성하여야 한다.
④ 구성원 모두 의견을 자유롭게 제시할 수 있고, 제시된 의견은 모두 기록되어야 한다.

07

갈등 해결 방법 중 경쟁형 유형은 자신의 목표 달성을 위해서라면 온 힘을 다하는 유형으로, 비록 자신의 목표 달성을 위해 타인의 목표가 희생되더라도 이를 밀어붙이는 유형이다. 따라서 A양에게 희생을 부탁하면서 자신의 목표를 이루려는 B군은 경쟁형에 해당한다.

오답분석

① 회피형 : 갈등 상황에 대해 해결하려 하지 않고, 상황을 외면하는 유형
③ 수용형 : 경쟁형과 반대되는 유형으로, 상대방의 목표 달성을 위해서 자신을 기꺼이 희생하는 유형
④ 타협형 : 갈등 상황에 대해 중간지점에서 합의하는 유형
⑤ 통합형 : 갈등 상황에서 서로의 목표 모두를 이루려는 유형

08

ㄱ. 환경에 대한 대중들의 인식이 높아짐에 따라 이를 상품에 반영하는 것은 타 기업과의 차별성을 둔 차별화 전략에 해당하며, 이를 통해 브랜드의 이미지 또한 상향시킬 수 있다.

ㄴ. 인건비를 절약한다는 것은 근본적으로 원가를 절약하는 원가우위 전략에 해당한다. 이와 같이 원가를 절약하기 위해서는 대량생산 또는 새로운 생산기술의 개발 등이 사용된다.

ㄷ. 집중화 전략이란 전체 시장이 아닌 일부 시장 또는 특정 고객을 대상으로 하는 전략으로, 타 기업이 등한시하는 시장을 집중적으로 타겟팅하는 경영전략이다. 타 기업이 만들지 않는 남성용 색조 화장품을 개발하는 것이 이에 해당한다.

09

후광효과는 어떤 대상의 두드러진 특성이 해당 대상의 다른 구체적인 부분까지도 영향을 주어 판단하게 하도록 하는 효과로, 〈보기〉와 같이 두드러진 특성이 긍정적이라면 다른 구체적인 특성 역시 긍정적으로 생각하게 되는 것이다.

오답분석

① 맥락효과 : 선입견과 같은 의미로, 기존의 알고 있는 정보를 기초로 하여 이후 알게 되는 정보를 이해하는 것을 말한다. 예를 들어 어떤 대상에 대해 처음에 알고 있는 정보가 긍정적인 정보라면, 이후 들어오는 정보에 대해서는 긍정적이든 부정적이든 간에 긍정적으로 보게 되는 것이다.

③ 방어적 지각 : 자신이 인지하고 있는 내용과 들어맞지 않는 내용에 대해서는 받아들이지 않거나, 혹은 자신이 인지하고 있는 내용에 맞도록 왜곡하여 받아들임으로써 범하게 되는 오류를 말한다.

④ 선택적 지각 : 불분명한 상황에서 일부 정보만으로 전체를 결정하거나 계획함으로써 발생하는 지각오류를 말한다.

⑤ 주관적 표준 : 자신의 의견이나 행동들을 바탕으로 하여 정보를 받아들임으로써 발생하는 지각오류를 말한다.

10

ㄱ. 정보보호 목표 중 기밀성(Confidentiality)에 대한 설명으로, 특정한 정보에 대하여는 접근을 제한하거나 일정한 제약을 적용하자는 취지의 규칙이다.

ㄹ. 정보보호 목표 중 인증성(Authentication)에 대한 설명으로, 정보는 대상의 자격이나 그와 관련한 내용을 검증하는 용도로 사용할 수 있다.

오답분석

ㄴ. 정보보호 목표 중 무결성(Integrity)에 의하여, 네트워크를 통해 송수신된 정보는 임의로 생성·변경·삭제될 수 없으나, 허가된 특정 사용자에 의하여 허가된 방법을 통해서만 변경이 가능하다.

ㄷ. 정보보호 목표 중 가용성(Availability)에 의하여, 모든 사용자가 아닌 정당한 사용자에 한하여 해당 사용자가 정보 또는 자원을 사용하고자 할 때에는 즉각 사용할 수 있도록 제공하여야 한다.

2022년 상반기 PSAT형 기출문제 정답 및 해설

01	02	03	04	05	06	07	08	09	10										
③	④	④	⑤	④	④	②	③	②	⑤										

01

정답 ③

세 번째 문단을 통해 220V로 전환한 이유를 알 수 있으며, 네 번째 문단에서 220V를 이용해 가정에서 전기에 노출될 경우 위험성은 더 높을 수 있다고 언급하였다.

오답분석

① '한국도 처음 전기가 보급될 때는 11자 모양 콘센트의 110V를 표준전압으로 사용했다.'라고 하였으므로 옳은 내용이다.
② 일본과 미국이 220V로 전환하지 못하는 이유 중 하나가 다수의 민영 전력회사로 운영되기 때문이라고 하였으므로 옳은 내용이다.
④ '전압이 높을수록 저항으로 인한 손실도 줄어들고 발전소에서 가정으로 보급하는 데까지의 전기 전달 효율이 높아진다.'라고 하였으므로 옳은 내용이다.
⑤ 전압이 다른 콘센트와 제품을 연결해 사용하면 제품이 망가지고 화재나 폭발이 일어나거나, 정상적으로 작동하지 않는 문제가 있을 수 있다고 언급하였다.

02

정답 ④

밀그램의 예상과 달리 65퍼센트의 사람들이 사람에게 분명히 해가 되는 450V까지 전압을 올렸고, 일부 실험자만이 '불복종'하였다.

03

정답 ④

평가기준에 따라 각 지원자가 받는 점수는 다음과 같다.
• A : 20(석사 학위)+5(스페인어 구사 가능)+20(변호사 자격 보유)+10(장애인)=55점
• B : 10(대졸)+20(일본어 구사 가능)=30점
• C : 10(대졸)+20(경력 3년)+10(국가유공자)=40점
• D : 60(경력 7년)+5(아랍어 구사 가능)=65점
• E : 30(박사 학위)+10(이학 석사 이상)+20(독일어 구사 가능)=60점
따라서 D의 점수가 가장 높다.

04

정답 ⑤

종이 접는 횟수는 산술적으로 늘어나는 데 비해 이로 인해 생기는 반원의 호 길이의 합은 기하급수적으로 커지기 때문에, 종이의 길이가 한정되어 있다면 종이를 무한하게 접는 것은 불가능하다.

05

임대아파트 A ~ E의 만족도 점수를 계산하면 다음과 같다.

구분	아파트 A	아파트 B	아파트 C	아파트 D	아파트 E
보안·관리	4	3	3.5	3	3.5
하자·보수관리	3	4.5	3.5	4	2.5
미화 관리	3.5	3	4	4.5	4
아파트공동체	3	2.5	2	1.5	2
층간소음	3	2.5	0.5	1.5	3.5
주차시설	1.5	3	3.5	2.5	3
교통 접근성	3	2	3.5	4.5	2.5
생활편의시설	3.5	4.5	2.5	4	3
합계	24.5	25	23	25.5	24

따라서 만족도가 가장 높은 임대아파트는 D이다.

06

• 각 국가에는 최소 1명의 직원이 방문해야 하며, 그 중 1개의 국가에는 2명의 직원이 방문해야 한다. 2명이 방문하는 국가는 조건 ㄴ에 따라 미국이며, 방문자 중 1명은 B이다. 각 직원은 1개의 국가만 방문하므로 B는 일본, 중국, 독일을 방문하지 않는다.
• 조건 ㄱ에 따라 A는 중국을 방문하지 않으며, 조건 ㄷ에 따라 C는 일본과 중국 중 한 국가를 방문하므로 미국과 독일에는 방문하지 않는다. 또한 조건 ㄹ에 따라 D는 일본과 독일에는 방문하지 않으며, 조건 ㅁ에 따라 E는 미국과 독일에는 방문하지 않는다. 이를 모두 나타내면 아래와 같다.

구분	A	B	C	D	E
미국		○	×		×
일본		×		×	
중국	×	×			
독일		×	×	×	×

• 모든 국가에는 1명 이상의 직원이 방문해야 하는데, 독일의 경우 B, C, D, E 모두 방문할 수 없다. 따라서 A가 독일로 출장을 가게 된다.
• A의 출장지가 독일로 정해짐에 따라 B와 함께 미국으로 출장을 가는 직원은 D로 정해진다. 그리고 C와 E는 각각 일본과 중국으로 1명씩 출장을 가게 된다.

구분	A	B	C	D	E
미국	×	○	×	○	×
일본	×	×		×	
중국	×	×		×	
독일	○	×	×	×	×

[오답분석]
①·② B는 출장지가 미국이며, C는 일본과 중국, D는 미국과 중국 중 1개국을 방문하며, E는 독일을 방문하지 않으므로 A가 미국 또는 일본으로 갈 경우, 독일에는 아무도 가지 않게 된다.
③ C가 일본, D가 중국을 방문할 경우 2명이 방문하는 국가가 일본 또는 중국이 되며, B가 다른 한 명과 동행하여 미국을 방문한다는 조건 ㄴ에 어긋나게 된다.
⑤ D가 중국, E가 일본을 방문할 경우 둘 중 한 사람은 일본이나 중국 중 한 나라를 방문해야 하는 C와 동선이 겹치므로 조건 ㄴ에 어긋나게 된다.

07

2021년과 2020년 휴직자 수를 구하면 다음과 같다.
• 2021년 : 550,000×0.2=110,000명
• 2020년 : 480,000×0.23=110,400명
따라서 2021년 휴직자 수는 2020년 휴직자 수보다 적다.

① 2017년부터 2021년까지 연도별 전업자의 비율은 68%, 62%, 58%, 52%, 46%로 감소하는 반면에, 겸직자의 비율은 8%, 11%, 15%, 21%, 32%로 증가하고 있다.
③ 연도별 전업자 수를 구하면 다음과 같다.
- 2017년 : $300,000 \times 0.68 = 204,000$명
- 2018년 : $350,000 \times 0.62 = 217,000$명
- 2019년 : $420,000 \times 0.58 = 243,600$명
- 2020년 : $480,000 \times 0.52 = 249,600$명
- 2021년 : $550,000 \times 0.46 = 253,000$명

따라서 전업자 수가 가장 적은 연도는 2017년이다.
④ 2020년과 2017년의 겸직자 수를 구하면 다음과 같다.
- 2020년 : $480,000 \times 0.21 = 100,800$명
- 2017년 : $300,000 \times 0.08 = 24,000$명

따라서 2020년 겸직자 수는 2017년의 $\frac{100,800}{24,000} = 4.2$배이다.
⑤ 2017년과 2021년의 휴직자 수를 구하면 다음과 같다.
- 2017년 : $300,000 \times 0.06 = 18,000$명
- 2021년 : $550,000 \times 0.2 = 110,000$명

따라서 2017년 휴직자 수는 2021년 휴직자 수의 $\frac{18,000}{110,000} \times 100 ≒ 16\%$이다.

08
정답 ③

식사인원은 총 22명이며, 각 식당에서 식사할 경우 1회의 식대는 다음과 같다.
- A식당
  $10,000 \times 22 \times 0.9 = 198,000$원
- B식당
  $(11,000 - 1,500) \times 22 = 209,000$원
- C식당
  $12,000 \times (22 - 5) = 204,000$원(15인분 때 5인분이 무료이므로 총 17인분을 주문)

비용을 최소화하면서 두 차례의 식사를 각기 다른 식당에서 하는 방법은 A식당과 C식당을 한 차례씩 이용하는 것이나. 따라서 지출하게 되는 식대는 $198,000 + 204,000 = 402,000$원이다.

09
정답 ②

분산자원 통합 관리 시스템과 분산자원 관리 센터는 지난해에 마련했다고 하였으므로, 올해 신설한다는 것은 옳지 않다.

① 올해 1월부터 전력중개 예측제도에 참여한 발전사업자들은 수익을 받을 수 있다고 하였으므로 옳은 내용이다.
③ '특히 날씨 변동이 심해 발전량 예측이 어려운 제주지역'이라고 하였으므로 옳은 내용이다.
④ '전력중개사업은 ~ 발전량 예측제도에 참여로 수익을 창출하는 에너지플랫폼 사업이다.'라고 하였으므로 옳은 내용이다.
⑤ '설비용량 20MW 이하 소규모 전력자원은 집합자원으로, 20MW 초과 개별자원은 위탁을 통한 참여가 각각 가능하다.'라고 하였으므로 옳은 내용이다.

10
정답 ⑤

다음 조건에서 대우와 삼단논법을 통해 도출할 수 있는 결론은 다음과 같다.
- 토끼를 선호하는 사람 → 강아지를 선호하지 않는 사람
- 토끼를 선호하지 않는 사람 → 고양이를 선호하지 않는 사람
- 고양이를 선호하는 사람 → 토끼를 선호하는 사람 → 강아지를 선호하지 않는 사람
- 강아지를 선호하는 사람 → 토끼를 선호하지 않는 사람 → 고양이를 선호하지 않는 사람

01	02	03	04	05	06	07	08	09	10										
②	①	④	④	①	②	②	④	④	③										

01

정답 ②

무지에 호소하는 오류는 어떤 주장에 대해 증명할 수 없거나 결코 알 수 없음을 들어 거짓이라고 반박하는 오류로, 귀신이 없다는 것을 증명할 수 없으니 귀신이 있다는 주장은 무지에 호소하는 오류이다.

오답분석

① 성급한 일반화의 오류 : 제한된 정보, 부적합한 증거, 대표성을 결여한 사례를 근거로 일반화하는 오류이다.
③ 거짓 딜레마의 오류 : 어떠한 문제 상황에서 제3의 선택지가 있음에도 두 가지 선택지가 있는 것처럼 상대에게 둘 중 하나를 강요하는 오류이다.
④ 대중에 호소하는 오류 : 많은 사람이 그렇게 행동하거나 생각한다는 것을 내세워 군중심리를 자극하는 오류이다.
⑤ 인신공격의 오류 : 주장을 제시한 자의 비일관성이나 도덕성의 문제를 이유로 제시된 주장을 잘못이라고 판단하는 오류이다.

02

정답 ①

입구와 출구가 같고, 둘레의 길이가 456m인 타원 모양의 호수 둘레를 따라 4m 간격으로 일정하게 심어져 있는 가로수는 $456 \div 4 = 114$그루이며, 입구에 심어져 있는 가로수를 기준으로 6m 간격으로 가로수를 옮겨 심으려고 할 때, 4m와 6m의 최소공배수인 12m 간격의 가로수 $456 \div 12 = 38$그루는 그 자리를 유지하게 된다. 이때 호수 둘레를 따라 6m 간격으로 일정하게 가로수를 심을 때, 필요한 가로수는 $456 \div 6 = 76$그루이므로 그대로 두는 가로수 38그루를 제외한 $76 - 38 = 38$그루를 새롭게 옮겨 심어야 한다.

03

정답 ④

• 기간제 : $(6 \times 365) \div 365$일$\times 15 = 90$일
• 시간제 : $(8 \times 30 \times 6) \div 365 \fallingdotseq 4$일
따라서 $90 + 4 = 94$일이다.

04

정답 ④

A는 직접적인 대화보다 눈치를 중요시하고 있으므로 '말하지 않아도 아는 문화'에 안주하고 있다. 따라서 A는 의사소통에 대한 잘못된 선입견을 가지고 있다.

의사소통을 저해하는 요소
• '일방적으로 말하고', '일방적으로 듣는' 무책임한 마음 → 의사소통 과정에서의 상호작용 부족
• '그래서 하고 싶은 말이 정확히 뭐야?' 분명하지 않은 메시지 → 복잡한 메시지, 경쟁적인 메시지
• '말하지 않아도 아는 문화'에 안주하는 마음 → 의사소통에 대한 잘못된 선입견, 편견

05

정답 ①

명함은 악수를 한 이후에 건네주어야 한다.

06

정답 ②

동일 및 유사 물품의 분류는 보관의 원칙 중 동일성의 원칙과 유사성의 원칙에 따른 것이다. 동일성의 원칙은 '같은 품종은 같은 장소'에 보관한다는 것이며, 유사성의 원칙은 '유사품은 인접한 장소'에 보관한다는 것을 말한다.

07

정답 ②

설명서는 가능한 한 단순하고 간결해야 하며, 비전문가도 쉽게 이해할 수 있어야 한다. 따라서 전문용어의 사용을 삼가야 한다.

[오답분석]
① 추상적 명사보다는 행위 동사를 사용한다.
③ 의미전달을 명확하게 하기 위해서는 수동태보다 능동태의 동사를 사용한다.
④ 한 문장에는 통상적으로 하나의 명령 또는 밀접하게 관련된 명령만을 포함해야 한다.
⑤ 제품 설명서는 제품 사용 중 해야 할 일과 하지 말아야 할 일까지 함께 정의해야 한다.

08

정답 ④

내부 벤치마킹은 같은 기업 내의 다른 지역이나 타 부서, 국가 간 유사한 활용을 비교 대상으로 한다.

[오답분석]
①·③ 경쟁적 벤치마킹에 대한 설명이다.
② 다각화된 우량기업을 대상으로 할 경우 효과가 크다.
⑤ 글로벌 벤치마킹에 대한 설명이다.

09

정답 ④

지출결의서는 구매품의서를 통해 구매 승낙을 받은 물품의 대금을 지급하겠다는 문서이다. 따라서 구매품의서는 지출결의서를 작성하기 전에 먼저 작성하여야 한다.

10

정답 ③

식을 계산하면 $27+15 \div 3 = 32$이며, 이진법으로 나타내면 $32 = 2^5$이므로 $100000_{(2)}$ 가 된다.

$2\,)\,32$
$2\,)\,16 \cdots 0$
$2\,)\ \ 8 \cdots 0$
$2\,)\ \ 4 \cdots 0$
$2\,)\ \ 2 \cdots 0$
$\quad\ \ \ 1 \cdots 0$

01	02	03	04	05	06	07	08	09	10	11									
⑤	③	④	①	②	④	⑤	②	②	⑤	③									

01

정답 ⑤

기타를 제외한 통합시청점유율과 기존시청점유율의 차이는 C방송사가 20.5%로 가장 크다. A방송사는 17%이다.

오답분석

① B는 2위, J는 10위, K는 11위로 순위가 같다.
② 기존시청점유율은 D가 20%로 가장 높다.
③ F의 기존시청점유율은 10.5%로 다섯 번째로 높다.
④ G의 차이는 6%로, 기타를 제외하면 차이가 가장 작다.

02

정답 ③

N스크린 영향력에 대한 방송국을 정리하면 다음과 같다.

방송사	A	B	C	D	E	F	G	H	I	J	K	L	기타
N스크린 영향력	1.1	0.9	2.7	0.4	1.6	1.2	0.4	0.8	0.7	1.7	1.6	4.3	1.8
구분	다	나	마	가	라	다	가	나	나	라	라	마	라

따라서 옳게 짝지어진 것은 (다)=F이다.

03

정답 ④

제시문의 두 번째 문단에서 전기자동차 산업이 확충되고 있음을 언급하면서 구리와 같은 산업금속이 전기자동차의 배터리를 만드는 데 핵심 재료임을 설명하고 있기 때문에 전기자동차 산업 확충에 따른 산업금속 수요의 증가 상황이 글의 핵심 내용으로 적절하다.

오답분석

①·⑤ 제시문에서 언급하고 있는 내용이나 핵심 내용으로 보기는 어렵다.
② 제시문에서 '그린 열풍'을 언급하고 있으나, 그 이유는 제시되어 있지 않다.
③ 제시문에서 산업금속 공급난이 우려된다고 언급하고 있으나, 그로 인한 문제가 제시되어 있지는 않다.

04

정답 ①

가. 뇌혈관은 중증질환에 해당되고, 소득수준도 조건에 해당되기 때문에 이 사업의 지원금을 받을 수 있다.
나. 기준중위소득 50% 이하는 의료비가 160만 원 초과 시 지원할 수 있다.

오답분석

다. 기준중위소득 200%는 연소득 대비 의료비부담비율을 고려해 개별심사 후 지원받을 수 있다. 이때 재산 과표 5.4억 원을 초과하는 고액재산보유자는 지원이 제외되는데, 다의 어머니는 재산이 5.4억 원이므로 심사에 지원할 수 있다.
라. 통원 치료는 대상질환에 해당하지 않는다.

05

〈9월 달력〉

일요일	월요일	화요일	수요일	목요일	금요일	토요일
			1	2	3	4
5	6	7	8	9	10	11
12	13	14	15	16	17	18
19	20	21	22	23	24	25
26	27	28	29	30		

첫째 주와 주말, 매주 월요일, 추석 다음날인 23일은 연차를 사용할 수 없다. 또한, 프로젝트를 둘째 주에 2일, 셋째 주에 1일, 넷째 주에 1일 동안 작업하므로 연차를 쓸 수 있는 날은 셋째 주(프로젝트 작업 없는 날)와 마지막 주에 가능하다. 따라서 가능한 날짜는 14 ~ 16일이다.

06

정답 ④

조건에 따라 점수를 산정하면 다음과 같다.

업체명	1차	2차	최종
A	4+7+9=20	4+7+18=29	−
B	5+4+8=17	−	−
C	6+10+3=19	−	−
D	9+6+7=22	9+6+14=29	선정
E	7+5+8=20	7+5+16=28	−

따라서 A업체와 D업체 중 가격 점수가 높은 D업체가 선정된다.

07

정답 ⑤

조건에 따라 점수를 산정하면 다음과 같다.

업체명	1차	2차	최종
A	4+7+9+6=26	−	−
B	5+4+8+7=24	−	−
C	6+10+3+9=28	6+10+6+9=31	−
D	9+6+7+5=27	9+6+14+5=34	−
E	7+5+8+8=28	7+5+16+8=36	선정

따라서 최종적으로 선정될 업체는 E업체이다.

08

- 예상수입 : 40,000×50＝2,000,000원
- 공연 준비비 : 500,000원
- 공연장 대여비 : 6×200,000×0.9＝1,080,000원
- 소품 대여비 : 50,000×3×0.96＝144,000원
- 보조진행요원 고용비 : 50,000×4×0.88＝176,000원
- 총비용 : 500,000＋1,080,000＋144,000＋176,000＝1,900,000원

총비용이 150만 원 이상이므로 공연 준비비의 10%인 50,000원이 할인된다. 따라서 할인이 적용된 비용을 구하면 1,900,000－50,000＝1,850,000원이다.

09

가 대리와 마 대리의 진술이 서로 모순이므로, 둘 중 한 사람은 거짓을 말하고 있다.

ⅰ) 가 대리의 진술이 거짓인 경우

　　가 대리의 말이 거짓이라면 나 사원의 말도 거짓이 되고, 라 사원의 말도 거짓이 되므로 모순이 된다.

ⅱ) 가 대리의 진술이 진실인 경우

　　가 대리, 나 사원, 라 사원의 말이 진실이 되고, 다 사원과 마 대리의 말이 거짓이 된다.

진실

- 가 대리 : 가 대리·마 대리 출근, 결근 사유 모름
- 나 사원 : 다 사원 출근, 가 대리 진술은 진실
- 라 사원 : 나 사원 진술은 진실

거짓

- 다 사원 : 라 사원 결근 → 라 사원 출근
- 마 대리 : 라 사원 결근, 라 사원이 가 대리님께 결근 사유 전함 → 라 사원 출근, 가 대리는 결근 사유 듣지 못함

따라서 나 사원이 출근하지 않았다.

10

구분	A	B	C	D	E
가	○	○	×	?	?
나	?	?	○	○	?
다	○	○	?	?	×
라	×	○	?	×	?
마	○	×	?	○	×

먼저 '나'는 병이 치료되지 않았기 때문에 C와 D는 성공한 신약이 아니므로 제외하고 나머지를 확인한다.

- A가 성공한 경우

구분	A(성공)	B	C	D	E
가	○	○	×	?	?
나	×	?	○	○	×
다	○	○	?	?	×
라	×	○	?	×	?
마	○	×	?	○	×

세 명이 치료되므로 성공한 신약이 될 수 없다.

• B가 성공한 경우

구분	A	B(성공)	C	D	E
가	○	○	×	?	?
나	?	×	○	○	×
다	○	○	?	?	×
라	×	○	?	×	?
마	○	×	?	○	×

세 명이 치료되므로 성공한 신약이 될 수 없다.

• E가 성공한 경우

구분	A	B	C	D	E(성공)
가	○	○	×	?	?
나	?	?	○	○	×
다	○	○	?	?	×
라	×	○	?	×	?
마	○	×	?	○	×

가와 라 두 명이 치료될 수 있으므로 성공한 신약이다.

11

정답 ③

공장의 연기 형태가 환상형을 이룰 때는 대기가 불안정할 때이다.

오답분석
① 대기오염물질은 기상이나 지형 조건에 의해 다른 지역으로 이동·확산되거나 한 지역에 농축된다.
② 마지막 문단에 따르면 굴뚝이 건물보다 높을 때와 높지 않을 때에 따라 이동 양상이 달라질 수 있다고 하였다.
④ 아래쪽이 차갑고, 위쪽이 뜨거우면 공기의 대류가 발생하지 않아, 오염물질이 모여 스모그가 생기기 쉽다

I wish you the best of luck!

AI면접은 **win** 시대로 www.winsidaero.com

PART

1

모듈형 5개년 기출문제

2021년 상반기 기출문제

정답 및 해설 p.2

┃한국철도공사 차량운전직

01 다음 글에 대한 설명으로 옳은 것은?

> 국토교통부는 도로로 운송하던 화물을 철도로 전환하여 운송하는 사업자 또는 화주들에게 보조금을 지급하기 위한 지원 사업 대상자 선정 공모를 3월 18일(목)~28일(일) 11일간 실시한다. 그리고 공모에 신청한 사업자들의 도로 → 철도 전환물량 등 운송계획 등을 검토한 후 4월 중 지원 대상자를 선정할 계획이라고 밝혔다.
>
> 2021년 보조금 지원 총액은 28.8억 원이며, 지원 대상자는 전환화물의 규모 등에 따라 선정하되, 우수물류기업과 중소기업은 각각 예산의 50%와 20% 범위 내에서 우선 선정할 계획이다. 올해에는 최근 철도화물 운송량 지속 감소 등을 감안하여 보조금 지급 기준을 낮추어 지원할 계획이다.
>
> 이에 따라 예년보다 철도전환 물량이 늘어난 경우에는 공제율 없이 증가 물량의 100%를 지원 대상으로 산정토록 제도도 개선하였다. 철도 전환교통 지원 사업은 지구온난화, 에너지위기 등에 대응하여, 탄소 배출량이 적고 에너지 효율이 높은 철도물류의 활성화를 위해 철도와 도로의 물류비 차액을 보조, 지급하는 제도이다. 2010년부터 시행하고 있는 본 사업은 작년까지 총 325억 원의 보조금 지원을 통해 76억 톤·km의 화물을 도로에서 철도로 전환하여 약 194만 톤의 탄소 배출을 줄인 바 있다. 이는 약 1백만 대의 화물자동차 운행을 대체한 수치로, 약 3억 그루의 나무심기 효과라고 할 수 있다.
>
> 국토교통부 철도운영과는 "온실가스 배출 저감을 실천할 수 있는 전환교통사업에 물류사업자 분들의 적극적인 참여를 기대한다."면서, "2050 탄소중립을 위해 철도물류의 역할이 어느 때보다 중요한 만큼 재정당국과 협의하여 관련 예산 규모와 지원대상 기업 등을 지속적으로 확대해 나갈 계획이다."라고 밝혔다.
>
> ※ 사회·환경적 비용 : 도로대비 철도 약 1/2(철도 28.62, 도로 60.52 / 단위 : 원/톤·km)
> ※ 76억 톤·km=총 운송량 2,583만 톤×평균 운송거리 295km
> ※ 화물자동차 1백만 대=총 운송량 2,583만 톤÷화물자동차 운송량 24톤/대

① 대상자는 공모가 끝나는 3월 28일에 발표된다.
② 우수물류기업의 경우 예산 20% 내에서 우선 선정할 계획이다.
③ 작년에는 올해보다 대상자에 선정되기가 까다로웠다.
④ 전년보다 철도전환 물량이 늘어난 기업의 경우 전체 물량의 100%를 지원 대상으로 산정한다.
⑤ 이 사업을 통해 작년에만 약 194만 톤의 탄소 배출량이 감소했다.

02 다음 글에 대한 설명으로 옳은 것은?

> 마스크 5부제는 대한민국 정부가 2020년 3월 5일 내놓은 '마스크 수급 안정화 대책'에 포함된 내용이다. 코로나 바이러스감염증19 확진자 증가로 마스크 수요가 급증함에도 수급이 불안정한 상황에 따른 대책으로, 2020년 3월 9일부터 5월 31일까지 시행되었다. 원활하지 않은 마스크의 공급으로 인해 구매가 어려워지자, 지정된 날에 공적마스크를 1인당 최대 2개까지만 구입할 수 있도록 제한하였고(2020년 4월 27일부터는 총 3장까지 구매가 가능해졌다), 구매 이력이 전산에 별도 등록되어 있어 같은 주에는 중복 구매가 불가능하며, 다음 주에 구매가 가능했다. 마스크를 구매하기 위해서는 주민등록증이나 운전면허증, 여권 등 법정신분증을 제시해야 했으며, 외국인이라면 건강보험증과 외국인등록증을 함께 보여줘야 했다. 미성년자의 경우 부모의 신분증과 주민등록등본을 지참하여 부모가 동행해서 구매하거나 여권, 청소년증 혹은 학생증과 주민등록등본을 제시해야 했으며, 본인 확인이 불가능하다면 마스크를 혼자 구매할 수 없었다.
> 다만, 만 10세 이하의 아이, 80세 이상의 어르신, 장기요양 수급자, 임신부의 경우에는 대리 구매가 가능했다. 함께 사는 만 10세 이하의 아이, 80세 이상의 어르신의 몫을 대신 구매하려면 대리 구매자의 신분증과 주민등록등본 혹은 가족관계증명서를 함께 제시해야 했다. 장기요양 수급자의 경우 대리 구매 시 장기요양인증서, 장애인은 장애인등록증을 지참하면 되었다. 임신부의 경우 대리 구매자의 신분증과 주민등록등본, 임신확인서를 제시해 대리 구매를 할 수 있었다.

① 4월 27일부터는 날짜에 관계없이 인당 3개의 마스크를 구매할 수 있다.
② 7살인 자녀의 마스크를 구매하기 위해선 가족관계증명서만 지참하면 된다.
③ 마스크를 이미 구매했더라도 대리 구매를 통해 추가로 마스크 구매가 가능하다.
④ 외국인이 마스크를 구매하기 위해선 외국인 등록증과 건강보험증을 제시해야 한다.
⑤ 임신부가 사용할 마스크를 대리 구매하기 위해선 총 2개의 증명서를 지참해야 한다.

03 다음 글을 읽고 올바르게 추론한 것은?

> 지난해 12만 마리 이상의 강아지가 버려졌다는 조사 결과가 나왔다. 동물보호 관련 단체는 강아지 번식장 등에 대한 적절한 규제가 필요하다고 주장했다.
>
> 27일 동물권 단체 동물구조119가 동물보호관리시스템 데이터를 분석해 발표한 자료에 따르면 유기견은 2016년 8만 8,531마리, 2017년 10만 840마리, 2018년 11만 8,710마리, 2019년 13만 3,504마리로 꾸준히 증가하다가 지난해 12만 8,719마리로 감소했다. 단체는 "유기견 발생 수가 작년 대비 소폭 하락했으나 큰 의미를 부여하긴 힘들다."라고 지적했다.
>
> 지난해 유기견 발생 지역은 경기도가 2만 6,931마리로 가장 많았다. 경기 지역의 유기견은 2018년부터 매해 2만 5,000마리 ~ 2만 8,000마리 수준을 유지하고 있다. 단체는 "시골개, 떠돌이개 등이 지속적으로 유입됐기 때문"이라며, "중성화가 절실히 필요하다."라고 강조했다.

① 경기 지역에서의 유기견 수는 항상 2만 5,000마리 이상을 유지했다.
② 경기 지역은 항상 버려지는 강아지가 가장 많이 발견되는 지역이다.
③ 매년 전체 유기견 수는 증가하는 추세이다.
④ 경기 지역 유기견 수가 감소하지 않는 것은 타지역에서 지속적인 유입이 있었기 때문이다.
⑤ 적절한 유기견 관련 규제를 마련했음에도 지속적인 문제가 발생하고 있다.

04 A씨의 부서는 총 7명이며 회사 차를 타고 미팅 장소로 이동하려고 한다. 운전석에는 운전면허증을 가진 사람이 앉고, 한 대의 차량으로 모두 이동한다. 다음 〈조건〉에 따라 회사 차에 앉을 때, A씨가 부장님의 옆자리에 앉지 않을 확률은?

> **조건**
> • 운전면허증을 가지고 있는 사람은 A씨를 포함하여 3명이다.
> • A씨 부서의 부장님은 1명이다.
> • 부장님은 운전면허증을 가지고 있지 않으며, 조수석인 ★ 자리에 앉지 않는다.

〈회사 차 좌석〉

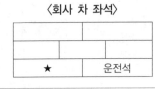

① 0.3
② 0.45
③ 0.5
④ 0.7
⑤ 0.84

05 A ~ C팀에 대한 근무 만족도 조사를 한 결과 근무 만족도 평균이 〈보기〉와 같을 때, 이에 대한 설명으로 옳은 것은?

> **보기**
>
> • A팀은 근무 만족도 평균이 80이다.
> • B팀은 근무 만족도 평균이 90이다.
> • C팀은 근무 만족도 평균이 40이다.
> • A팀과 B팀의 근무 만족도 평균은 88이다.
> • B팀과 C팀의 근무 만족도 평균은 70이다.

① C팀의 사원 수는 짝수이다.
② A팀의 사원의 근무 만족도 평균이 가장 낮다.
③ B팀의 사원 수는 A팀 사원 수의 2배이다.
④ C팀의 사원 수는 A팀 사원 수의 3배이다.
⑤ A ~ C팀의 근무 만족도 평균은 70이 넘지 않는다.

06 다음 자료를 보고 추론한 것으로 옳지 않은 것은?

구분	올더스 헉슬리	조지 오웰
경고	스스로 압제를 환영하며, 사고력을 무력화하는 테크놀로지를 떠받들 것이다.	외부의 압제에 지배당할 것이다.
두려움	굳이 서적을 금지할 이유가 없어지는 것에 대한 두려움	서적을 금지에 대한 두려움
	지나친 정보 과잉으로 수동적이고 이기적인 존재가 될 것 같은 두려움	정보 통제에 대한 두려움
	비현실적 상황에 진실이 압도당할 것에 대한 두려움	진실 은폐에 대한 두려움
	가장현실, 약물중독 따위에 몰두함으로 인해 하찮은 문화로 전락할 것에 대한 두려움	통제에 의한 문화가 감옥이 될 것에 대한 두려움
	우리가 좋아서 집착하는 것이 오히려 우리를 파괴할 것에 대한 두려움	우리가 증오하는 것이 우리를 파괴할 것 같은 두려움
통제	즐길 것을 통해서	고통을 가해서

– 닐 포스트먼, 『죽도록 즐기기』

① 조지 오웰은 개인의 자유가 침해되는 상황을 경계하고 있다.
② 올더스 헉슬리는 개인들이 통제를 기꺼이 받아들일 것이라고 전망했다.
③ 조지 오웰은 사람들이 너무 많은 정보를 접하는 상황에 대해 두려워했다.
④ 올더스 헉슬리는 쾌락을 통해 사람들을 움직일 수 있다고 본다.
⑤ 두 사람 모두 사람들은 자기 파멸에 대해 두려움을 느낀다.

07 A씨는 마스크 5부제에 따라 3월 9일이 월요일인 주의 평일에 공적마스크를 구매했다. A씨가 다음에 구입할 수 있는 날짜와 출생 연도 끝자리가 올바르게 연결된 것을 고르면?

- 공적마스크를 구매하는 인원을 제한하기 위해 마스크 5부제를 실시하고 있다.
- 마스크를 1차로 구매하고, 36일 이후에 마스크를 2차로 구매했다.
- 주중에 구매하지 못한 사람은 주말에 구매할 수 있다.
- 주말은 토요일, 일요일이다.

〈마스크 구매 가능 요일〉

태어난 연도의 끝자리	구매가능 요일	태어난 연도의 끝자리	구매가능 요일
1, 6	월요일	2, 7	화요일
3, 8	수요일	4, 9	목요일
5, 0	금요일		

① 4월 7일 – 2
② 4월 23일 – 4
③ 5월 7일 – 9
④ 5월 13일 – 3
⑤ 5월 15일 – 0

08 A사진사는 다음 〈조건〉과 같이 사진을 인화하여 고객에게 배송하려고 한다. 5×7 사이즈 사진은 최대 몇 장을 인화할 수 있는가?

조건
- 1장 인화하는 가격은 4×6 사이즈는 150원, 5×7 사이즈는 300원, 8×10 사이즈는 1,000원이다.
- 사진을 인화하는 데 든 총비용은 21,000원이며, 배송비는 무료이다.
- 각 사진 사이즈는 적어도 1개 이상 인화하였다.

① 36장
② 42장
③ 48장
④ 59장
⑤ 61장

09 다음 자료를 참고할 때, 성격이 다른 것을 고르면?

> 비용은 크게 제품 생산 또는 서비스를 창출하기 위해 직접 소비되는 비용인 직접비용과 제품 생산 또는 서비스를 창출하기 위해 소비된 비용 중에서 직접비용을 제외한 비용으로, 제품 생산에 직접 관련되지 않은 비용인 간접비용으로 나눌 수 있다.

① 보험료　　　　　　　　　　　② 건물관리비
③ 잡비　　　　　　　　　　　　④ 통신비
⑤ 광고비

10 다음 상황을 참고할 때, A씨가 물적자원을 적절하게 활용하지 못하는 이유와 가장 거리가 먼 것은?

> 〈상황〉
>
> A씨는 홈쇼핑이나 SNS 광고를 보다가 혹하여 구매를 자주 하는데, 이는 지금 당장 필요 없지만 추후에 필요할 경우가 반드시 생길 것이라 생각하기 때문이다. 이렇다 보니 쇼핑 중독 수준에 이르러 집에는 포장도 뜯지 않은 박스들이 널브러져 있다. 이에 A씨는 오늘 모든 물품들을 정리하였는데, 지금 당장 필요한 것만 빼놓고 나머지를 창고에 마구잡이로 올려놓는 식이었다. 며칠 뒤 A씨는 전에 샀던 물건이 필요하게 되어 창고를 들어갔지만, 물건이 순서 없이 쌓여져 있는 탓에 찾다가 포기하고 돌아서 나오다가 옆에 있던 커피머신을 떨어뜨려 고장이 났다.

① 물품을 정리하지 않고 보관한 경우
② 물품의 보관 장소를 파악하지 못하는 경우
③ 물품이 훼손된 경우
④ 물품을 분실한 경우
⑤ 물품을 목적 없이 구입한 경우

11 다음 중 제시된 상황의 고객 유형에 대처하는 방법으로 가장 적절한 것은?

〈상황〉

직원 : 반갑습니다. 고객님, 찾으시는 제품 있으신가요?

고객 : 아이가 에어드레서가 필요하다고 해서요, 제품 좀 보러 왔어요.

직원 : 그렇군요. 그럼 고객님, K제품 한번 보시겠어요? 이번에 나온 신제품인데요, 기존 제품이 살균과 미세먼지 제거 기능 및 냄새 분해 기능만 있었다면, 이 제품은 그 기능에 더하여 바이러스 제거 기능이 추가되었습니다. 요즘 같은 코로나19 상황에 가장 적합한 제품입니다.

고객 : 가격이 얼마인가요?

직원 : 가격은 기존 제품의 약 1.8배 정도로 75만 원이지만, 이번에 저희 매장에서 2021년도 신제품은 5%의 할인이 적용되기 때문에 지금 타사 대비 최저가로 구매가 가능합니다.

고객 : 아, 비싸네요. 근데 바이러스가 눈에 안 보이는데 정말 제거되는지 믿을 수 있나요? 그냥 신제품이라고 좀 비싸게 파는 건 아닐까 생각이 드네요.

① 잠자코 고객의 의견을 경청하고 사과를 하도록 한다.
② 고객의 이야기를 경청하고, 맞장구치고, 추켜세우고, 설득한다.
③ 분명한 증거나 근거를 제시하여 고객이 확신을 갖도록 유도한다.
④ 과시욕이 충족될 수 있도록 고객의 언행을 제지하지 않고 인정해 준다.
⑤ 의외로 단순하게 생각하는 면이 있으므로 고객의 호감을 얻기 위해 노력한다.

12 다음 자료를 참고할 때 감정은행계좌 저축에 해당하지 않는 것은?

우리가 은행에 계좌를 만들고 이를 통해 예치와 인출을 하듯이, 인간관계 속에서도 신뢰를 구축하거나 무너뜨릴 수 있는 감정은행계좌라는 것이 존재한다. 이는 사람들이 같은 행동을 하더라도 이 감정은행계좌에 신뢰가 많고 적음에 따라 그 사람의 행동이 달리 판단되도록 한다. 예를 들어 평소 감정은행계좌를 통해 서로 신뢰를 구축한 어떤 사람이 실수를 한다면, 무슨 일이 있었을 것이라 생각하며 그 실수에 대해 이해하고 용서하려 했을 확률이 높다. 하지만, 평소 감정은행계좌로 구축한 신뢰가 적은 경우라면, 그 사람에 대해 성실하지 않고 일을 대충하는 사람으로 생각했을 확률이 높았을 것이다. 따라서 사람과 사람 사이의 평소 감정은행계좌의 저축은 매우 중요한 사안이다.

① 상대방에 대한 이해와 배려
② 사소한 일에 대한 관심
③ 약속 이행 및 언행일치
④ 칭찬하고 감사하는 마음
⑤ 반복적인 사과

13 다음 자료를 참고할 때, 기술경영자의 역할이 아닌 것은?

> 기술경영자에게는 리더십, 기술적인 능력, 행정능력 외에도 다양한 도전을 해결하기 위한 여러 능력들이 요구된다. 기술개발이 결과 지향적으로 수행되도록 유도하는 능력, 기술개발 과제의 세부 사항까지도 파악할 수 있는 능력, 기술개발 과제의 전 과정을 전체적으로 조망할 수 있는 능력이 그것이다. 또한, 기술개발은 기계적인 관리보다는 조직 및 인간 행동상의 요인들이 더 중요하게 작용되는 사람 중심의 진행이다. 그렇기 때문에 기술의 성격 및 이와 관련된 동향·사업 환경 등을 이해할 수 있는 능력과 기술적인 전문성을 갖춰 팀원들의 대화를 효과적으로 이끌어 낼 수 있는 능력 등 다양한 능력을 필요로 하고 있다. 이와 달리 중간급 매니저라 할 수 있는 기술관리자에게는 기술경영자와는 조금 다른 능력이 필요한데, 이는 기술적 능력에 대한 것과 계획서 작성, 인력 관리, 예산 관리, 일정 관리 등 행정능력에 대한 것이다.

① 시스템적인 관점에서 인식하는 능력
② 기술을 효과적으로 평가할 수 있는 능력
③ 조직 내의 기술 이용을 수행할 수 있는 능력
④ 새로운 제품개발 시간을 단축할 수 있는 능력
⑤ 기술을 기업의 전반적인 전략 목표에 통합시키는 능력

14 다음 글에서 설명하는 논리적 오류로 적절한 것은?

> 한 법정에서 피의자에 대해 담당 검사는 다음과 같이 주장하였다. "피의자는 과거에 사기 전과가 있으나, 반성하는 기미도 없이 문란한 사생활을 지속해 오고 있습니다. 과거에 마약을 복용하기도 하였으며, 술에 취해 폭력을 가한 적도 있습니다. 따라서 죄질이 나쁘므로 살인 혐의로 기소하고, 법적 최고형을 구형하기 바랍니다."

① 허수아비 공격의 오류
② 피장파장의 오류
③ 애매성의 오류
④ 성급한 일반화의 오류

15 최근 들어 팀제의 필요성이 커지고 있다. 다음 〈보기〉에서 팀제의 성과를 높이기 위한 방법으로 옳은 것을 모두 고르면?

> **보기**
> ㄱ. 팀의 구성원의 수는 많을수록 좋다.
> ㄴ. 팀은 다양한 특성의 사람을 모두 섞는 것이 좋다.
> ㄷ. 개인적인 퍼포먼스를 위주로 인센티브를 제공한다.
> ㄹ. 의미가 있는 비전을 갖게 하고, 구체적인 목표를 설정한다.

① ㄱ, ㄷ   ② ㄴ, ㄹ
③ ㄱ, ㄹ   ④ ㄴ, ㄷ

16 다음은 해양환경공단 총무부에서 교육자료로 배부하고자 하는 직장 내 성예절과 관련된 지침이다. 다음 중 적절하지 않은 설명을 모두 고르면?

> 〈공단 내 성예절 준수 지침〉
> ㄱ. 성희롱은 성폭행과 달리 형사처벌 대상에 해당되며, 사내 징계대상에도 해당한다.
> ㄴ. 성희롱 해당여부를 판단하는 법적 기준은 가해자의 의도성이다.
> ㄷ. 직장 내에서 남성과 여성은 동등한 책임과 역할을 다함으로써 동등한 지위를 보장받아야 한다.
> ㄹ. 성 관련 문제를 예방하기 위해서는 평소 직장 내 상스러운 언어 등을 자제하고, 개인과 회사의 품위를 지키는 행실을 체화하여야 한다.

① ㄱ, ㄴ   ② ㄱ, ㄷ
③ ㄴ, ㄷ   ④ ㄴ, ㄹ
⑤ ㄷ, ㄹ

17 다음은 신입사원이 업무를 위해 출장을 가서 한 행동이다. 옳지 않은 행동은?

> 신입사원 A는 업무상 B기업으로 출장을 갔다. 그곳에서 이번 사업 협상자를 만나 ㉠ 오른손으로 악수를 하면서, ㉡ 가볍게 고개를 숙였다. 이어서 ㉢ 먼저 명함을 꺼내 ㉣ 협상자에게 오른손으로 주었고, 협상자의 명함을 한 손으로 받은 후 ㉤ 명함을 보고난 후 탁자 위에 보이게 놓은 채 대화를 하였다.

① ㉠   ② ㉡
③ ㉢   ④ ㉣
⑤ ㉤

18 다음은 SMART 법칙에 대한 사례이다. 연결이 올바르지 않은 것은?

① S(Specific) : 1년 후 시험에 합격하여 취업에 성공하기
② M(Measurable) : 합격점이 넘을 때까지 이론 외우기
③ A(Action-oriented) : 매일 시험 관련 동영상 수업 보기
④ R(Realistic) : 1년 안에 모의고사 합격 컷 70점 넘기기
⑤ T(Time Limited) : 한 달에 문제집 한 권 풀기

19 다음은 기술선택으로 성공한 사례이다. 다음 중 사례에서 확인할 수 있는 벤치마킹으로 적절한 것은?

> 스타벅스코리아는 모바일 앱으로 커피 주문과 결제를 모두 할 수 있는 사이렌 오더를 처음으로 시행하였다. 시행
> 이후 스타벅스 창업자는 'Fantastic!!'이라는 메일을 보냈고, 이후 스타벅스코리아의 전체 결제 중 17% 이상이 사이
> 렌 오더를 이용하고 있다. 국내뿐 아니라 미국, 유럽, 아시아 등의 여러 국가의 스타벅스 매장에서 이를 벤치마킹하
> 여 사이렌 오더는 스타벅스의 표준이 되었다.

① 글로벌 벤치마킹   ② 내부 벤치마킹
③ 비경쟁적 벤치마킹   ④ 경쟁적 벤치마킹
⑤ 직접적 벤치마킹

20 다음은 한국가스안전공사의 고객 불만사항에 대한 처리 프로세스이다. ㉠, ㉡에 들어갈 말로 옳은 것은?

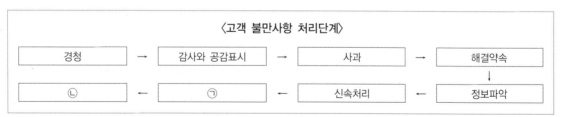

〈고객 불만사항 처리단계〉

경청 → 감사와 공감표시 → 사과 → 해결약속
↓
㉡ ← ㉠ ← 신속처리 ← 정보파악

	㉠	㉡
①	처리내용 내부 확인	처리 확인과 사과
②	처리내용 내부 확인	피드백
③	처리 확인과 사과	고객평가 수신
④	처리 확인과 사과	피드백
⑤	처리사항 재안내	피드백

2020년 기출문제

정답 및 해설 p.7

| 한국철도공사 토목직

01 다음 중 제시된 단어의 쓰임이 올바른 것은?

> • 대한민국은 전 세계에서 ㉠ (유례 / 유래)를 찾아볼 수 없는 초고속 발전을 이루었다.
> • 현재 사용하는 민간요법의 상당수는 옛 한의학에서 ㉡ (유례 / 유래)한 것이다.
> • A후보는 이번 선거에서 중산층 강화를 위한 입법을 ㉢ (공약 / 공략)으로 내걸었다.
> • A기업은 국내 시장을 넘어 세계 시장을 ㉣ (공약 / 공략)하고자 한다.

	㉠	㉡	㉢	㉣
①	유례	유래	공약	공략
②	유래	유례	공략	공약
③	유례	유래	공략	공약
④	유래	유례	공약	공략
⑤	유례	유래	공략	공략

| 한국철도공사 토목직

02 다음 대화에 대한 설명으로 옳지 않은 것은?

> ㉠ 철수 : 영희야, 오랜만이야. 너 아직 그 동네에 살고 있니?
>   영희 : 응, 철수야. 난 서울시 마포구 큰우물로15, A아파트 105동 101호에 그대로 살고 있어.
> ㉡ 소희 : 오늘 오후에 어디 갔다 왔니?
>   미진 : 수영하고 왔어. 몸이 너무 상쾌해서 날아갈 것 같아.
> ㉢ 김 부장 : 이 대리, 오 주임은 아직 출근 안 했나?
>   이 대리 : 전화해 보겠습니다.
> ㉣ 갑돌 : 을돌아, 넌 한 달에 핸드폰 요금이 얼마나 나오니?
>   을돌 : 글쎄, 쓴 만큼 나오더라고.

① ㉠은 필요 이상의 정보를 제공하지 말라는 양의 격률에 위배되었다.
② ㉡은 진실되지 않은 것은 말하지 말라는 질의 격률에 위배되었다.
③ ㉢은 전후 맥락에 맞춰 대화를 이어나가야 한다는 관계의 격률에 위배되었다.
④ ㉣은 표현의 모호성을 피하라는 태도의 격률에 위배되었다.
⑤ ㉠~㉣은 직접적 표현을 피하고 함축적인 의미를 가진 표현을 사용하였다.

03 다음 중 밑줄 친 단어의 맞춤법이 올바르게 짝지어진 것은?

> 오늘은 <u>웬지</u> 아침부터 기분이 좋지 않았다. 회사에 가기 싫은 마음을 다독이며 출근 준비를 하였다. 회사에 겨우 도착하여 업무용 컴퓨터를 켰지만 모니터 화면에는 아무것도 보이지 않았다. 심각한 바이러스에 노출된 컴퓨터를 힘들게 복구했지만 <u>며칠</u> 동안 힘들게 작성했던 문서가 <u>훼손</u>되었다. 당장 오늘까지 제출해야 하는 문서인데 이 문제를 <u>어떻게</u> 해결해야 할지 걱정이 된다. 문서를 다시 <u>작성하든지</u>, 팀장님께 사정을 <u>말씀드리던지</u> 해결책을 찾아야만 한다. 현재 나의 간절한 <u>바램</u>은 이 문제가 무사히 해결되는 것이다.

① 웬지, 며칠, 훼손
② 며칠, 어떻게, 바램
③ 며칠, 훼손, 작성하든지
④ 며칠, 말씀드리던지, 바램
⑤ 어떻게, 말씀드리던지, 바램

04 다음 표준 발음법에 따른 단어의 표준 발음으로 옳지 않은 것은?

> 〈표준 발음법〉
>
> 제5항 'ㅑ, ㅒ, ㅕ, ㅖ, ㅘ, ㅙ, ㅛ, ㅝ, ㅞ, ㅠ, ㅢ'는 이중 모음으로 발음한다.
> 다만 1. 용언의 활용형에 나타나는 '져, 쪄, 쳐'는 [저, 쩌, 처]로 발음한다.
>   예 가지어 → 가져[가저]   다치어 → 다쳐[다처]
> 다만 2. '예, 례' 이외의 'ㅖ'는 [ㅔ]로도 발음한다.
>   예 몌별[몌별 / 메별](袂別)   개폐[개폐 / 개페](開閉)
>   혜택[혜택 / 헤택](惠澤)   지혜[지혜 / 지헤](智慧)
> 다만 3. 자음을 첫소리로 가지고 있는 음절의 'ㅢ'는 [ㅣ]로 발음한다.
>   예 늴리리   닁큼
>   무늬   띄어쓰기
>   씌어   틔어
>   희어   희떱다
>   희망   유희
> 다만 4. 단어의 첫음절 이외의 '의'는 [ㅣ]로, 조사 '의'는 [ㅔ]로 발음함도 허용한다.

① '떡을 쪄 먹다'의 '쪄'는 표준 발음법 제5항 다만 1에 따라 [쩌]로 발음한다.
② '오골계'의 '계'는 표준 발음법 제5항 다만 2에 따라 [계] 또는 [게]로 발음한다.
③ '가정의 행복'의 '의'는 표준 발음법 제5항 다만 4에 따라 [이]로 발음한다.
④ '민주주의'의 '의'는 표준 발음법 제5항 다만 4에 따라 [이]로 발음한다.
⑤ '강의를 듣다'의 '의'는 표준 발음법 제5항에 [의]로 발음한다.

05 다음 중 단어의 발음이 올바르게 표기된 것은?

① 공권력[공꿘녁]
② 입원료[입원뇨]
③ 물난리[물난리]
④ 광한루[광ː한누]
⑤ 이원론[이ː월론]

06 다음 중 밑줄 친 표현으로 옳지 않은 것은?

① 부장님께 결재를 받아 협력업체에 결제를 해주었다.
② 첫 출근에 다른 부서와 사무실이 비슷해서 혼돈했다. 혼동의 날이었다.
③ 처음에는 업무가 익숙하지 않아 한나절 걸렸었는데, 이제는 반나절이면 충분하다.
④ 팀장님께서는 비효율적인 업무 방법을 지양하고 효율적인 방법을 지향하라고 하셨다.
⑤ 팀원들과 협의를 통해 최종 결정을 합의했다.

07 다음 중 밑줄 친 ㉠과 ㉡의 관계와 다른 것은?

제천시의 산채건강마을은 산과 하천이 어우러진 전형적인 산촌으로, 돌과 황토로 지은 8개 동의 전통 ㉠ 가옥 펜션과 한방 명의촌, 한방주 체험관, 황토 게르마늄 구들 찜질방, 약용 식물원 등의 시설을 갖추고 있다.
산채건강마을의 한방주 체험관에서는 전통 가양주를 만들어 보는 체험을 할 수 있다. 체험객들은 개인의 취향대로 한약재를 골라 넣어 가양주를 담그고, 자신이 직접 담근 가양주는 ㉡ 집으로 가져갈 수 있다.

① 친구(親舊) : 벗
② 수확(收穫) : 벼
③ 금수(禽獸) : 짐승
④ 계란(鷄卵) : 달걀
⑤ 주인(主人) : 임자

08 다음 밑줄 친 ㉠ ~ ㉤ 중 단어의 사용이 적절하지 않은 것은?

> 서울시는 '공동주택 공동체 활성화 공모 사업' 5년 차를 맞아 아파트 단지의 ㉠ 자생력(自生力)을 강화하도록 지원 내용을 변경할 예정이다. 기존에는 사업비 자부담률이 지원 연차와 관계없이 일괄적으로 적용되었지만, 앞으로는 연차에 따라 ㉡ 차등(次等) 적용된다. 한편, 서울시는 한 해 동안의 공동체 활성화 사업의 성과와 우수사례를 소개하고 공유하는 '공동주택 공동체 활성화 사업 우수사례발표회'를 개최하고 있다. 지난해 개최된 발표회에서는 심사를 거쳐 ㉢ 엄선(嚴選)된 우수단지의 사례를 발표한 바 있다. 올해도 이웃 간 소통과 교류를 통해 아파트 공동체를 회복하고 각종 생활 불편들을 자발적으로 해결해나가는 방안을 ㉣ 도출(導出)하여 '살기 좋은 아파트 만들기 문화'를 확산해 나갈 예정이다. 서울시 관계자는 "공동주택이라는 주거 공동체가 공동체 활성화 사업을 통해 ㉤ 지속적(持續的)으로 교류하고 소통할 수 있도록 적극적으로 지원해나가겠다."고 말했다.

① ㉠

② ㉡

③ ㉢

④ ㉣

⑤ ㉤

09 다음 빈칸 ㉠ ~ ㉣에 들어갈 단어가 바르게 연결된 것은?

> 시중에 판매 중인 손 소독제 18개 제품을 수거해 에탄올 _____㉠_____ 의 표준 제조 기준 검사를 실시한 결과, 식약처 표준 제조 기준에 미달하는 제품 7개를 적발하였다. 이들 제품 중에는 변경 허가 없이 다른 소독제 _____㉡_____ 을 섞거나 _____㉢_____ 에 물을 혼합해 생산한 제품도 있었다. 식약처 의약외품 표준 제조 기준에 의하면 손 소독제는 54.7 ~ 70%의 에탄올을 _____㉣_____ 해야 한다.

	㉠	㉡	㉢	㉣
①	함량	성분	원료	함유
②	함량	성분	원료	내재
③	함량	성질	원천	내재
④	분량	성질	원천	함유
⑤	분량	성분	원천	함유

10 다음 중 설명서를 작성할 때 유의할 점으로 옳은 것은?

① 추상적 명사를 사용한다.

② 전문용어는 가능한 사용하지 않는다.

③ 능동태보다는 수동태의 동사를 사용한다.

④ 여러 가지 명령을 포함하는 문장으로 작성한다.

11 다음 두 수열에서 빈칸에 공통으로 들어갈 수는?

수열 1		2	5	( )		−2	−5	−3	2
수열 2		27	81	9	243	( )		729	1

① 1

② 2

③ 3

④ 5

⑤ 9

12 H공사에서 새로운 역을 건설하려고 한다. 출발역과 도착역 간의 거리는 1,120km이며, 출발역, 350km, 840km 지점에 각각 역을 만들고, 도착역에도 역을 건설할 계획이다. 또한 모든 역 사이의 구간마다 일정한 간격으로 새로 역을 만들 때, 역은 최소 몇 개 만들 수 있는가?

① 16개

② 17개

③ 20개

④ 23개

⑤ 28개

13 동양역과 서양역은 100km 거리에 있으며, 편도로 1시간이 걸린다고 한다. 동양역의 경우 20분마다, 서양역은 15분마다 기차가 출발한다. 동양역과 서양역에서 서로의 역을 향하여 10시에 첫 기차가 출발할 때, 두 번째로 50km인 지점에서 만나는 시각은 몇 시인가?(단, 모든 기차의 속력은 같다)

① 10시 30분   ② 11시 00분
③ 11시 30분   ④ 12시 00분
⑤ 12시 30분

14 A사원은 콘퍼런스에 참석하기로 했다. 공항버스, 비행기, 시외버스를 모두 이용하여 도착한다고 할 때, A사원이 콘퍼런스에 제시간에 도착하지 못할 확률은?(단, 확률을 구할 때 소수점 이하는 버림한다)

- 공항버스를 타고 제시간에 □□공항에 도착할 확률은 95%이다.
- □□공항에서 비행기를 타고 제시간에 ○○공항에 도착할 확률은 88%이다.
- ○○공항에서 시외버스를 타고 제시간에 콘퍼런스에 도착할 확률은 92%이다.

① 20%   ② 23%
③ 25%   ④ 28%
⑤ 30%

15 신입사원 5명 중 가장 나이가 적은 사람과 가장 나이가 많은 사람의 나이 차는?

- 신입사원은 5명이다.
- 신입사원의 평균 나이는 28.8세이다.
- 중앙값은 28세, 최빈값은 32세이다.

① 7세   ② 9세
③ 11세   ④ 13세
⑤ 15세

16 K음식점은 오픈기념 행사를 진행 중이다. 사은품으로 1등은 10만 원짜리 상품권, 2등은 3만 원짜리 보조배터리, 3등은 2만 원짜리 미니선풍기를 준비하였다. 1등부터 3등까지 당첨되는 인원은 총 29명이며, 사은품 증정에 사용한 비용은 총 88만 원이었다. 2등 당첨자가 1등 당첨자 수의 2배라고 할 때, 3등 당첨자는 몇 명인가?

① 17명   ② 18명
③ 19명   ④ 20명
⑤ 21명

17 M회사에서 8월 첫째 주부터 셋째 주 중 한 주에 두 명씩 여름휴가를 신청할 수 있다. 인원이 6명인 부서에서 기준에 맞추어 여름휴가를 신청할 수 있는 방법은 모두 몇 가지인가?(단, 요일은 고려하지 않는다)

① 90가지   ② 81가지
③ 72가지   ④ 63가지
⑤ 54가지

18 손 세정제를 판매하는 A기업 마케팅부의 오 차장은 세정제의 가격 인상을 고려하고 있다. 세정제의 현재 가격 및 판매량과 가격 인상에 따른 판매량 변화는 다음과 같다. 매출액이 최대일 때의 손 세정제의 가격은?

〈손 세정제〉

- 현재 가격 : 2,000원
- 현재 판매량 : 6,000개

〈가격 변화에 따른 영향〉

가격을 $2x$ 원 인상하였을 때, 판매량은 $3x$ 개 감소한다.

---

① 4,000원   ② 3,500원
③ 3,000원   ④ 2,500원
⑤ 2,000원

19 경영지원부의 김 부장은 사내 소프트볼 대회에 앞서 소프트볼 구장의 잔디 정리를 하려고 한다. 소프트볼 구장에 대한 정보가 다음과 같을 때, 잔디 정리를 해야 할 면적은 얼마인가?

〈잔디 정리 면적〉

다음 그림의 색칠된 부분의 잔디를 정리하여야 한다.

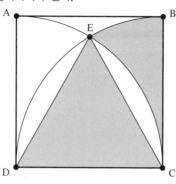

〈소프트볼 구장〉

• 소프트볼 구장은 가로, 세로가 12인 정사각형 모양이다.
• 점 E는 각각 점 C, D에서 부채꼴 모양을 그린 뒤 두 호가 만나는 지점이다.

① $72\sqrt{3} - 12\pi$

② $72\sqrt{3} - 11\pi$

③ $36\sqrt{3} - 12\pi$

④ $36\sqrt{3} - 11\pi$

⑤ $36\sqrt{3} - 10\pi$

20 집에서 도서관을 거쳐 영화관에 갔다가 되돌아오려고 한다. 집에서 도서관에 가는 길은 3가지이고, 도서관에서 영화관에 가는 길은 4가지일 때, 다음 〈조건〉을 만족하는 모든 경우의 수는?

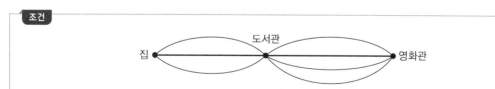

• 도서관에서 영화관을 다녀올 때 같은 길을 이용한다면, 집과 도서관 사이에는 다른 길을 이용해야 한다.
• 도서관에서 영화관을 다녀올 때 다른 길을 이용한다면, 집과 도서관 사이에는 같은 길을 이용해야 한다.

① 12가지

② 48가지

③ 60가지

④ 128가지

⑤ 144가지

21 김 대리는 대전으로, 이 대리는 부산으로 출장을 간다. 출장에서의 업무가 끝난 후 김 대리와 이 대리는 K지점에서 만나기로 하였다. 다음 〈조건〉을 참고하여 김 대리와 이 대리가 같은 시간에 K지점으로 출발했을 때, 이 대리는 시속 몇 km로 이동했는가?

> **조건**
> • 대전과 부산의 거리는 500km이다.
> • 김 대리는 시속 80km로 이동했다.
> • 대전에서 200km 떨어진 지점인 K지점에서 만나기로 하였다.
> • 이 대리의 속력은 김 대리보다 빠르다.
> • 이 대리는 김 대리보다 4시간 30분 늦게 K지점에 도착했다.
> • 대전, K지점, 부산은 일직선상에 있다.

① 80km   ② 90km
③ 100km   ④ 110km
⑤ 120km

22 K공사가 공사 내 공원에 다음 그림의 흰색 부분과 같이 산책로를 조성하려고 할 때, 산책로의 폭으로 옳은 것은?

> • 공원의 넓이는 가로 18m, 세로 10m이다.
> • 산책로가 아닌 면적의 넓이는 153m²이다.
> • 산책로의 폭은 일정하다.

① 1m   ② 2m
③ 3m   ④ 4m
⑤ 5m

23 K공장은 상품을 만들면서 안정성 검사와 기능 검사를 병행하고 있다. 1시간 동안 안정성 검사와 기능 검사를 동시에 받는 상품은 몇 개인가?

> • 상품은 15초에 1개씩 만들어진다.
> • 안정성 검사는 12번째 상품마다 검사한다.
> • 기능 검사는 9번째 상품마다 검사한다.

① 12개　　　　　　　　　　　② 10개
③ 8개　　　　　　　　　　　　④ 6개
⑤ 4개

24 K회사의 가 ~ 바 지사장은 각각 여섯 개의 지사로 발령받았다. 다음 〈조건〉을 보고, A ~ F지사로 발령된 지사장의 순서를 바르게 나열한 것은?

> 조건
> • 본사 - A - B - C - D - E - F 순서로 일직선에 위치하고 있다.
> • 다 지사장은 마 지사장 바로 옆 지사에 근무하지 않으며, 나 지사장과 나란히 근무한다.
> • 라 지사장은 가 지사장보다 본사에 가깝게 근무한다.
> • 마 지사장은 D지사에 근무한다.
> • 바 지사장이 근무하는 지사보다 본사에 가까운 지사는 1개이다.

① 바 - 가 - 나 - 마 - 다 - 라
② 라 - 바 - 가 - 마 - 나 - 다
③ 가 - 바 - 나 - 마 - 라 - 다
④ 나 - 다 - 라 - 마 - 가 - 바
⑤ 다 - 나 - 바 - 마 - 가 - 라

25 경력직 채용공고를 통해 서류를 통과한 지원자 은지, 지현, 영희는 임원면접을 진행하고 있다. 4명의 임원은 지원자에게 각각 '상, 중, 하' 중 하나의 점수를 줄 수 있으며, 2인 이상에게 '상'을 받은 지원자는 최종 합격, 3인 이상에게 '하'를 받은 지원자는 탈락한다고 한다. 다음 〈조건〉에 따라 항상 옳은 것은?

> **조건**
> • 임원들은 3명에게 각각 '상, 중, 하'를 하나씩 주었다.
> • 사장은 은지에게 '상'을 주고, 다른 한 명에게는 회장보다 낮은 점수를, 다른 한 명에게는 회장과 같은 점수를 주었다.
> • 이사는 지원자에게 사장과 같은 점수를 주었다.
> • 인사팀장은 한 명에게 '상'을 주었으며, 영희에게는 사장이 준 점수보다 낮은 점수를 주었다.

① 회장이 은지에게 '하'를 주었다면, 은지는 탈락한다.
② 회장이 영희에게 '상'을 주었다면, 영희가 최종 합격한다.
③ 인사팀장이 지현이에게 '중'을 주었다면, 지현이는 탈락한다.
④ 인사팀장이 지현이에게 '상'을 주었다면, 지현이는 탈락하지 않는다.
⑤ 인사팀장이 은지에게 '상'을 주었다면, 은지가 최종 합격한다.

26 다음은 S전자 주식에 1월 2일에 100,000원을 투자한 후 매일 주가 등락률을 정리한 자료이다. 다음을 참고하여 주식을 모두 매도했을 때 옳은 것은?(단, 수수료는 생각하지 않는다.)

〈전일 대비 주가 등락률〉

구분	1월 3일	1월 4일	1월 5일	1월 6일	1월 7일
등락률	10% 상승	20% 상승	10% 하락	20% 하락	10% 상승

① 1월 5일에 매도할 경우 5,320원 이익이다.
② 1월 6일에 매도할 경우 이익률은 −6.9%이다.
③ 1월 4일은 매도할 경우 이익률은 30%이다.
④ 1월 6일에 매도할 경우 4,450원 손실이다.
⑤ 1월 7일에 매도할 경우 주식가격은 104,544원이다.

27 A ~ E가 기말고사를 봤는데, 이 중 2명은 부정행위를 하였다. 부정행위를 한 2명은 거짓을 말하고 부정행위를 하지 않은 3명은 진실을 말할 때, 다음 진술을 보고 부정행위를 한 사람끼리 짝지은 것으로 옳은 것은?

> • A : D는 거짓말을 하고 있어.
> • B : A는 부정행위를 하지 않았어.
> • C : B가 부정행위를 했어.
> • D : 나는 부정행위를 하지 않았어.
> • E : C가 거짓말을 하고 있어.

① A, B   ② B, C
③ C, D   ④ C, E
⑤ D, E

28 K기업이 100억 원으로 예금과 채권에 분산 투자하려고 할 때, 1년에 10억 원의 이익을 얻으려면 채권에 얼마를 투자해야 하는가?(단, 이익은 세금을 제한 금액이다)

> • 100억 원을 모두 투자해야 한다.
> • 예금 이익은 연 10%, 채권 이익은 연 14%이다.
> • 예금과 채권 이익의 20%는 세금이다.

① 45억 5천만 원   ② 47억 5천만 원
③ 50억 원   ④ 62억 5천만 원
⑤ 65억 원

29 다음 중 기술의 특징에 대한 설명으로 옳은 것은?

① 노하우(Know-How)와 노와이(Know-Why)는 각각 암묵적 지식과 명시적 지식에 해당한다.
② 노하우(Know-How)는 주로 과학적인 탐구에 의해 얻어진다.
③ 노와이(Know-Why)는 경험적이고 반복적인 행위를 통해 얻어진다.
④ 노하우(Know-How)와 노와이(Know-Why)는 과학과 마찬가지로 추상적 이론이나 지식을 위한 지식, 본질에 대한 이해를 강조한다.

30 다음 중 브레인스토밍의 진행 방법으로 적절하지 않은 것은?

① 주제를 구체적이고 명확하게 정한다.

② 실현 가능성이 없는 아이디어는 단호하게 비판한다.

③ 되도록 다양한 분야의 사람들을 구성원으로 참석시킨다.

④ 리더는 누구나 자유롭게 발언할 수 있도록 구성원을 격려한다.

31 다음 중 〈보기〉와 관련된 자기인식에 대한 설명으로 옳지 않은 것은?

> **보기**
>
> ㉠ 이력서에 적힌 개인정보를 바탕으로 보직이 정해졌다.
> ㉡ 일을 하면서 몰랐던 적성을 찾았다.
> ㉢ 지시에 따라 적성에 맞지 않은 일을 계속하였다.
> ㉣ 상사가 나에게 일에 대한 피드백을 주었다.
> ㉤ 친한 동료와 식사를 하면서 나의 꿈을 이야기했다.
> ㉥ 나의 평판에 대해 직장 동료나 상사에게 물어본다.

① ㉣은 눈먼 자아와 연결된다.

② ㉡은 아무도 모르는 자아와 연결된다.

③ ㉠은 공개된 자아와 연결된다.

④ ㉥은 숨겨진 자아와 연결된다.

⑤ 조셉과 해리 두 심리학자가 '조해리의 창' 이론을 만들었다.

32 다음 〈보기〉 중 고객접점서비스에 대한 설명으로 옳은 것을 모두 고르면?

> **보기**
>
> ㄱ. 덧셈 법칙이 적용된다.
> ㄴ. 처음 만났을 때의 15초가 중요하다.
> ㄷ. 서비스 요원이 책임을 지고 고객을 만족시킨다.
> ㄹ. 서비스 요원의 용모와 복장이 중요하다.
> ㅁ. 고객접점서비스를 강화하기 위해서는 서비스 요원의 권한을 약화시켜야 한다.

① ㄱ, ㄴ, ㄷ   ② ㄴ, ㄷ, ㄹ
③ ㄷ, ㄹ, ㅁ   ④ ㄱ, ㄷ, ㄹ, ㅁ
⑤ ㄱ, ㄴ, ㄷ, ㄹ, ㅁ

33 다음 중 거절에 대한 설명으로 옳지 않은 것은?

○○공사	입사를	축하합니다
응할 수 없는 이유를 설명한다	거절은 되도록 늦게 해야 한다	보호하지 않고 단호하게 거절한다
어러분	**환영합니다**	
정색하지 않는다	도움을 주지 못한 것에는 아쉬움을 표현한다	

① ○○공사   ② 입사를
③ 축하합니다.   ④ 여러분
⑤ 환영합니다.

34 다음 중 우리나라 직장인에게 요구되는 직업윤리와 가장 관련이 없는 것은?

① 전문성   ② 성실성
③ 신뢰성   ④ 창의성
⑤ 협조성

35 다음 중 감정은행계좌에 대한 설명으로 가장 적절하지 않은 것은?

〈감정은행계좌〉

1. 감정은행계좌란?

인간관계에서 구축하는 신뢰의 정도를 은유적으로 표현한 것으로, 만약 우리가 다른 사람에 대해 공손하고 친절하며 정직하고 약속을 지킨다면 우리는 감정을 저축하는 것이 되고, 무례하고 불친절한 행동 등을 한다면 감정을 인출하는 것이 된다.

2. 감정은행계좌 주요 예입수단

내용	사례
상대방에 대한 이해심	여섯 살 아이는 벌레를 좋아하였지만, 아이의 행동을 이해하지 못한 부모는 벌레를 잡아 내쫓았다. 결국 아이는 크게 울고 말았다.
사소한 일에 대한 관심	두 아들과 여행을 간 아버지는 막내아들이 추워하자 입고 있던 자신의 코트를 벗어 막내아들에게 입혔다. 여행에서 돌아온 뒤 표정이 좋지 않은 큰아들과 이야기를 나누어보니 동생만 챙긴다고 서운해하고 있었다.
약속의 이행	A군과 B군이 오전에 만나기로 약속하였으나, B군은 오후가 다 되어서야 약속장소에 나왔다. A군은 앞으로 B군과 만나기로 약속할 경우 약속 시간보다 늦게 나가야겠다고 생각하였다.
기대의 명확화	이번에 결혼한 신혼부부는 결혼생활에 대한 막연한 기대감을 품고 있었다. 그러나 결혼 후의 생활이 각자 생각하던 것과 달라 둘 다 서로에게 실망하였다.
언행일치	야구선수 C는 이번 시즌에서 20개 이상의 홈런과 도루를 성공하겠다고 이야기하였다. 실제 이번 시즌에서 C가 그 이상을 해내자 사람들은 C의 능력을 확실히 믿게 되었다.
진지한 사과	D사원은 작업 수행 중 실수가 발생하면 자신의 잘못을 인정하고 사과하였다. 처음에는 상사도 이를 이해하고 진행하였으나, 같은 실수와 사과가 반복되자 이제 D사원을 신뢰하지 않게 되었다.

① 상대방을 제대로 이해하지 못하면 감정이 인출될 수 있다.
② 분명한 기대치를 제시하지 않아 오해가 생기면 감정이 인출될 수 있다.
③ 말과 행동을 일치시키거나 약속을 지키면 신뢰의 감정이 저축된다.
④ 내게 사소한 것이 남에게는 사소하지 않을 수 있다.
⑤ 잘못한 것에 대해 사과를 하면 항상 신뢰의 감정이 저축된다.

36 다음 중 (가) ~ (라)를 문맥에 맞게 순서대로 배열한 것은?

> 서울에 사는 주부 김 씨는 세탁기나 청소기 등의 가전기기를 사용하기 전에 집안에 설치된 원격검침을 꼭 확인한다. 하루 중 전기료가 가장 저렴한 시간에 가전기기를 사용해 비용을 조금이라도 줄이고자 함이다.
>
> (가) 이를 활용하여 전력 공급자는 전력 사용 현황을 실시간으로 파악하여 공급량을 탄력적으로 조절할 수 있고, 전력 소비자는 전력 사용 현황을 실시간으로 파악함으로써 이에 맞게 요금이 비싼 시간대를 피하여 사용 시간과 사용량을 조절할 수 있게 되는 것이다.
>
> (나) 비현실적으로 들리는 이 사례들은 이제 우리의 일상이 될 수 있다. 이미 스마트폰을 이용해 외부에서 원격으로 집 안의 가전기기를 조작하고, 사물인터넷을 이용해 어떤 가전기기가 언제 전기를 가장 많이 쓰는지도 스마트폰 하나로 파악할 수 있는 시대이기 때문이다.
>
> (다) 비슷한 사례로 직업상 컴퓨터 사용이 많은 웹디자이너 강 씨 역시 전기료가 가장 저렴한 심야 시간을 활용해 작업을 하다 보니 어느새 낮과 밤이 바뀌는 지경에 이르렀다.
>
> (라) 이러한 사물인터넷과 스마트그리드가 정착이 되면 미래의 전기 사용 패턴은 지금과 완전히 달라질 것이다. 기존에 발전 – 송전 – 배전 – 판매의 단계로 이루어지던 단방향 전력망이 전력 공급자와 소비자의 양방향 실시간 정보교환이 가능해지는 지능형 전력망으로 변화되기 때문이다.

① (가) – (나) – (다) – (라) 　　　② (가) – (다) – (나) – (라)
③ (나) – (다) – (가) – (라) 　　　④ (다) – (나) – (가) – (라)
⑤ (다) – (나) – (라) – (가)

37 다음 중 폼재킹에 대한 설명으로 옳지 않은 것은?

① 사용자의 결제 정보 양식(Form)을 중간에서 납치(Hijacking)한다는 의미의 합성어다.
② 사용자가 이용하는 웹사이트에 악성코드를 심어 신용카드 등의 금융정보를 탈취한다.
③ 온라인 쇼핑의 증가로 인해 피해 사례가 증가하고 있다.
④ 온라인 구매 및 결제 서비스를 제공하는 다양한 산업에서 피해가 일어나고 있다.
⑤ 카드 결제 시스템에 특수 장치를 불법으로 설치하여 카드 정보를 복사한다.

38 다음 중 제로 트러스트 모델에 대한 설명으로 옳은 것을 모두 고르면?

> ㉠ 0(Zero)과 신뢰하다(Trust)의 합성어로 아무도 신뢰하지 않는다는 뜻이다.
> ㉡ 네트워크 설계의 방향은 외부에서 내부로 설정한다.
> ㉢ IT 보안 문제가 내부에서 발생함에 따라 새롭게 만들어진 IT 보안 모델이다.
> ㉣ MFA(Multi Factor Authentication), IAM(Identity and Access Management) 등의 기술을 통해 제로 트러스트를 구현할 수 있다.

① ㉠, ㉣
② ㉡, ㉢
③ ㉠, ㉡, ㉢
④ ㉠, ㉢, ㉣
⑤ ㉡, ㉢, ㉣

39 다음 파이썬 프로그램의 실행 결과로 옳은 것은?

```
a = 0
for i in range(1, 11, 2):
    a += i
print (a)
```

① 1
② 2
③ 11
④ 25
⑤ 30

40 하경이는 생일을 맞이하여 같은 반 친구들인 민지, 슬기, 경서, 성준, 민준이를 생일 파티에 초대하였다. 하경이와 친구들이 함께 축하 파티를 하기 위해 간격이 일정한 원형 테이블에 다음과 같이 앉았을 때, 항상 참이 되는 것은?

> • 하경이의 바로 옆 자리에는 성준이나 민준이가 앉지 않았다.
> • 슬기는 성준이 또는 경서의 바로 옆 자리에 앉았다.
> • 민지의 바로 왼쪽 자리에는 경서가 앉았다.
> • 슬기와 민준이 사이에 한 명이 앉아 있다.

① 하경이는 민준이와 서로 마주 보고 앉아 있다.
② 민지는 민준이 바로 옆 자리에 앉아 있다.
③ 경서는 하경이 바로 옆 자리에 앉아 있다.
④ 민지는 슬기와 서로 마주 보고 앉아 있다.
⑤ 경서와 성준이는 서로 마주 보고 앉아 있다.

2019년 기출문제

정답 및 해설 p.16

┃ 서울교통공사

01 다음은 자아효능감에 관한 자료이다. 빈칸에 들어갈 말이 차례대로 연결된 것은?

〈자아효능감〉

반두라(Bandura)의 이론에 따르면 자아효능감(Self-efficacy)이란 자신이 어떤 일을 성공적으로 수행할 수 있는 능력이 있다고 믿는 개인적 기대와 신념을 의미한다. 반두라는 자아효능감이 (㉠) 경험을 통해 결정된다고 보았다. 이를 위해서는 실제 성공할 수 있는 수준부터 시작하여 단계별로 높여 나가며 목표를 달성하도록 해야 한다. 스스로 해낼 수 있다는 긍정적인 신념은 성공 경험이 쌓임으로써 발생하기 때문이다.

또한 반두라는 실제 자신의 (㉠)보다는 약하지만, 성공한 사람들의 경험을 간접적으로 학습하는 (㉡) 역시 자아효능감 형성에 영향을 미치는 요인으로 보았다. 다른 사람의 성공 사례를 통해 '저 사람이 할 수 있다면 나도 할 수 있다.'는 생각을 가질 수 있다는 것이다. 즉, 반두라는 개인의 행동과 반응이 다른 사람의 행동에 영향을 받는 (㉢) 경험의 역할을 강조하였다.

한편, 자신의 능력에 대한 의심이나 과제에 대한 불안은 자아효능감 형성에 좋지 않은 영향을 미친다고 보았으며, 오히려 적당한 (㉣) 상태에서 온전한 능력을 발휘할 수 있다고 보았다.

	㉠	㉡	㉢	㉣
①	모델링	정서적 각성	수행성취	사회적
②	모델링	수행성취	정서적 각성	사회적
③	정서적 각성	수행성취	모델링	정서적 각성
④	수행성취	모델링	사회적	정서적 각성
⑤	수행성취	모델링	정서적 각성	사회적

안심Touch

02 다음 빈칸에 들어갈 말이 차례대로 연결된 것은?

〈경청의 5단계〉

단계	경청 정도	내용
㉠	0%	상대방은 이야기를 하지만, 듣는 사람에게 전달되는 내용은 하나도 없는 단계
㉡	30%	상대방의 이야기를 듣는 태도는 취하고 있지만, 자기 생각 속에 빠져 있어 이야기의 내용이 전달되지 않는 단계
㉢	50%	상대방의 이야기를 듣기는 하나, 자신이 듣고 싶은 내용을 선택적으로 듣는 단계
㉣	70%	상대방이 어떤 이야기를 하는지 내용에 집중하면서 듣는 단계
㉤	100%	상대방의 이야기에 집중하면서 의도와 목적을 추측하고, 이해한 내용을 상대방에게 확인하면서 듣는 단계

	㉠	㉡	㉢	㉣	㉤
①	선택적 듣기	무시	듣는 척하기	공감적 듣기	적극적 듣기
②	듣는 척하기	무시	선택적 듣기	적극적 듣기	공감적 듣기
③	듣는 척하기	무시	선택적 듣기	공감적 듣기	적극적 듣기
④	무시	듣는 척하기	선택적 듣기	적극적 듣기	공감적 듣기

03 다음 중 맞춤법이 틀린 것은?

재정 추계는 국민연금 재정수지 상태를 점검하고 제도발전 방향을 논의하기 위해 5년마다 실시하는 법정 제도로, 1998년 도입되어 그간 2018년까지 4차례 수행되어 왔다. 재정 추계를 수행하기 위해서는 보험료 수입과 지출의 흐름이 전제되어야 한다. 이를 산출하기 위해서는 투입되는 주요 변수에 대한 가정이 필요하다. 대표적인 가정 변수로는 인구 가정, 임금, 금리 등과 같은 거시경제변수와 기금운용수익율 그리고 제도변수가 있다.

① 추계
② 그간
③ 전제
④ 수익률

04 다음 밑줄 친 단어와 의미가 유사한 것은?

흑사병은 페스트균에 의해 발생하는 급성 열성 감염병으로, 쥐에 기생하는 벼룩에 의해 사람에게 전파된다. 국가위생건강위원회의 자료에 따르면 중국에서는 최근에도 간헐적으로 흑사병 확진 판정이 나온 바 있다. 지난 2014년에는 중국 북서부에서 38살의 남성이 흑사병으로 목숨을 잃었으며, 2016년과 2017년에도 각각 1건씩 발병 사례가 확인됐다.

① 근근이
② 자못
③ 이따금
④ 빈번히
⑤ 흔히

05 다음 글과 관련 있는 속담으로 가장 적절한 것은?

> 한국을 방문한 외국인들을 대상으로 한 설문조사에서 인상 깊은 한국의 '빨리빨리' 문화로 '자판기에 손 넣고 기다리기, 웹사이트가 3초 안에 안 나오면 창 닫기, 엘리베이터 닫힘 버튼 계속 누르기' 등이 뽑혔다. 외국인들에게 가장 큰 충격을 준 것은 바로 '가게 주인의 대리 서명'이었다. 외국인들은 가게 주인이 카드 모서리로 대충 사인을 하는 것을 보고 큰 충격을 받았다고 하였다. 외국에서는 서명을 대조하여 확인하기 때문에 대리 서명은 상상도 할 수 없다는 것이다.

① 가재는 게 편이다.
② 우물에 가 숭늉 찾는다.
③ 봇짐 내어 주며 앉으라 한다.
④ 하나를 듣고 열을 안다.
⑤ 낙숫물이 댓돌을 뚫는다.

06 다음은 의약품 종류별 상자 수에 따른 가격표이다. 종류별 상자 수를 가중치로 적용하여 가격에 대한 가중평균을 구하면 66만 원이다. 이때 빈칸에 알맞은 가격은 얼마인가?

〈의약품 종류별 가격 및 상자 수〉

(단위 : 만 원, 개)

구분	A	B	C	D
가격	( )	70	60	65
상자 수	30	20	30	20

① 60만 원
② 65만 원
③ 70만 원
④ 75만 원
⑤ 80만 원

07 농도가 12%인 A설탕물 200g, 15%인 B설탕물 300g, 17%인 C설탕물 100g이 있다. A와 B설탕물을 합친 후 300g만 남기고 버린 다음, 여기에 C설탕물을 합친 후 다시 300g만 남기고 버렸다. 마지막 300g 설탕물에 녹아있는 설탕의 질량은?

① 41.5g
② 42.7g
③ 43.8g
④ 44.6g
⑤ 45.1g

08 매년 수입이 4,000만 원인 A씨의 소득 공제 금액이 작년에는 수입의 5%였고, 올해는 수입의 10%로 늘었다. 작년 대비 올해 증가한 소비 금액은 얼마인가?(단, 소비 금액은 천 원 단위에서 반올림한다)

〈소비 금액별 소득 공제 비율〉

소비 금액	공제 적용 비율
1,200만 원 이하	6%
1,200만 원 초과 4,600만 원	72만 원+1,200만 원 초과금×15%

① 1,334만 원　　　　　　　　　　② 1,350만 원

③ 1,412만 원　　　　　　　　　　④ 1,436만 원

⑤ 1,455만 원

09 A기차와 B기차가 36m/s의 일정한 속력으로 달리고 있다. A기차가 25초, B기차가 20초에 600m 길이의 터널을 완전히 지났을 때 각 기차의 길이로 알맞게 짝지어진 것은?

	A기차	B기차
①	200m	150m
②	300m	100m
③	150m	120m
④	200m	130m
⑤	300m	120m

10 다음 H부장의 질문에 대한 대답으로 옳지 않은 대답을 한 사원을 모두 고르면?

H부장 : 10진수 21을 2, 8, 16진수로 각각 바꾸면 어떻게 되는가?
A사원 : 2진수로 바꾸면 10101입니다.
B사원 : 8진수로 바꾸면 25입니다.
C사원 : 16진수로 바꾸면 16입니다.

① A사원　　　　　　　　　　② B사원

③ C사원　　　　　　　　　　④ A, B사원

⑤ B, C사원

11 일정한 규칙으로 숫자와 문자를 나열할 때, 빈칸에 들어갈 알맞은 것은?

a 2 c 5 h 13 ( ) 34

① k ② n
③ q ④ u
⑤ r

12 A사원은 출근하는 도중 중요한 서류를 집에 두고 온 사실을 알게 되었다. A사원은 집으로 시속 5km로 걸어서 서류를 가지러 가고, 회사로 다시 출근할 때에는 자전거를 타고 시속 15km로 달렸다. 집에서 회사까지 거리는 5km이고, 2.5km 지점에서 서류를 가지러 집으로 출발할 때 시각이 오전 7시 10분이었다면, 회사에 도착한 시각은?(단, 집에서 회사까지는 직선거리이며 다른 요인으로 인한 소요시간은 없다)

① 오전 7시 50분 ② 오전 8시
③ 오전 8시 10분 ④ 오전 8시 20분
⑤ 오전 8시 30분

13 다음 방정식에서 미지수 a의 값이 될 수 없는 것은?

(세트 당 a회 스쿼트)×(b세트)=총 60회 스쿼트

① 6 ② 9
③ 10 ④ 12
⑤ 15

14 A사원이 9월 중 이틀 동안 초과근무를 해야 한다. 다음 〈보기〉를 참고하여 적어도 하루는 특근할 확률을 $\dfrac{p}{q}$ 로 표현할 때, $p+q$의 값은?(단, p와 q는 서로소인 자연수이다)

> **보기**
> • 9월 12 ~ 14일은 추석으로 회사는 쉰다.
> • 9월 1일은 일요일이다.
> • 토요일과 일요일에 회사는 쉰다.
> • 토요일과 일요일에 초과근무를 하는 경우 특근으로 처리한다.
> • 추석 연휴기간에는 특근을 할 수 없다.

① 59
② 113
③ 174
④ 225
⑤ 270

15 M회사는 면접시험을 통해 신입사원을 채용했다. 〈조건〉이 다음과 같을 때, 1차 면접시험에 합격한 사람은 몇 명인가?

> **조건**
> • 2차 면접시험 응시자는 1차 면접시험 응시자의 60%이다.
> • 1차 면접시험 합격자는 1차 면접시험 응시자의 90%이다.
> • 2차 면접시험 합격자는 2차 면접시험 응시자의 40%이다.
> • 2차 면접시험 불합격자 중 남녀 성비는 7 : 5이다.
> • 2차 면접시험에서 남성 불합격자는 63명이다.

① 240명
② 250명
③ 260명
④ 270명
⑤ 280명

16 신입사원 A는 집에서 거리가 10km 떨어진 회사에 근무하고 있는데, 출근할 때는 자전거를 타고 이동하여 1시간이 걸리고, 퇴근할 때는 회사에서 4km 떨어진 헬스장을 들렸다가 운동 후 7km 거리를 이동하여 집에 도착한다. 퇴근할 때 회사에서 헬스장까지 30분, 헬스장에서 집까지 1시간 30분이 걸린다면 신입사원 A가 출·퇴근하는 평균속력은 몇 km/h인가?

① 5km/h
② 6km/h
③ 7km/h
④ 8km/h

17 H공사의 작년 사원수는 500명이었고, 올해에는 남자 사원이 작년보다 10% 감소하고, 여자 사원이 40% 증가하였다. 전체 사원수는 작년보다 8%가 늘어났을 때, 작년 남자 사원수는 몇 명인가?

① 280명
② 300명
③ 315명
④ 320명

18 다과회를 위해 총무팀은 인터넷으로 사과와 배, 귤을 주문했으며, 한 개당 사과는 120원, 배는 260원, 귤은 40원으로 구입하였다. 예산은 총 20,000원이며, 예산을 모두 사용하여 과일을 각각 20개 이상씩 구입하였다. 이때, 배를 가장 많이 구입하였다면 구입한 배의 최소 개수는?

① 47개
② 48개
③ 49개
④ 50개

19 세계적으로 전 세계 인구의 10%가 걸리는 Z병이 문제가 되고 있으며, Z병을 검사했을 때 오진일 확률이 90%이다. A를 포함한 100명이 검사를 받았을 때, A가 검사 후 병에 걸리지 않았다고 진단받았을 때 오진이 아닐 확률은?

① 50%
② 40%
③ 30%
④ 20%

20 K금고는 두 달 동안 예금과 적금에 가입한 남성과 여성 고객들의 통계를 정리하였다. 여성과 남성은 각각 50명이었으며, 여성 가입고객 중 예금을 가입한 인원은 35명, 적금은 30명이었다. 남성 가입고객의 경우 예금과 적금 모두 가입한 고객은 남성 고객 총인원의 20%였다. 전체 가입고객 중 예금과 적금 모두 가입한 고객의 비중은 몇 %인가?

① 25%
② 30%
③ 35%
④ 40%

21 K공단의 T부서는 다과비 50,000원으로 간식을 구매하려고 한다. a스낵은 1,000원, b스낵은 1,500원, c스낵은 2,000원이며 세 가지 스낵을 각각 한 개 이상을 산다고 한다. 다과비에 맞춰 스낵을 구입할 때, 최대 몇 개를 구입할 수 있는가?

① 48개
② 47개
③ 45개
④ 43개

22 지혜는 농도가 7%인 소금물 300g과 농도가 8%인 소금물 500g을 모두 섞었다. 섞은 소금물의 물을 증발시켜 농도가 10% 이상인 소금물을 만들려고 할 때, 지혜가 증발시켜야 하는 물의 양은 최소 몇 g인가?

① 200g
② 190g
③ 185g
④ 175g

23 T여행사에서는 올해에도 크리스마스 행사로 경품 추천을 진행한다. 작년에는 제주도 숙박권 10명, 여행용 파우치 20명을 추첨하여 경품을 주었으며, 올해는 작년보다 제주도 숙박권은 20%, 여행용 파우치는 10%만큼 경품을 더 준비했다. 올해 경품을 받는 인원은 작년보다 몇 명 더 많은가?

① 1명
② 2명
③ 3명
④ 4명

24 A, B 두 사람은 각각 은행에 같은 날 적금과 예금을 들었다. B는 0.6% 연이자율로 1,200,000원을 예금하였고, A는 월초에 10만 원씩 납부하는 연이자율 2%의 단리적금 상품을 선택하였다. A의 적금상품 이자가 B의 예금 1년 이자보다 많아지는 시기는 몇 개월 후인가?(단, 이자는 소수점 이하 첫째 자리에서 반올림한다)

① 6개월 후
② 7개월 후
③ 8개월 후
④ 9개월 후

25 다음 명제가 모두 참일 때, 반드시 참인 명제는?

> • 도보로 걷는 사람은 자가용을 타지 않는다.
> • 자전거를 타는 사람은 자가용을 탄다.
> • 자전거를 타지 않는 사람은 버스를 탄다.

① 자가용을 타는 사람은 도보로 걷는다.
② 버스를 타지 않는 사람은 자전거를 타지 않는다.
③ 버스를 타는 사람은 도보로 걷는다.
④ 도보로 걷는 사람은 버스를 탄다.

26 K부서 A, B, C, D, E 다섯 명의 직원이 원탁에 앉아 저녁을 먹기로 했다. 자리는 다음 〈조건〉에 따라 원탁에 앉을 때, C직원을 첫 번째로 하여 시계방향으로 세 번째에 앉은 사람은 누구인가?(단, C가 첫 번째 사람이다)

> **조건**
> • C 바로 옆 자리에 E가 앉고, B는 앉지 못한다.
> • D가 앉은 자리와 B가 앉은 자리 사이에 1명 이상 앉아 있다.
> • A가 앉은 자리의 바로 오른쪽은 D가 앉는다.
> • 좌우 방향은 원탁을 바라보고 앉은 상태를 기준으로 한다.

① A
② B
③ D
④ E

27 다음은 국민연금공단의 조직도이다. 노후준비지원실은 어디에 속하는가?

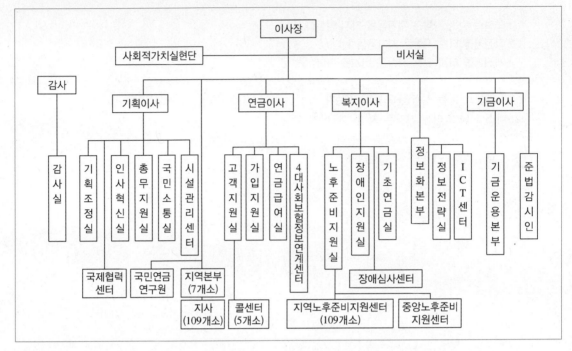

① 지역노후준비지원센터   ② 중앙노후준비지원센터

③ 연금이사   ④ 복지이사

28 다음 빈칸에 들어갈 조직 유형이 바르게 연결된 것은?

> 조직은 (㉠)과 (㉡)으로 구분할 수 있다. (㉠)은 기업과 같이 이윤을 목적으로 하는 조직이며, (㉡)은 정부
> 조직을 비롯하여 공익을 추구하는 병원, 대학, 시민단체, 종교단체 등이 해당한다.

           ㉠   ㉡

①   공식조직   비공식조직

②   비공식조직   공식조직

③   비영리조직   영리조직

④   영리조직   비영리조직

29 다음 상황에서 K주임이 처리해야 할 업무 순서로 가장 옳은 것은?

> 안녕하세요, K주임님. 언론홍보팀 L대리입니다. 다름이 아니라 이번에 공사에서 진행하는 '소셜벤처 성장지원사업'
> 에 관한 보도 자료를 작성하려고 하는데, 디지털소통팀의 업무 협조가 필요하여 연락드렸습니다. 디지털소통팀 P팀
> 장님께 K주임님이 협조해주신다는 이야기를 전해 들었습니다. 자세한 요청 사항은 회의를 통해서 말씀드리도록 하
> 겠습니다. 혹시 내일 오전 10시에 회의를 진행해도 괜찮을까요? 일정 확인하시고 오늘 내로 답변 주시면 감사하겠
> 습니다. 일단 회의 전에 알아두시면 좋을 것 같은 자료는 메일로 발송하였습니다. 회의 전에 미리 확인하셔서 관련
> 사항 숙지하시고 회의에 참석해주시면 좋을 것 같습니다. 아! 그리고 오늘 2시에 홍보실 각 팀 팀장 회의가 있다고
> 하니, P팀장님께 꼭 전해주세요.

① 팀장 회의 참석 – 익일 업무 일정 확인 – 메일 확인 – 회의 일정 답변 전달
② 팀장 회의 참석 – 메일 확인 – 익일 업무 일정 확인 – 회의 일정 답변 전달
③ 팀장 회의 일정 전달 – 메일 확인 – 회의 일정 답변 전달 – 익일 업무 일정 확인
④ 팀장 회의 일정 전달 – 익일 업무 일정 확인 – 회의 일정 답변 전달 – 메일 확인
⑤ 팀장 회의 일정 전달 – 익일 업무 일정 확인 – 메일 확인 – 회의 일정 답변 전달

30 Q회사는 해외지사와 화상 회의 1시간을 갖기로 하였다. 모든 지사의 업무시간은 오전 9시부터 오후 6시까지이며, 점심시간은 낮 12시부터 오후 1시까지이다. 〈조건〉이 다음과 같을 때, 회의가 가능한 시간은 언제인가?(단, 회의가 가능한 시간은 서울 기준이다)

> **조건**
> • 헝가리는 서울보다 7시간 느리고, 현지시간으로 오전 10시부터 2시간 동안 외부출장이 있다.
> • 호주는 서울보다 1시간 빠르고, 현지시간으로 오후 2시부터 3시간 동안 회의가 있다.
> • 베이징은 서울보다 1시간 느리다.
> • 헝가리와 호주는 서머타임 +1시간을 적용한다.

① 오전 10시 ~ 오전 11시
② 오전 11시 ~ 낮 12시
③ 오후 1시 ~ 오후 2시
④ 오후 2시 ~ 오후 3시
⑤ 오후 3시 ~ 오후 4시

31 행정기관의 기안문 작성방법이 다음과 같을 때, 옳지 않은 것은?

〈기안문 작성방법〉

1. 행정기관명 : 그 문서를 기안한 부서가 속한 행정기관명을 기재한다. 행정기관명이 다른 행정기관명과 같은 경우에는 바로 위 상급 행정기관명을 함께 표시할 수 있다.

2. 수신 : 수신자명을 표시하고 그다음에 이어서 괄호 안에 업무를 처리할 보조·보좌 기관의 직위를 표시하되, 그 직위가 분명하지 않으면 ○○업무담당과장 등으로 쓸 수 있다. 다만, 수신자가 많은 경우에는 두문의 수신란에 '수신자 참조'라고 표시하고 결문의 발신명의 다음 줄의 왼쪽 기본선에 맞추어 수신자란을 따로 설치하여 수신자명을 표시한다.

3. (경유) : 경유문서인 경우에 '이 문서의 경유기관의 장은 ○○○(또는 제1차 경유기관의 장은 ○○○, 제2차 경유기관의 장은 ○○○)이고, 최종 수신기관의 장은 ○○○입니다.'라고 표시하고, 경유기관의 장은 제목란에 '경유문서의 이송'이라고 표시하여 순차적으로 이송하여야 한다.

4. 제목 : 그 문서의 내용을 쉽게 알 수 있도록 간단하고, 명확하게 기재한다.

5. 발신명의 : 합의제 또는 독임제 행정기관의 장의 명의를 기재하고, 보조기관 또는 보좌기관 상호 간에 발신하는 문서는 그 보조기관 또는 보좌기관의 명의를 기재한다. 시행할 필요가 없는 내부결재문서는 발신명의를 표시하지 않는다.

6. 기안자·검토자·협조자·결재권자의 직위 / 직급 : 직위가 있는 경우에는 직위를, 직위가 없는 경우에는 직급(각급 행정기관이 6급 이하 공무원의 직급을 대신하여 사용할 수 있도록 정한 대외직명을 포함한다. 이하 이 서식에서 같다)을 온전하게 쓴다. 다만, 기관장과 부기관장의 직위는 간략하게 쓴다.

7. 시행 처리과명 – 연도별 일련번호(시행일), 접수 처리과명 – 연도별 일련번호(접수일) : 처리과명(처리과가 없는 행정기관은 10자 이내의 행정기관명 약칭)을 기재하고, 시행일과 접수일란에는 연월일을 각각 마침표(.)를 찍어 숫자로 기재한다. 다만, 민원문서인 경우로서 필요한 경우에는 시행일과 접수일란에 시·분까지 기재한다.

8. 우 도로명주소 : 우편번호를 기재한 다음, 행정기관이 위치한 도로명 및 건물번호 등을 기재하고 괄호 안에 건물명칭과 사무실이 위치한 층수와 호수를 기재한다.

9. 홈페이지 주소 : 행정기관의 홈페이지 주소를 기재한다.

10. 전화번호( ), 팩스번호( ) : 전화번호와 팩스번호를 각각 기재하되, ( )안에는 지역번호를 기재한다. 기관 내부문서의 경우는 구내 전화번호를 기재할 수 있다.

11. 공무원의 전자우편주소 : 행정기관에서 공무원에게 부여한 전자우편주소를 기재한다.

12. 공개구분 : 공개, 부분공개, 비공개로 구분하여 표시한다. 부분공개 또는 비공개인 경우에는 공공기록물 관리에 관한 법률 시행규칙 제18조에 따라 '부분공개( )' 또는 '비공개( )'로 표시하고, 공공기관의 정보공개에 관한 법률 제9조 제1항 각호의 번호 중 해당 번호를 괄호 안에 표시한다.

13. 관인생략 등 표시 : 발신명의의 오른쪽에 관인생략 또는 서명생략을 표시한다.

---

① 기안자 또는 협조자의 직위가 없는 경우 직급을 기재한다.

② 연월일 날짜 뒤에는 각각 마침표(.)를 찍는다.

③ 도로명주소를 먼저 기재한 후 우편번호를 기재한다.

④ 행정기관에서 부여한 전자우편주소를 기재해야 한다.

32 짱구, 철수, 유리, 훈이, 맹구는 어떤 문제에 대한 해결 방안으로 A, B, C, D, E 중 각각 하나씩을 제안하였다. 다음 〈조건〉이 모두 참일 때, 제안자와 그 제안이 바르게 연결된 것은?(단, 모두 서로 다른 하나의 제안을 제시하였다)

> **조건**
> • 짱구와 훈이는 B를 제안하지 않았다.
> • 철수와 짱구는 D를 제안하지 않았다.
> • 유리는 C를 제안하였으며, 맹구는 D를 제안하지 않았다.
> • 맹구는 B와 E를 제안하지 않았다.

① 짱구 A, 맹구 B   ② 짱구 A, 훈이 D
③ 철수 B, 짱구 E   ④ 철수 B, 훈이 E

33 S는 게임 동호회 회장으로 주말에 진행되는 게임 행사에 동호회 회원인 A ~ E의 참여 가능 여부를 조사하려고 한다. 다음 〈조건〉을 참고하여 E가 행사에 참여하지 않는다고 할 때, 행사에 참여 가능한 사람은 몇 명인가?

> **조건**
> • A가 행사에 참여하지 않으면, B가 행사에 참여한다.
> • A가 행사에 참여하면, C는 행사에 참여하지 않는다.
> • B가 행사에 참여하면, D는 행사에 참여하지 않는다.
> • D가 행사에 참여하지 않으면, E가 행사에 참여한다.

① 1명   ② 2명
③ 3명   ④ 4명

34 K회사에 근무 중인 A ~ D사원 4명 중 1명이 주임으로 승진하였다. 다음 대화에서 A ~ D 중 한 명만 진실을 말하고 있을 때, 주임으로 승진한 사람은 누구인가?

> A : B가 주임으로 승진하였다.
> B : A가 주임으로 승진하였어.
> C : D의 말은 모두 참이야.
> D : C와 B 중 한 명이 주임으로 승진하였다.

① A사원   ② B사원
③ C사원   ④ D사원

35 커피 동아리 회원은 남자 4명, 여자 6명으로 구성되어 있다. 동아리는 송년회를 맞아 회원 중 3명에게 드립커피 세트를 사은품으로 주려고 할 때, 사은품을 받을 3명 중 남자가 여자보다 많을 확률은?(단, 확률은 소수점 이하 셋째 자리에서 반올림한다)

① 12.55%

② 20.17%

③ 28.36%

④ 33.33%

36 다음 CCL 마크가 있는 저작물을 사용할 때 지켜야 할 조건은 무엇인가?

① 저작자 이름, 출처 등 저작자에 대한 사항을 반드시 표시해야 한다.

② 저작물을 영리 목적으로 이용해서는 안 된다.

③ 저작물을 활용하여 2차 저작물 제작 시 동일한 라이선스를 표시해야 한다.

④ 저작물을 변경하거나 저작물을 이용한 2차 저작물 제작을 해서는 안 된다.

37 다음 중 공문서 작성 요령으로 적절하지 않은 것은?

① 1. → 가. → 1) → 가) → (1)과 같이 항목을 순서대로 표시한다.

② 전문 용어를 사용한다.

③ 첨부물이 있다면 붙임 표시문 다음에 '끝'을 표시한다.

④ 뜻을 정확하게 전달하기 위해 괄호 안에 한자를 함께 적을 수 있다.

38 다음은 업무에서 사용되는 문서의 일부이다. 다음 밑줄 친 단어를 어법에 맞게 수정한 것으로 적절하지 않은 것은?

공고 제○○ – ○○호

입 찰 공 고

1. 입찰에 <u>붙이는</u> 사항
    가. 입찰건명 : 미래<u>지향</u>적 경영체계 구축을 위한 조직진단
    나. 계약기간(용역기한) : 계약<u>채결</u>일부터 6개월
    다. 총 사업예산 : 400,000,000원(VAT 등 모든 비용 포함)

2. 입찰방법 : 제한경쟁 / 협상에 의한 계약

> 〈입찰주의사항〉
>
> – 입찰금액은 반드시 부가가치세 등 모든 비용을 포함한 금액으로 써내야 하며, 입찰결과 낙찰자가 면세
>   사업자인 경우 낙찰금액에서 부가가치세 상당액을 <u>합산한</u> 금액을 계약금액으로 함
> – 기한 내 미제출 업체의 입찰서는 무효처리함
> – 접수된 서류는 일체 반환하지 않음

---

① 붙이는 → 부치는
③ 채결 → 체결
② 지향 → 지양
④ 합산한 → 차감한

39 다음 중 빈칸에 들어갈 단어를 알맞게 짝지은 것은?

(㉠)은/는 센서 네트워크와 외부 네트워크(인터넷)를 연결하는 (㉡) 역할을 하며 (㉢)에게 임무를 부여하고,
감지된 모든 이벤트를 수집한다.

	㉠	㉡	㉢
①	싱크 노드	센서 노드	게이트웨이
②	센서 노드	싱크 노드	게이트웨이
③	게이트웨이	센서 노드	싱크 노드
④	싱크 노드	게이트웨이	센서 노드
⑤	센서 노드	게이트웨이	싱크 노드

40 K전자회사는 LED를 생산할 수 있는 A ~ C기계를 가지고 있다. 기계에 따른 불량률이 다음과 같을 때, 3대를 하루 동안 가동할 경우 전체 불량률은 얼마인가?(단, 소수점 이하 셋째 자리에서 버림한다)

〈기계별 하루 생산량 및 불량률〉

구분	하루 생산량(개)	불량률(%)
A기계	5,000	0.7
B기계	A기계보다 10% 더 생산	1.0
C기계	B기계보다 500개 더 생산	0.3

① 0.78% ② 0.75%

③ 0.71% ④ 0.65%

⑤ 0.62%

2018년 기출문제

정답 및 해설 p.25

| 주택도시보증공사

01 다음과 동일한 오류를 저지른 사례는?

> 나는 지난 겨울 방학에 이어 이번 여름 방학에 알래스카를 다시 방문했는데, 흰 눈과 얼음으로 뒤덮여 있던 내 기억 속의 겨울 알래스카와 전혀 다른 모습이어서 당황스러웠어.

① 고양이를 좋아하지 않는 걸 보니 너는 동물을 싫어하는구나.

② 게임을 좋아하는 철수보다 책을 좋아하는 영희가 좋은 이유는 게임보다 책을 좋아하는 사람이 더 지성적이기 때문이야.

③ 아직 이 약이 어떤 부작용을 일으킨다는 실험 결과가 나오지 않았으므로 이 약은 안전해.

④ ○○치약을 사용하는 사람이 9백만 명이나 되는 걸 보면 ○○치약이 가장 좋은 제품이야.

⑤ 요즘 청소년들의 사고가 많은 걸 보니 청소년들은 전부 문제가 많은 모양이야.

| SR(에스알)

02 다음 중 공손성의 원리와 설명이 올바르게 짝지어진 것은?

① 요령의 격률 : 화자 자신에게 혜택을 주는 표현을 최소화하고 화자 자신에게 부담을 주는 표현은 최대화하는 것이다.

② 관용의 격률 : 상대방에게 부담이 가는 표현을 최소화하고 상대방의 이익을 극대화하는 것이다.

③ 찬동의 격률 : 자신의 의견과 다른 사람의 의견 사이의 차이점을 최소화하고 자신의 의견과 다른 사람의 의견의 일치점을 극대화하는 것이다.

④ 겸양의 격률 : 자기 자신에 대한 칭찬은 최소화하고 자신에 대한 비방을 극대화하는 것이다.

⑤ 동의의 격률 : 다른 사람에 대한 비방을 최소화하고 칭찬을 극대화하는 것이다.

03 2,580kg을 g(그램)과 t(톤)으로 바르게 변환한 것은?

	g	t
①	258,000	2.58
②	258,000	0.258
③	2,580,000	2.58
④	2,580,000	0.258

04 한국토지주택공사에서 부동산 및 자동차 관련 업무처리기준 제정을 위한 공청회를 개최하였다. 공청회 자리에 참석한 남자 인원수는 공청회에 참석한 전체 인원의 $\frac{1}{5}$ 보다 65명 많았고, 여자는 전체 인원의 $\frac{1}{2}$ 보다 5명 적었다. 공청회에 참석한 전체 인원은 몇 명인가?

① 150명   ② 200명
③ 250명   ④ 300명
⑤ 350명

05 갑, 을, 병 3명에게 같은 양의 물건을 한 사람씩 똑같이 나누어 주면 각각 30일, 60일, 40일 동안 사용할 수 있다고 한다. 만약 세 사람에게 나누어 줄 물건의 양을 모두 합하여 세 사람이 함께 사용한다면, 세 사람이 함께 모든 물건을 사용하는 데 걸리는 시간은 며칠인가?

① 20일   ② 30일
③ 35일   ④ 40일
⑤ 45일

06 H사원은 물 200g과 녹차가루 50g을 가지고 있다. H사원은 같은 부서 동료인 A사원과 B사원에게 농도가 다른 녹차를 타주려고 한다. A사원의 녹차는 물 65g과 녹차가루 35g으로 만들어 주었고, B사원에게는 남은 물과 녹차가루로 녹차를 타주려고 한다. B사원이 마시는 녹차의 농도는 몇 %인가?

① 10% ② 11%
③ 12% ④ 13%
⑤ 14%

07 한국토지주택공사 직원 A ~ E 5명은 점심식사를 하고 난 뒤 카페에서 각자 원하는 음료를 주문하였다. 아래의 〈조건〉을 볼 때, 카페라테 한 잔의 가격은?

> **조건**
> • 5명의 음료 총 금액은 21,300원이다.
> • A를 포함한 3명의 직원은 아메리카노를 시켰다.
> • B는 혼자 카페라테를 주문하였다.
> • 나머지 한 사람은 5,300원인 생과일주스를 주문하였다.
> • A와 B의 음료 금액은 총 8,400원이다.

① 3,800원 ② 4,000원
③ 4,200원 ④ 4,400원
⑤ 4,600원

08 다음은 일정한 규칙으로 배열한 수열이다. 빈칸에 들어갈 알맞은 수는?

142,758	814,275	581,427	758,142	275,814	( )

① 427,581 ② 472,581
③ 427,851 ④ 758,142
⑤ 785,142

09 다음을 계산한 값은 얼마인가?

$$17 \times 409 \times 23$$

① 159,917
② 159,918
③ 159,919
④ 159,928
⑤ 159,929

10 K과장은 이번 주말에 이사를 하려고 한다. 이삿짐센터 비용은 거리 25km까지 실비를 적용하며, 초과 시 초과분의 50%를 적용한다. 또한 화물의 부피는 1m³당 25달러이다. 이사할 장소는 지금 살고 있는 집에서 35km 떨어진 곳이며, K과장의 이삿짐 부피는 총 60m³일 때, K과장이 지불해야 할 이사비용은?(단, 거리 1km당 50달러이다)

① 3,000달러
② 3,010달러
③ 3,100달러
④ 3,200달러
⑤ 3,220달러

11 한국산업인력공단은 연례체육대회를 맞이하여 본격적인 경기시작 전 흥미를 돋우기 위해 퀴즈대회를 개최하였다. 퀴즈대회 규칙은 아래와 같다. 대회에 참여한 A대리가 얻은 점수가 60점이라고 할 때, A대리가 맞힌 문제 개수는?

〈퀴즈대회 규칙〉

• 모든 참가자는 총 20문제를 푼다.
• 각 문제를 맞힐 경우 5점을 얻게 되며, 틀릴 경우 3점을 잃게 된다.
• 20문제를 모두 푼 후, 참가자가 제시한 답의 정오에 따라 문제별 점수를 합산하여 참가자의 점수를 계산한다.

① 8개
② 10개
③ 12개
④ 15개
⑤ 16개

12 A회사 A ~ F인턴사원들의 인턴과정이 끝난 후 인턴사원들의 최종 평가 점수를 나타낸 표이다. 최종 평가 점수의 중앙값과 최빈값은 각각 얼마인가?

〈최종 평가 점수〉

(단위 : 점)

구분	A	B	C	D	E	F
점수	12	17	15	13	20	17

중앙값   최빈값
① 14점   13점
② 15점   15점
③ 15점   17점
④ 16점   17점
⑤ 16점   20점

13 올해 ○○회사의 신입사원 수는 작년에 비해 남자 신입사원 수는 8%, 여자 신입사원 수는 12%가 증가하였고, 증가한 총 인원은 32명이다. 작년 신입사원이 325명일 때, 올해 남자 신입사원은 몇 명인가?

① 150명   ② 175명
③ 189명   ④ 196명
⑤ 204명

14 다음은 정오각형의 각도를 나타낸 것이다. ⓐ÷ⓑ×ⓒ의 값으로 올바른 것은?

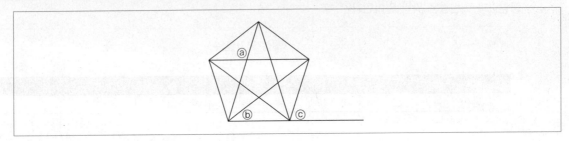

① 54

② 108

③ 144

④ 180

⑤ 216

15 현재 시각이 〈보기〉와 같을 때, 시침과 분침이 이루는 각의 크기는?(단, 각의 크기가 작은 쪽을 구한다)

① 10°

② 110°

③ 120°

④ 130°

⑤ 145°

16 다음 명제를 보고 A, B가 진술한 내용의 참, 거짓을 판별하면?

> • 돼지고기를 좋아하는 사람은 현진, 주형, 소연이다.
> • 소고기를 좋아하는 사람은 소연, 재현이다.
> • 새우를 좋아하는 사람은 진솔, 현진, 소연이다.
> • 닭고기를 좋아하는 사람은 진솔, 주형, 재현이다.
> • 생선을 좋아하는 사람은 소연, 재현이다.

> A : 가장 많은 종류의 음식을 좋아하는 사람은 소연이다.
> B : 진솔이와 현진이가 좋아하는 음식은 같다.

① A만 옳다.
② B만 옳다.
③ A, B 모두 옳다.
④ A, B 모두 틀리다.
⑤ A, B 모두 옳은지 틀린지 판단할 수 없다.

17 제시된 명제가 참일 때, 항상 참인 것은?

> • 다독자는 국어를 잘한다.
> • 다독자이면 사회를 잘한다.

① 어떤 다독자는 국어를 못한다.
② 사회와 국어를 잘하면 다독자이다.
③ 사회를 잘하는 사람 중에 다독자가 아닌 사람은 없다.
④ 사회를 못하고 국어를 잘하면 다독자가 아니다.

〈임대인 · 임차인의 권리〉

임대인의 권리	임차인의 권리
1. 월세지급청구권 임대인은 임차인에게 정해진 일자에 월세를 주도록 청구할 수 있음(민법 제618조)	※ 임대주택 사용 · 수익권 임차인은 임대차계약을 통해 주택을 사용 · 수익할 수 있는 권리를 취득함(민법 제618조)
2. 임대물 반환청구권 임대차계약이 종료하면 임대인은 임차인에게 임대주택을 반환해 주도록 청구할 수 있음	※ 임대차등기협력청구권 계약당사자 간의 별도의 약정이 없을 경우 임차인은 임대인에게 주택임대차등기에 협력해 주도록 청구할 수 있음(민법 제621조 제1항) 임대차가 끝났음에도 보증금이 반환되지 않은 경우 임차인은 법원의 임차권등기명령제도를 이용해 임차권등기를 할 수 있음(주택임대차보호법 제3조의3 제1항) 임대차등기 관련 분쟁이 발생하여 소송을 진행해 승소를 한 경우에는 단독으로 등기를 할 수 있음(부동산등기법 제23조 제4항 참조)
3. 차임(월세 등)증액청구권 임대인은 약정한 월세나 보증금이 임대주택에 대한 조세, 공과금, 그 밖의 경제사정의 변동으로 적절하지 않게 된 경우 그 이후로 올려달라고 청구할 수 있음(주택임대차보호법 제7조 본문)	※ 차임(월세 등)감액청구권 임차인은 ① 임차주택의 일부가 임차인의 잘못 없이 멸실되거나 그 밖의 사유로 사용 · 수익할 수 없게 된 경우(민법 제627조 제1항) ② 약정한 월세나 보증금이 임대주택에 대한 조세, 공과금, 그 밖의 경제사정의 변동으로 적절하지 않게 된 경우 그 이후로 내려달라고 청구할 수 있음(주택임대차보호법 제7조 본문)
4. 원상회복청구권 임대차계약이 종료하면 (㉠)은 (㉡)에게 임대주택을 임대해줄 당시와 같이 원상복구하여 돌려줄 것을 요구할 수 있음(민법 제654조 및 제615조)	※ 부속물매수청구권 임차인은 사용편의를 위해 임대인의 동의를 얻어 주택에 부속시킨 물건이 있거나 임대인으로부터 매수한 부속물이 있는 경우 임대차가 종료하면 임대인에게 그 부속물의 매수를 청구할 수 있음(민법 제646조) ※ 부속물 철거권 임대인이 부속물의 매수를 원하지 않을 경우 임차인은 부속물을 철거할 수 있음(민법 제654조 및 제615조)
5. 임대물의 보존에 필요한 행위를 할 권리 임대인이 임대주택의 보존에 필요한 행위를 하는 경우 임차인은 이를 거절하지 못함(민법 제624조)	※ 필요비상환청구권 임차인은 임차주택의 보존에 관해 필요비를 지출한 경우 비용이 발생한 즉시 임대인에게 그 비용을 청구할 수 있음(민법 제626조 제1항) ※ 유익비상환청구권 (㉢)이 유익비를 써서 임대차가 끝났을 때까지도 그 가치가 증가해 증가액이 있는 경우 임차인은 임대인에게 지출한 금액이나 그 증가액만큼을 돌려주도록 청구할 수 있음(민법 제626조 제2항)

18 다음 중 ⊙ ~ ⓒ에 들어갈 말로 올바른 것은?

	⊙	ⓛ	ⓒ
①	임차인	임대인	임대인
②	임차인	인대인	임차인
③	임대인	임차인	임차인
④	임대인	임차인	임대인
⑤	임대인	임대인	임차인

19 다음 밑줄 친 어휘의 뜻이 올바른 것은?

① 지급 : 돈이나 물품을 받아들임
② 멸실 : 건축물이 없어지는 것
③ 원상복구 : 본디의 형편이나 상태
④ 매수 : 값을 받고 물건의 소유권을 다른 사람에게 넘김
⑤ 보존 : 무엇을 움직이게 하거나 부리어 씀

20 다음 〈보기〉에 해당하는 명제를 고른 것은?

> **보기**
>
> 이미 알고 있는 하나 또는 둘 이상의 명제를 전제로 하여 명확히 규정된 논리적 형식들에 근거해 새로운 명제를
> 결론으로 이끌어 내는 추리의 방법이다.

① 공자도 죽었고, 이순신도 죽었다. 그들은 모두 사람이다. 따라서 사람은 모두 죽는다.

② 외국에서 들어온 품종으로 우리 생태계가 교란되었다. 우리말에도 외국어와 외래어가 무분별하게 도입되었다.
   외국어와 외래어를 무분별하게 사용한다면 우리말이 오염되고 교란될 것이다.

③ 모든 사람은 죽는다. 소크라테스는 사람이다. 따라서 소크라테스는 죽는다.

④ 코끼리는 새끼를 낳는다. 고래도 새끼를 낳는다. 코끼리와 고래는 포유류이다. 따라서 포유류는 새끼를 낳는다.

21 A ~ E 다섯 명의 사람이 일렬로 나란히 자리에 앉으려고 한다. 〈조건〉에 근거하여 바르게 추론한 것은?

> **조건**
>
> • A ~ E 다섯 명의 자리는 우리가 바라보는 방향을 기준으로 한다.
> • 자리의 순서는 왼쪽을 기준으로 한다.
> • D는 A의 바로 왼쪽 자리에 있다.
> • B와 D 사이에 C가 있다.
> • A는 마지막 자리가 아니다.
> • A와 B 사이에 C가 있다.
> • B는 E의 바로 오른쪽 자리에 앉는다.

① D는 두 번째 자리에 앉을 수 있다.

② E는 네 번째 자리에 앉을 수 있다.

③ C는 두 번째 자리에 앉을 수 있다.

④ C는 E의 오른쪽 자리에 앉을 수 있다.

⑤ C는 A의 왼쪽 자리에 앉을 수 있다.

22 A, B, C, D 네 명의 마을 사람이 〈보기〉와 같이 진술하였다. 이때, 거짓을 말하는 사람은 몇 명인가?(단, 마을 사람은 참과 거짓만 말한다)

> **보기**
>
> A : B가 거짓말을 하고 있어.
> B : A와 C 두 사람 모두 거짓말을 하고 있어.
> C : D는 거짓말을 하고 있어.
> D : B가 거짓말을 하고 있어.

① 없음   ② 1명
③ 2명   ④ 3명
⑤ 4명

23 다음 〈조건〉에 따라 5명 중 2명만 합격한다고 했을 때, 합격한 사람은?

> **조건**
>
> • 점수가 높은 사람이 합격한다.
> • A와 B는 같이 합격하거나 같이 불합격한다.
> • C는 D보다 점수가 높다.
> • C와 E의 점수가 같다.
> • B와 D의 점수가 같다.

① A, B   ② A, C
③ C, D   ④ C, E
⑤ D, E

24 ○○회사의 업무는 전 세계에서 이루어진다. 런던지사에 있는 A대리는 11월 1일 오전 9시에 업무를 시작하여 22시에 마치고 시애틀에 있는 B대리에게 송부하였다. B대리는 11월 2일 15시부터 작업하여, 끝내고 바로 서울에 있는 C대리에게 자료를 송부하였다. C대리는 자료를 받자마자 11월 3일 오전 9시부터 자정까지 작업을 하고 최종 보고하였다. 세 명이 업무를 마무리하는 데 걸린 시간은 총 몇 시간인가?

위치	시차
런던	GMT+0
시애틀	GMT−7
서울	GMT+9

① 25시간　　　　　　　　　　　　　② 30시간

③ 35시간　　　　　　　　　　　　　④ 40시간

⑤ 45시간

25 한국토지주택공사는 '행복한 밥상 행사'를 추진하려고 한다. 행사에 대한 후원을 받기 위해 행사 시작 전 임원진, 직원, 주주와 협력업체 사람들을 강당에 초대하였다. 아래 〈조건〉을 참고할 때, 후원 행사에 참석한 협력업체 사람들은 모두 몇 명인가?

> **조건**
> • 강당에 모인 사람들의 수는 270명이다.
> • 전체 인원 중 50%는 차장급 이하 직원들이다.
> • 차장급 이하 직원들을 제외한 인원의 20%는 임원진이다.
> • 차장급 이하 직원과 임원진을 제외한 나머지 좌석에는 주주들과 협력업체 사람들이 반씩 앉아 있다.

① 51명　　　　　　　　　　　　　　② 52명

③ 53명　　　　　　　　　　　　　　④ 54명

⑤ 55명

26 다음 글을 읽고, 표를 바탕으로 〈보기〉를 계산한 것으로 올바른 것은?

마야 숫자는 콜럼버스 이전의 시대에 마야 문명에서 쓰였던 20진법을 기반으로 한 숫자와 그 숫자를 사용한 기수법이다. 마야 숫자의 기호로는 0을 뜻하는 ⟨시스 임⟩, 기본 단위를 뜻하는 ●(훈) 그리고 기본 단위의 다섯 배를 뜻하는 ━━(호오)가 있다. 마야 숫자에서는 0에서 19까지는 점 하나가 1을, 가로 막대 하나가 5를 나타낸다. 20진법에 따라 수의 둘째 자리에 기본 단위인 ●가 추가될 때마다 20씩 늘어난다. 예를 들어 ●⟨⟩은 20, ●●⟨⟩은 40이다. 또한, 셋째 자리에서 ●은 $20^2=400$, 넷째 자리에서 ●은 $20^3=8,000$을 의미한다. 이와 같이 마야 숫자에서는 자릿수가 늘어나면 기호가 뜻하는 수는 첫째 자리 수의 20의 거듭제곱이 된다.

〈표1〉

0	1	2	3	4
⟨⟩	●	●●	●●●	●●●●

5	6	7	8	9

10	11	12	13	14

15	16	17	18	19

〈표2〉

기호	자리	계산	값
	넷째 자리	6×20^3	48,000
	셋째 자리	9×20^2	3,600
	둘째 자리	0×20^1	0
	첫째 자리	16×20^0	16
합계	$48,000+3,600+0+16=51,616$		

보기

① 81 ② 164
③ 323 ④ 434
⑤ 1154

27 M사원은 신제품 홍보물 제작을 위해 A3용지 8,500장을 구매하려고 하며, 용지는 A ~ E쇼핑몰 중에서 구매할 예정이다. 용지 가격 및 배송비가 다음과 같을 때, 가장 저렴하게 살 수 있는 쇼핑몰은?

구분	용지 가격 및 배송비용
A쇼핑몰	200장당 5,000원이며, 배송비는 수량에 관계없이 5,000원이다.
B쇼핑몰	2,500장당 47,000원이며, 배송비는 무료이다.
C쇼핑몰	1,000장당 18,500원이며, 배송비는 수량에 관계없이 6,000원이다.
D쇼핑몰	장당 20원이며, 배송비는 무료이다.
E쇼핑몰	500장당 9,000원이며, 배송비는 전체 주문금액의 10%이다.

① A쇼핑몰   ② B쇼핑몰
③ C쇼핑몰   ④ D쇼핑몰
⑤ E쇼핑몰

28 김 대리는 장거리 출장을 가기 전 주유를 하려고 한다. 주유를 할 때, 세차도 함께 할 예정이다. A주유소와 B주유소의 주유 가격 및 세차 가격이 다음과 같을 때, B주유소보다 A주유소가 유리한 주유량의 범위는 얼마인가? (단, 주유는 1L 단위로만 한다)

구분	주유 가격	세차 가격
A주유소	1,550원/L	3천 원(5만 원 이상 주유 시 무료)
B주유소	1,500원/L	3천 원(7만 원 이상 주유 시 무료)

① 32L 이상 45L 이하   ② 32L 이상 46L 이하
③ 33L 이상 46L 이하   ④ 33L 이상 47L 이하
⑤ 33L 이상 60L 이하

29 다음 설명에 해당하는 파일 확장자는?

그림을 구성하는 점과 점 사이를 수학적으로 계산해서 그림을 표현하고 저장한다. 수학식으로 어우러진 점, 직선, 곡선, 다각형 등으로 그림을 그리기 때문에 아무리 확대해도 이미지가 선명하게 보인다는 장점을 가지고 있다. 따라서 이 방식은 글자, 로고, 캐릭터 디자인 등에 활용된다.

① .jpeg   ② .ai
③ .gif   ④ .png
⑤ .bmp

30 다음은 발명 기법인 SCAMPER 발상법의 7단계이다. 〈보기〉와 같은 사례는 어느 단계에 속하는가?

〈SCAMPER〉						
S	C	A	M	P	E	R
대체하기	결합하기	조절하기	수정·확대·축소하기	용도 바꾸기	제거하기	역발상·재정리하기

보기

㉠ 짚신 → 고무신 → 구두
㉡ 스마트폰＝컴퓨터＋휴대폰＋카메라
㉢ 화약 : 폭죽 → 총

	㉠	㉡	㉢
①	A	E	E
②	S	C	P
③	M	C	C
④	A	P	P
⑤	S	R	S

31 다음은 셀리그먼 박사가 개발한 PERMA 모델이다. 다음 중 PERMA 모델의 'E'에 해당하는 설명으로 옳은 것은?

〈PERMA 모델〉	
P	긍정적인 감정(Positive Emotion)
E	
R	인간관계(Relationship)
M	의미(Meaning & Purpose)
A	성취(Accomplishment & Achievement)

① 사람은 고립되면 세상을 바라보는 균형이 깨지고, 고통도 혼자 감내하게 된다.
② 목표를 세우고 성공하게 되는 과정은 우리에게 기대감을 심어준다.
③ 현재를 즐기며, 미래에 대한 낙관적인 생각을 갖는다.
④ 무엇인가에 참여하게 되면 우리는 빠져들게 되고, 집중하게 된다.
⑤ 자신이 가치 있다고 생각하는 것을 찾고, 그 가치를 인식해야 한다.

32 다음 사례에서 갑에게 나타난 인지적 오류 유형으로 가장 적절한 것은?

> 을과 함께 있던 갑은 새로 들어온 신입사원이 자신의 옆을 지나가면서 웃는 것을 보고 분명히 자신을 비웃는 것이라고 생각하였다. 을은 과민한 생각이 아니냐며 다른 재밌는 일이 있는 것이라고 이야기했지만, 갑은 을의 이야기를 듣지 않고 자괴감에 빠졌다.

① 정신적 여과   ② 개인화
③ 과잉 일반화   ④ 이분법적 사고
⑤ 예언자적 사고

33 다음 글에 나타난 유비의 리더십 유형으로 가장 적절한 것은?

> '모난 돌이 정 맞는다.', '갈대는 휘지만 절대 부러지지 않는다.'라는 말이 있다. 직장 생활을 하다 보면 정에 맞거나, 부러져야 할 위기의 순간이 찾아온다. 그때 겉모습은 그리 아름답지 않겠지만 휘거나 굽히는 모양새가 필요하다. 그러나 사실 자존감을 잃지 않는 범위 내에서 겸손과 굽힘의 유연함을 갖추기는 매우 어렵다.
> 우리가 주목해야 할 것은 유비가 제갈량을 얻기 위해 갖춘 겸손의 태도이다. 당시 유비는 47세로, 27세의 제갈량보다 무려 스무 살이나 연상이었다. 그럼에도 불구하고, 유비는 제갈량을 세 번이나 찾아가 머리를 굽혔다. 마지막 세 번째에는 낮잠을 자는 제갈량을 무려 몇 시간이나 밖에 서서 기다리는 모습을 보이면서 제갈량의 마음을 얻은 것으로 알려져 있다. 또한, 유비는 나이, 신분, 부, 출신 지역 등을 가리지 않고 인재를 등용했으며, 인재를 얻기 위해서는 자신을 낮추는 데 주저함이 없었다. 당시 유비의 책사였던 서서가 어쩔 수 없는 상황으로 유비를 떠나면서 제갈량을 추천했던 것도 유비의 진심에 탄복했기 때문이다.

① 서번트 리더십   ② 카리스마 리더십
③ 거래적 리더십   ④ 민주적 리더십
⑤ 방임적 리더십

34 다음 중 벤치마킹의 종류와 그 특징이 잘못 연결된 것은?

① 내부적 벤치마킹 – 자사 내 타부서와 비교하는 방법
② 경쟁적 벤치마킹 – 경쟁사와 비교하여 유사 업무 처리 과정을 비교하는 방법
③ 기능적 벤치마킹 – 동일한 산업의 동일한 기능을 비교하는 방법
④ 전략적 벤치마킹 – 최우수 기업의 전략과 방법을 조사하는 방법
⑤ 본원적 벤치마킹 – 동일한 제품을 판매하는 경쟁사의 사업 과정을 비교하는 방법

35 다음 빈칸에 들어갈 접속어로 가장 적절한 것은?

우리나라는 빠른 속도로 증가하는 치매의 사회경제적 부담에 대응하기 위하여 선제적으로 치매환자와 가족을 위한 정책 비전을 제시하고, 치매국가책임제 발표를 통해 관련한 세부 과제들을 더욱 구체화함으로써 큰 틀에서의 방향성은 확고히 마련되었다고 볼 수 있다. 하지만 이렇게 마련된 정책이 국민에게 맞춤형으로 적절히 제공되기 위해서는 수립된 계획을 적극적으로 추진해나갈 수 있도록 재정확보, 전문 인력 양성, 국민의 인식제고 등의 노력이 함께 뒷받침되어야 한다.

이번에 제시된 치매국가책임제의 내용은 제3차 국가치매관리종합계획에서 제시한 치매환자를 위한 보건복지 관련 정책 및 제도적 추진 방향을 보다 구체화하고 확대하였다는 점에서 큰 의의가 있다. 그럼에도 불구하고 치매안심센터가 지역 내 치매환자를 위한 종합적인 정보제공, 상담 등의 역할을 충실히 담당해나갈 수 있도록 기능을 명확히 하고 관계자들의 전문성 확보, 효과적인 기관 설립 및 운영이 가능할 수 있도록 정부차원의 적극적인 지원이 필요할 것으로 사료된다. _____ 치매환자를 위한 장기요양서비스를 확대함에 있어서도 인프라 확충과 함께 관련 직종의 관계자가 치매케어를 보다 전문적으로 수행할 수 있도록 치매증상에 맞춘 서비스 제공기술 고도화 등의 노력이 전제되어야할 것이며, 의료서비스 기관의 확충 역시 충분히 그 역할을 담당해 나갈 수 있도록 정책적 지원이 수반되어야 한다.

치매환자 및 가족을 위한 관련 정책을 신속히 안착시키기 위해서는 지역주민들이 치매환자에 대한 부정적 인식을 가지기보다는 일상생활상의 불편함을 함께 극복해 나가는 사회적 분위기가 조성될 수 있도록 국민들의 치매에 대한 관심을 높이고, 홍보를 적극적으로 추진해 나가는 노력이 필요하다. 무엇보다도 치매질환을 갖고 있다고 해서 시설이나 병원으로 가야할 것이 아니라, 충분히 내 집에서, 우리 동네에서 살아갈 수 있음을 제시해 주는 인식 대전환의 기회들이 적극적으로 제시되어야 할 것이다.

① 그러나
② 이렇듯
③ 하지만
④ 또한

36 다음 표를 해석한 것으로 올바른 것은?(단, 소수점 이하 첫째 자리에서 버림한다)

<2018년 천식 의사진단율>

구분	남학생		여학생	
	분석대상자 수(명)	진단율(%)	분석대상자 수(명)	진단율(%)
중1	5,178	9.1	5,011	6.7
중2	5,272	10.8	5,105	7.6
중3	5,202	10.2	5,117	8.5
고1	5,069	10.4	5,096	7.6
고2	5,610	9.8	5,190	8.2
고3	5,293	8.7	5,133	7.6

① 분석대상자 수는 남학생과 여학생 모두 학년이 올라갈수록 증가한다.
② 중학교와 고등학교 모두 학년별 남학생의 수가 여학생의 수보다 많다.
③ 중학교 때는 남학생의 천식 진단율이 여학생보다 높았지만 고등학교 때는 반대이다.
④ 천식 진단을 받은 여학생의 수는 중·고등학교 모두 남학생보다 적다.

37 다음 글의 전개방식으로 가장 적절한 것은?

> 한국전력공사는 음성 대화형 인공지능 로봇인 '파워봇'의 고객 응대 서비스를 개시했다. 이날 기념식에는 한국전력공사의 사장 등 40여 명이 참석한 가운데 영업 창구에 방문하는 고객을 직접 응대하는 창구 로봇과 직원의 업무를 보조하는 비서 로봇의 시연이 있었다.
> 창구 로봇은 요금조회, 명의변경, 이사 정산, 각종 청구서 발행, 전기요금 계산 등의 다양한 고객 응대를 하고, 비서 로봇은 직원을 대상으로 각종 사내규정이나 통계 조회, 직무코칭, 통역서비스 등의 비서업무를 수행한다.
> 특히, 고객 응대 창구 로봇은 고객의 음성을 인식해 서비스를 제공하고, 동작 인식과 딥러닝 기술이 탑재되어 스스로 학습할 수 있으며, 한국어뿐만 아니라 영어·중국어·일본어 등의 외국어 서비스와 청각장애인을 위한 수화서비스도 가능하다.
> 한국전력공사는 우선 서초지사와 영등포지사에 인공지능 로봇을 배치해 시범 운영한 뒤 내년에 전국 지사로 서비스를 확대할 예정이다.

① 기능별로 나눈 대상의 역할에 대해서 설명한다.
② 구체적인 사례를 통해 대상을 설명한다.
③ 가설을 세우고 이를 논리적으로 전개한다.
④ 시간의 흐름에 따라 대상의 변화 과정을 서술한다.
⑤ 비유를 통해 대상의 다양한 특징을 설명한다.

38 다음 A사원과 B사원의 대화 중 빈칸에 들어갈 단축키 내용으로 적절한 것은?

> A사원 : 오늘 야근 예정이네. 이걸 다 언제하지?
> B사원 : 무슨 일인데 그래?
> A사원 : 아니 부장님이 오늘 가입한 회원들 중 30대의 데이터만 모두 추출하라고 하시잖아. 오늘 가입한 사람들만 1,000명이 넘는데…
> B사원 : 엑셀의 자동필터 기능을 사용하면 되잖아. 단축키는 (　　　　)야.
> A사원 : 이런 기능이 있었구나! 덕분에 오늘 일찍 퇴근할 수 있겠군. 고마워!

① Ctrl + Shift + L
② Ctrl + Shift + %5
③ Ctrl + Shift + &7
④ Ctrl + Shift + :
⑤ Ctrl + Shift + F

39 다음 중 적절한 대답을 한 면접자를 모두 고른 것은?

> 면접관 : 선호하지 않는 일을 한다고 하면 그것도 직업이라고 할 수 있습니까?
> 갑 　 : 보수를 받지 않는다면 그것은 직업이 아니라고 생각합니다.
> 면접관 : 최근에 직업을 가진 적이 있습니까?
> 을 　 : 네. 저번 여름에 해외로 자원봉사를 반년간 다녀왔습니다.
> 면접관 : 마지막에 가진 직업이 무엇입니까?
> 병 　 : 1개월 동안 아르바이트를 한 것이 마지막 직업이었습니다.
> 면접관 : 중요한 미팅에 나가는데 길에 할머니가 쓰러져있으면 어떻게 하시겠습니까?
> 정 　 : 119에 도움을 요청한 후, 미팅에 나가겠습니다.
> 면접관 : 입사를 한다면 입사 후에 어떠한 활동을 하실 계획입니까?
> 무 　 : 입사 후에 저의 경력관리를 위해 직무와 관련된 공부를 할 계획입니다.

① 갑, 병

② 갑, 정

③ 을, 병

④ 병, 정

⑤ 정, 무

40 다음 중 밑줄 친 부분이 맞춤법에 맞지 않은 것은?

① 헛기침이 <u>간간히</u> 섞여 나왔다.

② 그 이야기를 듣자 <u>왠지</u> 불길한 예감이 들었다.

③ 그 남자의 굳은살 <u>박인</u> 발을 봐.

④ 집에 <u>가든지</u> 학교에 가든지 해라.

⑤ 소파에 <u>깊숙이</u> 기대어 앉았다.

| 한국철도공사

01 다음 주어진 문장에 맞는 단어를 골라 짝지은 것은?

> • 풍경화, 인물화, 정물화라는 (㉠)가/이 이 전시회의 형식이나 내용으로 판별되던 때는 이미 지났다.
> • 소유와 경영은 (㉡)되어야 한다.
> • 서정시와 서사시의 (㉢)은/는 상대적일 뿐이다.

	㉠	㉡	㉢
①	분류	구분	분리
②	분별	분리	구분
③	분류	분리	구분
④	분리	분별	분류
⑤	구분	분리	분별

| 한국산업인력공단

02 다음 기사를 읽고 필리핀 EPS센터에 근무 중인 S대리가 취할 행동으로 적절하지 않은 것은?

> 최근 필리핀에서 한국인을 노린 범죄행위가 기승을 부리고 있다. 외교부 보고에 따르면 최근 5년간 해외에서 우리 국민을 대상으로 벌어진 살인 사건이 가장 많이 발생한 국가가 필리핀인 것으로 나타났다. 따라서 우리나라는 자국민 보호를 위해 한국인 대상 범죄 수사를 지원하는 필리핀 코리안 데스크에 직원을 추가 파견하기로 했다.

① 저녁에 이루어지고 있는 필리핀 문화 교육 시간을 오전으로 당겨야겠군.

② 우리 국민이 늦은 시간에 혼자 다니지 않도록 해야겠어.

③ 주필리핀 한국대사관과 연결하여 자국민 보호 정책을 만들 수 있도록 요청해야겠어.

④ 경찰과 연합해서 우리 국민 보호에 더 신경을 써야겠네.

⑤ 우리나라에 취업하기 위해 들어오는 필리핀 사람들에 대한 규제를 강화해야겠어.

03 ■, ▲, ♥의 무게가 다음과 같을 때, ■＋▲의 무게는 100원짜리로 얼마인지 올바르게 구한 것은?

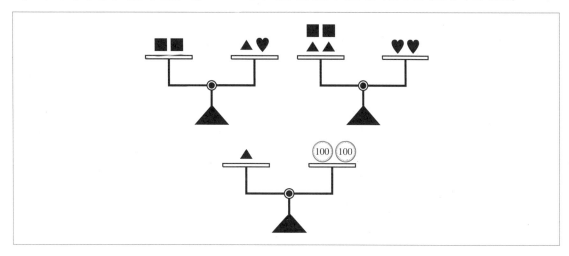

① 300원   ② 400원
③ 500원   ④ 600원
⑤ 700원

04 다음의 막대를 사용해 서로 다른 길이의 막대를 만들 수 있는 경우의 수는?

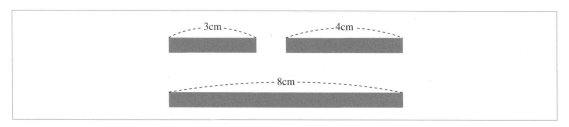

① 6가지   ② 7가지
③ 8가지   ④ 9가지
⑤ 10가지

※ 다음은 2017년도 요양보호사 직무교육 실시 안내문이다. 이어지는 질문에 답하시오. [5~6]

〈2017년도 요양보호사 직무교육 실시 안내문〉

요양보호사 직무교육을 위해 노력하시는 직무교육기관 대표님께 감사드리며, 2017년도 요양보호사 직무교육 관련하여 아래와 같이 안내드리오니 아래 내용을 반드시 참고하시어 고육을 실시하여 주시기 바랍니다.

■ 2017년도 요양보호사 직무교육 실시

1. 실시기간 : 2017. 4. 1 ~ 2017. 12. 31까지
2. 교육기관 : 고용노동부 직업능력심사평가원 통합심사 승인된 기관
   ※ 상시심사(1 : 1기업 맞춤형 교육) 신청 업무는 관할 산업인력공단으로 문의바랍니다.
3. 교육장소 : 고용노동부로부터 인정된 교육장소에서 집합교육 실시
   - 장기요양기관의 요청 등에 의한 출장교육은 불인정
   - 공단에서 직무교육기관으로 지정받기 전 실시한 직무교육은 불인정

■ 직무교육기관 유이사항

1. 요양보호사 직무교육은 사업주 위탁 훈련비용 지원 교육과정으로 실시하고 있어 훈련과정이 관련 기관으로부터 불인정을 받거나 공단의 직무교육 관련 세부사항을 준수하지 아니한 경우 직무교육 실시가 인정되지 않을 수 있사오니 이점 유념하시기 바랍니다.
2. 2017년도 요양보호사 직무교육을 실시할 수 있는 직무교육기관은 2016년도 하반기에 직업능력심사평가원의 직업능력개발 훈련과정(요양보호사 직무교육) 통합심사과정을 2017년도 교재로 승인받은 기관에서 교육을 실시할 수 있습니다.
3. 2016년도 상반기 통합심사과정에 2016년도 교육교재로 승인받은 기관은 인정유효기간(예 2017. 6. 30까지)이 남아있어도 교육교재가 다르므로 2017년도 상반기 중에는 직무교육을 실시할 수 없사오니, 2017년도 하반기 운영(공단 교육 참여기간 : 2017년 하반기) 통합심사과정을 승인받아 교육에 참여해 주시기 바라며, 이점 유의하시어 추후 훈련비용 지원 등에 불이익이 없도록 바랍니다.
4. 통합심사 신청절차 등 자세한 사항은 직업능력심사평가원으로 문의하여 주시기 바랍니다.
5. 교육진행 시 주의사항
   - 고용보험 훈련비용 지원과정으로 교육 실시
   - 공단에서 선정한 대상자 중 고용보험 가입자로 훈련비용 지원 대상자인 경우에 교육 진행
   - 사업장에서 교육위탁 의뢰한 대상자 중 ① 공단에서 선정한 대상자가 아닌 자, ② 고용보험 미가입자는 교육을 이수하더라도 공단에서 직무교육급여비용이 지원되지 않으므로 사업장에 반드시 확인 후 교육 진행
   - 직무교육 시작일 전에 교육 실시한 건은 직무교육급여비용이 지원되지 않음
6. 교육기관은 강사 변경 사항이 있는 경우 공단(관할지사)에 신고 후 교육 실시
7. 직무교육기관 지정 관련(신규지정 신청기관만 혜당)
   - 공단이 제공하는 교재를 기본으로 한 '요양보호사 직무교육 훈련과정'을 직업능력심사평가원 직업능력개발훈련과정(고용보험 훈련비용 지원과정)으로 인정받은 후 강사요건을 갖추어 세부사항의 별지 제3호 서식 「요양보호사 직무교육기관 지정신청서」 및 첨부서류를 관할지사에 제출
     ※ 기 공단에 지정된 직무교육기관(통합심사 승인기관)은 별도 지정 신청 없이 교육을 실시하며, 신규 최초 지정 신청 교육기관만 해당함
   - (지정제한 기준) : 최근 1년간 요양보호사 자격시험 응시인력이 없고 요양보호사 직무능력향상 관련 교육실적도 없는 교육기관 → 하나 이상의 실적이 있으면 신청 가능

05 B직무교육기관에 근무하는 T씨는 건강보험공단에서 제공하는 요양보호사 직무교육을 작년에 이어 올해에도 실시한다. 다음 중 T씨가 할 행동으로 올바르지 않은 것은?

① 교육을 시작하기 전에 대상자가 공단에서 선정한 대상자인지, 고용보험에 가입되어 있는지 확인을 해야겠어.

② 이번 우리 기관에 강사가 바뀌었으니 교육 전에 어서 관할 공단에 신고해야지.

③ 저번 달에 실시한 A장기요양기관에서의 출장교육은 요양보호사 직무교육으로 인정되지 않는군.

④ 직무교육기관으로 지정받기 위해서 '요양보호사 직무교육 훈련과정'을 먼저 직업능력개발훈련과정으로 인정받은 후에 강사요건과 첨부서류를 관할지사에 제출해야겠군.

06 제시된 안내문에서 틀린 단어의 개수는?

① 3개

② 4개

③ 5개

④ 6개

07 다음 〈조건〉이 참일 때, 항상 옳은 것은?

> **조건**
> • A사와 B사는 동일 제품을 동일 가격에 판다.
> • 어제는 A사와 B사의 판매수량 비가 4 : 3이었다.
> • 오늘은 A사는 동일 가격에 판매하고 B사는 20%를 할인해서 팔았다.
> • 오늘 A사는 어제와 같은 수량을 팔았고, B사는 어제보다 150개를 더 팔았다.
> • 오늘 A사와 B사의 전체 판매액은 동일하다.

① A사는 어제, 오늘 2천 원에 팔았다.
② 오늘 A사는 어제 B사보다 80개 더 팔았다.
③ B사는 오늘 375개를 팔았다.
④ 오늘 A사와 B사의 판매수량 비는 동일하다.
⑤ 오늘 B사는 600원을 할인했다.

08 B회사는 일정한 규칙에 따라 만든 암호를 팀별 보안키로 활용한다. x와 y의 합은?

A팀	B팀	C팀	D팀	E팀	F팀
1938	2649	3576	6537	9642	2766
G팀	H팀	I팀	J팀	K팀	L팀
19344	21864	53193	84522	$9023x$	$7y352$

① 11   ② 13
③ 15   ④ 17
⑤ 19

09 다음 중 A, B, C, D, E사원의 일일업무량의 총합은?

- A사원의 일일업무량은 B사원의 일일업무량보다 5만큼 적다.
- B사원의 일일업무량은 D사원 일일업무량의 $\frac{1}{4}$ 수준이다.
- D사원과 E사원의 일일업무량을 합친 것은 C사원의 업무량에 258을 더한 것과 같다.
- C사원이 이틀 동안 일한 업무량과 D사원이 8일 동안 일한 업무량의 합은 996이다.
- E사원이 30일 동안 진행한 업무량은 5,280이다.

① 262
② 291
③ 359
④ 373
⑤ 379

10 A팀과 B팀은 보안등급 상에 해당하는 문서를 나누어 보관하고 있다. 이에 따라 두 팀은 보안을 위해 아래와 같은 규칙에 따라 각 팀의 비밀번호를 지정하였다. 다음 중 A팀과 B팀에 들어갈 수 있는 암호배열은?

〈규칙〉

- 1 ~ 9까지의 숫자로 (한 자리 수)×(두 자리 수)=(세 자리 수)=(두 자리 수)×(한 자리 수) 형식의 비밀번호로 구성한다.
- 가운데에 들어갈 세 자리 수의 숫자는 156이며 숫자는 중복 사용할 수 없다. 즉, 각 팀의 비밀번호에 1, 5, 6이란 숫자가 들어가지 않는다.

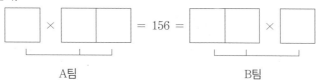

① 23
② 27
③ 29
④ 37
⑤ 39

11 ○○공사에 근무하는 김 대리는 사내시험에서 2점짜리 문제 8개, 3점짜리 문제 10개, 5점짜리 문제 6개를 맞혀 총 76점을 맞았다. 〈조건〉과 상황에 근거하여 최 대리가 맞힌 문제 개수의 총합으로 올바른 것은?

조건

• 사내시험은 총 43문항이다.
• 만점은 130점이다.
• 2점짜리 문항은 3점짜리 문항 수보다 12문제 적다.
• 5점짜리 문항 수는 3점짜리 문항 수의 절반이다.

〈상황〉

• 최 대리가 맞힌 2점짜리 문제의 개수는 김 대리와 동일하다.
• 최 대리의 점수는 38점이다.

---

① 14개   ② 15개
③ 16개   ④ 17개
⑤ 18개

12 A회사에 재직 중인 노민찬 대리는 9월에 결혼을 앞두고 있다. 다음 〈조건〉을 참고할 때, 노민찬 대리의 결혼날짜로 가능한 날은?

조건

• 9월은 1일부터 30일까지이며, 9월 1일은 금요일이다.
• 9월 30일부터 추석연휴가 시작되고 추석연휴 이틀 전에는 노민찬 대리가 주관하는 회의가 있다.
• 노민찬 대리는 결혼식 다음날 8박 9일간 신혼여행을 간다.
• 회사에서 신혼여행으로 주는 휴가는 5일이다.
• 노민찬 대리는 신혼여행과 겹치지 않도록 수요일 3주 연속 치과 진료가 예약되어 있다.
• 신혼여행에서 돌아오는 날 부모님 댁에서 하루 자고, 그 다음날 출근할 예정이다.

---

① 1일   ② 2일
③ 22일   ④ 23일
⑤ 29일

※ 다음 자료를 보고 이어지는 질문에 답하시오. **[13~14]**

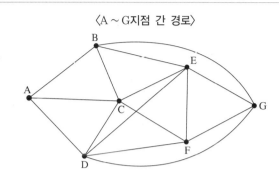

〈A ~ G지점 간 경로〉

〈구간별 거리〉

지점	A	B	C	D	E	F	G
A	–	52	108	51	–	–	–
B	52	–	53	–	66	–	128
C	108	53	–	56	53	55	–
D	51	–	56	–	62	69	129
E	–	66	53	62	–	59	58
F	–	–	55	69	59	–	54
G	–	128	–	129	58	54	–

※ 지점과 지점 사이 경로가 없는 경우 '–'로 표시한다.

┃ 국민건강보험공단

13 A지점으로 출장을 나온 K사원은 업무를 마치고 사무실이 있는 G지점으로 운전해 돌아가려고 한다. K사원이 갈 수 있는 최단거리는?(단, 모든 지점을 거칠 필요는 없다)

① 159km   ② 163km

③ 167km   ④ 171km

┃ 국민건강보험공단

14 K사원은 최단거리를 확인한 후 출발하려 했으나, C지점에 출장을 갔던 H대리가 픽업을 요청해 C지점에 들러 H대리를 태우고 사무실이 있는 G지점으로 돌아가려고 한다. 이때, C지점을 거치지 않았을 때 최단거리와 C지점을 거쳐 갈 때의 최단거리의 차는?

① 41km   ② 43km

③ 45km   ④ 47km

15 A회사는 승진을 위해 의무 이수 교육 기준을 만족해야 한다. E사원이 올해 경영교육 15시간, OA교육 20시간, 사무영어교육 30시간을 이수했을 때 아래와 같은 조건으로 계산한 점수를 인사고과에 반영한다면 E사원의 의무 이수 교육 점수는 몇 점이 부족한가?

〈의무 이수 교육 기준〉

경영	OA	사무영어
30점	20점	20점

※ 한 시간당 1점으로 환산한다.
※ 초과 교육 이수 자료를 제출하면 시간당 0.5점씩 경영점수로 환산할 수 있다.

① 5점
② 7점
③ 10점
④ 15점
⑤ 없음

16 ○○공사 인사팀에는 팀장 1명, 과장 2명과 A대리가 있다. 팀장과 과장이 없을 때는 A대리가 그 업무를 대행해야 한다. 팀장과 과장 2명은 4월 안에 휴가를 다녀와야 하고 A대리는 5일 동안 진행되는 연수에 참여해야 한다. 연수는 주말 없이 진행되며, 연속으로 수강해야 한다. A대리의 연수 마지막 날짜는?

- 4월 1일은 월요일이며 ○○공사는 주5일제이다.
- 마지막 주 금요일에는 중요한 세미나가 있어 그 주에는 모든 팀원이 자리를 비울 수 없다.
- 팀장은 첫째 주 화요일부터 3일 동안 휴가를 신청했다.
- B과장은 둘째 주 수요일부터 5일 동안 휴가를 신청했다.
- C과장은 2일간의 휴가를 마치고 셋째 주 금요일부터 출근할 것이다.

① 8일
② 9일
③ 23일
④ 24일
⑤ 30일

17 甲은 개인사유로 인해 5년간 재직했던 회사를 그만두게 되었다. 甲에게 지급된 퇴직금이 1,900만 원일 때, 甲의 평균 연봉을 올바르게 계산한 것은?(단, 1일 평균임금 계산 시 천의 자리에서 올림한다)

〈퇴직금 산정방법〉

▶ 고용주는 퇴직하는 근로자에게 계속근로기간 1년에 대해 30일분 이상의 평균임금을 퇴직금으로 지급해야 합니다.
  – "평균임금"이란 이를 산정해야 할 사유가 발생한 날 이전 3개월 동안에 해당 근로자에게 지급된 임금의 총액을 그 기간의 총 일수로 나눈 금액을 말합니다.
  – 평균임금이 근로자의 통상임금보다 적으면 그 통상임금을 평균임금으로 합니다.
▶ 퇴직금 산정공식
  (퇴직금)=[(1일 평균임금)×30일×(총 계속근로기간)]÷365

① 4,110만 원 ② 4,452만 원
③ 4,650만 원 ④ 4,745만 원

18 A회사는 사무실 리모델링을 하면서 국내영업 1 ~ 3팀과 해외영업 1 · 2팀, 홍보팀, 보안팀, 행정팀의 재실 위치를 변경하였다. 다음 〈조건〉을 적용했을 때 변경된 재실 위치에 대한 설명으로 올바른 것은?

1실	2실	3실	4실
복도			
5실	6실	7실	8실

조건
• 국내영업 1팀과 해외영업 2팀은 홀수실이며 복도를 사이에 두고 마주보고 있다.
• 홍보팀은 5실이다.
• 해외영업 2팀과 행정팀은 나란히 있다.
• 보안팀은 홀수실이며 맞은편 대각선으로 가장 먼 곳에는 행정팀이 있다.
• 국내영업 3팀과 2팀은 한 실을 건너 나란히 있고 2팀이 3팀보다 실 번호가 높다.

① 행정팀은 6실에 위치한다.
② 해외영업 2팀과 국내영업 3팀은 같은 라인에 위치한다.
③ 국내영업 1팀은 국내영업 3팀과 2팀 사이에 위치한다.
④ 해외영업 1팀은 7실에 위치한다.
⑤ 홍보팀이 있는 라인에서 가장 높은 번호의 재실에 위치한 팀은 보안팀이다.

19 ○○공사에 근무하는 3명의 사원은 윤, 오, 박 씨 성을 가졌다. 이 사원들은 A, B, C부서에 소속되어 근무 중이며, 각 부서 팀장의 성도 윤, 오, 박 씨이다. 같은 성씨를 가진 사원과 팀장은 같은 부서에서 근무하지 않는다고 할 때, 다음 〈조건〉을 보고 같은 부서에 소속된 사원과 팀장의 성씨가 올바르게 짝지어진 것은?

조건

• A부서의 팀장은 C부서 사원의 성씨와 같다.
• B부서의 사원은 윤 씨가 아니며 팀장의 성씨가 윤 씨인 부서에 배치되지 않았다.
• C부서의 사원은 오 씨가 아니며 팀장의 성씨도 오 씨가 아니다.

	부서	사원	팀장
①	A	오	윤
②	A	박	윤
③	A	오	박
④	B	오	박
⑤	C	박	윤

20 A회사에서 아래와 같은 〈조건〉으로 임원용 보고서와 직원용 보고서를 제작하려고 한다. 임원용 보고서와 직원용 보고서의 제작비를 계산한 것으로 적절한 것은?

> **조건**
> • 보고서 : 85페이지(표지 포함)
> • 임원용(10부) : 컬러 단면 복사, 플라스틱 커버, 스프링 제본
> • 직원용(20부) : 흑백 양면 복사, 2쪽씩 모아 찍기, 집게(2개)
>
> (단위 : 페이지당, 개당)
>
> | 컬러 복사 | 흑백 복사 | 플라스틱 커버 | 스프링 제본 | 집게 |
> |---|---|---|---|---|
> | 양면 200원 | 양면 70원 | 2,000원 | 2,000원 | 50원 |
> | 단면 300원 | 단면 100원 | | | |
>
> ※ 표지는 모두 컬러 단면 복사를 한다.
> ※ 플라스틱 커버 1개는 한 면만 커버할 수 있다.

	임원용	직원용
①	325,000원	42,300원
②	315,000원	37,700원
③	315,000원	37,400원
④	295,000원	35,300원
⑤	292,000원	32,100원

21 W씨는 3명의 친구와 함께 한국산업인력공단에서 제공하고 있는 교육을 수강하고자 한다. W씨는 첫 번째 친구와 함께 A, C강의를 수강하고 두 번째 친구는 B강의를, 세 번째 친구는 A, B, C 세 강의를 모두 수강하려고 한다. 총 결제해야 할 금액은?

변경 전	변경 후	비고

모두 5만 원	• A강의 : 5만 원
	• B강의 : 7만 원
	• C강의 : 8만 원
		• 두 강의를 동시 수강할 경우,
		  금액의 10% 할인
		• 세 강의를 모두 수강할 경우,
		  금액의 20% 할인

① 530,000원   ② 464,000원
③ 453,000원   ④ 421,700원
⑤ 410,000원

※ 다음은 스케줄 조정을 위한 마케팅부의 대화 내용이다. C차장 입장에서 본 메신저일 때, 이어지는 질문에 답하시오.
 [22~23]

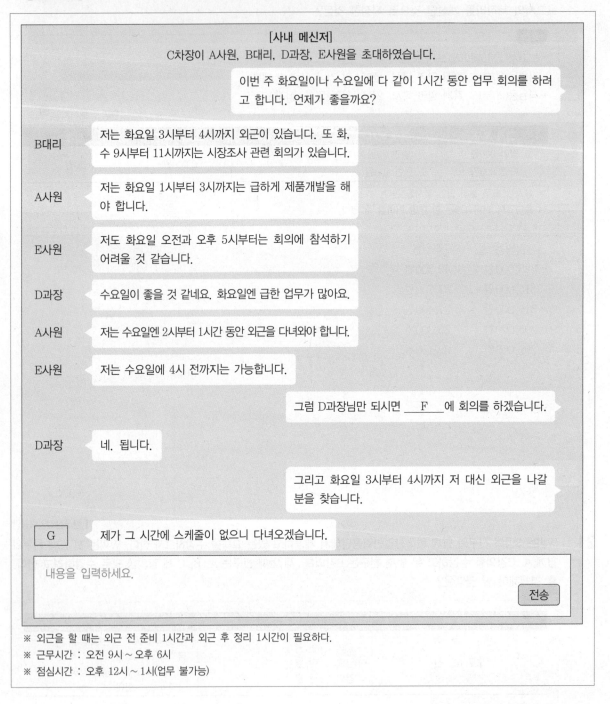

[사내 메신저]
C차장이 A사원, B대리, D과장, E사원을 초대하였습니다.

이번 주 화요일이나 수요일에 다 같이 1시간 동안 업무 회의를 하려고 합니다. 언제가 좋을까요?

B대리 : 저는 화요일 3시부터 4시까지 외근이 있습니다. 또 화, 수 9시부터 11시까지는 시장조사 관련 회의가 있습니다.

A사원 : 저는 화요일 1시부터 3시까지는 급하게 제품개발을 해야 합니다.

E사원 : 저도 화요일 오전과 오후 5시부터는 회의에 참석하기 어려울 것 같습니다.

D과장 : 수요일이 좋을 것 같네요. 화요일엔 급한 업무가 많아요.

A사원 : 저는 수요일엔 2시부터 1시간 동안 외근을 다녀와야 합니다.

E사원 : 저는 수요일에 4시 전까지는 가능합니다.

그럼 D과장님만 되시면 ___F___ 에 회의를 하겠습니다.

D과장 : 네. 됩니다.

그리고 화요일 3시부터 4시까지 저 대신 외근을 나갈 분을 찾습니다.

G : 제가 그 시간에 스케줄이 없으니 다녀오겠습니다.

내용을 입력하세요.

전송

※ 외근을 할 때는 외근 전 준비 1시간과 외근 후 정리 1시간이 필요하다.
※ 근무시간 : 오전 9시 ~ 오후 6시
※ 점심시간 : 오후 12시 ~ 1시(업무 불가능)

22 빈칸 F에 들어갈 회의시간은?

① 수요일 10시   ② 수요일 11시

③ 수요일 1시   ④ 수요일 3시

⑤ 수요일 4시

23 빈칸 G에 들어갈 직원은?

① A사원   ② B대리

③ D과장   ④ E사원

⑤ 없음

24 ○○공사 홍보실에 근무하는 A사원은 12일부터 15일까지 워크숍을 가게 되었다. 워크숍을 떠나기 직전 A사원은 자신의 스마트폰 날씨예보 어플을 통해 워크숍 장소인 춘천의 날씨를 확인해 보았다. 다음 중 A사원이 확인한 날씨예보의 내용으로 적절한 것은?

① 워크숍 기간 중 오늘이 일교차가 가장 크므로 감기에 유의해야 한다.

② 내일 춘천지역의 미세먼지가 심하므로 주의해야 한다.

③ 워크숍 기간 중 비를 동반한 낙뢰가 예보된 날이 있다.

④ 내일모레 춘천지역의 최고・최저기온이 모두 영하이므로 야외활동 시 옷을 잘 챙겨 입어야 한다.

⑤ 글피엔 비는 오지 않지만 최저기온이 영하이다.

25 A대리는 전략회의를 앞두고 국내 금융그룹의 SWOT 분석을 했다. 다음 분석 결과에 대응하는 전략과 그 내용으로 올바른 것은?

국내 금융그룹 SWOT 분석	
S(강점)	W(약점)
• 탄탄한 국내 시장 지배력 • 뛰어난 위기관리 역량 • 우수한 자산건전성 지표 • 수준 높은 금융 서비스	• 은행과 이자수익에 편중된 수익구조 • 취약한 해외 비즈니스와 글로벌 경쟁력 • 낙하산식 경영진 교체와 관치금융 우려 • 외화 자금 조달 리스크
O(기회)	T(위협)
• 해외 금융시장 진출 확대 • 기술 발달에 따른 핀테크의 등장 • IT 인프라를 활용한 새로운 수익 창출 • 계열사 간 협업을 통한 금융 서비스	• 새로운 금융 서비스의 등장 • 은행의 영향력 약화 가속화 • 글로벌 금융사와의 경쟁 심화 • 비용 합리화에 따른 고객 신뢰 저하

① SO전략 : 해외 비즈니스TF팀 신설로 상반기 해외 금융시장 진출 대비
② ST전략 : 금융 서비스를 다방면으로 확대해 글로벌 경쟁사와의 경쟁에서 우위 차지
③ WO전략 : 국내의 탄탄한 시장점유율을 기반으로 핀테크 사업 진출
④ WT전략 : 국내금융사의 우수한 자산건전성 지표를 홍보하여 고객 신뢰 회복

26 다음은 미용실에 관한 SWOT 분석 결과이다. 알맞은 대응방안을 고르면?

S	W
• 뛰어난 실력으로 미용대회에서 여러 번 우승한 경험이 있다. • 인건비가 들지 않아 비교적 저렴한 가격에 서비스를 제공한다.	• 한 명이서 운영하는 가게라 동시에 많은 손님을 받을 수 없다. • 홍보가 미흡하다.
O	T
• 바로 옆에 유명한 프랜차이즈 레스토랑이 생겼다. • 미용실을 위한 소셜 네트워크 예약 서비스가 등장했다.	• 소셜 커머스를 활용하여 주변 미용실들이 열띤 가격경쟁을 펼치고 있다. • 대규모 프랜차이즈 미용실들이 잇따라 등장하고 있다.

① ST전략 : 여러 번 대회에서 우승한 경험을 가지고 가맹점을 낸다.
② WT전략 : 여러 명의 직원을 고용해 오히려 가격을 올리는 고급화 전략을 펼친다.
③ SO전략 : 소셜 네트워크 예약 서비스를 이용해 방문한 사람들에게만 저렴한 가격에 서비스를 제공한다.
④ WO전략 : 유명한 프랜차이즈 레스토랑과 연계하여 홍보물을 비치한다.

※ 다음 표를 보고 이어지는 질문에 답하시오. [27~28]

계절	월	주제	세부내용
봄	3	시작	세계 꽃 박람회, 벚꽃축제
	4	오감	세계 음식축제, 딸기 디저트 시식회
	5	청춘	어린이날 행사
여름	6	음악	통기타 연주회, 추억의 7080 댄스메들리
	7	환희	국제불빛축제, 서머 페스티벌, 반딧불축제
	8	열정	락 페스티벌, 독립민주축제
가을	9	풍요	한방 약초축제, 쌀문화 전시회, 세계 커피 시음회
	10	협동	남사당 바우덕이, 지구촌축제
	11	낭만	클래식 연주회, 가면무도회, 갈대축제
겨울	12	결실	얼음꽃축제, 빙어축제
	1	시작	해맞이 신년 기획 행사
	2	온정	사랑나눔 행사, 행복 도시락 배달

┃ 한국철도공사

27 이 자료의 적절한 제목은?

① 월간세부업무계획
② 계절별프로젝트분담표
③ 월간행사진행현황
④ 연간행사계획표
⑤ 연간행사기획서

┃ 한국철도공사

28 지료를 수정한 것으로 적절하지 않은 것은?

① 5월 이벤트 계획은 좀 부실한 것 같으니 다른 행사를 기획해 추가해야겠어.
② 6월 이벤트 중에 통기타 연주회는 주제와 어울리지 않으니 수정해야겠어.
③ 겹치는 주제가 두 개가 있으니 하나는 다른 주제로 변경해야겠어.
④ 12월은 주제와 세부내용이 맞지 않으니 알맞은 세부내용을 기획해야겠어.
⑤ 4월에 진행하는 행사는 먹을 것으로만 구성되어 있으니 다른 종류의 이벤트를 추가 계획해야겠어.

┃ 서울교통공사

29 다음 설명을 읽고 이에 해당하는 것을 고른 것은?

> 2개 이상의 국가가 서로 상품이나 서비스를 사고팔 때 매기는 관세나 각종 수입제한을 철폐하여 교역을 자유화하려는 협정이다. 모든 품목의 관세를 없애는 것이 원칙이나, 당사자 간 협상에 따라 일부 품목에만 관세를 물리도록 예외를 정하기도 한다.

① WTO
② IMF
③ FTA
④ WHO
⑤ SOFA

PART 1 │ 모듈형 5개년 기출문제

30 다음은 OECD 32개국의 고용률과 인구증가율을 4분면으로 나타낸 것이다. 아래 데이터 표를 보고 바르게 짝지어진 것은?

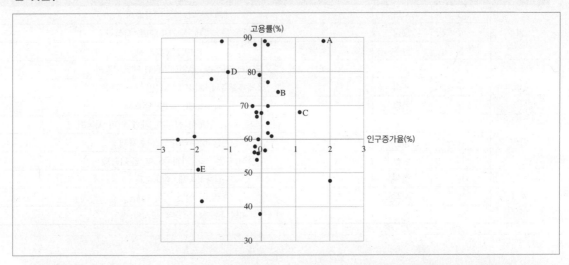

구분	호주	벨기에	헝가리	멕시코	일본	캐나다	독일	덴마크	한국	프랑스
고용률(%)	89	62	80	68	51	74	88	79	42	68
인구증가율(%)	1.8	0.2	-1.0	-0.03	-1.9	0.5	0.18	-0.05	-1.8	1.1

① A - 캐나다
② B - 독일
③ C - 멕시코
④ D - 헝가리
⑤ E - 한국

31 한글에서 파일을 다른 이름으로 저장할 때 사용하는 단축키는 무엇인가?

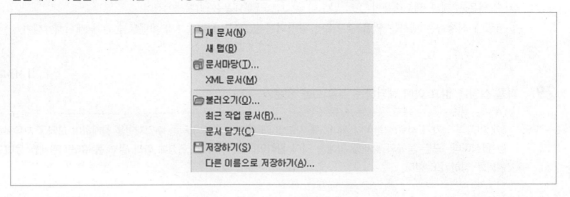

① ⟨Alt⟩ + ⟨N⟩
② ⟨Ctrl⟩ + ⟨N⟩, ⟨P⟩
③ ⟨Alt⟩ + ⟨S⟩
④ ⟨Alt⟩ + ⟨P⟩
⑤ ⟨Alt⟩ + ⟨V⟩

32 다음 중 동영상 파일 포맷의 확장자로 옳은 것은?

① TIFF ② GIF
③ PNG ④ JPG
⑤ MPEG

33 의사소통능력은 다음과 같이 구분할 수 있다. ㉠에 들어갈 말로 적절한 것은?

말하기	듣기	㉠
쓰기	읽기	문자
산출	수용	

① 음성 ② 표현
③ 상징 ④ 의미
⑤ 해석

34 다음 지문을 보고 식장생활에 올바르게 적용한 사람은?

> 정의는 선행이나 호의를 베푸는 것과 아주 밀접한 관련이 있다. 그러나 선행이나 호의에도 몇 가지 주의할 점이 있다. 첫째, 받는 자에게 피해가 되지 않도록 주의하고 둘째, 베푸는 자는 자신이 감당할 수 있는 능력 내에서 베풀어야 하며 셋째, 각자 받을 만한 가치에 따라서 베풀어야 한다.
>
> − 키케로 『의무론』
>
> 공자께서 말씀하시기를 "윗사람으로서 아랫사람을 너그럽게 관용할 줄 모르고, 예도를 행함에 있어 공경심이 없으며, 사람이 죽어 장례를 치르는 문상자리에서도 애도할 줄 모른다면 그런 인간을 어찌 더 이상 볼 가치가 있다 하겠느냐?"라고 하였다.
>
> − 『논어』 팔일 3-26

① A사원 : 며칠 후에 우리 부장님 생신이라 비상금을 털어서 고급 손목시계 하나 해 드리려고.
② B과장 : 출근해서 사원들과 즐겁게 아침인사를 나누었어. 내가 먼저 반갑게 아침인사를 건네면 기분이 좋아져 좋은 하루를 보낼 수 있거든.
③ C사원 : 내가 준 김밥을 먹고 배탈이 났다고? 냉장보관을 안하긴 했는데….
④ D부장 : G사원이 어제 회식자리에서 내 옷에 김칫국물을 흘렸으니 세탁비를 받아야겠어.
⑤ E사원 : 지난주에 장례식장에 갔는데 육개장이 그렇게 맛있더라고.

35 다음은 한국전력공사의 전화응대 매뉴얼이다. 다음 매뉴얼을 참고했을 때, 가장 적절한 답변은?

〈전화응대 매뉴얼〉

1. 전화를 받을 땐 먼저 본인의 소속과 이름을 밝힌다.
2. 동료가 자리를 비울 땐 전화를 당겨 받는다.
3. 전화 당겨 받기 후 상대방에게 당겨 받은 이유를 설명한다.
4. 친절하게 응대한다.
5. 통화내용을 메모로 남긴다.
6. 전화 끊기 전 메모 내용을 다시 한번 확인한다.
7. 시간 지체가 없도록 펜과 메모지를 항상 준비해 둔다.

A사원 : 네, 전화받았습니다. … ①
B사원 : 안녕하세요. 송전부 C대리님 자리에 안계신가요?
A사원 : 네, C대리님이 오늘부터 이틀간 지방 출장이셔서 제가 대신 받았습니다. … ②
B사원 : 네, 그렇군요. 여기는 서비스부서입니다.
A사원 : 무슨 일이신데요? … ③
B사원 : 다름이 아니라 고객 문의 사항 회신관련 답변이 없어 전화했습니다.
A사원 : 죄송합니다만, 제 담당이 아니라 잘 알지 못합니다.
B사원 : 그러면, 담당자분께 고객이 직접 전화 달라는 내용 좀 전해주시겠습니까?
A사원 : 네, 잠시만요, 메모지 좀 찾을게요…. … ④
　　　　담당자가 오시면 메모 전해드리겠습니다. … ⑤
B사원 : 네, 감사합니다.

36 다음 중 밑줄 친 단어와 유사한 의미로 쓰인 것은?

K공사에서 근무하는 김 과장은 올해 60세가 되어 정년퇴직을 준비하고 있다. 김 과장은 인생의 전환점을 <u>맞이하여</u> 은퇴 후에 아내와 함께 귀농할 수 있도록 농사와 관련된 전문 서적을 찾아 읽거나 귀농인들을 위한 사이트에 가입하여 여러 정보를 모으고 있다.

① 그들은 우리를 반갑게 <u>맞아</u> 주었다.
② 그들은 자신의 목숨이 다하도록 적군을 <u>맞아</u> 싸웠다.
③ 그 신문은 창간 7주년을 <u>맞아</u> 푸짐한 사은품을 준비했다.
④ 이번 학기에도 학사 경고를 <u>맞으면</u> 퇴학이다.
⑤ 갑자기 쏟아진 우박을 <u>맞아</u> 배추들이 모조리 주저앉아 있었다.

37 다음 중 밑줄 친 단어와 유사한 의미로 쓰인 것은?

> 그는 오랜만에 만난 그녀가 괜한 고집을 부리고 있다는 생각이 <u>들었다</u>. 하지만 10년만의 재회에 그는 그녀의 비위를 거스를 필요를 느끼지 못했다. 그냥 웃을 뿐이었다.

① 그는 선잠이 <u>들었다가</u> 이상한 소리에 잠이 깼다.
② 아이가 감기가 <u>들어</u> 요즘 병원에 다닌다.
③ 이 일을 시작했을 때 우리는 불길한 예감이 <u>들었다</u>.
④ 좋은 생활 습관이 <u>들면</u> 자기 발전에 도움이 된다.
⑤ 며느리가 아이가 많이 <u>들어서</u> 거동이 불편하다.

38 상자 A, B, C에 금화 13개가 들어 있다. 금화는 상자 A에 가장 적게 있고, 상자 C에 가장 많이 있다. 각 상자에는 금화가 하나 이상 있으며, 개수는 서로 다르다. 이 사실을 알고 있는 갑, 을, 병이 아래와 같은 순서로 각 상자를 열어본 후 말했다. 이들의 말이 모두 참일 때, 상자 B 안에 들어있는 금화의 개수는?

> 갑이 A상자를 열어본 후 말했다.
> "B와 C에 금화가 각각 몇 개 있는지 알 수 없어."
> 을은 갑의 말을 듣고 C상자를 열어본 후 말했다.
> "A와 B에 금화가 각각 몇 개 있는지 알 수 없어."
> 병은 갑과 을의 말을 듣고 B상자를 열어본 후 말했다.
> "A와 C에 금화가 각각 몇 개 있는지 알 수 없어."

① 3개   ② 4개
③ 5개   ④ 6개
⑤ 7개

39 모스크바 지사에서 일하고 있는 A대리는 밴쿠버 지사에 업무협조 메일을 보내려고 한다. 모스크바에서 4월 22일 오전 10시 15분에 밴쿠버 지사로 업무협조 메일을 보냈을 때, 〈조건〉에 따라 밴쿠버 지사에서 가장 빨리 메일을 확인할 수 있는 시각은?

> **조건**
> • 밴쿠버는 모스크바보다 10시간이 늦다.
> • 밴쿠버 지사의 업무시간은 오전 10시부터 오후 6시까지이다.
> • 밴쿠버 지사에서는 4월 22일 오전 10시부터 15분간 전력점검행사를 진행했다.

① 4월 22일 오전 10시
② 4월 22일 오전 10시 15분
③ 4월 22일 오후 05시 15분
④ 4월 23일 오전 10시 35분
⑤ 4월 23일 오후 12시 20분

40 토요일이 의미 없이 지나간다고 생각한 직장인 S씨는 자기계발을 위해 집 근처 문화센터에서 하는 프로그램에 수강신청을 하려고 한다. 문화센터 프로그램 안내표를 보고 적절하지 않은 설명을 고른 것은?(단, 시간이 겹치는 프로그램은 수강할 수 없다)

〈문화센터 프로그램 안내표〉

프로그램	수강료(3달 기준)	강좌시간
중국어 회화	60,000원	11:00 ~ 12:30
영어 회화	60,000원	10:00 ~ 11:30
지르박	180,000원	13:00 ~ 16:00
차차차	150,000원	12:30 ~ 14:30
자이브	195,000원	14:30 ~ 18:00

① 시간상 김 대리가 선택할 수 있는 과목은 최대 2개이다.
② 자이브의 강좌시간이 가장 길다.
③ 중국어 회화와 차차차를 수강할 때 한 달 수강료는 7만 원이다.
④ 차차차와 자이브를 둘 다 수강할 수 있다.
⑤ 회화 중 하나를 들으면 최소 2과목을 수강할 수 있다.

PART

2

PSAT형 5개년 기출문제

2021년 상반기 기출문제

정답 및 해설 p.44

┃ 한국철도공사 사무영업직

01 다음 글의 내용과 일치하는 것은?

> 플라톤의 '파이드로스'에는 소크라테스가 파이드로스에게 문자의 발명에 관한 옛 이야기를 하는 대목이 있다. 이 옛 이야기에 따르면 문자뿐 아니라 숫자와 여러 문명의 이기를 고안해낸 발명의 신(토이트)이 이집트의 왕(타무스)에게 자신이 발명한 문자를 온 백성에게 사용하게 하면 이집트 백성이 더욱더 현명하게 될 것이라는 이야기를 한다. 그러나 타무스왕은 문자는 인간을 더욱 이성적이게 하고 인간의 기억을 확장시킬 도구라는 토이트신의 주앙에 대해 강한 거부감을 표현한다. '죽은' 문자는 백성들을 현명하게 만들기는커녕 도리어 생동감 있고 살아있는 기억력을 퇴보시킬 것이고, 문자로 적혀진 많은 글들을 다른 여타의 상황해석 없이 그저 글로 적혀진 대로만 읽게 되어 원뜻과는 동떨어지게 된다는 오해의 소지가 다분하다는 것이다.
>
> 우리 시대의 주요한 화두이기도한 구어문화(Orality)에 대립되는 문자문화(Literacy)의 비역동성과 수동성에 대한 비판은 이제 막 알파벳이 보급되고 문자문화가 전래의 구술적 신화문화를 대체한 플라톤 시기에 이미 논의되어진 것이다. 실제의 말과 사고는 본질적으로 언제나 실제 인간끼리 주고받는 콘텍스트하에 존재하는데, 문자와 글쓰기는 이러한 콘텍스트를 떠나 비현실적이고 비자연적인 세계 속에서 수동적으로 이뤄진다. 글쓰기와 마찬가지로 인쇄술과 컴퓨터는 끊임없이 동적인 소리를 정지된 공간으로 환원하고, 말을 그 살아있는 현재로부터 분리시키고 있다. 물론 인류의 문자화가 결코 '폐해'만을 낳았던 것이 아니라는 주장도 만만치 않다. 지난 20년간 컴퓨터공학과 인터넷의 발전이 얼마나 우리의 주변을 변화시켰던가. 고대의 신화적이고 구어문화 중심적인 사회에서 문자사회로의 이행기에 있어서 문자의 사용은 신이나 지배자의 명령하는 목소리에 점령되지 않는 자유공간을 만들어 내기도 했다는 주장에 주목할 필요가 있을 것이다.
>
> 이러한 주장의 근저에는 마치 소크라테스의 입을 통해서 플라톤이 주장하는 바와 맥이 닿는 것이 아닐까? 언어 행위의 근간이 되는 변증법적 작용을 무시하는 언술행위의 문자적 고착화에 대한 비판은 궁극적으로 우리가 살아가는 세상은 결코 어떠한 규정적인 개념화와 그 기계적인 강제로도 담아낼 수 없다는 것이다. 역으로 현실적인 층위에서의 물리적인 강제의 억압에 의해 말살되어질 위기에 처한 진리의 소리는 기념비적인 언술행위의 문자화를 통해서 저장되어야 한다는 것이 아닐까?
>
> 이러한 문화적 기억력의 여과과정은 결국 삶의 의미에 대한 성찰에 기반한 문화적 구성원들의 가치 판단에 의해서 이뤄질 몫이다. 문화적 기억력에 대한 성찰과 가치 판단이 부재한 시대의 새로운 매체는 단지 댓글 파노라마에 불과할 것이기 때문이다.

① 타무스 왕은 문자를 살아있고 생동감 있는 것으로 기억력을 죽은 것으로 생각했어.

② 플라톤 시기에는 문자문화가 구술적 신화문화를 대체하기 시작한 시기였어.

③ 문자와 글쓰기는 항상 콘텍스트하에서 이뤄지는 행위야.

④ 문자 문화로 인해 진리의 소리는 물리적인 강제의 억압에 의해 말살되었어.

⑤ 문화적 기억력이 바탕에 있다면 새로운 매체는 댓글 파노라마로 자리잡을 거야.

02 다음 글은 2019년 철도종합시험선로에 관한 내용이다. 글을 읽고 추론한 내용으로 옳지 않은 것은?

> 국토교통부는 3월 15일 오송 철도시설기지에서 철도종합시험선로이 준공식을 개최했다. 준공식에는 국토교통부 철도국장을 비롯해 한국철도시설공단, 한국철도기술연구원 등 국내 유관기관뿐만 아니라 Attila Kiss 국제철도협력기구(OSJD) 사무총장, 미국·중국·러시아 철도연구원 등 국내·외 관계자 300여 명이 참석했다.
>
> 준공식에 하루 앞선 14일에는 서울 코엑스 아셈볼룸에서 한국철도기술연구원이 철도종합시험선로의 준공 등을 기념하는 국제 심포지엄을 개최하기도 했다. 그동안, 프랑스·독일·미국 등 해외 철도선진국에서는 시험용 철도선로를 구축·운영하여 개발품에 대한 성능시험을 안전하고 신속하게 실시할 수 있도록 지원해 온 반면, 우리나라는 개발품에 대한 성능시험을 시험용 철도선로가 아닌 KTX·전동차 등이 운행하고 있는 영업선로에서 실시함으로써 시험 중 사고의 위험에 노출되어 있고, 충분한 시험시간 확보도 곤란한 문제가 있었다.
>
> 이에 따라 국토교통부는 2014년부터 철도종합시험선로 구축사업에 착수하였으며, 2018년까지 총 2,399억 원을 투입해 충북 청원군 ~ 세종시 전동면 일대에 13km 연장의 시험용 선로를 구축했다.
>
> 철도종합시험선로에는 급곡선(회전반경 250m)·급구배(경사 35‰) 및 교량(9개)·터널(6개) 등을 설치하여 국내·외에서 요구하는 다양한 종류의 성능시험이 모두 가능하도록 하였으며, 특히, 1개 교량은 새로운 교량형식·공법에 대한 시험이 가능하도록 교량의 교각·상부가 자유롭게 변경될 수 있는 구조로 구축했다.
>
> 또한, 세계 최초로 고속·일반철도 차량용 교류전력(AC)과 도시철도 전동차용 직류전력(DC)을 모두 공급할 수 있도록 하고, 각종 철도신호·통신장치를 설치함으로써 KTX·전동차 등 다양한 철도차량이 주행할 수 있다. 철도종합시험선로를 구축하고 본격적으로 운영함에 따라 우리나라 철도기술개발을 촉진하고 기술경쟁력을 제고하는 데 기여할 것으로 기대된다. 개발자는 철도종합시험선로에서 원하는 시간에 신속히 기술을 검증할 수 있고, 철도운영기관은 충분히 검증된 기술을 도입함으로써 기술 결함으로 인한 철도사고·장애 등 위험을 최소화할 수 있다. 또한, 기존에는 개발자가 해외 수출을 위해 현지에서 실시하던 성능시험을 앞으로는 철도종합시험선로에서 실시함으로써 성능시험에 소요되는 비용과 시간을 절감할 수 있다.
>
> 2019년에는 종합시험선로에서 우리나라 기업이 호주에 수출할 전동차량에 대한 주행시험을 실시할 예정으로, 당초 호주 현지에서 실시하기로 했던 시험을 국내에서 실시함으로써 제품의 완성도를 더욱 높이고, 시험 시간도 단축할 수 있을 것으로 예상된다. 국토교통부 관계자는 "철도종합시험선로가 15일 준공식을 시작으로 운영이 본격화되면 철도의 안전 확보와 철도산업 발전에 핵심적인 역할을 할 것으로 기대된다."라고 밝혔다.

① 준공식 하루 전에는 코엑스에서 기념행사가 열렸다.
② 이전에는 실제 승객이 타고 있는 열차와의 사고 위험성이 존재했다.
③ 다른 나라의 시험선로에서는 교류전력과 직류전력이 모두 공급되지 않는다.
④ 시험선로 설치 이전에는 해외에서 시험을 실시해야 하는 경우도 있었다.
⑤ 15일부터 종합시험선로가 운행될 예정이다.

03 다음 글의 내용과 일치하는 것은?

4차 산업혁명에서 '혁명'은 말 그대로 큰 변화를 가져오는 것을 의미한다. 좀 더 풀어 설명하면 산업혁명은 '기술의 등장으로 인한 사회의 큰 변화'를 의미하는 것으로 이해할 수 있다. 사회적인 변화가 있었기 때문에 도시 모습도 당연히 변화됐다. 좀 더 엄밀히 말하면 특정 기술이 사회와 도시 모습을 바꾼 것이다.

1차 산업혁명은 열에너지 기술 등장으로 인한 교통수단과 생산이 자동화되는 시기다. 이때 철도를 움직이게 하기 위한 교통기반 시설이 갖춰지게 됐다. 2차 산업혁명은 전기 에너지 기반의 컨베이어 벨트 체계가 들어서기 시작할 때다. 이 시기에는 도시에 공장이 들어섬으로 인해 대량생산이 일어나게 된다. 3차 산업혁명은 '인터넷'이 등장한 시기다. 전 세계가 연결되고 정보 공유가 활발히 일어났다. 도시 모델 역시 '정보 공유형'의 특성을 가졌다. 이러한 도시를 유 시티(U-City)라고 한다. 유 시티는 '유비쿼터스 시티(Ubiquitous City)'의 줄임말로, 유비쿼터스는 '어디에나 존재하는'이라는 뜻을 가지고 있다. 정리하면 유 시티는 '장소와 시간에 구애받지 않고 시민들에게 정보를 제공하는 도시'로 정의할 수 있는데 인터넷 기술이 도시 모습에 영향을 미쳤음을 알 수 있다.

그렇다면 4차 산업혁명은 무엇이고, 스마트 시티는 기존 유 시티와 어떻게 다를까? 4차 산업혁명은 한마디로 산업 전 분야와 정보통신기술(ICT) 융합으로 생겨난 혁명으로, 핵심기술은 ICBM(IoT·Cloud·BigData·Mobile)이다. ICBM은 사물인터넷, 클라우드, 빅데이터 그리고 모바일이 결합한 기술로 정의하는데, 센서 역할을 하는 사물인터넷이 정보를 모아서 클라우드에 보낸다. 그러면 빅데이터는 이를 분석하고 사용자에게 서비스 형태로 모바일로 제공한다. 얼핏 들으면 기존 인터넷 시대와 다른 점이 없어 보인다. 그러나 두 가지 관점에서 명확히 다르다. 우선 연결 범위가 넓어졌다. 사물인터넷 등장으로 연결되는 기기 수가 증가하고 있다. 과거 인터넷 시대에는 컴퓨터, 휴대전화만 연결 대상이었다. 그러나 지금은 자동차, 세탁기 등이 연결 대상이 되어가고 있다. 참고로 시장 조사 전문 기관 '스태티스타(Statista)'에 따르면 사물인터넷 수는 2020년에 300억 기기가 인터넷으로 연결될 전망이다. 또 하나 인터넷 시대와 다른 점은 정보의 가공 수준이다. 빅데이터는 3V로 정의할 수 있는데, Velocity(속도), Volume(규모) 그리고 Variety(다양성)이다. 실제로는 속도와 규모로 빅데이터 여부를 나누는 것은 애매하다. 중요 부분은 '다양성'이라고 할 수 있는데, 빅데이터는 기계학습을 기반으로 비정형 데이터도 분석할 수 있다는 장점이 있다. 기존 분석 방식은 사람이 입력한 공식에 따라 처리하게 하는 '지식공학'이었다면, 현재 주목받는 기계학습 방식은 데이터를 주면 시스템이 알아서 공식을 만들고 문제를 푸는 방식이다. 이러한 방식은 적용 범위를 넓게 할 뿐만 아니라 분석 수준도 깊게 했다. 예를 들어 고양이를 비교하는 시스템을 개발한다고 해 보자. 사람이 고양이를 정의하는 공식을 만들어내는 것은 매우 복잡하고 오차 범위가 넓어서 적용이 어렵다. 반면에 시스템에 수많은 고양이 사진을 주고 스스로 고양이 정의를 내리게 한다면 어떨까?

바둑 천재 이세돌을 이긴 알파고를 예로 더 들어보자. 사람이 바둑으로 이세돌을 이길 수 있게 공식을 짤 수 있을까? 개발자가 이세돌보다 바둑을 더 잘 두지 않는 이상 어려울 것이다. 정리하면 4차 산업혁명은 '초연결'과 '지능화'라는 특성을 가진다. 그리고 이러한 특성은 스마트 시티에 그대로 적용되는 것이다.

스마트 시티 추진을 위해 반드시 염두에 둬야 할 점은 반드시 '시민'을 중심으로 이뤄져야 한다는 것이다. 두바이는 스마트 시티의 평가지표로 '행복계량기'를 설치해 시민이 행복 정도를 입력할 수 있도록 했다. 한 발 더 나아가 미국 뉴욕시는 뉴욕시민이 'NYC BIG' 앱을 통해 뉴욕의 문제점을 지적하고 서로 논의할 수 있게 했으며, 싱가포르는 '버추얼 싱가포르(3차원 가상도시 플랫폼)'를 통해 국민들에게 정보를 공유하고 제안할 수 있게 한다.

스마트 시티의 성공은 '인공지능'과의 접목을 통한 기술 향상이 아니다. 스마트 시티 추진의 목적은 바로 시민의 '행복'이다.

① 1차 산업혁명 때는 컨베이어 벨트를 이용한 자동화 기술이 들어섰다.
② 과거 인터넷 시대에는 자동차, 세탁기에만 인터넷 연결이 가능했다.
③ 4차 산업혁명 시대의 도시는 '정보 공유형' 특성을 가진다.
④ 빅데이터는 속도, 규모, 연결성으로 정의할 수 있다.
⑤ 스마트 시티는 인공지능 기술 향상만으로 성공할 수 없다.

04 다음 글을 읽고 추론할 수 없는 것은?

삼국통일을 이룩한 신라는 경덕왕(742 ~ 765) 대에 이르러 안정된 왕권과 징치세도를 바탕으로 문화적 황금기를 맞이하게 되었다. 불교문화 역시 융성기를 맞이하여 석굴암, 불국사를 비롯한 많은 건축물과 조형물을 건립함으로써 당시의 문화적 수준과 역량을 지금까지 전하고 있다.

석탑에 있어서도 시원 양식과 전형기를 거치면서 성립된 양식이 이때에 이르러 통일된 수법으로 정착되어, 이후 건립되는 모든 석탑의 근원적인 양식이 되고 있다. 건립된 석탑으로는 나원리 오층석탑, 구황동 삼층석탑, 장항리 오층석탑, 불국사 삼층석탑, 갈항사지 삼층석탑, 원원사지 삼층석탑 그리고 경주 외에 청도 봉기동 삼층석탑과 창녕 술정리 동삼층석탑 등이 있다. 이들은 대부분 불국사 삼층석탑의 양식을 모형으로 건립되었다. 이러한 석탑이 경주에 밀집되어 있는 이유는 통일된 석탑양식이 지방으로까지 파급되지 못하였음을 보여주고 있다.

이 통일된 수법을 가장 대표하는 석탑이 불국사 삼층석탑이다. 부재의 단일화를 통해 규모는 축소되었으나, 목조건축의 양식을 완벽하게 재현하고 있고, 양식적인 면에서도 초기적인 양식을 벗어나 높은 완성도를 보이고 있다. 그 특징을 살펴보면 첫 번째로 이층기단으로 상·하층기단부가 모두 2개의 탱주와 1개의 우주로 이루어져 있다. 하층기단갑석의 상면에는 호각형 2단의 상층기단면석 받침이, 상층기단갑석의 상면에는 각형 2단의 1층 탑신석 받침이 마련되었고, 하면에는 각형 1단의 부연이 마련되었다. 두 번째로 탑신석과 옥개석은 각각 1석으로 구성되어 있으며, 1층 탑신에 비해 2·3층 탑신이 낮게 만들어져 체감율에 있어 안정감을 주고 있다. 옥개석은 5단의 옥개받침과 각형 2단의 탑신받침을 가지고 있으며, 낙수면의 경사는 완만하고, 처마는 수평을 이루다가 전각에 이르러 날렵한 반전을 보이고 있다. 세 번째로 상륜부는 대부분 결실되어 노반석만 남아 있다.

① 경덕왕 시기에 불교문화가 번창할 수 있었던 것은 안정된 정치 체제가 바탕이 되었기 때문이다.
② 장항리 오층석탑은 불국사 삼층석탑과 동일한 양식으로 지어졌다.
③ 경덕왕 시기에 통일된 석탑 양식은 경주뿐만 아니라 전 지역으로 유행했다.
④ 이전에는 시원 양식을 사용해 석탑을 만들었다.
⑤ 탑신부에서 안정감이 느껴지는 것은 아래층보다 위층을 낮게 만들었기 때문이다.

※ 다음은 원탁 테이블 3개가 있는 어느 카페의 하루 방문자 현황이다. 다음 자료를 보고 이어지는 질문에 답하시오.
[5~6]

- 카페에서 보유한 원탁에 대한 정보는 다음과 같으며, 카페는 각 원탁을 1개씩 보유하고 있다.
  - 2인용 원탁 : 1~2인만 앉을 수 있음
  - 4인용 원탁 : 1~4인만 앉을 수 있음
  - 6인용 원탁 : 3~6인만 앉을 수 있음
- 방문한 인원수에 맞추어 원탁을 배정하며 가능한 작은 원탁을 우선 배정한다.
- 함께 온 일행은 같이 앉을 수 있는 자리가 없다면 입장할 수 없다.
- 함께 온 일행들은 함께 앉을 수 있으면 같은 원탁에 앉고, 항상 함께 온 일행과 함께 나간다.
- 한 번 들어온 손님은 반드시 1시간 동안 머문 후 나간다.
- 카페 영업시간은 오전 9시부터 오후 10시까지이다.
- 각 시각별로 새로운 고객 입장 및 새로운 고객 입장 전 기존 고객에 대한 정보는 다음과 같다. 이 외에 새로운 고객은 없다.

시간	새로운 고객	기존 고객	시간	새로운 고객	기존 고객
09:20	2	0	15:10	5	
10:10	1		16:45	2	
12:40	3		17:50	5	
13:30	5		18:40	6	
14:20	4		19:50	1	

※ 새로운 고객은 같이 온 일행이다.

05 다음 중 오후 3시 15분에 카페에 앉아 있는 손님은 총 몇 명인가?

① 1명   ② 4명
③ 5명   ④ 7명
⑤ 9명

06 다음 〈보기〉의 설명 중 옳지 않은 것을 모두 고르면?

> **보기**
>
> ㄱ. 오후 6시 정각에 카페에 있는 손님의 수는 5명이다.
> ㄴ. 카페를 방문한 손님 중 돌아간 일행은 없다.
> ㄷ. 오전에는 총 3명의 손님이 방문하였다.
> ㄹ. 오후 2시 정각에는 2인용 원탁에 손님이 앉아 있었다.

① ㄱ, ㄴ   ② ㄱ, ㄷ
③ ㄴ, ㄷ   ④ ㄴ, ㄹ
⑤ ㄷ, ㄹ

※ 택배기사 A씨는 다음 자료에 근거하여 근무를 한다. 다음 〈조건〉을 보고 이어지는 질문에 답하시오. **[7~8]**

조건

• 한 번 배송을 다녀오면 10분간 휴식한다.
• 한 번 배송으로 소요되는 총 시간은 50분을 초과할 수 없다.
• 같은 물류창고에 있는 물건은 3개까지 가져갈 수 있다.
• 특수택배 물품의 배송이 모두 완료되어야 보통택배 물품을 배송할 수 있다.
• 특수택배의 배송번호는 '특'으로 시작하며, 보통택배의 배송번호는 '보'로 시작한다.
• 2개를 동시에 가져가서 배송하면, 각 상품별 왕복 배송시간의 총합에서 5분이 감소하고, 3개를 동시에 가져가서 배송하면 10분이 감소한다.

〈배송표〉

배송 번호	물류창고	왕복 배송시간
특01	가	10분
특02	나	15분
특03	나	10분
보01	가	10분
보02	나	15분
보03	다	20분
보04	다	10분
보05	다	25분
보06	가	10분

▌한국철도공사 사무영업직

07 다음 〈보기〉의 설명 중 옳지 않은 것을 모두 고르면?

보기

ㄱ. 나 창고에 있는 택배 물품은 한 번에 전부 가지고 나가서 배송할 수 있다.
ㄴ. 특수택배 상품을 모두 배송하는 데 최소 30분이 소요된다.
ㄷ. 다 창고에 있는 보통택배를 한 번에 배송할 수 있다.

① ㄱ
② ㄱ, ㄴ
③ ㄱ, ㄷ
④ ㄴ, ㄷ
⑤ ㄱ, ㄴ, ㄷ

▌한국철도공사 사무영업직

08 A씨가 근무를 오전 9시에 시작한다고 할 때, 가장 빨리 모든 택배의 배송을 완료한 시간으로 적절한 것은?

① 10시
② 10시 5분
③ 10시 25분
④ 10시 45분
⑤ 11시 15분

09 2015 ~ 2016년 방송 서비스 시장 매출액 정보가 다음과 같을 때, 자료에 대한 설명으로 옳지 않은 것은?

〈2015 ~ 2016년 방송 서비스 시장 매출액〉

(단위 : 십억 원)

매출 구분	통계분류		2015년	2016년
매출액	합계		(가)	(나)
	방송사 매출액	소계	748,208	(다)
		판매수입	( )	819,351
		라이선스 수입	6,356	4,881
		간접광고 수입	3,413	22,793
		협찬	(라)	5,601
		기타	4,818	3,248
	방송사 이외 매출액	소계	395,290	572,939
		판매수입	182,949	404,403
		기타	(마)	168,536

① (가)는 (나)보다 작다.
② (다)와 2015년 방송사 매출액의 차이는 100,000십억 원 이상이다.
③ (라)는 2017년 협찬 매출액보다 작다.
④ (마)는 2017년 방송사 이외 판매수입보다 작다.
⑤ 2016년 방송사 매출액 판매수입은 (마)의 3배 이상이다.

10 K기업의 1 ~ 3년 차 근무를 마친 사원들은 인사이동 시기를 맞아 근무지를 이동해야 한다. 근무지 이동 규정과 각 사원들이 근무지 이동을 신청한 내용이 다음과 같을 때, 이에 대한 설명으로 옳지 않은 것은?

〈근무지 이동 규정〉

• 수도권 지역은 여의도, 종로, 영등포이고, 지방의 지역은 광주, 제주, 대구이다.
• 2번 이상 같은 지역을 신청할 수 없다.
  예 여의도 → 여의도(×)
• 3년 연속 같은 수도권 지역이나 지방 지역을 신청할 수 없다.
• 2, 3년 차보다 1년 차 신입 및 1년 차 근무를 마친 직원이 신청한 내용을 우선적으로 반영한다.
• 1년 차 신입은 전년도 평가 점수를 100점으로 한다.
• A ~ E직원은 서로 다른 곳에 배치된다.
• 같은 지역으로의 이동을 신청한 경우 전년도 평가 점수가 더 높은 사람을 배정한다.
• 규정에 부합하지 않게 이동 신청을 한 경우, 신청한 곳에 배정받을 수 없다.

〈근무지 이동 신청〉

직원	1년 차 근무지	2년 차 근무지	3년 차 근무지	신청지	전년도 평가
A	대구	–	–	종로	–
B	여의도	광주	–	영등포	92
C	종로	대구	여의도	미정	88
D	영등포	종로	–	여의도	91
E	광주	영등포	제주	여의도	89

---

① B는 영등포로 이동하게 될 것이다.

② C는 지방 지역으로 이동하고, E는 여의도로 이동하게 될 것이다.

③ A는 대구를 1년 차 근무지로 신청하였을 것이다.

④ D는 자신의 신청지로 이동하게 될 것이다.

⑤ C가 제주로 이동한다면, D는 광주나 대구로 이동하게 된다.

11 다음은 국내 자동차와 주요 국가의 자동차 등록에 대한 자료이다. 자료에 대한 설명으로 옳지 않은 것은?(단, 자동차 1대당 인구 수는 소수점 이하 둘째 자리에서 반올림한다)

〈국내 연도별 자동차 등록 대수〉

국가	자동차 등록 대수(만 대)	인구 수(만 명)	자동차 1대당 인구 수(명)
미국	25,034	30,041	1.2
일본	7,625	12,963	1.7
중국	4,735	134,001	( )
독일	4,412	8,383	1.9
이탈리아	4,162	5,827	1.4
러시아	3,835	14,190	3.7
프랑스	3,726	6,334	1.7
영국	3,612	6,140	( )
스페인	2,864	4,582	1.6
브라질	2,778	19,446	7
멕시코	2,557	10,739	4.2
캐나다	2,134	3,414	1.6
폴란드	1,926	3,852	( )
한국	1,687	4,892	( )

① 중국의 자동차 1대당 인구 수는 멕시코의 자동차 1대당 인구 수의 6배 이상이다.
② 폴란드의 자동차 1대당 인구 수는 2이다.
③ 폴란드의 자동차 1대당 인구 수는 러시아와 스페인 전체 인구에서의 자동차 1대당 인구 수보다 작다.
④ 한국의 자동차 1대당 인구 수는 미국과 일본의 자동차 1대당 인구 수의 합과 같다.
⑤ 한국의 자동차 1대당 인구 수는 러시아와 스페인 전체 인구에서의 자동차 1대당 인구 수보다 작다.

※ 다음은 K가 여행지로 고른 후보지에 대한 자료이다. 다음 자료를 보고 이어지는 질문에 답하시오. **[12~13]**

- K는 연휴를 맞이하여 가족들과 함께 여행을 가고자 한다.
- K는 최종점수가 가장 높은 여행지로 여행을 간다.
- 최종점수는 접근점수, 입지점수, 숙소점수, 날씨점수를 단순합산하여 도출한다.
- 접근점수는 다음 표에 따라 부여한다.

편도 소요시간	1시간 미만	1시간 이상 1시간 30분 미만	1시간 30분 이상 2시간 미만	2시간 이상
접근점수	30	25	20	15

- 입지점수는 다음 표에 따라 부여한다.

위치	바다	산	도심
입지점수	15	12	9

- 숙소점수는 다음 표에 따라 부여한다.

숙소 만족도	1~3점	4~6점	7~8점	9~10점
숙소점수	10점	12점	15점	20점

- 날씨점수는 다음 표에 따라 부여한다.

날씨	맑음	흐림	비
날씨점수	20	15	5

〈A ~ D여행지 정보〉

여행지	편도 소요시간	위치	숙소 만족도	날씨
A	2시간 15분	바다	8	맑음
B	1시간 30분	산	7	흐림
C	58분	산	9	비
D	3시간 20분	바다	8	비

12 다음 중 K가 선택할 여행지로 옳은 것은?

① A   ② B

③ C   ④ D

13 K는 가족들의 의견을 고려하여, 숙소점수와 접근점수의 산정방식을 다음과 같이 수정하였다. 변경된 방식을 따를 때, 다음 중 K가 선택할 여행지로 옳은 것은?

〈변경 내용〉

• 변경된 접근점수

편도 소요시간	1시간 30분 미만	1시간 30분 이상 2시간 30분 미만	2시간 30분 이상 3시간 미만	3시간 이상
접근점수	30	27	24	21

• 변경된 숙소점수

숙소 만족도	1~2점	3~5점	6~8점	9~10점
숙소점수	12점	15점	18점	20점

① A   ② B

③ C   ④ D

※ 유통업체인 K사는 유통대상의 정보에 따라 12자리로 구성된 분류코드를 부여하여 관리하고 있다. 다음 자료를 읽고 이어지는 질문에 답하시오. **[14~15]**

〈분류코드 생성 방법〉

- 분류코드는 한 개 상품당 하나가 부과된다.
- 분류코드는 '발송코드 – 배송코드 – 보관코드 – 운송코드 – 서비스코드'가 순서대로 연속된 12자리 숫자로 구성되어 있다.
- 발송지역

발송지역	발송코드	발송지역	발송코드	발송지역	발송코드
수도권	a1	강원	a2	경상	b1
전라	b2	충청	c4	제주	t1
기타	k9	–	–	–	–

- 배송지역

배송지역	배송코드	배송지역	배송코드	배송지역	배송코드
서울	011	인천	012	강원	021
경기	103	충남	022	충북	203
경남	240	경북	304	전남	350
전북	038	제주	040	광주	042
대구	051	부산	053	울산	062
대전	071	세종	708	기타	009

- 보관구분

보관구분	보관코드	보관구분	보관코드	보관구분	보관코드
냉동	FZ	냉장	RF	파손주의	FG
고가품	HP	일반	GN	–	–

- 운송수단

운송수단	운송코드	운송수단	운송코드	운송수단	운송코드
5톤 트럭	105	15톤 트럭	115	30톤 트럭	130
항공운송	247	열차수송	383	기타	473

- 서비스 종류

배송서비스	서비스코드	배송서비스	서비스코드	배송서비스	서비스코드
당일 배송	01	지정일 배송	02	일반 배송	10

※ 수도권은 서울, 경기, 인천 지역이다.

14 다음 분류코드로 확인할 수 있는 정보로 옳지 않은 것은?

c4304HP11501

① 해당 제품은 충청지역에서 발송되어 경북지역으로 배송되는 제품이다.
② 냉장보관이 필요한 제품이다.
③ 15톤 트럭에 의해 배송될 제품이다.
④ 당일 배송 서비스가 적용된 제품이다.
⑤ 해당 제품은 고가품이다.

15 다음 중 제품 A에게 적용될 분류코드로 옳은 것은?

〈정보〉

• A는 Q업체가 7월 5일에 경기도에서 울산지역에 위치한 구매자에게 발송한 제품이다.
• 수산품인 만큼, 냉동 보관이 필요하며, 발송자는 택배 도착일을 7월 7일로 지정하였다.
• A는 5톤 트럭을 이용해 배송된다.

① k9062RF10510
② a1062FZ10502
③ a1062FZ11502
④ a1103FZ10501
⑤ a1102FZ10502

※ 다음 글을 읽고 이어지는 질문에 답하시오. [1~2]

바퀴가 탄생한 세 지역에는 각각 바퀴에 대한 서로 다른 생각이 있었다. 카르파티아 산맥에서 일하던 광부들은 석조 터널을 따라서 사륜광차를 운행했다. 바퀴는 차축과 함께 회전했는데, 유럽에서는 철도시대가 열리기 전까지 약 5천 년 동안이나 윤축이 달린 광차가 생산되었다. 다음으로 흑해 평야 지역의 유목민은 소가 이끄는 사륜 수레에 주거지를 싣고 스텝 지역을 횡단했다. 수레의 바퀴는 속이 꽉 차고, 두꺼운 바퀴통이 있으며, 차축의 양 끝에서 회전했다. 마지막으로 수메르에서는 신자들이 소가 끌고 가는 썰매를 이용했는데, 썰매에는 바퀴가 있기도 하고 없기도 했다. 지배층 전사들은 전투용 사륜 수레에 탑승해 행진했고, 사막을 위험하게 질주하며 완전히 길들지 않은 야생 당나귀와 씨름했다. 리처드 불리엣은 바퀴 발명의 요인 사회·경제적 요인뿐만 아니라 심리적 요인 등 다각적인 원인을 제시했는데, 보통 천재적인 선각자가 이전에 없던 창조물을 만들면, 그보다는 못해도 똑똑한 수재들이 선각자의 창조물을 조금씩 개량하면서 과학기술이 발전하며 여기에 전쟁을 치르면 발전 속도가 비약적으로 빨라지고, 바퀴도 그랬다.

처음 등장한 바퀴는 매우 편리했지만, 통나무 원판이 쉽게 부서지는 문제가 생겼다. 나무에는 결이 있는데 결에 따라 강도가 달라 굴리다 보면 약한 부분부터 망가지기 시작하기 때문이다. 그로 인해 강도를 높이기 위해 널빤지 여러 장을 겹쳐 붙인 합판 바퀴가 나왔다. 또 땅에 닿는 바퀴 부분에 가죽을 입혀 충격을 줄였다.

기원전 2000년에 히타이트족이 처음으로 바퀴살이 있는 바퀴를 발명해 전차에 쓰기 시작했다. 바퀴살을 쓰면 바퀴의 무게가 가벼워져 더 빨리 달릴 수 있다. 히타이트족의 전차에는 3명의 병사가 함께 탔는데 당나귀나 노새 대신 말을 사용했다. 단순히 무게를 줄인 것뿐 아니라 빠르게 달려도 부서지지 않을 만큼 튼튼하게 만들 수 있는 기술이 있었기 때문이다. 하지만 목재 바퀴와 바퀴살의 특성상 강한 충격이나 바퀴살의 파손에 의해 전차의 하중을 이기지 못하고 무너져버릴 수 있다는 약점은 여전히 존재했다.

이후 그리스 로마 시대에 금속 재질의 바퀴를 쓴 전차가 등장했다. 이와 함께 바퀴의 다른 구성 요소인 축도 발전했는데, 나무 대신 금속을 쓰며 더 튼튼해졌다. 또 축과 수레가 닿는 부분의 마찰을 줄이기 위해 기름을 발랐다. 전쟁은 바퀴의 성능을 계속 발전시켰다.

그 뒤로 오랫동안 바퀴에는 큰 변화가 없다가 산업혁명 시대를 지나며 다시 변신에 성공한다. 바로 고무 타이어의 발명이다. 고대에도 금속으로 테두리를 두르는 등 타이어는 있었지만, 바퀴의 강도를 높이는 데 도움을 주었을 뿐, 바퀴의 성능에는 큰 영향을 주지 못했다. 또 딱딱한 바퀴는 지면의 충격을 고스란히 운전자에게 전달해 승차감이 매우 나빴다.

1848년 스코틀랜드의 톰슨은 생고무를 금속 바퀴 테에 둘러 특허를 냈다. 금속이나 나무 바퀴는 지면에 미끄러지지만, 고무는 지면을 움켜쥐므로 힘을 더 잘 전달할 수 있다. 현재 가장 많이 쓰이는 공기압 방식의 타이어는 1887년 아일랜드의 던롭이 고안했다. 던롭은 어린 아들이 자전거를 탈 때마다 두통을 일으키는 것을 보다 못해 공기쿠션이 들어간 타이어를 발명했다고 한다. 종종 사랑은 발명을 낳는다.

공기압 타이어를 자동차용으로 완성한 것은 프랑스의 미쉐린 형제. 미쉐린이 발명한 타이어를 끼운 자동차는 자동차경주에서 놀라운 성능을 선보였고, 그 뒤로 다른 자동차 회사들이 공기압 타이어를 앞다퉈 채택하기 시작했다. 1931년 미국 듀퐁사가 합성 고무를 만들면서 타이어 기술은 비약적으로 발전해 바퀴의 성능을 돕고 있다.

처음 발명됐을 때의 모습에서 바퀴는 거의 변하지 않았다. 재료가 달라지고, 세부적인 요소가 추가됐을 뿐이다. 하지만 바퀴가 없던 시절의 생활상이 어떠하였는지는 굳이 확인해 보지 않아도 알 정도로, 바퀴가 발명된 이후의 역사에서 인간이 이룩한 모든 것이 바퀴를 빼고는 생각할 수 없다. 인간의 역사가 이어지는 한, 바퀴는 계속 함께할 것이다.

01 글의 주제로 옳은 것은?

① 바퀴의 종류와 특징

② 바퀴의 등장과 전차의 변천사

③ 바퀴에 숨어 있는 과학

④ 전장 속 전차의 활약

⑤ 인류의 역사를 바꾸는 바퀴

02 글을 읽고 다음 제시된 영화 '벤허'의 상황에서 전차가 넘어진 이유로 가장 적절한 것은?

> 메살라는 바퀴에 칼날이 달린 전차를 탑승하고 전차 경주에 참가하여 고의적으로 상대 전차의 목재 바퀴를 공격하였다. 공격을 당한 전차는 균형을 잃고 넘어져 탑승자는 심한 부상을 입거나 사망하였다.

① 바퀴살이 무너져 전차의 하중을 견디지 못했기 때문이다.

② 경기장의 고르지 못한 노면 때문이다.

③ 말이 공격당했기 때문이다.

④ 상대 전차 바퀴의 모양을 변형시켰기 때문이다.

⑤ 기수의 조종 실력이 부족했기 때문이다.

03 다음 글의 세부 내용으로 가장 적절한 것은?

우리나라에서 고속철도 도입이 논의되기 시작한 것은 지난 1980년대 경부 축의 교통과 물류난을 해소하기 위한 방안을 찾기 시작하면서부터다. 1984년 1월 고속철도에 대한 건설배경 검토 및 타당성조사가 이루어졌으며, 1990년 6월 기본계획이 승인되었다. 이후 1992년부터는 경부고속철도 1단계 구간의 본격적인 건설이 시작되었다. 2004년 4월 광명 ~ 오송 ~ 대전 ~ 동대구(약 239km)를 잇는 경부고속철도 1단계 구간이 최초로 개통되었다. 공사기간 12년, 사업비 12.7조 원을 들여 고속신선을 처음으로 개통한 것이다. 2010년 10월에는 동대구 ~ 신경주 ~ 울산 ~ 부산(약 170km)을 연결하는 경부고속철도 2단계 구간이, 2015년 4월에는 오송 ~ 공주 ~ 익산 ~ 광주송정(약 182km)을 잇는 호남고속철도 고속신선이 개통되었다.

광명에서 오송까지의 구간을 경부선과 호남선이 공용함에 따라 고속철도에도 이른바 병목구간이 발생하였는데, 이 문제를 해결하기 위해 수도권고속선이 건설되었다. 수도권고속선은 수서 ~ 지제 ~ 평택(약 61km)을 거치며, 약 8조 원의 사업비를 들여 지난 2016년 12월에 개통하였다. 2017년 12월에는 평창 동계올림픽 수송대책의 하나로 원주에서 강릉을 잇는 준고속선이 개통되어 동계올림픽의 성공적인 개최를 지원하였다. 이렇듯 대한민국의 고속철도 네트워크는 지난 15년간 꾸준하게 구축·확장되어 왔으며, 2019년 1월 현재 총 연장 1,628.9km 구간, 46개 정차역에서 고속철도가 운행되고 있다.

교통체계 변화에서 가장 중요한 것은 무엇보다 지역 간을 이동하는 통행시간이 크게 단축되었다는 점이다. 기존의 새마을호를 타면 4시간 10분이 소요되던 서울 ~ 부산 간 통행시간은 고속철도 개통 후 2시간 30분 이내로 줄어들었다. 고속버스 이용시 4시간 이상이 걸리던 서울 ~ 목포 간 통행시간은 거의 절반 가까이 줄어 고속철도로는 2시간 10분 정도가 소요된다. 이러한 획기적인 통행시간 단축으로 인해 고속철도 이용자 수는 지난 15년간 꾸준히 증가하였다. 2004년 경부고속철도 1단계 개통 당시에는 하루평균 5만 4,000명 정도가 고속철도를 이용했지만, 2015년에는 하루 평균 16만 5,000명 수준으로 3배가량 늘었다. 수도권고속철도가 개통된 이후인 지난 2018년에는 하루 평균 22 ~ 23만 명 정도가 고속철도를 이용한 것으로 추산되고 있다. 고속철도 이용자 수가 늘면서 지역 간 통행에서의 교통수단별 수송분담률도 변화하였다. 수도권 ~ 부산 구간의 경우 고속철도 개통 이전인 2003년에는 항공과 일반철도의 수송분담률이 각각 36%, 승용차 21%, 버스가 7%를 차지하였으나, 고속철도 개통 후인 2013년에는 고속철도 59%, 항공 17%, 버스 13%, 승용차 7%, 일반철도 4%로 달라졌다. 수도권 ~ 광주 구간의 경우 고속신선이 개통하기 전인 2014년에는 버스 52%, 기존 고속철도(KTX) 20%, 승용차 19%, 항공 5%, 일반철도 4%의 수송분담률을 보였으나, 고속신선 개통 후인 2015년에는 버스 41%, 고속철도 34%, 승용차 19%, 일반철도와 항공이 각각 3%의 수송분담률을 나타냈다. 고속철도가 지역 간 교통체계의 핵심수단으로 부상한 것이다.

국민 1인당 고속철도 이용 거리도 크게 증가하였다. 고속철도 개통 직후인 지난 2005년 우리나라 국민 한 사람이 1년 동안 탑승한 고속철도 이용 거리(연간 고속철도 수송 인·km를 해당연도의 인구수로 나눈 값)는 190km에 불과했으나, 2015년에는 308km로 50% 이상 증가하였다. 국민 한 사람이 고속철도를 이용하는 거리가 개통 초기에 비해 약 1.5배 수준으로 늘었다는 의미다. 1990년을 정점으로 지속적인 감소 추세를 보이던 국민 1인당 일반철도 이용 거리(연간 약 500km)가 최근에 들어서는 감소폭을 점차 줄여가고 있는 점도 의미가 있다. 고속철도는 전국의 주요 대도시를 잇는 Trunk Line의 역할을, 일반철도는 지역 내에서의 Feeder 역할을 수행하는 교통체계가 자리잡고 있는 것으로 판단된다. 1970년에 완공된 경부고속도로는 1970 ~ 1980년대 우리나라 경제성장에 있어 중요한 역할을 한 것으로 평가받고 있다. 경부고속도로를 통해 전보다 빠른 시간 내에 수많은 사람과 물자가 이동할 수 있게 되었고, 이를 기반으로 산업과 경제가 발전했기 때문이다. 고속철도 건설은 사업기간과 사업비 측면에서 단군 이래 추진된 최대 규모의 건설사업이며, 이동성과 수송량 측면에서 고속도로에 비해 월등한 효율성을 갖는다. 그리고 이러한 고속철도의 특성으로 인해 대한민국의 교통체계가 크게 달라졌고, 사회·경제적인 측면에서도 다양한 변화들이 가시적으로 나타나고 있다.

① 고속철도로 인해 서울 ~ 부산 간 이동시간은 절반 가까이 감소하였다.
② 경부고속도로는 우리나라 산업과 경제 발전의 기반이 되었다.
③ 1990년 이후 국민 1인당 일반철도 이용 거리는 지속 감소되었으나 고속철도로 인해 다시 증가하고 있다.
④ 수도권 ~ 부산의 경우 고속철도 개통과 관계 없이 수송분담률은 항공이 가장 큰 비율을 차지한다.
⑤ 2019년 1월 우리나라의 고속철도 총 연장은 1,500km 미만이다.

04 다음 글을 읽고 글쓴이가 글을 쓰기 전 계획했을 내용으로 옳지 않은 것은?

> 하수도의 종류는 하수의 수집과 이송 방법에 따라 '분류식 하수도'와 '합류식 하수도'로 나누어진다. '분류식 하수도'는 오염 물질이 일정하게 소량 발생되면서 오염 물질의 농도가 높은 생활 오수나 공장 폐수를, 발생량의 변동 폭이 크고 오염 물질의 농도가 낮은 빗물과 구분하여 각각 별도의 관으로 수집하는 방식이다. 이 방식은 생활 오수와 공장 폐수만을 하수 처리장에서 정화하여 항상 일정한 양을 효율적으로 관리할 수 있으므로 수자원 보호 차원에서 유리한 장점이 있다. 반면 '합류식 하수도'는 생활 오수와 공장 폐수를 빗물과 분리하지 않고 하나의 관을 통하여 하수 처리장으로 이송하는 방식이다. 하지만 일정량 이상의 비가 오면 생활 오수와 공장 폐수를 정상적으로 처리할 수 없어 오염 물질이 그대로 하천이나 연안 해역에 방류될 수 있다. 따라서 최근에 건설되는 신도시에서는 '분류식 하수도'를 채용하고 있으며, 다른 지역에서도 '합류식 하수도'를 '분류식 하수도'로 전환하는 추세이다.
>
> 하수 처리는 그 처리 방식에 따라 1차 처리, 2차 처리, 3차 처리로 나누어진다. 1차 처리 시설은 물리적인 힘을 이용하여 오폐수 중에 존재하는 오염 물질을 제거하는 시설을 말한다. 예를 들면 스크린을 통하여 물 위에 떠 있는 종이나 깡통과 같은 큰 부유물을 침전시켜 제거하는 시설 등이 있는데, 이러한 기능을 가진 구조물을 '침전지'라고 한다. 2차 처리 시설은 생물학적인 힘을 이용하여 1차 처리 시설을 거친 하수를 정화하는 시설로써, '활성 슬러지'라고 하는 미생물에 의해 유기물의 분해가 일어나는 구조물로 구성된다. 이 구조물을 '포기조'라고 하며, 그 후단에는 '침전조'가 뒤따른다. 또한, 미생물이 유기물을 분해하는 과정에는 산소가 지속적으로 소모되므로, 2차 처리 시설에는 인위적으로 산소를 공급하는 설비가 부설된다. 2차 처리 과정의 활성 슬러지를 포함한 하수는 최종 침전조에 침전되고 윗부분의 맑은 물은 소독 처리된 후에 다시 방류된다. 1차 처리와 2차 처리를 거친 하수에는 많은 물질들이 용해되어 있다. 인공적인 화학 공정에 크게 의존하는 3차 처리에서는 이러한 물질을 제거하여 자연계로 방출하거나, 공업 용도로 사용할 수 있을 정도의 안전한 물을 만들기 위해 설계된 고도 처리 시설이 이용된다. 고도 처리 시설을 통해 하수에 함유된 질소와 같은 영양 염류를 제거하여 하천과 연안 해역의 부영양화와 적조 발생 방지에도 기여하고 있다. 고도 처리에 관련된 공법은 국내외에서 활발하게 연구가 진행되고 있으며, 시설의 종류도 다양하게 개발되고 있다.
>
> 한편 하수 처리 과정에서 침전물이 가라앉아 생긴 오니는 농축조로 보내지게 된다. 농축조에서 오니는 중력 침전되어 부피가 감소하고 농도가 높아진다. 이어서 소화조로 보내진 오니들은 밀폐된 탱크 속에서 유기물이 분해되어 부산물과 메탄가스를 생성한다. 소화 처리된 오니는 탈수조에 들어가 탈수 작업을 거치는데, 이 과정을 통해 오니는 부피와 무게가 감소하여 운반과 처분이 쉬운 상태로 바뀌게 된다. 이렇게 만들어진 오니는 소각 또는 매립 처분되거나, 비료와 토양 개량재로 사용되거나, 벽돌과 타일의 재료로 재이용되기도 한다.
>
> 지금까지의 하수도 시설은 단순히 수집한 하수를 처리한 뒤에 도시로부터 배출하는 것에 초점이 맞추어졌지만, 앞으로는 하수의 고도 처리와 함께 물을 재이용하는 시스템으로 전환되어야 할 것이다.
>
> ※ 슬러지 / 오니 : 하수처리 또는 정수 과정에서 생긴 침전물로, 하수오니는 약 50%의 유기질을 함유하고 있으며, 함수율은 최초 침전오니 96 ~ 98%, 활성오니 99 ~ 99.5%로 높기 때문에 처리하기 어렵다.

① 하수 처리 과정을 단계별로 나누어 알기 쉽게 설명해야겠어.
② 생소한 단어는 글의 말미에 별도로 설명해 줘야겠어.
③ 현재 사용하고 있는 하수 처리 과정에 대해서만 설명해 주면 되겠어.
④ 하수 처리 과정의 이해를 돕기 위해 하수도의 종류에 대해 먼저 설명할 필요가 있겠어.
⑤ 하수 처리의 각 과정을 통해 얻을 수 있는 내용을 함께 설명해야겠어.

05 다음 중 글의 내용과 일치하는 것은?

『대학』은 본래 『예기(禮記)』의 편명(篇名) 중 하나에 해당하였는데, 남송의 주희(朱熹)가 번성하던 불교와 도교에 맞서 유학의 새로운 체계를 집대성하면서 『대학』의 장구(章句)와 주석을 낸 뒤, 『대학』이 사서(四書)의 하나로 격상되면서 삼강령·팔조목이 사용되기 시작했다.

삼강령·팔조목은 『대학』, 즉 큰 학문을 이루어가는 과정으로 횡적으로는 삼강령과 팔조목이 서로 독립된 항목이지만, 종적으로는 서로 밀접한 관계를 형성하고 있어 한 항목이라도 없으면 과정에 차질이 생기게 된다.

그러나 『대학』은 처음부터 삼강령·팔조목으로 설정하여 엮은 것이 아니다. 다만 후학들의 이해에 도움이 되게 하기 위하여 편의상 분류한 것이기 때문에 입장에 따라 얼마든지 다르게 볼 수 있다. 삼강령 중 명명덕과 신민은 본말(本末)의 관계에 있으며, 지어지선은 명명덕과 친민이 지향하는 표적(標的)이다. 또한, 팔조목 가운데 격물·치지·성의·정심·수신, 이 다섯 조목은 명덕을 밝히는 것들이고, 제가·치국·평천하는 백성의 명덕을 밝혀 백성과 한마음이 되는 것이다. 또한, 격물·치지를 함으로써 지선의 소재를 인식하게 되고, 성의·정심·수신·제가·치국·평천하를 함으로써 지선을 얻어 머무르게 된다.

삼강령·팔조목의 각각에 대한 내용을 보자면, 『대학』의 근본사상을 구체적으로 표현한 세 가지 커다란 줄기라는 뜻의 삼강령 중 그 첫 번째는 명명덕(明明德)이다. 명명덕은 천하에 명덕을 밝힌다는 의미로, 명덕이란 본래부터 타고난 선한 본성을 말한다. 두 번째는 신민(親民)으로, 백성을 새롭게 한다는 의미이다. 사람들을 나누면 먼저 깨닫고 아는 사람과 나중에 깨달아 아는 사람이 있으므로, 먼저 깨달은 사람이 그것을 다른 사람에게 베풀어 그들도 함께 태어나도록 인도해야 할 의무를 가리킨다. 그리고 세 번째인 지어지선(止於至善)은 지선(지극히 선한 곳, 인간이 추구하는 가장 이상적인 세계)에 도달하는 것을 목표로 삼는다는 의미이다. 이 삼강령을 완성하게 되면 도덕성 각성과 실천으로 충만하게 된다.

또한, 이를 실천하기 위한 여덟 가지 항목인 팔조목은 앎의 단계인 격물, 치지를 거쳐, 실천의 단계인 성의, 정심, 수신을 거친다. 그리고 마지막으로 백성을 다스리는 단계인 제가, 치국, 평천하를 거치게 된다. 우선 첫 번째로 격물(格物)은 천하 사물의 이치를 깊이 파고들어 모든 것에 이르지 않는 데가 없게 하는 것이다. 그리고 두 번째인 치지(致知)는 앎을 완성하다는 뜻으로 사물의 이치를 인식하는 마음이 있고, 사물에는 객관적 이치가 있기에 격물치지(格物致知)가 가능해진다. 세 번째 성의(誠意)는 선을 따르는 각 개인의 마음과 뜻을 성실히 유지하는 것이며, 네 번째 정심(正心)은 마음을 올바르게 하는 것으로, 마음을 바로잡아야 몸도 바로 설 수 있기에 마음을 바로 해야 바른 인식과 행동이 가능해진다. 다섯 번째 수신(修身)은 몸을 바르게 닦는 일로, 자신의 단점을 알고 보완하는 인격 수양을 뜻하며, 여섯 번째 제가(齊家)는 집안의 질서를 바로잡는 것으로, 인간의 개인윤리가 사회윤리로 전환하는 단계이다. 그리고 일곱 번째 치국(治國)은 나라를 바르게 다스리는 것으로, 집안을 잘 다스리는 것은 나라를 잘 다스리는 것과 같으며, 마지막인 평천하(平天下)는 온 세상을 평안하게 다스리면 나라가 평안해 지는 것을 말한다. 이는 반드시 순서에 따라 이루어지는 것은 아니며, 서로 유기적으로 연관되어 있는 것이므로 함께 또는 동시에 갖추어야 할 실천 항목이라 볼 수 있다.

① 삼강령과 팔조목은 『대학』이 『예기』에 속해있을 때부터 사용되기 시작하였다.
② 삼강령과 팔조목은 서로 밀접한 관계를 형성하고 있기에, 각각을 분리한다면 그 이치를 바로 볼 수 없다.
③ 삼강령은 대학의 근본사상을, 팔조목은 이를 실천하기 위한 항목을 나타낸 것이다.
④ 격물과 치지를 함으로써 백성의 명덕을 밝혀 백성과 한마음이 될 수 있다.
⑤ 팔조목은 서로 유기적으로 연관되어 있으므로 반드시 순서에 따라 이루어져야 삼강령을 실천할 수 있다.

※ 다음 글을 읽고 이어지는 질문에 답하시오. [6~7]

꼭두각시놀음은 우리나라 전래의 민속인형극으로, 현재까지 전래되는 유일한 민속인형극이다. 주인공들의 이름에서 유래된 일명 '박첨지(朴僉知)놀음', '홍동지(洪同知)놀음'이리고도 불렸으며, 인형의 목덜미를 잡고 논다는 뜻에서 '덜미'라고도 하였다. 꼭두각시놀음은 과거 봉건시대부터 개화기까지 떠돌아다니던 직업적 유랑예인집단인 남사당패에 의해 연희되었으며, 그 유래에 대해서는 삼국시대에 대륙으로부터 전래되었을 것이라는 주장과 농경의식의 하나인 농악굿 놀이에서 시작되었을 것이라는 주장이 있다. 또한 무대의 구조나 연출방식, 인형조종법, 명칭 등이 중국과 일본의 민속인형극과 많이 흡사하여 세 나라의 인형극이 동일계통임을 나타내는 것이라 볼 수 있다.

꼭두각시놀음은 남사당패가 행하는 6종목(풍물, 버나, 살판, 얼음, 덧뵈기, 덜미)의 놀이 중 마지막으로, 포장 안에서 직접 인형을 조종하는 '대잡이'를 비롯하여 그를 곁에서 보좌하는 좌우의 '대잡이손', 이들과 대화하는 '산받이' 등의 연희조종자들로 구성된다. 대잡이는 포장 무대 한가운데서 인형을 조종하는 주조종자로, 인형 조종술뿐 아니라 재담, 노래, 대사 전달까지 담당한다. 놀이판의 상황을 폭넓게 완벽히 파악하여 공연을 이끌어가는 역할을 하므로, 주로 기능이 우수하고 경험이 풍부한 사람이 맡는다. 대잡이손은 그런 대잡이를 좌우에서 도와주는 역할을 하는 보조 조종사로, 인형의 조종과 등장 및 퇴장을 돕는 역할을 한다. 산받이는 등장하는 인형들과 포장 밖에서 대화를 하면서 전체 극을 이끌어 가는 역할을 하는데, 반주를 맡고 있는 악사들 중 한 명이 이를 맡게 된다. 주로 박첨지와 대화를 하면서 극을 이끌어가며, 경우에 따라 관객의 입장에서 극적 진행에 중요한 역할을 하여 무대와 관중 사이의 거리를 좁혀 준다. 이를 통해 산받이는 대잡이와 관객의 중간 위치에서 놀이판의 상황을 파악하고, 효과적으로 극을 전개시키는 역할을 한다는 것을 알 수 있으며, 등장인물에게 질문을 던지거나 행동을 촉구하여 사건의 전개나 의미 해명이 이루어질 수 있도록 하면서, 분리된 장면들을 중개하고 무대 면에 나타나지 않는 사실들을 보완하는 등 공연의 완성도에도 중요한 영향을 미친다.

전체적인 구성은 모두 8막으로 이루어져 있으며, 전체가 하나의 통일성을 이루는 구성이기보다는 박첨지의 탈선, 피조리들의 파계, 부인과 첩 사이의 갈등, 사람을 해치는 이심이의 퇴치, 평안 감사의 횡포와 부도덕, 절 짓기를 통한 평화와 행운의 기원 등 각각의 이야기 중심으로 전개된다. 다양한 등장인물 간의 갈등과 상관관계를 얼마나 능숙하고 빈틈없이 진행하느냐에 따라 극의 긴장감과 흥미를 자아낼 수 있는 것이다.

오늘날 꼭두각시놀음은 동양 목조 인형의 특징을 거의 그대로 계승한, 현재 중요무형문화제 제3호로 지정된 유일하게 남은 전통인형극이다. 따라서 우리 민속극의 다양한 양상을 이해하는 귀중한 자료이자 한국 인형극의 전통을 보여주는 희귀한 문화유산이라 할 수 있다. 또한 여러 시대를 지나오는 동안 점차 내용이 덧붙여지면서 그 내용을 하나 둘씩 막으로 추가시키며 발전해 왔기에, 각 시대의 뚜렷한 사회상을 풍자적으로 표현·반영해 오고 있다. 이러한 이유에서 꼭두각시놀음이 대다수 민중의 지지를 받아오면서 지금까지 이어져 내려오고 있는 것이다.

| 한국철도공사 토목직

06 윗글의 내용과 일치하는 것은?

① 중국과 일본, 우리나라의 전통인형극은 유사한 면도 있지만, 각 나라만의 차별되는 특징을 가진다.
② 꼭두각시놀음은 남사당패에서 행하는 놀이 종목 중 가장 큰 비중을 차지한다.
③ 대잡이는 직접 인형을 조종하는 역할을 하며, 대사의 전달은 무대 밖의 다른 놀이꾼이 전담한다.
④ 산받이는 주로 박첨지와 대화를 하며, 놀이 전체의 해설자 역할을 한다.
⑤ 꼭두각시놀음은 여러 시대를 지나오는 동안 그 내용이 꾸준히 보존되어 왔다.

| 한국철도공사 토목직

07 윗글의 주제로 가장 적절한 것은?

① 꼭두각시놀음의 기원 및 의미
② 꼭두각시놀음과 남사당패
③ 꼭두각시놀음의 구성 및 특징
④ 꼭두각시놀음의 등장인물 및 역할 분석
⑤ 꼭두각시놀음의 지역별 사례

08 [지문 A]는 'S교통안전문화연구소'에서 발표한 '겨울철 블랙아이스 교통사고 특성과 대책'에 관한 자료이다. 다음 중 [지문 A]의 내용과 일치하는 것은?

> **[지문 A]**
>
> 최근 5년(2014년 1월 ~ 2018년 12월) 동안 경찰에 신고된 겨울철 빙판길 사고와 기상관측자료를 분석한 결과, 최저기온이 0도 이하이면서 일교차가 9도를 초과하는 일수가 1일 증가할 때마다 하루 평균 약 59건의 사고가 증가했다. 지역별 결빙교통사고율은 강원(3.9%), 충남(3.8%) 순서로 높았다. 치사율(전체사고 대비 결빙사고 사망자 비율)은 충북(7.0%), 강원(5.3%) 등 중부 내륙지역이 높은 것으로 분석됐다. S교통안전문화연구소는 이러한 내용을 중심으로 한 '겨울철 블랙 아이스 교통사고 특성과 대책' 결과를 발표했다.
>
> 경찰에 신고된 도로결빙·서리로 발생한 교통사고 건수 및 사망자 수는 최근 5년간 각각 6,548건(연평균 1,310건) 및 199명(연평균 40명)이며, 사고 100건당 사망자 수는 전체 교통사고 평균보다 1.6배 높아 큰 사고가 많은 것으로 나타났다. 또한 연도별 사고 건수는 2014년 1,826건, 2015년 859건, 2018년 1,358건으로 해에 따라 최대 2배 이상 차이가 나는 것으로 분석됐다.
>
> '최저기온 0도 이하, 일교차 9도 초과' 관측일을 기준으로 최근 5년간 발생한 결빙교통사고율은 전체 교통사고의 2.4%였다. 지역별로는 통과 교통량이 많고 통행속도가 높은 강원(3.9%), 충남(3.8%), 충북(3.7%)의 결빙교통사고율이 다른 지자체 평균보다 2.6배 높았다. 특별·광역시의 경우 인천광역시(3.1%)가 평균보다 높은 것으로 나타났다. 사고 심도를 나타내는 치사율(전체사고 대비 결빙사고 사망률)은 '최저기온 0도 이하, 일교차 9도 초과' 관측일에서 평균 3.2%였다. 특히 충북(7.0%), 강원(5.3%), 전북(4.3%), 경북(3.8%)은 전국 평균보다 1.4 ~ 2.2배 높았다. 블랙아이스는 온도가 급격히 떨어질 때 노면 습기가 얼어붙어 생성되기 때문에 기상 변화와 함께 주변 환경(바닷가, 저수지 등), 도로 환경(교량, 고가로, 터널 입구 등)을 고려한 맞춤형 관리를 해야 하는 것으로 분석됐다. 결빙교통사고는 노면 상태를 운전자가 맨눈으로 확인하지 못하거나 과속하는 경우에 발생하기 때문에 결빙교통사고 위험구간지정 확대 및 도로 순찰 강화 등의 대책이 요구된다. 또 결빙구간을 조기에 발견해 운전자에게 정보를 제공해줄 수 있는 시스템(내비게이션, 도로 전광판) 확대도 시급하다.
>
> S교통안전문화연구소 수석연구원은 "겨울철 급격한 일교차 변화에 따른 노면 결빙(블랙아이스)은 도로 환경, 지역 및 입지 여건 등에 따라 대형사고로 이어질 위험성이 크다."며 "이에 지역별로 사고위험이 높은 지역에 적극적인 제설 활동, 자동염수분사장치 및 도로열선 설치 확대, 가변속도표지 설치, 구간속도단속 등의 조치가 필요하다."고 강조했다. 아울러 "운전자들도 블랙아이스 사고가 많은 겨울철 새벽에는 노면 결빙에 주의해 안전운전해야 한다."고 덧붙였다.

① 교통사고 사망자 수는 인천광역시 지역이 가장 높다.
② 최근 5년간 결빙교통사고로 인한 사망자 수는 사고 100건당 1.99명이다.
③ 블랙아이스 사고가 많은 겨울철 새벽에는 운전을 삼가야 한다.
④ 통과 교통량이 많은 충남 지역의 전체사고 대비 결빙사고 사망자 비율이 가장 높다.
⑤ 블랙아이스 교통사고는 기온과 관련이 있다.

09 다음은 교통안전사업에 관한 논문이다. 다음 논문의 내용을 4개의 주요 단어로 요약한다고 할 때, 가장 적절하지 않은 것은?

> 국내 교통사고는 매년 35만 건 이상이 발생하여 그 어떤 재난과 비교할 수 없을 만큼 심각한 인명 및 재산손실을 초래하고 있다. 국가는 국민의 생명과 안전을 지키기 위해 다양한 교통안전사업을 시행하고 있지만 여전히 선진국 수준에는 미치지 못해 보다 적극적인 노력이 필요하다.
> 교통안전사업의 평가체계는 다음과 같은 두 가지 문제점을 지니고 있다. 첫 번째는 교통안전사업의 성과분석 및 평가가 사망자 수 감소에 집중되어 있다는 점이다. 두 번째는 교통안전사업 평가에 투자예산이 비용으로 처리된다는 점이다. 교통안전사업이 잘 운영되려면 교통안전사업의 정확한 평가를 통한 불요불급한 예산방지 및 예산효율의 극대화가 무엇보다 중요하다. 교통안전사업 시행에 따른 사회적 비용 감소 효과를 명확하게 분석할 수 있다면 명확한 원칙과 기준을 제시할 수 있을 뿐만 아니라, 교통안전사업의 효과를 높일 수 있어 교통사고 비용 감소에 크게 기여할 수 있을 것이다.
> 본 연구에서는 교통안전사업을 시설개선·교통 단속 및 교육홍보연구라는 3가지 범주로 나누고, 사업별 예산투자에 따른 사상종별 비용감소효과를 분석하였다. 도로교통공단 연구자료인 '도로교통 사고비용의 추계와 평가'에 제시된 추계방법을 활용하여 2007년부터 2014년도까지 8개년간 각 지자체의 교통안전사업 투자예산을 계산하였다. 이를 바탕으로 교통안전사업 투자예산과 사고비용 감소와의 상관관계를 분석하였다. 과거 연구모형을 수정하여 사업 투자금액을 자산으로 분류하였다. 연구결과 사망자 사고비용 감소를 위해 가장 유효한 사업은 교통 단속으로 나타났으며, 중상자 및 경상자 사고비용 감소를 위해 가장 유효한 사업은 안전한 보행환경조성 사업으로 나타났다. 비용으로 분류되던 교통안전사업의 결과를 자산으로 처리하고, 종속변수를 교통사고 비용으로 하여 기존 연구와 차별점을 두었다. 사상종별로 효과가 있는 사업이 차이가 있음을 확인하였으며, 교통사고 현황 분석을 통해 주로 발생하는 사고유형을 확인하고 맞춤형 교통안전사업을 전개한다면 보다 효과적이고 수용성 높은 방향으로 사업이 시행될 것으로 판단된다.

① 교통 단속

② 사회적 비용

③ 보행환경조성

④ 교통안전사업

⑤ 비용감소효과

※ 다음은 공공기관 사회적 가치 포럼에 관한 기사이다. 다음 기사를 읽고, 이어지는 질문에 답하시오. **[10~11]**

지난 7월에 열린 '공공기관 사회적 가치 포럼'은 사회적 가치 실현과 확산을 위한 과제 및 실행방안에 대해 주요 공공기관 관계자, 관련 연구자 등 전문가들이 모여 활발하게 이야기를 나눈 자리였다. 현 정부 핵심 과제 중 하나인 사회적 가치에 대해 국민들의 관심과 기대가 높아지는 가운데, 주요 추진 주체인 공공기관들이 느끼는 다양한 고민을 허심탄회하게 주고받았다.

포럼의 첫 포문은 LAB2050 대표가 열었다. 그는 '공공기관의 사회적 가치와 국민 인식'이라는 주제를 통해 지난 5월 국민 1,027명을 대상으로 실시한 '국민 인식조사' 결과를 공개했다. '국민들은 공공기관이 앞장서서 사회적 가치를 실현해야 하지만, 현재는 미흡한 상황으로 인식한다.'는 것이 중심 내용이었다.

두 번째 발제자로 나선 한국가스공사 상생협력부장은 '공공기관 사회적 가치 실현의 어려움과 극복방안'이라는 주제로 업무 담당자로서 현장에서 느낀 현실적인 고민들을 언급했다. 재직 기간의 절반을 사회적 가치업무에 몸담은 그는 먼저 사회적 가치 개념이 아직 정립되지 않은 데서 느끼는 어려움을 토로했다. 하지만 그는 곧바로 "사회적 가치는 시대 흐름인 만큼, 구체적인 개념은 개별 공공기관의 설립 목적에서 찾아야 한다."며 스스로 해답을 내놓았다.

세 번째 '공공기관 사회적 가치 실현 사례와 유형'을 주제로 발제에 나선 한겨레경제사회연구원 시민경제센터장은 주요 공공기관에서 진행된 실제 사례를 예로 들며 참석자들의 이해를 도왔다. 그는 연구를 통해 최근 정리한 공공기관의 사회적 가치 실현 방법을 소개했다. '기관 설립 목적 및 고유사업 정비(타입 1)', '조직 운영상 사회적 책임 이행(타입 2)', '가치사슬(Value Chain)상 사회적 가치 이행 및 확산(타입 3)'의 세 가지였다.

발제 후 이어진 토론에서는 공공기관 사회적 가치 업무 담당자들의 공감의 발언들이 쏟아졌다. 한국수자원공사 사회가치창출부장은 "공공기관은 수익성을 놓지 않은 채 사회적 가치를 실현할 방법을 고민하고 있다."며 "기관 전체 차원에서 사업추진 프로세스와 관점의 변화가 필요하다."고 강조했다. 한국철도공사 윤리경영부장도 "사회적 가치를 추구하더라도 공공성과 효율성을 어떻게 조화시킬 것인가 하는 고민은 계속될 것"이라고 전했다.

공공기관 구성원들에 대한 당부도 나왔다. 전국 사회연대경제 지방정부협의회 사무국장은 "사회적 가치 실현을 위해 외부 기관의 진단이나 평가 등을 제도화하는 것도 중요하다."면서도 "다만 구성원들이 사회적 가치를 제대로 이해하고 성찰하는 계기를 마련하는 작업이 우선"이라고 말했다.

공공기관 담당부서 관계자, 관련 연구자 등 100여 명이 넘는 참석자들이 자리를 가득 메운 채, 약 2시간 동안 진행된 이날 포럼은 '사회적 가치를 공공기관 경영의 중심에 놓아야 한다.'는 깊은 공감대 속에서 활발하게 진행됐다. 사회적 가치의 개념과 추진 방법에 대한 현장의 혼란을 고스란히 듣고, 수익성과 공공성 사이에서 적절한 지점을 찾는 과정이 필요하다는 점 등 향후 과제를 짚어본 점 역시 큰 수확이었다. 때문에 앞으로 공공기관과 공공부문을 중심으로 추진될 사회적 가치 실현 작업에 대한 기대도 커졌다. 나아가 민간 기업, 그리고 사회 전반으로 확산되는 그림도 어렴풋이 그려졌다.

10 다음 중 공공기관 사회적 가치 포럼의 세 번째 발제자인 한겨레경제사회연구원 시민경제센터장이 제시한 공공기관의 사회직 가치 실현 방법의 세 가지 타입에 해당하는 사례가 바르게 연결된 것은?

> (가) 한국도지주택공사는 '하도급 건설노동자 적정임금제 시범사업'을 시행하고 있다. 적정임금제란 건설근로자 임금이 다단계 하도급을 거치면서 삭감되지 않도록 발주자가 정한 금액 이상의 임금을 지급할 것을 의무화한 제도이다.
>
> (나) 한국수자원공사는 '계량기를 이용한 어르신 고독사 예방 사업'을 시행하고 있다. 공사의 일상 업무인 수도 검침 작업을 통해 지역사회 복지 사각지대를 발굴, 행정과 연계하는 서비스로 지난해 총 34명이 긴급생계비 지원을 받았다.
>
> (다) 한국철도공사는 산간벽지 주민을 위한 '공공택시 철도연계서비스'를 시행하고 있다. 철도공사와 지자체 간 협력을 통해 평소 이동에 불편이 큰 주민들이 지역 택시를 타고 기차역으로 쉽게 이동할 수 있도록 한 서비스로 현재 전국 100개 시·군에서 추진 중이다. '철도운영의 전문성과 효율성을 높여 철도산업과 국민경제에 이바지한다.'는 기존 한국철도공사법 제1조(목적)에 '국민들에게 편리하고 안전하고 보편적인 철도서비스를 제공하며, 저탄소 교통체계를 확산한다.'는 문구를 추가해 기관의 사회적 가치 실현을 도모한다.

	기관 설립 목적 및 고유사업 정리(타입 1)	조직 운영상 사회적 책임 이행(타입 2)	가치사슬상 사회적 가치 이행 및 확산(타입 3)
①	(가)	(나)	(다)
②	(나)	(가)	(다)
③	(다)	(나)	(가)
④	(다)	(가)	(나)
⑤	(나)	(다)	(가)

11 다음 중 기사의 내용과 일치하지 않는 것은?

① 공공기관의 사회적 가치 실현에 대해 국민들은 부족하다고 인식한다.

② 공공기관이 사회적 가치를 실현하기 위해서는 공공성과 효율성을 고려해야 한다.

③ 공공기관이 사회적 가치를 실현하기 위해서는 평가 등의 제도적 방안이 필요하다.

④ 공공기관이 사회적 가치를 실현하기 위해서는 다섯 가지 원칙을 지켜야 한다.

⑤ 공공기관이 사회적 가치를 실현하기 위해서는 기관 전체적 관점의 변화가 필요하다.

12 다음 글의 내용과 일치하는 것은?

복사 냉난방 시스템은 실내 공간과 그 공간에 설치되어 있는 말단 기기 사이에 열교환이 있을 때 그 열교환량 중 50% 이상이 복사 열전달에 의해서 이루어지는 시스템을 말한다. 우리나라 주거 건물의 난방방식으로 100% 가까이 이용되고 있는 온수온돌은 복사 냉난방 시스템 중 하나이며, 창 아래에 주로 설치되어 복사 열교환으로 실내를 냉난방하는 라디에이터 역시 복사 냉난방 시스템이다.

다양한 복사 냉난방 시스템 중에서도 최근 친환경 냉난방 설비에 대한 관심이 급증하면서 복사 냉난방 패널 시스템이 주목받고 있다. 복사 냉난방 패널 시스템이란 열매체로서 특정 온도의 물을 순환시킬 수 있는 회로를 바닥, 벽, 천장에 매립하거나 부착하여 그 표면온도를 조절함으로써 실내를 냉난방하는 시스템으로 열원, 분배기, 패널, 제어기로 구성된다.

열원은 실내에 난방 시 열을 공급하고, 냉방 시 열을 제거하는 열매체를 생산해내는 기기로, 보일러와 냉동기가 있다. 열원에서 생산되어 세대에 공급되는 냉온수는 냉난방에 필요한 적정 온도와 유량을 유지할 수 있어야 한다.

분배기는 열원에서 만들어진 냉온수를 압력 손실 없이 실별로 분배한 뒤 환수하는 장치로, 집중화된 온도와 유량을 조절하고 냉온수 공급 상태를 확인하며, 냉온수가 순환되는 성능을 개선하는 일을 수행할 수 있어야 한다. 우리나라의 경우는 난방용 온수 분배기가 주로 이용되어 왔으나, 냉방기에도 이용이 가능하다.

패널은 각 실의 바닥, 벽, 천장 표면에 설치되며, 열매체를 순환시킬 수 있는 배관 회로를 포함한다. 분배기를 통해 배관 회로로 냉온수가 공급되면 패널의 표면 온도가 조절되면서 냉난방 부하가 제어되어 실내 공간을 쾌적한 상태로 유지할 수 있게 된다. 이처럼 패널은 거주자가 머무는 실내 공간과 직접적으로 열을 교환하는 냉난방의 핵심 역할을 담당하고 있으므로 열교환이 필요한 시점에 효율적으로 이루어질 수 있도록 설계, 시공되는 것이 중요하다.

제어기는 냉난방 필요 여부를 판단하여 해당 실의 온도 조절 밸브를 구동하고, 열원의 동작을 제어함으로써 냉난방이 이루어지게 된다.

복사 냉난방 패널 시스템은 다른 냉난방 설비에 비하여 낮은 온도의 열매체로 난방이 가능하여 에너지 절약 성능이 우수할 뿐만 아니라 쾌적한 실내 온열 환경 조성에도 탁월한 기능을 발휘한다.

※ 복사 : 물체로부터 열이나 전자기파가 사방으로 방출됨
※ 열매체 : '열(따뜻한 기운)'과 '냉(차가운 기운)'을 전달하는 물질

① 열원은 냉온수를 압력 손실 없이 실별로 분배한 뒤 환수한다.
② 패널은 난방 시 열을 공급하고 냉방 시 열을 제거하는 열매체를 생산한다.
③ 제어기는 각 실의 바닥, 벽, 천장 표면에 설치되어 열매체를 순환시킨다.
④ 복사 냉난방 패널 시스템은 열매체의 온도가 높아 난방 시 에너지 절약 성능이 뛰어나다.
⑤ 분배기는 냉방기에도 이용이 가능하다.

13 다음 중 글의 내용과 일치하지 않는 것은?

> 마이클 포터(Michael Porter)는 특정 산업의 경쟁 강도, 수익성 및 매력도가 산업의 구조적 특성에 의하여 영향을 받으며, 이는 5가지 힘에 의하여 결정된다고 보았다. 마이클 포터가 제시한 5가지 힘에는 기존 경쟁자, 구매자, 공급자, 신규참가자, 대체품의 힘이 있으며, 이 중에서 가장 강한 힘이 경쟁전략을 책정하는 결정 요소가 된다. 이러한 5가지 힘의 분석을 통해 조직이 속한 시장이 이익을 낼 수 있는 시장인지 아닌지를 판단하는데, 이것을 산업의 매력도 측정이라 부른다.
>
> 먼저 기존 경쟁자 간의 경쟁은 해당 산업의 경쟁이 얼마나 치열한지를 보여준다. 통상적으로 같은 산업에 종사하는 기업이 많을수록 경쟁이 치열할 수밖에 없다. 따라서 특허 등이 필요한 독과점 형태의 산업은 매력적이지만, 누구나 할 수 있는 완전경쟁시장 형태의 산업은 매력이 떨어지게 된다.
>
> 한편, 대형마트가 물건을 대량으로 구매하면서 공급 가격을 내리라고 한다면 제조업체는 이를 거절할 수 있을까? 최근 대형마트 등의 유통업체들이 제조업체에 상당한 가격 협상력을 갖게 되면서 구매자의 힘이 업계의 힘보다 강해지고 있다. 이처럼 구매량과 비중이 클수록, 제품 차별성이 낮을수록, 구매자가 가격에 민감할수록 구매자의 힘은 커지게 된다. 산업의 매력도는 이러한 구매자의 힘이 셀수록 떨어지고, 반대로 구매자의 힘이 약할수록 높아진다.
>
> 공급자가 소수 기업에 의해 지배되는 경우, 즉 독과점에 해당하는 경우나 공급자가 공급하는 상품이 업계에서 중요한 부품인 경우 공급자의 힘이 강해져 산업의 매력도는 떨어지게 된다. 반대로 공급자가 다수 기업에 의해 지배되는 경우, 즉 완전경쟁에 해당하는 경우나 공급자가 공급하는 상품이 업계에서 그다지 중요하지 않은 부품인 경우에는 공급자의 힘이 적어지고 산업의 매력도는 올라가게 된다.
>
> 현재의 산업에 신규참가자가 진입할 가능성이 높으면 그 산업의 매력도는 떨어진다. 신규 진입의 정도는 해당 업계의 진입 장벽이 얼마나 높은가에 따라 결정된다. 예를 들어 반도체나 조선업 등은 대규모의 투자가 필요하므로 신규 진입이 쉽지 않다. 진입 장벽이 높을수록 산업의 매력도는 높아지며, 반대로 진입 장벽이 낮을수록 산업의 매력도는 떨어지게 된다.
>
> 마이클 포터가 제시한 5가지 힘 중 가장 무서운 것은 대체품의 힘이다. 현재의 상품보다 가격이나 성능에 있어 훨씬 뛰어난 대체품이 나올 경우 해당 산업이 사라져버릴 수도 있기 때문이다. 따라서 대체품의 위협이 낮을수록 산업의 매력도는 높아진다.

① 기존 경쟁자의 힘이 커지면 산업 매력도가 높아진다.
② 구매자의 힘이 약하면 산업 매력도가 높아진다.
③ 공급자의 힘이 커지면 산업 매력도가 높아진다.
④ 신규참가자의 힘이 커지면 산업 매력도가 낮아진다.
⑤ 대체품의 힘이 커지면 산업 매력도가 낮아진다.

※ 다음은 두루누리 사회보험료 지원사업에 대한 자료이다. 다음 자료를 보고, 이어지는 질문에 답하시오. [14~15]

□ 두루누리 사회보험료 지원사업이란?
　　소규모 사업을 운영하는 사업주와 소속 근로자의 사회보험료(고용보험・국민연금)의 일부를 국가에서 지원함으로써 사회보험 가입에 따른 부담을 덜어주고, 사회보험 사각지대를 해소하기 위한 사업입니다.

□ 지원대상
　• 근로자 수가 10명 미만인 사업에 고용된 근로자 중 월평균보수가 215만 원 미만인 근로자와 그 사업주에게 사회보험료(고용보험・국민연금)를 최대 90%까지 각각 지원해 드립니다.
　• 2018년 1월 1일부터 신규지원자 및 기지원자 지원을 합산하여 36개월까지만 지원합니다.
　• 기지원자의 경우 2020년 12월 31일까지만 지원됩니다.

□ 근로자 수가 '10명 미만인 사업'이란?
　• 지원신청일이 속한 보험연도의 전년도에 근로자인 피보험자 수가 월평균 10명 미만이고, 지원신청일이 속한 달의 말일을 기준으로 10명 미만인 사업입니다.
　• 지원신청일이 속한 보험연도의 전년도 근로자인 피보험자 수가 월평균 10명 이상이나 지원 신청일이 속한 달의 직전 3개월 동안(지원신청일이 속한 연도로 한정함) 근로자인 피보험자 수가 연속하여 10명 미만인 사업입니다.

□ '월평균보수' 215만 원 미만이란?
　• '월평균보수'란 보험료 산정 기준연도의 보수총액을 월평균으로 산정한 것으로 월별보험료의 산정 기초자료로 활용됩니다.
　• '215만 원 미만'이란 근로소득에서 비과세 근로소득을 제외하고 산정한 월평균보수가 215만 원이 되지 않는 경우를 말합니다.

□ 지원 제외대상
　• 지원신청일이 속한 보험연도의 전년도 재산의 과세표준액 합계가 6억 원 이상인 자
　• 지원신청일이 속한 보험연도의 전년도 근로소득이 연 2,838만 원 이상인 자
　• 지원신청일이 속한 보험연도의 전년도 근로소득을 제외한 종합소득이 연 2,100만 원 이상인 자

□ 지원기준
　• 신규지원자 : 5명 미만 사업 90% 지원 / 5명 이상 10명 미만 사업 80% 지원(사업주와 근로자가 각각 부담하는 보험료의 일부에 대해 지원)
　• 기지원자 : 10명 미만 사업 30% 지원(사업주와 근로자가 각각 부담하는 보험료의 일부에 대해 지원) / 신규지원자에 해당하지 않는 근로자

□ 지원금액 산정 예시
　• 조건 : 근로자 수 5명 미만 기업의 월평균 200만 원인 근로자(신규지원자)
　• 근로자 지원금
　　– 고용보험 : 200만 원×0.8%(요율)×90%=14,400원
　　– 국민연금 : 200만 원×4.5%(요율)×90%=81,000원
　• 사업주 지원금
　　– 고용보험 : 200만 원×1.05%(요율)×90%=18,900원
　　– 국민연금 : 200만 원×4.5%(요율)×90%=81,000원
　　　→ 사업주는 매월 99,900원, 근로자는 매월 95,400원을 지원받을 수 있습니다.

14 다음 대화를 읽고, 두루누리 사회보험료 지원사업에 대해 잘못 알고 있는 사람을 고르면?

> • A씨 : 나는 지난해 1년간의 급여를 포함하여 2,650만 원의 소득을 얻었는데, 이 중 비과세 근로소득이 100만 원이니까 두루누리 사회보험료 지원사업의 지원금액 조건을 충족할 수 있어. 그래서 해당 사업에 지원하면 어떨지 생각하고 있어.
> • B씨 : 어? 네가 다니는 회사에 근무 중인 총 직원의 수가 10명이라고 하지 않았어? 그래도 지원이 돼?
> • C씨 : 나도 그 회사에 다니고 있어. 지난해는 월평균 10명의 직원이 근무했었는데, 올해는 지난달에 한 명이 그만둬서 이제 신청해도 괜찮아.
> • D씨 : 아! 나는 이미 지원을 받고 있는데, 해당 사업은 사회보험 중 두 개만 지원해줘서 매우 아쉬워. 다른 것보다 건강보험료가 포함되었으면 좋았을 텐데.

① A씨   ② B씨
③ C씨   ④ D씨

15 E회사는 지난달 두루누리 사회보험료 지원사업 대상으로 선정되었고, E회사의 K씨가 이번 달부터 지원 혜택을 받게 되었다. E회사와 K씨에 대한 정보가 다음과 같을 때, 이번 달 E회사의 사업주와 K씨가 납부할 보험료의 합으로 옳은 것은?

> • 근로자 수 : 8명
> • K씨의 월평균보수 : 180만 원
> • 고용보험료 산정
>   - 근로자 : 자기의 보수총액에 실업급여 보험료율의 $\frac{1}{2}$을 곱한 금액으로 한다.
>   - 사업주 : 근로자의 개인별 보수총액에 고용안정・직업능력 개발사업의 보험료율을 곱하여 산출한 금액과 실업급여 보험료율의 $\frac{1}{2}$을 곱하여 산출한 각각의 금액을 합한 금액으로 한다.
>
> • 고용보험료율
>
> | 고용보험 사업별 구분 | | 사업주 | 근로자 |
> |---|---|---|---|
> | 실업급여(1.6%) | | 0.8% | 0.8% |
> | 고용안정・직업능력 개발사업 | 150인 미만 사업 | 0.25% | – |
> | | 150인 이상 ~ 1,000인 미만 사업 | 0.65% | – |
> | | 1,000인 이상 사업 | 0.85% | – |
>
> • 연금보험료
>   - (가입자의 기준소득월액)×[연금보험료율(9%)]
>   - 사업장가입자의 경우 사용자와 근로자가 각각 4.5%씩 부담
>   ※ K씨 외에 다른 근로자는 지원 혜택을 받지 않는다.

① 32,000원   ② 36,500원
③ 38,560원   ④ 39,060원

※ 다음은 법 개정에 따른 일·가정 양립 휴가 지원제도의 변화를 나타낸 표이다. 다음 자료를 바탕으로 이어지는 질문에 답하시오. [16~17]

휴가 분류	변경 전	변경 후
출산 전후 휴가 (배우자)	– 3 ~ 5일 사용가능(유급 3일) – 정부지원 없음 – 출산한 날부터 30일 이내 청구 – 분할 사용 불가 – 같은 자녀에 대해 부부 동시 육아휴직 불가	– 유급 10일 사용가능 – 유급 5일분 정부지원(통상임금 100%) – 출산한 날부터 90일 이내 청구 – 1회 분할 사용 가능 – 같은 자녀에 대해 부부 동시 육아휴직 가능
출산 전후 휴가 (임신 당사자)	– 통상임금 100%, 상한액 180만 원 – 90일(다태아 120일) / 출산 후에 45일 이상의 기간 보장(다태아 60일)	– 통상임금 100%, 상한액 200만 원 – 기간 동일
가족 돌봄 휴직	– 가족의 질병·사고·노령 사유만 인정 – 연간 90일(사용기간 단위 최소 30일) – 부모, 배우자, 자녀 또는 배우자의 부모	– 현행 휴직 사유+자녀 양육 사유 – 연간 휴직기간 90일 중 10일은 1일 단위로 사용 – 부모, 배우자, 자녀 또는 배우자의 부모+조부모, 손자녀
육아기 근로시간 단축	– (육아휴직)+(근로시간 단축)=최대 1년 – 하루 2 ~ 5시간(주 10 ~ 25시간) – 통상임금 80% 지원(상한액 150만 원)	– (육아휴직 최대 1년)+(근로시간 단축)=[최대 2년(근로시간 단축 1년 이상 가능)] – 하루 1 ~ 5시간(주 5 ~ 25시간) – 하루 1시간까지 통상임금. 나머지 단축분은 80% 지원(상한액 200만 원)

16 다음 중 변경 후 내용에 대한 설명으로 옳은 것은?

① 다태아가 아닐 경우 출산 50일 전에 출산 전후 휴가를 신청할 수 있다.
② 아내와 같은 직장에 다니고 있는 남편은 아내의 육아휴직 기간이 끝나야 육아휴직을 할 수 있다.
③ 손자의 양육을 사유로 가족 돌봄 휴직을 신청할 수 없다.
④ 1시간에 해당하는 통상임금이 1만 원이라면 육아기 근로시간 단축 중 한 주 최대 20만 원을 지원받을 수 있다.
⑤ 임신한 아내의 배우자가 출산 전후 휴가를 최대로 사용하여도 그 달의 통상임금은 변화가 없다.

17 다음 중 ㉠ ~ ㉣에 들어갈 수의 총합은?

• 쌍둥이를 임신한 배우자를 둔 남편은 출산 전후 휴가를 총 _____㉠_____ 일을 쓸 수 있다.
• 육아기 근로시간 단축을 신청하려는 A씨는 출산 휴가를 2개월만 썼기 때문에 총 _____㉡_____ 개월을 신청할 수 있다.
• 아내가 출산한 지 27일(당일 포함)이 지났다면 남편은 _____㉢_____ 일 내에 출산 전후 휴가를 청구해야 한다.
• 출산 전후 휴가 중인 B씨의 월급이 100만 원이라면, 한 달에 최고 _____㉣_____ 만 원을 받을 수 있다.

① 165   ② 195
③ 205   ④ 235
⑤ 315

18 다음 글의 제목으로 가장 적절한 것은?

> 코로나19의 지역 감염이 확산됨에 따라 감염병 위기경보 수준이 '경계'에서 '심각'으로 격상되었다. 이처럼 감염병 위기 단계가 높아지면 무엇이 달라질까?
>
> 감염병 위기경보 수준은 '관심', '주의', '경계', '심각'의 4단계로 나뉘며, 각 단계에 따라 정부의 주요 대응 활동이 달라진다. 먼저, 해외에서 신종감염병이 발생하여 유행하거나 국내에서 원인불명 또는 재출현 감염병이 발생하면 '관심' 단계의 위기경보가 발령된다. '관심' 단계에서 질병관리본부는 대책반을 운영하여 위기 징후를 모니터링하고, 필요할 경우 현장 방역 조치와 방역 인프라를 가동한다. 해외에서의 신종감염병이 국내로 유입되거나 국내에서 원인불명 또는 재출현 감염병이 제한적으로 전파되면 '주의' 단계가 된다. '주의' 단계에서는 질병관리본부의 중앙방역대책본부가 설치되어 운영되며, 유관기관은 협조체계를 가동한다. 또한 '관심' 단계에서 가동된 현장 방역 조치와 방역 인프라, 모니터링 및 감시 시스템은 더욱 강화된다. 국내로 유입된 해외의 신종감염병이 제한적으로 전파되거나 국내에서 발생한 원인불명 또는 재출현 감염병이 지역 사회로 전파되면 '경계' 단계로 격상된다. '경계' 단계에서는 중앙방역대책본부의 운영과 함께 보건복지부 산하에 중앙사고수습본부가 설치된다. 필요할 경우 총리 주재하에 범정부 회의가 개최되고, 행정안전부는 범정부 지원본부의 운영을 검토한다. 마지막으로 해외의 신종감염병이 국내에서 지역사회 전파 및 전국 확산을 일으키거나 국내 원인불명 또는 재출현 감염병이 전국적으로 확산되면 위기경보의 가장 높은 단계인 '심각' 단계로 격상된다. 이 단계에서는 범정부적 총력 대응과 함께 필요할 경우 중앙재난안전대책본부를 운영하게 된다. 이때 '경계' 단계에서의 총리 주재하에 범정부 회의가 이루어지던 방식은 중앙재난안전대책본부가 대규모 재난의 예방·대비·대응·복구 등에 관한 사항을 총괄하고 조정하는 방식으로 달라진다.

① 코로나19 감염 확산에 따른 대응 방안

② 감염병 위기경보 단계 상향에 따른 국민 행동수칙 변화

③ 시간에 따른 감염병 위기경보 단계의 변화

④ 감염병 위기경보 단계에 따른 정부의 대응 변화

19 다음은 한국의 최근 20년간 수출입 동향을 나타낸 자료이다. 자료를 보고 〈보기〉에서 옳지 않은 것을 모두 고른 것은?

〈20년간 수출입 동향〉

(단위 : 천 달러, %)

연도	수출		수입		수지
	금액	증감률	금액	증감률	
2019년	542,232,610	−10.4	503,342,947	−6.0	38,889,663
2018년	604,859,657	5.4	535,202,428	11.9	69,657,229
2017년	573,694,421	15.8	478,478,296	17.8	95,216,125
2016년	495,425,940	−5.9	406,192,887	−6.9	89,233,053
2015년	526,756,503	−8.0	436,498,973	−16.9	90,257,530
2014년	572,664,607	2.3	525,514,506	1.9	47,150,101
2013년	559,632,434	2.1	515,585,515	−0.8	44,046,919
2012년	547,869,792	−1.3	519,584,473	−0.9	28,285,319
2011년	555,213,656	19.0	524,413,090	23.3	30,800,566
2010년	466,383,762	28.3	425,212,160	31.6	41,171,602
2009년	363,533,561	−13.9	323,084,521	−25.8	40,449,040
2008년	422,007,328	13.6	435,274,737	22.0	−13,267,409
2007년	371,489,086	14.1	356,845,733	15.3	14,643,353
2006년	325,464,848	14.4	309,382,632	18.4	16,082,216
2005년	284,418,743	12.0	261,238,264	16.4	23,180,479
2004년	253,844,672	31.0	224,462,687	25.5	29,381,985
2003년	193,817,443	19.3	178,826,657	17.6	14,990,786
2002년	162,470,528	8.0	152,126,153	7.8	10,344,375
2001년	150,439,144	−12.7	141,097,821	−12.1	9,341,323
2000년	172,267,510	19.9	160,481,018	34.0	11,786,492
1999년	143,685,459	8.6	119,752,282	28.4	23,933,177

보기

가. 수출입 금액이 1조 이상이면 가입할 수 있는 '1조 달러 클럽'에 가입 가능한 연도는 7번이다.
나. 무역수지가 적자였던 해는 2008년뿐이다.
다. 수출 증감률이 전년 대비 가장 높은 해는 수입 증감률도 가장 높다.
라. 2002년부터 2008년까지 수출 금액과 수입 금액은 지속적으로 증가했다.
마. 1999년에 비해 2019년 수출 금액은 4배 이상 증가했다.

① 가, 나   ② 나, 다
③ 나, 라   ④ 다, 라
⑤ 다, 마

20 철수, 영희, 상수는 재충전 횟수에 따른 업체들의 견적을 비교하여 리튬이온배터리를 구매하려고 한다. 다음 〈조건〉에 따라 옳지 않은 것은?

누적방수액 재충전	유	무
0회 이상 100회 미만	5,000원	5,000원
100회 이상 300회 미만	10,000원	5,000원
300회 이상 500회 미만	20,000원	10,000원
500회 이상 1000회 미만	30,000원	15,000원
12,000회 이상	50,000원	20,000원

조건
• 철수 : 재충전이 12,000회 이상은 되어야 해.
• 영희 : 나는 그렇게 많이는 필요하지 않고, 200회면 충분해.
• 상수 : 나는 무조건 누적방수액을 발라야 해.

① 철수, 영희, 상수가 리튬이온배터리를 가장 저렴하게 구매하는 가격은 30,000원이다.
② 철수, 영희, 상수가 리튬이온배터리를 가장 비싸게 구매하는 가격은 110,000원이다.
③ 영희가 리튬이온배터리를 가장 저렴하게 구매하는 가격은 10,000원이다.
④ 영희가 가장 비싸게 구매하는 가격과 상수가 가장 비싸게 구매하는 가격의 차이는 30,000원 이상이다.
⑤ 상수가 구매하는 리튬이온배터리의 가장 저렴한 가격과 가장 비싼 가격의 차이는 45,000원이다.

21 A대리는 2019년 교통사고 발생 현황 자료를 정리하여 보고서를 작성하려고 한다. 다음 2019년 교통사고 현황 자료를 참고하여 A대리가 작성한 보고서 중 틀린 곳을 모두 고르면?

〈2019년 월별 전체 교통사고 발생 현황〉

구분	1월	2월	3월	4월	5월	6월	7월	8월	9월	10월	11월	12월
발생 건수	100,132	87,308	99,598	106,064	111,774	101,112	106,358	112,777	109,540	121,461	123,366	113,374
사망	296	203	252	286	305	279	241	253	287	337	297	313
부상	155,811	144,198	157,731	166,231	177,394	159,268	167,460	186,674	175,881	192,058	193,540	177,725

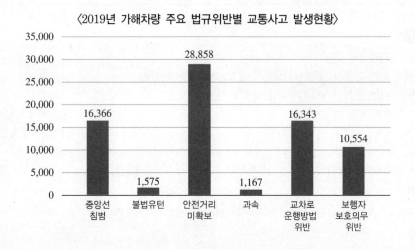

〈2019년 가해차량 주요 법규위반별 교통사고 발생현황〉

〈2019년 월별 어린이 교통사고 발생 현황〉

구분	1월	2월	3월	4월	5월	6월	7월	8월	9월	10월	11월	12월
발생 건수	5,705	6,172	6,143	6,178	7,431	6,886	7,058	8,603	7,399	7,606	7,438	6,529
사망	1	1	5	1	4	4	1	3	3	3	1	1
부상	8,050	8,894	8,490	8,522	10,304	9,357	9,663	12,247	10,420	10,500	10,272	9,114
중상	132	107	156	177	201	227	199	177	163	182	175	108
경상	1,808	2,139	1,955	2,074	2,440	2,271	2,351	2,933	2,527	2,528	2,525	2,128
부상 신고	6,110	6,648	6,379	6,271	7,663	6,859	7,113	9,137	7,730	7,790	7,572	6,878

〈2019년 월별 노인 교통사고 발생 현황〉

구분	1월	2월	3월	4월	5월	6월	7월	8월	9월	10월	11월	12월
발생 건수	12,287	10,550	12,207	13,213	14,358	12,422	12,853	14,203	13,873	15,834	15,651	13,790
사망	141	97	105	133	138	124	109	112	129	157	149	129
부상	13,672	11,889	13,865	15,205	16,285	14,133	14,474	16,217	15,739	18,038	17,768	15,537
중상	1,831	1,481	1,846	1,953	2,134	1,854	1,755	1,911	1,861	2,318	2,125	1,846
경상	4,763	4,139	4,885	5,362	5,840	5,041	5,202	5,724	5,498	6,388	6,310	5,289
부상 신고	7,078	6,269	7,134	7,890	8,311	7,238	7,517	8,582	8,380	9,332	9,333	8,402

〈보고서〉

㉠ 전체 교통사고 발생 건수는 2월에 최소치를, 11월에 최대치를 기록하였으며, ㉡ 2월부터 증가하기 시작하여 6월까지 지속적으로 증가하는 경향을 보이고 있습니다. 다음으로 가해차량의 주요 법규위반별 교통사고 발생현황을 보면 흔히 생각하는 것과는 반대로 ㉢ 과속이 원인이 되는 경우는 그 비중이 매우 낮은 것으로 드러났습니다. 교통사고 사망자는 ㉣ 어린이의 경우 전체 교통사고 사망자 대비 2% 미만을 차지하는 반면, 노인의 경우 전체 교통사고 사망자의 과반을 차지하고 있습니다.

① ㉠, ㉡   ② ㉠, ㉢

③ ㉠, ㉣   ④ ㉡, ㉢

⑤ ㉡, ㉣

22 다음 글을 읽고 알 수 있는 내용으로 가장 적절하지 않은 것은?

스마트시티란 크게는 첨단 정보통신기술을 이용해 도시 생활 속에서 유발되는 교통 문제, 환경 문제, 주거 문제, 시설 비효율 등을 해결하여 시민들이 편리하고 쾌적한 삶을 누릴 수 있도록 한 '똑똑한 도시'를 뜻한다. 하지만, 각국 경제 및 발전 수준, 도시 상황과 여건에 따라 매우 다양하게 정의 및 활용되고, 접근 전략에도 차이가 있다. 스페인의 경우, 2013년 초부터 노후된 바르셀로나 도시 중심지 본 지구를 재개발하면서 곳곳에 사물 인터넷 기술을 기반으로 한 '스마트시티' 솔루션을 시범 운영했다. 이 경험을 바탕으로 바르셀로나 곳곳이 스마트 환경으로 변화하고 있다. 가장 성공적인 프로젝트 중 하나는 센서가 움직임을 감지하여 에너지를 절약하는 스마트 LED 조명을 광범위하게 설치한 것이다. 이 스마트 가로등은 무선 인터넷의 공유기 역할을 하는 동시에 소음 수준과 공기 오염도를 분석하여 인구 밀집도까지 파악할 수 있다. 아울러 바르셀로나는 원격 관개 제어를 설치해 분수를 원격으로 제어하고, 빌딩을 스마트화해 에너지 모니터링을 시행하고 있다. 또 주차 공간에 차가 있는지 여부를 감지하는 센서를 설치한 '스마트 주차'를 도입하기도 했다.

또한, 항저우를 비롯한 중국의 여러 도시들은 블록체인 기술을 사물인터넷과 디지털 월렛 등에 적용하여 페이퍼리스 사회를 구현하고 있다. 알리바바의 알리페이를 통해 항저우 택시의 98%, 편의점의 95% 정도에서 모바일 결제가 가능하며, 정부 업무, 차량, 의료 등 60여 종에 달하는 서비스를 이용할 수 있다.

우리나라도 2021년 입주를 목표로 세종과 부산에 스마트시티 국가 시범도시를 조성하고 있다. 세종에서는 인공지능, 블록체인 기술을 기반으로 한 도시를 조성해 모빌리티, 헬스케어, 교육, 에너지환경, 거버넌스, 문화쇼핑, 일자리 등 7대 서비스를 구현한다. 이곳에서는 자율주행 셔틀버스, 전기공유차 등을 이용할 수 있고 개인 맞춤형 의료 서비스 등을 받을 수 있다. 또 부산에서는 고령화, 일자리 감소 등의 도시문제에 대응하기 위해 로봇, 물관리 관련 신사업을 육성한다. 로봇이 주차를 하거나 물류를 나르는 등 일상생활에서 로봇 서비스를 이용할 수 있고 첨단 스마트 물 관리 기술을 적용해 한국형 물 특화 도시모델을 구축한다.

① 각 국에 따라 스마트시티에서 활용되는 기능을 다를 수 있다.
② 스페인의 스마트시티에서는 직접 인구조사를 하지 않더라도 인구 밀집도를 파악할 수 있다.
③ 스페인의 스마트시티에서는 '스마트 주차' 기능을 통해 대리주차가 가능하다.
④ 중국의 스마트시티에서는 지갑을 가지고 다니지 않더라도 일부 서비스를 이용할 수 있다.
⑤ 맞춤형 의료 서비스가 필요한 환자의 경우 부산보다는 세종 스마트시티가 더 적절하다.

23 다음은 상수도 구역에 따라 수질 오염정도를 나타낸 자료이다. 자료에 대한 해석으로 옳은 것은?

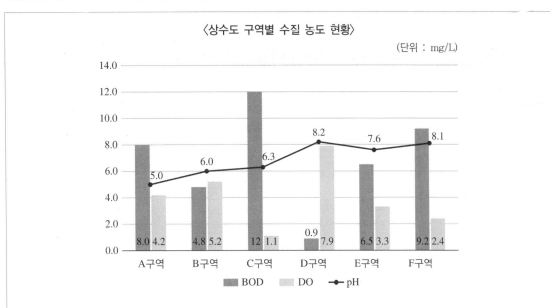

〈상수도 구역별 수질 농도 현황〉

〈수질 등급 기준〉

등급	매우 좋음	좋음	약간 좋음	보통	약간 나쁨	나쁨	매우 나쁨
	1a	1b	2	3	4	5	6
DO(mg/L)	7.5 이상	5.0 이상			2.0 이상		2.0 미만
BOD(mg/L)	1 이하	2 이하	3 이하	5 이하	8 이하	10 이하	10 초과
pH	6.5 ~ 8.5				6.0 ~ 8.5		

※ DO, BOD, pH의 수치를 모두 충족하는 등급으로 결정된다.
※ DO는 용존산소량, BOD는 생화학적 산소요구량을 말한다.

① BOD농도가 5mg/L 이하인 상수도 구역 중 3등급은 하나이다.
② pH가 가장 높은 구역의 등급은 '매우 좋음'이다.
③ 상수도 구역에서 등급이 '약간 나쁨' 또는 '나쁨'인 구역은 두 곳이다.
④ 수질 기준은 DO와 BOD의 농도가 높을수록 좋은 등급을 받는다.
⑤ 수소이온농도가 낮을수록 수질 등급은 '매우 좋음'에 가까워진다.

※ 다음은 A전자의 유·무상 수리 기준을 나타낸 자료이다. 다음 자료를 보고, 이어지는 질문에 답하시오. [24~26]

〈A전자의 유·무상 수리 기준〉

1. 유·무상 수리 기준

구분		적용 항목
무상		• 보증기간(1년) 이내에 정상적인 사용 상태에서 발생한 성능·기능상의 고장인 경우 • A전자 엔지니어의 수리 이후 12개월 이내 동일한 고장이 발생한 경우 • 품질보증기간 동안 정상적인 사용 상태에서 발생한 성능·기능상의 고장인 경우 ※ 보증기간은 구입 일자를 기준으로 산정함
유상	보증기간	보증기간이 경과된 제품
	설치/철거	• 이사나 가정 내 제품 이동으로 재설치를 요청하는 경우 • 제품의 초기 설치 이후 추가로 제품 연결을 요청하는 경우 • 홈쇼핑, 인터넷 등에서 제품 구입 후 설치를 요청하는 경우
	소모성	• 소모성 부품의 보증기간 경과 및 수명이 다한 경우(배터리, 필터류, 램프류, 헤드, 토너, 드럼, 잉크 등) • 당사에서 지정하지 않은 부품이나 옵션품으로 인해 고장이 발생한 경우
	천재지변	천재지변(지진, 풍수해, 낙뢰, 해일 등) 외 화재, 염해, 동파, 가스 피해 등으로 인해 고장이 발생한 경우
	고객 부주의	• 사용자 과실로 인해 고장이 발생한 경우 • 사용설명서 내의 주의사항을 지키지 않아 고장이 발생한 경우 • A전자 서비스센터 외 임의 수리·개조로 인해 고장이 발생한 경우 • 인터넷, 안테나 등 외부 환경으로 인해 고장이 발생한 경우
	기타	제품 고장이 아닌 고객 요청에 의한 제품 점검(보증기간 이내라도 유상 수리)

2. 서비스 요금 안내

서비스 요금은 부품비, 수리비, 출장비의 합계액으로 구성되며, 각 요금의 결정은 다음과 같다.

• 부품비 : 수리 시 부품 교체를 할 경우 소요되는 부품 가격

제품		가격
전자레인지	마그네트론	20,000원
에어컨	컴프레서	400,000원
TV	LCD	150,000원
	PDP	300,000원

• 수리비 : 유상 수리 시 부품비를 제외한 기술료로 소요시간, 난이도 등을 감안하여 산정된다.
• 출장비 : 출장 수리를 요구하는 경우 적용되며, 18,000원을 청구한다(단, 평일 18시 이후, 휴일 방문 시 22,000원).

3. 안내 사항

• 분쟁 발생 시 품목별 해결 기준

분쟁 유형		해결 기준
구입 후 10일 이내에 정상적인 사용 상태에서 발생한 성능·기능상의 하자로 수리를 요할 때		제품 교환 또는 구입가 환급
구입 후 1개월 이내에 정상적인 사용 상태에서 발생한 성능·기능상의 하자로 중요한 수리를 요할 때		제품 교환 또는 무상수리
보증기간 이내에 정상적인 사용상태에서 발생한 성능·기능상의 하자	수리 불가능 시	제품 교환 또는 구입가 환급
	교환 불가능 시	구입가 환급
	교환된 제품이 1개월 이내에 중요한 수리를 요할 때	구입가 환급

- 다음의 경우는 보증기간이 $\frac{1}{2}$ 로 단축 적용된다.
  - 영업용도나 영업장에서 사용할 경우 예 비디오(비디오 SHOP), 세탁기(세탁소) 등
  - 차량, 선박 등에 탑재하는 등 정상적인 사용 환경이 아닌 곳에서 사용할 경우
  - 제품사용 빈도가 극히 많은 공공상소에 설치 사용할 경우 예 공장, 기숙사 등
- 휴대폰 소모성 액세서리(이어폰, 유선충전기, USB 케이블)는 유상 수리 후 2개월 품질 보증

24 다음은 LCD 모니터 수리에 대한 고객의 문의 사항이다. 고객에게 안내할 내용으로 적절한 것은?

> 안녕하세요. 3개월 전에 A전자에서 LCD 모니터를 구입한 사람입니다. 얼마 전에 모니터 액정이 고장 나서 동네 전파상에서 급하게 수리를 하였는데 1개월도 안 돼서 다시 액정이 망가져 버렸습니다.

① 구입하신 지 아직 1년이 넘지 않으셨네요. 보증기간에 따라 무상 수리가 가능합니다.
② 무상 수리를 받으시려면 자사가 취급하는 액정인지 확인이 필요합니다. 교체하신 액정의 정보를 알려주실 수 있을까요?
③ 수리 이후에 1개월 이내에 동일한 고장이 발생하셨군요. 보증기간과 관계없이 제품의 구입가를 환불해드리겠습니다.
④ 구입하시고 1년 이내에 수리를 받으셨군요. 더 이상 수리가 불가능하므로 새 제품으로 교환해드리겠습니다.
⑤ 저희 서비스센터가 아닌 사설 업체에서 수리를 받았기 때문에 무상 수리는 어렵습니다. 유상 수리로 접수해 드릴까요?

25 B씨는 사용하던 전자레인지가 고장이 나자 서비스센터에 전화하였고, 이틀 후인 수요일 오후 4시경에 엔지니어가 방문하기로 하였다. 방문한 엔지니어가 전자레인지의 부품 중 하나인 마그네트론을 교체하였고, B씨는 유상 수리 서비스 요금으로 총 53,000원의 금액을 납부하였다. 다음 중 전자레인지의 수리비로 옳은 것은?

① 10,000원
② 11,000원
③ 12,000원
④ 13,000원
⑤ 15,000원

26 다음 중 정상적인 사용 상태에서 제품의 성능 · 기능상 고장이 발생했을 때, 무상 수리 서비스를 받을 수 없는 것은?

① 3개월 전 구매하여 설치한 세탁소의 세탁기
② 열흘 전 구매하한 개인 휴대폰
③ 8개월 전 구매하여 설치한 기숙사 내 정수기
④ 2개월 전 구매하여 차량에 설치한 휴대용 냉장고
⑤ 1년 전 구매하였으나 1개월 전 K전자에서 유상 수리를 받은 휴대폰 이어폰

※ 다음 기사를 읽고 이어지는 질문에 답하시오. [27~28]

철도사고 및 각종 장애를 선제적으로 예방하고자 기존의 사후 검사제도와 함께 앞으로 사전 수시검사를 추가로 실시한다. 한국교통안전공단에 따르면 지난달 18일부터 철도안전관리체계 수시검사에 예방적 수시검사를 추가 도입하고, 철도안전 확보에 더욱 박차를 가하겠다고 밝혔다.

현재 철도안전법 제8조 제2항, 동법 시행규칙 제6조, 그리고 철도안전체계 승인 및 검사 시행지침 제25조(철도안전관리체계의 유지) 등에 따라 철도사고 및 운행 장애를 발생시키거나 발생시킬 우려가 있는 철도 기관을 대상으로 사고 및 장애 재발을 방지하고자 공단이 주관해 철도안전관리체계 수시검사를 시행하고 있다.

공단은 사고 및 장애가 발생 시 철도안전관리체계 위반 여부를 검사하는 기존 사후적 수시검사에 사전 점검인 예방적 수시검사를 추가로 실시하게 된다. 이번에 추가로 도입하는 예방적 수시검사를 통해 최근 5년간 철도사고 및 운행 장애 DB와 수시검사자료를 바탕으로 위험도가 높은 사례를 선정하고 이를 비교·집중 검사하게 된다.

〈최근 5년간 철도사고 및 운행 장애 발생 현황〉

(단위 : 건, 명)

구분		2015년	2016년	2017년	2018년	2019년	합계
사고 및 운행 장애	철도사고	138	124	105	98	72	537
	운행 장애	255	246	257	233	349	1,340
사상자	사망자 수	76	62	51	44	33	266
	부상자 수	70	60	46	50	25	251
	계	146	122	97	94	58	517

공단에서 2015년부터 최근 5년간 철도사고 및 운행 장애 발생 현황을 분석한 자료에 따르면 ㉠ 철도사고와 사상자 수는 감소하는 추세이지만 운행 장애는 오히려 증가했다. 특히 2019년에는 전년 대비 49.8% 증가한 것으로 나타났다. ㉡ 운행 장애의 대부분인 97.3%는 지연운행으로 조사됐다. 특히 ㉢ 지연운행 중 60.4%가 시설장비결함으로 나타났으며, ㉣ 시설장비결함 전체 936건 중 차량결함이 74.3%, 신호결함 15.4%로 파악됐다. 이와 같은 상황에서 '예방적 수시검사'는 시설장비결함을 요인으로 하는 사고 및 장애 감소에 큰 영향을 줄 것으로 기대된다.

〈최근 5년간 운행 장애 현황〉

(단위 : 건)

구분	2015년	2016년	2017년	2018년	2019년	합계	비율
위험사건	2	1	4	2	1	10	( )
지연운행	253	245	253	231	348	1,330	( )
합계	255	246	257	233	349	1,340	-

최근 5년간의 사고 및 장애를 분석하여 주요 취약점을 도출한 결과 시설장비결함이 비중이 높은 만큼 '예방적 수시검사'를 통해 더욱 자세한 분석과 대응이 가능하기 때문이다. 분석된 주요 취약점을 토대로 유사 운영 환경을 보유한 철도 기관을 선제적으로 검사해 개선사항은 시정 권고하고 우수사례는 전 철도 기관에 공유할 수 있다. 이를 통해 철도 사고 및 운행 장애 발생 감소와 함께 유지관리 안전성도 확보할 수 있을 것으로 기대된다.

〈최근 5년간 지연운행 현황〉

(단위 : 건)

구분			2015년	2016년	2017년	2018년	2019년	합계
합계			253	245	253	231	348	1,330
발생원인	시설장비결함	차량	142	115	140	111	187	695
		신호	21	22	34	25	42	144
		전철	3	9	9	4	13	38
		시설	2	6	5	11	5	29
		차량 / 신호IF	2	1	2	6	6	17
		차량 / 전철IF	–	2	–	–	–	2
		차량 / 시설IF	1	–	–	1	–	2
		기타	2	1	–	1	5	9
	취급(관리)부주의		20	31	18	15	27	111
	외부요인		56	43	38	43	48	228
	기타		4	15	7	14	15	55

공단 이사장은 "철도안전관리체계 수시검사에 예방적 수시검사를 도입함으로써 기존의 사후적 수시검사를 보완하여 철도사고 및 운행 장애를 감소시킬 수 있을 것으로 기대한다."며 "제2의 강릉선 KTX 탈선사고, 오송역 단전사고 등 대형 철도사고가 발생하지 않도록 공단의 역할을 다해 철도 이용자의 안전을 지키겠다."고 밝혔다.

▎서울교통공사

27   다음 중 기사에 대한 내용으로 옳은 것은?

① 철도안전관리체계 수시검사는 다음 달부터 예방적 수시검사를 도입하기로 하였으며, 아직 시행 전이다.
② 예방적 수시검사는 사고 및 장애가 발생할 경우 철도안전관리체계 위반 여부를 검사하는 것이다.
③ 운행 장애는 위험사건과 지연운행으로 구분되고, 2016 ~ 2019년의 전년 대비 운행 장애 건수는 증감을 반복하고 있다.
④ 지연운행의 원인 중 가장 많은 원인 2가지는 매년 시설장비결함과 취급부주의이다.
⑤ 지연운행의 원인 중 시설장비결함의 차량 / 전철IF와 차량 / 시설IF의 발생건수가 없는 해는 2017년도뿐이다.

▎서울교통공사

28   밑줄 친 ㉠ ~ ㉣ 중 자료에 대한 해석으로 옳지 않은 것을 모두 고르면?(단, 소수점 이하 둘째 자리에서 반올림한다)

① ㉠, ㉡   ② ㉡, ㉣
③ ㉠, ㉢   ④ ㉠, ㉣
⑤ ㉡, ㉢

29 다음은 생애주기와 2019년도에 종이책, 전자책 및 오디오북을 통한 독서량을 연령별로 조사한 자료이다. 이 자료를 바르게 이해한 것은?(단, 인원은 소수점 이하 버림한다)

〈생애주기〉

영아기	유아기	아동기	청소년기	성년기	중년기	노년기
생후 24개월	만 3~5세	초등학생	중학생, 고등학생	20~39세	40~59세	60세 이상
언어 습득	언어 습득	사회성 발달	신체발달	심리적 성숙	지각능력 감소	신체능력 쇠퇴

〈연령별 독서형태(학생)〉

(단위 : %)

학교급별	사례 수(건)	종이책		전자책		오디오북
		2018년	2019년	2018년	2019년	2019년
전체	3,126	91.7	90.7	29.8	37.2	18.7
초등학교	1,005	96.8	94.8	34.1	40.8	30.9
중학교	985	92.5	91.6	30.0	30.6	11.6
고등학교	1,136	87.2	86.3	26.5	39.8	13.9

〈연령별 독서형태(성인)〉

(단위 : %)

연령별(세)	사례 수(건)	종이책		전자책		오디오북
		2018년	2019년	2018년	2019년	2019년
전체	6,000	59.9	52.1	14.1	16.5	3.5
20~29	1,057	73.5	70.4	34.7	39.0	6.5
30~39	1,022	68.9	68.7	22.7	31.3	6.2
40~49	1,158	61.9	57.6	13.8	14.4	4.2
50~59	1,192	52.2	43.5	3.5	4.9	1.6
60세 이상	1,571	47.8	31.5	1.3	2.0	0.6

※ 사례 수 1건당 인원은 1명이다.

① 성인 중 오디오북을 본 사람은 학생 중 오디오북을 본 사람보다 많다.
② 모든 연령대에서 전년 대비 2019년도 독서량 중 종이책은 줄어들고, 전자책은 늘어났다.
③ 중년기의 오디오북 독서량은 성년기의 오디오북 독서량보다 많다.
④ 노년기는 2018년 대비 2019년에 종이책 및 전자책 독서량이 줄어들었다.
⑤ 2018년도 종이책을 본 아동기 학생은 종이책을 본 청소년기 학생보다 많다.

30 다음 중국의 인스턴트 커피 시장에 대한 분석 내용을 바탕으로 제품을 출시할 경우 고려해야 할 점으로 옳지 않은 것은?

> 중국의 인스턴트 커피 시장 규모는 574억 위안으로 전년보다 1.8% 성장한 것으로 보이며, 2024년까지 매년 평균 1.7%의 성장세를 이어갈 것으로 예측된다.
>
> • 4P 분석
>
> | 4P 분석 | 분석 내용 |
> |---------|-----------|
> | 판매가격 (Price) | 중국 스타벅스의 아메리카노 한 잔 가격은 22위안으로 중국의 최저임금을 상회한다. 이에 비해 S사의 캡슐 커피는 24개에 약 190위안으로 한 잔당 8위안에 불과하다. 스틱형 커피의 경우 그 격차는 훨씬 커진다. |
> | 유통경로 (Place) | 로스팅 커피는 카페에서 구매가 이루어지나, 인스턴트 커피는 슈퍼, 편의점, 대형마트 등 다양한 장소에서 구매가 가능하다. 최근에는 중국 내 온라인 플랫폼 마켓의 발전으로 스마트폰이나 컴퓨터로 간편하게 구입이 가능하다. |
> | 판매촉진 (Promotion) | 최근 인스턴트 커피 브랜드는 SNS를 이용하여 고객과 소통하고, 할인 쿠폰 및 행사 관련 정보를 제공하는 등 시장을 적극적으로 공략하고 있다. |
> | 제품 (Product) | 공간과 시간에 구애받지 않고 언제든 편하게 마실 수 있다는 '편의성'을 통해 소비자들에게 꾸준한 관심을 받고 있다. 스타벅스, 코카콜라 등의 기업들은 자사의 장점을 살린 RTD 인스턴트 커피 및 캡슐 커피 등을 출시해 인스턴트 커피 시장에 진입하고 있다. |
>
> • 중국 인스턴트 커피 제품 현황 및 특징
> 1) 스틱형 커피 : 가장 초기의 인스턴트 커피 형태로 출시 역사가 길고, 브랜드가 다양하다. 초기에는 단맛이 나는 믹스 형태의 제품이 대부분이었지만, 최근 콜드브루, 블랙커피 등 다양한 유형의 스틱 커피가 출시되고 있다.
> 2) RTD(Ready To Drink) 커피 : 주로 편의점과 온라인 쇼핑몰에 보급되어 있는 제품으로 병이나 종이 용기 등의 형태로 유통된다. 제조과정이 없이 마시기 간편하고 콜드브루, 라떼 등 다양한 맛을 즐길 수 있다. 기존의 인스턴트 커피 제조업체뿐만 아니라 커피숍 브랜드도 RTD 커피 시장에 진출하고 있다.
> 3) 소포장 형식 : 휴대하기 용이하고 제품의 품질이 좋아 소비자들에게 좋은 반응을 얻고 있다. 제품 유형에 따라 캡슐 커피와 작은 용기에 담겨 있는 인스턴트 커피로 나눌 수 있다.
> 4) 드립백 커피 : 커피 가루가 담긴 티백을 커피잔에 걸쳐 뜨거운 물을 부어서 우려내 마시는 커피이다. 핸드드립 커피를 보다 간편하게 즐기고 싶은 소비자의 수요에 맞춰 출시한 제품으로 신선하고 고급스러운 풍미를 맛볼 수 있다는 장점이 있다. 그러나 다른 인스턴트 커피 종류에 비해 커피의 맛이 비교적 제한적이다.

① 스틱형 커피는 다른 인스턴트 커피에 비해 종류가 다양하지 못하므로 차별화된 프리미엄 상품을 스틱형으로 출시한다.

② 스마트폰으로 간편하게 구입할 수 있도록 캡슐 커피를 출시하고, 중국 내 이용자가 가장 많은 SNS를 통해 이벤트를 진행한다.

③ 현지 소비자들의 입맛에 맞으면서도 다양한 맛을 선택할 수 있도록 여러 종류의 드립백 커피 상품을 출시한다.

④ 현지 로스팅 커피 브랜드와 협력하여 RTD 커피를 출시하고, 온라인 쇼핑몰을 통해 쉽게 구매할 수 있다는 점을 홍보 전략으로 세운다.

⑤ 휴대가 편리한 소포장 형식의 인스턴트 커피를 출시하고, 언제 어디서든 쉽게 마실 수 있다는 점을 홍보 전략으로 세운다.

※ 다음은 통돌이 세탁기에 대한 사용설명서이다. 설명서를 읽고 이어지는 질문에 답하시오. [31~33]

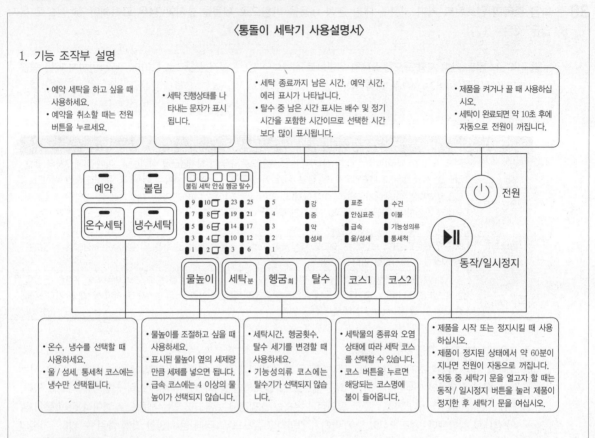

〈통돌이 세탁기 사용설명서〉

1. 기능 조작부 설명

- 예약 세탁을 하고 싶을 때 사용하세요.
- 예약을 취소할 때는 전원 버튼을 누르세요.

- 세탁 진행상태를 나타내는 문자가 표시됩니다.

- 세탁 종료까지 남은 시간, 예약 시간, 에러 표시가 나타납니다.
- 탈수 중 남은 시간 표시는 배수 및 정기 시간을 포함한 시간이므로 선택한 시간보다 많이 표시됩니다.

- 제품을 켜거나 끌 때 사용하십시오.
- 세탁이 완료되면 약 10초 후에 자동으로 전원이 꺼집니다.

- 온수, 냉수를 선택할 때 사용하세요.
- 울 / 섬세, 통세척 코스에는 냉수만 선택됩니다.

- 물높이를 조절하고 싶을 때 사용하세요.
- 표시된 물높이 옆의 세제량만큼 세제를 넣으면 됩니다.
- 급속 코스에는 4 이상의 물높이가 선택되지 않습니다.

- 세탁시간, 헹굼횟수, 탈수 세기를 변경할 때 사용하세요.
- 기능성의류 코스에는 탈수기가 선택되지 않습니다.

- 세탁물의 종류와 오염 상태에 따라 세탁 코스를 선택할 수 있습니다.
- 코스 버튼을 누르면 해당되는 코스명에 불이 들어옵니다.

- 제품을 시작 또는 정지시킬 때 사용하십시오.
- 제품이 정지된 상태에서 약 60분이 지나면 전원이 자동으로 꺼집니다.
- 작동 중 세탁기 문을 열고자 할 때는 동작 / 일시정지 버튼을 눌러 제품이 정지한 후 세탁기 문을 여십시오.

2. 제품 사용하기
   1) 세탁통에 세탁물을 넣고, 전원 버튼을 누르십시오.
   2) 원하는 세탁코스를 선택하십시오.
   3) 표시된 물높이 옆의 세제량만큼 세제를 넣고 도어를 닫아 주십시오.
   4) 동작 / 일시정지 버튼을 누르면 급수 후 세탁이 시작됩니다.

3. 기능별 소요시간

구분		소요시간
세탁	냉수세탁	12분
	온수세탁	14분
헹굼		10분/회
탈수	강	15분
	중	13분
	약	10분
	섬세	8분
불림		10분
통세척		5분

4. 세탁 코스 사용하기

구분	설명
표준	– '냉수세탁 10분 – 헹굼 2회 – 탈수(중)'의 일반적인 세탁을 해주는 코스입니다.
안심표준	– 표준 코스보다 세탁물을 깨끗하게 헹궈 주는 코스입니다.
급속	– 소량의 의류를 빠른 시간 내에 세탁할 수 있는 코스입니다. – 급속 코스의 적정 세탁량은 5.5kg 이하입니다.
울 / 섬세	– 수축이나 변형되기 쉬운 섬유, 속옷 등 섬세한 의류를 세탁해 주는 코스입니다.
수건	– 손세탁 표시가 있는 수건을 세탁해 주는 코스입니다. – 다른 의류와 분리해서 세탁하십시오.
이불	– 손세탁 표시가 있는 담요 또는 이불을 세탁해 주는 코스입니다. – 이불은 일반 세탁물과 분리하여 한 장씩 세탁하십시오.
기능성의류	– 등산복, 운동복 등 레저용 의류를 세탁해 주는 코스입니다.
통세척	– 세탁통 청소 시 사용합니다.

5. 옵션 사용하기
- 예약 : 원하는 시간에 세탁을 마치고 싶을 때 사용하십시오.
  1) 전원 버튼을 누르십시오.
  2) 원하는 코스를 선택하십시오.
  3) 예약 버튼을 눌러 예약 시간을 맞추십시오.
     예 현재 오후 1시이며 오후 7시에 세탁을 끝내고 싶을 경우 6시간 설정(7−1=6)
        – 예약 버튼에 불이 들어오고 '3:00'가 표시됩니다.
        – 지금부터 세탁을 끝내고 싶을 때까지의 시간(6:00)이 될 때까지 예약 버튼을 누르십시오.
  4) 동작 / 일시정지 버튼을 누르십시오.
     – 예약 시간 후에 세탁이 끝납니다.
     – 예약을 취소할 때는 전원 버튼을 누르거나 예약이 취소될 때까지 예약 버튼을 반복해서 누르십시오.
  ※ 알아두기
     – 3 ~ 18시간까지 예약이 가능하며, 3시간 미만은 예약되지 않습니다.
     – 3 ~ 12시간까지는 1시간, 12 ~ 18시간까지는 2시간 단위로 예약이 가능합니다.
     – 울 / 섬세, 통세척 코스는 예약이 되지 않습니다.
- 세탁 : 세탁 시간을 변경하고자 할 때 선택하는 옵션입니다.
  – 세탁 버튼을 누르면 3분, 6분 순서로 변경됩니다.
  – 세탁이 완료된 후 배수가 되지 않습니다. 배수가 필요할 경우 탈수 버튼을 누른 후 동작 / 일시정지 버튼을 누르십시오.
- 헹굼 : 헹굼 횟수를 변경하고자 할 때 선택하는 옵션입니다.
  – 헹굼 버튼을 누르면 헹굼 1회, 헹굼 2회 순서로 변경됩니다.
  – 헹굼이 완료된 후 배수가 되지 않습니다. 배수가 필요할 경우 탈수 버튼을 누른 후 동작 / 일시정지 버튼을 누르십시오.
- 탈수 : 탈수의 세기를 변경하고자 할 때 선택하는 옵션입니다.
  – 탈수 버튼을 누르면 섬세, 약, 중, 강의 순서로 변경됩니다.

31 다음 중 통돌이 세탁기의 사용법을 잘못 이해한 사람은?

① A : 이미 작동 중인 세탁기에 세탁물을 추가로 넣으려면 먼저 동작 / 일시정지 버튼을 눌러야 하는군.

② B : 세제를 얼마나 넣어야 하나 걱정했었는데 물높이에 따른 적정 세제량이 표시되어 있어서 다행이야.

③ C : 급속 코스는 세탁물의 용량이 5.5kg 이하여야 하고, 물높이도 4 이상으로 선택할 수 없군.

④ D : 따뜻한 물로 세탁통을 청소하려면 통세척 코스를 선택한 뒤에 온수세탁을 누르면 되겠군.

⑤ E : 지금부터 2시간 뒤에 세탁이 끝나도록 예약하려고 했는데 아쉽게도 2시간은 예약 시간으로 설정할 수 없군.

32 A씨가 다음과 같은 방법으로 세탁기를 사용한다고 할 때, A씨는 세탁기 조작부의 버튼을 총 몇 번 눌러야 하는가?

> A씨 : 정해진 세탁 코스를 선택하지 않고, 수동으로 세탁 방법을 설정해야겠어. 먼저 19분 동안 온수세탁이 진행되
> 도록 설정하고, 헹굼은 표준 코스보다 한 번 더 진행되도록 추가해야겠어. 마지막으로 탈수 세기가 너무 강하
> 면 옷감이 손상될 수 있으니까 세기를 '약'으로 설정해야겠다. 아! 병원진료를 예약해둔 걸 잊어버릴 뻔 했네.
> 진료 시간을 생각해서 지금부터 4시간 뒤에 세탁이 끝나도록 예약 시간을 설정해야겠다.

① 13번   ② 14번

③ 15번   ④ 16번

⑤ 17번

33 다음 통돌이 세탁기 기능 조작부의 표시에 따라 세탁 시간이 가장 오래 걸리는 것은?(단, 배수 및 정지시간은 고려하지 않으며, 선택한 기능을 ⬭로 표시한다)

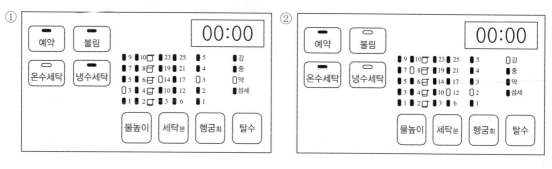

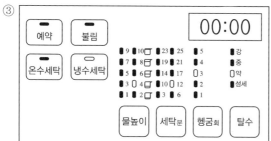
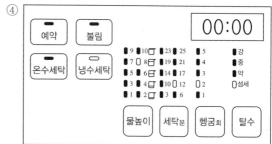

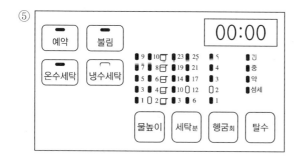

※ 다음은 스마트 스테이션에 관한 자료를 보고 이어지는 질문에 답하시오. **[34~36]**

서울 지하철 2호선에 '스마트 스테이션'이 본격 도입된다. 서울교통공사는 현재 분산되어 있는 분야별 역사 관리 정보를 정보통신기술(ICT)을 기반으로 통합·관리할 수 있는 '스마트 스테이션'을 내년(2021년) 3월까지 2호선 50개 전 역사에 구축한다고 밝혔다.

스마트 스테이션은 올해 4월 지하철 5호선 군자역에서 시범 운영됐다. 그 결과 순회 시간이 평균 28분에서 10분으로 줄고, 돌발 상황 시 대응 시간이 평균 11분에서 3분으로 단축되는 등 안전과 보안, 운영 효율이 향상된 것으로 나타났다.

스마트 스테이션이 도입되면 3D맵, IoT센서, 지능형 CCTV 등이 유기적으로 기능하면서 하나의 시스템을 통해 보안, 재난, 시설물, 고객서비스 등 통합적인 역사 관리가 가능해진다. 3D맵은 역 직원이 역사 내부를 3D 지도로 한눈에 볼 수 있어 화재 등의 긴급 상황이 발생했을 때 신속 대응에 도움을 준다. 지능형 CCTV는 화질이 200만 화소 이상으로 높고, 객체 인식 기능이 탑재되어 있어 제한구역의 무단침입이나 역사 화재 등이 발생했을 때 실시간으로 알려준다. 지하철 역사 내부를 3차원으로 표현함으로써 위치별 CCTV 화면을 통한 가상순찰도 가능하다.

서울교통공사는 기존 통합 모니터링 시스템을 개량하는 방식으로 2호선 내 스마트 스테이션의 도입을 추진한다. 이와 관련해 지난달 L통신사 컨소시엄과 계약을 체결하였다. 이번 계약에는 군자역에 적용된 스마트 스테이션 기능을 보완하는 내용도 들어 있다. 휠체어를 자동으로 감지하여 역 직원에게 통보해주는 기능을 추가하는 등 교통약자 서비스를 강화하고, 직원이 역무실 밖에서도 역사를 모니터링할 수 있도록 모바일 버전을 구축하는 것이 주요 개선사항이다.

서울교통공사는 2호선을 시작으로 점진적으로 전 호선에 스마트 스테이션 도입을 확대해 나갈 예정이다. 또 스마트 스테이션을 미래형 도시철도 역사 관리 시스템의 표준으로 정립하고, 향후 해외에 수출할 수 있도록 기회를 모색해 나갈 계획이라고 밝혔다.

〈스마트 스테이션의 특징〉

• 역무실 공백 상태가 줄어든다.
• 상황 대응이 정확하고 빨라진다.
• 출입관리가 강화된다.

〈일반 CCTV와 지능형 CCTV의 특징〉

구분	일반 CCTV	지능형 CCTV
특징	사람이 영상을 항시 감시·식별	영상분석 장치를 통해 특정 사람, 사물, 행위 등을 인식
장단점	– 유지보수가 용이함 – 24시간 모니터링 필요 – 모니터링 요원에 의해 사건·사고 인지	– 정확한 식별을 통한 관리의 용이성 – 자동화된 영상분석 장치를 통해 특정 상황 발생 시 알람 등을 이용해 관제요원에게 통보 – 개발이 어려움

❙ 서울교통공사

34 다음 중 기사문의 내용과 일치하는 것은?

① 스마트 스테이션은 2020년 말까지 2호선 전 역사에 구축될 예정이다.
② 스마트 스테이션은 2019년 4월에 처음으로 시범 운영되었다.
③ 현재 5호선 군자역에서는 분야별 역사 관리 정보를 통합하여 관리한다.
④ 현재 군자역의 직원은 역무실 밖에서도 모바일을 통해 역사를 모니터링할 수 있다.
⑤ 2호선에 도입될 스마트 스테이션에는 새롭게 개발된 통합 모니터링 시스템이 적용된다.

35 다음 중 일반 역(스테이션)의 특징으로 옳지 않은 것은?

① 스마트 스테이션에 비해 순찰 시간이 짧다.

② 스마드 스테이션에 비해 운영비용이 많이 든다.

③ 스마트 스테이션에 비해 돌발 상황에 대한 대응 시간이 길다.

④ 스마트 스테이션에 비해 더 많은 인력이 필요하다.

⑤ 스마트 스테이션에 비해 사건·사고 등을 실시간으로 인지하기 어렵다.

36 다음은 스마트 스테이션의 3D맵이다. 그림을 보고 판단한 내용으로 옳지 않은 것은?

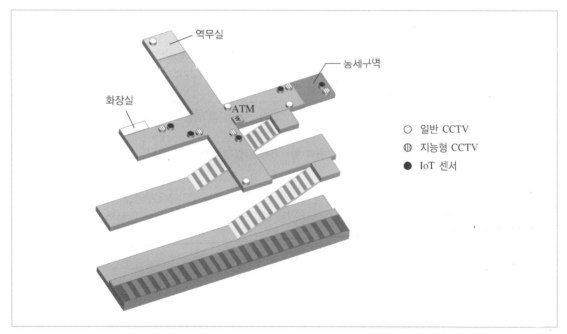

① 역무실의 CCTV는 고장이 나더라도 유지보수가 용이하다.

② ATM기 오른편의 CCTV보다 맞은편의 CCTV를 통해 범죄자 얼굴을 쉽게 파악할 수 있다.

③ 역 내에 지능형 CCTV와 IoT센서는 같이 설치되어 있다.

④ 통제 구역의 CCTV는 침입자를 실시간으로 알려준다.

⑤ 역무실에서는 역 내의 화장실 주변에 대한 가상순찰이 가능하다.

〈근로기준법〉

제76조의2(직장 내 괴롭힘의 금지)
사용자 또는 근로자는 직장에서의 지위 또는 관계 등의 우위를 이용하여 업무상 적정범위를 넘어 다른 근로자에게 신체적·정신적 고통을 주거나 근무환경을 악화시키는 행위(이하 "직장 내 괴롭힘"이라 한다)를 하여서는 아니 된다.

제76조의3(직장 내 괴롭힘 발생 시 조치)
① 누구든지 직장 내 괴롭힘 발생 사실을 알게 된 경우 그 사실을 사용자에게 신고할 수 있다.
② 사용자는 제1항에 따른 신고를 접수하거나 직장 내 괴롭힘 발생 사실을 인지한 경우에는 지체 없이 당사자 등을 대상으로 그 사실 확인을 위하여 객관적으로 조사를 실시하여야 한다.
③ 사용자는 제2항에 따른 조사 기간 동안 직장 내 괴롭힘과 관련하여 피해를 입은 근로자 또는 피해를 입었다고 주장하는 근로자(이하 "피해근로자등"이라 한다)를 보호하기 위하여 필요한 경우 해당 피해근로자등에 대하여 근무장소의 변경, 유급휴가 명령 등 적절한 조치를 하여야 한다. 이 경우 사용자는 피해근로자등의 의사에 반하는 조치를 하여서는 아니 된다.
④ 사용자는 제2항에 따른 조사 결과 직장 내 괴롭힘 발생 사실이 확인된 때에는 피해근로자가 요청하면 근무장소의 변경, 배치전환, 유급휴가 명령 등 적절한 조치를 하여야 한다.
⑤ 사용자는 제2항에 따른 조사 결과 직장 내 괴롭힘 발생 사실이 확인된 때에는 지체 없이 행위자에 대하여 징계, 근무장소의 변경 등 필요한 조치를 하여야 한다. 이 경우 사용자는 징계 등의 조치를 하기 전에 그 조치에 대하여 피해근로자의 의견을 들어야 한다.
⑥ 사용자는 직장 내 괴롭힘 발생 사실을 신고한 근로자 및 피해근로자등에게 해고나 그 밖의 불리한 처우를 하여서는 아니 된다.
⑦ 제2항에 따라 직장 내 괴롭힘 발생 사실을 조사한 사람, 조사 내용을 보고받은 사람 및 그 밖에 조사 과정에 참여한 사람은 해당 조사 과정에서 알게 된 비밀을 피해근로자등의 의사에 반하여 다른 사람에게 누설하여서는 아니 된다. 다만, 조사와 관련된 내용을 사용자에게 보고하거나 관계 기관의 요청에 따라 필요한 정보를 제공하는 경우는 제외한다.

제109조(벌칙)
제76조의3 제6항을 위반한 자는 3년 이하의 징역 또는 3천만 원 이하의 벌금에 처한다.

〈남녀고용평등과 일·가정 양립 지원에 관한 법〉

제2조 제2호
"직장 내 성희롱"이란 사업주·상급자 또는 근로자가 직장 내의 지위를 이용하거나 업무와 관련하여 다른 근로자에게 성적 언동 등으로 성적 굴욕감 또는 혐오감을 느끼게 하거나 성적 언동 또는 그 밖의 요구 등에 따르지 아니하였다는 이유로 근로조건 및 고용에서 불이익을 주는 것을 말한다.

〈직장 내 괴롭힘 판단 요소 3가지〉

1. 행위자
   - 괴롭힘 행위자가 사용자인 경우, 괴롭힘 행위자가 근로자인 경우
2. 행위요건
   - 직장에서의 지위 또는 관계 등의 우위를 이용할 것
   - 업무상 적정 범위를 넘는 행위일 것
3. 행위장소
   - 외근·출장지 등 업무수행이 이루어지는 곳
   - 회식이나 기업 행사 현장 등
   - 사적 공간
   - 사내 메신저·SNS 등 온라인상의 공간

┃ 국민건강보험공단

37 다음 중 직장 내 괴롭힘 방지법에 대한 설명으로 옳은 것은?

① 직장 내 괴롭힘 발생 사실을 알게 된 경우 그 사실을 사용자에게 반드시 신고해야 한다.
② 사용자가 직장 내 괴롭힘 발생 사실을 알게 된 경우 바로 조사를 실시하지 않아도 된다.
③ 직장 내 괴롭힘 발생이 사실인 경우 피해자의 요청 없이도 반드시 적절한 조치를 취해야 한다.
④ 직장 내 괴롭힘 발생 사실을 신고한 근로자에게 불리한 처우를 한 사용자는 2년의 징역에 처할 수 있다.

┃ 국민건강보험공단

38 다음 대화에서 직장 내 괴롭힘 방지법과 관련하여 잘못 알고 있는 사람은?

> A씨 : 들었어? R이사가 Q씨를 업무적으로 괴롭힌 것에 대해 '직장 내 괴롭힘 방지법' 관련 조사를 하다가 성적 언동도 해서 Q씨가 피해를 입은 것이 사실로 결론이 났대.
> B씨 : 정말? R이사가 회식에 이유 없이 강제로 참여하게 하고, 퇴근 후에도 메신저로 부당한 업무 지시를 내린 행동이 직장 내 괴롭힘에 해당하는 줄은 알았지만 충격적인데?
> C씨 : 아! 그럼 R이사의 행동은 직장 내 성희롱에도 해당하므로 남녀고용평등과 일·가정 양립지원에 관한 법에도 적용을 받겠구나.
> D씨 : 그런데 그 조사 대상에서 의류팀 T팀장은 왜 빠졌지? 이번 가을 상품 디자인 보고를 지시해서 팀원 중 담당자인 J씨가 시안을 여러 번 보고했는데 팀장이 콘셉트가 맞지 않는다며 계속 보완을 요구해서 J씨 업무량이 늘어나고 스트레스도 엄청 받고 있잖아.
> E씨 : X본부장이 L씨에게 업무뿐 아니라 사적인 일로 운전기사 및 수행비서 역할을 시켰는데 스트레스만 받고 말도 못 하고 있더라. 나 이거 신고할 거야.

① B씨   ② C씨
③ D씨   ④ E씨

※ 다음은 보행사고 예방을 위한 가이드북의 일부 내용이다. 다음을 읽고, 이어지는 질문에 답하시오. **[39~40]**

<보행안전을 위한 안전시설 설계 가이드라인>

본 가이드라인은 보행사고 예방을 위해 현장에 적용할 수 있는 안전시설 설치 기준을 제시하여 효과적으로 사업을 시행할 수 있도록 돕는다. 기존 차량 소통 위주의 도로 운영 전략에서 보행 안전 우선의 시설물 설치 전략과 보행사고 우려 지점에 대한 개선 사업 시 보행 안전 및 편의를 증진할 수 있는 기법들을 제시한다.

네덜란드의 본엘프(Woonerf), 영국의 홈존(Home Zone), 일본의 커뮤니티존(Community Zone) 등 국외에서도 시설 개선 및 속도 규제를 통한 보행 안전성 확보 전략이 추진되고 있으며, 보행자에 대한 시인성 증진과 자동차 속도 저감 등을 통해 지속적인 보행 안전 확보가 필요하다.

보행자와 자동차의 상충을 감소시키고 보행자의 안전 및 이동성을 증진시키는 전략은 크게 4가지로 나누어 볼 수 있다. 먼저 자동차에 노출되는 보행자를 감소시켜야 한다. 도로에서의 사람과 재화의 이동은 사회적·경제적·정치적으로 필수 불가결하지만, 이러한 이동은 교통사고로 이어질 수 있다. 자동차의 주행 경로 등에 보행자가 노출되면 보행자 사고가 발생할 가능성이 커지므로 직접적인 노출을 감소시켜야 한다.

다음으로 자동차와 보행자와의 시인성을 증진시켜야 한다. 보행자가 지장물, 불법주정차 차량 등에 가려져 운전자가 보행자를 인식하지 못하는 등의 문제가 종종 발생한다. 이를 해결하기 위하여 보행자의 시인성을 확보하는 방향으로 시설 개선이 필요하다. 또한 보행 활성화는 보행사고를 감소시키는 방법의 하나이다. 보행자가 많으면 운전자의 눈에 계속 띄게 되므로 운전자는 조심하여 서행 운전하게 되며, 서행 운전을 할 경우 주변을 볼 수 있는 시야가 넓어지고 돌발 상황에 쉽게 대처할 수 있다.

세 번째 전략은 자동차의 속도 감소이다. 충돌 속도가 45km/h 이상일 경우 보행자의 생존 가능성은 50% 이하이지만, 30km/h 이하일 경우 생존 가능성은 90% 이상이 된다. 이처럼 속도는 보행자 사고의 심각도에 결정적인 역할을 하므로 보행사고의 심각도를 감소시키기 위해서는 차량 속도 저감 기법을 적극적으로 고려해야 한다. 또한 주택가, 이면도로 등 일상생활과 밀접한 생활도로의 속도를 낮추는 방법도 고려해야 한다.

마지막으로 보행자 및 운전자의 안전의식 개선이 필요하다. 자동차 운전자들의 보행자에 대한 배려나 보호의지 등 교육과 홍보를 통해 안전의식을 개선해 나가야 한다. 보행사고 위험요인을 고려한 <u>타깃/타겟</u>형 집중단속 등으로 보행자 보호의 중요성에 대한 사회적 경각심을 제고해야 한다. 한편 보행자는 도로 위에서 자신 위주로 상황을 판단하는 경향이 높아 멀리서 자동차가 다가오면, "자동차가 오기 전에 길을 건널 수 있다." 또는 "자동차가 알아서 속도를 줄이겠지." 등의 오판을 하기도 한다. 따라서 어린이부터 어른까지 모든 보행자가 안전한 보행 습관을 몸에 익힐 수 있도록 범국민 문화 캠페인을 전개하여 보행자의 안전의식을 개선해야 한다. 안전한 도로는 운전자와 보행자 모두 법규를 지켰을 때 만들어지는 것이다.

39 다음 중 글이 내용과 일치하지 않는 것은?

① 보행자의 이동을 막을 순 없지만, 자동차에 대한 보행자의 직접 노출은 줄여야 한다.

② 보행자가 운전자의 눈에 띌 수 있도록 자동차 주행 경로에서의 보행을 활성화해야 한다.

③ 기존의 도로 운영 전략에서는 보행자의 안전보다 원활한 차량의 소통을 강조하였다.

④ 차량 속도 저감 기법을 적극적으로 활용한다면 보행사고의 심각도를 감소시킬 수 있다.

⑤ 운전자의 보행자에 대한 배려와 보행자의 안전한 보행 습관을 통해 안전한 도로가 만들어질 수 있다.

40 밑줄 친 단어 중 외래어 표기법이 옳은 것을 고르고, 외래어 표기법이 바르게 적용된 단어들로 바르게 연결된 것은?

① 타깃 – 콜라보레이션, 심볼, 마니아

② 타깃 – 컬라보레이션, 심벌, 마니아

③ 타깃 – 컬래버레이션, 심벌, 마니아

④ 타겟 – 콜라보레이션, 심벌, 매니아

⑤ 타겟 – 컬래버레이션, 심벌, 매니아

※ 다음 글을 읽고 이어지는 질문에 답하시오. [1~2]

(가) 스마트폰 한 대에 들어가는 탄탈럼의 양은 0.02g으로, 22g가량 쓰이는 알루미늄의 1,100분의 1 수준이다. 전 세계 콜럼바이트 – 탄탈라이트(콜탄)의 70 ~ 80%가 매장돼 있는 콩고민주공화국(이하 민주콩고)에서는 이 소량의 자원 때문에 전쟁이 그치지 않는다. 콜탄은 처리 과정을 거쳐 탄탈럼이 되는데, 이 탄탈럼은 합금하면 강도가 세지고 전하량도 높아 광학용 분산 유리와 TV · 절삭공구 · 항공기 재료 등에 쓰이며 휴대폰에도 사용된다. 지난해 콜탄 1, 2위 생산국은 민주콩고와 르완다로, 두 나라가 전 세계 콜탄 생산량의 66%를 차지하고 있다. 미국 지질조사국에 의하면 콜탄은 미국에서만 1년 새 소비량이 27% 늘었고, 지난해 9월 1kg의 가격은 224달러로 1월의 193달러에서 16%가 올랐다. 스마트폰이 나오기 직전인 2006년 1kg당 70달러였던 가격에 비하면 300% 이상 오른 것이다.

(나) 이 콜탄이 민주콩고의 내전 장기화에 한몫했다는 주장이 곳곳에서 나오고 있다. 휴대폰 이용자들이 기기를 바꿀 때마다 콩고 주민 수십 명이 죽는다는 말도 있다. '피 서린 휴대폰(Bloody Mobile)'이란 표현이 나올 정도다. 1996년 시작된 콩고 내전은 2003년 공식 종료되면서 500만 명을 희생시켰으나, 이후로도 크고 작은 분쟁이 그치질 않고 있다. 국립외교원 교수는 "민주콩고의 우간다 · 르완다 접경에서는 아직 분쟁이 일어나고 있으며, 콜탄이 많이 나오는 동북부 지역도 그중 하나"라고 말했다.

(다) 민주콩고 정부는 반군인 콩고민주회의를 제압하기 위해 앙골라, 짐바브웨 등에 자원 채굴권을 건네주고 군사 지원을 받았으며, 반군은 민주콩고 동북부 키부 지역을 거점으로 삼고 콜탄을 자금줄로 사용했다. 반군에게 끌려간 주민들은 하루 한 끼 식사조차 제대로 하지 못한 채 노예처럼 광산에서 혹사당했다. 이들은 맨손으로 강바닥 흙을 넓적한 통에 담은 뒤 무거운 콜탄이 가라앉을 때까지 기다리는 방식으로 콜탄을 채취했다. 미국 ABC방송은 이를 "전형적인 19세기식, 원시적 채취 방법"이라고 보도했다.

(라) 영화 '블러드 다이아몬드'에 나온 시에라리온 내전처럼 자원이 전쟁의 수단과 목적이 되었다. 콩고 내전에 참여한 우간다와 부룬디는 반군을 통해 받은 콜탄으로 큰돈을 벌었고, 콜탄이 생산되지도 않는 르완다는 민주콩고에서 빼돌린 콜탄으로 최대 수출국이란 영예를 누리기도 했다. 전문가들은 주변국들이 돈을 확보하기 위해 내전을 이끌게 됐다고 분석하면서 "르완다, 우간다 등이 콩고의 통치력이 약한 동부지역에서 내전을 확대시켰고, 콩고는 언제든지 주변국의 정치 상황에 따라 내전의 소용돌이에 다시 휘말릴 수 있다."고 지적했다.

콩고 내전이 자원 때문이 아니라는 반론도 있다. 한 자원경제학자는 콩고 내전을 "지역 세력 간의 정치적 우위와 경작지를 점하기 위한 투쟁, 종족 갈등 그리고 자원 획득 경쟁이 맞물린 결과"라고 분석했다. 실제 UN의 조사 결과 2000년 초 콩고의 지역 분쟁 1,500건 중 자원과 관련된 것은 8%에 그쳤다. 그런데도 콜탄은 반군의 주요 수입원으로 자리매김했다. 무장 세력은 광산이나 채굴기업에서 약탈하거나 직접 콜탄 채취에 관여하여 콜탄 유통에 세금을 부과하고, 기업들과 교류하며 콜탄 수출에 직접 손을 대는 방법 등을 사용했다. 현재도 동부 키부 지역에는 동맹민주군(ADF)이라는 무장단체가 활동하고 있다.

01 윗글을 바탕으로 기사를 작성한다고 할 때 독자들의 관심을 끌기 위한 자극적인 표제로 가장 적절한 것은?

① 선진국 싸움에 콩고 등 터진다.

② 내전의 소용돌이에 휘말린 콩고

③ 콩고 주민, 르완다의 노예로 전락하다.

④ 스마트폰 변경할 때마다 콩고 주민 죽는다.

02 글의 내용을 효과적으로 전달하기 위해 다음과 같은 자료를 만들었다고 할 때, (가) ~ (라) 문단 중 다음 자료에 해당하는 문단은?

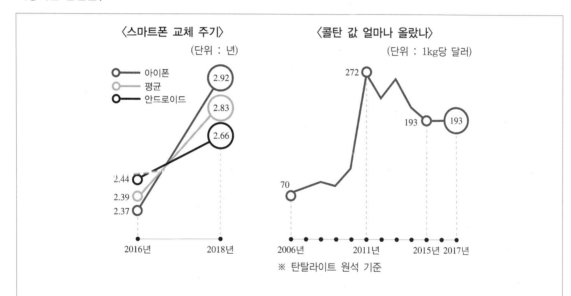

〈주요국 5년간 콜탄 채굴 현황〉

구분	2014	2015	2016	2017	2018(추정)
호주	50	50	–	83	90
브라질	150	115	103	110	100
중국	60	60	94	110	120
콩고	200	350	370	760	710
르완다	600	410	350	441	500
나이지리아	–	–	192	153	–
기타	140	117	108	148	320

① (가) ② (나)

③ (다) ④ (라)

03 다음 중 기사의 내용과 일치하지 않는 것은?

> 국가철도공단은 철도산업 경쟁력 강화·일자리 창출·안전사고 예방 등을 위해 공사·용역 분야 계약기준을 개정한다고 밝혔다. 공사 분야 3건, 용역 분야 7건 등 개정된 계약기준은 공단 홈페이지 및 전자조달시스템 사이트에 공개하였으며, 2019년 10월 4일 입찰 공고한 '신안산선(1 ~ 6공구) 건설사업관리용역'부터 적용한다.
> 공사 분야에서는 당초 상위 40%, 하위 20%의 입찰금액을 제외했던 종합심사제 균형가격 산정 기준을 상·하위 20% 입찰금액으로 완화해 적정공사비를 지급하고, 안전 관련 비용 등을 제외하여 저가투찰 유인요소를 개선하고 입찰가격 평가를 합리화하였다. 또한, 종합심사제 '건설인력 고용' 심사 항목을 공사수행능력 평가에 포함하여 0.6점에서 1점으로 배점을 확대하였고, 신인도에서 건설 고용지수, 일자리 창출 실적 등의 '고용개선' 심사 항목을 신설하여 건설 일자리 확대를 도모하였다.
> 용역 분야에서는 신용평가 등급 기준을 A-에서 BBB-로 낮추고, 신기술개발 및 투자실적 평가의 만점 기준을 완화하여 중소기업의 경영 부담을 줄였다. 또한 경력·실적 만점 기준을 각각 20년에서 15년, 15건에서 10건으로 완화하여 청년기술자 고용 확대 및 업계의 상생·균형 발전을 제도적으로 지원한다.
> 아울러, 공사 분야 사망사고에 대한 신인도 감점을 회당 -2점에서 -5점으로, 용역 분야 사망사고에서는 9건당 -1점에서 -3점으로 강화하여 철도 건설 현장의 안전을 제고하였다.
> 국가철도공단의 이사장은 "금번 계약제도 개편은 국민 눈높이에 맞는 계약제도 실현을 위해 지난 6월 공단에서 자체 발족한 '고객 중심·글로벌 계약실현 추진반' 성과의 일환"이라며, "공단은 앞으로도 철도산업 경쟁력 강화를 위해 지속적으로 제도를 개선해나가겠다."라고 밝혔다.

① 국가철도공단의 개정된 공사·용역 분야 계약기준은 공단의 홈페이지에서 확인할 수 있다.
② 새로 개정된 계약기준에 따라 공사 분야 입찰 공고에서 앞으로 상위 40%와 하위 20%의 입찰금액은 제외된다.
③ 중소기업의 경영 부담을 줄이기 위해 용역 분야에서의 신용평가 등급 기준과 신기술개발 및 투자실적 평가의 만점 기준을 완화하였다.
④ 철도 건설 현장의 안전을 위해 공사 분야 사망사고에 대한 신인도 감점은 회당 -5점으로 강화하였다.

※ 다음 글을 읽고 이어지는 질문에 답하시오. [4~5]

(가) 사실 19세기 중엽은 전화 발명으로 무르익은 시기였고, 전화 발명에 많은 사람이 도전했다고 볼 수 있다. 한 개인이 전화를 발명했다기보다 여러 사람이 전화 탄생에 기여했다는 이야기로 이어질 수 있다. 하지만 결국 최초의 공식 특허를 받은 사람은 벨이며, 벨이 만들어낸 전화 시스템은 지금도 세계 통신망에 단단히 뿌리를 내리고 있다.

(나) 그러나 벨의 특허와 관련된 수많은 소송은 무치의 죽음, 벨의 특허권 만료와 함께 종료되었다. 그레이와 벨의 특허 소송에서도 벨은 모두 무혐의 처분을 받았고, 1887년 재판에서 전화의 최초 발명자는 벨이라는 판결이 났다. 그레이가 전화의 가능성을 처음 인지한 것은 사실이지만, 전화를 완성하기 위한 후속 조치를 취하지 않았다는 것이었다.

(다) 하지만 벨이 특허를 받은 이후 누가 먼저 전화를 발명했는지에 대해 치열한 소송전이 이어졌다. 여기에는 그레이를 비롯하여 안토니오 무치 등 많은 사람이 관련돼 있었다. 특히 무치는 1871년 전화에 대한 임시특허를 신청하였지만, 돈이 없어 정식 특허로 신청하지 못했다. 2002년 미국 하원 의회에서는 무치가 10달러의 돈만 있었다면 벨에게 특허가 부여되지 않았을 것이라며 무치의 업적을 인정하기도 했다.

(라) 알렉산더 그레이엄 벨은 전화를 처음 발명한 사람으로 알려져 있다. 1876년 2월 14일 벨은 설계도와 설명서를 바탕으로 전화에 대한 특허를 신청했고, 같은 날 그레이도 전화에 대한 특허 신청서를 제출했다. 1876년 3월 7일 미국 특허청은 벨에게 전화에 대한 특허를 부여했다.

| 한국토지주택공사 업무직

04 다음 중 (가) ~ (라) 문단을 논리적 순서대로 바르게 연결한 것은?

① (가) – (라) – (다) – (나)
② (가) – (다) – (라) – (나)
③ (라) – (가) – (다) – (나)
④ (라) – (나) – (가) – (다)
⑤ (라) – (다) – (나) – (가)

| 한국토지주택공사 업무직

05 다음 중 글의 내용과 일치하는 것은?

① 법적으로 전화를 처음으로 발명한 사람은 벨이다.
② 그레이는 벨보다 먼저 특허 신청서를 제출했다.
③ 무치는 1871년 전화에 대한 정식 특허를 신청하였다.
④ 현재 세계 통신망에는 그레이의 전화 시스템이 사용되고 있다.
⑤ 그레이는 전화의 가능성을 인지하지 못하였다.

06 다음 글을 통해 알 수 있는 내용으로 옳지 않은 것은?

> 사물인터넷이 산업 현장에 적용되고, 디지털 관련 도구가 통합됨에 따라 일관된 전력 시스템의 필요성이 높아지고 있다. 다양한 산업시설 및 업무 현장에서의 예기치 못한 정전이나 낙뢰 등 급격한 전원 환경의 변화는 큰 손실과 피해로 이어질 수 있다. 이제 전원 보호는 데이터센터뿐만 아니라 반도체, 석유, 화학 및 기계 등 모든 분야에서 필수적인 존재가 되었다.
> UPS(Uninterruptible Power Supply : 무정전 전원 장치)는 일종의 전원 저장소로, 갑작스럽게 정전이 발생하더라도 전원이 끊기지 않고 계속해서 공급되도록 하는 장치이다. 갑작스러운 전원 환경의 변화로부터 기업의 핵심 인프라인 서버를 보호함으로써 기업의 연속성 유지에 도움을 준다.
> UPS를 구매할 때는 용량을 우선적으로 고려해야 한다. 너무 적은 용량의 UPS를 구입하면 용량이 초과되어 제대로 작동조차 하지 않는 상황이 나타날 수 있다. 따라서 설비에 필요한 용량의 1.5배 정도의 UPS를 구입해야 한다. 또한 UPS 사용 시에는 주기적인 점검이 필요하다. 특히 실질적으로 에너지를 저장하고 있는 배터리는 일정 시점마다 교체가 필요하다. 일반적으로 UPS에 사용되는 MF배터리의 수명은 1년 정도로, 납산배터리 특성상 방전 사이클을 돌 때마다 용량이 급감하기 때문이다.

① UPS의 필요성
② UPS의 역할
③ UPS 구매 시 고려사항
④ UPS 배터리 교체 주기
⑤ UPS 배터리 교체 방법

07 다음 글을 이해한 내용으로 옳지 않은 것은?

> 국가철도공단은 호남고속철도 건설사업이 환경부로부터 교통 분야 국내 최초로 온실가스 감축 효과가 있는 배출권 거래제 외부사업으로 승인받았다고 밝혔다.
>
> 배출권거래제는 정부가 온실가스를 배출하는 기업에 연간 정해진 배출권을 할당하고, 부족분과 초과분에 대해 업체 간 거래를 허용하는 제도이다. 배출권거래제 외부사업은 배출권거래제 대상이 아닌 기업이 온실가스 감축 활동에 참여하는 것으로 정부에서 감축 실적을 인증받으면 온실가스 감축량을 배출권 거래 시장에서 매매해 수익을 얻을 수 있다.
>
> 이번에 승인된 배출권거래제 외부사업은 버스, 자동차 등 기존 교통수단 대신 고속철도를 이용하여 감축되는 온실 가스 감축량을 탄소배출권으로 확보하는 사업이다. 공단은 호남고속철도 건설사업을 건설 초기인 2010년 2월부터 UN 청정개발체제사업(CDM; Clean Development Mechanism)으로 추진하다가 2015년 국내 탄소 시장 개설에 따라 국내 배출권거래제 외부사업으로 전환하여 추진한 결과 10년 만에 결실을 내게 되었다.
>
> 본 사업은 UN에서 인정받은 청정개발체제방법론(AM0101)을 활용하여 승인받았으며, 이로써 교통 분야 국내 최초로 호남고속철도 건설사업에서 연평균 23만 톤의 온실가스 감축 성과를 인정받아 승인 기간(10년) 동안 약 380억 원의 탄소배출권 매각 수익을 창출할 수 있을 것으로 예상된다.
>
> 국가철도공단의 이사장은 "이번 승인으로 철도의 온실가스 감축 효과를 공식적으로 인정받게 되었다."며, "수서고속 철도 건설사업 등 여타 철도사업도 온실가스 감축 사업으로 승인받을 수 있도록 적극 노력하겠다."고 밝혔다.
>
> ※ 청정개발체제방법론(AM0101) : 고속철도의 온실가스 감축 성과를 측정하는 계산법

① 정부는 기업의 연간 온실가스 배출량을 제한한다.
② 국가철도공단은 배출권거래제 대상 기업이 아니다.
③ 국내 탄소 시장은 2010년에 개설되었다.
④ 호남고속철도 건설사업의 배출권거래제 승인 기간은 10년이다.

08 다음은 태양광 발전기로 전기 사용 시 절감되는 예상 전기료와 태양광 발전기 전체 설치 가구 수 및 대여 설치 가구 수에 대한 자료이다. 자료에 대한 해석으로 옳은 것은?(단, 적용되는 요금은 조사기간 동안 동일하다)

〈태양광 전기 350kWh 사용 시 예상 절감비용〉

(단위 : 원)

1개월 사용량	정상요금	요금발생 전기량	실제요금	절감효과
350kWh	62,900	0kWh	1,130	61,770
400kWh	78,850	50kWh	3,910	74,940
450kWh	106,520	100kWh	7,350	99,170
500kWh	130,260	150kWh	15,090	115,170
600kWh	217,350	250kWh	33,710	183,640
700kWh	298,020	350kWh	62,900	235,120
800kWh	378,690	450kWh	106,520	272,170

(예시) 1개월 사용량이 400kWh일 때, 태양광 발전기로 얻은 전기 350kWh를 사용하고 나머지 50kWh에 대한 전기요금만 부과된다. 따라서 1개월 사용량의 정상요금에서 태양광 전기사용량의 절감효과를 제외한 실제요금 만 부과된다.

〈태양광 발전기 전체 설치 및 대여 설치 가구 수〉

(단위 : 가구)

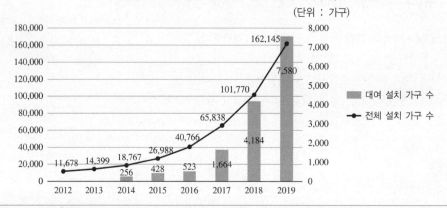

① 태양광 전기 350kWh 사용 시 한 달 전기사용량이 많을수록 정상요금에서 실제요금의 비율은 커진다.
② 2015 ~ 2019년까지 태양광 발전기 대여 설치 가구의 전년 대비 증가량은 매년 증가하고 있다.
③ 2014년부터 전체 태양광 발전기 설치 가구에서 대여 설치하지 않은 가구의 비율은 점차 감소했다.
④ 2014년 모든 태양광 발전기 대여 설치 가구의 한 달 전기 사용량이 350kWh이고, 이들이 태양광 전기만 사용했을 경우 한 달 전기요금은 총 30만 원 이상이다.
⑤ 2017년과 2018년의 전년 대비 태양광 발전기 대여 설치 가구의 증가율 차이는 55%p 미만이다.

09 다음은 2019년 우리나라 반도체 회사의 시장점유율과 반도체 종류에 따른 수출 현황을 나타낸 자료이다. 이에 대한 자료에 대한 해석으로 옳지 않은 것은?(단, 점유율 및 증감률은 소수점 이하 둘째 자리에서 반올림한 값이다)

〈2019년 우리나라 반도체 회사의 시장점유율〉

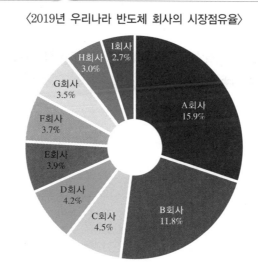

※ A ~ I회사를 제외한 기타 반도체 회사의 시장점유율은 46.8%이다.

〈우리나라 반도체 종류별 수출 현황〉

(단위 : 백만 달러, %)

구분		2018년	2019년				
			1분기	2분기	3분기	4분기	합계
반도체	금액	62,229	20,519	23,050	26,852	29,291	99,712
	증감률	−1.1	46.9	56.6	64.8	69.8	60.2
집적회로 반도체	금액	55,918	18,994	21,368	24,981	27,456	92,799
	증감률	−2.1	52.1	63.1	70.5	75.1	66.0
개별소자 반도체	금액	5,677	1,372	1,505	1,695	1,650	6,222
	증감률	10.5	4.2	3.8	14.8	15.1	9.6
실리콘 웨이퍼	금액	634	153	177	176	185	691
	증감률	−2.2	−7.5	2.2	7.5	41.3	9.0

※ 2018년 증감률은 전년도 대비 수출금액 증감률이며, 2019년 합계 증감률도 전년도 대비 수출금액 증감률을 뜻한다.
※ 2019년 분기별 증감률은 2018년도 동분기 대비 수출금액 증감률을 나타낸다.

① 2018년 수출액이 전년 대비 증가한 반도체의 전년 대비 수출액 증가율은 2019년이 2018년보다 낮다.
② 2019년 환율이 1,100원/달러로 일정할 때, 실리콘 웨이퍼의 4분기 수출액은 1분기보다 300억 원 이상 많다.
③ 시장점유율이 수출액에서 차지하는 비율과 동일할 때, C회사의 2019년 반도체 수출액은 총 40억 달러 미만이다.
④ A ~ E회사의 2019년 시장점유율의 합은 I회사 점유율의 약 15배이다.
⑤ 반도체 수출 현황에서 2018 ~ 2019년 동안 수출액이 많은 순서는 매년 동일하다.

10 다음은 제9회 사법고시 시험에 대한 대학별 결과를 나타낸 자료이다. 다음 중 자료에 대한 해석으로 옳지 않은 것은?(단, 선택지 비율은 소수점 이하 둘째 자리에서 반올림한다)

〈제9회 사법고시 시험 결과표〉

(단위 : 명)

로스쿨	입학인원	석사학위 취득자	제9회 사법고시 시험	
			응시자	합격자
A대학	154	123	123	117
B대학	70	60	60	49
C대학	44	32	32	30
D대학	129	104	103	87
E대학	127	97	95	85
F대학	66	48	49	41
G대학	128	95	95	78
H대학	52	41	40	31
I대학	110	85	85	65
J대학	103	82	80	59

〈대학별 사법고시 합격 및 불합격 비율 현황〉

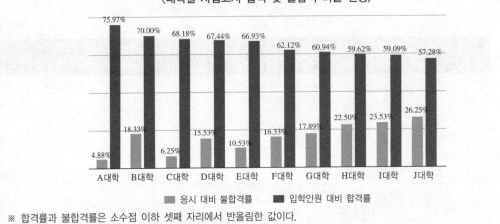

※ 합격률과 불합격률은 소수점 이하 셋째 자리에서 반올림한 값이다.

① B대학과 I대학은 입학인원 차이가 석사학위 취득자의 차이보다 15명 많다.
② A~J대학 중 응시 대비 합격률이 가장 높은 로스쿨 3곳은 A, C, E대학이다.
③ 입학자 중 석사학위 취득자 비율은 D대학이 G대학보다 6.4%p 높다.
④ 입학인원 대비 합격률이 가장 낮은 곳의 응시 대비 불합격률은 입학인원 대비 합격률의 50% 이상을 차지한다.
⑤ A~J대학 전체 입학인원 중 D, E, F대학의 총 입학인원은 30% 이상이다.

11 다음은 연도별 국내 은행대출 현황을 나타낸 표이다. 다음 표를 이해한 내용으로 옳은 것은?

〈연도별 국내 은행대출 현황〉

(단위 : 조 원)

구분	2010년	2011년	2012년	2013년	2014년	2015년	2016년	2017년	2018년
가계대출	403.5	427.1	437.5	450.0	486.4	530.0	583.6	621.8	640.6
주택담보대출	266.8	289.7	298.9	309.3	344.7	380.6	421.5	444.2	455.0
기업대출	404.5	432.7	447.2	468.0	493.3	527.6	539.4	569.4	584.3
부동산담보대출	136.3	153.7	168.9	185.7	205.7	232.8	255.4	284.4	302.4

※ (은행대출)=(가계대출)+(기업대출)

① 2012 ~ 2017년 주택담보대출의 전년 대비 증가액은 부동산담보대출의 증가액보다 매년 높다.
② 2011 ~ 2018년 가계대출이 전년 대비 가장 많이 증가한 해는 2016년이다.
③ 부동산담보대출이 세 번째로 많은 해의 주택담보대출은 가계대출의 70% 미만이다.
④ 2018년 주택담보대출의 2016년 대비 증가율은 기업대출 증가율보다 높다.
⑤ 2015년도 은행대출은 2010년에 비해 40% 이상 증가했다.

12 다음은 계절별 전기요금표이다. 7월에 전기 460kWh를 사용하여 전기세가 많이 나오자 10월에는 전기사용량을 줄이기로 하였다. 10월에 사용한 전력이 341kWh이라면, 10월의 전기세로 청구될 금액은 얼마인가?

〈전기요금표〉

• 하계(7.1 ~ 8.31)

구간		기본요금(원/호)	전력량 요금(원/kWh)
1단계	300kWh 이하 사용	910	93.3
2단계	301 ~ 450kWh	1,600	187.9
3단계	450kWh 초과	7,300	280.6

• 기타 계절(1.1 ~ 6.30, 9.1 ~ 12.31)

구간		기본요금(원/호)	전력량 요금(원/kWh)
1단계	200kWh 이하 사용	910	93.3
2단계	201 ~ 400kWh	1,600	187.9
3단계	400kWh 초과	7,300	280.6

• 부가가치세(원 미만 반올림) : 전기요금의 10%
• 전력산업기반기금(10원 미만 절사) : 전기요금의 3.7%
• 전기요금(원 미만 절사) : 기본요금+전력량요금
• 청구금액(10원 미만 절사) : 전기요금+부가가치세+전력산업기반기금

① 51,020원
② 53,140원
③ 57,850원
④ 64,690원

13 다음은 중부발전의 청렴마일리지 운영지침의 일부 내용이다. 다음 중 청렴마일리지 제도를 잘못 이해한 사람은?

〈청렴마일리지 운영지침〉

제1조 목적
이 지침은 청렴마일리지 제도 운영에 관한 기준을 정하여 전 직원이 반부패 청렴활동에 자발적·능동적으로 참여하고 깨끗하고 투명한 기업문화를 조성하는 것을 그 목적으로 한다.

제2조 용어의 정의
이 지침에서 사용하는 용어의 정의는 다음과 같다.
1. "청렴마일리지"라 함은 개인 및 부서의 반부패 청렴활동실적에 대한 평가수단으로써 청렴활동을 하는 개인에게 부여하는 점수를 말한다.
2. "청렴마일리지 제도"라 함은 개인 및 부서의 실적에 따라 일정한 청렴마일리지를 부여한 후 그 점수를 기준으로 평가·보상하는 제도를 말한다.
3. "반부패 청렴활동"이라 함은 부패방지 및 청렴도 향상에 기여한다고 인정되는 제반 활동을 말한다.
4. "운영부서"라 함은 주관부서 요청 및 자체계획에 의해 청렴 활동에 참여·시행하는 부서를 말한다.
5. "주관부서"라 함은 청렴 활동 사실 여부를 확인하고 마일리지를 부여하는 감사부서를 말한다.

제3조 적용 범위
이 지침은 1직급 이하 직원에게 적용한다.

제4조 부여기준
청렴마일리지는 다음 각호에 열거된 반부패 청렴활동에 대하여 부여하며 세부기준은 별표와 같다.
1. 금품수수 자진신고
2. 부패행위, 행동강령 위반행위 내부신고
3. 청렴 우수사례 대내외 수상
4. 반부패·청렴 교육 이수
5. 기타 반부패 청렴활동 참여 및 기여도

제5조 관리기준
청렴마일리지 평가기간은 전년도 1월 1일부터 12월 31일까지 1년간으로 한다.
1. 운영부서는 청렴 활동 후 증빙자료 등을 첨부하여 마일리지 적립현황을 분기마다 주관부서에 제출한다.
2. 주관부서는 운영부서에서 제출한 마일리지 현황을 확인하여 매년 12월 31일까지 감사실로 제출한다.

제6조 신고 및 확인
① 직원이 반부패 청렴활동을 하였을 경우 해당 내용을 문서 또는 사내 인트라넷 등을 통하여 감사실장에게 신고하여야 하며, 감사실장은 신고된 내용에 대하여 사실 여부를 확인하여 청렴마일리지를 부여하여야 한다.
② 직원은 자신의 청렴마일리지에 대하여 이의가 있을 경우 감사실장에게 이의신청할 수 있으며, 감사실장은 직원의 이의신청을 검토한 후 타당하다고 판단되는 경우에는 해당 마일리지를 부여하여야 한다.

제7조 포상
① 적립된 마일리지는 개인 및 부서별 포상에 활용할 수 있다.
② 누적마일리지 우수 직원 및 당해연도 청렴마일리지 적립실적이 우수한 직원에 대하여는 연말에 예산 범위 내에서 포상할 수 있다. 다만, 전년도에 수상한 직원은 연속하여 수상할 수 없으며, 이 경우 차순위자에게 포상한다.

① A사원 : 저는 저번에 사내 청렴윤리 관련 교육을 이수하여 증빙자료를 제출했음에도 불구하고 청렴마일리시를 받지 못해 감사실에 이의신청을 하려고 합니다.

② B사원 : 맞습니다. 적립된 청렴마일리지는 개인뿐만 아니라 부서별 포상에도 활용될 수 있기 때문에 놓치지 않고 받아야 합니다.

③ C주임 : 매년 12월 31일까지 운영부서가 증빙자료와 함께 마일리지 적립현황을 주관부서에 제출한다고 하니, 혹시 이 과정에서 자료가 누락된 것은 아닌지 운영부서에 확인해 보는 것도 좋을 것 같아요.

④ D주임 : 저는 얼마 전 사내 인트라넷을 통해 다른 직원의 부패행위를 신고하였는데, 감사실에서 아직 사건의 사실 여부가 확인되지 않았다고 하여 청렴마일리지를 받지 못했어요.

▌한국수자원공사

14 D회사 홍보팀은 내년 자사 상품의 홍보를 위해 포스터, 다이어리, 팸플릿, 도서를 만들려고 한다. 인쇄 및 제본 가격이 가격표와 같고 홍보팀에서 구성하려는 샘플 상품이 〈보기〉와 같을 때, 〈보기〉의 상품 중 가격이 가장 저렴한 샘플 상품은?

〈가격표〉

(단위 : 원)

크기	1장 인쇄 가격	포스터	다이어리	팸플릿	도서	제본
A1	100	+40	제작 불가	제작 불가	제작 불가	+150
A2	80	+35	제작 불가	+70	제작 불가	+100
A3	60	+30	+20	+60	+20	+90
A4	50	+25	+15	+50	+10	+70
A5	40	+20	+10	+40	+5	+50
A6	20	+15	+5	+30	제작 불가	+30
A7	10	+10	제작 불가	+20	제작 불가	+20

※ 1장 인쇄 가격을 기본으로 제작하는 상품의 종류 및 특징에 따라 가격이 추가된다.
※ 도서는 100매가 1권으로 제본 비용은 권수마다 추가된다.
※ 포스터, 다이어리, 팸플릿의 경우 제본 비용은 장수에 상관없이 한 번만 추가된다.

보기

상품	포스터			다이어리			팸플릿			도서		
	크기	매수	제본	크기	매수	제본	크기	매수	제본	크기	매수	제본
상품 A	A3	10	○	A4	40	○	A6	10	×	A3	700	×
상품 B	A5	15	×	A5	60	○	A5	15	×	A3	600	○
상품 C	A2	20	○	A6	80	×	A6	16	×	A4	800	×
상품 D	A1	10	×	A3	50	×	A7	12	○	A5	900	○

① 상품 A

② 상품 B

③ 상품 C

④ 상품 D

15 다음 자료를 참고할 때, 대·중소기업 동반녹색성장에 대한 설명으로 옳지 않은 것은?

〈대·중소기업 동반녹색성장〉

- 대·중소기업 동반녹색성장 협력사업(Green Growth Partnership)이란
  - 기술과 인력이 부족한 중소기업에 대기업의 선진에너지관리 기법을 공유하여 중소기업의 에너지절약기술 향상 및 기업 경쟁력 강화
- 사업대상
  - (대기업) 동반성장의지가 있으며, 유틸리티 등 우수에너지 절약기술을 보유한 에너지 다소비 사업장
  - (중소기업) 평소 에너지절약 추진에 관심이 있거나, 에너지관리기법 등에 대한 정보를 습득하고자 하는 중소 산업체
- 추진절차

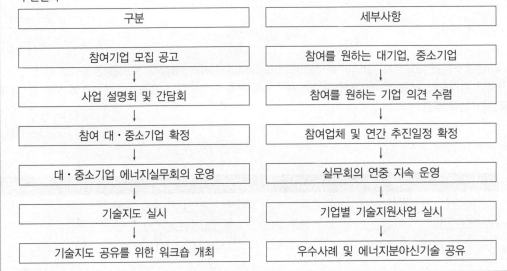

구분	세부사항
참여기업 모집 공고	참여를 원하는 대기업, 중소기업
사업 설명회 및 간담회	참여를 원하는 기업 의견 수렴
참여 대·중소기업 확정	참여업체 및 연간 추진일정 확정
대·중소기업 에너지실무회의 운영	실무회의 연중 지속 운영
기술지도 실시	기업별 기술지원사업 실시
기술지도 공유를 위한 워크숍 개최	우수사례 및 에너지분야신기술 공유

① 중소기업의 에너지절약기술 향상 및 기업 경쟁력 강화를 위한 사업이다.
② 먼저 사업 공고를 통해 참여를 희망하는 대기업 또는 중소기업을 모집한다.
③ 참여기업이 확정되면 참여기업 간 의견을 공유하는 사업 설명회를 개최한다.
④ 참여기업의 에너지실무회의는 연중 지속적으로 운영된다.

※ 다음 글을 읽고 이어지는 질문에 답하시오. [16~17]

변혁적 리더십은 리더가 조직 구성원의 사기를 고양하기 위해 미래의 비전과 공동체적 사명감을 강조하고, 이를 통해 조직의 장기적 목표를 달성하는 것을 핵심으로 한다. 거래적 리더십이 협상과 교환을 통해 구성원의 동기를 부여한다면, 변혁적 리더십은 구성원의 변화를 통해 동기를 부여하고자 한다. 또한 거래적 리더십은 합리적 사고와 이성에 호소하는 반면, 변혁적 리더십은 감정과 정서에 호소하는 측면이 크다.

이러한 변혁적 리더십은 조직의 합병을 주도하고 신규 부서를 만들어 내며, 조직문화를 창출해 내는 등 조직 변혁을 주도하고 관리한다. 따라서 오늘날 급변하는 환경과 조직의 실정에 적합한 리더십 유형으로 주목받고 있다. 변혁적 리더는 주어진 목적의 중요성과 의미에 대한 구성원의 인식 수준을 제고시키고, 개인적 이익을 넘어서 구성원 자신과 조직 전체의 이익을 위해 일하도록 만든다. 그리고 구성원의 욕구 수준을 상위 수준으로 끌어올림으로써 구성원을 근본적으로 변혁시킨다. 즉, 거래적 리더십을 발휘하는 리더는 구성원에게서 기대되었던 성과만을 얻어내지만, 변혁적 리더는 _____

변혁적 리더가 변화를 이끌어내는 전문적 방법의 하나는 카리스마와 긍정적인 행동 양식을 보여주는 것이다. 이를 통해 리더는 구성원들의 신뢰와 충성심을 얻을 수 있다. 조직의 비전을 구체화하여 알려주고 어떻게 목표를 달성할 것인지를 설명해 주거나 높은 윤리적 기준으로 모범이 되는 것도 좋은 방법이 된다.

지속적으로 구성원의 동기를 부여하는 것도 매우 중요하다. 팀워크를 장려하고, 조직의 비전을 구체화하여 개인의 일상 업무에도 의미를 부여할 수 있도록 해야 한다. 변혁적 리더는 구성원이 조직의 중요한 부분이 될 수 있도록 노력하게 만드는 데에 초점을 둔다. 따라서 높지만 달성 가능한 목표를 세워 구성원의 생산력을 향상시키고, 구성원에게는 성취 경험을 제공하여 그들이 계속 성장할 수 있도록 만들어야 한다.

현재 상황에 대한 의문은 새로운 변화를 일어나게 한다. 변혁적 리더는 구성원들의 지적 자극을 불러일으켜 조직의 이슈에 대해 적극적으로 관심을 갖도록 만들며, 이를 통해서 참신한 아이디어와 긍정적인 변화가 일어날 수 있도록 한다.

변혁적 리더는 개개인의 관점을 소홀히 생각하지 않는다. 각각의 구성원들을 독특한 재능, 기술 등을 보유한 독립된 개인으로 인지한다. 리더가 구성원들을 개인으로 인지하게 되면 그들의 능력에 적합한 역할을 부여할 수 있으며, 구성원들 역시 개인적인 목표를 용이하게 달성할 수 있게 된다. 따라서 리더는 각 구성원의 소리에 귀 기울이고, 구성원 개개인에게 관심을 표현해야 한다.

| 한국토지주택공사 업무직

16 다음 중 빈칸에 들어갈 내용으로 적절한 것은?

① 개개인의 성과를 얻어낼 수 있다.
② 구체적인 성과를 얻어낼 수 있다.
③ 기대 이상의 성과를 얻어낼 수 있다.
④ 참신한 아이디어도 함께 얻어낼 수 있다.
⑤ 구성원들의 신뢰도 함께 얻어낼 수 있다.

| 한국토지주택공사 업무직

17 다음 중 글의 내용과 일치하지 않는 것은?

① 변혁적 리더는 구성원의 합리적 사고와 이성에 호소한다.
② 변혁적 리더는 구성원의 변화를 통해 동기를 부여하고자 한다.
③ 변혁적 리더는 구성원이 자신과 조직 전체의 이익을 위해 일하도록 한다.
④ 변혁적 리더는 구성원에게 카리스마와 긍정적 행동 양식을 보여준다.
⑤ 변혁적 리더는 구성원 개개인에게 관심을 표현한다.

18 다음은 2018년도 국가별 국방예산 그래프이다. 그래프를 이해한 내용으로 옳지 않은 것은?(단, 비중은 소수점 이하 둘째 자리에서 반올림한다)

〈국가별 국방예산〉

(단위 : 억 원)

① 국방예산이 가장 많은 국가와 가장 적은 국가의 예산 차이는 324억 원이다.

② 사우디아라비아의 국방예산은 프랑스의 국방예산보다 14% 이상 많다.

③ 인도보다 국방예산이 적은 국가는 5개 국가이다.

④ 영국과 일본의 국방예산 차액은 독일과 일본의 국방예산 차액의 55% 이상이다.

⑤ 8개 국가 국방예산 총액에서 한국이 차지하는 비중은 약 8.8%이다.

19 다음은 전력사용에 대한 절약노력 설문조사 결과이다. 다음 자료를 통해 이해한 내용으로 옳은 것은?(단, 인원과 비율은 소수점 이하 둘째 자리에서 반올림한다)

〈전력절약 노력현황〉

(단위 : %)

구분	2016년				2017년			
	노력 안함	조금 노력함	노력함	매우 노력함	노력 안함	조금 노력함	노력함	매우 노력함
남성	2.5	38.0	43.7	15.8	3.5	32.4	42.1	22.0
여성	3.4	34.7	45.1	16.8	3.9	35.0	41.2	19.9
10대	12.4	48.1	22.5	17.0	13.1	43.2	25.8	17.9
20대	10.4	39.5	27.6	22.5	10.2	38.2	28.4	23.2
30대	11.5	26.4	38.3	23.8	10.7	21.9	42.7	24.7
40대	10.5	25.7	42.1	21.7	9.4	23.9	44.0	22.7
50대	9.3	28.4	40.5	21.8	9.5	30.5	39.2	20.8
60대 이상	10.0	31.3	32.4	26.3	10.4	30.7	33.2	25.7

① 2017년에 전년 대비 '노력함'을 선택한 인원은 남성과 여성 모두 증가했다.
② 2016 ~ 2017년 모든 연령대에서 '노력 안함'의 비율은 50대가 가장 낮다.
③ 여성 조사인구가 매년 500명일 때, '매우 노력함'을 택한 인원은 2017년도에 전년 대비 15명 이상 늘어났다.
④ 2017년의 60대 이상 '조금 노력함'의 비율은 전년 대비 2% 이상 증가했다.
⑤ 각 연령대별 '매우 노력함'을 선택한 비율은 2016년 대비 2017년에 모두 증가하였다.

※ 한국수자원공사는 지방상수도 현대화사업을 추진할 지역을 선정하고자 한다. 다음 자료를 읽고 이어지는 질문에 답하시오. **[20~22]**

〈지방상수도 현대화사업 우선추진지역 선정〉

• 개요

지방상수도 현대화사업은 상수도 낙후지역에 사는 국민에게 안심하고 마실 수 있는 수돗물을 공급하기 위해 재정이 부족한 지자체를 대상으로 상수도관, 정수장 등의 시설을 현대화하는 사업이다.

• 선정방식

- 낙후점수가 가장 높은 지역 두 곳을 상수도 현대화사업 우선추진지역으로 선정한다.
- 낙후점수는 각 지역 상수도의 노후도, 운영수지 기대개선도, 예상 유수율 향상도, 누수저감 필요성, 지자체의 사업비 부담액, 상수도 이용 인구수에 따른 항목별 점수를 아래의 기준에 따라 부여한 후, 각 점수를 합산하여 산출한다.

1. 상수도 노후도(노후연수)

상수도 노후연수	3년 미만	3년 이상 5년 미만	5년 이상 7년 미만	7년 이상
점수	8	12	16	20

2. 운영수지 기대개선도(%)

운영수지 기대개선도	10% 미만	10% 이상 20% 미만	20% 이상 40% 미만	40% 이상 60% 미만	60% 이상
점수	12	14	16	18	20

3. 예상 유수율 향상도(%)

예상 유수율 향상도	10% 미만	10% 이상 20% 미만	20% 이상 40% 미만	40% 이상 60% 미만	60% 이상
점수	10	12	15	17	20

4. 누수저감 필요성(시간당 누수량)

시간당 누수량	0.5톤 미만	0.5톤 이상 3톤 미만	3톤 이상 5톤 미만	5톤 이상
점수	2	5	8	10

5. 지자체 사업비 부담률

지자체 사업비 부담률	20% 미만	20% 이상 50% 미만	50% 이상 80% 미만	80% 이상
점수	6	9	12	15

6. 상수도 이용 인구수

상수도 이용 인구수	5만 명 미만	5만 명 이상 10만 명 미만	10만 명 이상 20만 명 미만	20만 명 이상 25만 명 미만	25만 명 이상
점수	3	6	9	12	15

※ 낙후점수가 동점인 지역은 노후도와 운영수지 기대개선도의 합산점수가 높은 지역을 우선시한다.

〈지방상수도 현대화사업 우선추진 후보지〉

구분	상수도 노후연수	운영수지 기대개선도	예상 유수율 향상도	시간당 누수량	지자체 사업비 부담률	상수도 이용 인구수
A지역	4년	25%	61%	4.2톤	12%	21만 명
B지역	5년	40%	45%	2.5톤	28%	17만 명
C지역	9년	35%	22%	7.2톤	22%	15만 명
D지역	1년	19%	58%	2.1톤	67%	9만 명
E지역	3년	30%	42%	0.3톤	40%	7만 명

▌한국수자원공사

20 지방상수도 현대화사업 우선추진지역 후보지는 A ~ E지역이 있다. 위의 선정방식에 따라 우선추진지역으로 선정될 두 지역은?

① A, B ② A, C
③ B, C ④ C, D
⑤ D, E

▌한국수자원공사

21 지방상수도 현대화사업 우선추진지역 선정에 있어서, 유수율 향상도가 지나치게 강조되었다는 심사위원회의 지적에 따라 다음과 같이 낙후점수 내 항목별 점수부여방식을 변경하였다. 변경된 기준을 따를 때, 다음 중 우선추진지역으로 선정될 지역은?

〈항목별 점수부여방식 변경사항(변경 후)〉

• 예상 유수율 향상도(%)

예상 유수율 향상도	10% 미만	10% 이상 20% 미만	20% 이상 40% 미만	40% 이상 60% 미만	60% 이상
점수	3	6	9	12	15

• 지자체 사업비 부담률

지자체 사업비 부담률	10% 미만	10% 이상 40% 미만	40% 이상 70% 미만	70% 이상
점수	11	14	17	20

① A, B ② A, C
③ B, C ④ C, D
⑤ D, E

22 한국수자원공사는 21번에서와 같이 변경된 낙후점수 내 점수부여방식에 따라 우선추진지역을 선정하기로 최종결정하였다. 그런데 일부 후보지에 대한 정보가 잘못된 것임이 밝혀짐에 따라 재조사를 거쳐 정보를 수정하였다. 변경된 정보가 다음과 같을 때, 다음 중 선정될 우선추진지역으로 옳은 것은?

〈지방상수도 현대화사업 우선추진 후보지 정보 정정사항〉

• 수정 전

구분	운영수지 기대개선도	시간당 누수량	상수도 이용 인구수
C지역	35%	7.2톤	15만 명
E지역	30%	0.3톤	7만 명

• 수정 후

구분	운영수지 기대개선도	시간당 누수량	상수도 이용 인구수
C지역	30%	0.7톤	12만 명
E지역	45%	3.0톤	10만 명

① A, B
② A, C
③ A, E
④ B, C
⑤ C, E

23 다음은 2014년부터 2017년까지 〈초콜릿 수출입 추이〉와 〈2017년 5개국 수출입 추이〉에 관한 통계이다. 다음 자료를 통해 이해한 내용으로 옳지 않은 것은?[단, 무역수지=(수출금액)−(수입금액)]

〈초콜릿 수출입 추이〉

(단위 : 천 달러, 톤)

구분	수출금액	수입금액	수출중량	수입중량
2014	24,351	212,579	2,853	30,669
2015	22,684	211,438	2,702	31,067
2016	22,576	220,479	3,223	32,973
2017	18,244	218,401	2,513	32,649

〈2017년 5개국 초콜릿 수출입 추이〉

(단위 : 천 달러, 톤)

구분	수출금액	수입금액	수출중량	수입중량
미국	518	39,090	89.9	6,008.9
중국	6,049	14,857	907.2	3,624.4
말레이시아	275	25,442	15.3	3,530.4
싱가포르	61	12,852	12.9	3,173.7
독일	1	18,772	0.4	2,497.4

① 2014 ~ 2017년 동안 수출금액은 매년 감소했고, 수출중량은 감소와 증가를 반복했다.

② 2017년 5개국 수입금액 총합은 전체 수입금액의 45% 이상 차지한다.

③ 무역수지는 2015년부터 2017년까지 매년 전년 대비 감소했다.

④ 2017년 5개 국가에서 수입중량이 클수록 수입금액도 높아진다.

⑤ 2017년 5개 국가에서 무역수지가 가장 낮은 국가는 미국이다.

24 다음은 사업주 외국인근로자 채용 지원 안내문 중 대행 업무 수수료에 대한 내용이다. 다음 안내문을 이해한 내용으로 적절하지 않은 것은?

- 일반외국인근로자 대행 수수료
  - 고용허가제 대행 업무의 근거조항 법 제27조의2(각종 신청 등의 대행)
  - 한국산업인력공단과 업종별 민간 대행기관이 병행하던 각종 행정 대행 업무를 외국인고용법 개정(2010.4.10.. 시행)으로 위탁업무(공단)와 대행 업무(민간대행기관)로 구분
  - 위탁업무에 대한 대행 수수료는 필수로 하되, 각종 신청업무에 대한 대행신청 여부는 사업주가 선택하여 이에 따라 대행 수수료를 납부토록 대행 수수료를 임의화함

※ 대행 수수료 기준

대행 업무			세부업무		1인당 수수료	
필수	신규 입국자	근로자 도입위탁	근로계약 체결 및 출입국 지원		(신규)60,000원 (재입국)119,000원	
		취업교육	외국인근로자 취업교육	제조·서비스	195,000원	
				농축·어업	210,000원	
				건설업	224,000원	
선택	신규 입국자 및 사업장 변경자	각종신청 대행	- 내국인 구인신청, 고용허가서 발급신청, 수령 - 사증발급인정서 신청, 수령	신규입국자 고용 시	31,000원 입국 전	61,000원
			- 고용변동신고, 고용허가기간 연장신청 - 외국인근로자 업무상 재해 시 산재·사망 신고 - 각종 정보제공 등	신규입국자 고용 시	30,000원(3년) 입국 후	
				사업장 변경자	800원×잔여체류기간(월)	
		편의제공	- 통역지원 및 사용자의 고충상담 - 전용보험 가입 및 보험금 신청, 지원 - 외국인근로자의 업무 외 질병 및 상해 수습지원 - 기타 고용노동부장관이 인정하는 업무 등	신규입국자 고용 시	72,000원(3년)	
				사업장 변경자	2,000원×잔여체류기간(월)	

- 소수업종 : 농축산업, 건설업, 어업, 냉장냉동창고업
- 취업교육비에 건강진단비용 포함됨
- 근로자 도입위탁(필수) : 60,000원(신규), 119,000원(재입국)
- 취업교육비(필수)
  - 농축산업, 어업: 210,000원/1인
  - 제조업, 서비스업: 195,000원/1인
  - 건설업 : 224,000원/1인
- 입국 전·후 행정 대행료(선택) : 61,000원(3년)
- 편의제공 비용(선택) : 72,000원(3년)

① 건설업체에서 외국인근로자 신규 1명을 고용하고자 도입위탁과 취업교육을 신청하려고 할 때, 이 위탁업무에 대한 총 수수료는 270,000원이다.

② 농부 B씨는 신규 외국인근로자 2명에 대한 도입위탁 대행을 맡기려고 하며, 이에 대한 수수료는 120,000원이나.

③ 축산에 종사하는 A씨가 외국인근로자 신규 입국자 2명을 민간대행기관에 각종신청 대행 업무를 맡기려고 할 때, 이에 대한 총수수료는 122,000원이다.

④ 제조회사 D씨는 공단에 3명의 외국인근로자 위탁업무를 신청하였다. 1명의 재입국자와 2명의 신규 입국자에게 들어가는 총 수수료는 824,000원이다.

⑤ 서비스업체에서 신규 외국인근로자 1명의 필수 및 선택 대행 업무를 모두 신청했을 경우 총수수료는 388,000원이 들어간다.

▌한국산업인력공단

25 다음은 한국직업방송 만족도 평가에 대한 연구보고서이다. 다음 자료에 대한 해석으로 옳지 않은 것은?

〈한국직업방송 만족도 평가〉

한국직업방송 시청경험자를 대상으로 실시한 만족도 평가에서 다음과 같은 결과가 나왔다. 교육적이며 공익적인 가치를 선도해나가는 프로그램을 제공했는가를 중점으로 평가한 유익성 항목에서 EBS의 만족도가 가장 높았고, 내용면에서는 실생활 정보 및 세상을 이해하는데 도움을 주는 프로그램으로 WORK TV와 EBS가 뽑혔다. MC의 진행능력은 연합뉴스 TV, 방송대학 TV가 상위권이었으며, 마지막으로 프로그램이 적합한 시간대에 편성되고, 프로그램을 다양한 채널에서 시청가능 여부를 묻는 편의성은 EBS와 방송대학TV의 만족도가 좋았다.

〈직업방송 관련 채널 만족도〉

(단위 : 점)

구분	WORK TV	연합뉴스 TV	방송대학 TV	JOBS	EBS
유익성	3.4	3.5	3.5	3.8	3.8
내용	4.2	3.4	3.0	3.0	4.1
진행	3.5	4.5	4.3	3.1	3.8
편의성	3.1	3.4	4.0	3.2	4.0

※ 5점 척도(1점=전혀 그렇지 않다, 5점=매우 그렇다)

〈평가 항목별 가중치〉

구분	유익성	내용	진행	편의성
가중치	0.3	0.2	0.1	0.4

※ 각 채널 만족도 점수는 가중치를 적용하여 합한 값이다.

① 실생활 정보에 도움을 주는 프로그램으로 WORK TV의 만족도가 가장 높다.

② 만족도 점수는 JOBS가 연합뉴스 TV보다 0.21점 낮다.

③ 만족도 평가 항목의 중요도는 '편의성 – 유익성 – 내용 – 진행'순으로 중요하다.

④ 평가 항목 중 모든 채널의 만족도가 4.0점 이상인 것은 1가지 이상이다.

⑤ 직업방송 관련 채널 만족도 점수가 가장 높은 두 채널은 방송대학 TV, EBS이다.

26 다음 일정표를 보고 〈조건〉에 따라 모든 직원이 외부출장을 갈 수 있는 날짜는 언제인가?

〈10월 일정표〉

일	월	화	수	목	금	토
		1 건축목공기능사 시험	2	3	4	5
6	7	8	9 경영지도사 시험	10	11 건축도장기능사 합격자 발표	12
13	14	15 가스기사 시험일	16	17 기술행정사 합격자 발표	18	19
20 기술행정사 시험 접수일	21 기술행정사 시험 접수일	22 기술행정사 시험 접수일	23 기술행정사 시험 접수일	24 경영지도사 합격자 발표일	25 물류관리사 시험 접수일	26 물류관리사 시험 접수일
27 물류관리사 시험 접수일	28 물류관리사 시험 접수일	29	30	31		

※ 기사, 기능사, 기술사, 기능장, 산업기사 외에는 전문자격시험에 해당한다.

조건

• 기능사 시험이 있는 주에는 외부출장을 갈 수 없다.
• 전문자격증 시험이 있는 주에는 책임자 한 명은 있어야한다.
• 전문자격시험 원서 접수 및 시험 시행일에는 모든 직원이 시외 출장을 갈 수 없다.
• 전문자격시험별 담당자는 1명이며, 합격자 발표일에 담당자는 사무실에서 대기 근무를 해야 한다.
• 전문자격시험 시행일이 있는 주에는 직무 교육을 실시할 수 없으며 모든 직원이 의무는 아니다.
• 대리자는 담당자의 책임과 권한이 동등하다.
• 출장은 주중에만 갈 수 있다.

① 10월 10일
② 10월 17일
③ 10월 19일
④ 10월 23일
⑤ 10월 29일

27 다음은 고속도로 노선·구간별 제한최고속도 현황에 관한 자료이다. 이에 대한 설명 중 옳은 것을 〈보기〉에서 모두 고른 것은?

〈고속도로 노선·구간별 제한최고속도 현황〉

노선명	시설명		구간길이(km)	제한최고속도(km/h)
	시점부	종점부		
경부선	영천IC	옥천휴게소	157.7	100
	옥천IC	천안IC	75.8	100
	천안IC	양재IC	75.9	110
서해안선	죽림IC	매송IC	313	110
	매송IC	금천IC	23	100
울산선	언양JCT	울산TG	12.7	100
	울산TG	울산IC	1.6	80
수원광명선	봉담IC	남광명TG	22.8	80
	남광명TG	성채소하IC	4.6	100
중부내륙선	내서JCT	낙동JCT	139.2	100
	낙동JCT	북여주IC	143.7	110
	북여주IC	양평IC	18.5	100
영동선	서창JCT	오원4교	146.3	100
	오원4교	횡성휴게소	5	80
	횡성휴게소	강릉JCT	82.6	100
중앙선	금호JCT	신림IC	185.7	100
	신림IC	치악휴게소	5.2	100

※ 제한최고속도는 기점방향에서의 속도이다.

보기

ㄱ. 제한최고속도가 100km/h인 구간 개수는 110km/h인 구간 개수의 5배 이상이다.
ㄴ. 구간길이가 두 번째로 긴 구간의 제한최고속도는 가장 짧은 구간의 제한최고속도보다 높다.
ㄷ. 중부내륙선 구간길이 합은 경부선 구간길이 합보다 5km 이상 짧다.
ㄹ. 제한최고속도가 80km/h인 구간의 길이 합은 20km 미만이다.

① ㄱ, ㄴ
② ㄴ, ㄷ
③ ㄴ, ㄹ
④ ㄱ, ㄴ, ㄹ
⑤ ㄴ, ㄷ, ㄹ

28 다음은 국민연금 운용수익률 추이이다. 표를 보고 이해한 내용으로 적절한 것은?

〈국민연금 운용수익률 추이〉

(단위 : %)

구분		11년 연평균 (1988 ~ 2018년)	5년 연평균 (2014 ~ 2018년)	3년 연평균 (2016 ~ 2018년)	2018년 (2018년 1년간)
전체		5.24	3.97	3.48	−0.92
금융부문		5.11	3.98	3.49	−0.93
	국내주식	4.72	1.30	3.07	−16.77
	해외주식	5.15	4.75	3.79	−6.19
	국내채권	4.84	3.60	2.45	4.85
	해외채권	4.37	3.58	2.77	4.21
	대체투자	8.75	9.87	8.75	11.80
	단기자금	4.08	1.58	1.59	2.43
공공부문		8.26	−	−	−
복지부문		6.34	−1.65	−1.51	−1.52
기타부문		1.69	0.84	0.73	0.96

① 2018년 현재 운용수익률은 모든 부문에서 적자를 기록했다.

② 금융부문 운용수익률은 연평균기간이 짧을수록 꾸준히 증가하고 있다.

③ 공공부문은 조사기간 내내 운용수익률이 가장 높은 부문이다.

④ 국민연금 전체 운용수익률은 연평균기간이 짧을수록 점차 감소하고 있다.

⑤ 단기자금 운용수익률은 매년 증가하고 있다.

29 제시된 국민연금 가입자의 연금보험료를 계산할 때, 연금보험료 계산이 알맞은 것은? (단, 2019년 4월을 기준으로 한다)

〈국민연금 연금보험료 계산방법〉

※ 가입자 자격취득시의 신고 또는 정기결정에 의하여 결정되는 기준소득월액에 보험료율을 곱하여 산정합니다.

연금보험료＝(가입자의 기준소득월액)×(연금보험료율)

- 기준소득월액이란?
  국민연금의 보험료 및 급여 산정을 위하여 가입자가 신고한 소득월액에서 천 원 미만을 절사한 금액을 말하며, 최저 30만 원에서 최고 468만 원까지의 범위로 결정하게 됩니다. 따라서, 신고한 소득월액이 30만 원보다 적으면 30만 원을 기준소득월액으로 하고, 468만 원보다 많으면 468만 원을 기준소득월액으로 합니다.
- 기준소득월액 상한액과 하한액
  기준소득월액 상한액과 하한액은 국민연금 사업장가입자와 지역가입자 전원(납부예외자 제외)의 평균소득월액의 3년간 평균액이 변동하는 비율을 반영하여 매년 3월 말까지 보건복지부 장관이 고시하며 해당연도 7월부터 1년간 적용합니다.
  – 2017.7.1.부터 2018.6.30.까지 적용할 최저·최고 기준소득월액은 각각 29만 원과 449만 원임
  – 2018.7.1.부터 2019.6.30.까지 적용할 최저·최고 기준소득월액은 각각 30만 원과 468만 원임
- 사업장가입자의 보험료율
  사업장가입자의 경우 보험료율인 소득의 9%에 해당하는 금액을 본인과 사업장의 사용자가 각각 절반, 즉 4.5%씩 부담하여 매월 사용자가 납부하여야 합니다. 사업장가입자의 연금보험료는 가입자가 개별적으로 납부할 수 없고, 사용자에 의하여 일괄적으로 납부합니다.
  예 기준소득월액이 1,060,000인 봉급자의 경우 매월 95,400원을 연금보험료로 납부해야 하는데 그 중 47,700원은 본인이, 47,700원은 사용자가 부담하게 됩니다.
- 지역가입자의 보험료율
  지역가입자 / 임의 / 임의계속가입자는 보험료를 본인이 전액 부담합니다. 다만, 제도시행초기 보험료 납부에 대한 부담을 줄여주기 위하여 3%에서 시작하여, 2000년 7월부터 매년 1%씩 상향조정되어 2005년 7월 이후 9%까지 상향 조정되었습니다.

가입자 정보	연금보험료
① 기준소득월액이 28만 원인 임의가입자	25,200원
② 기준소득월액이 340만 원인 사업장가입자	306,000원
③ 기준소득월액이 470만 원인 지역가입자	421,200원
④ 기준소득월액이 130만 원인 임의계속가입자	58,500원
⑤ 기준소득월액이 250만 원인 사업장가입자	225,000원

※ 다음은 건강보험 진료비에서의 본인부담률 및 부담액에 대한 자료이다. 다음 자료를 참고하여 이어지는 질문에 답하시오. **[30~31]**

〈입원진료 시 본인부담률 및 부담액〉

구분	본인일부부담률 및 부담액	
	요양급여비용총액	식대총액
일반 환자	요양급여비용총액의 20%	식대총액(기본식대＋가산식대)의 50%
15세 이하(신생아 제외)	요양급여비용총액의 5%	
신생아(28일 이내)	면제	
자연분만		
고위험 임신부	요양급여비용총액의 10%	
제왕절개분만	요양급여비용총액의 5%	
신체기능저하군(요양병원 해당)	요양급여비용총액의 40%	
뇌사자 장기기증	면제	면제

〈병원급 외래진료 시 본인부담률 및 부담액〉

소재지	환자구분	본인일부부담률 및 부담액
동지역	일반 환자	(일반) 요양급여비용총액의 40% (임신부) 요양급여비용총액의 20% (1세 미만) 요양급여비용총액의 10%
	의약분업 예외환자	(일반) 약값 총액의 30%＋나머지 요양급여비용의 40% (임신부) 약값 총액의 30%＋나머지 요양급여비용의 20% (1세 미만) 약값 총액의 21%＋나머지 요양급여비용의 10%
읍·면 지역	일반 환자	(일반) 요양급여비용총액의 35% (임신부) 요양급여비용총액의 20% (1세 미만) 요양급여비용총액의 10%
	의약분업 예외환자	(일반) 약값 총액의 30%＋나머지 요양급여비용의 35% (임신부) 약값 총액의 30%＋나머지 요양급여비용의 20% (1세 미만) 약값 총액의 21%＋나머지 요양급여비용의 10%

30 부림동에 사는 A씨는 딸이 횡단보도에서 교통사고를 당해 20일간 입원한 딸의 병간호를 하였고, 퇴원 후 부림동에 있는 병원에서 외래진료를 15번 받았다. 일반 환자이고 15세인 딸의 하루 입원비와 외래진료비는 각각 4만 원, 2만 원이며, 식대는 한 끼에 4,500원이었을 때, A씨가 지불해야 하는 딸의 부담액은?(단, 입원진료 시 식대는 하루에 3번이다)

① 321,000원
② 310,000원
③ 305,000원
④ 298,000원
⑤ 295,000원

31 다음 〈보기〉에서 외래진료 시 부담액이 높은 순서대로 올바르게 나열한 것은?

> **보기**
>
> ㄱ. 일반 의약분업 예외환자로 ○○동 소재지 병원에서 약값 총액은 5만 원, 나머지 비용은 3만 원이었다.
> ㄴ. △△읍 병원에서 임신부 일반 환자로 약값은 없고, 진료비가 5만 원이었다.
> ㄷ. 1세 미만 일반 환자는 □□동에 있는 병원에 진료비로 2만 원을 지불하고 약값은 6만 원이었다.
> ㄹ. ◇◇면 병원에 1세 미만 의약분업 예외환자는 약값이 총 20만 원이며, 나머지는 7만 원을 지불하였다.

① ㄱ - ㄴ - ㄷ - ㄹ
② ㄴ - ㄷ - ㄱ - ㄹ
③ ㄹ - ㄱ - ㄴ - ㄷ
④ ㄱ - ㄹ - ㄴ - ㄷ
⑤ ㄹ - ㄴ - ㄷ - ㄱ

※ 다음은 국민건강보험공단 A부서의 문서정리 작업 일정에 관한 자료이다. 다음 자료를 참고하여 이어지는 질문에 답하시오. **[32~35]**

〈5월 달력〉

일요일	월요일	화요일	수요일	목요일	금요일	토요일
			1	2	3	4
5	6	7	8	9	10	11
12	13	14	15	16	17	18
19	20	21	22	23	24	25
26	27	28	29	30	31	

※ 일주일의 시작은 일요일이며, 첫째 주는 1일부터이다.

〈문서별 정리 일정〉

- A문서 : 매주 수요일, 목요일에 정리를 한다.
- B문서 : E문서를 정리한 주를 제외하고, 토요일에 정리한다.
- C문서 : A 또는 E문서를 정리하는 날에 같이 정리하며, 매달 3번씩 정리한다.
- D문서 : B문서를 정리하고 이틀 후에 문서를 정리하여 같이 보관한다.
- E문서 : 매달 9일과 20일에 정리하여 보관한다.
- F문서 : 매주 화요일에 정리한다.

| 국민건강보험공단

32 A ~ F문서 중 5월에 두 번째로 정리를 많이 한 문서는 무엇인가?

① A문서 　　　　　　　　　　② D문서
③ E문서 　　　　　　　　　　④ F문서

| 국민건강보험공단

33 5월 중 3종류 이상 문서를 정리하지 않은 주는 언제인가?

① 첫째 주 　　　　　　　　　② 셋째 주
③ 다섯째 주 　　　　　　　　④ 알 수 없다.

| 국민건강보험공단

34 C문서를 14일 전까지 끝내려고 할 때, 5월 중 문서정리 횟수가 가장 많은 주에 속하는 날짜는 언제인가?(단, F문서를 정리하는 주에는 C문서를 두 번 정리한다)

① 5월 6일 　　　　　　　　　② 5월 13일
③ 5월 17일 　　　　　　　　④ 5월 22일

35 A ~ F문서 중 5월에 문서정리 주기가 같은 문서끼리 짝지온 것은?

① A, E
③ B, D

② A, F
④ B, C

36 다음 중 이어질 내용으로 가장 적절한 것은?

> '모든 사람이 건강보험 혜택을 받아야 한다.' 네덜란드 법에 명시된 '건강권' 조항의 내용이다. 취약계층을 비롯한 모든 국민이 차별 없이 건강 보호를 받아야 하고, 단순히 질병 치료만이 아니라 건강증진과 재활 등의 영역에 이르기까지 충분한 보건의료 서비스를 보장받아야 한다는 취지이다.
> GGD는 네덜란드 국민의 건강 형평성을 위해 설립된 기관으로, 네덜란드 모든 지역에 공공보건서비스를 제공하기 위해 GGD를 설립하여 운영하고 있다. 네덜란드 국민이라면 생애 한 번 이상은 GGD를 방문한다. 임신한 여성은 산부인과 병원이 아닌 GGD를 찾아 임신부 관리를 받고, 어린 자녀를 키우는 부모는 정기적으로 GGD 어린이 건강센터를 찾아 아이의 성장과 건강을 확인한다. 열대 지방을 여행하고 돌아온 사람은 GGD의 여행 클리닉에서 예방접종을 받으며, 바퀴벌레나 쥐 때문에 골치 아픈 시민이라면 GGD에 해충 방제 서비스를 요청해 문제를 해결한다. 성병에 걸렸거나 알코올중독·마약중독으로 고통을 겪는 한지도 GGD에서 검사와 치료를 받을 수 있다. 가정폭력 피해자의 상담과 치료도 이곳에서 지원한다. 예방프로그램 제공, 의료환경 개선, 아동보건의료 제공, 전염성질환 관리가 모두 GGD에서 이뤄진다. 특히 경제적 취약계층을 위한 보건의료서비스를 GGD가 책임진다.
> GGD는 한국의 보건의료원과 비슷한 역할을 하지만, 그보다 지원 대상과 영역이 방대하고 더 적극적으로 지원 대상을 발굴한다. 특히 전체 인력 중 의료진이 절반 이상으로 전문성을 갖췄다. GGD 암스테르담에 근무하는 약 1,100명의 직원 가운데 의사와 간호사는 600명이 넘는다. 이 가운데 의사가 100여 명으로 감염, 법의학, 정신질환 등을 담당한다. 500여 명의 간호사는 의사들과 팀을 이뤄 활동하고 있다. 이곳 의사는 모두 GGD 소속 공무원이다. 반면 한국 보건소, 보건지소, 보건의료원 의사 대부분은 병역의무를 대신해 3년만 근무하는 공중보건의이다. 하지만 공중보건의도 최근 7년 사이 1,500명 이상 줄어들면서 공공의료 공백 우려도 있다.
> '평등한 건강권'은 최근 국내에서 개헌 논의가 시작되면서 본격적으로 논의되기 시작한 개념이다. 기존 헌법에 '모든 국민은 보건에 관하여 국가의 보호를 받는다.'는 조항이 포함되어 있지만, 아직 건강권의 보장 범위가 협소하고 애매하다. 한국은 건강 불평등 격차가 큰 나라 중 하나이다. 국제구호개발기구가 2013년 발표한 전 세계 176개국의 '건강 불평등 격차'에서 우리나라는 33위를 차지했다. 건강 불평등 격차는 보건서비스에 접근이 쉬운 사람과 그렇지 않은 사람 사이의 격차가 얼마나 큰지 나타내는 지수로, 격차가 클수록 가난한 사람들의 보건 교육, 예방, 치료 등이 보장되지 않음을 의미한다.

① 네덜란드의 보험 제도 또한 많은 문제점을 지니고 있다.
② 네덜란드의 보험 제도를 참고하여 우리나라의 건강 불평등 해소 방향을 생각해볼 수 있다.
③ 한국의 건강보험공단은 네덜란드의 보험 제도 개혁에 있어 많은 도움을 줄 수 있을 것이다.
④ 우리나라의 건강 불평등 격차를 줄이기 위해서는 무엇보다도 개헌이 시급하다.

37 K공사의 A사원은 지사방문 일정으로 여수와 순천으로 출장을 다녀와야 한다. 다음은 용산역 – 여수EXPO역, 여수EXPO역 – 순천역 및 순천역 – 용산역 KTX 운행시간 및 요금에 관한 일부 자료이다. A사원이 용산역에서 07:30에 출발해서 일정을 마친 뒤 최대한 일찍 용산역에 도착하려고 할 때, 다음 중 A사원이 가장 일찍 용산역에 도착할 수 있는 시각과 총 요금으로 올바르게 짝지어진 것은?(단, A사원은 여수를 처음으로 방문하고, 점심식사 시간은 12:00 ~ 13:00이며, 열차 운행의 지연은 없다고 가정한다)

〈용산역 – 여수EXPO역 KTX 운행시간 및 요금〉

열차	출발 – 도착 시각	요금(원)
KTX 703	07:15 – 10:18	47,200
KTX 781	07:45 – 11:19	46,000
KTX 705	08:40 – 11:40	47,200

※ 여수 지사방문 일정에는 40분이 소요된다(이동시간 포함).

〈여수EXPO역 – 순천역 KTX 운행시간 및 요금〉

열차	출발 – 도착 시각	요금(원)
KTX 710	12:00 – 12:20	8,400
KTX 782	12:10 – 12:27	8,400
KTX 712	13:05 – 13:22	8,400
KTX 714	14:05 – 14:25	8,400
KTX 716	15:00 – 15:18	8,400

※ 순천 지사방문 일정에는 2시간이 소요된다(이동시간 포함).

〈순천역 – 용산역 KTX 운행시간 및 요금〉

열차	출발 – 도착 시각	요금(원)
KTX 716	15:20 – 17:59	44,000
KTX 718	16:57 – 19:31	44,000
KTX 720	18:21 – 21:03	44,000
KTX 784	19:10 – 22:29	43,000
KTX 724	22:10 – 00:38	44,000

	용산역 도착 시각	총 요금
①	17:59	99,600원
②	19:31	98,400원
③	21:03	98,600원
④	22:29	97,400원
⑤	00:38	98,400원

38 다음은 2017 ~ 2018년 광역 자치단체 전력소비량 현황에 관한 그래프이다. 그래프에 대한 〈보기〉의 설명 중
옳지 않은 것의 개수는?(단, 증가율은 소수점 이하 둘째 자리에서 반올림한다)

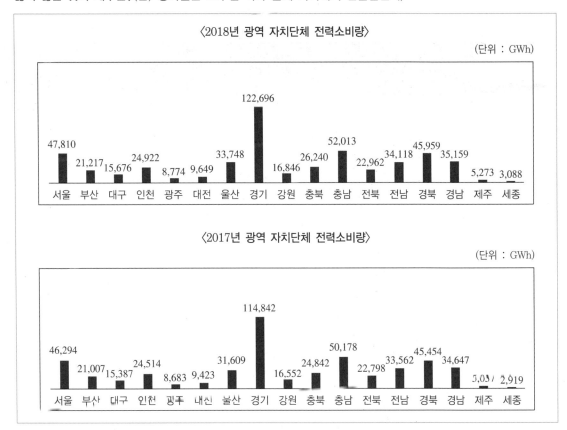

> **보기**
>
> ㄱ. 2018년에 전력소비량이 가장 많은 지역과 두 번째로 많은 지역의 전력소비량 차이는 2018년 전력소비량이
>   두 번째로 많은 지역보다 크다.
> ㄴ. 2017년에 전력소비량이 가장 적은 지역은 2018년에도 전력소비량이 가장 적다.
> ㄷ. 2017년과 2018년에 부산지역과 인천지역의 전력소비량 합은 서울지역의 전력소비량보다 적다.
> ㄹ. 전년 대비 2018년 전남지역의 전력소비량 증가율은 1.5% 이상이다.

① 0개   ② 1개
③ 2개   ④ 3개
⑤ 4개

※ 다음은 우리나라 전국 및 시도별 이동인구 및 이동률을 나타낸 자료이다. 자료를 보고 이어지는 질문에 답하시오.
   [39~40]

<전국 이동인구 및 이동률>

(단위 : 천 명, %, %p)

구분		이동인구				이동률			
		총 이동	전년 (동월)비	시도 내	시도 간	총 이동	전년 (동월)차	시도 내	시도 간
2017년	1월	577	−3.0	369	208	13.3	−0.5	8.5	4.8
	2월	749	5.6	469	280	19.1	1.5	11.9	7.1
	3월	673	−1.9	432	241	15.5	−0.4	9.9	5.5
	4월	532	−5.7	354	178	12.6	−0.8	8.4	4.2
	5월	578	−1.9	388	190	13.3	−0.3	8.9	4.4
	6월	541	−4.6	362	179	12.8	−0.7	8.6	4.2
	7월	543	−0.3	366	178	12.5	−0.1	8.4	4.1
	8월	628	−2.1	418	210	14.4	−0.4	9.6	4.8
	9월	591	8.3	405	186	14.0	1.0	9.6	4.4
	10월	529	−14.2	365	164	12.1	−2.1	8.4	3.8
	11월	597	−7.4	410	187	14.2	−1.2	9.7	4.4
	12월	615	−8.6	405	210	14.1	−1.4	9.3	4.8
2018년	1월	662	14.8	425	237	15.2	1.9	9.8	5.5
	2월	698	−6.8	444	254	17.7	−1.3	11.3	6.4
	3월	708	5.1	464	244	16.3	0.8	10.7	5.6
	4월	594	11.6	399	194	14.1	1.4	9.5	4.6
	5월	600	3.7	410	189	13.8	0.5	9.4	4.4
	6월	544	0.5	370	174	12.9	0.0	8.8	4.1
	7월	569	4.7	381	188	13.0	0.6	8.7	4.3
	8월	592	−5.7	390	202	13.6	−0.8	9.0	4.6
	9월	462	−21.8	311	151	11.0	−3.1	7.4	3.6
	10월	637	20.5	439	198	14.6	2.5	10.1	4.5
	11월	615	2.9	425	190	14.6	0.4	10.1	4.5
	12월	617	0.3	409	208	14.2	0.0	9.4	4.8

※ [전년 (동월)비(%)]= $\dfrac{(당월\ 이동자)-(전년\ 동월\ 이동자)}{(전년\ 동월\ 이동자)} \times 100$

※ 월별 이동률은 연간 수준으로 환산한 수치임

〈시도별 이동인구 추이〉

(단위 : 천 명)

구분	2017년			2018년		
	순 이동	총 전입	총 전출	순 이동	총 전입	총 전출
서울	−99	1,472	1,571	−113	1,438	1,551
부산	−27	440	467	−24	418	442
대구	−11	322	333	−15	320	335
인천	0	410	410	−2	433	435
광주	−9	208	217	−5	219	224
대전	−17	211	228	−16	212	228
울산	−12	135	147	−12	128	140
세종	32	81	49	31	85	54
경기	117	1,889	1,772	170	2,042	1,872
강원	1	211	210	−5	217	222
충북	3	197	194	6	219	213
충남	18	288	270	10	293	283
전북	−7	232	239	−14	242	256
전남	−5	226	231	−10	225	235
경북	−6	310	316	−10	309	319
경남	5	413	408	−6	388	394
제주	12	104	92	12	104	92

※ (순 이동)=(총 전입)−(총 전출)

| 한국철도공사

39 다음 중 전국 및 시도별 이동인구 추이에 대한 설명으로 옳지 않은 것은?

① 2017년과 2018년에 전국 총 이동률이 가장 높은 달은 같다.

② 2018년 전년 대비 시도별 총 전입자 수가 증가한 지역은 9곳이다.

③ 2월부터 6월까지 전월 대비 전국 총 이동률 증감추이는 2017년과 2018년이 같다.

④ 2017년 전국 시도 내와 시도 간 이동률 차이는 매월 3%p 이상이다.

⑤ 2017~2018년 동안 매년 시도별 총 전출자 수가 많은 지역 수가 총 전입자 수가 많은 지역보다 많다.

| 한국철도공사

40 다음 중 시도별 이동인구 추이에서 2017년 순 이동인구 절댓값이 세 번째로 많은 지역의 전년 대비 2018년 총 전입자와 총 전출자 증감률은 얼마인가?(단, 증감률은 소수점 이하 둘째 자리에서 반올림한다)

	총 전입자 증감률	총 전출자 증감률		총 전입자 증감률	총 전출자 증감률
①	4.9%	10.2%	②	5.0%	10.0%
③	5.0%	10.2%	④	4.9%	10.0%
⑤	5.2%	10.0%			

▌한국전력공사

01 다음 기사를 읽고 이해한 것으로 적절하지 않은 것은?

> 한국전력이 보유한 방대한 에너지 빅데이터를 기업들이 새로운 에너지 사업모델에 쉽게 사용할 수 있는 길이 열린다.
> 산업통상자원부는 31일 한국전력이 KT, SKT, LG유플러스, 인코어드 등 에너지 신산업 분야 4개 기업과 에너지
> 데이터 공유 시범사업을 추진하기로 업무협약을 체결했다고 밝혔다. 이들은 에너지 서비스 사업자가 한전 고객의
> 에너지 사용 데이터를 쉽게 활용할 수 있는 인터넷·애플리케이션 기반 플랫폼인 '에너지 신(新)서비스 거래장터'
> (스마트 E마켓) 시범사업에 협력하기로 했다.
> 고객의 전력 사용 정보를 비롯한 에너지 빅데이터는 4차 산업혁명의 핵심기술인 사물인터넷(IoT), 클라우드 등과
> 연계해 새로운 제품과 서비스를 창출할 수 있는 에너지 신산업의 중요한 토대다. 그러나 지금까지는 사업자가 에너
> 지 데이터를 확보하려면 고객으로부터 직접 개인정보제공 동의를 받아 한전에 제출해야 하는 제약이 있었다.
> 거래장터는 고객이 사업자가 거래장터에 등록한 제품·서비스를 선택하고 개인정보제공에 동의하면 한전 등 데이
> 터 보유 주제가 자동으로 데이터를 사업자에게 전송한다. 고객이 개인정보제공에 동의하면 바로 사업자가 고객 정
> 보를 받을 수 있어 데이터 확보가 쉬워진다.
> 한전은 업무협약을 체결한 4개 기업과 시범사업을 하고 내년부터 더 많은 사업자를 대상으로 본격적인 운영을 시작
> 할 계획이다. 또 전력 사용 데이터 외에 가스, 난방 등 모든 에너지 데이터를 제공한다.
> 산업부는 거래장터가 본격화되면 기업은 에너지 데이터를 활용한 다양한 서비스 모델을 개발하고 소비자는 소비자
> 의 에너지 사용 유형이 반영된 맞춤 서비스를 이용하는 혜택을 누릴 것으로 기대했다.

① 한국전력이 보유한 에너지 빅데이터를 기업들이 새로운 에너지 사업모델에 쉽게 사용할 수 있게 되었다.

② 산업통상자원부와 에너지 신산업 분야 4개 기업은 에너지 데이터 공유 시범사업을 추진하기로 업무협약을 체결
했다.

③ 사물인터넷(IoT)과 클라우드는 4차 산업혁명의 핵심기술이다.

④ 지금까지는 사업자가 에너지 데이터를 확보하려면 고객에게 직접 개인정보제공 동의를 받아야 했다.

⑤ 거래장터가 본격화되면 소비자는 소비자의 에너지 사용 유형이 반영된 맞춤 서비스를 이용하는 혜택을 누리게
된다.

02 다음 제시된 사례에 적용된 문제해결 방법 중 원인 파악 단계의 결과로 알맞은 것은?

> 1980년대 초반에 헝가리 부다페스트 교통 당국은 혼잡한 시간대에 대처하기 위해 한 노선에 버스를 여러 대씩 운행시켰다. 그러나 사람들은 45분씩 기다려야 했거나 버스 서너 대가 한꺼번에 온다고 짜증을 냈다. 사람들은 버스 운전사가 멍청하거나, 아니면 악의적으로 배차를 그렇게 한다고 여겼다. 다행스럽게도 시 당국은 금방 문제의 원인을 파악했고, 해결책도 찾았다. 버스 세 대 이상을 노선에 투입하고 간격을 똑같이 해 놓으면, 버스의 간격은 일정하게 유지되지 않는다. 앞서 가는 버스는 승객을 많이 태우게 되고, 따라서 정차 시간이 길어진다. 바로 뒤 따라가는 버스는 승객이 앞 차만큼 많지 않기 때문에 정차 시간이 짧아진다. 이러다 보면 어쩔 수 없이 뒤차가 앞차를 따라잡아서 버스가 한참 안 오다가 줄줄이 두 세대씩 한꺼번에 몰려오게 된다. 버스들이 자기 조직화 때문에 한꺼번에 뭉쳐서 다니게 되는 것이다.
>
> 상황을 이해하고 나면 해결책도 나온다. 버스 관리자는 이 문제가 같은 노선의 버스는 절대로 앞차를 앞지르지 못하게 되어 있기 때문임을 인지했다. 이 문제를 없애기 위해 당국은 운전사들에게 새로운 규칙을 따르게 했다. 같은 노선의 버스가 서 있는 것을 보면 그 버스가 정류장의 승객을 다 태우지 못할 것 같아도 그냥 앞질러 가라는 것이다. 이렇게 하면 버스들이 한꺼번에 줄줄이 오는 것을 막게 되어 더 효율적으로 운행할 수 있다.

① 버스 운전사의 운전 미숙
② 부다페스트시의 열악한 도로 상황
③ 유연하지 않은 버스 운행 시스템
④ 의도적으로 조절한 버스 배차 시간
⑤ 정차된 같은 노선의 버스를 앞지르는 규칙

03 다음 글의 내용과 일치하지 않는 것은?

최근 들어 이상고온을 비롯하여 폭설·집중호우·가뭄·한파 등의 다양한 이상기후가 발생하고 있다. 이러한 현상은 지구온난화와 함께 서서히 나타났다. 지구온난화가 우리나라의 기후를 변화시키고 있는 것이다. 이러한 상태가 계속된다면, 우리나라는 온대 기후가 아닌 아열대 기후 지역이 될지도 모른다.

우리나라의 봄과 가을이 짧아지고 여름과 겨울은 길어지고 있다. 특히 더위가 일찍 찾아오면서 이제 5월이면 여름이 시작된다. 지난 2015년 5월 평균기온은 18.6℃로 1973년 이래 가장 높은 온도를 기록했고, 사상 처음으로 5월 폭염특보가 발령됐다. 5월 서울의 기온이 30℃를 넘은 날이 1980년대에는 0.2일 정도였지만 2010년대 들어서는 평균 1.7일로 늘었고 특히 2015년부터는 4 ~ 6일이나 지속되었다. 이러한 5월의 폭염특보는 2016년 이후로도 계속 이어지고 있다.

또한 우리나라에서 '삼한사온'이 없어지고 있다. 사흘간 춥고 나흘간 따뜻하다는 삼한사온(三寒四溫)은 예로부터 우리나라 겨울철 날씨의 큰 특징이었다. 그런데 요즘은 예전의 겨울과 달리 이상난동과 이상한파가 뒤섞여 일어나고 있다. 지난 몇 년 동안 겨울철의 온도 상승으로 인해 한강이 얼어붙는 날이 줄어드는 이상난동 현상이 이어지다가 2016년으로 접어들면서부터는 북반구 전역에 몰아친 이상한파 일명 '폴라 보텍스(Polar Vortex)' 현상이 우리나라에 덮쳤다. 지구온난화로 인해 북극이 따뜻해지면서 북극의 찬 공기를 가두던 제트기류가 약해져 북극의 찬 공기가 우리나라 근처까지 흘러왔기 때문이다.

지구온난화가 진행됨에 따라 우리의 생태계에도 커다란 변화가 일어나고 있다. 지난 여름에는 비가 적게 내려 강수량이 크게 감소한 데다 일조량이 증가하여 수온이 상승해 팔당호에 조류주의보가 내려졌다. 또한 한강 하류의 녹조가 심각해져 물고기 수백 마리가 폐사함에 따라 수도권의 식수원이 오염 위험에 놓였고 어민들은 생계수단을 잃었다. 바다에서 잡히는 어류도 달라지고 있다. 동해의 수온이 상승하면서 차가운 바다에 사는 명태가 더 이상 잡히지 않고 대신 난류성 어종인 복어가 잡히고 있다. 또한 최근 들어 주로 남해안에 분포하는 화살벌레류 플랑크톤의 분포 빈도가 높아져 한류성 어종인 대구·도루묵 등의 어획량이 감소하고 난류성 어종인 오징어의 어획량이 크게 증가한 것으로 나타났다.

① 지구온난화로 인해 이상고온과 폭설·집중호우 등의 다양한 이상기후가 발생하고 있다.
② 2015년 5월의 평균기온은 18.6℃로, 사상 처음 5월 폭염특보가 발령됐다.
③ 겨울철 이상한파 현상은 우리나라 근처로 흘러온 북극의 제트기류로 인해 발생한다.
④ 한강 하류의 녹조 현상은 수도권 식수원을 오염시키고, 어민들의 생계수단을 위협했다.
⑤ 동해의 수온이 상승하면서 한류성 어종의 어획량이 감소하고, 난류성 어종의 어획량은 증가했다.

04 다음 고용노동부의 일자리사업 모니터링 결과 및 개선방안에 관한 기사를 읽고 이해한 내용으로 적절하지 않은 것은?

> 고용노동부는 국무회의에서 재정지원 일자리사업 평가 및 개선방안을 보고했다. 그간 일자리사업의 규모가 꾸준히 늘어났음에도, 국민들이 일자리사업의 효과를 체감하기 어렵다는 지적이 많았다. 이에 따라 고용노동부는 처음으로 전체 일자리사업에 대한 성과 평가와 현장 모니터링을 실시하고, 그 결과에 따라 일자리사업 개선방안을 마련하였다. 일자리사업 중에는 사업 내용 또는 서비스 대상이 유사하거나 중복되는 사업, 성과가 낮은 사업들이 일부 있는 것으로 나타났으며, 직접일자리사업은 저소득층 등 취약계층의 참여가 적고, 참여 후 민간일자리 취업 지원 강화가 필요한 상황으로 나타났다. 또한 직업훈련과 고용서비스사업은 훈련기관(훈련과정)이나 고용서비스 기관의 품질을 관리하는 사업의 성과가 높은 반면, 그렇지 않은 사업의 성과는 낮게 나타나, 엄밀한 품질관리가 필요한 것으로 분석되었다.
>
> 고용노동부는 성과평가 결과를 바탕으로 일자리사업 개선을 적극 추진함으로써 국민들의 일자리 체감도를 높이겠다고 밝혔다. 성과가 낮거나 유사·중복성이 있는 15개 사업 중 5개는 폐지, 2개는 통합, 6개는 중복되는 기능을 조정하고, 2개 사업은 개편을 추진한다. 다음으로, 성과평가 결과에 따라 성과가 좋은 사업의 예산은 늘리고, 낮은 사업의 예산은 줄이는 것을 원칙으로 하여, 평가결과를 예산에 반영한다. 또한 현장 모니터링 등을 통해 나타난 사업별 문제점도 개선한다. 직접일자리사업은 사업별 취약계층 참여목표를 높이고, 반복참여 제한을 강화하면서, 참여 이후 취업지원을 연계한다. 직업훈련사업은 훈련기관과 훈련과정에 대한 인증심사 제도를 전 부처 직업훈련사업으로 확대할 계획이다. 고용서비스 관계부처 간 협업을 강화하고, 고용서비스 품질인증기준을 만들어, 인증 통과 기관만이 서비스를 제공할 수 있게 된다.
>
> 앞으로도 고용노동부는 일자리사업에 대한 성과평가와 현장 모니터링을 지속 강화하고, 행정안전부와 협조하여 자치단체 일자리사업 성과 관리도 지원할 계획이다.

① 서비스 대상이 유사하거나 중복되는 사업은 내용을 변경하여 중복되는 기능을 조정할 예정이다.

② 직접일자리사업 반복참여 제한을 강화하면서, 참여 이후 취업지원을 연계할 예정이다.

③ 고용서비스 품질에 대해 인증 받은 훈련기관을 지정하여 서비스를 제공할 예정이다.

④ 성과평가 결과와 관계없이 사업별로 예산을 편성하여 국민들이 일자리사업의 효과를 체감하도록 할 예정이다.

⑤ 현장 모니터링을 지속 강화하고, 관계부처와 협조하여 자치단체의 일자리사업 성과 관리를 지원할 예정이다.

05 다음 기사를 읽고 이해한 내용으로 적절하지 않은 것은?

로봇은 일반적으로 센서 및 작동기가 중앙처리장치에 연결된 로봇 신경시스템으로 작동되지만, 이 경우 로봇의 형태에 구속받기 때문에 로봇이 유연하게 움직이는 데 제한이 있다. 로봇 공학자들은 여러 개의 유닛이 결합하는 '모듈러 로봇'이라는 개념을 고안해 이런 제약을 극복하려고 노력해왔다.

벨기에 연구진은 로봇이 작업이나 작업 환경에 반응해 스스로 적당한 형태와 크기를 자동으로 선택하여 변경할 수 있는 모듈러 로봇을 개발했다. 이 로봇은 독립적인 로봇 형체를 갖추기 위해 스스로 쪼개지고 병합할 수 있으며, 감각 및 운동능력을 제어하면서도 스스로 분리되고 새 형체로 병합하는 로봇 신경 시스템을 갖췄다.

연구진은 또한 외부 자극에 의한 반응으로 모듈러 로봇이 독립적으로 움직이도록 설계했다. 외부 자극으로는 녹색 LED를 이용하였는데 이를 통해 개별 모듈러 로봇을 자극하면 로봇은 이 자극에 반응해 움직였다. 자극을 주는 녹색 LED가 너무 가깝게 있으면 뒤로 물러서기도 했다. LED 자극에 따라 10개의 모듈러 로봇은 스스로 2개의 로봇으로 합쳐지기도 하고 1개의 로봇으로 결합하기도 했다.

특히 이 모듈러 로봇은 외부 자극에 대한 반응이 제대로 작동되지 않는 부분을 다른 모듈로 교체하거나 제거하는 작업을 스스로 진행하여 치유할 수 있는 것이 특징이다. 연구진은 후속 연구를 통해 이 로봇을 이용해 벽돌과 같은 물체를 감지하고 들어 올리거나 이동시키는 작업을 할 수 있도록 할 계획이다.

이들은 '미래 로봇은 특정 작업에만 국한돼 설계되거나 구축되지 않을 것'이라며 '이번에 개발한 기술과 시스템이 다양한 작업에 유연하게 대응할 수 있는 로봇을 생산하는 데 기여하게 될 것'이라고 말했다.

① 일반적으로 로봇은 중앙처리장치에 연결된 로봇 신경시스템을 통해 작동된다.

② 모듈러 로봇은 작업 환경에 반응하여 스스로 형태와 크기를 선택할 수 있다.

③ 모듈러 로봇의 신경 시스템은 로봇의 감각 및 운동능력을 제어하면서도 로봇 스스로 분리되도록 한다.

④ 모듈러 로봇이 외부 자극에 대해 제대로 반응하지 않을 경우 관리자는 고장난 부분을 다른 모듈로 교체하거나 제거해줘야 한다.

⑤ 모듈러 로봇의 기술을 통해 미래 로봇은 다양한 작업 환경에 대응할 수 있는 방향으로 개발될 것이다.

06 다음 지문의 내용을 보고 할 수 있는 행동으로 올바르지 않은 것은?

한전, 실명위기 환자에 '세상의 빛' 선물 … 'Eye Love 천사 Project' 기금 3억 원 기부

한국전력(사장직무대행 김시호)은 3월 16일 서울 마포구에 위치한 더나은세상 회의실에서 실명예방사업인 'Eye Love 천사 Project' 사업 기금 3억 원을 사단법인 더나은세상에 전달하였다.

'Eye Love 천사 Project' 사업은 경제적으로 어려운 국내외 실명위기 환자들이 안과 수술을 통해 실명을 예방하고 일상생활을 할 수 있도록 수술비를 지원하는 한전의 대표적인 사회공헌활동이다. 지원 대상은 국내외 저소득층 실명위기 환자로서 국내에서는 기초생활수급자와 차상위계층 위주로, 해외는 실명예방사업 수행기관이 현지 병원과 협의하여 추천하는 실명위기 환자들에게 수술비를 지원한다. 신청 방법은 읍·면·동 주민센터의 추천을 통해 더나은세상(www.1.or.kr)에서 신청 가능하며, 심사를 통해 대상 환자로 선정되면 수술비 지원을 받을 수 있다.

한전은 'Eye Love 천사 Project' 사업을 2011년부터 8년째 지속적으로 시행하고 있으며, 현재까지 국내외 1,533명의 환자에게 개안수술 비용을 지원했다.

한편, 한전은 2004년 공기업 최초로 사회봉사단을 창단하여 도움이 필요한 이웃들에게 삶의 질 향상을 위한 노력을 지속해 오고 있으며, 앞으로도 국내외 소외된 이웃들에게 '세상의 빛'을 선물하는 에너지 공기업으로서의 역할을 지속할 것이다.

---

① 기초생활수급자와 차상위계층의 조건에 대해서 알아본다.
② 읍·면·동 주민센터에 환자 선정 조건을 문의한다.
③ 해외에서 지원하고자 하는 사람은 가장 가까운 실명예방사업 수행기관을 알아본다.
④ 신청 홈페이지에 접속해 신청 시 어떤 내용을 기재해야 하는지 살펴본다.
⑤ 실명한 환자들에 대해서 지급하는 지원금에 대해 문의한다.

07 다음은 한전KPS와 베트남의 MOU에 관련된 기사이다. 〈보기〉 중 옳은 것의 개수는?

발전설비 정비전문기업인 한전KPS(맹동열 사장직무대행)와 베트남 정비전문회사 EVNGENCO3의 자회사인 EVNEPS사는 3월 22일 베트남 하노이에서 한전KPS 맹동열 사장직무대행과 EVNEPS사 카오민 쫑 사장이 참석한 가운데 사업협력 양해각서(MOU)를 체결했다.

이날 양해각서 체결식에는 우리나라 백운규 산업통상자원부 장관과 쩐 뚜언 아잉 베트남 산업무역부 장관이 자리를 함께했다. 또한 이날 양해각서는 발전소 운전 및 정비 그리고 기술인력 교육 등 양사 간 사업협력과 인적교류를 주요 내용으로 하고 있다.

한전KPS 맹동열 사장직무대행은 양해각서 체결에 앞서 EVNGENCO3사 딘 쿠옥 람 사장과 EVNEPS사 카오민 쫑 사장과의 사전면담을 통해 "한전KPS는 발전플랜트 설비 진단 및 성능개선, 국내외 발전설비 및 산업설비 정비 그리고 송변전설비 정비 등에 대한 토털 서비스를 제공하는 대한민국의 공기업으로, 특히 지난 30여 년의 축적된 기술을 활용한 발전소 성능개선 및 성능복구사업 개척을 위해서도 많은 노력을 기울이고 있다."고 말했다.

한전KPS와 EVNEPS사는 발전설비 정비서비스 전문회사로서 양국의 국가 경제 성장에 반드시 필요한 전력의 안정적 공급을 책임지고 있다는 점에서 공감대를 가지고 있으며, 이번 사업협력 양해각서 체결을 통해 앞으로 양사가 긴밀한 협력에 나설 가능성이 높은 것으로 기대하고 있다.

한전KPS 맹동열 사장직무대행은 "한전KPS의 체계화된 교육 훈련 시스템 등을 통해 보유기술과 노하우를 공유하여 EVNEPS사와의 지속적 사업영역 확대에 최선의 노력을 다할 것"이라며 "이번 양해각서 체결을 계기로 한전KPS가 베트남 전력산업 발전에 기여함은 물론 양사의 지속적인 성장과 발전을 위한 초석이 되기를 바란다."고 말했다.

특히 이날, 한 – 베트남 사업협력 촉진을 위하여 한국 산업통상자원부와 베트남 산업무역부 간의 양해각서 체결 서명식이 이루어지는 가운데 전력산업분야 협력의 일환으로 양국 관련기관이 다수 참석했다.

한편, 베트남 EVNEPS사는 2016년 설립되었으며, 베트남전력공사 산하기관인 EVNGENCO3사의 자회사로서 EVNGENCO3사 소유의 발전소 유지보수를 수행하고 있다.

MOU의 특징
본 조약이나 정식계약의 체결에 앞서 국가 사이에 이루어지는 문서로 된 합의를 가리키지만 지금은 좀 더 포괄적인 의미로 쓰인다. 포괄적 의미의 양해각서 역시 법적 구속력이나 효력은 좁은 의미의 양해각서와 크게 다르지 않다. 다만 양해각서가 국가 대 국가뿐 아니라 국가기관 사이, 일반기관 사이, 일반기업 사이 등에서도 다양한 문서의 형태로 이루어질 수 있다. 기업 사이에 합의해 작성하는 양해각서는 주로 정식계약을 체결하기에 앞서, 쌍방의 의견을 미리 조율하고 확인하는 상징적 차원에서 이루어지는 것이 보통이다. 역시 법적 구속력은 없다.

보기
㉠ 체결한 사업협력 양해각서는 법적 구속력을 가진다.
㉡ 한국과 베트남 두 국가 간의 협약이다.
㉢ 베트남 EVNEPS사는 베트남 전 지역 발전설비를 담당하는 베트남전력공사 산하기관이다.
㉣ 양해각서는 양사 간 사업협력만을 다룬다.

① 없음　　　　　　　　　　　② 1개
③ 2개　　　　　　　　　　　④ 3개
⑤ 4개

08 다음 글의 주제로 올바른 것은?

> 누구나 깜빡 잊어버리는 증상을 겪을 수 있다. 나이가 들어서 자꾸 이런 증상이 나타난다면 치매가 아닐까 걱정하게
> 마련인데 이 중 정말 치매인 경우와 단순 건망증을 어떻게 구분해 낼 수 있을까?
> 치매란 기억력 장애와 함께 실행증, 집행기능의 장애 등의 증상이 나타나며 이런 증상이 사회적, 직업적 기능에 중
> 대한 지장을 주는 경우라고 정의한다. 증상은 원인 질환의 종류 및 정도에 따라 다른데 아주 가벼운 기억장애부터
> 매우 심한 행동장애까지 다양하게 나타난다. 일상생활은 비교적 정상적으로 수행하지만 뚜렷한 건망증이 있는 상태
> 를 '경도인지장애'라고 하는데 경도인지장애는 매년 10 ~ 15%가 치매로 진행되기 때문에 치매의 위험인자로 불린
> 다. 모든 치매 환자에게서 공통으로 보이는 증상은 기억장애와 사고력, 추리력, 언어능력 등의 영역에서 동시에 장
> 애를 보이는 것이며 인격 장애, 공격성, 성격의 변화와 비정상적인 행동들도 치매가 진행됨에 따라 나타날 수 있는
> 증상들이다. 국민건강보험 일산병원 신경과 교수는 "치매를 예방하기 위해서는 대뇌(Cerebrum) 활동 참여, 운동,
> 뇌졸중 예방, 식습관 개선 및 음주, 흡연을 자제해야 한다."고 말했다.
> 한편 치매는 시간이 지나면 악화가 되고 여러 행동이상(공격성, 안절부절 못함, 수면장애, 배회 등)을 보이며 시간이
> 지나면서 기억력 저하 등의 증상보다는 이런 행동이상에 의한 문제가 더 크기 때문에 행동이상에 대한 조사도 적절
> 히 시행돼야 한다.

① 치매의 의미
② 치매의 종류
③ 인지장애단계 구분
④ 건망증의 분류

09 영업부에 근무하고 있는 B대리는 두 군데의 거래처에 급하게 납품해야 할 것이 있어 사무실을 나왔는데 영업용 차량에 남아있는 기름으로는 거래처에 갈 수 없어서 근처 주유소에서 주유를 하려고 한다. 가장 빠른 길로 갔을 때의 차량과 그 주유비가 적절하게 짝지어진 것은?(단, 소수점 이하 둘째 자리에서 반올림한다)

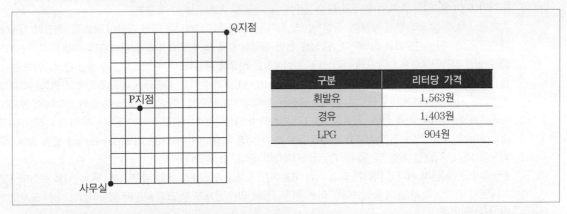

구분	리터당 가격
휘발유	1,563원
경유	1,403원
LPG	904원

구분	연료 종류	연비(km/L)
A차량	휘발유	15
B차량	경유	13
C차량	LPG	9

※ 한 칸의 거리는 2.5km이다.
※ P지점의 거래처에 먼저 들르고 Q지점에 있는 거래처에 들른다.

	차량	주유비
①	A차량	4,319원
②	A차량	4,683원
③	B차량	4,853.83원
④	C차량	4,207원
⑤	C차량	4,520원

10 다음은 1인 1일 이메일과 휴대전화 스팸 수신량을 나타낸 그래프이다. 이에 대한 설명으로 옳은 것은?

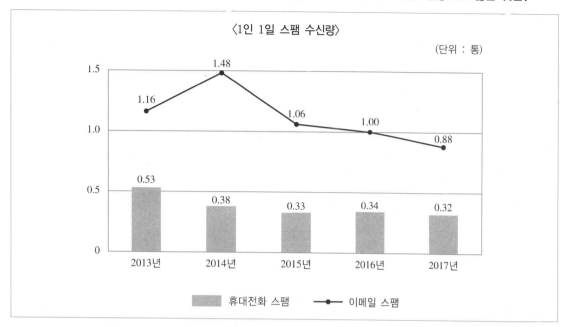

〈1인 1일 스팸 수신량〉

(단위 : 통)

① 2015년부터 2017년까지 휴대전화 스팸 수신량과 이메일 스팸 수신량 증감추세는 같다.

② 전년 대비 2016년도 휴대전화 스팸 증가량과 2015년 대비 2017년도 휴대전화 스팸 감소량은 같다.

③ 전년 대비 2015년 이메일 스팸 감소율은 전년도 대비 2016년도 감소율의 4배 이하이다.

④ 이메일 스팸 수신량이 가장 많은 해는 2014년이고, 휴대전화 스팸 수신량이 가장 적은 해는 2016년이다.

⑤ 이메일 스팸 수신량은 같은 해의 휴대전화 스팸 수신량보다 항상 2.5배 이상 많다.

※ 다음은 2011 ~ 2017년 SMP에 관한 자료이다. 이어지는 질문에 답하시오. [11~12]

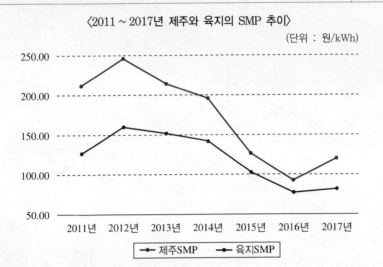

〈2011 ~ 2017년 제주와 육지의 SMP 추이〉

(단위 : 원/kWh)

〈2011 ~ 2017년 SMP 추이〉

(단위 : 원/kWh)

구분	2011년	2012년	2013년	2014년	2015년	2016년	2017년
통합SMP	126.63	160.83	152.10	142.26	101.76	77.06	81.77
육지SMP	125.93	160.12	151.56	141.78	101.54	76.91	81.39
제주SMP	211.18	245.94	213.86	195.87	125.83	91.77	119.72

※ SMP(계통한계가격, System Marginal Price) : 거래시간별로 적용되는 전력량에 대한 전력시장가격
※ 연도별 SMP는 연간 시간대별 SMP를 연간 시간대별 전력수요예측량으로 가중평균한 것임

11 한국중부발전에서 근무하는 K사원은 위 자료를 참고해 다음과 같은 보고서를 작성하였다. 다음 중 수정이 필요한 것을 모두 고른 것은?

> 연간 SMP 통계 정보에 따르면 ㉠ 2017년 통합SMP는 88.77원/kWh를 기록, 전년보다 4.31원 상승했다. 연간 SMP가 상승곡선을 그린 것은 2012년 이후 5년만이다. 통합SMP는 2011년 9.15 순환정전 이후 전력부족문제로 급상승했으며, ㉡ 2012년 160.83원/kWh로 최고점을 찍은 뒤 2016년까지 계속 하락했다. 이는 순환정전 이후 수급안정을 위해 신규 발전설비를 다수 건설한 결과다. 2017년 SMP 가격반등은 지난해 10여 기에 달하는 원전이 일제히 정비에 들어간 이유가 크다. 기저발전 역할을 하며 가격하락을 주도한 원전이 가동을 정지하면서 상대적으로 가격이 상승했다.
> 한편, 제주의 SMP는 2012년부터 2016년까지 빠른 속도로 하락했다. 특히 ㉢ 2014년 대비 2015년 제주의 SMP는 같은 기간 육지SMP보다 큰 폭으로 하락했다. 이는 2014년부터 이어진 유가하락의 영향이 큰 것으로 알려졌다. ㉣ 2017년 제주의 SMP는 전년 대비 33% 이상 상승했으며, 2018년에도 상승할 것으로 전망된다.

① ㉠, ㉡   ② ㉠, ㉣
③ ㉡, ㉢   ④ ㉢, ㉣

12 2018년 육지와 제주SMP는 2017년 대비 각각 12%, 25% 상승할 것이라고 예상할 때, 2018년 육지SMP와 제주 SMP의 예상값을 올바르게 나열한 것은?(단, 소수점 이하 셋째 자리에서 절사한다)

	육지SMP	제주SMP
①	89.65원/kWh	123.75원/kWh
②	89.65원/kWh	149.65원/kWh
③	91.15원/kWh	123.75원/kWh
④	91.15원/kWh	149.65원/kWh

※ 다음은 서로 경쟁관계에 있는 멀티플렉스 체인 영화관인 L영화관과 C영화관이 상영하는 영화장르에 따라 얻는 월 수익을 정리한 자료이다. 이어지는 질문에 답하시오. **[13~14]**

〈영화장르별 월 수익〉

(단위 : 억 원)

구분		C영화관			
		SF	공포	코미디	로맨스
L영화관	SF	(3, 5)	(4, −2)	(−1, 6)	(0, 2)
	공포	(−1, 6)	(2, 3)	(7, 4)	(−4, 0)
	코미디	(6, 4)	(8, −4)	(2, −1)	(5, 3)
	로맨스	(3, −7)	(5, 1)	(−4, 8)	(2, 1)

※ 괄호 안의 숫자는 L영화관과 C영화관이 영화 상영으로 얻는 월 수익을 의미한다(L영화관의 월 수익, C영화관의 월 수익).

[예] L영화관이 공포물을 상영하고 C영화관이 코미디물을 상영했을 때, L영화관의 월 수익은 7억 원이고 C영화관의 월 수익은 4억 원이다.

〈분기별 소비자 선호 장르〉

구분	1분기	2분기	3분기	4분기
선호 장르	SF	공포	코미디	로맨스

※ 소비자가 선호하는 장르를 상영하면 월 수익은 50% 증가하고, 월 손해는 50% 감소한다.

| 한국중부발전

13 L영화관의 2분기 상영영화 정보를 알 수 없다고 할 때, C영화관이 2분기 기대수익의 평균을 가장 크게 하려면 어떤 장르의 영화를 상영해야 하는가?

① SF
② 공포
③ 코미디
④ 로맨스

| 한국중부발전

14 소비자의 선호 장르를 재조사한 결과 3분기에 소비자들은 코미디와 로맨스 둘 다 선호하는 것으로 나타났다. 이때, 3분기에 영화를 상영할 때, L영화관과 C영화관의 3분기 기대수익 차이가 가장 큰 경우는 언제인가?

	L영화관	C영화관
①	로맨스	SF
②	로맨스	코미디
③	코미디	공포
④	코미디	로맨스

※ ○○연구소의 연구원 갑, 을, 병, 정의 성과급 평가 결과와 계산법은 아래와 같다. 이어지는 질문에 답하시오.
[15~16]

〈연구원 성과급 평가 결과〉

구분	업무기여도 (30%)	연구성과 (40%)	자기개발(10%)		태도 (20%)	결과
			자격증(6%)	영어(4%)		
갑	56점	82점	1개	495점	92점	
을	70점	43점	2개	830점	88점	
병	81점	73점	3개	645점	63점	
정	67점	55점	0개	900점	95점	

※ 자격증 취득 개수
- 0개 : 20점
- 1 ~ 2개 : 40점
- 3개 ~ : 60점

※ 영어 취득 점수 (토익 기준)
- ~ 500점 : 20점
- 501 ~ 700점 : 40점
- 701 ~ 800점 : 70점
- 801점 ~ : 100점

※ 자격증 점수는 60점 만점이므로 100점 만점으로 환산하여 적용. 이때, 소수점 이하 첫째 자리에서 반올림하여 산출함

〈점수별 성과급 지급액〉

점수	~ 50점	~ 65점	~ 70점	~ 75점	~ 85점	86점 ~
성과급	100만 원	110만 원	130만 원	150만 원	180만 원	200만 원

| 국민건강보험공단

15 성과급 점수 합산 결과 가장 높은 점수를 받은 사람은?

① 갑   ② 을
③ 병   ④ 정

| 국민건강보험공단

16 ○○연구소는 영어점수가 자기개발에 큰 도움이 되지 않는다고 생각하여 영어점수를 평가항목에서 삭제하고 태도 점수 반영률을 30%로 향상시켰다. 또한, 자격증은 개수에 상관없이 취득하면 무조건 10만 원을 지급하기로 하였다. 이때 성과급을 가장 많이 받는 사람의 성과급은?

① 210만 원   ② 190만 원
③ 160만 원   ④ 150만 원

17 다음은 2017년 지역별 전기 · 전력에 관한 자료이다. 옳지 않은 것은?

구분	발전설비(kW)	발전량(MWh)	전력판매량(GWh)
서울	407,565	874,131	46,493
부산	7,083,793	51,006,660	20,467
대구	542,993	3,105,758	15,268
인천	13,870,765	65,939,273	23,876
광주	189,934	429,418	8,558
대전	152,263	186,769	9,380
울산	4,703,598	13,583,162	32,095
경기	14,357,143	57,085,319	109,424
강원	4,592,715	10,598,883	16,499
충북	784,050	1,156,380	24,009
충남	20,418,773	111,645,164	48,454
전북	3,066,455	9,674,002	22,734
전남	11,291,910	69,054,766	33,097
경북	13,707,258	81,884,729	44,648
경남	9,049,426	58,252,913	34,497
제주	1,086,549	3,122,549	4,738
세종	560,367	2,840,978	2,802

① 충남 지역은 모든 분야에서 1위를 차지하고 있다.
② 발전설비가 가장 적은 지역은 발전량도 가장 적다.
③ 발전량이 1,000,000MWh 미만인 지역은 3개이다.
④ 전력판매량의 평균은 25,000GWh 이상이다.
⑤ 발전설비가 가장 많은 5개 지역은 발전량과 전력판매량이 10위 안에 든다.

18 해외사업본부에서 근무하는 A부장은 해외사업개발을 위하여 독일로 출장을 가려고 한다. 다음 자료를 보고 2018년 11월 2일 오전 10시 45분에 인천에서 출발한 A부장이 영국을 경유하여 독일에 도착하는 현지 날짜 및 시각과 총 소요된 시간으로 올바른 것은?

〈경유지, 도착지 현지시각〉

국가(도시)	현지시각
한국(인천)	2018.11.2 AM 10:45
영국(런던)	2018.11.2 AM 1:45
독일(베를린)	2018.11.2 AM 2:45

〈경로별 비행시간〉

비행경로	비행시간
인천 → 런던	10시간 55분
런던 → 베를린	2시간 5분

※ 런던 경유시간은 4시간 45분이다.

	현지 날짜 및 시각	총 소요시간
①	2018.11.2 PM 6:30	16시간 45분
②	2018.11.2 PM 7:30	17시간 30분
③	2018.11.2 PM 8:30	17시간 45분
④	2018.11.2 PM 9:30	18시간 15분
⑤	2018.11.2 PM 10:30	19시간

19 다음은 2014 ~ 2018년 생활 폐기물 처리 현황에 대한 자료이다. 이에 대한 설명으로 옳지 않은 것은?(단, 비율은 소수 둘째 자리에서 반올림한다)

〈생활 폐기물 처리 현황〉

(단위 : 톤)

처리방법	2014년	2015년	2016년	2017년	2018년
매립	9,471	8,797	8,391	7,613	7,813
소각	10,309	10,609	11,604	12,331	12,648
재활용	31,126	29,753	28,939	29,784	30,454
합계	50,906	49,159	48,934	49,728	50,915

① 매년 생활 폐기물 처리량 중 재활용 비율이 가장 높다.
② 전년도 대비 소각 증가율은 2016년도가 2017년도보다 2배 이상이다.
③ 2014 ~ 2018년 소각량 대비 매립량은 60% 이상이다.
④ 생활 폐기물 처리방법 중 매립은 2014년부터 2017년까지 계속 감소하고 있다.
⑤ 생활 폐기물 처리 현황에서 2018년 재활용 비율은 2014년 소각량 비율의 3배보다 작다.

20 다음 트리즈의 3가지 분리 원칙을 참고하여 〈보기〉의 사례와 같은 원칙을 적용한 것을 고르면?

〈트리즈의 3가지 분리 원칙〉

트리즈는 하나의 특성이 서로 상충되는 상태를 요구받는 물리적 모순이 발생할 경우 이를 극복하기 위한 방법으로 다음의 3가지 분리 원칙을 개발하였다.
1) 시간에 의한 분리
2) 공간에 의한 분리
3) 전체와 부분에 의한 분리
즉, 트리즈는 모순되는 요구를 시간, 공간, 전체와 부분에 따라 분리함으로써 상반되는 요구를 모두 만족시키고자 하였다.

보기

군사용 레이더 장치를 제작하는 A사는 수신전용 안테나를 납품하기 위해 정부의 입찰에 참여했다. 안테나를 설치할 지역은 기온이 영하 20도 이하로 내려가는 추운 지역인 데다가 바람도 거센 곳이었다. 따라서 안테나는 별도의 사후 노력 없이도 강풍과 추위에 견딜 수 있을 만큼 단단해야 했다. 또한 전략적 요충지에 설치되어야 하기에 도보로 운반할 수 있을 정도의 가벼운 무게를 지녀야 했다.

A사는 정부의 입찰 계약을 따내는데 성공했고, 이는 회사의 엔지니어들이 기존과 다른 새로운 해결 방법을 고안했기에 가능했다. 이들은 안테나 전체가 아닌 안테나 기둥을 단단하게 만들고자 안테나 기둥의 표면을 거칠게 만들어 눈이 내리면 기둥에 눈이 쉽게 달라붙도록 하였고, 이 눈이 기둥에 얼어붙어 자동적으로 지지대를 보강하게 한 것이다. 이러한 방법은 별도의 장치를 추가할 필요가 없었으므로 안테나의 무게를 늘리지 않고도 지지대를 강화할 수 있었다.

① 튼튼하면서도 유연함을 유지해야 하는 자전거 체인
② 이·착륙 시 사용했다가 이륙 이후 접어 넣는 비행기 바퀴
③ 고층 건물 내 일정한 층을 분리하여 설치한 엘리베이터
④ 배가 지나갈 때, 다리의 한 쪽이나 양쪽을 들어 올려 배의 통행을 가능하게 한 다리
⑤ 가까운 거리나 먼 거리에 있는 물체 모두를 잘 볼 수 있는 다초점 안경

21 다음 자료를 읽고 〈보기〉를 이해한 것으로 올바르지 않은 것은?

활주로를 달려 하늘로 날아오르는 비행기. 항공기를 이용할 때 이륙과 착륙 시 활주로에 숫자가 적혀 있는 것을 본 적이 있나요? 활주로에 적힌 숫자에는 어떤 의미가 있을까요?
활주로에 적힌 숫자는 활주로 번호입니다. 활주로 번호는 36까지만 사용할 수 있는데요. 전 세계 어느 공항을 가더라도 36이 넘는 활주로 번호는 볼 수 없습니다. 이는 활주로 번호가 360° 방위각을 의미하기 때문입니다. 북쪽을 기준으로 활주로가 가리키는 방향의 각도에 따라 번호가 부여되는 셈이죠. 이렇게 부여된 활주로 번호는 두 자리 숫자로 표기됩니다. 즉, 활주로 방위를 10으로 나눠 소수점을 제외한 정수로 표시하는 것이죠. 10 미만인 경우에는 앞에 0을 붙입니다. 활주로 번호가 09번이면 동쪽, 27은 서쪽, 18은 남쪽 방향이 되며, 북쪽은 36으로 표기합니다. 만약 방위가 같아 동일한 번호를 써야 하는 활주로가 2 ~ 3개인 경우, 숫자 뒤에 L(왼쪽), C(중앙), R(오른쪽)을 붙여 구분하며, 3개가 넘으면 혼동을 방지하기 위해 번호를 달리하여 구분합니다.

〈활주로 운영등급〉

등급	활주로 가시 거리(RVR)	결심고도(DH)
CAT - I	550m 이상	60m 이상 75m 미만
CAT - II	300m 이상 550m 미만	30m 이상 60m 미만
CAT - IIIa	175m 이상 300m 미만	15m 이상 30m 미만
CAT - IIIb	50m 이상 175m 미만	15m 미만
CAT - IIIc	제한 없음	제한 없음

※ RVR(Runway Visual Range) : 활주로 중심선 상에 접지 시 조종사의 평균적인 눈높이에서 이륙 방향 또는 착륙 방향을 바라볼 때, 활주로 혹은 활주로를 표시하는 등불 또는 표지를 볼 수 있는 최대의 거리
※ DH(Decision Height) : 조종사가 착륙 또는 복행을 최종적으로 결심하는 고도. 즉, 특정 고도에 다다랐을 때 활주로 또는 주변 시각참조물이 보이지 않을 경우 재접근을 위한 복행을 시작해야 함

보기

〈공항별 활주로 정밀운영 등급〉

구분	활주로 방향	등급
A공항	15R, 33L, 15L, 33R, 16, 34	CAT - IIIa
B공항	32L, 14, 32R	CAT - IIIb
C공항	36, 18	CAT - I
D공항	06, 24	CAT - I

① 남동쪽 활주로를 보유한 공항은 모두 2곳이다.
② A, B, C, D공항 중 같은 방위의 활주로를 가장 많이 보유하고 있는 곳은 A공항이다.
③ A, B, C, D공항 중 활주로 운영등급이 최고인 곳은 없다.
④ DH 15m 미만에서 활주로가 식별되었을 때 안전하게 하강할 수 있는 공항은 B이다.
⑤ 북쪽 방향 활주로의 개수보다 남쪽 방향 활주로의 개수가 더 많다.

※ 연명의료중단에 관한 글을 읽고 이어지는 질문에 답하시오. [22~23]

■ **연명의료중단등결정의 이행**

연명의료중단등결정을 이행하려는 담당의사는 ① 이행 대상 환자인지 판단하고 ② 연명의료중단등결정에 관한 해당 환자의 의사를 확인한 후 ③ 이행하여야 함

① 이행 대상 환자 판단
  • 담당의사와 해당 분야 전문의 1명은 해당 환자가 임종과정에 있는지 여부를 판단하여야 하며, 그 결과를 기록하여야 함
② 연명의료중단등결정에 관한 환자 의사 확인
  • 임종과정에 있는 환자에 대하여 연명의료중단등결정을 이행하려는 담당의사는 다음 중 어느 하나의 방법으로 환자의 의사를 확인하고 기록하여야 함
  가. 연명의료계획서로 확인
  나. 사전연명의료의향서로 확인
    - (환자의 의사능력이 있는 경우) 환자가 미리 작성한 사전연명의료의향서(이하 '의향서')가 있는 경우 담당의사가 그 내용을 환자에게 확인
    - (환자의 의사능력이 없는 경우) 미리 작성한 의향서가 있어도 환자가 의향서의 내용을 확인하기에 충분한 의사능력이 없다는 의학적 판단이 있는 경우, 의향서의 적법성을 담당의사와 해당 분야의 전문의가 함께 확인
  다. 환자의 의사에 대한 환자가족 2인 이상의 일치하는 진술로 확인
    - 위의 방법으로 환자의 의사를 확인할 수 없고, 환자도 자신의 의사를 표현할 수 없는 의학적인 상태인 경우, 담당의사와 해당 분야 전문의 1명은 환자의 연명의료중단등결정에 관한 의사로 보기에 충분한 기간 동안 일관하여 표시된 연명의료중단등에 관한 의사에 대하여 19세 이상의 환자가족 2명 이상의 일치하는 진술을 확인하면 환자의 의사로 간주함
    - '환자가족'이란, 19세 이상인 자로서 ① 배우자, ② 직계비속, ③ 직계존속을 말하며, ①, ②, ③이 모두 없는 경우에만 형제자매가 해당
    - 환자가족이 1명만 있는 경우에는 해당하는 1명의 진술로 가능
    - 환자가족의 진술과 배치되는 내용의 다른 환자가족의 진술이나 객관적인 증거가 있는 경우에는 환자의 의사로 추정할 수 없음
  라. 환자가족 전원의 합의를 통한 환자의 연명의료중단등결정
    - 연명의료계획서나 사전연명의료의향서 또는 환자가족의 진술 등으로 환자의 의사를 확인할 수 없고, 환자가 자신의 의사를 표현할 수 없는 의학적 상태일 때는 환자가족 전원의 합의로 연명의료중단등결정의 의사표시를 하고 이를 담당의사와 해당 분야 전문의 1명이 확인
    - 이 때, ① 경찰관서에 행방불명 사실이 신고된 날부터 3년 이상 경과한 사람, ② 실종선고를 받은 사람, ③ 의식불명 또는 이에 준하는 사유로 자신의 의사를 표명할 수 없는 의학적 상태에 있는 사람으로서 전문의 1명 이상의 진단·확인을 받은 사람은 환자가족의 범위에서 제외함
    - 미성년자에 대해서는 환자의 친권자인 법정대리인의 의사표시를 담당의사와 해당 분야 전문의 1명이 확인
    - 다만, 담당의사 또는 해당 분야 전문의 1명이 환자가 연명의료중단등결정을 원하지 아니하였다는 사실을 확인한 경우에는 할 수 없음

③ 이행
- 담당의사는 확인된 환자의 연명의료중단등결정을 존중하여 이행하여야 함
- 이행히는 경우에도, 통증완화를 위한 의료행위와 영양분 공급, 물 공급, 산소의 단순 공급은 시행하지 않거나 중단해서 는 아니 됨
- 담당의사는 이행을 거부할 수 있으며, 이 경우 의료기관의 장은 의료기관윤리위원회의 심의를 거쳐 담당의사를 교체하여 야 함. 다만 연명의료중단등결정의 이행 거부를 이유로 담당의사에게 해고나 그 밖의 불리한 처우를 하여서는 아니 됨
- 담당의사는 이행 과정 및 결과를 기록하여야 하며, 의료기관의 장은 그 결과를 관리기관의 장에게 통보하여야 함

┃ 국민건강보험공단

22 A병원의 의사들은 연명의료결정 제도가 시행됨에 따라 관련 자료를 찾아보았다. 올바르지 않은 내용을 이야기한 사람은?

① 갑 : 연명의료중단등결정을 이행하기 전에 담당의사는 두 가지 단계를 거쳐야 해.

② 을 : 맞아, 해당 환자인지 판단할 때는 담당의사뿐만 아니라 해당 분야 전문의의 의견도 필요해.

③ 병 : 환자 의사를 확인할 경우, 환자가 사전에 의향서를 작성했다면 담당의사는 그 내용을 바탕으로 연명의료를 중단할 수 있어.

④ 정 : 만약 담당의사가 환자의 연명의료중단을 거부한다고 해도 이것을 이유로 의사에게 불리한 처우를 할 수는 없어.

┃ 국민건강보험공단

23 다음 〈보기〉의 상황에서 갑이 판단할 수 있는 것으로 올바르지 않은 것은?

> **보기**
>
> A병원의 의사 갑의 담당환자 중 연명의료중단을 원하는 말기 암 환자인 김길동 씨가 있다. 김길동 씨는 가족들에게 경제적 부담을 주기 싫다며 세 달 전 사전연명의료의향서를 작성하였다. 최근 상태가 급격히 악화된 김길동 씨는 본인의 의사도 제대로 표현할 수 없을 정도가 되었으며, 더 이상 어떠한 치료도 무의미한 상태가 되었다.

① 가족 중 김길동 씨의 어머니가 실종되었다고 들었는데, 어머니는 환자가족 범위에 포함되지 않지만 18살인 막내 아들은 포함해야 하겠네.

② 환자가족들을 불러 김길동 씨가 평소 연명의료중단에 대해 일관된 의사를 보였는지 진술을 확인해야겠어.

③ 만약 환자가족의 진술로도 정확히 확인할 수 없다면, 환자가족 전원의 합의가 필요할 거야.

④ 김길동 씨에게는 배우자와 두 아들이 있으니 김길동 씨 누나의 진술은 법적으로 효과가 없을 거야.

※ H대리는 가을을 맞아 가족들과 1박 2일로 가평펜션으로 여행을 가기로 하였다. 다음은 가평에 가기 위한 대중교통수단별 운행요금 및 소요시간과 자가용 이용 시 현황에 대한 자료이다. 자료를 참고하여 이어지는 질문에 답하시오. [24~26]

〈대중교통수단별 운행요금 및 소요시간〉

구분	운행요금			소요시간		
	수원역 ~ 서울역	서울역 ~ 청량리역	청량리역 ~ 가평역	수원역 ~ 서울역	서울역 ~ 청량리역	청량리역 ~ 가평역
기차	2,700원	–	4,800원	32분	–	38분
버스	2,500원	1,200원	3,000원	1시간 16분	40분	2시간 44분
지하철	1,850원	1,250원	2,150원	1시간 03분	18분	1시간 17분

※ 운행요금은 어른 요금이다.

〈자가용 이용 시 현황〉

구분	통행료	소요시간	거리
A길	4,500원	1시간 49분	98.28km
B길	4,400원	1시간 50분	97.08km
C길	6,600원	1시간 49분	102.35km

※ 거리에 따른 주유비는 124원/km이다.

조건

- H대리 가족은 어른 2명, 아이 2명이다.
- 아이 2명은 각각 만 12세, 만 4세이다.
- 어린이 기차 요금(만 13세 미만)은 어른 요금의 50% 할인 적용하고, 만 4세 미만은 무료이다.
- 어린이 버스 요금(만 13세 미만)은 어른 요금의 20% 금액이고, 만 5세 미만은 무료이다.
- 어린이 지하철 요금(만 6세 ~ 만 12세)은 어른 요금의 40%이며, 만 6세 미만은 무료이다.

24 수원역 가까이에 사는 H대리는 가족과 함께 여행준비를 하고 있다. 이번 주 주말에 가평 펜션에 가기위해 대중교통편을 여러 방면으로 생각해보고 있다. 수원역에서 가평까지 소요시간에 상관없이 기차를 반드시 세 구간 중 한 구간만 이용한다고 할 때, 다음 중 최소비용으로 가는 방법과 그 비용은 얼마인가?

교통수단	비용
① 지하철 → 지하철 → 기차	15,850원
② 버스 → 지하철 → 기차	15,800원
③ 지하철 → 버스 → 기차	16,060원
④ 기차 → 버스 → 지하철	15,900원
⑤ 기차 → 지하철 → 지하철	16,260원

PART 2 ┃ PSAT형 5개년 기출문제

25 H대리는 수원역에서 가평역까지 기차를 반드시 한 번만 이용하기로 결정했다. 가평역까지 총 소요된 시간이 2시간 ~ 2시간 20분일 때, 다음 중 최소비용으로 가는 교통수단 순서는 무엇인가?(단, 환승시간은 무시한다)

① 지하철 → 지하철 → 기차
② 버스 → 지하철 → 기차
⓪ 지하철 → 버스 → 기차
④ 기차 → 버스 → 지하철
⑤ 기차 → 지하철 → 지하철

26 H대리는 가족과 상의 후 자가용으로 편하게 가평까지 가기로 하였다. 가는 길이 A ~ C길 세 가지가 있을 때, 최대비용과 최소비용의 차이는 얼마인가?(단, 비용은 통행료 및 총 주유비이며, 계산 값은 일의 자리에서 반올림한다)

① 2,750원   ② 2,800원
③ 2,850원   ④ 2,900원
⑤ 2,950원

언택트란 접촉을 뜻하는 '콘택트(Contact)'에 부정을 뜻하는 '언(Un)'을 붙여 만든 신조어로서, 고객과 대면하지 않고 서비스나 상품을 판매하는 기술이 생활 속에서 확산되는 현상을 가리킨다. 쉽게 말해 키오스크(Kiosk), 드론, VR(가상현실) 쇼핑, 챗봇 등으로 대표되는 첨단기술을 통해 사람 간의 대면 없이 상품이나 서비스를 주고받을 수 있게 된 것을 두고 '언택트'라고 하는 것이다. 최근 많은 기업과 기관에서 언택트를 핵심으로 한, 이른바 언택트 마케팅을 펼치고 있는데, 그 영역이 대면 접촉이 불가피했던 유통업계로까지 확장되면서 사람들의 관심을 모으고 있다.

어느새 우리 일상에 자리한 ⊙ 언택트 마케팅의 대표적인 예로 들 수 있는 것이 앞서 언급한 키오스크 무인주문 시스템이다. 특히 패스트푸드 업계에서 키오스크가 대폭 확산 중인데, A업체는 2014년 처음 키오스크를 도입한 후 꾸준히 늘려가고 있고, B업체도 올해까지 전체 매장의 50% 이상인 250개 곳에 키오스크를 확대할 예정이다. 이러한 흐름은 패스푸드점에만 국한되는 것이 아니며, 더 진화한 형태로 다양한 업계에서 나타나고 있다. 최근 커피전문점에서는 스마트폰 앱을 통해 주문과 결제를 완료한 후 매장에서 제품을 수령하기만 하면 되는 시스템을 구축해 나가고 있고, 마트나 백화점은 무인시스템 도입을 가속화하는 것에서 한발 더 나아가 일찌감치 '쇼핑 도우미 로봇' 경쟁을 펼치고 있다

이처럼 언택트 마케팅의 봇물이 터지는 이유는 무엇일까? 소비자들이 더 간편하고 편리한 것을 추구하는 데 따른 결과이기도 하지만, 판매 직원의 과도한 관심에 불편을 느끼는 소비자들이 늘고 있는 것도 한 요인으로 볼 수 있다. 특히 젊은 층에서 대면 접촉에 부담을 느끼는 경향이 두드러지는데, 이를 반영하듯 '관계'와 '권태기'를 합성한 신조어인 '관태기', 그리고 모바일 기기에 길들여진 젊은 층이 메신저나 문자는 익숙한 반면 전화 통화를 두려워한다는 뜻의 '콜포비아'란 신조어가 화제가 되기도 했다. 언택트 마케팅의 확산을 주도한 또 다른 요인으로는 인공지능(AI)과 빅데이터, 사물인터넷(IoT) 등 이른바 '4차 산업혁명'을 상징하는 기술의 진화를 꼽을 수 있다. 하지만 우리는 기술의 진화보다 소비자들이 언택트 기술에 익숙해지고, 나아가 편안하게 느끼기 시작했다는 것에 더 주목할 필요가 있다. 언택트 마케팅을 이해하고 전망하는 데 있어 결코 간과해선 안 될 것이 언택트 기술을 더 이상 낯설게 여기지 않는 인식이라는 이야기다.

언택트 기술의 보편화는 구매의 편의성을 높이고 소비자가 원하는 '조용한 소비'를 가능하게 한다는 점에서 긍정적으로도 볼 수 있으나, 일자리 감소와 같은 노동시장의 변화와 디지털 환경에 익숙하지 않은 고령층을 소외시키는 '언택트 디바이드(Untact Divide)'를 낳을 수 있다는 경고도 무시할 수 없다. 이와 관련해서 한 소비트렌드 분석센터는 '비대면 접촉도 궁극적으로는 인간이 중심이 되어야 한다.'며 '굳이 인력이 필요하지 않은 곳은 기술로 대체하고, 보다 대면 접촉이 필요한 곳에는 인력을 재배치하는 기술과 방법이 병행되어야 하며, 그에 따라 그동안 무료로 인식됐던 인적 서비스가 프리미엄화되면서 차별화의 핵심 요소로 등장하게 될 것'이라는 전망을 내놓고 있다.

27 다음 중 윗글의 내용과 일치하지 않는 것은?

① 언택트 기술은 소비자가 원하는 '조용한 소비'를 가능하게 한다.
② 키오스크 무인주문 시스템은 다양한 업계에서 더 진화한 형태로 나타나고 있다.
③ 소비자들은 언택트 기술을 더 이상 낯설게 여기지 않는다.
④ 될 수 있는 한 인력을 언택트 기술로 대체하여 인력 낭비를 줄여야 한다.
⑤ 언택트 마케팅은 대면 접촉이 불가피했던 유통업계로까지 확장되고 있다.

28 밑줄 친 ㉠의 확산 원인으로 적절하지 않은 것은?

① 더욱더 간편하고 편리한 것을 추구하는 소비자
② 판매 직원의 과도한 관심에 불편을 느끼는 소비자의 증가
③ 인공지능, 사물인터넷 등 기술의 진화
④ 대면 접촉에 부담을 느끼는 젊은 층의 경향
⑤ 디지털 환경에 익숙하지 않은 고령층의 증가

29 다음 중 밑줄 친 ㉠의 사례로 보기 어려운 것은?

① 화장품 매장의 '혼자 볼게요.' 쇼핑바구니
② 매장 내 상품의 정보를 알려주는 바코드 인식기
③ 무인 편의점의 지문을 통한 결제 시스템
④ 24시간 상담원과 통화연결이 가능한 고객 상담 센터
⑤ 피부 상태를 체크하고 적합한 제품을 추천해주는 스마트 미러

30 다음은 인천국제공항의 공항이용 안내문의 일부 내용이다. 공항이용 안내문을 이해한 내용으로 적절한 것은?

■ **수하물 보내기 전 주의사항**

1) 타인이 수하물 운송을 부탁할 경우 사고 위험이 있으므로 반드시 거절하시기 바랍니다.
2) 카메라, 귀금속류 등 고가의 물품과 도자기, 유리병 등 파손되기 쉬운 물품은 직접 휴대하시기 바랍니다.
3) 짐 분실에 대비하여 가방에 소유자의 이름, 주소지 목적지를 영문으로 작성하여 붙여 두십시오.
4) 위탁 수하물 중에 세관신고가 필요한 경우에는 대형 수하물 전용 카운터(B·D 카운터 뒤편) 옆 세관 신고대에서 신고해야 합니다.

■ **위탁 수하물 금지 물품**

다음 물품은 위탁 수하물(부치는 짐) 금지 물품입니다. 짐을 부치기 전 반드시 확인하시기 바랍니다(※ 보조배터리는 기내 수하물에 반입 가능하며 반입 기준은 항공사마다 다를 수 있습니다).

 보조배터리   라이터

■ **수하물 보낼 때 분류 방법**

1) 기내 수하물(가지고 타는 짐)
   규격 : (A)가로+(B)세로+(C)폭=115cm 이하
   무게 : 10kg ~ 12kg
2) 위탁 수하물(부치는 짐)
   규격 : (A)가로+(B)세로+(C)폭=158cm 이하
   무게 : 20 ~ 23kg
3) 대형 수하물(부치는 짐)
   규격 : (A)가로45cm+(B)세로90cm+(C)폭=70cm 이상
   무게 : 50kg 이상
※ 대형 수하물은 항공사 체크인카운터에서 요금을 지불한 후,
   D·E 카운터 뒤편 대형 수하물 카운터에서 탁송

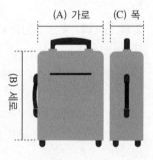

■ **수하물 재검사 안내**

- 여객이 부친 짐에 대하여 보안 검색을 실시하여, 항공기 내 반입 금지 물품이 발견될 경우 수하물검사실에서 개봉검색을 시행합니다.
- 수하물 검사 대상 여객께서는 출국장을 통과하신 뒤 지정된 수하물검사실에서 검사를 받으셔야 기내에 탑승하실 수 있습니다.
- 수하물검사실 위치 : 면세구역 내 수하물검사실 A, B

---

① 타인이 수하물 운송을 부탁할 경우 되도록이면 거절해야 한다.
② 카메라, 귀금속류 등 고가의 물품은 이름을 작성하여 붙인 뒤 수하물로 부친다.
③ 보조배터리는 기내에 가지고 탈 수 있으며, 반입기준은 항공사마다 다를 수 있다.
④ 수하물의 가로, 세로, 폭의 합이 158cm 이하인 경우 대형 수하물로 분류된다.
⑤ 위탁 수하물은 반드시 수하물검사실에서 개봉검색을 받아야 한다.

31 다음은 A ~ E자동차의 성능을 비교한 자료이다. K씨의 가족은 서울에서 거리가 140km 떨어진 곳으로 여행을 가려고 한다. 가족 구성원은 총 4명이며, 모두가 탈 수 있는 차를 렌트하려고 할 때, 어떤 자동차를 이용하는 것이 가장 비용이 적게 드는가?(단, 비용은 일의 자리에서 반올림한다)

〈자동차 성능 현황〉

구분	종류	연료	연비
A자동차	하이브리드	일반 휘발유	25km/L
B자동차	전기	전기	6km/kW
C자동차	가솔린 자동차	고급 휘발유	19km/L
D자동차	가솔린 자동차	일반 휘발유	20km/L
E자동차	가솔린 자동차	고급 휘발유	22km/L

〈연료별 비용〉

구분	비용
전기	500원/kW
일반 휘발유	1,640원/L
고급 휘발유	1,870원/L

〈자동차 인원〉

구분	인원
A자동차	5인승
B자동차	2인승
C자동차	4인승
D자동차	6인승
E자동차	4인승

① A자동차
② B자동차
③ C자동차
④ D자동차
⑤ E자동차

※ 다음은 성별 및 연령대별 일자리 비율을 나타낸 표이다. 주어진 표를 참고하여 이어지는 질문에 답하시오(단, 비율은 소수점 이하 둘째 자리에서 반올림한다). [32~34]

<성별 및 연령대별 일자리 비율 현황>

구분	지속일자리(%)		신규채용일자리(%)		총 일자리 수(만 개)
	남성	여성	남성	여성	
19세 이하	6.0	6.0	44.0	44.0	25.0
20 ~ 29세	23.3	25.4	26.9	24.4	330.5
30 ~ 39세	44.6	27.3	16.9	11.2	529.6
40 ~ 49세	45.6	28.6	14.1	11.7	617.8
50 ~ 59세	44.9	28.0	15.4	11.6	531.6
60세 이상	44.6	23.4	19.0	12.9	288.2

※ (총 일자리 수)=(지속일자리 수)+(신규채용일자리 수)
※ 총 일자리 수는 남자, 여자 모두 포함된 개수이다.

▎ 국민건강보험공단

32 20 ~ 29세 여성의 신규채용일자리 수와 50 ~ 59세 남성의 지속일자리 수의 차이는 얼마인가?(단, 결괏값은 백의 자리에서 반올림한다)

① 157.6만 개   ② 158.0만 개
③ 158.4만 개   ④ 158.8만 개

▎ 국민건강보험공단

33 40대 남성의 총 일자리 수 대비 지속일자리 수의 비율은?(단, 비율은 소수점 이하 둘째 자리에서 반올림한다)

① 76.4%   ② 76.0%
③ 75.6%   ④ 75.2%

▎ 국민건강보험공단

34 다음 <보기> 중 성별 및 연령대별 일자리 비율 현황에 대해 이해한 내용으로 옳은 것을 모두 고르면?

> 보기
>
> ㄱ. 50세 미만 남성의 지속일자리 비율과 50세 미만 남성의 신규채용일자리 비율의 증감추세는 반대이다.
> ㄴ. 30 ~ 59세 여성의 지속일자리 비율과 30 ~ 59세 여성의 신규채용일자리 비율의 증감추세는 같다.
> ㄷ. 20대 총 일자리 수는 40대 총 일자리 수의 55% 이상이다.
> ㄹ. 40대 연령대에서 남성 신규채용일자리 대비 여성 신규채용일자리 비율은 80% 이상이다.

① ㄱ, ㄷ   ② ㄴ, ㄹ
③ ㄱ, ㄴ, ㄹ   ④ ㄴ, ㄷ, ㄹ

35 한국전력공사는 사원들에게 사택을 제공하고 있다. 현재 2명이 사택을 제공받을 수 있으며, 사택 신청자는 A ~ E 5명이다. 사택을 제공받을 2명을 선발하기 위해 다음 기준표를 적용할 때, 〈보기〉의 A ~ E 중 사택을 제공받을 수 있는 사람은?

〈사택 입주자 선정 기준표〉

항목	산정 기준
직급	차장 5점, 과장 4점, 대리 3점, 주임 2점, 사원 1점
직종	연구직·기술직 10점, 사무직 5점
호봉	1호봉마다 0.5점
근속연수	실 근무연수 10년까지 매1년 1점
동반가족	가족 1인당 7점 (최대 50점)

※ 근속연수에 휴직기간은 포함하지 않는다. 해고 또는 퇴직 후 일정기간을 경과하여 다시 재고용된 경우에는 이전에 고용되었던 기간(개월)을 통산하여 근속연수에 포함한다. 근속연수 산정은 2018.1.1.을 기준으로 한다.
※ 6개월 이상 1년 미만 근무 시 해당 연도를 1점으로 처리한다.
※ 무주택자는 10점을 가산한다.
※ 동반가족 : 배우자 및 직계존비속(배우자 포함) 중 실제 동거 가족
※ 동점일 경우 가족부양 수가 많은 사람이 우선순위로 선발된다.

보기

구분	직종	호봉	입사일	동반가족(실제 동거)	주택유무	비고
A대리	사무직	3	2014.08.20.	아내	무주택	-
B사원	기술직	1	2017.05.17.	아내, 아들 1명	무주택	-
C과장	연구직	6	2010.02.13.	어머니, 아내 딸 1명	유주택	• 2014.12.17. 퇴사 • 2016.03.15. 재입사
D주임	사무직	2	2016.03.03.	아내, 아들 1명, 딸 2명	무주택	-
E차장	기술직	4	2011.05.06.	아버지, 어머니, 아내, 아들 2명	유주택	-

① A, C
② D, E
③ A, D
④ B, C
⑤ B, E

1880년대 후반, 미국에서는 '전류 전쟁(War of Current)'으로 불리는 격렬한 논쟁이 불붙었습니다. 송전과 배전 기술 역사상 가장 뜨거웠던 이 논쟁에서는 직류(DC)와 교류(AC) 중 어느 쪽을 표준 송배전 시스템으로 채택할 것인지를 두고 이해당사자 간 치열한 주도권 싸움이 펼쳐졌습니다.

결과는 교류 진영의 승리였습니다. 당시만 해도 전력을 멀리 보내는 데 필요한 변압기가 테슬라 교류 방식으로 먼저 개발됐기 때문입니다. 발전소에서 생산한 전력을 각 지역으로 보내려면 변압 기술이 필수적이므로 교류 진영의 승리는 어찌 보면 당연한 결과였습니다.

전류 전쟁 이후 100여 년이 흐른 지금까지도 전 세계는 교류 전력을 주로 사용 중입니다. 그렇다고 해서 직류 방식이 완전히 자취를 감춘 것은 아닙니다. 오히려 최근 들어 전 세계적으로 직류 송배전 시스템에 주목하는 추세입니다. 전력 기술의 발전으로 직류의 승압과 감압이 교류만큼 용이해졌기 때문입니다. 전류 전쟁 당시 교류 진영이 주도권을 쥘 수 있었던 장점이 퇴색된 셈입니다.

직류의 장점은 송전 시 전력 손실이 교류보다 적다는 점입니다. 교류는 장거리 송전 시 직류보다 전력 손실이 40%쯤 더 많이 발생합니다. 직류를 쓰면 전력 계통의 안정성도 높일 수 있습니다. 전력 제어가 쉽고 전력망끼리 연계해 정전 사고가 발생하더라도 피해를 줄일 수 있습니다.

또 직류는 전류 이동량 및 이동 방향이 시간에 따라 주기적으로 변하는 교류와 달리 전류 이동량과 이동 방향이 항상 일정해 주파수가 없습니다. 주파수가 없다는 것은 곧 인체에 유해한 영향을 미칠 수 있는 전자파가 발생하지 않음을 의미합니다. 현재 시중에서 판매 중인 모든 가전제품은 교류 방식에 최적화돼 있습니다. 하지만 가전제품 내부에서 동작하는 핵심 부품의 경우 여전히 직류로 동작하는 경우가 많습니다. 에어컨, 냉장고, 세탁기, 진공청소기 등에 탑재되는 인버터 모터와 컴프레서의 경우 직류를 사용하는 대표적인 부품 중 하나입니다. 이 때문에 가전제품 내부에서는 교류로 들어온 전류를 직류로 다시 변환하는 과정을 수행합니다. 이 과정에서 5 ~ 15%쯤 전력 손실이 발생합니다.

최근 급격히 늘고 있는 태양광, 연료전지, 에너지 저장 시스템(ESS) 등 친환경 발전 시스템도 직류 방식을 씁니다. 태양광 발전으로 만든 전기를 일반 교류 방식 가전제품에서 쓰려면 전력 손실을 감수하고 변환 과정을 거쳐야 합니다. 직류를 변환 없이 그대로 쓸 수 있다면 좋겠지만, 이를 위해서는 직류 방식의 가전제품이 대중화되길 기다릴 수밖에 없습니다.

세계 각국에서는 기존 교류 방식의 발전·송전·배전 시스템을 모두 직류 방식으로 구축하려는 시도를 펼치고 있습니다. 차세대 송전 기술로 불리는 고압 직류(HVDC)는 물론이고, 중·저압 직류 시장의 잠재력도 높은 평가를 받습니다. 한국전력공사도 2010년부터 직류 배전 기술 개발에 착수해 2020년부터 국내에서 직류 전력 공급을 시작한다는 계획입니다.

일상생활에서 필수적인 가전제품을 비롯해 스마트폰, 향후 빠르게 보급될 전기자동차에 이르기까지 전기의 중요성은 날로 높아지고 있습니다. 130년 넘게 당연하게 써온 전력 시스템이 단숨에 바뀌지는 않겠지만, 더 효율적인 전력 사용을 위한 노력은 미래 전력 분야에 많은 변화와 새로운 트렌드를 이끌어낼 것으로 기대됩니다.

36 기사와 일치하지 않는 것은?

① 교류 전력은 직류 전력보다 전력 손실이 크다.

② 직류 배전 기술 개발은 더 효율적인 전력 사용을 위한 노력의 일환이다.

③ 가전제품은 교류 방식에 최적화돼 있지만 핵심 부품의 경우 직류로 동작하는 경우가 많다.

④ 한국전력공사는 직류 방식으로 전력을 공급하기 위해 준비하고 있다.

⑤ 발전·송전·배전 시스템의 직류 방식은 세계 각국에서 본격적으로 사용되고 있다.

37 직류와 교류에 관한 설명으로 올바른 것은?

① 교류 방식은 직류 방식보다 경제적이기 때문에 송배선 시스템으로 채택되었다.

② 긴 거리에는 교류 방식이 더 적합하다.

③ 직류 방식을 사용했을 때 인체에 유해한 전자파가 미치는 영향을 고려해야 한다.

④ 교류 방식이 더 안정성이 높아 사고발생률이 적다.

⑤ 친환경 발전 시스템에서 생산한 전기를 손실 없이 사용하기 위해선 일반 가전제품에 완전한 직류 방식 도입이 필요하다.

※ 다음은 궁능원 관람객 수에 관한 자료이다. 이어지는 질문에 답하시오. [38~39]

⟨2010 ~ 2017년 궁능원 관람객 수⟩

(단위 : 천 명)

구분	2010년	2011년	2012년	2013년	2014년	2015년	2016년	2017년
유료관람객 수	6,688	6,805	6,738	6,580	7,566	6,118	7,456	5,187
무료관람객 수	3,355	3,619	4,146	4,379	5,539	6,199	6,259	7,511
외국인	1,877	2,198	2,526	2,222	2,690	2,411	3,849	2,089

⟨2013 ~ 2017년 궁능원 관람객 수⟩

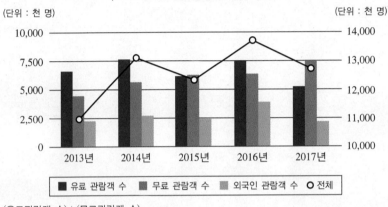

※ (전체관람객 수)=(유료관람객 수)+(무료관람객 수)

38 다음 자료에 대한 〈보기〉 설명 중 옳지 않은 것을 모두 고르면?

ㄱ. 2015년 전체관람객 수는 전년보다 감소하였으니 무료관람객 수는 전년보다 증가하였다.

ㄴ. 2017년 외국인관람객 수는 전년 대비 43% 미만 감소하였다.

ㄷ. 2014 ~ 2017년의 전체관람객 수와 유료관람객 수의 증감 추이는 같다.

ㄹ. 2011 ~ 2017년 중 전체관람객 수가 전년 대비 가장 많이 증가한 해는 2012년이다.

① ㄱ, ㄴ   ② ㄱ, ㄷ

③ ㄴ, ㄷ   ④ ㄴ, ㄹ

⑤ ㄷ, ㄹ

39 2018년 궁능원 관람객 수 예측 자료를 참고하여 2018년 예상 전체관람객 수와 예상 외국인관람객 수를 올바르게 구한 것은?(단, 소수점 이하 첫째 자리에서 버린다)

- 고궁 야간관람 및 '문화가 있는 날' 행사 확대 운영으로 유료관람객 수는 2017년 대비 24% 정도 증가할 전망이다.
- 적극적인 무료관람 콘텐츠 개발로 무료관람객 수는 2010년 무료관람객 수의 2.4배 수준일 것으로 예측된다.
- 외국인을 위한 문화재 안내판, 해설 등 서비스의 품질 향상 노력과 각종 편의시설 개선 노력으로 외국인관람객 수는 2017년 보다 약 35,000명 정도 증가할 전망이다.

	예상 전체관람객 수	예상 외국인관람객 수
①	13,765천 명	1,973천 명
②	13,765천 명	2,124천 명
③	14,483천 명	1,973천 명
④	14,483천 명	2,124천 명
⑤	15,121천 명	1,973천 명

40 다음은 국민건강보험공단의 임신·출산 진료비 지원 사업 관련 보고서이다. 다음 보고서를 이해한 내용으로 올바르지 않은 것은?

사업명	임신·출산 진료비 지원 사업
사업개요 및 추진경과	• 추진배경 – 저출산 장기화 및 출생아 감소 등 인구절벽에 대한 출산 친화적 환경 조성을 위해 임산부 의료비 부담을 경감하여 출산의욕 고취 • 추진기간 : 2018. 1. 1. ~ (매년 사업) • 총사업비 : 235,867백만 원(2018년 예산 기준) • 주요내용 – 건강보험 가입자(피부양자) 중 임신 중인 자가 산부인과 전문의로부터 발급받은 '임신·출산 진료비 지원 신청서'를 금융기관(카드사·은행) 또는 공단 지사에 제출 후 바우처 등록 및 카드를 발급 후 지정요양기관에서 임신 및 출산과 관련하여 진료받은 급여, 비급여 비용 중 임산부 본인이 부담한 금액을 국민행복카드로 결제 ※ 지정요양기관 : 산부인과, 조산원, 한의원 등 • 추진경과 – (2008. 12) 출산 전 진료비 지원(부가급여 법령 제정) – (2009. 7) 명칭변경 : 출산 전 진료비 → 임신·출산 진료비 – (2010. 4) 지원 금액 인상 20만 원 → 30만 원 – (2011. 4) 지원 금액 인상 30만 원 → 40만 원 – (2012. 4) 지원 금액 인상 40만 원 → 50만 원, 지정요양기관에 조산원 확대 – (2012. 7) 다태아 임산부 지원금 인상(50만 원 → 70만 원) – (2013. 4) 한방의료기관 지정요양기관 확대, 지원금 1일 사용한도 폐지 – (2015. 5) 고운맘 카드 → 국민행복카드(다수 바우처를 하나의 카드로 이용) 　　　　　　위탁금융사 확대 및 변경 – (2016. 7) 분만 취약지 20만 원 추가지원, 임신확인서 발급기준 마련 – (2017. 1) 다태아 임산부 지원금 인상(70만 원 → 90만 원) 　　　　　　공단 직접 방문 접수 → 공단 홈페이지 온라인 지원신청 확대 – (2017. 9) 지원신청대상 확대(임신 중 신청자 → 유·출산 후 신청자)

추진실적

• 임신·출산 진료비 지원 – 2018년 6월 기준　　　　　　　　　　　　　　　　(단위 : 명, 억 원)

구분	2009년	2010년	2011년	2012년	2013년	2014년	2015년	2016년	2017년	2018년
신청자 수	453,569	499,106	479,225	492,714	468,769	482,077	462,705	424,384	392,833	189,119
지급액	1,029	1,192	1,664	2,104	2,376	2,347	2,301	2,160	1,868	944

① 임신·출산 진료비 지원 신청자 수는 2014년 이후 2018년 현재까지 계속 감소하는 추세이다.

② 임신·출산 진료비 지원 금액은 2018년 현재 45만 원 이상을 지원받을 수 있다.

③ 2016년 7월 이후 분만 취약지에 거주하는 임산부의 경우 20만 원을 추가로 지원받을 수 있게 되었다.

④ 국민행복카드를 발급받기 위해서는 지원신청서를 임산부가 직접 공단 지사에 제출해야 한다.

2017년 기출문제

정답 및 해설 p.80

| 한국중부발전

01 다음 중 비트코인의 특징으로 올바르지 않은 것은?

비트코인은 지폐나 동전과 달리 물리적인 형태가 없는 온라인 가상화폐(디지털 통화)로, 디지털 단위인 '비트(Bit)'와 '동전(Coin)'을 합친 용어다. 나카모토 사토시라는 가명의 프로그래머가 빠르게 진전되는 온라인 추세에 맞춰 갈수록 기능이 떨어지는 달러화, 엔화, 원화 등과 같은 기존의 법화(Legal Tender)를 대신할 새로운 화폐를 만들겠다는 발상에서 2009년 비트코인을 처음 개발했다.

특히 2009년은 미국발(發) 금융위기가 한창이던 시기여서 미연방준비제도(Fed)가 막대한 양의 달러를 찍어내 시장에 공급하는 양적완화가 시작된 해로, 달러화 가치 하락 우려가 겹치면서 비트코인이 대안 화폐로 주목받기 시작했다. 비트코인의 핵심은 정부나 중앙은행, 금융회사 등 어떤 중앙집중적 권력의 개입 없이 작동하는 새로운 화폐를 창출하는 데 있다. 그는 인터넷에 남긴 글에서 "국가 화폐의 역사는 (화폐의 가치를 떨어뜨리지 않을 것이란) 믿음을 저버리는 사례로 충만하다"고 비판했다.

비트코인은 은행을 거치지 않고 개인과 개인이 직접 돈을 주고받을 수 있도록 '분산화된 거래장부' 방식을 도입했다. 시스템상에서 거래가 이뤄질 때마다 공개된 장부에는 새로운 기록이 추가된다. 이를 '블록체인'이라고 한다. 블록체인에 저장된 거래기록이 맞는지 확인해 거래를 승인하는 역할을 맡은 사람을 '채굴자'라고 한다. 컴퓨팅 파워와 전기를 소모해 어려운 수학 문제를 풀어야 하는 채굴자의 참여를 독려하기 위해 비트코인 시스템은 채굴자에게 새로 만들어진 비트코인을 주는 것으로 보상한다. 채굴자는 비트코인을 팔아 이익은 남길 수 있지만, 채굴자 간 경쟁이 치열해지거나 비트코인 가격이 폭락하면 어려움에 처한다.

비트코인은 완전한 익명으로 거래된다. 컴퓨터와 인터넷만 되면 누구나 비트코인 계좌를 개설할 수 있다. 이 때문에 비트코인은 돈세탁이나 마약거래에 사용되는 문제점도 드러나고 있다. 또 다른 특징은 통화 공급량이 엄격히 제한된다는 점이다. 현재 10분마다 25개의 새 비트코인이 시스템에 추가되지만 21만 개가 발행될 때마다 반감돼 앞으로 10분당 추가되는 비트코인은 12.5개, 6.25개로 줄다가 0으로 수렴한다. 비트코인의 총발행량은 2,100만 개로 정해져 있다. 이는 중앙은행이 재량적으로 통화공급량을 조절하면 안 된다는 미국의 경제학자 밀턴 프리드먼의 주장과 연결돼있다. 다만 비트코인은 소수점 8자리까지 분할할 수 있어 필요에 따라 통화량을 늘릴 수 있는 여지를 남겨놨다.

가상화폐 지갑회사 블록체인인포에 따르면 2017년 12월 7일까지 채굴된 비트코인은 1,671만 개 정도로 채굴 한도 2,100만 개의 80%가 채굴된 셈이다.

사용자들은 인터넷에서 내려받은 '지갑' 프로그램을 통해 인터넷뱅킹으로 계좌이체 하듯 비트코인을 주고받을 수 있다. 또한, 인터넷 환전사이트에서 비트코인을 구매하거나 현금화할 수 있으며 비트코인은 소수점 이하 여덟 자리까지 단위를 표시해 사고팔 수 있다.

① 비트코인은 희소성을 가지고 있다.
② 비트코인은 가상화폐로 온라인상에서만 사용 가능하다.
③ 비트코인을 얻기 위해서는 시간과 노력이 필요하다.
④ 비트코인과 기존 화폐의 큰 차이점 중 하나는 통화발행주체의 존재 여부이다.

※ 다음 글을 읽고 이어지는 질문에 답하시오. [2~3]

2016년을 시작하며 세계경제포럼(WEF; World Economic Forum)은 향후 세계가 직면할 화두로 '4차 산업혁명'을 던졌다. 그 이후 4차 산업혁명이 유행어처럼 회자되었고 많은 논의가 이루어지기 시작했다. 더욱이 2016년 3월 알파고(AlphaGo)와 이세돌의 바둑 대결은 4차 산업혁명의 한 단면을 보여주는 사건으로 다가왔다. 인공지능과 로봇, 사물인터넷(IoT; Internet of Things), 빅데이터 등을 통한 새로운 융합과 혁신이 빠르게 진행되고 있음을 보여주는 사건이었다.

특히 인공지능은 인간의 미래에 대해 커다란 화두를 던졌다. 인공지능이 인간의 일자리를 빼앗고 기계류가 인류를 대신할 것인가 등의 현실적인 문제부터 인공지능이 인간의 지능을 모방하는 데 그치지 않고 인간의 지능을 초월한 초지능을 갖게 될 경우 인간의 존재는 어떻게 될 것인가 하는 근본적인 문제를 던지는 계기가 되었다.

또한, 2016년 6월 국회에서는 3당 대표연설이 있었다. 여기서 3당 대표 모두 앞으로의 변화로 4차 산업혁명을 들었다. 전문가들만이 아니라 정치권에서까지 거론할 정도가 되었다면 4차 산업혁명이라는 말은 이미 널리 일반화된 것으로 볼 수 있다. 그런데 우리는 4차 산업혁명에 대해 정말로 얼마나 알고 있을까? 4차 산업혁명에 들어섰거나 들어설 예정이라는 데에 모두 동의하는가?

사실 4차 산업혁명이 무엇인가에 대해서는 확립된 개념도, 이론도, 실체도 아직 없다. 2016년 세계경제포럼에서 4차 산업혁명을 제시하기 전인 2011년에 독일 정부는 이미 '인더스트리 4.0(제조업 4.0)' 정책을 추진하기 위해 4차 산업혁명 개념을 사용했다. 인더스트리 4.0은 제조업의 혁신을 통해 경쟁력을 강화하기 위한 것으로, (가) 사물인터넷을 통해 인터넷을 기반으로 사람과 사물, 사물과 사물 간에 정보를 상호 소통함으로써 제조업의 완전한 자동 생산 체계를 구축하고 전체 생산과정을 최적화하는 목표로 추진되었다.

나아가 2016년에 4차 산업혁명의 화두를 본격적으로 던진 세계경제포럼의 클라우스 슈바프(Klaus Schwab) 회장은 4차 산업혁명이 속도, 범위, 체제에 대한 충격의 세 측면에서 3차 산업혁명과 확연히 다르다고 강조했다. 4차 산업혁명을 기존의 산업혁명들과 비교했을 때 선형적인 변화가 아니라 완전히 차원이 다른, 지각 변동 수준이라고까지 보았다. 게다가 지난 산업혁명과 달리 새로운 산업혁명은 모든 국가, 모든 산업 분야에서 이루어지며 결국 경제, 사회, 문화에 대한 영향력이 다르다고 강조했다. 그러면서 산업혁명을 아래의 표와 같이 구분했다.

〈산업혁명의 변화〉

산업혁명 구분	시기	내용
1차 산업혁명	1784년	증기, 기계 생산
2차 산업혁명	1879년	전기, 노동 분업, 대량생산
3차 산업혁명	1969년	전자, 정보 기술, 자동생산
4차 산업혁명	?	사이버 – 물리시스템

여기에서 슈바프도 4차 산업혁명이 언제 도래할 것인지는 확정하지 못했다는 것을 알 수 있다. 그러나 한 가지 분명한 것은 4차 산업혁명이 3차 산업혁명과 본질적으로 다르다고 본 것이다.

02 글의 제목으로 가장 적절한 것은?

① 인공지능으로 맞이한 4차 산업혁명의 전성기
② 왜 4차 산업혁명이라고 할까?
③ 4차 산업혁명, 독일에서 시작되다.
④ 산업혁명의 변화과정

03 밑줄 친 (가)에 대한 사례로 적절하지 않은 것은?

① 스마트홈은 사용자에 맞춰 전기나 난방 등을 관리해줌으로써 난방, 전기요금을 절약할 수 있도록 하고 있다.
② 소셜 미디어는 이용자들의 상호작용적 참여와 커뮤니케이션을 통해 실속있는 온라인 소비를 가능하게 했다.
③ 버스정보시스템은 GPS가 달린 버스를 전광판이 파악함으로써 버스를 이용하는 사람들에게 버스가 언제 도착할지 알려주는 편리한 시스템이다.
④ 스마트키를 가지고 차에 다가가면 자동으로 차 문이 열리고 시동이 걸린다.

C회사는 대회에 참여하는 직원들을 위해 걷기대회 마지막 구간에서 직원들의 사기를 진작시킬 수 있도록 이벤트를 계획하고자 한다. 걷기대회의 마지막 구간은 그림과 같으며 도로의 폭은 26m로 일정하다.

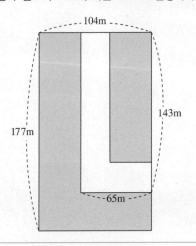

| 국민건강보험공단

04 C회사는 걷기대회에 참여하지 않는 직원들을 마지막 구간에 일정한 간격으로 배치하여 응원이벤트를 하고자 한다. 구간의 양 끝과 꼭짓점에 반드시 한 명의 직원을 각각 배치하고 응원이벤트에 참여하는 직원들에게는 같은 일당을 지급한다. 이 예산이 150만 원으로 책정되었다고 할 때, 일당은 얼마인가?(단, 인원은 최소가 되도록 배치하고 직원 간 거리는 양쪽이 같다)

① 5만 원
③ 7만 원

② 6만 원
④ 8만 원

05 C회사는 이벤트를 위해 배너를 제작하기로 했다. 주문서와 배너 제작업체의 규정을 보고 제작 비용을 계산한 것으로 올바른 것은?

〈배너 제작 요청서〉   17-07-24(월) 16:41

보낸사람 : C회사 김○○

받는사람 : R업체 이○○   **첨부파일** : 배너 최종 디자인.eps

안녕하십니까? C회사의 김○○ 대리입니다.

저희 회사 행사에 쓰일 배너를 주문 제작하고자 합니다.

가로 250cm×세로 120cm의 크기로 디자인은 첨부파일을 확인해주십시오.

첨부된 디자인대로 3색으로 제작해 주시고, 행사 일정상 이번 주 금요일까지는 완료되어야 하오니 양해 부탁드립니다.

일정에 차질이 있는 경우나, 문의가 있으시면 첨부파일의 전화번호로 연락해주십시오.

좋은 하루 보내십시오. 감사합니다.

〈제작 규정〉

• 배너 제작 시 2m²까지는 기본 판에 해당하여 15,000원으로 일정하게 부과되며, 초과하는 부분에 대해서는 기본 판을 제외한 나머지 부분만큼 3,000원/m²가 추가됩니다.

• 흑백과 2색까지 추가 비용이 없으며, 3색부터는 3,000원, 5색 이상은 7,000원이 추가됩니다.

• 주문 시 일주일 정도 여유를 두고 주문해주십시오. 만약 일주일 내로 완성해야 하는 경우 제작비의 10%가 수수료로 부과됩니다.

• 배송료는 도서산간 지역은 5,000원, 도서산간을 제외한 나머지 지역은 3,000원입니다.

① 26,100원   ② 28,400원

③ 30,000원   ④ 32,700원

06 다음 기사를 읽고 직원들이 나눈 대화로 옳지 않은 것은?

〈숙련인력 붙잡기 궁여지책… 조선소 '무급휴직' 확산〉

'조선 불황'에 시달리는 경남 거제·통영지역 대형 및 중형 조선소에 '무급휴직' 한파가 몰아치고 있다. 지난해 극심했던 수주난이 올해도 이어질 것으로 예상되면서 조선소들이 중·대형 가릴 것 없이 임금을 주지 않고 일정기간 쉬도록 하는 무급휴직으로 버텨가고 있다. 8일 조선업계에 따르면 거제 대우조선해양에선 지난달에 이어 이달에도 200여 명이 무급휴직에 들어갔다. 대우조선은 구조조정 차원에서 인건비 절감을 위해 지난달 창사 이래 처음으로 200여 명에 대해 무급휴직을 실시했다. 지난달 첫 무급휴직자 대상자들은 이달부터 전원 업무에 복귀했다. 대우조선은 수주난에 따른 경영위기가 해소될 때까지 무급휴직제를 지속적으로 시행한다는 방침이다. 대우조선의 경우 현대중공업과 삼성중공업과는 달리 올들어 이렇다 할 수주 소식이 없는 상황이다. 삼성중공업은 아직 무급휴직을 검토하지 않고 있다. 다만 자구안에 무급휴직이 포함돼 있는 만큼 수주난이 장기간 해소되지 않으면 무급휴직에 나설 가능성은 남아 있다. 통영의 중형 조선소인 성동조선해양은 다음달부터 무급휴직에 들어갈 것으로 보인다. 무급휴직 대상자는 전체 근로자지만 일부 부서 근로자들이 먼저 무급휴직에 들어간다. 이에 따라 이 회사 생산직의 경우 한 차례 100명 정도가 무급휴직에 들어갈 것으로 알려졌다. 성동조선 관계자는 "전 사원을 대상으로 하되, 업무 부담이 상대적으로 적은 직원들을 대상으로 먼저 무급휴직을 시행한다는 방침"이라고 말했다. 성동조선은 추가 수주가 이뤄지지 않으면 하반기 일감이 모두 떨어지게 돼 강도 높은 구조조정을 피할 수 없을 것으로 예상된다.

---

① A사원 : 대우조선은 인건비 절감을 위해 지난달에 이어 이달에도 200여 명이 무급휴직에 들어가니 총 400여 명이 쉬게 되겠어.
② B사원 : 대우조선은 경영위기가 해소될 때까지 무급휴직제를 지속적으로 실시한다는군.
③ C사원 : 삼성중공업은 아직 무급휴직을 검토하고 있진 않지만 수주난에 따라 무급휴직에 나설 가능성이 있어.
④ D사원 : 성동조선해양은 다음달부터 일부 부서 근로자들이 먼저 무급휴직에 들어갈 거야.

07 서울에 사는 A씨는 결혼기념일을 맞이하여 가족과 함께 KTX를 타고 부산으로 여행을 다녀왔다. A씨의 가족이 이번 여행에서 지불한 교통비는 모두 얼마인가?

- A씨 부부에게는 만 6세인 아들, 만 3세인 딸이 있다.
- 갈 때는 딸을 무릎에 앉혀 갔고, 돌아올 때는 좌석을 구입했다.
- A씨의 가족은 일반석을 이용하였다.

〈KTX 좌석별 요금〉

구분	일반석	특실
가격	59,800원	87,500원

※ 만 4세 이상 13세 미만 어린이는 운임의 50%를 할인합니다.
※ 만 4세 미만의 유아는 보호자 1명당 2명까지 운임의 75%를 할인합니다. 단, 유아의 좌석을 지정하지 않을 시 보호자 1명당 유아 1명의 운임을 받지 않습니다.

---

① 299,000원
② 301,050원
③ 307,000원
④ 313,850원
⑤ 313,950원

※ ○○회사 인사팀에 근무하고 있는 C대리는 A사원과 B차장의 승진심사를 위해 다음과 같이 표를 작성하였다. 이어지는 질문에 답하시오. **[8~9]**

〈승진심사 점수표〉

(단위 : 점)

소속	직급	업무			업무평점	능력	태도	승진심사 평점
		업무실적	개인평가	조직기여도				
총무팀	A사원	86	70	80		80	60	
자산팀	B차장	80	85	90		77	85	85

※ 승진심사 평점은 업무평점 80%, 능력 10%, 태도 10%로 계산한다.
※ 직급에 따른 업무항목별 계산 기준
 - 사원 ~ 대리 : (업무실적)×0.5, (개인평가)×0.3, (조직기여도)×0.2
 - 과장 ~ 부장 : (업무실적)×0.3, (개인평가)×0.2, (조직기여도)×0.5

❙ 한국산업인력공단

08 B차장의 업무평점을 계산한 것으로 옳은 것은?

① 78점　　　　　　　　　　② 80점
③ 83점　　　　　　　　　　④ 86점
⑤ 89점

❙ 한국산업인력공단

09 A사원의 승진심사 평점을 계산한 것으로 옳은 것은?

① 65점　　　　　　　　　　② 70점
③ 78점　　　　　　　　　　④ 82점
⑤ 84점

※ A회사는 업무의 효율적인 관리를 위해 새롭게 부서를 통합하고 사무실을 옮기려고 한다. 아래의 〈조건〉을 보고 이어지는 질문에 답하시오. **[10~11]**

- 팀 조직도

디자인	경영관리	경영기획	인사	총무	VM	법무	영업기획	영업관리	콘텐츠개발	마케팅	전산

  ※ VM(Visual Marketing)팀

- 사무실 배치도

1	2
3	4

4F

1	2
3	4

5F

1	2
3	4

6F

조건

- 4층은 디자인과 마케팅뿐만 아니라 영업까지 전부 담당하기 위해 영업홍보부서로 개편한다.
- 경영기획관리부서는 새로운 콘텐츠 발굴부터 매장의 비주얼까지 전부 관리할 것이다.
- 6층에서는 회사의 인사, 급여, 전산관리와 같은 전반적인 일들을 관리할 것이다.
- 팀명에 따라 '가나다' 순으로 1 ~ 4팀으로 배치되며, 영어일 경우 한글로 변환하여 '가나다' 순으로 배치한다.

▮ 한국중부발전

10 부서마다 4개의 팀이 배정된다. 영업홍보부서에 포함될 팀으로 올바르지 않은 것은?

디자인팀	2
3	4

4F

① VM팀 ② 마케팅팀
③ 영업관리팀 ④ 영업기획팀

11 A회사는 팀 배정을 끝마치고 각자 내선번호를 부여하기로 했다. 아래와 같은 〈조건〉을 따른다고 할 때, 변경된 내선번호를 안내한 것으로 옳게 짝지어진 것은?

> **조건**
>
> 내선번호는 3자리 숫자이다.
> - 첫 번째 자리는 층 번호이다.
> - 두 번째 자리는 각 층의 팀 이름 순번으로 1 ~ 4까지 부여한다.
> - 세 번째 자리는 직급으로 부장, 과장, 대리, 사원순으로 1 ~ 4까지 부여한다.

[받는 이] H대리(VM팀)
[내　　용] 안녕하십니까? 부서 개편으로 인해 내선번호가 새롭게 부여되었음을 안내드립니다. H대리님의 번호는 00 - (가) (이)며 이에 대한 궁금한 점이 있으시다면 00 - (나) (으)로 연락주시기 바랍니다.
[보낸 이] A사원(총무팀)

　　(가)　　　(나)
① 321　　　622
② 422　　　544
③ 533　　　644
④ 513　　　632

※ A회사는 직원들의 자기계발과 업무능력 증진을 위해 아래와 같이 다양한 사내교육을 제공하고 있다. 이어지는 질문에 답하시오. [12~13]

〈2017년 사내교육 일정표〉

내용	일정	가격
신입사원 사규 교육	2, 3월 첫째 주 목요일	10만 원
비즈니스 리더십	짝수달 셋째 주 월요일	20만 원
Excel 쉽게 활용하기	홀수달 셋째, 넷째 주 목요일	20만 원
One page 보고서 작성법	매월 첫째 주 목요일	23만 원
프레젠테이션 코칭	3, 7, 9월 둘째 주 수요일	18만 원
생활 속 재테크	4, 8월 셋째 주 월요일	20만 원
마케팅 성공 전략	5, 11월 둘째 주 금요일	23만 원
성희롱 예방교육	짝수달 첫째 주 금요일	15만 원
MBA	짝수달 둘째 주 화요일	40만 원

※ 사내교육은 1년에 2번 이수해야 한다.
※ 회사 지원금(40만 원)을 초과하는 경우 추가금액은 개인이 부담한다.
※ 교육을 신청할 때는 팀장의 승인을 받는다.
※ 3월 1일은 월요일이다.
※ 교육은 모두 오후 7시에 시작하여 9시에 종료한다.

| 한국철도공사

12 다영이는 올해 3월 24일에 입사를 했다. 지원금액 안에서 가장 빠르게 교육을 받으려고 할 때, 다영이가 신청할 수 있는 교육으로 올바른 것은?

① 비즈니스 리더십, 생활 속 재테크
② 생활 속 재테크, 마케팅 성공 전략
③ 비즈니스 리더십, 프레젠테이션 코칭
④ Excel 쉽게 활용하기, 성희롱 예방교육
⑤ Excel 쉽게 활용하기, One page 보고서 작성법

13 동수는 다영이의 입사동기이다. 동수가 사내교육을 신청하기 위해 결재를 올렸으나 팀장이 다음과 같은 이유로 반려하였다. 동수가 신청하려고 했던 교육은?

보낸 사람	기획팀 – 팀장 – 김미나
받는 사람	기획팀 – 사원 – 이동수

동수 씨, 자기계발을 위해 적극적으로 노력하는 모습이 아주 보기 좋습니다.
하지만 같은 주에 두 개를 한꺼번에 듣는 것은 무리인 듯 보입니다.
다음 차수에 들을 수 있도록 계획을 조정하십시오.

① 신입사원 사규 교육, One page 보고서 작성법
② One page 보고서 작성법, 성희롱 예방교육
③ MBA, 프레젠테이션 코칭
④ Excel 쉽게 활용하기, 마케팅 성공 전략
⑤ 생활 속 재테크, 비즈니스 리더십

※ D사원은 해외에서 열리는 세미나 참석을 위해 호텔을 예약하였다. 다음 상황을 보고 이어지는 질문에 답하시오.
[14~15]

• 출장일 : 2016년 5월 11일(수) ~ 15일(일)

〈호텔 숙박가격〉

구분	평일(일 ~ 목)	주말(금 ~ 토)
가격	USD 120	USD 150

〈유의사항〉

• 호텔 숙박을 원하실 경우 총 숙박비의 20%에 해당하는 금액을 예치금으로 지불하셔야 합니다.
• 개인사정으로 호텔 예약을 취소 또는 변경하실 때는 숙박 예정일 4일 전까지는 전액 환불이 가능하지만, 그 이후로는 하루에 20%씩 취소 수수료가 부과됩니다. 노 쇼(No-Show)의 경우와 체크인 당일 취소를 하실 경우에는 환불이 불가하오니, 이점 유의해주시기 바랍니다.

14 D사원이 호텔에 지불한 예치금은 얼마인가?

① USD 105
② USD 108
③ USD 110
④ USD 120
⑤ USD 132

15 D사원은 회사 사정으로 다른 곳으로 급하게 출장을 가게 되었다. 이 때문에 D사원은 예약해 두었던 호텔을 취소하게 됐는데, 이때 D사원이 호텔 규정에 따라 받을 수 있는 환불금액은?(단, D사원의 출장 출발일은 호텔 체크인 당일이었다)

① USD 432
② USD 330
③ USD 228
④ USD 108
⑤ 없음

216 · 공기업 NCS 출제유형별 핵심 기출문제집

16 한국산업인력공단의 D과장은 우리나라 사람들의 해외취업을 돕기 위해 박람회를 열고자 한다. 제시된 〈조건〉이 다음과 같을 때 D과장이 박람회 장소로 선택할 나라는?

> **조건**
>
> 1. 한국산업인력공단의 해외 EPS센터가 있는 나라여야 한다.
>   - 해외 EPS센터(15개국) : 필리핀, 태국, 인도네시아, 베트남, 스리랑카, 몽골, 우즈베키스탄, 파키스탄, 캄보디아, 중국, 방글라데시, 키르기스스탄, 네팔, 미얀마, 동티모르
> 2. 100개 이상의 한국 기업이 진출해 있어야 한다.
> 3. 자국민의 안전을 위해 치안이 보장되어야 한다.

〈국가별 상황〉

국가	경쟁력	비고
인도네시아	한국 기업이 100개 이상 진출해있으며 안정적인 정치 및 경제 구조를 가지고 있다.	두 번의 박람회를 열었으나 실제 취업까지 연결되는 성과가 미미하였다.
아랍에미리트	UAE 자유무역지역에 다양한 다국적 기업이 진출해 있다.	석유가스산업, 금융산업에는 외국 기업의 진출이 불가하다.
중국	한국 기업이 170개 이상 진출해있으며, 현지 기업의 80% 이상이 우리나라 사람의 고용을 원한다.	중국 청년의 실업률이 높아 사회문제가 되고 있다.
미얀마	2013년 기준 약 2,500명의 한인이 거주 중이며 한류 열풍이 거세게 불고 있다.	내전으로 우리나라 사람들의 치안이 보장되지 않는다.
베트남	여성의 사회진출이 높고 정치, 경제, 사회 각 분야에서 많은 여성이 활약 중이다.	한국 기업 진출을 위한 인프라 구축이 잘 되어 있다.

① 인도네시아
② 아랍에미리트
③ 중국
④ 미얀마
⑤ 베트남

17 다음은 인천항만공사 내 성희롱 예방 교육을 위한 유인물이다. 유인물을 읽고 A사원과 B대리가 대화를 나누었을 때, B대리의 마지막 말에 들어갈 단어로 적절한 것은?

〈직장 내 성희롱 예방 교육〉

▶ **성희롱과 성폭력의 차이**

성희롱과 성폭력은 상대방이 원치 않는 성적 언동으로 성적 자기결정권을 침해하거나 성적 불쾌감을 유발하는 행위라는 본질적인 공통점이 있다. 다만, 그것을 규율하는 법률과 취지 등에 차이가 있다.

성폭력은 개인의 성적 자기결정권을 침해하는 범죄로서 행위자 개인의 처벌을 목적으로 하여 '성폭력범죄의 처벌 등에 관한 특례법'(이하 '성폭력특별법')과 '형법'의 적용을 받는다. 이는 다른 범죄와 마찬가지로 고의성을 요하는 등 범죄로서의 요건이 충족되어야 한다. 실무상으로는 신체적 접촉이 없는 언어적·시각적 행위는 범죄로 인정되기 어려운 경향이 있다.

'남녀고용평등법', '인권위법', '양성평등기본법' 등에서 규율하는 성희롱은 행위자 개인에 대한 형사처벌이 목적이 아니고 조직 내 성희롱의 예방 및 근절을 목적으로 하는 것이기 때문에 행위자의 고의가 없어도 성희롱이 될 수 있고, 신체적 접촉이 없어도 성적 혐오감을 유발하는 언어적·시각적 성적 언동도 성희롱이 된다.

하나의 행위가 남녀고용평등법, 인권위법상 성희롱 관련 규정과 성폭력특별법 및 형법 등의 성폭력 관련 규정의 적용을 동시에 받을 수도 있다. 반면 고의성이 없거나 신체적 접촉이 없는 경우 성희롱 법규만 적용될 가능성이 높다.

보기

A사원 : 유인물에 성희롱과 성폭력 차이에 대해서 글로만 설명해 놓으니깐 이해도가 떨어지는 것 같은데 어떡하죠?

B대리 : 그렇다면 각각의 사례를 써주면 어떨까요?

A사원 : 외설적인 사진을 개인 메시지로 전송한 사례와 자신의 지위를 사용해 상대방이 원치 않는 성관계를 맺은 사례를 추가해야겠어요.

B대리 : 그럼 첫 번째는 ___A___, 두 번째는 ___B___ 사례가 되겠네요.

	A	B
①	성희롱	성희롱
②	성희롱	성폭력
③	성폭력	성희롱
④	성폭력	성폭력
⑤	해당 없음	

18 한국중부발전 기획전략처 문화홍보부 A대리는 부서 출장 일정에 맞춰 업무 시 사용할 렌터카를 대여하려고 한다. 제시된 자료를 참고하여 A대리가 일정에 사용할 렌터카로 올바른 것은?

〈문화홍보부 출장 일정〉

일자	내용	인원	짐 무게
2018-01-08(월)	보령화력 3부두 방문	2명	6kg
2018-01-09(화)	임금피크제 도입 관련 세미나 참여	3명	3kg
2018-01-10(수)	신서천화력 건설사업	5명	–
2018-01-11(목)	햇빛새싹발전소(학교태양광) 발전사업 대상지 방문	3명	3kg
2018-01-12(금)	제주 LNG복합 건설사업 관련 좌담회	8명	2kg
2018-01-15(월)	H그린파워 제철 부생가스 발전사업 관련 미팅	10명	3kg
2018-01-16(화)	방만경영 개선 이행실적 발표회	4명	1kg
2018-01-17(수)	보령항로 준설공사현장 방문	3명	2kg
2018-01-18(목)	보령 본사 방문	4명	6kg

※ 짐 무게 3kg당 탑승인원 1명으로 취급한다.

〈렌터카 요금 안내〉

구분	요금	유류	최대 탑승인원
A렌터카	45,000원	경유	4명
B렌터카	60,000원	휘발유	5명
C렌터카	55,000원	LPG	8명
D렌터카	55,000원	경유	6명

※ 렌터카 선정 시 가격을 가장 우선으로 하고, 최대 탑승인원을 다음으로 한다
※ 1월 1일 ~ 1월 12일까지는 신년할인행사로 휘발유 차량을 30% 할인한다.

보내는 이 : A대리
안녕하십니까, 문화홍보부 A대리입니다.
금주 문화홍보부에서 참여하는 햇빛새싹발전소 발전사업 대상지 방문과 차주 보령 본사 방문에 관련된 정보를 첨부합니다. 해당 사항 확인해주시기 바랍니다. 감사합니다.

받는 이 : 문화홍보부

① A렌터카, B렌터카 　　② A렌터카, D렌터카
③ B렌터카, C렌터카 　　④ B렌터카, D렌터카

※ 다음은 건강보험 자동이체 안내문이다. 이어지는 질문에 답하시오. **[19~20]**

〈건강보험 자동이체 안내(지역가입자)〉

1. 신청방법

신청방법	은행방문	공단방문	인터넷
준비물	• 예금통장 • 도장 • 건강보험증(또는 전월납부영수증)	예금통장	–
신청장소	예금통장 발행은행	가까운 지사	• www.giro.or.kr • www.nhis.or.kr • www.4insure.or.kr

2. 자동이체 적용 / 해제 시기

① 신규(변경) 신청

• 신규(변경) 신청분은 신청월 보험료부터 적용할 수 있다.

• 다만, 1일부터 자동이체 정기 청구파일 생성 전 신규(변경) 신청분은, 신청월의 전월보험료부터 적용한다.

　 예 3월 5일 청구파일 생성

　　 3월 2일 신청자는 2월분 보험료부터 적용한다(3월 10일 출금).

　　 3월 8일 신청자는 3월분 보험료부터 적용한다(4월 10일 출금).

② 해지 신청

• 즉시 해지 적용한다(다만, 자동이체 청구파일 생성 후부터 청구일 사이에 해지된 건은 출금한다).

　 예 3월 2일 해지 신청자는 3월 10일 납부할 보험료를 미출금한다.

　　 3월 8일 해지 신청자는 3월 10일 납부할 보험료를 출금한다.

　　 ※ 정기 청구파일 생성일(재청구 포함) : 납부마감일 −3일(휴일제외)

　　 ※ 말일 청구파일 생성일 : 납부마감일 −2일(휴일제외)

• 청구파일 생성 : 생성일 19시부터 ~ 익일(휴일제외) 오전 9시까지

• 청구파일 생성기간에 신청한 경우, 공단에 자동이체 적용 월을 확인

• 출금일은 매월 10일(또는 매월 말일), 미이체 시 가산금을 포함하여 25일과 다음달 10일, 25일에 재출금된다.

• 해당 월의 보험료는 최대 2개월(4회)까지만 출금되고 이후에는 독촉고지서로 은행창구에 직접 납부해야 한다.

　 ※ 6개월 이상 연속하여 출금되지 않을 경우 직권해지된다.

　 ※ 외국인 건강보험료도 자동이체를 실시한다(2008년 10월 15일부터).

　 ※ 납기일 잔액 부족 시에는 잔액 한도 내에서 출금되며 미납보험료는 익월 10일, 익월 25일에 재출금된다.

19 주부 G씨는 다른 지역으로 이사를 하게 되면서 건강보험료 납입을 위한 자동이체 방법을 알아보았다. 다음 중 G씨가 이해한 것으로 올바르지 않은 것은?

① 납기일에 잔액이 부족한 경우에는 다음 달 10일 또는 25일에 보험료 전액이 빠져나가는구나.

② 예금통장과 도장, 건강보험증을 챙겨 예금통장 발행은행을 찾아가면 신청할 수 있겠어.

③ 건보공단 지사가 회사 옆에 있으니 통장만 들고 가서 신청하면 되겠네.

④ 2개월 동안 자동이체하지 못한 보험료를 납부하려면 은행창구에서 직접 해야 하는구나.

20 다음 〈조건〉에 따라 A씨와 B씨의 자동이체 출금일이 적절하게 연결된 것은?

〈4월〉

일	월	화	수	목	금	토
						1
2	3	4	5	6	7	8
9	10	11	12	13	14	15
16	17	18	19	20	21	22
23	24	25	26	27	28	29
30						

조건

• A씨 : 자동이체 신규 신청 – 2017년 4월 7일
　　　　정기 청구파일 생성일 – 2017년 4월 6일
　　　　출금일 – 매달 10일
• B씨 : 해지 신청 – 2017년 4월 3일
　　　　출금일 – 매달 10일

　　　　A씨　　　　　　B씨
① 5월 10일　　　즉시 자동이체 해지
② 5월 10일　　　　4월 10일
③ 4월 10일　　　즉시 자동이체 해지
④ 4월 10일　　　　4월 10일

21 갑은 효율적인 월급 관리를 위해 펀드에 가입하고자 한다. A, B, C, D펀드 중에 하나를 골라 가입하려고 하는데, 안정적이고 우수한 펀드에 가입하기 위해 〈조건〉에 따라 비교를 하여 다음과 같은 결과를 얻었다. 〈보기〉에서 옳은 것을 모두 고른 것은?

조건

• 둘을 비교하여 우열을 가릴 수 있으면 우수한 쪽에는 5점, 아닌 쪽에는 2점을 부여한다.
• 둘을 비교하여 어느 한 쪽이 우수하다고 말할 수 없는 경우에는 둘 다 0점을 부여한다.
• 각 펀드는 다른 펀드 중 두 개를 골라 총 4번의 비교를 했다.
• 총합의 점수로는 우열을 가릴 수 없으며 각 펀드와의 비교를 통해서만 우열을 가릴 수 있다.

〈결과〉

A펀드	B펀드	C펀드	D펀드
7점	7점	4점	10점

보기

ㄱ. D펀드는 C펀드보다 우수하다.
ㄴ. B펀드가 D펀드보다 우수하다고 말할 수 없다.
ㄷ. A펀드와 B펀드의 우열을 가릴 수 있으면 A ~ D까지의 우열순위를 매길 수 있다.

① ㄱ
② ㄱ, ㄴ
③ ㄱ, ㄷ
④ ㄴ, ㄷ
⑤ ㄱ, ㄴ, ㄷ

22 한국수력원자력에서 근무하는 L주임은 입사할 신입사원에게 지급할 볼펜과 스케줄러를 구매하기 위해 A, B, C 세 도매업체의 판매정보를 아래와 같이 정리하였다. 입사예정인 신입사원은 총 600명이고, 신입사원 1명당 볼펜과 스케줄러를 각각 1개씩 증정한다고 할 때, 가장 저렴하게 구매할 수 있는 업체와 구매가격을 올바르게 나열한 것은?

〈세 업체의 상품가격표〉

업체명	품목	수량(1SET당)	가격(1SET당)
A도매업체	볼펜	150개	13만 원
	스케줄러	100권	25만 원
B도매업체	볼펜	200개	17만 원
	스케줄러	600권	135만 원
C도매업체	볼펜	100개	8만 원
	스케줄러	300권	65만 원

〈세 업체의 특가상품 정보〉

업체명	볼펜의 특가상품 구성	특가상품 구매 조건
A도매업체	300개 25.5만 원 or 350개 29만 원	스케줄러 150만 원 이상 구입
B도매업체	600개 48만 원 or 650개 50만 원	스케줄러 100만 원 이상 구입
C도매업체	300개 23.5만 원 or 350개 27만 원	스케줄러 120만 원 이상 구입

※ 각 물품은 묶음 단위로 판매가 가능하며, 개당 판매는 불가하다.
※ 업체별 특가상품은 둘 중 한 가지만 선택해 1회 구입 가능하다.

	업체명	구매가격
①	A도매업체	103만 원
②	B도매업체	177.5만 원
③	B도매업체	183만 원
④	C도매업체	177.5만 원
⑤	C도매업체	183만 원

※ 한국수력원자력에서 일하는 B조의 팀장 K씨는 필리핀 연수 일정을 짜려고 한다. 다음 자료를 보고 이어지는 질문에 답하시오. **[23~24]**

프로그램	소요시간(h)	비고
세미나	2	–
토론	5	첫날만 이수 가능
팀워크	4	–
리더십 교육	5	비상대응역량 교육 이수 후 참여 가능
비상대응역량 교육	2	–
어학	1	–
원전수출 대상국 현지 전문가 과정1	3	–
원전수출 대상국 현지 전문가 과정2	3	원전과정1 이수 후 참여 가능
원전수출 대상국 현지 전문가 과정3	3	원전과정2 이수 후 참여 가능
특강	1	–

23 A조와 B조는 같은 날 같은 비행기를 타고 출국할 예정이다. 첫째 날은 오전에 필리핀 공항에 도착하므로 오후부터 프로그램을 이수할 수 있다. A조의 연수 일정이 다음과 같이 정해졌을 때, B조는 A조와 연수 프로그램이 겹치지 않도록 〈조건〉에 따라 최대한 빨리 일정을 끝내려 한다. B조의 총 연수기간은?

〈A조 연수 일정〉

구분		첫째 날		둘째 날		셋째 날	
		오전	오후	오전	오후	오전	오후
A조	프로그램	공항도착	토론	원전과정1	팀워크	비상대응 역량 교육	리더십 교육
	시간	×	5	3	4	2	5

조건
- 연수 프로그램 운영시간은 09:00 ~ 18:00이며 점심시간(12:00 ~ 13:00)을 기준으로 오전과 오후를 나눈다.
- 오전, 오후에 각각 한 개의 프로그램만 이수할 수 있다.
- 마지막 날에는 프로그램이 오후에 끝나도 그날 귀국한다.
- 연수 프로그램은 최소 18시간을 이수해야 한다.
- B조는 어학 프로그램을 반드시 이수해야 한다.
- 연수기간은 최대 5일까지 가능하다.

① 1박 2일
② 2박 3일
③ 3박 4일
④ 4박 5일
⑤ A조의 일정을 바꾸어야 5일 안에 연수 가능

24 다음은 B조가 연수를 다녀와야 할 달의 달력이다. 앞의 문제에서 구한 연수기간과 비행기 시간표를 참고할 때 출국 날짜와 귀국 날짜로 알맞은 것은?

일	월	화	수	목	금	토
	1	2	3	4	5	6
7	8	9	10	11	12	13
14	15	16	17	18	19	20
21	22	23	24	25	26	27
28	29	30				

※ 연수 일정은 주말도 포함한다.
※ 귀국 다음 날 연수 과정을 정리하여 상사에게 보고해야 한다(주5일, 토·일 휴무).
※ 연수원은 공항에서 1시간 거리에 있다.
※ 5일, 9일은 회사 행사로 연수가 불가능하다.

〈비행기 시간표(출발지 시간 기준)〉

한국 → 필리핀	4일	6일	9일	16일	20일	22일
오전 출발	07:00	07:00	08:00	06:00	07:00	07:00
오후 출발	–	–	–	–	–	–

필리핀 → 한국	8일	11일	19일	23일	25일	26일
오전 출발	10:00	09:00	11:00	10:00	11:00	12:00
오후 출발	17:00	15:00	13:00	–	14:00	14:00

※ 한국 시각은 필리핀 시각보다 1시간 빠르다.
※ 한국 – 필리핀 간 비행시간은 4시간이다.

	출국일	귀국일
①	6일	8일
②	9일	11일
③	16일	19일
④	20일	23일
⑤	22일	25일

안심Touch

25 다음은 2017년 7월 2일에 측정한 발전소별 수문 자료이다. 이날 온도가 27℃를 초과한 발전소의 수력발전을 이용해 변환된 전기에너지의 총 출력량은 15,206.08kW였다. 이때 춘천의 분당 유량은?(단, 결괏값은 소수점 이하 첫째 자리에서 반올림한다)

발전소명	저수위(ELm)	유량(m³/sec)	온도(℃)	강우량(mm)
안흥	375.9	0.0	26.0	7.0
춘천	102.0		27.5	4.0
의암	70.0	282.2	26.0	2.0
화천	176.5	479.9	24.0	6.0
청평	49.5	447.8	27.0	5.0
섬진강	178.6	6.9	29.5	0.0
보성강	126.6	1.1	30.0	0.0
팔당	25.0	1,394.1	25.0	0.5
괴산	132.1	74.2	27.2	90.5

※ P[kW]=9.8×Q[m³/sec]×H[m]×ζ [P : 출력량, Q : 유량, H : 유효낙차, ζ : 종합효율(수차효율×발전기효율)]
※ 모든 발전소의 유효낙차는 20m, 종합효율은 90%이다.

① 4m³/min
② 56m³/min
③ 240m³/min
④ 488m³/min
⑤ 987m³/min

26 주어진 자료를 보고 A, B고객이 결제할 총액을 올바르게 나열한 것은?

구분	금액(원)	비고
전복(1kg)	50,000	–
블루베리(100g)	1,200	–
고구마(100g)	5,000	–
사과(5개)	10,000	–
오렌지(8개)	12,000	–
우유(1L)	3,000	S우유 구매 시 200원 할인
소갈비(600g)	20,000	LA갈비 18,000원
생닭(1마리)	9,000	손질 요청 시 1,000원 추가
배송	3,000	12만 원 이상 구매 시 무료
신선포장	1,500	–
봉투	100	배송 시 무료 제공

※ S카드로 결제 시 총결제금액의 5% 할인

고객	품목	비고
A	전복(1kg), 블루베리(600g), 고구마(200g), 사과(10개), 오렌지(8개), 우유(1L)	배송, 신선포장, 봉투 1개 필요, 현금결제
B	블루베리(200g), 오렌지(8개), S우유(1L), 소갈비(600g), 생닭(1마리)	생닭 손질, 봉투 2개 필요, S카드결제

	A	B
①	106,500원	45,030원
②	105,600원	44,080원
③	105,600원	45,030원
④	106,700원	45,030원
⑤	106,700원	44,080원

※ 재가노인복지시설에서 요양보호사로 일하고 있는 C씨는 얼마 전 방문요양서비스를 신청한 가정집에 배정되어 일을 시작하였다. 이어지는 질문에 답하시오. **[27~28]**

▶ 장기요양급여비용 등의 산정(장기요양급여비용 등에 관한 고시)

1. 장기요양급여비용 산정의 일반원칙
   장기요양급여비용은 급여종류별 급여비용 및 산정기준에 의하여 산정하되, 급여비용의 가산 및 감산에 의하여 산출된 금액에 10원 미만의 단수가 있을 때는 4사5입합니다.

2. 재가급여비용(2017. 1. 1 기준)
   • 방문요양

금액(단위 : 원/회)							
30분	60분	90분	120분	150분	180분	210분	240분 이상
11,810	18,130	24,310	30,690	34,880	38,560	41,950	45,090

※ 야간가산 20%, 심야 및 휴일가산 30%(야간·심야·휴일가산이 동시에 적용되는 경우 중복하여 가산하지 아니함)

   • 방문목욕

금액(단위 : 원/회)		
차량 이용(차량 내 목욕)	차량 이용(가정 내 목욕)	차량 미이용
72,540	65,410	40,840

※ 방문목욕 급여비용은 2인 이상의 요양보호사가 60분 이상 서비스를 제공한 경우에 산정하고, 소요시간이 40분 이상 60분 미만인 경우에는 해당 급여비용의 80%를 산정

   • 방문간호

금액(단위 : 원/회)		
30분 미만	30분 이상 ~ 60분 미만	60분 이상
33,640	42,200	50,770

※ 야간가산 20%, 심야 및 휴일가산 30%(야간·심야·휴일가산이 동시에 적용되는 경우 중복하여 가산하지 아니함)

｜국민건강보험공단

27 C씨는 2주간 자신의 업무를 기록해 둔 플래너를 잃어버려 기억나는 대로 달력에 적어 보았다. 기록이 아래와 같을 때, C씨는 최소 몇 시간을 일하였는가?(단, 적힌 금액 이외의 다른 조건들은 고려하지 않는다)

일	월	화	수	목	금	토
5	6 요양 41,950원	7 요양 30,690원	8	9 간호 42,200원	10	11 목욕 65,410원
12 간호 50,770원	13 목욕 40,840원	14	15 요양 38,560원	16	17 요양 11,810원	18

① 11시간
② 11시간 30분
③ 12시간
④ 12시간 30분

28 다음날 C씨는 사무실 책상에 꽂혀있던 플래너를 발견하였다. 추가적인 세부사항이 다음과 같을 때, C씨가 일하는 가정집의 총급여비용은?(단, 4사5입은 총합에서 적용한다)

〈세부사항〉

· 6일 : 야간근무
· 9일 : 70분 근무
· 13일 : 50분 근무
· 15일 : 야간근무

① 281,230원 ② 322,230원
③ 353,970원 ④ 358,360원

29 귀하는 국민건강보험공단의 체납보험료에 대한 연체금 계산 업무를 맡게 되었다. 현재 공단의 미납보험금에 대한 개정된 연체금 계산 방식이 아래와 같을 때, 미납보험금과 연체일에 따른 연체금을 계산한 결과로 올바른 것은? (단, 원 단위 이하는 절사한다)

〈연체금 일할계산 제도시행 안내〉

건강·연금보험료 미납자의 경제적 부담완화를 위한 연체금 일할계산 제도가 국민건강보험법 제80조 제1항 및 제2항, 노인장기요양보험법 제11조에 따라 다음과 같이 개정되어 시행됩니다.

▶ 개정내용

구분		(개정 전)월 단위 사전부과방식	(개정 후)일 단위 사후정산방식
납부기한 경과 후	30일까지	1개월까지 미납보험금의 3% 가산	매 1일이 경과할 때마다 미납보험금의 1천분의 1 가산
	31일부터	1개월 경과마다 미납보험금의 1% 가산	매 1일이 경과할 때마다 미납보험금의 3천분의 1 가산
	최대	9% 이내	

	미납보험금	연체일	연체금
①	51,000원	211일	4,600원
②	72,000원	62일	2,710원
③	66,000원	83일	3,140원
④	123,000원	54일	4,530원

30 다음은 한국산업인력공단의 외국인근로자 지원정책 중 하나인 귀국비용보험에 관한 설명이다. 옳지 않은 것은?

〈귀국비용보험〉

귀국비용보험이란 외국인근로자가 귀국 시 필요한 비용을 충당하기 위하여 근로계약의 효력발생일부터 3개월 이내에 가입해야 하는 보험(외고법 제15조, 시행령 제22조)이다.

1. 적용대상
대한민국의 국적을 가지지 아니한 자로서 국내에 소재하고 있는 사업장에서 임금을 목적으로 근로를 제공하고 있거나 제공하고자 하는 아래의 외국인근로자는 의무적으로 가입해야 함

※ 비전문취업(E - 9) 체류자격 외국인근로자
※ 방문취업(H - 2) 체류자격으로 입국하여 취업교육을 이수하고, 구직등록을 거쳐 취업한 후 근로개시신고를 마친 외국인근로자
  - 귀국비용보험 미가입 시 500만 원 이하의 과태료 부과(외고법 제32조 제1항 제6호)
  - 과태료 : (1차) 80만 원, (2차) 160만 원, (3차) 320만 원 부과

2. 국가별 납부금액
① 제1군(중국, 필리핀, 인도네시아, 태국, 베트남) : 40만 원
② 제2군(몽골, 기타 국가) : 50만 원
③ 제3군(스리랑카) : 60만 원

3. 보험 가입절차
① 외국인근로자는 보험사업자와 보험약정체결 및 통장을 개설해야 함
② 취업교육 중 개설한 통장으로 귀국비용보험료에 해당하는 금액을 납부기한 내 예치시키면 보험료가 자동 이체되어 보험에 가입됨

※ 체류자격별 납부기한
  - E - 9 : 입국일부터 3개월 이내
  - H - 2 : 근로계약효력발생일부터 3개월 이내

4. 보험금 지급사유
외국인근로자가 체류기간 만료, 개인사정(일시적 출국 제외), 자진출국, 강제퇴거 등 출국사유가 발생한 경우 보험금을 신청

5. 보험금 신청절차
외국인근로자는 가까운 고용센터를 통해 출국예정신고 후, 발급받은 출국예정사실확인서와 함께 보험금 신청서를 작성하여 보험사업자에게 보험금을 신청해야 함

6. 보험금 지급방법
보험금 신청서가 접수되면 보험사업자는 보험금 지급사유를 확인하여 외국인근로자 출국일 이전에 외국인근로자 본인 명의의 계좌로 보험금을 지급

① 보험금을 받기 위해서는 6개월 이전에 신청해야 한다.

② 귀국보험에 가입하지 않았을 때 부과되는 과태료는 차수별로 다르다.

③ 이 정책은 모든 비자에 적용되지는 않는다.

④ 해당되는 외국인은 본인 명의의 통장을 개설해야 한다.

⑤ 납부금액은 국가별로 다르게 부과된다.

31 국민건강보험공단에서는 지역가입자의 생활수준 및 경제활동 점수표를 기준으로 지역보험료를 산정한다. 〈조건〉을 보고 지역가입자 A ~ D씨의 보험료를 구한 것으로 옳은 것은?(단, 원 단위 이하는 절사한다)

〈생활수준 및 경제활동 점수표〉

구분		1구간	2구간	3구간	4구간	5구간	6구간	7구간
가입자 성별 및 연령별	남성	20세 미만 / 65세 이상	60세 이상 65세 미만	20세 이상 30세 미만 / 50세 이상 60세 미만	30세 이상 50세 미만	–	–	–
	점수(점)	1.4	4.8	5.7	6.6			
	여성	20세 미만 / 65세 이상	60세 이상 65세 미만	25세 이상 30세 미만 / 50세 이상 60세 미만	20세 이상 25세 미만 / 30세 이상 50세 미만	–	–	–
	점수(점)	1.4	3	4.3	5.2			
재산(만 원)		450 이하	450 초과 900 이하	900 초과 1,500 이하	1,500 초과 3,000 이하	3,000 초과 7,500 이하	7,500 초과 15,000 이하	15,000 초과
점수(점)		1.8	3.6	5.4	7.2	9	10.9	12.7
연간 자동차세액 (만 원)		6.4 이하	6.4 초과 10 이하	10 초과 22.4 이하	22.4 초과 40 이하	40 초과 55 이하	55 초과 66 이하	66 초과
점수(점)		3	6.1	9.1	12.2	15.2	18.3	21.3

※ (지역보험료)=[(성별 및 연령 구간별 점수)+(재산구간별 점수)+(연간 자동차세액 구간별 점수)]×(부과점수당 금액)
※ 모든 사람의 재산등급별 점수는 200점, 자동차세액별 점수는 100점으로 가정한다.
※ 부과점수당 금액은 183원이다.

조건

구분	성별	연령	재산	연간 자동차세액
A씨	남성	32세	2,500만 원	12.5만 원
B씨	여성	56세	5,700만 원	35만 원
C씨	남성	55세	20,000만 원	43만 원
D씨	여성	23세	1,400만 원	6만 원

① A씨 – 57,030원
② B씨 – 58,130원
③ C씨 – 60,010원
④ D씨 – 57,380원

※ 다음은 부정청탁 및 금품 등 수수의 금지에 관한 법률인 일명 김영란법에 관한 자료이다. 글을 읽고 이어지는 질문에 답하시오. [32~33]

'부정청탁 및 금품 등 수수의 금지에 관한 법률(청탁금지법·김영란법)'은 2015년 3월 3일 국회 본회의에서 통과돼 3월 27일 공포됐다. 2011년 6월 김영란 당시 국민권익위원장이 처음 제안하고 2012년 발의한 법이어서 '김영란법'이라고 불린다. 이 법은 1년 6개월의 유예 기간을 거쳐 2016년 9월 28일부터 시행됐다. 법안은 당초 공직자의 부정한 금품 수수를 막겠다는 취지로 제안됐지만 입법 과정에서 적용 대상이 언론인, 사립학교 교직원 등으로까지 확대되었다. 한편, 청탁금지법에 따르면 금품과 향응을 받은 공직자뿐만 아니라 부정청탁을 한 사람에게도 과태료가 부과된다. 또한 공직자는 배우자가 금품을 받은 사실을 알면 즉시 신고해야 하며, 신고 의무를 어길 시에는 형사처벌 또는 과태료 처분을 받게 된다. 법안의 주요 내용을 살펴보면 다음과 같다.

우선 공직자를 비롯해 언론인·사립학교 교직원 등 법안 대상자들이 직무 관련성이나 대가성에 상관없이 1회 100만 원(연간 300만 원)을 초과하는 금품을 수수하면 형사처벌(3년 이하의 징역 또는 3,000만 원 이하의 벌금)을 받도록 규정했다. 또 직무 관련자에게 1회 100만 원(연간 300만 원) 이하의 금품을 받았다면 대가성이 입증되지 않더라도 수수금액의 2~5배를 과태료로 물도록 했다.

또 법안 시행 초기에는 식사·다과·주류·음료 등 음식물은 3만 원, 금전 및 음식물을 제외한 선물은 5만 원, 축의금·조의금 등 부조금과 화환·조화를 포함한 경조사비는 10만 원을 기준으로 했다. 그러나 국민권익위원회는 2017년 12월 선물 상한액은 농수축산물에 한해 10만 원으로 오르고 경조사비는 5만 원으로 낮아지는 내용의 개정안을 의결해 입법예고했다. 이에 따르면 선물비의 경우 상한액을 5만 원으로 유지하되 농축수산물(화훼 포함)에 한해 5만 원에서 10만 원으로 상향한다. 여기에는 농수축산물 원재료가 50% 이상인 가공품도 함께 해당한다. 경조사비는 기존 10만 원에서 5만 원으로 상한액이 낮아지는데 현금 5만 원과 함께 5만 원짜리 화환은 제공할 수 있다. 만약 현금 없이 경조사 화환만 제공할 경우에는 10만 원까지 인정된다. 다만 음식물은 유일하게 현행 상한액(3만 원)이 유지된다.

아울러 법안은 누구나 직접 또는 3자를 통해 공직자 등에게 부정청탁을 해선 안 된다고 규정하고, 부정청탁 대상 직무를 인·허가, 인사 개입, 수상·포상 선정, 학교 입학·성적 처리 등 총 14가지로 구분했다. 다만 공개적으로 요구하거나 공익적 목적으로 고충 민원을 전달하는 행위 등 5가지 행위에 대해서는 부정청탁의 예외 사유로 인정했다.

ǀ 국민건강보험공단

32 다음 글을 읽고 이해한 것으로 옳지 않은 것은?

① 현금 없이 경조사 화환만 제공할 경우에는 10만 원까지 인정되네.

② 법안의 처음 취지는 공직자의 부정한 금품 수수를 막겠다는 것이었구나.

③ 직무 관련자에게 1회 100만 원 이하의 금품을 받았다면 수수금액의 5~7배를 과태료로 물어야해.

④ 부정청탁 대상 직무는 수상·포상 선정, 학교 입학·성적 처리 등 총 14가지나 되는군.

33 다음 중 김영란법에 따라 올바른 답변을 한 사례는?

〈사례 A〉
학년 어머니 모임에서 조금씩 돈을 모아 인솔 교사 선생님들께 1인당 3만 원 미만의 간식을 제공하려고 한다.

▶ 답변 : 간식비가 100만 원을 넘지 않기 때문에 김영란법에 위배되지 않는다.

〈사례 B〉
△△공단에 재직 중인 D사원은 같은 부서 동료 A사원의 결혼식을 축하하기 위하여 화환으로 10만 원을 지출했다.

▶ 답변 : 경조사비 상한액에 위배되므로 과태료 처분을 받아야 한다.

〈사례 C〉
□□중학교 3학년 1반 학생 20명의 학부모들은 스승의 날을 맞이하여 평소 아이들을 자상하게 돌봐준 담임 A교사에게 각자 2만 원씩 돈을 모아 40만 원 상당의 백화점 상품권을 구입하여 선물로 드렸다.

▶ 답변 : 담임 A교사는 80 ~ 200만 원 상당의 과태료를 물어야 한다.

〈사례 D〉
○○고등학교에 재직 중인 C교사는 얼마 전 D교장의 부친상으로 경조사비로 현금 10만 원을 지출했다.

▶ 답변 : 경조사비는 10만 원이 기준이기 때문에 가능하다.

※ 모든 사례는 2017년 12월 이후의 사례이다.

① 사례 A ② 사례 B
③ 사례 C ④ 사례 D

※ P회사의 컴퓨터기기 유지 및 보수 업무를 담당하는 Y사원은 세 개의 부서에서 받은 컴퓨터 점검 및 수리 요청 내역과 수리요금표를 다음과 같이 정리하였다. 자료를 보고 이어지는 질문에 답하시오. [34~36]

〈점검 및 수리 요청 내역〉

구분	수리 요청 내역	요청인원(명)	비고
A부서	RAM 8GB 교체	12	요청인원 중 3명은 교체+추가설치 희망
	SSD 250GB 추가 설치	5	–
	프로그램 설치	20	• 문서작성 프로그램 : 10명 • 3D그래픽 프로그램 : 10명
B부서	HDD 1TB 교체	4	요청인원 모두 교체 시 HDD 백업 희망
	HDD 포맷·배드섹터 수리	15	–
	바이러스 치료 및 백신 설치	6	–
C부서	외장 VGA 설치	1	–
	HDD 데이터 복구	1	• 원인 : 하드웨어적 증상 • 복구용량 : 270GB
	운영체제 설치	4	회사에 미사용 정품 설치 USB 보유

※ HDD 데이터 복구의 경우 서비스센터로 PC를 가져가 진행한다.

〈수리요금표〉

구분	수리 내역		서비스비용(원)	비고
H/W	교체 및 설치	RAM(8GB)	8,000	부품비용 : 96,000원
		HDD(1TB)	8,000	부품비용 : 50,000원
		SSD(250GB)	9,000	부품비용 : 110,000원
		VGA(포스 1060i)	10,000	부품비용 : 300,000원
	HDD 포맷·배드섹터 수리		10,000	–
	HDD 백업		100,000	–
S/W	프로그램 설치		6,000	그래픽 관련 프로그램 설치 시 개당 추가 1,000원의 비용 발생
	바이러스 치료 및 백신 설치		10,000	–
	운영체제 설치		15,000	정품 미보유 시 정품 설치 USB 개당 100,000원의 비용 발생
	드라이버 설치		7,000	–
데이터 복구	하드웨어적 원인(~ 160GB)		160,000	초과용량의 경우 1GB당 5,000원의 비용 발생
	소프트웨어적 원인		180,000	–

※ 프로그램·드라이버 설치 서비스비용은 개당 비용이다.
※ H/W를 교체·설치하는 경우 수리요금은 서비스비용과 부품비용을 합산하여 청구한다.
※ 하나의 PC에 같은 부품을 여러 개 교체·설치하는 경우 부품의 개수만큼 서비스비용이 발생한다.

34 A부서의 수리 요청 내역별 수리요금으로 올바르게 짝지어진 것은?

	수리 요청 내역	수리요금
①	RAM 8GB 교체	1,248,000원
②	RAM 8GB 교체	1,560,000원
③	SSD 250GB 추가설치	550,000원
④	프로그램 설치	100,000원
⑤	프로그램 설치	120,000원

35 B부서에 청구되어야 할 수리비용을 올바르게 구한 것은?

① 742,000원　　　　② 778,000원
③ 806,000원　　　　④ 842,000원
⑤ 876,000원

36 HDD 데이터 복구를 요청한 C부서의 U과장이 Y사원에게 며칠 후에 PC를 다시 받을 수 있는지 물어왔다. 다음을 참고했을 때, Y사원이 U과장에게 안내할 기간은?

〈데이터 복구 관련 안내문〉
• 복구 전 진단을 시행하며, 이때 소요되는 시간은 2시간입니다.
• 시간당 데이터 복구량은 7.5GB입니다.
• 수리를 마친 다음 날 직접 배송해드립니다.

① 3일　　　　② 4일
③ 5일　　　　④ 6일
⑤ 7일

37 S구청은 주민들의 정보화 교육을 위해 정보화 교실을 동별로 시행하고 있다. 주민들은 각자 일정에 맞춰 정보화 교육을 수강하려고 하는데 다음 중 개인 일정상 신청과목을 수강할 수 없는 사람은?(단, 하루라도 수강을 빠진다면 수강이 불가능하다)

〈정보화 교육 일정표〉

교육날짜	교육시간	장소	과정명	장소	과정명
화요일, 목요일	09:30 ~ 12:00	A동 주민센터	인터넷 활용하기	C동 주민센터	스마트한 클라우드 활용
	13:00 ~ 15:30		그래픽 초급 픽슬러 에디터		스마트폰 SNS 활용
	15:40 ~ 18:10		ITQ 한글 2010(실전반)		–
수요일, 금요일	09:30 ~ 12:00		한글 문서 활용하기		Windows 10 활용하기
	13:00 ~ 15:30		스마트폰 / 탭 / 패드(기본앱)		스마트한 클라우드 활용
	15:40 ~ 18:10		컴퓨터 기초(윈도우 및 인터넷)		–
월요일	09:30 ~ 15:30		포토샵 기초		사진 편집하기
화 ~ 금요일	09:30 ~ 12:00	B동 주민센터	그래픽 편집 달인되기	D동 주민센터	한글 시작하기
	13:00 ~ 15:30		한글 활용 작품 만들기		사진 편집하기
	15:40 ~ 18:10		–		엑셀 시작하기
월요일	09:30 ~ 15:30		Windows 10 활용하기		스마트폰 사진 편집 & 앱 배우기

〈개인 일정 및 신청과목〉

구분	개인일정	신청과목
D동의 홍길동 씨	• 매주 월 ~ 금요일 08:00 ~ 15:00 편의점 아르바이트 • 매주 월요일 16:00 ~ 18:00 음악학원 수강	엑셀 시작하기
A동의 이몽룡 씨	• 매주 화, 수, 목요일 09:00 ~ 18:00 학원 강의 • 매주 월요일 16:00 ~ 20:00 배드민턴 동호회 활동	포토샵 기초
C동의 성춘향 씨	• 매주 수, 금요일 17:00 ~ 22:00 호프집 아르바이트 • 매주 월요일 10:00 ~ 12:00 과외	스마트한 클라우드 활용
B동의 변학도 씨	• 매주 월요일, 화요일 08:00 ~ 15:00 카페 아르바이트 • 매주 수요일, 목요일 18:00 ~ 20:00 요리학원 수강	그래픽 편집 달인되기

① 홍길동 씨
② 이몽룡 씨
③ 성춘향 씨
④ 변학도 씨

38 한국전력공사 기술혁신본부에 근무하는 임직원은 7월 19일부터 7월 21일까지 2박 3일간 워크숍을 가려고 한다. 워크숍 장소 예약을 담당하게 된 K대리는 〈조건〉에 따라 호텔을 예약하려고 한다. 다음 중 K대리가 예약할 호텔로 적합한 곳은?

〈워크숍 장소 현황〉

(단위 : 실, 명, 개)

구분	총 객실 수	객실 예약완료 현황			세미나룸 현황			
		7월 19일	7월 20일	7월 21일	최대수용인원	빔프로젝터	4인용 테이블	의자
A호텔	88	20	26	38	70	○	26	74
B호텔	70	11	27	32	70	×	22	92
C호텔	76	10	18	49	100	○	30	86
D호텔	68	12	21	22	90	×	18	100
E호텔	84	18	23	19	90	○	15	70

※ 4인용 테이블 2개를 사용하면 8명이 앉을 수 있다.

〈기술혁신본부 임직원 현황〉

(단위 : 명)

구분	에너지신사업처	디지털변환처	기술기획처	ICT기획처
부장	1	1	1	1
차장	3	4	2	3
과장	5	6	4	3
대리	6	6	5	4
주임	2	2	3	6
사원	3	1	3	2

조건

• 워크숍은 한 호텔에서 실시하며, 워크숍에 참여하는 모든 직원은 해당 호텔에서 숙박한다.
• 차장급 이상은 1인 1실을 이용하며, 나머지 임직원은 2인 1실을 이용한다.
• 워크숍에서는 빔프로젝터가 있어야 하며, 8인용 테이블과 의자는 참여하는 인원수만큼 필요하다.

① A호텔 ② B호텔
③ C호텔 ④ D호텔
⑤ E호텔

※ 다음은 국민건강보험공단의 2017년 간호·간병통합서비스 시설개선비 지원계획에 관한 자료이다. 다음 글을 읽고 이어지는 질문에 답하시오. **[39~40]**

〈2017년 간호·간병통합서비스 시설개선비 지원계획〉

□ **지원대상**
- '16 ~ '17년 신규로 지정받은 기관 및 기존 참여기관이면서 '17년 병동을 추가 확대한 병원 중 사업을 개시한 요양기관을 대상으로 예산 소진 시까지 한시 지급하되, 공공병원 우선 지원(단, 상급종합 제외)

□ **지원기준** : 공공병원과 민간병원을 구분하여 적용
- (공공병원) 병상당 1백만 원, 기관당 최대 1억 원 이내
  - 공공병원은 의무참여를 고려하여 지원금 일부를 우선 할당
- (민간병원) 병상당 1백만 원, 기관당 최대 5천만 원 이내
  - 취약지 소재 병원은 참여여건이 더욱 열악함을 감안하여, 지원금 일부를 우선 할당
- (병동확대) '13 ~ '16년도 사업에 참여한 기관으로서 '17년도에 병동을 추가 확대하는 경우 과년도('13 ~ '16년) 기 지원액을 포함하여 공공 및 민간병원의 각 한도액 내에서 지원
- (공통) 공공 및 민간병원 각각 사업 개시일자 우선순위로 지급

□ **지원내용** : 간호·간병통합서비스 병동 내 전동침대 우선 구입
- (사양) 침상 높낮이, 상·하체 침상 조절이 가능한 전동침대(3모터)
  - ※ 병상 자체를 전동침대로 교체하여야 하고, 수동 병상에 모터 부착 등은 불가
  - 단, 간호·간병통합서비스 병동 내 전동침대가 100% 구비된 경우만 추가 품목(스트레쳐카트, 낙상감지장치, 낙상감지센서) 구입 가능

□ **행정사항**
- 지원금 수령일로부터 6개월 이내에 요양기관 사정에 의해 지정이 취소된 경우, 지급한 시설개선비 전액 환수 예정
- 시설개선비로 구입한 품목(전동침대 등)이 간호·간병통합서비스 병동 이외의 일반병동에서 사용 사실이 확인되는 경우(추후 현지점검 예정), 지급한 시설개선비 전액 환수 예정

붙임 간호·간병통합서비스 병동 시설개선비 지원 예비 신청서 1부
　　　　간호·간병통합서비스 병동 시설개선비 지원금 청구서 1부
　　　　서약서 1부

39 제시문을 보고 나눈 사원들의 대화 중 올바르지 않은 내용을 이야기한 사원은?

> A사원 : 예산 소진 시까지 민간병원보다는 공공병원에 우선 지급되겠군.
> B사원 : K병원은 간호·간병통합서비스 병동 내 일부 침대를 제외하고는 전동침대로 되어있으니 낙상감지장치를 구입할 수 있겠어.
> C사원 : 지원금 수령일로부터 6개월 이내에 지정이 취소된다면 지급한 금액 모두 환수될 거야.
> D사원 : 지원 순서는 공공병원, 취약지 소재 민간병원, 일반 민간병원이 되겠네.

① A사원   ② B사원
③ C사원   ④ D사원

40 K사원은 위에 제시된 자료를 참고해서 각 병원의 신청내역을 다음과 같이 정리하였다. 정리 내용이 적절하지 않은 병원은?

병원명	구분	신청 병상 개수	보유 병상 개수	지원금액	비고
A병원	민간병원	60개	–	5,000만 원	–
B병원	민간병원	35개	20개	3,000만 원	병동확대 (기 지원액 : 2,000만 원)
C병원	공공병원	70개	40개	6,000만 원	–
D병원	공공병원	50개	50개	5,000만 원	병동확대 (기 지원액 : 5,000만 원)

① A병원   ② B병원
③ C병원   ④ D병원

PART
3

실전모의고사

모듈형
실전모의고사

■ 취약영역 분석

번호	O/×	영역	번호	O/×	영역	번호	O/×	영역
1		의사소통능력	21		수리능력	41		의사소통능력
2			22		자원관리능력	42		
3		문제해결능력	23		문제해결능력	43		자원관리능력
4		자원관리능력	24		조직이해능력	44		대인관계능력
5		조직이해능력	25		자기개발능력	45		자원관리능력
6		정보능력	26			46		의사소통능력
7		수리능력	27		정보능력	47		수리능력
8		문제해결능력	28		수리능력	48		자원관리능력
9		조직이해능력	29		문제해결능력	49		자기개발능력
10		직업윤리	30		대인관계능력	50		의사소통능력
11		의사소통능력	31		문제해결능력	51		
12		수리능력	32		조직이해능력	52		수리능력
13		의사소통능력	33		수리능력	53		문제해결능력
14		대인관계능력	34		자원관리능력	54		자원관리능력
15		자원관리능력	35		조직이해능력	55		기술능력
16		수리능력	36			56		대인관계능력
17		정보능력	37			57		
18		의사소통능력	38		대인관계능력	58		자원관리능력
19			39		수리능력	59		의사소통능력
20		대인관계능력	40		의사소통능력	60		정보능력

평가 문항	60문항	맞힌 개수	문항	시작시간	:
평가 시간	60분	취약 영역		종료시간	:

FINAL

제 **1** 회

모듈형 실전모의고사

모바일
OMR
답안분석
서비스

🕐 응시시간 : 60분　📋 문항 수 : 60문항　　　　정답 및 해설 p.90

01 의사표현에서는 말하는 사람이 말하는 순간 듣는 사람이 바로 알아들을 수 있어야 하므로 어떠한 언어를 사용하는 지가 매우 중요하다. 다음 〈보기〉에서 의사표현에 사용되는 언어로 적절하지 않은 것을 모두 고른 것은?

> **보기**
>
> ㉠ 이해하기 쉬운 언어　　　　　　　　　　㉡ 상세하고 구체적인 언어
> ㉢ 간결하면서 정확한 언어　　　　　　　　㉣ 전문적 언어
> ㉤ 단조로운 언어　　　　　　　　　　　　㉥ 문법적 언어

① ㉠, ㉡　　　　　　　　　　　　　　　② ㉡, ㉢
③ ㉢, ㉣　　　　　　　　　　　　　　　④ ㉣, ㉤
⑤ ㉤, ㉥

02 다음은 신입사원 A가 작성한 보고서의 일부이다. 신입사원 A의 보고서를 확인한 상사 B는 띄어쓰기가 적절하게 사용되지 않은 것을 보고, 신입사원 A에게 문서 작성 시 유의해야 할 띄어쓰기에 대해 조언을 하려고 한다. 다음 중 상사 B가 조언할 내용으로 적절하지 않은 것은?

> 국내의 한 운송 업체는 총무게가 만톤에 달하는 고대 유적을 안전한 장소로 이전하는 해외 프로젝트에 성공하였습니다. 이번 프로젝트는 댐 건설로 인해 수몰 위기에 처한 지역의 고대 유적을 약 5km 가량 떨어진 문화공원으로 옮기는 문화유적 이송 프로젝트입니다. 운송 업체 관계자인 김민관 씨는 "글로벌 종합물류 기업에 걸맞은 시너지 효과를 창출하기 위해 더욱 더 노력하겠다."라고 말했습니다.

① 관형사는 뒷말과 띄어 써야 하므로 모두 합하여 몇임을 나타내는 관형사인 '총'은 '총 무게'와 같이 띄어 써야 합니다.
② 단위를 나타내는 명사는 앞말과 띄어 써야 하므로 '만톤'은 '만 톤'으로 띄어 써야 합니다.
③ '-여, -쯤, -가량'과 같은 접미사는 앞말과 붙여 써야 하므로 '5km 가량'은 '5km가량'으로 붙여 써야 합니다.
④ 성과 이름 그리고 이에 덧붙는 호칭어, 관직명 등은 모두 붙여 써야 하므로 '김민관 씨'는 '김민관씨'와 같이 붙여 써야 합니다.
⑤ 한 단어는 붙여 써야 하므로 '더욱'을 강조하는 단어인 '더욱더'는 붙여 써야 합니다.

03   다음 빈칸에 들어갈 전제로 가장 적절한 것은?

전제1 : 어떤 경위는 파출소장이다.
전제2 : _____
결론 : 30대 중 파출소장인 사람이 있다.

① 어떤 경위는 30대이다.
② 어떤 경위는 30대가 아니다.
③ 30대는 모두 경위이다.
④ 모든 경위는 파출소장이 아니다.
⑤ 모든 경위는 30대이다.

04   다음은 4단계의 자원관리 과정을 나타낸 표이다. 빈칸에 해당하는 단계에 대한 설명으로 가장 적절한 것은?

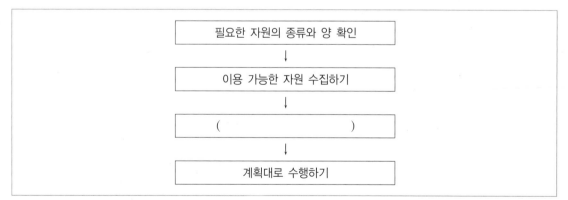

① 구체적으로 어떤 활동을 할 것이며, 이 활동에 어느 정도의 자원이 필요한지를 파악해야 한다.
② 계획에 얽매일 필요는 없지만, 최대한 계획에 맞게 업무를 수행해야 한다.
③ 계획을 수정해야 하는 경우 전체 계획에 미칠 수 있는 영향을 고려해야 한다.
④ 실제 활동에서는 계획과 차이를 보일 수 있으므로 가능한 필요한 양보다 좀 더 여유 있게 자원을 확보해야 한다.
⑤ 자원을 실제 필요한 업무에 할당하여 계획을 세우되, 업무나 활동의 우선순위를 고려해야 한다.

05 다음 조직의 정의를 나타내는 글에서 알 수 있는 조직의 사례로 적절하지 않은 것은?

> 조직은 두 사람 이상이 공동의 목표를 달성하기 위해 의식적으로 구성된 상호작용과 조정을 행하는 행동의 집합체이다. 그러나 단순히 사람들이 모였다고 해서 조직이라고 하지는 않는다. 조직은 목적을 가지고 있고, 구조가 있으며, 목적을 달성하기 위해 구성원들은 서로 협동적인 노력을 하고, 외부 환경과도 긴밀한 관계를 가지고 있다. 조직은 일반적으로 재화나 서비스의 생산이라는 경제적 기능과 조직구성원들에게 만족감을 주고 협동을 지속시키는 사회적 기능을 갖는다.

① 병원에서 일하고 있는 의사와 간호사
② 유기견을 구조하고 보호하는 시민단체
③ 백화점에 모여 있는 직원과 고객
④ 편의점을 운영 중인 가족
⑤ 다문화 가정을 돕고 있는 종교단체

06 다음 글에서 볼 수 있는 정보관리의 3원칙으로 적절한 것을 고른 것은?

> '구슬이 서말이라도 꿰어야 보배'라는 속담처럼, 여러 가지 채널과 갖은 노력 끝에 입수한 정보가 우리가 필요한 시점에 즉시 활용되기 위해서는 모든 정보가 차곡차곡 정리되어 있어야 한다. 이처럼 정보의 관리란 수집된 다양한 형태의 정보를 어떤 문제해결이나 결론도출에 사용하기 쉬운 형태로 바꾸는 일이다. 정보를 관리할 때에는 특히 정보에 대한 사용목표가 명확해야 하며, 정보를 쉽게 작업할 수 있어야 하고, 또한 즉시 사용할 수 있어야 한다.

① 목적성, 용이성, 유용성   ② 다양성, 용이성, 통일성
③ 용이성, 통일성, 다양성   ④ 통일성, 목적성, 유용성
⑤ 통일성, 목적성, 용이성

07 국내 금융감독당국은 금융회사의 자발적인 민원 예방과 적극적인 민원해결 노력을 유도하기 위해 금융소비자보호 실태평가를 실시하고 민원 발생 현황을 비교 공시하고 있다. 은행별 금융민원감축 노력수준 평가에 아래 공시자료를 참고할 때, 다음 설명 중 옳지 않은 것은?

은행명	민원 건수(고객 십만 명당 건)		민원 건수(건)	
	2018년	2019년	2018년	2019년
A	5.62	4.64	1,170	1,009
B	5.83	4.46	1,695	1,332
C	4.19	3.92	980	950
D	5.53	3.75	1,530	1,078

① 금융민원 발생 건수는 전반적으로 전년 대비 감축했다고 평가할 수 있다.

② C은행은 2019년 금융민원 건수가 가장 적지만, 전년 대비 민원 감축률은 약 3.1%로 가장 미비한 수준이다.

③ 가장 많은 고객을 보유하고 있는 은행은 2019년에 금융민원 건수가 가장 많다.

④ 금융민원 건수 감축률을 기준으로 금융소비자보호 수준을 평가했을 때 D − A − B − C 순서로 우수하다.

⑤ 민원 건수가 2018년에 비해 가장 많이 감소한 곳은 D은행이다.

08 업무수행과정에서 발생하는 문제를 발생형, 탐색형, 설정형의 세 가지 문제 유형으로 분류할 때, 다음 중 탐색형 문제에 해당하는 것은?

① 판매된 제품에서 이물질이 발생했다는 고객의 클레임이 발생하였다.

② 국내 생산 공장을 해외로 이전할 경우 발생할 수 있는 문제들을 파악하여 보고해야 한다.

③ 대외경쟁력과 성장률을 강화하기 위해서는 생산성을 15% 이상 향상시켜야 한다.

④ 공장의 생산 설비 오작동으로 인해 제품의 발주량을 미처 채우지 못하였다.

⑤ 향후 5년간 시장의 흐름을 예측한 후 자사의 새로운 성장 목표를 설정하기로 하였다.

09 다음 밑줄 친 ㉠, ㉡에 대한 설명으로 옳은 것은?

> 조직구조는 조직마다 다양하게 이루어지며, 조직목표의 효과적 달성에 영향을 미친다. 조직구조에 대한 많은 연구를 통해 조직구조에 영향을 미치는 요인으로는 조직의 전략, 규모, 기술, 환경 등이 있음을 확인할 수 있으며, 이에 따라 ㉠ 기계적 조직 혹은 ㉡ 유기적 조직으로 설계된다.

① ㉠은 의사결정 권한이 조직의 하부구성원들에게 많이 위임되어 있다.

② ㉡은 상하 간의 의사소통이 공식적인 경로를 통해 이루어진다.

③ ㉠은 규제나 통제의 정도가 낮아, 의사소통 결정이 쉽게 변할 수 있다.

④ ㉡은 구성원들의 업무가 분명하게 정의된다.

⑤ 안정적이고 확실한 환경에서는 ㉠이, 급변하는 환경에서는 ㉡이 적합하다.

10 다음 중 직업윤리의 5대 원칙으로 볼 수 없는 것은?

〈직업윤리의 5대 원칙〉

1. 업무의 공공성을 바탕으로 공사구분을 명확히 하고, 모든 것을 숨김없이 투명하게 처리하는 원칙
2. 고객에 대한 봉사를 최우선으로 생각하고 현장중심, 실천중심으로 일하는 원칙
3. 자기업무에 전문가로서의 능력과 의식을 가지고 책임을 다하며, 능력을 연마하는 것
4. 업무와 관련된 모든 것을 숨김없이 정직하게 수행하고, 본분과 약속을 지켜 신뢰를 유지하는 것
5. 법규를 준수하고, 경쟁원리에 따라 공정하게 행동하는 것

---

① 정직과 신용의 원칙   ② 전문성의 원칙
③ 공정경쟁의 원칙   ④ 고객중심의 원칙
⑤ 주관성의 원칙

11 직장생활에서 필요한 의사소통능력을 문서적인 의사소통능력으로서의 문서이해능력과 문서작성능력, 언어적인 의사소통능력으로서의 경청능력, 의사표현력으로 구분할 수 있다. 다음 사례에 필요한 의사소통능력을 종류에 따라 바르게 구분한 것은?

출판사에 근무하는 K대리는 오늘 아침 출근하자마자 오늘의 주요 업무를 다음과 같이 정리하였다.

〈주요 업무〉

㉠ 입사 지원 이력서 메일 확인
㉡ 팀 회의 – 팀원 담당 업무 지시
㉢ 금일 출간 도서 발주서 작성
㉣ 유선 연락을 통한 채용 면접 일정 안내
㉤ 퇴근 전 업무 일지 작성

	문서적인 의사소통	언어적인 의사소통
①	㉠, ㉤	㉡, ㉢, ㉣
②	㉠, ㉢, ㉣	㉡, ㉤
③	㉠, ㉢, ㉤	㉡, ㉣
④	㉡, ㉢, ㉤	㉠, ㉣
⑤	㉡, ㉣, ㉤	㉠, ㉢

12 정부에서는 지나친 음주와 흡연으로 인한 사회문제의 발생을 막기 위해 술과 담배에 세금을 부과하려고 한다. 이때 부과할 수 있는 세금에는 종가세와 정액세가 있다. 술과 담배를 즐기는 A씨의 소비량과 술, 담배 예상 세금 부과량이 아래와 같을 때, 조세 수입 극대화를 위해서 각각 어떤 세금을 부과해야 하며, 이때 조세수입은 얼마인가?

〈술, 담배 가격 및 소비량〉

구분	가격	현재 소비량	세금 부과 후 예상 소비량
술	2,000원	50병	20병
담배	4,500원	100갑	100갑

〈술, 담배 예상 세금 부과량〉

구분	종가세 하의 예상 세율	정액세 하의 예상 개당 세액
술	20%	300원
담배		800원

※ 종가세 : 가격의 일정 비율을 세금으로 부과하는 제도
※ 정액세 : 가격과 상관없이 판매될 때마다 일정한 액수의 세금을 부과하는 제도

	술	담배	조세 총수입
①	정액세	종가세	99,000원
②	정액세	종가세	96,000원
③	정액세	정액세	86,000원
④	종가세	정액세	88,000원
⑤	종가세	종가세	98,000원

13 다음 글을 읽고 이해한 내용으로 가장 적절한 것은?

> 최근 환경오염의 주범이었던 화학회사들이 환경 보호 정책을 표방하고 나섰다. 기업의 분위기가 변하면서 대학의 엔지니어뿐만 아니라 기업에 고용된 엔지니어들도 점차 대체기술, 환경기술, 녹색 디자인 등을 추구하는 방향으로 전환해 가고 있는 것이다.
>
> 또한, 최근 각광받고 있는 3R의 구호[줄이고(Reduce), 재사용하고(Reuse), 재처리하자(Recycle)]는 엔지니어들로 하여금 미래 사회를 위한 자신들의 역할에 대해 방향을 제시해주고 있다.

① 개발이라는 이름으로 행해지는 개발독재의 사례로 볼 수 있어.
② 자연과학기술에 대한 연구개발의 사례로 적절하구나.
③ 균형과 조화를 위한 지속가능한 개발의 사례로 볼 수 있어.
④ 기술이나 자금을 위한 개발수입의 사례인 것 같아.
⑤ 기업의 생산능률을 위한 조직개발의 사례로 볼 수 있겠구나.

14 A사원은 인적자원의 효과적 활용에 대한 강연을 듣고, 인맥을 활용하였을 때의 장점에 대해 다음과 같이 정리하였다. 밑줄 친 ㉠~㉣ 중 A사원이 잘못 메모한 내용은 모두 몇 개인가?

> 〈인적자원의 효과적 활용〉
>
> • 인적자원이란?
>
> ... 중략 ...
>
> • 인맥 활용 시 장점
> – ㉠ 각종 정보와 정보의 소스 획득
> – ㉡ '나' 자신의 인간관계나 생활에 대해서 알 수 있음
>   ↳ ㉢ 자신의 인생에 탄력이 생김
> – ㉣ '나' 자신만의 사업을 시작할 수 있음 ← 참신한 아이디어 획득

① 0개   ② 1개
③ 2개   ④ 3개
⑤ 4개

15 다음 사례에서 N사가 문제해결에 사용한 사고방식으로 가장 적절한 것은?

> 게임 업체인 N사는 2000년대 이후 지속적인 하락세를 보였으나, 최근 AR 기반의 모바일 게임을 통해 변신에 성공했다. N사는 대표이사가 한때 "모바일 게임 시장이 곧 사라질 것"이라고 말했을 정도로 기존에 강세를 보이던 분야인 휴대용 게임만을 고집했었다. 그러나 기존의 관점에서 벗어나 신기술인 AR에 주목했고, 그동안 홀대했던 모바일 게임 분야에 뛰어들었다. 오히려 변화를 자각하고 새로운 기술을 활용하자 좋은 결과가 따른 것이다.

① 전략적 사고   ② 분석적 사고
③ 발상의 전환   ④ 내·외부자원의 효과적 활용
⑤ 발산적 사고

16 이달 초 가격이 40만 원인 물건을 할부로 구입하고 이달 말부터 매달 일정한 금액을 12개월에 걸쳐 갚는다면 매달 얼마씩 갚아야 하는가?(단, $1.015^{12}=1.2$, 월이율은 1.5%, 1개월마다 복리로 계산한다)

① 3만 2천 원   ② 3만 5천 원
③ 3만 6천 원   ④ 3만 8천 원
⑤ 4만 2천 원

17 전자우편을 보낼 때, 동일한 내용의 편지를 여러 사람에게 보낼 수 있는 기능은?

① 메일머지(Mail Merge)   ② 인덱스(Index)
③ 시소러스(Thesaurus)   ④ 액세스(Access)
⑤ 디더링(Dithering)

18 다음 빈칸에 들어갈 사자성어로 가장 적절한 것은?

> _____은 중국 노(魯)나라 왕이 바닷새를 궁 안으로 데려와 술과 육해진미를 권하고 풍악과 무희 등으로 융숭한 대접을 했지만, 바닷새는 어리둥절하여 슬퍼하며 아무것도 먹지 않아 사흘 만에 죽었다는 일화에서 유래하였다. 장자는 노나라 왕의 이야기를 통해 아무리 좋은 것이라도 상대방의 입장을 고려하지 않으면 실패할 수밖에 없다는 것을 비유적으로 표현하였다.

① 노심초사(勞心焦思)
② 견강부회(牽强附會)
③ 설참신도(舌斬身刀)
④ 이청득심(以聽得心)
⑤ 경전하사(鯨戰蝦死)

19 다음 기사에 나타난 직장생활에서의 원만한 의사소통을 저해하는 요인으로 적절한 것은?

> 한 취업 포털에서 20 ~ 30대 남녀 직장인 350명에게 설문 조사한 결과 어떤 상사와 대화할 때 가장 답답함을 느끼는지 질문에 직장 내에서 막내에 해당하는 사원급 직장인들은 '주구장창 자기 할 말만 하는 상사(27.3%)'와 대화하기 가장 어렵다고 호소했다. 또 직장 내에서 부하 직원과 상사 간, 그리고 직원들 간에 대화가 잘 이뤄지지 않는 이유에 대해 '일방적으로 상사만 말을 하는 대화방식 및 문화(34.3%)'가 가장 큰 원인이라고 답했다.
> 직장 내 상사와 부하 직원 간의 대화가 원활해지려면 지시나 명령하는 말투가 아닌 의견을 묻는 대화법 사용하기(34.9%), 서로를 존중하는 말투와 호칭 사용하기(31.4%) 등의 기본 대화 예절을 지켜야 한다고 답했다.

① 평가적이며 판단적인 태도
② 선입견과 고정관념
③ 잠재적 의도
④ 의사소통 기법의 미숙
⑤ 과거의 경험

20 다음 C사원의 하소연에 대해서 해줄 수 있는 조언으로 가장 적절한 것은?

> C사원 : 거절을 분명하게 결정하고 이를 표현하는 것은 너무 어려운 것 같아. 사람들이 내가 거절을 할 때, 능력이 없다고 보거나 예의가 없다고 보지는 않을까 걱정되기도 하고, 대인관계가 깨지지 않을까 하는 고민도 있어. 이렇게 고민하다보니 거절을 제대로 하지 못하는 점도 고민이야.

① 거절을 결정했다면 상대방의 말을 더 들을 필요는 없어. 시간 낭비일 뿐이야.
② 거절을 할 때에는 신중하고 천천히 표현하는 것이 좋아.
③ 거절을 할 때에는 이유를 제시할 필요는 없어. 핑계라고 생각할 뿐이야.
④ 거절을 하고, 상대방이 납득할 수 있는 대안을 제시하는 것이 좋아.
⑤ 문제의 본질보다는 너의 판단에 따라 거절하는 것이 중요해.

21 화물 운송 트럭 A, B, C는 하루 2회 운행하며 192톤을 옮겨야 한다. A트럭만 운행하였을 때, 12일이 걸렸고, A트럭과 B트럭을 동시에 운행하였을 때 8일이 걸렸으며, B트럭과 C트럭을 동시에 운행하였을 때 16일이 걸렸다. 이때, C트럭의 적재량은 얼마인가?(단, 트럭의 적재용량을 최대한 이용한다)

① 1톤　　　　　　　　　　　　　　　② 2톤
③ 3톤　　　　　　　　　　　　　　　④ 4톤
⑤ 5톤

22 다음과 같은 상황에서 A기업이 얻을 수 있는 효과로 적절하지 않은 것은?

> A기업은 전자가격표시기(ESL; Electronic Shelf Label)를 점포별로 확대 설치한다고 밝혔다. 전자가격표시기는 과거 종이에 표시했던 상품의 가격 등을 전자 종이와 같은 디지털 장치를 활용해 표시하는 방식으로, 중앙 서버에서 상품정보를 변경하면 무선 통신을 통해 매장 내 전자가격표시기에 자동 반영된다. 기존 시스템의 경우 매주 평균 3,700여 개의 종이 가격표를 교체하는 데 평균 31시간이 걸렸으나, 전자가격표시 도입 이후 관련 업무에 투입되는 시간은 기존의 1/10 수준인 3.8시간으로 단축됐다.
> 현장에서 근무하는 직원들은 세일 행사 직전에는 30분 ~ 1시간 정도 일찍 출근하거나 전날 늦게 퇴근해 가격을 점검해야 했다. 그러나 전자가격표시기를 도입한 이후 업무가 간소화되면서 정시 출퇴근도 수월해졌다는 반응이다. A기업은 전자가격표시기 운영 데이터를 바탕으로 업그레이드 버전을 확대 적용할 방안이다.

① 생산성 향상　　　　　　　　　　　② 가격 인상
③ 위험 감소　　　　　　　　　　　　④ 시장 점유율 증가
⑤ 고용 인력 증가

23 다음 기사에 나타난 문제 유형을 바르게 설명한 것은?

> 도색이 완전히 벗겨진 차선과 지워지기 직전의 흐릿한 차선이 서울 강남의 도로 여기저기서 발견되고 있다. 알고 보니 규격 미달의 불량 도료 때문이었다. 시공 능력이 없는 업체들이 서울시가 발주한 도색 공사를 따낸 뒤, 브로커를 통해 전문 업체에 공사를 넘겼고, 이 과정에서 수수료를 떼인 전문 업체들은 손해를 만회하기 위해 값싼 도료를 사용한 것이다. 차선용 도료에 값싼 일반용 도료를 섞다 보니 야간에 차선이 잘 보이도록 하는 유리알이 제대로 붙어있지 못해 차선 마모는 더욱 심해졌다. 지난 4년간 서울 전역에서는 74건의 부실시공이 이뤄졌고, 총 공사 대금은 183억 원에 달하는 것으로 밝혀졌다.

① 발생형 문제로, 일탈 문제에 해당한다.
② 발생형 문제로, 미달 문제에 해당한다.
③ 탐색형 문제로, 잠재문제에 해당한다.
④ 탐색형 문제로, 예측문제에 해당한다.
⑤ 탐색형 문제로, 발견문제에 해당한다.

24 다음은 팀워크(Teamwork)와 응집력의 정의를 나타난 글이다. 팀워크의 사례로 적절하지 않은 것은?

> 팀워크(Teamwork)란 '팀 구성원이 공동의 목적을 달성하기 위하여 상호관계성을 가지고 협력하여 업무를 수행하는 것'으로 볼 수 있다. 반면 응집력은 '사람들로 하여금 집단에 머물도록 느끼게끔 만들고, 그 집단의 멤버로서 계속 남아 있기를 원하게 만드는 힘'으로 볼 수 있다.

① 다음 주 조별 발표 준비를 위해 같은 조원인 A와 C는 각자 주제를 나누어 조사하기로 했다.
② K사의 S사원과 C사원은 내일 진행될 행사 준비를 위해 함께 야근을 할 예정이다.
③ D고등학교 학생인 A와 B는 내일 있을 시험 준비를 위해 도서관에서 공부하기로 했다.
④ 같은 배에서 활약 중인 D와 E는 곧 있을 조정경기 시합을 위해 열심히 연습하고 있다.
⑤ 연구원 G와 S는 효과적인 의약품을 개발하기 위해 함께 연구하기로 했다.

25 다음 자기개발의 특징에 대한 설명을 읽고 이해한 내용으로 옳지 않은 것은?

> 〈자기개발의 특징〉
> • 자기개발에서 개발의 주체는 타인이 아니라 자신이다.
> • 자기개발은 개별적인 과정으로서 자기개발을 통해 지향하는 바와 선호하는 방법 등은 사람마다 다르다.
> • 자기개발은 평생에 걸쳐서 이루어지는 과정이다.
> • 자기개발은 일과 관련하여 이루어지는 활동이다.
> • 자기개발은 생활 가운데 이루어져야 한다.
> • 자기개발은 모든 사람이 해야 하는 것이다.

① 자기개발은 보다 보람되고 나은 삶을 영위하고자 노력하는 사람이라면 누구나 해야 하는 것이다.
② 개인은 대부분 일과 관련하여 인간관계를 맺으며, 자신의 능력을 발휘하기 때문에 자기개발은 일과 관련하여 이루어져야 한다.
③ 개인은 자신의 이해를 바탕으로, 자신에게 앞으로 닥칠 환경변화를 예측하고, 자신에게 적합한 목표를 설정함으로써, 자신에게 알맞은 자기개발 전략이나 방법을 선정하여야 한다.
④ 자기개발의 객체는 자신이므로 스스로 자신의 능력, 적성, 특성 등을 이해하고, 목표성취를 위해 자신을 관리하며 개발하여야 한다.
⑤ 자기개발은 교육기관에서 이루어지는 교육이며, 특정한 사건과 요구가 있을 경우 이루어지는 과정이다.

26 다음 직업의 의미를 읽고, 이와 관련된 직업의 사례로 적절한 것은?

> 직업은 경제적 보상이 있어야 하며, 본인의 자발적 의사에 의한 것이어야 하고, 장기적으로 계속해서 일하는 지속성을 가지고 있어야 한다.

① 보드게임을 좋아하는 승호는 퇴근 후 보드게임 동아리에 참여하고 있다.
② 커피를 좋아하는 현희는 카페에서 커피를 연구하며 바리스타로 일하고 있다.
③ 영희는 동네 요양원을 찾아가 청소, 빨래 등을 하며 봉사활동을 하였다.
④ 꽃을 좋아하는 민정이는 주말마다 꽃꽂이를 취미활동으로 하고 있다.
⑤ 지연이의 할아버지는 일본 제철소에서 강제노동에 시달린 경험을 갖고 계시다.

27 다음은 기획안을 제출하기 위한 정보수집 전에 어떠한 정보를 어떻게 수집할지에 대한 '정보의 전략적 기획'의 사례이다. S사원이 필요한 정보로 적절하지 않은 것은?

> A전자의 S사원은 상사로부터 세탁기 신상품에 대한 기획안을 제출하라는 업무를 받았다. 먼저 S사원은 기획안을 작성하기 위해 자신에게 어떠한 정보가 필요한지를 생각해 보았다. 개발하려는 세탁기 신상품의 컨셉은 중년층을 대상으로 한 실용적이고 경제적이며 조작하기 쉬운 것을 대표적인 특징으로 삼고 있다.

① 기존에 세탁기를 구매한 고객들의 데이터베이스로부터 정보가 필요할 수 있겠어.
② 현재 세탁기를 사용하면서 불편한 점은 무엇인지에 대한 정보가 필요하겠네.
③ 데이터베이스로부터 성별 세탁기 디자인 선호도에 대한 정보가 필요해.
④ 고객들의 세탁기에 대한 부담 가능한 금액은 얼마인지에 대한 정보도 필요할 것 같아.
⑤ 데이터베이스를 통해 중년층이 선호하는 디자인이나 색은 무엇인지에 대한 정보도 있으면 좋을 것 같군.

28 고객 만족도 점수에서 고객이 만족하면 +3, 불만족하면 −4점이 적용된다. 100명의 고객에게 만족도를 조사했을 때, 80점 이상을 받으려면 최대 몇 명까지 불만족 고객이 허용되는가?

① 17명　　　　　　　　　② 20명
③ 31명　　　　　　　　　④ 32명
⑤ 55명

29 다음 두 사람의 대화 내용에서 ㉠과 ㉡에 들어갈 문제해결 절차를 바르게 나열한 것은?

> 강 대리 : 팀장님, 아무래도 저희 시스템에 문제가 좀 있는 것 같습니다.
> 최 팀장 : 갑자기 그게 무슨 소린가?
> 강 대리 : _____㉠_____
> 최 팀장 : 그런 현상이 자꾸 발생한다면 큰 문제가 될 텐데, 왜 그런 현상이 나타나는 거지?
> 강 대리 : _____㉡_____

	㉠	㉡
①	문제 인식	문제 도출
②	문제 도출	원인 분석
③	원인 분석	실행 및 평가
④	해결안 개발	실행 및 평가
⑤	문제 도출	해결안 개발

30 다음 (A)에 대한 설명으로 옳지 않은 것은?

> (A)란 고객과 서비스 요원 사이의 15초 동안의 짧은 순간에서 이루어지는 서비스로서, 이 순간을 진실의 순간 (MOT; Moment Of Truth) 또는 결정적 순간이라고 한다.

① 짧은 순간에 고객으로 하여금 우리 회사를 선택한 것이 좋은 선택이었다는 것을 입증해야 한다.
② 서비스 직원은 찰나의 순간에 모든 역량을 동원하여 고객을 만족시켜야 한다.
③ 여러 번의 결정적인 순간에서 단 한 번의 0점 서비스를 받는다면 모든 서비스가 0점이 되어버릴 수 있다.
④ 서비스 직원의 용모와 복장보다는 따뜻한 미소와 친절한 한마디가 서비스의 핵심이다.
⑤ 고객과 상호작용에 의해서 서비스가 순발력 있게 제공될 수 있는 시스템이 갖추어져야 한다.

31 H화장품 회사의 기획팀에 근무 중인 A~E직원은 신제품 개발 프로젝트와 관련하여 회의를 진행하였으나, 별다른 해결 방안을 얻지 못했다. 다음 회의 내용을 바탕으로 할 때, A~E직원의 문제 해결을 방해하는 장애요소가 잘못 연결된 것은?

> A직원 : 요즘 10대들이 선호하는 스타일을 조사해보았습니다. 스트릿 패션이나 편한 캐주얼 룩을 좋아하면서도 유행에 민감한 모습을 보이는 것으로 나타났습니다. 물론 화장품에 대한 관심은 계속해서 높아지고 있음을 알 수 있었습니다.
>
> B직원 : 10대들의 패션보다는 화장품에 대한 관심이 이번 회의에 중요하지 않을까요? 이번에 고등학교에 올라가는 제 조카는 귀여운 디자인의 화장품을 좋아하던데요. 아무래도 귀여운 디자인으로 승부를 보는 게 좋을 것 같아요.
>
> C직원 : 아! 제가 지금 좋은 생각이 떠올랐어요! 10대들의 지나친 화장품 사용을 걱정하는 학부모들을 위해 자사의 친환경적인 브랜드 이미지를 강조하는 것은 어떨까요?
>
> D직원 : 제 생각에는 구매력이 낮은 10대보다는 만족을 중시하는 '욜로' 소비성향을 보이는 20~30대를 위한 마케팅이 필요할 것 같아요.
>
> E직원 : 이번 신제품은 10대를 위한 제품이라고 하지 않았나요? 저는 신제품 광고 모델로 톱스타 F씨를 추천합니다! 어린 학생들이 좋아하는 호감형 이미지의 F씨를 모델로 쓴다면 매출은 보장되지 않을까요?

① A직원 – 너무 많은 자료를 수집하려고 노력하는 경우
② B직원 – 고정관념에 얽매이는 경우
③ C직원 – 쉽게 떠오르는 단순한 정보에 의지하는 경우
④ D직원 – 문제를 철저하게 분석하지 않는 경우
⑤ E직원 – 고정관념에 얽매이는 경우

32 다음은 문서의 기능에 대한 설명이다. 빈칸에 들어갈 말이 바르게 연결된 것은?

> 1) 문서는 사람의 의사를 구체적으로 표현하는 기능을 갖는다. 사람이 가지고 있는 주관적인 의사는 문자·숫자·기호 등을 활용하여 종이나 다른 매체에 표시하여 문서화함으로써 그 내용이 (㉠)된다.
> 2) 문서는 자신의 의사를 타인에게 (㉡)하는 기능을 갖는다. 문서에 의한 의사 (㉡)은 전화나 구두로 (㉡)하는 것보다 좀 더 정확하고 변함없는 내용을 (㉡)할 수 있다.
> 3) 문서는 의사를 오랫동안 (㉢)하는 기능을 갖는다. 문서로써 (㉡)된 의사는 지속적으로 (㉢)할 수 있고 역사자료로서 가치를 갖기도 한다.

	㉠	㉡	㉢
①	상징화	교환	정리
②	상징화	전달	정리
③	상징화	전달	보존
④	구체화	전달	보존
⑤	구체화	교환	보존

33 다음은 각 행과 열의 합을 나타낸 표이다. A+B+C+D의 값은?

구분	34	34	44
32	A	C	C
36	A	D	D
44	B	A	B

① 48   ② 50

③ 52   ④ 54

⑤ 56

34 다음 대화에서 시간관리에 대해 바르게 이해하고 있는 사람은?

> A사원 : "나는 얼마 전에 맡은 중요한 프로젝트도 무사히 마쳤어. 나는 회사에서 주어진 일을 잘하고 있기 때문에 시간관리도 잘하고 있다고 생각해."
>
> B사원 : "나는 평소에는 일의 진도가 잘 안 나가는 편인데, 마감일을 앞두면 이상하게 일이 더 잘 돼. 나는 오히려 시간에 쫓겨야 일이 잘 되니까 괜히 시간을 관리할 필요가 없어."
>
> C사원 : "나는 달력에 모든 일정을 표시해 두었어. 이번 달에 해야 할 일도 포스트잇에 표시해 두고 있지. 이 정도면 시간관리를 잘하고 있는 것 아니겠어?"
>
> D사원 : "내가 하는 일은 시간관리와는 조금 거리가 있어. 나는 영감이 떠올라야 작품을 만들 수 있는데 어떻게 일정에 맞춰서 할 수 있겠어. 시간관리는 나와 맞지 않는 일이야."
>
> E사원 : "마감 기한을 넘기더라도 일을 완벽하게 끝내야 한다는 생각은 잘못되었다고 생각해. 물론 완벽하게 일을 끝내는 것도 중요하지만, 모든 일은 정해진 기한을 넘겨서는 안 돼."

① A사원   ② B사원

③ C사원   ④ D사원

⑤ E사원

35 다음은 리더와 관리자의 차이점을 설명한 글이다. 리더의 행동을 이해한 내용으로 옳지 않은 것은?

> 리더와 관리자는 다른 개념으로 가장 큰 차이점은 비전이 있고 없음에 있다. 또한 관리자의 역할이 자원을 관리·분배하고, 당면한 과제를 해결하는 것이라면, 리더는 비전을 선명하게 구축하고, 그 비전이 팀원들의 협력 아래 실현되도록 환경을 만들어 주는 것이다.

① 리더는 목표의 실현에 관련된 모든 사람들을 중시하며, 약속을 지켜 신뢰를 쌓는다.

② 리더는 변화하는 세계 속에서 현재의 현상을 유지함으로써 조직이 안정감을 갖도록 한다.

③ 리더는 멀리있는 목표를 바라보며, 즉시 대가를 얻을 수 없어도 동기를 계속 유지한다.

④ 리더는 매일 새로운 것을 익혀 변화하는 세계 속에서 의미를 찾도록 노력한다.

⑤ 리더는 자신다움을 소중히 하며, 자신의 브랜드 확립에 적극적으로 임한다.

※ 다음은 조직의 유형을 나타낸 것이다. 이어지는 질문에 답하시오. [36~37]

36 다음 조직의 유형에 대해 이해한 내용으로 옳지 않은 것은?

① 기업과 같이 이윤을 목적으로 하는 조직은 영리조직이다.
② 조직 규모를 기준으로 보면, 가족 소유의 상점은 소규모조직, 대기업은 대규모조직이 기례로 볼 수 있다.
③ 공식조직 내에서 인간관계를 지향하면서 비공식조직이 새롭게 생성되기도 한다.
④ 비공식조직은 소식의 구조, 기능, 규정 등이 조직화되어 있다.
⑤ 비영리조직은 공익을 목적으로 하는 단체이다.

37 다음 중 밑줄 친 비영리조직의 사례로 보기 어려운 것은?

① 정부조직
② 병원
③ 대학
④ 시민단체
⑤ 대기업

38 논리적인 사고를 하기 위해서는 생각하는 습관, 상대 논리의 구조화, 구체적인 생각, 타인에 대한 이해, 설득의 5가지 요소가 필요하다. 다음 글에서 설명하는 설득에 해당하는 내용은?

> 논리적 사고의 구성요소 중 설득은 자신의 사상을 강요하지 않고, 자신이 함께 일을 진행하는 상대와 의논하기도 하고 설득해 나가는 가운데 자신이 깨닫지 못했던 새로운 가치를 발견하고 발견한 가치에 대해 생각해 내는 과정을 의미한다.

① 아, 네가 아까 했던 말이 이거였구나. 그래, 지금 해보니 아까 했던 이야기가 무슨 말인지 이해가 될 것 같아.

② 네가 왜 그런 생각을 하게 됐는지 이해가 됐어. 그래, 너와 같은 경험을 했다면 나도 그렇게 생각했을 것 같아.

③ 네가 하는 말이 이해가 잘 안 되는데, 내가 이해한 게 맞는지 구체적인 사례를 들어서 한번 얘기해볼게.

④ 너는 지금처럼 불안정한 시장 상황에서 무리하게 사업을 확장할 경우 리스크가 너무 크게 발생할 수 있다는 거지?

⑤ 네가 말한 내용이 업무 개선에 좋을 것 같다고 하지만, 명확히 왜 좋은지 알 수 없어 생각해 봐야할 거 같아.

39 어떤 컴퓨터로 600KB의 자료를 다운받는 데 1초가 걸린다. A씨가 이 컴퓨터를 이용하여 B사이트에 접속해 자료를 다운받는 데까지 1분 15초가 걸렸다. 자료를 다운받을 때 걸리는 시간이 사이트에 접속할 때 걸리는 시간의 4배일 때, A씨가 다운받은 자료의 용량은?

① 18,000KB
② 24,000KB
③ 28,000KB
④ 34,000KB
⑤ 36,000KB

40 다음은 창의적 사고에 대한 설명이다. 빈칸에 들어갈 말로 적절하지 않은 것은?

> 창의적 사고란 당면한 문제를 해결하기 위해 이미 알고 있는 경험지식을 해체하여 새로운 아이디어를 다시 도출하는 것을 말한다. 즉, 창의적 사고는 개인이 가지고 있는 경험과 지식을 통해 새로운 가치 있는 아이디어로 다시 결합함으로써 참신한 아이디어를 산출하는 힘을 의미하며, (   )을 지닌다.

① 발산성
② 독창성
③ 가치 지향성
④ 다양성
⑤ 통상성

41 다음 〈보기〉 중 비판적 사고에 대해 잘못 설명하고 있는 사람을 모두 고른 것은?

> **보기**
>
> A : 비판적 사고의 목적은 주장의 단점을 명확히 파악하는 것이다.
> B : 맹목적이고 무원칙적인 사고는 비판적 사고라 할 수 없다.
> C : 비판적 사고를 하기 위해서는 감정을 철저히 배제한 중립적 입장에서 주장을 파악해야 한다.
> D : 비판적 사고는 타고난 것이므로 학습을 통한 배움에는 한계가 있다.
> E : 비판적 사고는 어떤 주장에 대해 적극적으로 분석하는 것이다.

① A, C   ② A, D
③ C, D   ④ C, E
⑤ D, E

42 다음 중 경청의 중요성에 대한 설명으로 적절하지 않은 것은?

> 〈경청의 중요성〉
>
> ㉠ 경청을 함으로써 상대방을 한 개인으로 존중하게 된다.
> ㉡ 경청을 함으로써 상대방을 성실한 마음으로 대하게 된다.
> ㉢ 경청을 함으로써 상대방의 입장에 공감하며, 상대방을 이해하게 된다.

① ㉠ – 상대방의 감정, 사고, 행동을 평가하거나 비판하지 않고 있는 그대로 받아들인다.
② ㉡ – 상대방과의 관계에서 느낀 감정과 생각 등을 솔직하고 성실하게 표현한다.
③ ㉡ – 상대방과의 솔직한 의사 및 감정의 교류를 가능하게 도와준다.
④ ㉢ – 자신의 생각이나 느낌, 가치관 등으로 상대방을 이해하려 한다.
⑤ ㉢ – 상대방으로 하여금 자신이 이해받고 있다는 느낌을 갖도록 한다.

43 예산을 직접비용과 간접비용으로 구분한다고 할 때, 다음 〈보기〉에서 직접비용과 간접비용에 해당하는 것을 바르게 구분한 것은?

보기
⊙ 재료비   ⓒ 원료와 장비 구입비
ⓒ 광고비   ⓔ 보험료
ⓜ 인건비   ⓗ 출장비

	직접비용	간접비용
①	⊙, ⓒ, ⓜ	ⓒ, ⓔ, ⓗ
②	⊙, ⓒ, ⓗ	ⓒ, ⓔ, ⓜ
③	⊙, ⓒ, ⓒ, ⓔ	ⓜ, ⓗ
④	⊙, ⓒ, ⓔ, ⓗ	ⓒ, ⓜ
⑤	⊙, ⓒ, ⓜ, ⓗ	ⓒ, ⓔ

44 다음은 협상전략의 유형을 설명한 것이다. 빈칸 (A) ~ (D)에 들어갈 용어가 적절하게 들어간 것은?

___(A)___ 은 상대방이 제시하는 것을 일방적으로 수용하여 협상의 가능성을 높이려는 전략이다. 즉, 상대방의 욕구와 주장에 자신의 욕구와 주장을 조정하고 순응시켜 굴복한다.
___(B)___ 은 자신이 상대방보다 힘에 있어서 우위를 점유하고 있을 때 자신의 이익을 극대화하기 위한 공격적 전략이다. 즉, 상대방의 주장을 무시하고 자신의 힘으로 일방적으로 밀어붙여 상대방에게 자신의 입장을 강요하는 전략이다.
___(C)___ 은 무행동전략이며, 협상으로부터 철수하는 철수전략이다. 협상을 피하거나 잠정적으로 중단하거나 철수하는 전략이다.
___(D)___ 은 협상 참여자들이 협동과 통합으로 문제를 해결하고자 하는 협력적 문제해결전략이다. 문제를 해결하는 합의에 이르기 위해서 협상 당사자들이 서로 협력하는 것이다.

	(A)	(B)	(C)	(D)
①	유화전략	협력전략	강압전략	회피전략
②	회피전략	강압전략	유화전략	협력전략
③	유화전략	강압전략	협력전략	회피전략
④	회피전략	협력전략	강압전략	유화전략
⑤	유화전략	강압전략	회피전략	협력전략

45 자원의 낭비요인을 다음과 같이 4가지로 나누어볼 때, 〈보기〉의 사례에 해당하는 낭비요인이 바르게 연결된 것은?

〈자원의 낭비요인〉

(가) 비계획적 행동 : 자원을 어떻게 활용할 것인가에 대한 계획 없이 충동적이고 즉흥적으로 행동하여 자원을 낭비하게 된다.

(나) 편리성 추구 : 자원을 편한 방향으로만 활용하는 것을 의미하며, 물적자원뿐만 아니라 시간, 돈의 낭비를 초래할 수 있다.

(다) 자원에 대한 인식 부재 : 자신이 가지고 있는 중요한 자원을 인식하지 못하는 것으로, 무의식적으로 중요한 자원을 낭비하게 된다.

(라) 노하우 부족 : 자원관리의 중요성을 인식하면서도 자원관리에 대한 경험이나 노하우가 부족한 경우를 말한다.

보기

㉠ A는 가까운 거리에 있는 패스트푸드점을 직접 방문하지 않고 배달 앱을 통해 배달료를 지불하고 음식을 주문한다.

㉡ B는 의자를 만들어 달라는 고객의 주문에 공방에 남은 재료와 주문할 재료를 떠올리고는 일주일 안으로 완료될 것이라고 이야기하였지만, 생각지 못한 재료의 배송 기간으로 제작 시간이 부족해 약속된 기한을 지키지 못하였다.

㉢ 현재 수습사원인 C는 처음으로 프로젝트를 담당하게 되면서 나름대로 계획을 세우고 열심히 수행했지만, 예상치 못한 상황이 발생하자 당황하여 처음 계획했던 대로 진행할 수 없었고 결국 아쉬움을 남긴 채 프로젝트를 완성하였다.

㉣ D는 TV에서 홈쇼핑 채널을 시청하면서 품절이 임박했다는 쇼호스트의 말을 듣고는 무작정 유럽 여행 상품을 구매하였다.

	(가)	(나)	(다)	(라)
①	㉡	㉣	㉠	㉢
②	㉢	㉣	㉠	㉡
③	㉢	㉠	㉡	㉣
④	㉣	㉠	㉡	㉢
⑤	㉣	㉢	㉡	㉠

안심Touch

46 W회사의 신입사원인 A ~ E는 회사에서 문서작성 시 주의해야 할 사항에 대한 교육을 받은 뒤 이에 대해 서로 이야기를 나누었다. 다음 중 잘못된 내용을 이야기하고 있는 사람을 모두 고른 것은?

A사원 : 문서를 작성할 때는 주로 '누가, 언제, 어디서, 무엇을, 어떻게, 왜'의 육하원칙에 따라 작성해야 해.
B사원 : 물론 육하원칙에 따라 글을 작성하는 것도 중요하지만, 되도록 글이 한눈에 들어올 수 있도록 하나의 사안은 한 장의 용지에 작성해야 해.
C사원 : 글은 한 장의 용지에 작성하되, 자료는 최대한 많이 첨부하여 문서를 이해하는 데 어려움이 없도록 하는 것이 좋아.
D사원 : 문서를 작성한 후에는 내용을 다시 한번 검토해 보면서 높임말로 쓰인 부분은 없는지 살펴보고, 있다면 이를 낮춤말인 '해라체'로 고쳐 써야 해.
E사원 : 특히 문서나 첨부 자료에 금액이나 수량, 일자 등이 사용되었다면 정확하게 쓰였는지 다시 한 번 꼼꼼하게 검토하는 것이 좋겠지.

① A사원, B사원
② A사원, C사원
③ B사원, D사원
④ C사원, D사원
⑤ D사원, E사원

47 A와 B는 가위바위보 게임을 하기로 했다. 게임에서 이긴 사람에게는 C가 10만 원을 주고, 진 사람은 C에게 7만 원을 주기로 했다. 게임이 끝난 후, A는 49만 원, B는 15만 원을 가지고 있다면, 게임에서 A는 몇 회 이겼는가? (단, A와 B는 각각 20만 원을 가진 채로 게임을 시작했다)

① 4회
② 5회
③ 6회
④ 7회
⑤ 8회

48 다음 〈보기〉 중 시간계획에 대한 설명으로 옳지 않은 것을 모두 고른 것은?

보기
㉠ 시간 계획을 너무 자세하게 세우거나, 너무 간략하게 세우는 것은 좋지 않다.
㉡ 실현 가능한 시간 계획을 세우는 것이 중요하다.
㉢ 시간 계획을 따르는 것이 가장 중요하므로 무슨 일이 있어도 계획에 따라 실천해야 한다.
㉣ 시간 계획을 효과적으로 세운다면 실제 행동할 때와 차이가 거의 발생하지 않는다.
㉤ 자유로운 여유 시간은 시간 계획에 포함되지 않는다.

① ㉠, ㉢
② ㉡, ㉢
③ ㉢, ㉣
④ ㉢, ㉤
⑤ ㉢, ㉣, ㉤

49 다음은 경력개발의 단계를 연령을 기준으로 나타낸 표이다. 각 단계에 대한 설명으로 옳지 않은 것은?

〈경력개발의 단계〉

| 직업선택 | → | 조직입사 | → | 경력초기 | → | 경력중기 | → | 경력말기 |

① 직업선택 단계에서는 자신에 대한 탐색과 직업에 대한 탐색이 동시에 이루어져야 한다.
② 조직입사 단계는 자신의 특성을 통해 직무를 선택하는 과정이다.
③ 경력초기 단계는 자신이 그동안 성취한 것을 재평가하는 단계이다.
④ 경력중기 단계에서는 다른 직업으로 이동하는 경력변화가 일어나기도 한다.
⑤ 경력말기 단계에서는 조직에 있어 자신의 가치를 지속적으로 유지하기 위해 노력하는 동시에, 퇴직을 고려하기도 하는 단계이다.

50 정보화 사회에서 필수적으로 해야 할 일을 설명한 다음 글의 사례로 옳지 않은 것은?

첫째, 정보검색이다. 인터넷에는 수많은 사이트가 있으며, 여기서 내가 원하는 정보를 찾는 것을 정보검색, 즉 소위 말하는 인터넷 서핑이라 할 수 있다. 현재 인터넷에는 수많은 사이트가 있으며, 그 많은 사이트에서 내가 원하는 정보를 찾기란 그렇게 만만치 않다. 지금은 다행히도 검색방법이 발전하여 문장검색용 검색엔진과 자연어 검색방법도 나와 네티즌들로부터 대환영을 받고 있다. 이처럼 검색이 그만큼 쉬워졌다는 것이다. 이러한 발전에 맞추어 정보화 사회에서는 궁극적으로 타인의 힘을 빌리지 않고 내가 원하는 정보는 무엇이든지 다 찾을 수가 있도록 되어야 한다. 즉, 당신은 자신이 가고 싶은 곳의 정보라든지 궁금한 사항을 스스로 해결할 정도는 되어야 한다는 것이다.
둘째, 정보관리이다. 인터넷에서 어렵게 검색하여 찾아낸 결과를 관리하지 못하여 머리 속에만 입력하고, 컴퓨터를 끄고 나면 잊어버리는 것은 정보관리를 못하는 것이다. 자기가 검색한 내용에 대하여 파일로 만들어 보관하든, 프린터로 출력하여 인쇄물로 보관하든, 언제든지 필요할 때 다시 볼 수 있을 정도가 되어야 하는 것이다.
셋째, 정보전파이다. 이것은 정보관리를 못한 사람은 어렵다. 오로지 입을 이용해서만 전파가 가능하기 때문이다. 요즘은 전자우편과 SNS를 이용해서 정보를 전달하기 때문에 정보전파가 매우 쉽다. 참으로 편리한 세상이 아닐 수 없다. 인터넷만 이용하면 편안히 서울에 앉아서 미국에도 논문을 보낼 수 있는 것이다.

① 내일 축구에서 승리하는 국가를 맞추기 위해 선발 선수들의 특징을 파악해야겠어.
② 라면을 맛있게 조리할 수 있는 나만의 비법을 SNS에 올려야지.
③ 다음 주 제주도 여행을 위해서 다음 주 날씨를 요일별로 잘 파악해서 기억해 둬야지.
④ 내가 가진 금액에 맞는 의자를 사기 위해 가격 비교 사이트를 이용해야겠다.
⑤ 작년에 작성했었던 보고서를 지금 미국에 출장 가 있는 동료에게 보내줘야겠다.

51 P사원의 상사가 P사원에게 다음과 같이 문서를 작성해 제출할 것을 요청하였을 때, P사원이 작성해야 할 문서의 종류는 무엇인가?

> 이번 문서를 토대로 P사원의 업무 결과가 평가되므로 이 점 유의하여 작성해 주시길 바랍니다. 최대한 핵심적인 내용으로 간결하게 작성하시고, 복잡한 내용은 도표나 그림을 활용하는 것이 좋겠죠? 그리고 참고한 자료가 있다면 모두 함께 제시해 주어야 합니다. 최종적으로 부장님께 제출하기 전에 제가 확인을 할 예정이지만, P사원도 제출하기 전에 잘못 작성된 부분은 없는지 등의 점검을 해 주시기 바랍니다.

① 보도자료
② 설명서
③ 보고서
④ 제안서
⑤ 기획서

52 임원진 2명과 팀장 4명, 외부 인사 3명이 함께 원탁에 앉아 회의를 하려고 한다. 외부 인사들은 임원진 사이에 앉고 팀장은 임원진 사이에 앉지 못할 때, 앉을 수 있는 경우는 전부 몇 가지인가?(단, 사이라 함은 원탁에 앉았을 때 두 인원 사이에 인원이 더 적은 경우를 말한다)

① 272가지
② 288가지
③ 294가지
④ 300가지
⑤ 396가지

53 다음 사례에 나타난 홍보팀 팀장의 상황은 문제해결절차의 어느 단계에 해당하는가?

> A회사는 이번에 새로 출시한 제품의 판매량이 생각보다 저조하여 그 원인에 대해 조사하였고, 그 결과 신제품 홍보 방안이 미흡하다고 판단하였다. 효과적인 홍보 방안을 마련하기 위해 홍보팀에서는 회의를 진행하였고, 팀원들은 다양한 홍보 방안을 제시하였다. 홍보팀 팀장은 중요도와 실현 가능성 등을 고려하여 팀원들의 다양한 의견 중 최종 홍보 방안을 결정하고자 한다.

① 문제 인식
② 문제 도출
③ 원인 분석
④ 해결안 개발
⑤ 실행 및 평가

54 다음 중 예산 집행 관리에 대한 설명으로 가장 적절한 것은?

① 예산 집행 과정에서의 관리 및 통제는 사업과 같은 큰 단위에서만 필요하므로 직장인의 월급이나 용돈 등에는 필요하지 않다.

② 예산에 대한 계획을 제대로 세워놓았다면, 실제 예산 집행 과정에서 관리가 필요하지 않다.

③ 예산을 관리하기 위해서는 예산 사용을 얼마만큼 했는지를 알아볼 수 있도록 수시로 정리해야 한다.

④ 예산 사용 내역에서 계획된 지출보다 계획되지 않은 지출이 더 많은 경우 비교적 예산 집행에 대한 관리를 잘하고 있다고 할 수 있다.

⑤ 프로젝트나 과제의 경우 가계부를 작성함으로써 효과적으로 예산 집행 과정을 관리할 수 있다.

55 제품 매뉴얼과 업무 매뉴얼을 설명한 다음 글을 읽고 이해한 내용으로 옳지 않은 것은?

> 제품 매뉴얼이란 사용자를 위해 제품의 특징이나 기능 설명, 사용방법과 고장 조치방법, 유지 보수 및 A/S, 폐기까지 제품에 관련된 모든 서비스에 대해 소비자가 알아야할 모든 정보를 제공하는 것을 말한다.
> 다음으로 업무 매뉴얼이란 어떤 일의 진행 방식, 지켜야 할 규칙, 관리상의 절차 등을 일관성 있게 여러 사람이 보고 따라할 수 있도록 표준화하여 설명하는 지침서이다.

① 제품 매뉴얼은 제품의 설계상 결함이나 위험 요소를 대변해야 한다.

② '재난대비 국민행동 매뉴얼'은 업무 매뉴얼의 사례로 볼 수 있다.

③ 제품 매뉴얼은 제품의 의도된 안전한 사용과 사용 중 해야 할 일 또는 하지 말아야 할 일까지 정의해야 한다.

④ 제품 매뉴얼과 업무 매뉴얼 모두 필요한 정보를 빨리 찾을 수 있도록 구성되어야 한다.

⑤ 제품 매뉴얼은 혹시 모를 사용자의 오작동까지 고려하여 만들어져야 한다.

56 다음을 읽고 팀장 K에게 조언할 수 있는 내용으로 적절하지 않은 것은?

> 팀장 K는 팀으로 하여금 기존의 틀에 박힌 업무 방식에서 벗어나게 하고, 변화를 통해 효과적인 업무 방식을 도입하고자 한다. 하지만 변화에 대한 팀원들의 걱정이 염려스럽다. 변화가 일어나면 모든 팀원들이 눈치를 채기 마련이며, 이들은 변화에 대한 소문이 돌거나 변화 내용에 대한 설명도 하기도 전에 그것을 알아차림으로써 불확실하고 의심스러운 분위기가 조성될 수 있기 때문이다. 이로 인해 직원들은 두려움과 스트레스에 시달리며, 사기는 땅으로 떨어질 수 있다.

① 주관적인 자세를 유지한다.

② 개방적인 분위기를 조성한다.

③ 변화의 긍정적인 면을 강조한다.

④ 직원들의 감정을 세심하게 살핀다.

⑤ 변화에 적응할 시간을 준다.

57 다음 중 K에게 해줄 수 있는 조언으로 가장 적절한 것은?

> 현재 군인이 되기 위해 준비 중인 K는 요즘 들어 고민에 빠져 있다. 자신의 윤리적 입장에서 생각해보았을 때 타인에 대한 물리적 행사(폭력)은 절대 금지되어 있다고 생각되지만, 군인의 입장에서는 필요한 경우 물리적 행사가 허용된다는 점이 마음에 걸리는 것이다.

① 업무 수행상 모든 행동에 있어 개인의 양심에 따라 행동하는 것이 중요해.
② 군인은 하나의 직업인이기 때문에 기본적인 윤리기준은 무시할 필요가 있어.
③ 업무수행 상에서 개인윤리와 직업윤리가 충돌할 경우 직업윤리를 우선해야 해.
④ 업무 중 상대방의 입장에서 생각해 보고 너의 행동을 결정하는 것이 어떨까?
⑤ 도덕적인 원리를 사회 제도가 아니라 개인의 생활에 적용하는 것이 중요해.

58 다음 중 〈보기〉의 사례에 대한 물적자원관리의 방해요인이 잘못 연결된 것은?

> **보기**
>
> • A는 손톱깎이를 사용한 뒤 항상 아무 곳에나 놓는다. 그래서 손톱깎이가 필요할 때마다 한참 동안 집 안 구석구석을 찾아야 한다.
> • B는 길을 가다가 귀여운 액세서리를 발견하면 그냥 지나치지 못한다. 그래서 B의 화장대 서랍에는 액세서리가 쌓여 있다.
> • C는 지난주에 휴대폰을 잃어버려 얼마 전에 새로 구입하였다. 그런데 오늘 또 지하철에서 새로 산 휴대폰을 잃어버리고 말았다.
> • D는 작년에 친구로부터 선물 받은 크리스마스 한정판 화장품을 잃어버린 후 찾지 못했고, 다시 구입하려고 하니 이미 판매가 끝난 상품이라 구입할 수 없었다.
> • E는 건조한 실내 공기에 작년에 사용하고 넣어 두었던 가습기를 찾았으나, 창고에서 꺼내 온 가습기는 곰팡이가 피어 작동하지 않았다.

① A - 보관 장소를 파악하지 못하는 경우
② B - 분명한 목적 없이 물건을 구입하는 경우
③ C - 물품을 분실한 경우
④ D - 보관 장소를 파악하지 못하는 경우
⑤ E - 물품이 훼손된 경우

59 다음은 문서 작성 시 유의해야 할 한글 맞춤법 및 어법에 따른 표기이다. 표기가 바르지 않은 것은?

> 〈한글 맞춤법 및 어법〉
>
> 1) 고 / 라고
>   앞말이 직접 인용되는 말임을 나타내는 조사는 '라고'이다. '고'는 앞말이 간접 인용되는 말임을 나타내는 격조사이다.
> 2) 로써 / 로서
>   지위나 신분 또는 자격을 나타내는 격조사는 '로서'이며, '로써'는 어떤 일의 수단이나 도구를 나타내는 격조사이다.
> 3) 율 / 률
>   받침이 있는 말 뒤에서는 '렬, 률', 받침이 없는 말이나 'ㄴ' 받침으로 끝나는 말 뒤에서는 '열, 율'로 적는다.
> 4) 년도 / 연도
>   한자음 '녀, 뇨, 뉴, 니'가 단어 첫머리에 올 때는 두음 법칙에 따라 '여, 요, 유, 이'로 적는다. 단, 의존 명사의 경우 두음 법칙을 적용하지 않는다.
> 5) 연월일의 표기
>   아라비아 숫자만으로 연월일을 표시할 경우 마침표는 연월일 다음에 모두 사용해야 한다.

① 이사장은 "이번 기회를 통해 소중함을 깨닫게 되었으면 좋겠다."라고 말했다.

② 모든 것이 말로써 다 표현되는 것은 아니다.

③ 올해의 상반기 목표 성장률을 달성하기 위해서는 모두가 함께 노력해야 한다.

④ 노인 일자리 추가 지원 사업을 시작한 지 반 연도 되지 않아 지원이 끝이 났다.

⑤ 시험 원서 접수는 2020. 01. 01.(수)에 마감됩니다.

60 정보는 일정한 절차에 따라 사용되는 것이 효과적이다. 다음 중 정보의 효과적인 사용 절차로 가장 적절한 것은?

① 기획 → 관리 → 수집 → 활용

② 수집 → 관리 → 기획 → 활용

③ 기획 → 수집 → 관리 → 활용

④ 수집 → 기획 → 관리 → 활용

⑤ 관리 → 수집 → 기획 → 활용

PSAT형(휴노)
실전모의고사

■ 취약영역 분석

번호	O/×	영역	번호	O/×	영역	번호	O/×	영역
1		의사소통능력	21		문제해결능력	41		의사소통능력
2		수리능력	22		자원관리능력	42		문제해결능력
3		문제해결능력	23		문제해결능력	43		수리능력
4		의사소통능력	24		의사소통능력	44		의사소통능력
5		기술능력	25		자원관리능력	45		문제해결능력
6			26		수리능력	46		수리능력
7		수리능력	27		조직이해능력	47		
8		대인관계능력	28		문제해결능력	48		
9		문제해결능력	29			49		문제해결능력
10		자원관리능력	30			50		의사소통능력
11			31		자원관리능력	51		수리능력
12		의사소통능력	32		정보능력	52		
13		자원관리능력	33		의사소통능력	53		자원관리능력
14		문제해결능력	34		수리능력	54		문제해결능력
15			35		조직이해능력	55		의사소통능력
16		수리능력	36		수리능력	56		문제해결능력
17			37		의사소통능력	57		조직이해능력
18		의사소통능력	38		수리능력	58		의사소통능력
19		기술능력	39		자원관리능력	59		수리능력
20		자원관리능력	40		수리능력	60		의사소통능력

평가 문항	60문항	맞힌 개수	문항	시작시간	:
평가 시간	100분	취약 영역		종료시간	:

PSAT형(휴노) 실전모의고사

모바일
OMR
답안분석
서비스

⏱ 응시시간 : 100분 📝 문항 수 : 60문항

정답 및 해설 p.102

01 다음 중 글의 내용과 일치하지 않는 것은?

정치 철학자로 알려진 아렌트 여사는 우리가 보통 '일'이라 부르는 활동을 '작업(作業, Work)'과 '고역(苦役, Labor)'으로 구분한다. 이 두 가지 모두 인간의 노력, 땀과 인내를 수반하는 활동이며, 어떤 결과를 목적으로 하는 활동이다. 그러나 전자가 자의적인 활동인 데 반해서 후자는 타의에 의해 강요된 활동이다. 전자의 활동을 창조적이라 한다면 후자의 활동은 기계적이다. 창조적 활동의 목적이 작품 창작에 있다면, 후자의 활동 목적은 상품 생산에만 있다. 전자, 즉 '작업'이 인간적으로 수용될 수 있는 물리적 혹은 정신적 조건에서 이루어지는 '일'이라면 '고역'은 그 정반대의 조건에서 행해진 '일'이라는 것이다.

인간은 언제 어느 곳에서든지 '일'이라고 불리는 활동에 땀을 흘리며 노력해 왔고, 현재도 그렇고, 아마도 앞으로도 영원히 그럴 것이다. 구체적으로 어떤 종류의 일이 '작업'으로 불릴 수 있고 어떤 일이 '고역'으로 분류될 수 있느냐는 그리 쉬운 문제가 아니다. 그러나 일을 작업과 고역으로 구별하고 그것들을 위와 같이 정의할 때 노동으로서 일의 가치는 부정되어야 하지만 작업으로서 일은 전통적으로 종교 혹은 철학을 통해서 모든 사회가 늘 강조해 온 대로 오히려 찬미되고, 격려되며 인간으로부터 빼앗아 가서는 안 될 귀중한 가치라고 봐야 한다.

… (중략) …

'작업'으로서의 일의 내재적 가치와 존엄성은 이런 뜻으로서 일과 인간의 인간됨과 뗄 수 없는 필연적 관계를 갖고 있다는 사실에서 생긴다. 분명히 일은 노력과 아픔을 필요로 하고, 생존을 위해 물질적으로는 물론 정신적으로도 풍요한 생활을 위한 도구적 기능을 담당한다.

땀을 흘리고 적지 않은 고통을 치러야만 하는 정말 일로서의 일, 즉 작업은 그것이 어떤 것이든 간에 언제나 엄숙하고 거룩하고 귀해 보인다. 땀을 흘리며 대리석을 깎는 조각가에게서, 밤늦게까지 책상 앞에 앉아 창작에 열중하는 작가에게서, 무더운 공장에서 쇠를 깎는 선반공에게서, 땡볕에 지게질을 하고 밭을 가는 농부에게서 다 똑같이 흐뭇함과 거룩함을 발견하며 그래서 머리가 숙여진다.

그러나 앞서 봤듯이 모든 일이 '작업'으로서의 일은 아니다. 어떤 일은 부정적인 뜻으로서의 '고역'이기도 하다. 회초리를 맞으며 노예선을 젓는 노예들의 피땀 묻은 활동은 인간의 존엄성을 높이기는커녕 그들을 짓밟은 '고역'이다. 위생적으로나 육체적으로 견디기 어려운 조건에 타당치 않게 박한 보수를 받고 무리한 노동을 팔아야만 하는 일은 마땅히 없어져야 할 고역이다.

작업으로서의 일과 고역으로서의 일의 구별은 단순히 지적 노고와 육체적 노고의 차이에 의해서 결정되지 않는다. 한 학자가 하는 지적인 일도 경우에 따라 고역의 가장 나쁜 예가 될 수 있다. 반대로 육체적으로 극히 어려운 일도 경우에 따라 작업의 가장 좋은 예가 될 수 있다. 작업으로서의 일과 고역으로서의 일을 구별하는 근본적 기준은 그것이 인간의 존엄성을 높이는 것이냐, 아니면 타락시키는 것이냐에 있다.

– 박이문, 일

① 작업과 고역은 생산 활동이라는 목적을 지닌 노동이다.
② 작업은 자의적 노동이고, 고역은 타의적 노동이다.
③ 작업은 창조적 노동이고, 고역은 기계적 노동이다.
④ 작업은 인간의 존엄성을 높이고, 고역은 인간의 존엄성을 타락시킨다.
⑤ 작업은 지적 노동이고, 고역은 육체적 노동이다.

02 다음은 A기업 지원자의 인턴 및 해외연수 경험과 합격여부에 관한 자료이다. 이에 대한 〈보기〉의 설명 중 옳은 것만을 모두 고르면?

〈A기업 지원자의 인턴 및 해외연수 경험과 합격여부〉

(단위 : 명, %)

인턴 경험	해외연수 경험	합격여부		합격률
		합격	불합격	
있음	있음	53	414	11.3
	없음	11	37	22.9
없음	있음	0	16	0.0
	없음	4	139	2.8

※ 1) 합격률(%)= $\dfrac{\text{합격자 수}}{\text{합격자 수}+\text{불합격자 수}} \times 100$

  2) 합격률은 소수점 아래 둘째 자리에서 반올림한 값임

보기

ㄱ. 해외연수 경험이 있는 지원자가 해외연수 경험이 없는 지원자보다 합격률이 높다.

ㄴ. 인턴 경험이 있는 지원자가 인턴 경험이 없는 지원자보다 합격률이 높다.

ㄷ. 인턴 경험과 해외연수 경험이 모두 있는 지원자 합격률은 인턴 경험만 있는 지원자 합격률의 2배 이상이다.

ㄹ. 인턴 경험과 해외연수 경험이 모두 없는 지원자와 인턴 경험만 있는 지원자 간의 합격률 차이는 30%p보다 크다.

① ㄱ, ㄴ ② ㄱ, ㄷ
③ ㄴ, ㄷ ④ ㄱ, ㄴ, ㄹ
⑤ ㄴ, ㄷ, ㄹ

03 다음 글을 근거로 판단할 때, 〈보기〉에서 옳은 것만을 모두 고르면?

사슴은 맹수에게 계속 괴롭힘을 당하자 자신을 맹수로 바꾸어 달라고 산신령에게 빌었다. 사슴을 불쌍하게 여긴 산신령은 사슴에게 남은 수명 중 n년(n은 자연수)을 포기하면 여생을 아래 5가지의 맹수 중 하나로 살 수 있게 해주겠다고 했다.

사슴으로 살 경우의 1년당 효용은 40이며, 다른 맹수로 살 경우의 1년당 효용과 그 맹수로 살기 위해 사슴이 포기해야 하는 수명은 아래의 〈표〉와 같다. 예를 들어 사슴의 남은 수명이 12년일 경우 사슴으로 계속 산다면 12×40=480의 총 효용을 얻지만, 독수리로 사는 것을 선택한다면 (12−5)×50=350의 총 효용을 얻는다.

사슴은 여생의 총 효용이 줄어드는 선택은 하지 않으며, 포기해야 하는 수명이 사슴의 남은 수명 이상인 맹수는 선택할 수 없다. 1년당 효용이 큰 맹수일수록, 사슴은 그 맹수가 되기 위해 더 많은 수명을 포기해야 한다. 사슴은 자신의 남은 수명과 〈표〉의 '?'로 표시된 수를 알고 있다.

〈표〉

맹수	1년당 효용	포기해야 하는 수명(년)
사자	250	14
호랑이	200	?
곰	170	11
악어	70	?
독수리	50	5

보기

ㄱ. 사슴의 남은 수명이 13년이라면, 사슴은 곰을 선택할 것이다.
ㄴ. 사슴의 남은 수명이 20년이라면, 사슴은 독수리를 선택하지는 않을 것이다.
ㄷ. 호랑이로 살기 위해 포기해야 하는 수명이 13년이라면, 사슴의 남은 수명에 따라 사자를 선택했을 때와 호랑이를 선택했을 때 여생의 총 효용이 같은 경우가 있다.

① ㄴ
② ㄷ
③ ㄱ, ㄴ
④ ㄴ, ㄷ
⑤ ㄱ, ㄴ, ㄷ

04 다음 글을 읽은 독자의 반응으로 적절하지 않은 것은?

인간이 말하고 듣는 의사소통의 과정을 통하여 자신이 전달하고자 하는 바를 표현하고 상대방의 말을 잘 이해하며, 서로 좋은 관계를 형성하고 지속해 나가기 위해서 지켜야 할 기본적인 규칙을 음성언어 의사소통의 원리라고 한다. 원활한 음성언어 의사소통을 위해 필요한 기본 원리로는 공손성, 적절성, 순환성, 관련성이 있다.

공손성의 원리는 음성언어 의사소통에서 상대방에게 부담을 적게 주고, 상대방을 존중해 주는 표현과 태도를 지키는 것을 말한다. 공손성의 원리는 언어가 정보를 전달하는 기능 이외에 의사소통 참여자 사이의 사회적 관계 형성에도 기여한다는 것에 근거하여 설정된 것이다. 공손성의 원리가 효과적인 인간관계를 형성하고 유지할 수 있는 것은 이것이 바로 인간의 내적 욕구를 충족시켜 주는 행위이기 때문이다. 공손성의 원리는 좋은 인간관계 형성이라는 사회적 기능뿐만 아니라 언어 표현의 효과성도 만족시킨다. 그러나 의사소통 참여자 사이의 인간관계에 맞지 않는 지나친 공손함은 오히려 상대를 향한 빈정거림의 표현이 되므로 의사소통의 걸림돌이 될 수 있다.

적절성의 원리는 음성언어 의사소통의 상황, 목적, 유형에 맞는 담화 텍스트의 형식과 내용으로 표현되어야 한다는 것이다. 음성언어 의사소통에서 발화되는 담화 텍스트가 적절성의 원리를 만족한다는 것은 발화된 담화 텍스트가 상황과 표현 의도에 맞게 상대에게 받아들여질 수 있는, 텍스트적 요인을 만족하는 형태로 표현된 것을 의미한다.

순환성의 원리는 음성언어 의사소통의 상황에 맞게 참여자의 역할이 원활하게 교대되고 정보가 순환되어 의사소통의 목적이 달성되는 것을 말한다. 말하기와 듣기의 연속적 과정인 음성언어 의사소통에서 참여자의 역할이 적절히 분배되고 교환되지 않으면 일방적인 의사 표현과 수용이 되므로 효과적인 의사소통을 기대하기 어렵다.

음성언어 의사소통에서 듣기는 상대방이 전달하려는 의미를 재구성하는 적극적인 과정이다. 관련성의 원리는 의사소통 참여자가 상대방이 발화한 담화 텍스트의 의미를 상대방의 의도에 따라 재구성하여 이해하는 것을 말한다. 발화문의 의미와 의도된 의미가 일치하지 않는 경우 참여자는 담화 맥락을 이해하고, 추론을 통해 대화의 함축을 찾으려는 적극적인 자세를 지녀야 한다.

① 상대방이 부담을 느끼지 않도록 요청하면서 정중한 표현을 사용해야겠어.
② 무언가를 지시할 때는 추상적인 표현보다 실행 가능한 구체적인 행동을 이야기해야겠어.
③ 상대방이 말을 하던 중이더라도 대화 주제에 대한 생각이 떠오른다면 까먹기 전에 바로 이야기해야 해.
④ 앞으로는 내 이야기만 주장하지 않고 상대방의 이야기도 귀 기울여 듣도록 노력해야겠어.
⑤ 상대방의 이야기를 들을 때는 상대방의 의도를 파악하면서 의미를 이해하는 것이 좋겠어.

※ 귀하는 사무실에서 사용 중인 기존 공유기에 새로운 공유기를 추가하여 무선 네트워크 환경을 개선하려고 한다. 아래의 내용을 참고하여 다음에 이어지는 질문에 답하시오. **[5~6]**

〈공유기를 AP / 스위치(허브)로 변경하는 방법〉

[안내]
공유기 2대를 연결하기 위해서는 각각의 공유기가 다른 내부 IP를 사용하여야 하며, 이를 위해 스위치(허브)로 변경하고자 하는 공유기에 내부 IP 주소 변경과 DHCP 서버 기능을 중단해야 합니다.

[절차요약]
– 스위치(허브)로 변경하고자 하는 공유기의 내부 IP 주소 변경
– 스위치(허브)로 변경하고자 하는 공유기의 DHCP 기능 중지
– 인터넷에 연결된 공유기에 스위치(허브)로 변경한 공유기를 연결

[세부절차 설명]
(1) 공유기의 내부 IP 주소 변경
  • 공유기의 웹 설정화면에 접속하여 [관리도구] – [고급설정] – [네트워크관리] – [내부 네트워크 설정]을 클릭합니다.
  • 내부 IP 주소의 끝자리를 임의적으로 변경한 후 [적용 후 시스템 다시 시작] 버튼을 클릭합니다.
(2) 공유기의 DHCP 기능 중지
  • 변경된 내부 IP 주소로 재접속 후 [관리도구] – [고급설정] – [네트워크관리] – [내부 네트워크 설정]을 클릭합니다.
  • 하단의 [DHCP 서버 설정]을 [중지]로 체크 후 [적용]을 클릭합니다.
(3) 스위치(허브)로 변경된 공유기의 연결

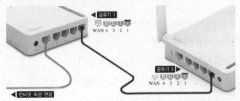

  • 위의 그림과 같이 스위치로 변경된 〈공유기2〉의 LAN 포트 1 ~ 4 중 하나를 원래 인터넷에 연결되어 있던 〈공유기1〉의 LAN 포트 1 ~ 4 중 하나에 연결합니다.
  • 〈공유기2〉는 스위치로 동작하게 되므로 〈공유기2〉의 WAN 포트에는 아무것도 연결하지 않습니다.

[최종점검]
이제 스위치(허브)로 변경된 공유기를 기존 공유기에 연결하는 모든 과정이 완료되었습니다. 설정이 완료된 상태에서 정상적으로 인터넷 연결이 되지 않는다면 상단 네트워크 〈공유기1〉에서 IP 할당이 정상적으로 이루어지지 않는 경우입니다. 이와 같은 경우 PC에서 IP 갱신을 해야 하며 PC를 재부팅하거나 공유기를 재시작하시기 바랍니다.

[참고]
(1) Alpha3 / Alpha4의 경우는 간편설정이 가능하므로 (1) ~ (2) 과정을 쉽게 할 수 있습니다.
(2) 스위치(허브)로 변경되어 연결된 공유기가 무선 공유기로 필요에 따라 무선 연결 설정이 필요한 경우 〈공유기1〉 또는 〈공유기2〉에 연결된 PC 어디에서나 〈공유기2〉의 변경된 IP 주소를 인터넷 탐색기의 주소란에 입력하면 공유기 관리도구에 쉽게 접속할 수 있으며 필요한 무선 설정을 진행할 수 있습니다.

[경고]
(1) 상단 공유기에도 '내부 네트워크에서 DHCP 서버 발견 시 공유기의 DHCP 서버 기능 중단' 설정이 되어 있을 경우 문제가 발생할 수 있으므로 상단 공유기의 설정을 해제하시기 바랍니다.
(2) 일부 환경에서 공유기를 스위치(허브)로 변경 후, UPNP 포트포워딩 기능이 실행 중이라면 네트워크 장애를 유발할 수 있으므로 해당 기능을 중단해 주시기 바랍니다.

05 귀하는 새로운 공유기를 추가로 설치하기 전 판매업체에 문의하여 위와 같은 설명서를 전달받았다. 다음 중 올바르게 이해하지 못한 것은?

① 새로 구매한 공유기가 Alpha3 또는 Alpha4인지 먼저 확인한다.
② 네트워크를 접속할 때 IP를 동적으로 할당받을 수 있도록 하는 DHCP 기능이 활성화되도록 설정한다.
③ 기존에 있는 공유기의 내부 IP 주소와 새로운 공유기의 내부 IP 주소를 서로 다르게 설정한다.
④ 기존 공유기와 새로운 공유기를 연결할 때, 새로운 공유기의 LAN 포트를 기존에 있는 공유기의 LAN 포트에 연결한다.
⑤ 새로운 공유기의 WAN 포트에는 아무것도 연결되지 않아야 한다.

06 귀하는 설명서 내용을 토대로 새로운 공유기를 기존 공유기와 연결하고 설정을 마무리하였는데 제대로 작동하지 않았다. 귀하의 동료 중 IT기술 관련 능력이 뛰어난 A주임에게 문의를 한 결과, 다음과 같은 답변을 받았다. 다음 중 올바른 답변이 아닌 것은?

① "기존 공유기와 새로운 공유기를 연결하는 LAN선이 제대로 꽂혀 있지 않네요."
② "PC에서 IP 갱신이 제대로 되지 않은 것 같습니다. 공유기와 PC 모두 재시작해보는 게 좋을 것 같습니다."
③ "기존 공유기로부터 연결된 LAN선이 새로운 공유기에 LAN 포트에 연결되어 있네요. 이를 WAN 포트에 연결하면 될 것 같습니다."
④ "기존 공유기에서 DHCP 서버가 발견될 경우 DHCP 서버 기능을 중단하도록 설정되어 있어서 오작동한 것 같아요. 해당 설정을 해제하면 될 것 같습니다."
⑤ "공유기를 스위치로 변경 후, UPNP 포트포워딩 기능이 실행 중이라면 네트워크 장애를 유발할 수 있습니다. 해당 기능을 중단해 주시기 바랍니다."

07 조선시대에는 12시진(정시법)과 '초(初)', '정(正)', '한시진(2시간)' 등의 표현을 통해 시간을 나타내었다. 다음 중 조선시대의 시간과 현대의 시간에 대한 비교로 옳지 않은 것은?

<12시진>

조선시대 시간		현대 시간	조선시대 시간		현대 시간
자(子)시	초(初)	23시 1 ~ 60분	오(午)시	초(初)	11시 1 ~ 60분
	정(正)	24시 1 ~ 60분		정(正)	12시 1 ~ 60분
축(丑)시	초(初)	1시 1 ~ 60분	미(未)시	초(初)	13시 1 ~ 60분
	정(正)	2시 1 ~ 60분		정(正)	14시 1 ~ 60분
인(寅)시	초(初)	3시 1 ~ 60분	신(申)시	초(初)	15시 1 ~ 60분
	정(正)	4시 1 ~ 60분		정(正)	16시 1 ~ 60분
묘(卯)시	초(初)	5시 1 ~ 60분	유(酉)시	초(初)	17시 1 ~ 60분
	정(正)	6시 1 ~ 60분		정(正)	18시 1 ~ 60분
진(辰)시	초(初)	7시 1 ~ 60분	술(戌)시	초(初)	19시 1 ~ 60분
	정(正)	8시 1 ~ 60분		정(正)	20시 1 ~ 60분
사(巳)시	초(初)	9시 1 ~ 60분	해(亥)시	초(初)	21시 1 ~ 60분
	정(正)	10시 1 ~ 60분		정(正)	22시 1 ~ 60분

① 한 초등학교의 점심 시간이 오후 1시부터 2시까지라면, 조선시대 시간으로 미(未)시에 해당한다.

② 조선시대에 어떤 사건이 인(寅)시에 발생하였다면, 현대 시간으로는 오전 3시와 5시 사이에 발생한 것이다.

③ 현대인이 오후 2시부터 4시 30분까지 운동을 하였다면, 조선시대 시간으로 미(未)시부터 유(酉)시까지 운동을 한 것이다.

④ 축구 경기가 연장 없이 각각 45분의 전반전과 후반전으로 진행되었다면, 조선시대 시간으로 한시진이 채 되지 않은 것이다.

⑤ 현대인이 오후 8시 30분에 저녁을 먹었다면, 조선시대 시간으로 술(戌)시 정(正)에 저녁을 먹은 것이다.

08 C사원은 L닷컴에서 근무하고 있다. 하루는 같은 팀 E사원이 아래의 자료를 보여주면서 보완할 것이 없는지 검토해 달라고 부탁했다. 다음 중 E사원에게 조언해줄 수 있는 말로 적절하지 않은 것은?

| 1단계
고객 불만 접수 | ⇨ | 2단계
제품 확인 및 수거 | ⇨ | 3단계
원인 조사 및 분석 |
| | | 5단계
고객 보고 | ⇦ | 4단계
대책 수립 |

① 고객 보고 후 피드백이 이루어지면 좋겠어요.
② 대책 수립 후 재발 방지 교육을 실시한 뒤 고객 보고가 이루어지면 좋겠어요.
③ 고객 불만 접수, 고객 보고 단계에 '사과'를 추가하면 좋겠어요.
④ 1단계에서는 고객의 불만을 경청하는 태도가 중요할 것 같아요.
⑤ 단계별로 진행 상황을 고객에게 통보해 준다면 좋겠어요.

09 다음은 인공지능(AI)의 동물식별 능력을 조사한 결과이다. 이에 대한 〈보기〉의 설명으로 옳은 것만을 모두 고르면?

〈AI의 동물식별 능력 조사 결과〉

(단위 : 마리)

AI 식별결과 실제	개	여우	돼지	염소	양	고양이	합계
개	457	10	32	1	0	2	502
여우	12	600	17	3	1	2	635
돼지	22	22	350	2	0	3	399
염소	4	3	3	35	1	2	48
양	0	0	1	1	76	0	78
고양이	3	6	5	2	1	87	104
전체	498	641	408	44	79	96	1,766

보기

ㄱ. AI가 돼지로 식별한 동물 중 실제 돼지가 아닌 비율은 10% 이상이다.
ㄴ. 실제 여우 중 AI가 여우로 식별한 비율은 실제 돼지 중 AI가 돼지로 식별한 비율보다 낮다.
ㄷ. 전체 동물 중 AI가 실제와 동일하게 식별한 비율은 85% 이상이다.
ㄹ. 실제 염소를 AI가 고양이로 식별한 수보다 양으로 식별한 수가 많다.

① ㄱ, ㄴ
② ㄱ, ㄷ
③ ㄴ, ㄷ
④ ㄱ, ㄷ, ㄹ
⑤ ㄴ, ㄷ, ㄹ

※ 다음은 지점이동을 원하는 직원들에 대한 자료이다. 자료를 보고 이어지는 질문에 답하시오. **[10~11]**

〈직원 기록〉

성명	1차 희망지역	보직	경력	성명	1차 희망지역	보직	경력
A	대구	시내운전	3년	H	부산	연료주입	3년
B	대전	차량관리	5년	I	서울	시내운전	6년
C	서울	연료주입	4년	J	대구	차량관리	5년
D	경기	차량관리	2년	K	광주	연료주입	1년
E	서울	시내운전	6년	L	경기	연료주입	2년
F	부산	연료주입	7년	M	부산	시내운전	8년
G	경기	차량관리	1년	N	대구	차량관리	7년

조건

• 각 지역마다 희망지역을 신청한 사람 중 2명까지 이동할 수 있다.
• 우선 희망지역이 3명 이상이면 경력이 높은 사람이 우선된다.
• 1차 희망 지역에 가지 못한 사람들은 2차 희망지역에서 다음 순위 방법으로 선정된다.
  – 보직 우선순위 '시내운전>차량관리>연료주입'
  – 보직이 같을 경우 경력이 낮은 사람 우선
• 희망지역은 3차까지 신청 가능하다.
• 3차 희망지역도 안 될 경우 지점이동을 하지 못한다.

10 1차 희망지역인 서울과 경기지역으로 이동할 직원들이 바르게 연결된 것은?

①
서울
E, I
경기
G, L

②
서울
C, I
경기
D, L

③
서울
E, I
경기
D, L

④
서울
C, E
경기
D, G

⑤
서울
C, I
경기
D, G

11 다음은 지점이동을 지원한 직원들의 희망지역을 정리한 표이다. 표를 참고할 때 어느 지역으로도 이동하지 못하는 직원은?

〈희망지역 신청표〉

성명	1차 희망지역	2차 희망지역	3차 희망지역	성명	1차 희망지역	2차 희망지역	3차 희망지역
A	대구	울산	부산	H	부산	광주	울산
B	대전	광주	경기	I	서울	경기	–
C	서울	경기	대구	J	대구	부산	울산
D	경기	대전	–	K	광주	대전	–
E	서울	부산	–	L	경기	서울	–
F	부산	대구	포항	M	부산	대전	대구
G	경기	광주	서울	N	대구	포항	–

① A
② C
③ G
④ H
⑤ N

12 다음 밑줄 친 ㉠으로 가장 적절한 것은?

오늘날 유전 과학자들은 유전자의 발현에 관한 ㉠ 물음에 관심을 갖고 있다. 맥길 대학의 연구팀은 이 물음에 답하려고 연구를 수행하였다. 어미 쥐가 새끼를 핥아주는 성향에는 편차가 있다. 어떤 어미는 다른 어미보다 더 많이 핥아주었다. 많이 핥아주는 어미가 돌본 새끼들은 인색하게 핥아주는 어미가 돌본 새끼들보다 외부 스트레스에 무디게 반응했다. 게다가 많이 안 핥아주는 친어미에게서 새끼를 떼어내어 많이 핥아주는 양어미에게 두어 핥게 하면, 새끼의 스트레스 반응 정도는 양어미의 새끼 수준과 비슷해졌다.

연구팀은 어미가 누구든 많이 핥인 새끼는 그렇지 않은 새끼보다 뇌의 특정 부분, 특히 해마에서 글루코코르티코이드 수용체들, 곧 GR들이 더 많이 생겨났다는 것을 발견했다. 이렇게 생긴 GR의 수는 성체가 되어도 크게 바뀌지 않았다. GR의 수는 GR 유전자의 발현에 달려있다. 이 쥐들의 GR 유전자는 차이는 없지만 그 발현 정도에는 차이가 있을 수 있다. 이 발현을 촉진하는 인자 중 하나가 NGF 단백질인데, 많이 핥인 새끼는 그렇지 못한 새끼에 비해 NGF 수치가 더 높다.

스트레스 반응 정도는 코르티솔 민감성에 따라 결정되는데 GR이 많으면 코르티솔 민감성이 낮아지게 하는 되먹임 회로가 강화된다. 이 때문에 똑같은 스트레스를 받아도 많이 핥인 새끼는 그렇지 않은 새끼보다 더 무디게 반응한다.

① 코르티솔 유전자는 어떻게 발현되는가?
② 유전자는 어떻게 발현하여 단백질을 만드는가?
③ 핥아주는 성향의 유전자는 어떻게 발현되는가?
④ 후천 요소가 유전자의 발현에 영향을 미칠 수 있는가?
⑤ 유전자 발현에 영향을 미치는 유전 요인에는 무엇이 있는가?

13

다음 글을 근거로 판단할 때, 국제행사의 개최도시로 선정될 곳은?

甲사무관은 대한민국에서 열리는 국제행사의 개최도시를 선정하기 위해 다음과 같은 후보도시 평가표를 만들었다. 후보도시 평가표에 따른 점수와 국제해양기구의 의견을 모두 반영하여, 합산점수가 가장 높은 도시를 개최도시로 선정하고자 한다.

〈후보도시 평가표〉

구분	서울	인천	대전	부산	제주
1) 회의 시설 1,500명 이상 수용가능한 대회의장 보유 등	A	A	C	B	C
2) 숙박 시설 도보거리에 특급 호텔 보유 등	A	B	A	A	C
3) 교통 공항접근성 등	B	A	C	B	B
4) 개최 역량 대규모 국제행사 개최 경험 등	A	C	C	A	B

※ A : 10점, B : 7점, C : 3점

〈국제해양기구의 의견〉

• 외국인 참석자의 편의를 위해 '교통'에서 A를 받은 도시의 경우 추가로 5점을 부여해 줄 것
• 바다를 끼고 있는 도시의 경우 추가로 5점을 부여해 줄 것
• 예상 참석자가 2,000명 이상이므로 '회의 시설'에서 C를 받은 도시는 제외할 것

① 서울
② 인천
③ 대전
④ 부산
⑤ 제주

14 다음 글과 상황을 근거로 판단할 때, 〈보기〉에서 옳은 것만을 모두 고르면?

K국에서는 모든 법인에 대하여 다음과 같이 구분하여 주민세를 부과하고 있다.

구분	세액(원)
• 자본금액 100억 원을 초과하는 법인으로서 종업원 수가 100명을 초과하는 법인	500,000
• 자본금액 50억 원 초과 100억 원 이하 법인으로서 종업원 수가 100명을 초과하는 법인	350,000
• 자본금액 50억 원을 초과하는 법인으로서 종업원 수가 100명 이하인 법인 • 자본금액 30억 원 초과 50억 원 이하 법인으로서 종업원 수가 100명을 초과하는 법인	200,000
• 자본금액 30억 원 초과 50억 원 이하 법인으로서 종업원 수가 100명 이하인 법인 • 자본금액 10억 원 초과 30억 원 이하 법인으로서 종업원 수가 100명을 초과하는 법인	100,000
• 그 밖의 법인	50,000

〈상황〉

법인	자본금액(억 원)	종업원 수(명)
甲	200	?
乙	20	?
丙	?	200

보기

ㄱ. 甲이 납부해야 할 주민세 최소 금액은 20만 원이다.

ㄴ. 乙의 종업원이 50명인 경우 10만 원의 주민세를 납부해야 한다.

ㄷ. 丙이 납부해야 할 주민세 최소 금액은 10만 원이다.

ㄹ. 甲, 乙, 丙이 납부해야 할 주민세 금액의 합계는 최대 110만 원이다.

① ㄱ, ㄴ   ② ㄱ, ㄷ

③ ㄱ, ㄹ   ④ ㄴ, ㄷ

⑤ ㄴ, ㄹ

안심Touch

15 다음은 2017년 직업별 실제 근무시간 및 희망 근무시간에 대한 자료이다. 다음 중 자료를 바탕으로 판단할 때, 주 52시간 근무제 도입으로 인한 변화를 추론한 것으로 옳은 것을 모두 고르면?

• 분야별 실제 근무시간

구분	사례 수(명)	주 40시간 이하(%)	주 41~52시간 이하(%)	주 53시간 이상(%)
소계	50,091	52.3	27.2	20.5
관리자	291	63.6	30.1	6.3
전문가 및 관련종사자	10,017	64.5	26.6	9.0
사무종사자	9,486	70.8	25.1	4.2
서비스종사자	6,003	39.6	21.9	38.5
판매종사자	6,602	34.7	29.1	36.1
농림어업 숙련종사자	2,710	54.8	24.5	20.7
기능원 및 관련기능종사자	4,853	35.1	37.1	27.8
장치, 기계조작 및 조립종사자	5,369	41.8	32.2	26.0
단순노무종사자	4,642	57.4	21.9	20.7
군인	118	71.9	23.8	4.3

• 분야별 희망 근무시간

구분	사례 수(명)	주 40시간 이하(%)	주 41~52시간 이하(%)	주 53시간 이상(%)
소계	50,037	63.8	25.1	11.1
관리자	291	73.8	23.8	2.4
전문가 및 관련종사자	10,006	76.5	19.7	3.8
사무종사자	9,469	80.2	17.6	2.2
서비스종사자	5,992	49.8	28.2	22.0
판매종사자	6,597	48.3	31.4	20.3
농림어업 숙련종사자	2,703	67.1	22.8	10.1
기능원 및 관련기능종사자	4,852	47.5	36.9	15.6
장치, 기계조작 및 조립종사자	5,368	56.0	30.1	13.9
단순노무종사자	4,641	66.6	22.5	10.9
군인	119	72.1	23.3	4.6

〈주52시간 근무제〉

주 52시간 근무제는 주당 법정 근로시간을 기존 68시간에서 52시간(법정근로 40시간＋연장근로 12시간)으로 단축한 근로제도이다. 국회가 2018년 2월 28일 주당 법정 근로시간을 52시간(법정근로 40시간＋연장근로 12시간)으로 단축하는 내용의 '근로기준법 개정안'을 통과시킴에 따라, 그해 7월 1일부터 우선 종업원 300인 이상의 사업장을 대상으로 시행됐다. 개정안은 '일주일은 7일'이라는 내용을 명시하면서 주 최대 근로시간이 현재 68시간(평일 40시간＋평일 연장 12시간＋휴일근로 16시간)에서 52시간(주 40시간＋연장근로 12시간)으로 16시간이 줄어들었다.

ㄱ. 주 52시간 근무제를 도입한 후, 주 근무시간이 감소하는 근로자의 수가 가장 많은 분야는 판매종사자이다.

ㄴ. 희망 근무시간이 53시간 이상인 근로자의 수가 가장 적은 분야는 관리자이다.

ㄷ. 주 52시간 근무제 도입 시, 근로시간 단축효과는 관리자보다 단순노무종사자에서 더욱 클 것이다.

① ㄱ   ② ㄱ, ㄴ

③ ㄱ, ㄷ   ④ ㄴ, ㄷ

⑤ ㄱ, ㄴ, ㄷ

16 다음은 갑 ~ 무 도시에 위치한 두 브랜드(해피카페, 드림카페)의 커피전문점 분포에 대한 자료이다. 이에 대한 〈보기〉의 설명으로 옳은 것만을 모두 고르면?

〈갑 ~ 무 도시별 커피전문점 분포〉

(단위 : 개)

브랜드	구분	갑	을	병	정	무	평균
해피카페	점포 수	7	4	2	( )	4	4
	|편차|	3	0	2	1	0	( )
드림카페	점포 수	( )	5	( )	5	2	4
	|편차|	2	1	2	1	2	1.6

※ |편차|는 해당 브랜드 점포 수 평균에서 각 도시의 해당 브랜드 점포 수를 뺀 값의 절댓값임

ㄱ. 해피카페 |편차|의 평균은 드림카페 |편차|의 평균보다 크다.

ㄴ. 갑 도시의 드림카페 점포 수와 병 도시의 드림카페 점포 수는 다르다.

ㄷ. 정 도시는 해피카페 점포 수가 드림카페 점포 수보다 적다.

ㄹ. 무 도시에 있는 해피카페 중 1개 점포가 병 도시로 브랜드의 변경 없이 이전할 경우, 해피카페 |편차|의 평균은 변하지 않는다.

① ㄱ, ㄷ   ② ㄴ, ㄷ

③ ㄷ, ㄹ   ④ ㄱ, ㄴ, ㄹ

⑤ ㄴ, ㄷ, ㄹ

17 다음 글을 근거로 판단할 때, 가락을 연주하기 위해 ⑭를 누른 상태로 줄을 튕기는 횟수는?

> 줄이 하나인 현악기가 있다. 이 악기는 줄을 누를 수 있는 지점이 ㉮부터 ㉻까지 총 11곳 있고, 이 중 어느 한 지점을 누른 상태로 줄을 튕겨서 연주한다. ㉮를 누르고 줄을 튕기면 A음이 나고, ㉯를 누르고 줄을 튕기면 A음보다 반음 높은 소리가 난다. 이런 식으로 ㉮ ~ ㉻ 순으로 누르는 지점을 옮길 때마다 반음씩 더 높은 소리가 나며, 최저 A음부터 최고 G음까지 낼 수 있다.
> 이들 음은 다음과 같은 특징이 있다.
> • 반음 차이 두 개의 합은 한음 차이와 같다.
> • A음보다 B음이, C음보다 D음이, D음보다 E음이, F음보다 G음이 한음 높고, 둘 중 낮은 음보다 반음 높은 음은 낮은 음의 이름 오른쪽에 #을 붙여 표시한다.
> • B음보다 C음이, E음보다 F음이 반음 높다.

> 〈가락〉
>
> E D# E D# E B D C A A A B E G B C

① 0회   ② 1회
③ 2회   ④ 3회
⑤ 4회

18 다음 글에서 추론할 수 있는 것은?

> 종자와 농약을 생산하는 대기업들은 자신들이 유전자 기술로 조작한 종자가 농약을 현저히 적게 사용해도 되기 때문에 농부들이 더 많은 이윤을 낼 수 있다고 주장하였다. 그러나 미국에서 유전자 변형 작물을 재배한 16년(1996년 ~ 2011년) 동안의 농약 사용량을 살펴보면, 이 주장은 사실이 아님을 알 수 있다.
> 유전자 변형 작물은 해충에 훨씬 더 잘 견디는 장점이 있다. 유전자 변형 작물이 해충을 막기 위해 자체적으로 독소를 만들어내기 때문이다. 독소를 함유한 유전자 변형 작물을 재배함으로써 일반 작물 재배와 비교하여 16년 동안 살충제 소비를 약 56,000톤 줄일 수 있었다. 그런데 제초제의 경우는 달랐다. 처음 4 ~ 5년 동안에는 제초제의 사용이 감소하였다. 그렇지만 전체 재배 기간을 고려하면 일반 작물 재배와 비교할 때 약 239,000톤이 더 소비되었다. 늘어난 제초제의 양에서 줄어든 살충제의 양을 빼면 일반 작물 재배와 비교하여 농약 사용이 재배 기간 16년 동안 183,000톤 증가했다.
> M사의 제초제인 글리포세이트에 내성을 가진 유전자 변형 작물을 재배하기 시작한 농부들은 그 제초제를 매년 반복해서 사용했다. 이로 인해 그 지역에서는 글리포세이트에 대해 내성을 가진 잡초가 생겨났다. 이와 같이 제초제에 내성을 가진 잡초를 슈퍼잡초라고 부른다. 유전자 변형 작물을 재배하는 농지는 대부분 이러한 슈퍼잡초로 인해 어려움을 겪게 되었다. 슈퍼잡초를 제거하기 위해서는 제초제를 더 자주 사용하거나 여러 제초제를 섞어서 사용하거나 아니면 새로 개발된 제초제를 사용해야 한다. 이로 인해 농부들은 더 많은 비용을 지불할 수밖에 없었다.

① 유전자 변형 작물을 재배하는 지역에서는 모든 종류의 농약 사용이 증가했다.
② 유전자 변형 작물을 도입한 해부터 그 작물을 재배하는 지역에 슈퍼잡초가 나타났다.
③ 유전자 변형 작물을 도입한 후 일반 작물 재배의 경우에도 살충제의 사용이 증가했다.
④ 유전자 변형 작물 재배로 슈퍼잡초가 발생한 지역에서는 작물 생산 비용이 증가했다.
⑤ 유전자 변형 작물을 재배하는 지역과 일반 작물을 재배하는 지역에서 슈퍼잡초의 발생 정도가 비슷했다.

19 다음은 바코드 원리를 활용하여 물품을 기호화하고 관리한 것이다. 다음과 같은 방식의 특징으로 보기 어려운 것은?

대분류	중분류	소분류	비고
책(A)	소설책(A-1)	A-1-1. 가시고기	• 2010년에 구입 • 책의 일부분이 파손됨
	전공책(A-2)	A-1-2. 레베카	
	만화책(A-3)	A-1-3. 태백산맥	
	잡지책(A-4)		

① 물품의 위치를 쉽게 파악할 수 있다.
② 동일성의 원칙과 유사성의 원칙을 기반으로 분류한 것이다.
③ 지속적으로 확인해서 개정해야 하는 번거로움이 없다.
④ 보유하고 있는 물품에 대한 정보를 쉽게 확인할 수 있다.
⑤ 물품을 관리하는 데 관심을 기울일 수 있게 한다.

20 다음 사원들의 대화를 읽고 빈칸에 들어갈 내용으로 보기 어려운 것은?

> A사원 : 시간은 개인에게 있어서도 중요하지만, 기업의 입장에서 매우 중요한 요소임에 틀림없어.
> B사원 : 맞아. 시시각각 변해가는 현대사회에서 기업은 일을 수행하는 데 있어 소요되는 시간을 줄이기 위해 많은 노력을 기울이고 있지.
> C사원 : 기업의 입장에서 작업 소요 시간의 단축으로 인해 볼 수 있는 효과는 (   )을/를 들 수 있어.

① 생산성 향상   ② 이익 증가
③ 위험 감소   ④ 시장 점유율 증가
⑤ 비용 증가

21 다음은 2018년과 2019년 추석교통대책기간 중 고속도로 교통현황에 관한 자료이다. 이에 대한 보고서의 내용 중 옳은 것만을 모두 고르면?

〈일자별 고속도로 이동인원 및 교통량〉

(단위 : 만 명, 만 대)

일자 \ 연도 구분	2018년		2019년	
	이동인원	교통량	이동인원	교통량
D-5	-	-	525	470
D-4	-	-	520	439
D-3	-	-	465	367
D-2	590	459	531	425
D-1	618	422	608	447
추석 당일	775	535	809	588
D+1	629	433	742	548
D+2	483	346	560	433
D+3	445	311	557	440
D+4	-	-	442	388
D+5	-	-	401	369
계	3,540	2,506	6,160	4,914

※ 2018년, 2019년 추석교통대책기간은 각각 6일(D-2~D+3), 11일(D-5~D+5)임

〈고속도로 구간별 최대 소요 시간 현황〉

연도	서울 – 대전		서울 – 부산		서울 – 광주		서서울 – 목포		서울 – 강릉	
	귀성	귀경	귀성	귀경	귀성	귀경	귀성	귀경	귀성	귀경
2018	4:15	3:30	7:15	7:20	7:30	5:30	8:50	6:10	5:00	3:40
2019	4:00	4:20	7:50	9:40	7:00	7:50	7:00	9:50	4:50	5:10

※ 'A : B'에서 A는 시간, B는 분을 의미함. 예를 들어, 4:15는 4시간 15분을 의미함

〈보고서〉

㉠ 2019년 추석교통대책기간 중 총 고속도로 이동인원은 6,160만 명으로 전년 대비 70% 이상 증가하였으나, ㉡ 1일 평균 이동인원은 560만 명으로 전년 대비 10% 이상 감소하였다. 2019년 추석 당일 고속도로 이동인원은 사상 최대인 809만 명으로 전년 대비 약 4.4% 증가하였다. 2019년 추석연휴기간의 증가로 나들이 차량 등이 늘어 추석교통대책기간 중 1일 평균 고속도로 교통량은 약 447만 대로 전년 대비 6% 이상 증가하였다. 특히 ㉢ 추석 당일 고속도로 교통량은 588만 대로 전년 대비 9% 이상 증가하였다. ㉣ 2019년 고속도로 최대 소요 시간은 귀성의 경우, 제시된 구간에서 전년보다 모두 감소하였으며, 특히 서서울 – 목포 7시간, 서울 – 광주 7시간이 걸려 전년 대비 각각 1시간 50분, 30분 감소하였다. 반면 귀경의 경우, 서서울 – 목포 9시간 50분, 서울 – 부산 9시간 40분으로 전년 대비 각각 3시간 40분, 2시간 20분 증가하였다.

① ㉠, ㉡

② ㉠, ㉢

③ ㉡, ㉢

④ ㉡, ㉣

⑤ ㉢, ㉣

22 다음은 기업 A, B의 2014 ~ 2017년 에너지원단위 및 매출액 자료이다. 이에 대한 〈보기〉의 설명 중 옳은 것만을 모두 고르면?

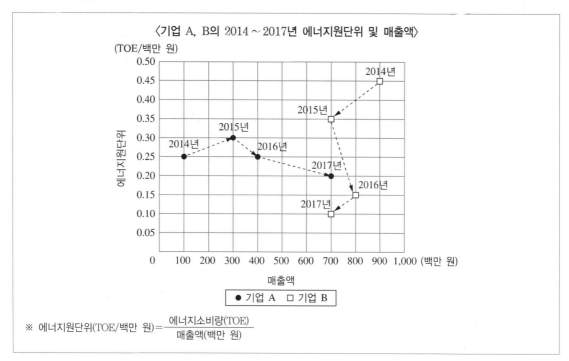

〈기업 A, B의 2014 ~ 2017년 에너지원단위 및 매출액〉

※ 에너지원단위(TOE/백만 원) $= \dfrac{\text{에너지소비량(TOE)}}{\text{매출액(백만 원)}}$

보기

ㄱ. 기업 A, B는 각각 에너지원단위가 매년 감소하였다.
ㄴ. 기업 A의 에너지소비량은 매년 증가하였다.
ㄷ. 2016년 에너지소비량은 기업 B가 기업 A보다 많다.

① ㄱ   ② ㄴ
③ ㄷ   ④ ㄱ, ㄴ
⑤ ㄴ, ㄷ

23 다음 글을 근거로 판단할 때, B구역 청소를 하는 요일은?

> 甲레스토랑은 매주 1회 휴업일(수요일)을 제외하고 매일 영업한다. 甲레스토랑의 청소시간은 영업일 저녁 9시부터 10시까지이다. 이 시간에 A구역, B구역, C구역 중 하나를 청소한다. 청소의 효율성을 위하여 청소를 한 구역은 바로 다음 영업일에는 하지 않는다. 각 구역은 매주 다음과 같이 청소한다.
>
> • A구역 청소는 일주일에 1회 한다.
> • B구역 청소는 일주일에 2회 하되, B구역 청소를 한 후 영업일과 휴업일을 가리지 않고 이틀간은 B구역 청소를 하지 않는다.
> • C구역 청소는 일주일에 3회 하되, 그 중 1회는 일요일에 한다.

① 월요일과 목요일   ② 월요일과 금요일
③ 월요일과 토요일   ④ 화요일과 금요일
⑤ 화요일과 토요일

24 다음 글의 문맥상 (가) ~ (마)에 들어갈 내용으로 적절하지 않은 것은?

> '방언(方言)'이라는 용어는 표준어와 대립되는 개념으로 사용될 수 있다. 이때 방언이란 '교양 있는 사람들이 두루 쓰는 현대 서울말'로서의 표준어가 아닌 말, 즉 비표준어라는 뜻을 갖는다. 가령 __(가)__ 은/는 생각에는 방언을 비표준어로서 낮잡아 보는 인식이 담겨 있다. 이러한 개념으로서의 방언은 '사투리'라는 용어로 바꾸어 쓰이는 수가 많다. '충청도 사투리', '평안도 사투리'라고 할 때의 사투리는 대개 이러한 개념으로 쓰이는 경우이다. 이때의 방언이나 사투리는, 말하자면 표준어인 서울말이 아닌 어느 지역의 말을 가리키거나, 더 나아가 __(나)__ 을/를 일컫는다. 이러한 용법에는 방언이 표준어보다 열등하다는 오해와 편견이 포함되어 있다. 여기에는 표준어보다 못하다거나 세련되지 못하고 규칙에 엄격하지 않다와 같은 부정적 평가가 담겨 있는 것이다. 그런가 하면 사투리는 한 지역의 언어 체계 전반을 뜻하기보다 그 지역의 말 가운데 표준어에는 없는, 그 지역 특유의 언어 요소만을 일컫기도 한다. __(다)__ 고 할 때의 사투리가 그러한 경우에 해당된다.
>
> 언어학에서의 방언은 한 언어를 형성하고 있는 하위 단위로서의 언어 체계 전부를 일컫는 말로 사용된다. 가령 한국어를 예로 들면 한국어를 이루고 있는 각 지역의 말 하나하나, 즉 그 지역의 언어 체계 전부를 방언이라 한다. 서울말은 이 경우 표준어이면서 한국어의 한 방언이다. 그리고 나머지 지역의 방언들은 __(라)__. 이러한 의미에서의 '충청도 방언'은, 충청도에서만 쓰이는, 표준어에도 없고 다른 도의 말에도 없는 충청도 특유의 언어 요소만을 가리키는 것이 아니다. '충청도 방언'은 충청도의 토박이들이 전래적으로 써 온 한국어 전부를 가리킨다. 이 점에서 한국어는 __(마)__.

① (가) : 바른말을 써야 하는 아나운서가 방언을 써서는 안 된다
② (나) : 표준어가 아닌, 세련되지 못하고 격을 갖추지 못한 말
③ (다) : 사투리를 많이 쓰는 사람과는 의사소통이 어렵다
④ (라) : 한국어라는 한 언어의 하위 단위이기 때문에 방언이다
⑤ (마) : 표준어와 지역 방언의 공통부분을 지칭하는 개념이다

25 다음은 2020년 스노보드 빅에어 월드컵 결승전에 출전한 선수 갑 ~ 정의 심사위원별 점수에 관한 자료이다. 이에 대한 〈보기〉의 설명 중 옳은 것만을 모두 고르면?

〈선수 갑 ~ 정의 심사위원별 점수〉

(단위 : 점)

선수	시기	심사위원				평균점수	최종점수
		A	B	C	D		
갑	1차	88	90	89	92	89.5	
	2차	48	55	60	45	51.5	183.5
	3차	95	96	92	( )	( )	
을	1차	84	87	87	88	( )	
	2차	28	40	41	39	39.5	( )
	3차	81	77	79	79	( )	
병	1차	74	73	85	89	79.5	
	2차	89	88	88	87	88.0	167.5
	3차	68	69	73	74	( )	
정	1차	79	82	80	85	81.5	
	2차	94	95	93	96	94.5	( )
	3차	37	45	39	41	40.0	

※ 1) 각 시기의 평균점수는 심사위원 A ~ D의 점수 중 최고점과 최저점을 제외한 2개 점수의 평균임
   2) 각 선수의 최종점수는 각 선수의 1 ~ 3차 시기 평균점수 중 최저점을 제외한 2개 점수의 합임

보기

ㄱ. 최종점수는 정이 을보다 낮다.
ㄴ. 3차 시기의 평균점수는 갑이 병보나 낮다.
ㄷ. 병이 1차 시기에서 심사위원 A ~ D에게 10점씩 더 높은 점수를 받는다면, 최종점수가 가장 높다.
ㄹ. 1차 시기에서 심사위원 C는 4명의 선수 모두에게 심사위원 A보다 높은 점수를 부여했다.

① ㄱ
② ㄷ
③ ㄹ
④ ㄱ, ㄴ
⑤ ㄷ, ㄹ

26 다음 글을 근거로 판단할 때, 상황의 ㉠과 ㉡에 들어갈 수가 바르게 연결된 것은?

> 채용에서 가장 중요한 점은 조직에 적합한 인재의 선발, 즉 필요한 수준의 기본적 직무적성·태도 등 전반적 잠재력을 가진 지원자를 선발하는 것이다. 그러나 채용 과정에서 적합한 사람을 채용하지 않거나, 적합하지 않은 사람을 채용하는 경우도 있다. 적합한 지원자 중 탈락시킨 지원자의 비율을 오탈락률이라 하고, 적합하지 않은 지원자 중 채용한 지원자의 비율을 오채용률이라 한다.

> 〈상황〉
>
> 甲회사의 신입사원 채용 공고에 1,200명이 지원하여, 이 중에 360명이 채용되었다. 신입사원 채용 후 조사해보니 1,200명의 지원자 중 회사에 적합한 지원자는 800명이었고, 적합하지 않은 지원자는 400명이었다. 채용된 360명의 신입사원 중 회사에 적합하지 않은 인원은 40명으로 확인되었다. 이에 따르면 오탈락률은 (㉠)%이고, 오채용률은 (㉡)%이다.

	㉠	㉡			㉠	㉡
①	40	5		②	40	10
③	55	10		④	60	5
⑤	60	10				

27 다음 회의록을 참고할 때, 고객지원팀의 강 대리가 해야 할 일로 적절하지 않은 것은?

〈회의록〉			
회의일시	2021년 ○○월 ○○일	부서	기획팀, 시스템개발팀, 고객지원팀
참석자	기획팀 김 팀장, 박 대리 / 시스템개발팀 이 팀장, 김 대리 / 고객지원팀 유 팀장, 강 대리		
회의안건	홈페이지 내 이벤트 신청 시 발생하는 오류로 인한 고객 불만에 따른 대처방안		
회의내용	• 홈페이지 고객센터 게시판 내 이벤트 신청 오류 관련 불만 글 확인 • 이벤트 페이지 내 오류 발생 원인에 대한 확인 필요 • 상담원의 미숙한 대응으로 고객들의 불만 증가(대응 매뉴얼 부재) • 홈페이지 고객센터 게시판에 사과문 게시 • 고객 불만 대응 매뉴얼 작성 및 이벤트 신청 시스템 개선 • 추후 유사한 이벤트 기획 시 기획안 공유 필요		

① 민원 처리 및 대응 매뉴얼 작성
② 상담원 대상으로 CS 교육 실시
③ 홈페이지 내 사과문 게시
④ 오류 발생 원인 확인 및 신청 시스템 개선
⑤ 고객센터 게시판 모니터링

28 다음은 갑 연구소에서 제습기 A ~ E의 습도별 연간소비전력량을 측정한 자료이다. 이에 대한 〈보기〉의 설명 중 옳은 것만을 모두 고르면?

〈제습기 A ~ E의 습도별 연간소비전력량〉

(단위 : kWh)

습도 제습기	40%	50%	60%	70%	80%
A	550	620	680	790	840
B	560	640	740	810	890
C	580	650	730	800	880
D	600	700	810	880	950
E	660	730	800	920	970

보기

ㄱ. 습도가 70%일 때 연간소비전력량이 가장 적은 제습기는 A이다.
ㄴ. 각 습도에서 연간소비전력량이 많은 제습기부터 순서대로 나열하면, 습도 60%일 때와 습도 70%일 때의 순서는 동일하다.
ㄷ. 습도가 40%일 때 제습기 E의 연간소비전력량은 습도가 50%일 때 제습기 B의 연간소비전력량보다 많다.
ㄹ. 제습기 각각에서 연간소비전력량은 습도가 80%일 때가 40%일 때의 1.5배 이상이다.

① ㄱ, ㄴ
② ㄱ, ㄷ
③ ㄴ, ㄹ
④ ㄱ, ㄷ, ㄹ
⑤ ㄴ, ㄷ, ㄹ

29 다음 문제해결과정이 순서대로 바르게 나열된 것은?

ㄱ. 문제 인식   ㄴ. 실행 및 평가
ㄷ. 원인 분석   ㄹ. 문제 도출
ㅁ. 해결안 개발

① ㄱ → ㄴ → ㄷ → ㄹ → ㅁ
② ㄱ → ㄹ → ㄷ → ㅁ → ㄴ
③ ㄴ → ㄷ → ㄹ → ㅁ → ㄱ
④ ㄹ → ㄱ → ㄷ → ㅁ → ㄴ
⑤ ㄹ → ㄷ → ㅁ → ㄴ → ㄱ

30 다음 글과 자기소개를 근거로 판단할 때, 대학생, 성별, 학과, 가면을 모두 옳게 짝지은 것은?

대학생 5명(A ~ E)이 모여 주말에 가면파티를 하기로 했다.
- 남학생이 3명이고 여학생이 2명이다.
- 5명은 각각 행정학과, 경제학과, 식품영양학과, 정치외교학과, 전자공학과 재학생이다.
- 5명은 각각 늑대인간, 유령, 처녀귀신, 좀비, 드라큘라 가면을 쓸 것이다.
- 본인의 성별, 학과, 가면에 대해 한 명은 모두 거짓만을 말하고 있고 나머지는 모두 진실만을 말하고 있다.

A : 식품영양학과와 경제학과에 다니지 않는 남학생인데 드라큘라 가면을 안 쓸 거야.
B : 행정학과에 다니는 남학생인데 늑대인간 가면을 쓸 거야.
C : 식품영양학과에 다니는 남학생인데 처녀귀신 가면을 쓸 거야.
D : 정치외교학과에 다니는 여학생인데 좀비 가면을 쓸 거야.
E : 전자공학과에 다니는 남학생인데 드라큘라 가면을 쓸 거야.

	대학생	성별	학과	가면
①	A	여	행정학과	늑대인간
②	B	여	경제학과	유령
③	C	남	식품영양학과	좀비
④	D	여	정치외교학과	드라큘라
⑤	E	남	전자공학과	처녀귀신

31 다음 글을 근거로 판단할 때, 〈보기〉에서 옳은 것만을 모두 고르면?

K국의 영유아보육법은 영유아가 안전하고 쾌적한 환경에서 건강하게 성장할 수 있도록 다음과 같이 어린이집의 보육교사 최소 배치 기준을 규정하고 있다.

연령	보육교사 대 영유아 비율
(1) 만 1세 미만	1 : 3
(2) 만 1세 이상 만 2세 미만	1 : 5
(3) 만 2세 이상 만 3세 미만	1 : 7

위와 같이 각 연령별로 반을 편성하고 각 반마다 보육교사를 배치하되, 다음 기준에 따라 혼합반을 운영할 수 있다.

혼합반 편성	보육교사 대 영유아 비율
(1)과 (2)	1 : 3
(2)와 (3)	1 : 5
(1)과 (3)	편성 불가능

보기

ㄱ. 만 1세 미만 영유아 4명, 만 1세 이상 만 2세 미만 영유아 5명을 보육하는 어린이집은 보육교사를 최소 3명 배치해야 한다.

ㄴ. 만 1세 이상 만 2세 미만 영유아 6명, 만 2세 이상 만 3세 미만 영유아 12명을 보육하는 어린이집은 보육교사를 최소 3명 배치해야 한다.

ㄷ. 만 1세 미만 영유아 1명, 만 2세 이상 만 3세 미만 영유아 2명을 보육하는 어린이집은 보육교사를 최소 1명 배치해야 한다.

① ㄱ   ② ㄴ
③ ㄷ   ④ ㄱ, ㄴ
⑤ ㄴ, ㄷ

32 S공사에서 근무하고 있는 K사원은 2019년 12월 발전소별 생산실적을 엑셀을 이용해 정리하려고 한다. 다음 (A) ~ (E) 셀에 K사원이 입력해야 할 함수로 올바르지 않은 것은?

	A	B	C	D	E	F	G
1							
2				2019년 12월 발전소별 생산실적			
3							
4		구분	열용량(Gcal)	전기용량 (MW)	열생산량 (Gcal)	발전량(MWH)	발전량의 순위
5		파주	404	516	144,600	288,111	(B)
6		판교	172	146	94,657	86,382	
7		광교	138	145	27,551	17	
8		수원	71	43	42,353	321,519	
9		화성	407	512	141,139	6,496	
10		청주	105	61	32,510	4,598	
11		대구	71	44	46,477	753	
12		삼송	103	99	2,792	4,321	
13		평균		(A)	(E)		
14							
15					열용량의 최댓값(Gcal)	열생산량 중 세 번째로 높은 값(Gcal)	
16					(C)	(D)	

① (A) : =AVERAGE(D5:D12)

② (B) : =RANK(F5,$F$5:$F$12,1)

③ (C) : =MAX(C5:C12)

④ (D) : =LARGE(E5:E12,3)

⑤ (E) : =AVERAGE(E5:E12)

33 다음 글의 빈칸에 들어갈 내용으로 가장 적절한 것은?

알레르기는 도시화와 산업화가 진행되는 지역에서 매우 빠르게 증가하고 있는데, 알레르기의 발병 원인에 대한 20세기의 지배적 이론은 알레르기는 병원균의 침입에 의해 발생하는 감염성 질병이라는 것이다. 하지만 1989년 영국 의사 S는 이 전통적인 이론에 맞서 다음 가설을 제시했다. (   )

S는 1958년 3월 둘째 주에 태어난 17,000명 이상의 영국 어린이를 대상으로 그들이 23세가 될 때까지 수집한 개인 정보 데이터베이스를 분석하여, 이 가설을 뒷받침하는 증거를 찾았다. 이들의 가족 관계, 사회적 지위, 경제력, 거주 지역, 건강 등의 정보를 비교 분석한 결과, 두 개 항목이 꽃가루 알레르기와 상관관계를 가졌다. 첫째, 함께 자란 형제자매의 수이다. 외동으로 자란 아이의 경우 형제가 서넛인 아이에 비해 꽃가루 알레르기에 취약했다. 둘째, 가족 관계에서 차지하는 서열이다. 동생이 많은 아이보다 손위 형제가 많은 아이가 알레르기에 걸릴 확률이 낮았다. S의 주장에 따르면 가족 구성원이 많은 집에 사는 아이들은 가족 구성원, 특히 손위 형제들이 집안으로 끌고 들어오는 온갖 병균에 의한 잦은 감염 덕분에 장기적으로는 알레르기 예방에 오히려 유리하다. S는 유년기에 겪은 이런 감염이 꽃가루 알레르기를 비롯한 알레르기성 질환으로부터 아이들을 보호해 왔다고 생각했다.

① 알레르기는 유년기에 병원균 노출의 기회가 적을수록 발생 확률이 높아진다.
② 알레르기는 가족 관계에서 서열이 높은 가족 구성원에게 더 많이 발생한다.
③ 알레르기는 성인보다 유년기의 아이들에게 더 많이 발생한다.
④ 알레르기는 도시화에 따른 전염병의 증가로 인해 유발된다.
⑤ 알레르기는 형제가 많을수록 발생 확률이 낮아진다.

34 다음은 A시의 자격시험 접수, 응시 및 합격자 현황이다. 이에 대한 설명으로 옳은 것은?

〈A시의 자격시험 접수, 응시 및 합격자 현황〉

(단위 : 명)

구분	종목	접수	응시	합격
산업기사	치공구설계	28	22	14
	컴퓨터응용가공	48	42	14
	기계설계	86	76	31
	용접	24	11	2
	전체	186	151	61
기능사	기계가공조립	17	17	17
	컴퓨터응용선반	41	34	29
	웹디자인	9	8	6
	귀금속가공	22	22	16
	컴퓨터응용밀링	17	15	12
	전산응용기계제도	188	156	66
	전체	294	252	146

※ 1) 응시율(%) = $\dfrac{\text{응시자 수}}{\text{접수자 수}} \times 100$

2) 합격률(%) = $\dfrac{\text{합격자 수}}{\text{응시자 수}} \times 100$

① 산업기사 전체 합격률은 기능사 전체 합격률보다 높다.

② 산업기사 종목을 합격률이 높은 것부터 나열하면 치공구설계, 컴퓨터응용가공, 기계설계, 용접 순이다.

③ 산업기사 전체 응시율은 기능사 전체 응시율보다 낮다.

④ 산업기사 종목 중 응시율이 가장 낮은 것은 컴퓨터응용가공이다.

⑤ 기능사 종목 중 응시율이 높은 종목일수록 합격률도 높다.

35 다음 글과 상황을 근거로 판단할 때, 〈보기〉에서 옳은 것만을 모두 고르면?

제○○조

① 기획재정부장관은 각 국제금융기구에 출자를 할 때에는 국무회의의 심의를 거쳐 대통령의 승인을 받아 미합중국
통화 또는 그 밖이 자유교환성 통화나 금(金) 또는 내국통화로 그 출자금을 한꺼번에 또는 분할하여 납입할 수
있다.

② 기획재정부장관은 제1항에 따라 내국통화로 출자하는 경우에 그 출자금의 전부 또는 일부를 국무회의의 심의를
거쳐 대통령의 승인을 받아 내국통화로 표시된 증권으로 출자할 수 있다.

제○○조

① 기획재정부장관은 전조(前條) 제2항에 따라 출자한 증권의 전부 또는 일부에 대하여 각 국제금융기구가 지급을
청구하면 지체 없이 이를 지급하여야 한다.

② 기획재정부장관은 제1항에 따른 지급의 청구를 받은 경우에 지급할 재원(財源)이 부족하여 그 청구금액의 전부
또는 일부를 지급할 수 없을 때에는 국무회의의 심의를 거쳐 대통령의 승인을 받아 한국은행으로부터 차입하여
지급하거나 한국은행으로 하여금 그 금액에 상당하는 증권을 해당 국제금융기구로부터 매입하게 할 수 있다.

〈상황〉

기획재정부장관은 적법한 절차에 따라 A국제금융기구에 일정액을 출자한다.

보기

ㄱ. 기획재정부장관은 출자금을 자유교환성 통화로 납입할 수 있다.

ㄴ. 기획재정부장관은 출자금을 내국통화로 분할하여 납입할 수 없다.

ㄷ. 출자금 전부를 내국통화로 출자하는 경우, 그중 일부액을 미합중국통화로 표시된 증권으로 출자할 수 있다.

ㄹ. 만약 출자금을 내국통화로 표시된 증권으로 출자한다면, A국제금융기구가 그 지급을 청구할 경우에 한국은행
징은 시체 없이 이를 지급하여야 한다.

① ㄱ
② ㄴ
③ ㄱ, ㄹ
④ ㄷ, ㄹ
⑤ ㄴ, ㄷ, ㄹ

36 다음은 갑, 을, 병 통신사의 스마트폰 소매가격 및 평가점수 자료이다. 이에 대한 〈보기〉의 설명 중 옳은 것만을 모두 고르면?

〈통신사별 스마트폰의 소매가격 및 평가점수〉

(단위 : 달러, 점)

통신사	스마트폰	소매 가격	평가항목					종합품질 점수
			화질	내비게이션	멀티미디어	배터리 수명	통화성능	
갑	A	150	3	3	3	3	1	13
	B	200	2	2	3	1	2	( )
	C	200	3	3	3	1	1	( )
을	D	180	3	3	3	2	1	( )
	E	100	2	3	3	2	1	11
	F	70	2	1	3	2	1	( )
병	G	200	3	3	3	2	2	( )
	H	50	3	2	3	2	1	( )
	I	150	3	2	2	3	2	12

※ 스마트폰의 종합품질점수는 해당 스마트폰의 평가항목별 평가점수의 총합임

보기

ㄱ. 소매가격이 200달러인 스마트폰 중 종합품질점수가 가장 높은 스마트폰은 C이다.

ㄴ. 소매가격이 가장 낮은 스마트폰은 종합품질점수도 가장 낮다.

ㄷ. 통신사 각각에 대해서 해당 통신사 스마트폰의 통화성능 평가점수의 평균을 계산하여 통신사별로 비교하면 병이 가장 높다.

ㄹ. 평가항목 각각에 대해서 스마트폰 A~I 평가점수의 합을 계산하여 평가항목별로 비교하면 멀티미디어가 가장 높다.

① ㄱ

② ㄷ

③ ㄱ, ㄴ

④ ㄴ, ㄹ

⑤ ㄷ, ㄹ

37 다음 글의 내용과 부합하지 않는 것은?

> 기원전 3천 년쯤 처음 나타난 원시 수메르어 문자 체계는 두 종류의 기호를 사용했다. 한 종류는 숫자를 나타냈고, 1, 10, 60 등에 해당하는 기호가 있었다. 다른 종류의 기호는 사람, 동물, 사유물, 토지 등을 나타냈다. 두 종류의 기호를 사용하여 수메르인들은 많은 정보를 보존할 수 있었다.
>
> 이 시기의 수메르어 기록은 사물과 숫자에 한정되었다. 쓰기는 시간과 노고를 요구하는 일이었고, 기호를 읽고 쓸 줄 아는 사람은 얼마 되지 않았다. 이런 고비용의 기호를 장부 기록 이외의 일에 활용할 이유가 없었다. 현존하는 원시 수메르어 문서 가운데 예외는 하나뿐이고, 그 내용은 기록하는 일을 맡게 된 견습생이 교육을 받으면서 반복해서 썼던 단어들이다. 지루해진 견습생이 자기 마음을 표현하는 시를 적고 싶었더라도 그는 그렇게 할 수 없었다. 원시 수메르어 문자 체계는 완전한 문자 체계가 아니었기 때문이다. 완전한 문자 체계란 구어의 범위를 포괄하는 기호 체계, 즉 시를 포함하여 사람들이 말하는 것은 무엇이든 표현할 수 있는 체계이다. 반면에 불완전한 문자 체계는 인간 행동의 제한된 영역에 속하는 특정한 종류의 정보만 표현할 수 있는 기호 체계이다. 라틴어, 고대 이집트 상형문자, 브라유 점자는 완전한 문자 체계이다. 이것들로는 상거래를 기록하고, 상법을 명문화하고, 역사책을 쓰고, 연애시를 쓸 수 있다. 이와 달리 원시 수메르어 문자 체계는 수학의 언어나 음악 기호처럼 불완전했다. 그러나 수메르인들은 불편함을 느끼지 않았다. 그들이 문자를 만들어 쓴 이유는 구어를 고스란히 베끼기 위해서가 아니라 거래 기록의 보존처럼 구어로는 하지 못할 일을 하기 위해서였기 때문이다.

① 원시 수메르어 문자 체계는 구어를 보완하는 도구였다.
② 원시 수메르어 문자 체계는 감정을 표현하는 일에 적합하지 않았다.
③ 원시 수메르어 문자를 당시 모든 구성원이 사용할 줄 아는 것은 아니었다.
④ 원시 수메르어 문자는 사물과 숫자를 나타내는 데 상이한 종류의 기호를 사용하였다.
⑤ 원시 수메르어 문자와 마찬가지로 고대 이집트 상형문자는 구어의 범위를 포괄하지 못했다.

38 다음은 물품 A ~ E의 가격에 대한 자료이다. 〈조건〉에 미루어 B, C, D의 가격을 바르게 나타낸 것은?

〈물품 A ~ E의 가격〉

(단위 : 원/개)

물품	가격
A	24,000
B	
C	
D	
E	16,000

조건

- 갑, 을, 병의 배낭에 담긴 물품은 각각 다음과 같다.
  - 갑 : B, C, D
  - 을 : A, C
  - 병 : B, D, E
- 배낭에는 해당 물품이 한 개씩만 담겨있다.
- 배낭에 담긴 물품 가격의 합이 높은 사람부터 순서대로 나열하면 갑, 을, 병 순이다.
- 병의 배낭에 담긴 물품 가격의 합은 44,000원이다.

	B	C	D
①	11,000	23,000	14,000
②	12,000	14,000	16,000
③	12,000	19,000	16,000
④	13,000	19,000	15,000
⑤	13,000	23,000	15,000

39 다음 글과 상황을 근거로 판단할 때, A복지관에 채용될 2명의 후보자는?

A복지관은 청소년업무 담당자 2명을 채용하고자 한다. 청소년업무 담당자들은 심리상담, 위기청소년지원, 진학지도, 지역안전망구축 등 4가지 업무를 수행해야 한다. 채용되는 2명은 서로 다른 업무를 맡아 4가지 업무를 빠짐없이 분담해야 한다.

4가지 업무에 관련된 직무역량으로는 의사소통역량, 대인관계역량, 문제해결역량, 정보수집역량, 자원관리역량 등 5가지가 있다. 각 업무를 수행하기 위해서는 반드시 해당 업무에 필요한 직무역량을 모두 갖춰야 한다. 아래는 이를 표로 정리한 것이다.

업무	필요 직무역량
심리상담	의사소통역량, 대인관계역량
위기청소년지원	의사소통역량, 문제해결역량
진학지도	문제해결역량, 정보수집역량
지역안전망구축	대인관계역량, 자원관리역량

〈상황〉

• A복지관의 채용후보자는 4명(甲, 乙, 丙, 丁)이며, 각 채용후보자는 5가지 직무역량 중 3가지씩을 갖추고 있다.
• 자원관리역량은 丙을 제외한 모든 채용후보자가 갖추고 있다.
• 丁이 진학지도업무를 제외한 모든 업무를 수행하려면, 의사소통역량만 추가로 갖추면 된다.
• 甲은 심리상담업무를 수행할 수 있고, 乙과 丙은 진학지도업무를 수행할 수 있다.
• 대인관계역량을 갖춘 채용후보자는 2명이다.

① 甲, 乙
② 甲, 丙
③ 乙, 丙
④ 乙, 丁
⑤ 丙, 丁

A시립도서관은 다음의 원칙에 따라 휴관일 없이 도서 대출 서비스를 운영하고 있다.

- 시민 1인당 총 10권까지 대출 가능하며, 대출 기간은 대출일을 포함하여 14일이다.
- 대출 기간은 권당 1회에 한하여 7일 연장할 수 있으며, 이때 총 대출 기간은 21일이 된다. 연장 신청은 기존 대출 기간 내에 해야 한다.
- 만화와 시로 분류되는 도서의 경우에는 대출 기간은 7일이며 연장 신청도 불가능하다.
- 대출한 도서를 대출 기간 내에 반납하지 못한 경우에는 기간 종료일의 다음날부터 해당 도서 반납을 연체한 것으로 본다.
- 연체료는 각 서적별로 '연체 일수×100원'만큼 부과되며, 최종 반납일도 연체 일수에 포함된다. 또한 대출일 기준으로 출간일이 6개월 이내인 신간의 연체료는 2배로 부과된다.

A시에 거주하는 甲은 아래와 같이 총 5권의 책을 대출하여 2019년 10월 30일에 모두 반납하였다. 甲은 이 중 2권의 대출 기간을 연장하였으며, 반납한 날에 연체료를 전부 지불하였다.

〈甲의 도서 대출 목록〉

도서명	분류	출간일	대출일
원○○	만화	2019. 1. 10.	2019. 10. 10.
입 속의 검은 △	시	2019. 9. 10.	2019. 10. 20.
ㅁ의 노래	소설	2018. 10. 30.	2019. 10. 5.
☆☆ 문화유산 답사기	수필	2019. 4. 15.	2019. 10. 10.
햄◇	희곡	2019. 6. 10.	2019. 10. 5.

---

① 3,000원 ② 3,700원

③ 4,400원 ④ 5,500원

⑤ 7,200원

41 다음 글에서 알 수 있는 것만을 〈보기〉에서 모두 고르면?

> 기존 암 치료법은 암세포의 증식을 막는 데 초점이 맞춰져 있으나, 컴퓨터 설명 모형이 새로 나와 이와는 다른 암 치료법이 개발될 수 있다는 가능성이 제시되었다. W교수의 연구에 따르면, 종전의 공간 모형은 종양의 3차원 공간 구조를 잘 설명하지만 암세포들 간 유전 변이를 잘 설명하지는 못한다. 또 다른 종전 모형인 비공간 모형은 암세포들 간 유전 변이를 잘 설명해 종양의 진화 과정은 정교하게 그려냈지만, 종양의 3차원 공간 구조는 잡아내지 못했다. 그러나 종양의 성장과 진화를 이해하려면 종양의 3차원 공간 구조뿐만 아니라 유전 변이를 잘 설명할 수 있어야 한다.
>
> 새로 개발된 컴퓨터 설명 모형은 왜 모든 암세포들이 그토록 많은 유전 변이들을 갖고 있으며, 그 가운데 약제 내성을 갖는 '주동자 변이'가 어떻게 전체 종양에 퍼지게 되는지를 잘 설명해준다. 이 설명의 열쇠는 암세포들이 이곳저곳으로 옮겨 다닐 수 있는 능력을 갖고 있다는 데 있다. W교수는 "사실상 환자를 죽게 만드는 암의 전이는 암세포의 자체 이동 능력 때문"이라고 말한다. 종전의 공간 모형에 따르면 암세포는 빈 곳이 있을 때만 분열할 수 있고 다른 세포를 올라타고서만 다른 곳으로 옮겨갈 수 있다. 그래서 암세포가 분열할 수 있는 곳은 제한되어 있다. 하지만 새 모형에 따르면 암세포가 다른 세포의 도움 없이 빈 곳으로 이동할 수 있다. 이런 식으로 암세포는 여러 곳으로 이동하여 그곳에서 증식함으로써 새로운 유전 변이를 얻게 된다. 바로 이 때문에 종양은 종전 모형의 예상보다 더 빨리 자랄 수 있고 이상할 정도로 많은 유전 변이들을 가질 수 있다.

보기

ㄱ. 컴퓨터 설명 모형은 종전의 공간 모형보다 암세포의 유전 변이를 더 잘 설명한다.
ㄴ. 종전의 공간 모형은 컴퓨터 설명 모형보다 암세포의 3차원 공간 구조를 더 잘 설명한다.
ㄷ. 종전의 공간 모형과 비공간 모형은 암세포의 자체 이동 능력을 인정하지만 이를 설명할 수 없다.

① ㄱ
② ㄴ
③ ㄱ, ㄷ
④ ㄴ, ㄷ
⑤ ㄱ, ㄴ, ㄷ

42 다음 글을 근거로 판단할 때, 방에 출입한 사람의 순서는?

방에는 1부터 6까지의 번호가 각각 적힌 6개의 전구가 다음과 같이 놓여있다.

왼쪽 ←   → 오른쪽

전구 번호	1	2	3	4	5	6
상태	켜짐	켜짐	켜짐	꺼짐	꺼짐	꺼짐

총 3명(A ~ C)이 각각 한 번씩 홀로 방에 들어가 자신이 정한 규칙에 의해서만 전구를 켜거나 끄고 나왔다.
- A는 번호가 3의 배수인 전구가 켜진 상태라면 그 전구를 끄고, 꺼진 상태라면 그대로 둔다.
- B는 번호가 2의 배수인 전구가 켜진 상태라면 그 전구를 끄고, 꺼진 상태라면 그 전구를 켠다.
- C는 3번 전구는 그대로 두고, 3번 전구를 기준으로 왼쪽과 오른쪽 중 켜진 전구의 개수가 많은 쪽의 전구를 전부 끈다. 다만 켜진 전구의 개수가 같다면 양쪽에 켜진 전구를 모두 끈다.

마지막 사람이 방에서 나왔을 때, 방의 전구는 모두 꺼져 있었다.

① A − B − C   ② A − C − B

③ B − A − C   ④ B − C − A

⑤ C − B − A

43 다음은 하진이의 10월 모바일 쇼핑 구매내역이다. 이에 대한 설명으로 옳은 것은?

<10월 모바일 쇼핑 구매내역>

(단위 : 원, 포인트)

상품	주문금액	할인금액		결제금액	
요가용품세트	45,400	즉시할인 쿠폰할인	4,540 4,860	신용카드+포인트	32,700+3,300 =36,000
가을스웨터	57,200	즉시할인 쿠폰할인	600 7,970	신용카드+포인트	48,370+260 =48,630
샴푸	38,800	즉시할인 쿠폰할인	0 ( )	신용카드+포인트	34,300+1,500 =35,800
보온병	9,200	즉시할인 쿠폰할인	1,840 0	신용카드+포인트	7,290+70 =7,360
전체	150,600		22,810		127,790

※ 1) 결제금액(원)=주문금액−할인금액

2) 할인율(%)=$\dfrac{\text{할인금액}}{\text{주문금액}}\times100$

3) 1포인트는 결제금액 1원에 해당함

① 전체 할인율은 15% 미만이다.

② 할인율이 가장 높은 상품은 '보온병'이다.

③ 주문금액 대비 신용카드 결제금액 비율이 가장 낮은 상품은 '요가용품세트'이다.

④ 10월 전체 주문금액의 3%가 11월 포인트로 적립된다면, 10월 구매로 적립된 11월 포인트는 10월 동안 사용한 포인트보다 크다.

⑤ 결제금액 중 포인트로 결제한 금액이 차지하는 비율이 두 번째로 낮은 상품은 '가을스웨터'이다.

44 다음 중 자신이 한 진술들이 동시에 참일 수 있는 사람만을 〈보기〉에서 모두 고르면?

> **보기**
>
> 나나 : 역사 안에서 일어나는 모든 일에는 선과 악이 없어. 하지만 개인이 선할 가능성은 여전히 남아 있지. 자연의 힘으로 벌어지는 모든 일에는 선과 악이 없고, 역사란 자연의 힘만으로 전개되는 것이야. 개인이 노력한다고 해서 역사가 달라지지도 않아. 만일 개인이 노력한다고 해서 역사가 달라지지 않고 역사 안에서 일어나는 모든 일에 선과 악이 없다면, 개인은 역사 바깥에 나갈 때에만 선할 수 있어. 물론 개인은 역사 바깥에 나가지도 못하고, 자연의 힘을 벗어날 수도 없지.
>
> 모모 : 개인은 역사 바깥에 나가지도 못하고, 자연의 힘을 벗어날 수도 없어. 자연의 힘으로 벌어지는 모든 일에는 선과 악이 없다는 것도 참이야. 하지만 역사 안에서 일어나는 일 가운데는 선과 악이 있는 일도 있어. 왜냐하면 역사 안에서 일어나는 모든 일이 자연의 힘만으로 벌어지는 것은 아니니까. 역사 안에서 일어나는 일 중에는 지성과 사랑의 힘에 의해 일어나는 일도 있어. 지성과 사랑의 힘에 의해 일어나는 일에는 선과 악이 있지.
>
> 수수 : 역사 중에는 물론 지성의 역사와 사랑의 역사도 있지. 하지만 그것을 포함한 모든 역사는 오직 자연의 힘만으로 벌어지지. 지성과 사랑의 역사도 진화의 역사일 뿐이고, 진화의 역사는 오직 자연의 힘만으로 벌어지기 때문이야. 자연의 힘만으로 벌어지는 모든 일에는 선과 악이 없지만, 진화의 역사에서 오직 자연의 힘만으로 인간 지성과 사랑이 출현한 일에는 선이 있음이 분명해.

① 모모　　　　　　　　　　　② 수수
③ 나나, 모모　　　　　　　　　④ 나나, 수수
⑤ 나나, 모모, 수수

45 다음 글의 내용이 참일 때, 최종 선정되는 단체는?

> ○○부는 우수 문화예술 단체 A, B, C, D, E 중 한 곳을 선정하여 지원하려고 한다. ○○부의 금번 선정 방침은 다음 두 가지다. 첫째, 어떤 형태로든 지원을 받고 있는 단체는 최종 후보가 될 수 없다. 둘째, 최종 선정 시 올림픽 관련 단체를 엔터테인먼트 사업(드라마, 영화, K-pop) 단체보다 우선한다.
>
> A단체는 자유무역협정을 체결한 갑국에 드라마 컨텐츠를 수출하고 있지만 올림픽과 관련된 사업은 하지 않는다. B는 올림픽의 개막식 행사를, C는 폐막식 행사를 각각 주관하는 단체다. E는 오랫동안 한국 음식문화를 세계에 보급해 온 단체다. A와 C 중 적어도 한 단체가 최종 후보가 되지 못한다면, 대신 B와 E 중 적어도 한 단체는 최종 후보가 된다. 반면 게임 개발로 각광을 받은 단체인 D가 최종 후보가 된다면, 한국과 자유무역협정을 체결한 국가와 교역을 하는 단체는 모두 최종 후보가 될 수 없다. 후보 단체들 중 가장 적은 부가가치를 창출한 단체는 최종 후보가 될 수 없고, 최종 선정은 최종 후보가 된 단체 중에서만 이루어진다.
>
> ○○부의 조사 결과, 올림픽의 개막식 행사를 주관하는 모든 단체는 이미 □□부로부터 지원을 받고 있다. 그리고 위 문화예술 단체 가운데 한국 음식문화 보급과 관련된 단체의 부가가치 창출이 가장 저조하였다.

① A　　　　　　　　　　　　② B
③ C　　　　　　　　　　　　④ D
⑤ E

46 다음 〈표 1〉은 창의경진대회에 참가한 팀 A, B, C의 팀 인원수 및 팀 평균점수이며, 〈표 2〉는 〈표 1〉에 기초하여 팀 연합 인원수 및 팀 연합 평균점수를 각각 산출한 자료이다. (가)와 (나)에 들어갈 값을 바르게 나열한 것은?

〈표 1〉 팀 인원수 및 팀 평균점수

(단위 : 명, 점)

팀	A	B	C
인원수	( )	( )	( )
평균점수	40.0	60.0	90.0

※ 1) 각 참가자는 A, B, C팀 중 하나의 팀에만 속하고, 개인별로 점수를 획득함

2) 팀 평균점수 = $\dfrac{\text{해당 팀 참가자 개인별 점수의 합}}{\text{해당 팀 참가자 인원수}}$

〈표 2〉 팀 연합 인원수 및 팀 연합 평균점수

(단위 : 명, 점)

팀 연합	A+B	B+C	C+A
인원수	80	120	(가)
평균점수	52.5	77.5	(나)

※ 1) A+B는 A팀과 B팀, B+C는 B팀과 C팀, C+A는 C팀과 A팀의 인원을 합친 팀 연합임

2) 팀 연합 평균점수 = $\dfrac{\text{해당 팀 연합 참가자 개인별 점수의 합}}{\text{해당 팀 연합 참가자 인원수}}$

	(가)	(나)
①	90	72.5
②	90	75.0
③	100	72.5
④	100	75.0
⑤	110	72.5

47 다음 글을 근거로 판단할 때, 〈보기〉에서 옳은 것만을 모두 고르면?

甲은 결혼 준비를 위해 스튜디오 업체(A, B), 드레스 업체(C, D), 메이크업 업체(E, F)의 견적서를 각각 받았는데, 최근 생긴 B업체만 정가에서 10% 할인한 가격을 제시하였다. 아래 〈표〉는 각 업체가 제시한 가격의 총액을 계산한 결과이다(단, A ~ F 각 업체의 가격은 모두 상이하다).

스튜디오	드레스	메이크업	총액
A	C	E	76만 원
이용 안 함	C	F	58만 원
A	D	E	100만 원
이용 안 함	D	F	82만 원
B	D	F	127만 원

보기

ㄱ. A업체 가격이 26만 원이라면, E업체 가격이 F업체 가격보다 8만 원 비싸다.
ㄴ. B업체의 할인 전 가격은 50만 원이다.
ㄷ. C업체 가격이 30만 원이라면, E업체 가격은 28만 원이다.
ㄹ. D업체 가격이 C업체 가격보다 26만 원 비싸다.

① ㄱ
② ㄴ
③ ㄷ
④ ㄴ, ㄷ
⑤ ㄷ, ㄹ

48 다음 글을 근거로 판단할 때, A시에서 B시까지의 거리는?

甲은 乙이 운전하는 자동차를 타고 A시에서 B시를 거쳐 C시로 가는 중이었다. A, B, C는 일직선상에 순서대로 있으며, 乙은 자동차를 일정한 속력으로 운전하여 도시 간 최단 경로로 이동했다. A시를 출발한지 20분 후 甲은 乙에게 지금까지 얼마나 왔는지 물어보았다.
"여기서부터 B시까지 거리의 딱 절반만큼 왔어."라고 乙이 대답하였다.
그로부터 75km를 더 간 후에 甲은 다시 물어보았다.
"C시까지는 얼마나 남았지?"
乙은 다음과 같이 대답했다.
"여기서부터 B시까지 거리의 딱 절반만큼 남았어."
그로부터 30분 뒤에 甲과 乙은 C시에 도착하였다.

① 35km
② 40km
③ 45km
④ 50km
⑤ 55km

49 다음은 2015 ~ 2019년 갑 국의 사회간접자본(SOC) 투자규모에 관한 자료이다. 이에 대한 설명으로 옳지 않은 것은?(단, 소수점 이하 둘째 자리에서 반올림한나)

〈갑 국의 사회간접자본(SOC) 투자규모〉

(단위 : 조 원, %)

구분 \ 연도	2015	2016	2017	2018	2019
SOC 투자규모	20.5	25.4	25.1	24.4	23.1
총지출 대비 SOC 투자규모 비중	7.8	8.4	8.6	7.9	6.9

① 2019년 총지출은 300조 원 이상이다.

② 2016년 SOC 투자규모의 전년 대비 증가율은 30% 이하이다.

③ 2016 ~ 2019년 동안 SOC 투자규모가 전년에 비해 가장 큰 비율로 감소한 해는 2019년이다.

④ 2016 ~ 2019년 동안 SOC 투자규모와 총지출 대비 SOC 투자규모 비중의 전년 대비 증감방향은 동일하다.

⑤ 2020년 SOC 투자규모의 전년 대비 감소율이 2019년과 동일하다면, 2020년 SOC 투자규모는 20조 원 이상이다.

50 다음은 대화 과정에서 지켜야 할 협력의 원리에 대한 설명이다. 다음을 참고할 때, 〈보기〉의 사례에 대한 설명으로 옳은 것은?

협력의 원리란 대화 참여자가 대화의 목적에 최대한 기여할 수 있도록 서로 협력해야 한다는 것으로, 듣는 사람이 요구하지 않은 정보를 불필요하게 많이 제공하거나 대화의 목적이나 주제에 맞지 않는 내용을 말하는 것은 바람직하지 않다. 협력의 원리를 지키기 위해서는 다음과 같은 사항을 고려해야 한다.
• 양의 격률 : 필요한 만큼만 정보를 제공해야 한다.
• 질의 격률 : 타당한 근거를 들어 진실한 정보를 제공해야 한다.
• 관련성의 격률 : 대화의 목적이나 주제와 관련된 것을 말해야 한다.
• 태도의 격률 : 모호하거나 중의적인 표현을 피하고, 간결하고 조리 있게 말해야 한다.

보기

A사원 : 오늘 점심은 어디로 갈까요?
B대리 : 아무거나 먹읍시다. 오전에 간식을 먹었더니 배가 별로 고프진 않은데, 아무 데나 괜찮습니다.

---

① B대리는 불필요한 정보를 제공하고 있으므로 양의 격률을 지키지 않았다.

② B대리는 거짓된 정보를 제공하고 있으므로 질의 격률을 지키지 않았다.

③ B대리는 질문에 적합하지 않은 대답을 하고 있으므로 관련성의 격률을 지키지 않았다.

④ B대리는 대답을 명료하게 하지 않고 있으므로 태도의 격률을 지키지 않았다.

⑤ A대리와 B대리는 서로 협력하여 의미 전달을 하고 있으므로 협력의 원리를 따르고 있다.

51 다음은 직장문화에서 갑질 발생 가능성 정도를 점검하는 설문지이다. A부서의 직원 10명이 다음과 같이 체크했다면 가중치를 적용한 점수의 평균은 몇 점인가?

〈A부서 설문지 결과표〉

(단위 : 명)

점검 내용	전혀 아니다 (1점)	아니다 (2점)	보통이다 (3점)	그렇다 (4점)	매우 그렇다 (5점)
1. 상명하복의 서열적인 구조로 권위주의 문화가 강하다.		3	7		
2. 관리자(상급기관)가 직원(하급기관)들의 말을 경청하지 않고 자신의 의견만 주장하는 경우가 많다.		2	5	2	1
3. 관리자(상급기관)가 직원(하급기관)에게 지휘감독이라는 명목 하에 부당한 업무지시를 하는 사례가 자주 있다.	7	3			
4. 업무처리 과정이나 결과가 투명하게 공개되지 않는다.		1	1	6	2
5. 기관의 부당한 행위에 대해 직원들이 눈치 보지 않고 이의제기를 할 수 없다.	6	3	1		
6. 사회적으로 문제가 될 수 있는 부당한 행위가 기관의 이익 차원에서 합리화 및 정당화되는 경향이 있다. (예 협력업체에 비용전가 등)	8	2			
7. 갑질 관련 내부신고 제도 등이 존재하더라도 신고하면 불이익을 당할 수 있다는 의식이 강하다.				8	2
8. 우리 기관은 민간업체에 대한 관리·감독, 인허가·규제 업무를 주로 수행한다.			5	2	3
9. 우리기관이 수행하는 업무는 타 기관에 비해 업무적 독점성이 강한 편이다.		2	6	1	1
10. 우리 기관에 소속된 공직유관단체(투자·출연기관 등)의 수는 타 기관에 비해 많다.		2	7		1

※ 갑질 가능성 정도는 점수와 비례한다.

〈질문 선택지별 가중치〉

전혀 아니다	아니다	보통이다	그렇다	매우 그렇다
0.2	0.4	0.6	0.8	1.0

① 25.7점
② 23.9점
③ 21.6점
④ 18.7점
⑤ 16.5점

52 다음 글과 상황을 근거로 판단할 때, 甲이 납부해야 할 수수료를 바르게 짝지은 것은?

> 특허에 관한 절차를 밟는 사람은 다음 각 호의 수수료를 내야 한다.
> 1. 특허출원료
>   가. 특허출원을 국이로 작성된 전자문서로 제출하는 경우 : 매건 46,000원. 다만 전자문서를 특허청에서 제공하지 아니한 소프트웨어로 작성하여 제출한 경우에는 매건 56,000원으로 한다.
>   나. 특허출원을 국어로 작성된 서면으로 제출하는 경우 : 매건 66,000원에 서면이 20면을 초과하는 경우 초과하는 1면마다 1,000원을 가산한 금액
>   다. 특허출원을 외국어로 작성된 전자문서로 제출하는 경우 : 매건 73,000원
>   라. 특허출원을 외국어로 작성된 서면으로 제출하는 경우 : 매건 93,000원에 서면이 20면을 초과하는 경우 초과하는 1면마다 1,000원을 가산한 금액
> 2. 특허심사청구료 : 매건 143,000원에 청구범위의 1항마다 44,000원을 가산한 금액

〈상황〉

甲은 청구범위가 3개 항으로 구성된 총 27면의 서면을 작성하여 1건의 특허출원을 하면서, 이에 대한 특허심사도 함께 청구한다.

	국어로 작성한 경우	외국어로 작성한 경우
①	66,000원	275,000원
②	73,000원	343,000원
③	348,000원	343,000원
④	348,000원	375,000원
⑤	349,000원	375,000원

53 다음 표와 선정절차는 갑 사업에 지원한 A~E유치원 현황과 사업 선정절차에 대한 자료이다. 이에 대한 〈보기〉의 설명 중 옳은 것만을 모두 고르면?

〈A~E유치원 현황〉

유치원	원아수 (명)	교직원수(명)			교사평균 경력 (년)	시설현황				통학차량 대수 (대)
		교사		사무 직원		교실		놀이터 면적 (m²)	유치원 총면적 (m²)	
		정교사	준교사			수 (개)	총면적 (m²)			
A	132	10	2	1	2.1	5	450	2,400	3,800	3
B	160	5	0	1	4.5	7	420	200	1,300	2
C	120	4	3	0	3.1	5	420	440	1,000	1
D	170	2	10	2	4.0	7	550	300	1,500	2
E	135	4	5	1	2.9	6	550	1,000	2,500	2

※ 여유면적=유치원 총면적−교실 총면적−놀이터 면적

〈선정절차〉

• 1단계 : 아래 4개 조건을 모두 충족하는 유치원을 예비 선정한다.
 − 교실조건 : 교실 1개당 원아수가 25명 이하여야 한다.
 − 교사조건 : 교사 1인당 원아수가 15명 이하여야 한다.
 − 차량조건 : 통학차량 1대당 원아수가 100명 이하여야 한다.
 − 여유면적조건 : 여유면적이 650m² 이상이어야 한다.
• 2단계 : 예비 선정된 유치원 중 교사평균경력이 가장 긴 유치원을 최종 선정한다.

보기

ㄱ. A유치원은 교사조건, 차량조건, 여유면적조건을 충족한다.
ㄴ. 갑 사업에 최종 선정되는 유치원은 D이다.
ㄷ. C유치원은 원아수를 15% 줄이면 차량조건을 충족하게 된다.
ㄹ. B유치원이 교사경력 4.0년 이상인 준교사 6명을 증원한다면, B유치원이 갑 사업에 최종 선정된다.

① ㄱ, ㄴ
② ㄱ, ㄷ
③ ㄷ, ㄹ
④ ㄱ, ㄴ, ㄹ
⑤ ㄴ, ㄷ, ㄹ

54 다음 글의 내용이 모두 참일 때 반드시 참인 것만을 〈보기〉에서 모두 고르면?

> A부서에서는 올해부터 직원을 선정하여 국외 연수를 보내기로 하였다. 선정 결과 가영, 나준, 다석이 미국, 중국, 프랑스에 한 명씩 가기로 하였다. A부서에 근무하는 갑 ~ 정은 다음과 같이 예측하였다.
>
> 갑 : 가영이는 미국에 가고 나준이는 프랑스에 갈 거야.
> 을 : 나준이가 프랑스에 가지 않으면, 가영이는 미국에 가지 않을 거야.
> 병 : 나준이가 프랑스에 가고 다석이가 중국에 가는 그런 경우는 없을 거야.
> 정 : 다석이는 중국에 가지 않고 가영이는 미국에 가지 않을 거야.
>
> 하지만 을의 예측과 병의 예측 중 적어도 한 예측은 그르다는 것과 네 예측 중 두 예측은 옳고 나머지 두 예측은 그르다는 것이 밝혀졌다.

① ㄱ
② ㄴ
③ ㄱ, ㄷ
④ ㄴ, ㄷ
⑤ ㄱ, ㄴ, ㄷ

55 다음 글을 근거로 판단할 때, 〈보기〉에서 옳은 것만을 모두 고르면?

> 현대적 의미의 시력 검사법은 1909년 이탈리아의 나폴리에서 개최된 국제안과학회에서 란돌트 고리를 이용한 검사법을 국제 기준으로 결정하면서 탄생하였다. 란돌트 고리란 시력 검사표에서 흔히 볼 수 있는 C자형 고리를 말한다. 란돌트 고리를 이용한 시력 검사에서는 5m 거리에서 직경이 7.5mm인 원형 고리에 있는 1.5mm 벌어진 틈을 식별할 수 있는지 없는지를 판단한다. 5m 거리의 1.5mm이면 각도로 따져서 약 $1'$(1분)에 해당한다. $1°$(1도)의 1/60이 $1'$이고, $1'$의 1/60이 $1''$(1초)이다.
>
> 이 시력 검사법에서는 구분 가능한 최소 각도가 $1'$일 때를 1.0의 시력으로 본다. 시력은 구분 가능한 최소 각도와 반비례한다. 예를 들어 구분할 수 있는 최소 각도가 $1'$의 2배인 $2'$이라면 시력은 1.0의 1/2배인 0.5이다. 만약 이 최소 각도가 $0.5'$이라면, 즉 $1'$의 1/2배라면 시력은 1.0의 2배인 2.0이다. 마찬가지로 최소 각도가 $1'$의 4배인 $4'$이라면 시력은 1.0의 1/4배인 0.25이다. 일반적으로 시력 검사표에는 2.0까지 나와 있지만 실제로는 이보다 시력이 좋은 사람도 있다. 천문학자 A는 $5''$까지의 차이도 구분할 수 있었던 것으로 알려져 있다.

① ㄱ
② ㄱ, ㄴ
③ ㄴ, ㄷ
④ ㄱ, ㄷ
⑤ ㄱ, ㄴ, ㄷ

56 다음은 갑 패스트푸드점의 메인·스낵·음료 메뉴의 영양성분에 관한 자료이다. 이에 대한 설명으로 옳은 것은?

〈표 1〉 메인 메뉴 단위당 영양성분표

구분 메뉴	중량(g)	열량(kcal)	성분함량			
			당(g)	단백질(g)	포화지방(g)	나트륨(mg)
치즈버거	114	297	7	15	7	758
햄버거	100	248	6	13	5	548
새우버거	197	395	9	15	5	882
치킨버거	163	374	6	15	5	719
불고기버거	155	399	13	16	2	760
칠리버거	228	443	7	22	5	972
베이컨버거	242	513	15	26	13	1,197
스페셜버거	213	505	8	26	12	1,059

〈표 2〉 스낵 메뉴 단위당 영양성분표

구분 메뉴	중량(g)	열량(kcal)	성분함량			
			당(g)	단백질(g)	포화지방(g)	나트륨(mg)
감자튀김	114	352	0	4	4	181
조각치킨	68	165	0	10	3	313
치즈스틱	47	172	0	6	6	267

〈표 3〉 음료 메뉴 단위당 영양성분표

구분 메뉴	중량(g)	열량(kcal)	성분함량			
			당(g)	단백질(g)	포화지방(g)	나트륨(mg)
콜라	425	143	34	0	0	19
커피	400	10	0	0	0	0
우유	200	130	9	6	5	100
오렌지주스	175	84	18	0	0	5

① 중량 대비 열량의 비율이 가장 낮은 메인 메뉴는 새우버거이다.

② 모든 메인 메뉴는 나트륨 함량이 당 함량의 50배 이상이다.

③ 서로 다른 두 메인 메뉴를 한 단위씩 주문한다면, 총 단백질 함량은 항상 총 포화지방 함량의 두 배 이상이다.

④ 메인 메뉴 각각의 단위당 중량은 모든 스낵 메뉴의 단위당 중량 합보다 적다.

⑤ 메인 메뉴, 스낵 메뉴 및 음료 메뉴 각각 한 단위씩 주문하여 총 열량이 500kcal 이하가 되도록 할 때 주문할 수 있는 음료 메뉴는 커피뿐이다.

57 관리인 귀하는 직무평가를 통해 기업 내부의 임금격차를 합리적으로 결정하기 위해 다음과 같은 임금배분표를 작성하였다. 귀하가 작성한 임금배분표와 관련된 설명으로 가장 올바른 것은?

(단위 : 원)

기준 직무	정신적 요건		숙련적 요건		신체적 요건		책임		작업조건		현행 임금
	서열	금액	서열	금액	서열	금액	서열	금액	서열	금액	
비서	1	33,000	3	7,000	4	5,000	1	25,000	4	4,000	74,000
오퍼레이터	3	21,000	1	23,000	2	9,000	4	9,000	2	6,000	68,000
회계계	2	27,000	4	5,000	3	8,000	2	24,000	3	5,000	69,000
급여계	4	15,000	2	17,000	1	10,000	3	17,000	1	8,000	67,000

① 모든 직무에 공통되는 평가요소를 선정하여 평가요소별로 평가하는 방법이다.
② 고정된 등급의 설정으로 경제·기술 환경 변화에 대한 탄력성이 부족하다.
③ 직무 간의 차이가 명확하거나 평가자가 모든 직무를 잘 알고 있을 경우에만 적용 가능한 방법이다.
④ 평가요소의 정의만 부여되고 평가척도나 기준이 제시되지 않는 방법이다.
⑤ 중심 직무를 상호 비교함으로써, 상대적 가치를 알 수 있는 방법이다.

58 다음 글을 근거로 판단할 때 옳지 않은 것은?

조선시대 임금에게 올리는 진지상을 수라상이라 하였다. 수라는 올리는 시간 순서에 따라 각각 조(朝)수라, 주(晝)수라, 석(夕)수라로 구분되고, 조수라 전에 밥 대신 죽을 주식으로 올리는 죽(粥)수라도 있었다. 수라상은 두 개의 상, 즉 원(元)반과 협(狹)반에 차려졌다.

수라 전후에 반과(盤果)상이나 미음(米飮)상이 차려지기도 했는데, 반과상은 올리는 시간 순서에 따라 조다(早茶), 주다(晝茶), 만다(晩茶), 야다(夜茶) 등을 앞에 붙여서 달리 불렀다. 반과상은 국수를 주식으로 하고, 찬과 후식류를 자기(磁器)에 담아 한 상에 차렸다. 미음상은 미음을 주식으로 하고, 육류 음식인 고음(膏飮)과 후식류를 한 상에 차렸다.

다음은 경복궁을 출발한 행차 첫째 날과 둘째 날에 임금에게 올리기 위해 차린 전체 상차림이다.

첫째 날		둘째 날	
장소	상차림	장소	상차림
노량참	조다반과	화성참	죽수라
노량참	조수라	화성참	조수라
시흥참	주다반과	화성참	주다반과
시흥참	석수라	화성참	석수라
시흥참	야다반과	화성참	야다반과
종로	미음		

① 행차 둘째 날에 협반은 총 1회 사용되었다.
② 화성참에서는 미음이 주식인 상이 차려지지 않았다.
③ 행차 첫째 날 낮과 둘째 날 낮에는 주수라가 차려지지 않았다.
④ 행차 첫째 날 밤과 둘째 날 밤에는 후식류를 자기에 담은 상차림이 있었다.
⑤ 국수를 주식으로 한 상은 행차 첫째 날과 둘째 날을 통틀어 총 5회 차려졌다.

59 다음은 2000년과 2019년 한국, 중국, 일본의 재화 수출액 및 수입액 자료이고, 용어 정의는 무역수지와 무역특화지수에 대한 설명이다. 이에 대한 〈보기〉의 설명 중 옳은 것만을 모두 고르면?

〈한국, 중국, 일본의 재화 수출액 및 수입액〉

(단위 : 억 달러)

연도	재화	한국 수출액	한국 수입액	중국 수출액	중국 수입액	일본 수출액	일본 수입액
2000	원자재	578	832	741	1,122	905	1,707
	소비재	117	104	796	138	305	847
	자본재	1,028	668	955	991	3,583	1,243
2019	원자재	2,015	3,232	5,954	9,172	2,089	4,760
	소비재	138	375	4,083	2,119	521	1,362
	자본재	3,444	1,549	12,054	8,209	4,541	2,209

〈용어 정의〉

• 무역수지＝수출액－수입액
 － 무역수지 값이 양(＋)이면 흑자, 음(－)이면 적자이다.

• 무역특화지수＝$\dfrac{수출액－수입액}{수출액＋수입액}$
 － 무역특화지수의 값이 클수록 수출경쟁력이 높다.

보기

ㄱ. 2019년 한국, 중국, 일본 각각에서 원자재 무역수지는 적자이다.
ㄴ. 2019년 한국의 원자재, 소비재, 자본재 수출액은 2000년에 비해 각각 50% 이상 증가하였다.
ㄷ. 2019년 자본재 수출경쟁력은 일본이 한국보다 높다.

① ㄱ
② ㄴ
③ ㄱ, ㄴ
④ ㄱ, ㄷ
⑤ ㄴ, ㄷ

네트워크란 구성원들이 위계적이지 않으며 독자적인 의사소통망을 통해 서로 활발히 연결되어 있는 구조라고 할 수 있다. 마약조직 등에 나타나는 점조직은 기초적인 형태의 네트워크이며, 정교한 형태의 네트워크로는 행위자들이 하나의 행위자에 개별적으로 연결되어 있는 '허브' 조직이나 모든 행위자들이 서로 연결되어 있는 '모든 채널' 조직이 있다. 네트워크가 복잡해질수록 이를 유지하기 위해 의사소통 체계를 구축하는 비용이 커지지만, 정부를 비롯한 외부 세력이 와해시키기도 어렵게 된다. 특정한 지도자가 없고 핵심 기능들이 여러 구성원에 중복 분산되어 있어, 조직 내의 한 지점을 공격해도 전체적인 기능이 조만간 복구되기 때문이다. 이런 네트워크의 구성원들이 이념과 목표를 공유하고 실현하는 데 필요한 것들을 직접 행동에 옮긴다면, 이러한 조직을 상대하기는 더욱 힘들어진다. 네트워크가 반드시 첨단 기술을 전제로 하는 것은 아니며, 서로 연결되어 있기만 하면 그것은 네트워크다. 그렇지만 인터넷과 통신 기술과 같은 첨단 기술의 발달은 정교한 형태의 네트워크 유지에 필요한 비용을 크게 줄여놓았다. 이 때문에 세계의 수많은 시민 단체, 범죄 조직, 그리고 테러 단체들이 과거에는 상상할 수 없었던 힘을 발휘하게 되었으며, 정치, 외교, 환경, 범죄에 이르기까지 사회의 모든 부문에 영향력을 미치고 있다. 이렇듯 네트워크를 활용하는 비국가행위자들의 영향력이 확대되면서 국가가 사회에서 차지하는 역할의 비중이 축소되었다. 반면 비국가행위자들은 정보통신 기술의 힘을 얻은 네트워크를 통해 그동안 억눌렸던 자신들의 목소리를 낼 수 있게 되었다. 이러한 변화는 두 얼굴을 가진 야누스이다. 인권과 민주주의, 그리고 평화의 확산을 위해 애쓰는 시민사회 단체들은 네트워크의 힘을 바탕으로 기존의 국가 조직이 손대지 못한 영역에서 긍정적인 변화를 이끌어낼 것이다. 반면 테러 및 범죄 조직 역시 네트워크를 통해 국가의 추격을 피해가며 전 세계로 그 활동 범위를 넓혀 나갈 것이다. 정보통신 기술의 발달과 네트워크의 등장으로 양쪽 모두 전례 없는 기회를 얻었다. 시민사회 단체들의 긍정적인 측면을 최대한 끌어내 정부의 기능을 보완, 견제하고 테러 및 범죄 조직의 발흥을 막을 수 있는 시스템을 구축하는 것이 시대의 과제가 될 것이다.

① 여러 형태의 네트워크 중 점조직의 결집력이 가장 강하다.
② 네트워크의 확산은 인류 미래에 부정적인 영향보다 긍정적인 영향을 더 크게 할 것이다.
③ 네트워크의 외부 공격에 대한 대응력은 조직의 정교성이나 복잡성과는 관계가 없을 것이다.
④ 기초적인 형태의 네트워크는 구성원의 수가 적어질수록 정교한 형태의 네트워크로 발전할 가능성이 크다.
⑤ 정교한 형태의 네트워크 유지에 들어가는 비용이 낮아진 것은 국가가 사회에 미치는 영향력이 약화된 결과를 낳았다.

피듈형(ORP)
실전모의고사

■ 취약영역 분석

번호	O/×	영역	번호	O/×	영역	번호	O/×	영역
1		의사소통능력	21		수리능력	41		조직이해능력
2		의사소통능력	22		직업윤리	42		문제해결능력
3		의사소통능력	23		문제해결능력	43		문제해결능력
4		수리능력	24		조직이해능력	44		기술능력
5		자원관리능력	25		직업윤리	45		대인관계능력
6		의사소통능력	26		문제해결능력	46		자원관리능력
7		의사소통능력	27		직업윤리	47		기술능력
8		의사소통능력	28		의사소통능력	48		자원관리능력
9		문제해결능력	29		수리능력	49		의사소통능력
10		문제해결능력	30		의사소통능력	50		의사소통능력
11		문제해결능력	31		자원관리능력	51		의사소통능력
12		문제해결능력	32		문제해결능력	52		자기개발능력
13		수리능력	33		자원관리능력	53		의사소통능력
14		대인관계능력	34		문제해결능력	54		문제해결능력
15		자기개발능력	35		자원관리능력	55		의사소통능력
16		문제해결능력	36		의사소통능력	56		의사소통능력
17		의사소통능력	37		자원관리능력	57		정보능력
18		대인관계능력	38		의사소통능력	58		정보능력
19		수리능력	39		문제해결능력	59		수리능력
20		자기개발능력	40		자원관리능력	60		의사소통능력

평가 문항	60문항	맞힌 개수	문항	시작시간	:
평가 시간	80분	취약 영역		종료시간	:

피듈형(ORP) 실전모의고사

응시시간 : 80분 　　문항 수 : 60문항 　　　　정답 및 해설 p.118

※ 다음은 '고속철도(KTX)의 발전과 철도의 미래' 중 일부 내용을 발췌한 글이다. 글을 읽고, 이어지는 질문에 답하시오. [1~3]

현재와 미래의 철도를 조명하기 위해서는 과거의 철도 모습과 상황을 잘 정리하고, 이를 해석해야 한다.

철도의 역사를 거슬러 올라가면, 1829년 영국 리버풀의 레인 힐에서는 리버풀과 맨체스터 사이를 어떤 기관차가 달릴 것인가를 결정하기 위한 시합이 벌어졌다. 로버트 스티븐슨이 제작한 로켓호가 시합에서 우승하였고, 이후 1803년 시속 48km로 13t의 화물을 싣고 운행한 로켓호가 리버풀 ~ 맨체스터 상업용 철도의 출발점이 되었다.

1899년 9월 18일에 운행을 시작한 우리나라 철도는 1910년 일제강점기하에 타율적으로 운영되었고, 1917년부터 1925년까지 남만주철도주식회사에 의해 위탁 경영되었다. 1945년 해방 이후 1963년부터는 철도청이 운영하였고, 2004년에 철도공사가 출범하게 되었다.

고속철도의 역사를 보면 1964년 일본에서 신칸센이 개통되었고, 유럽에서는 프랑스와 독일에서 TGV와 ICE가 개통되었다. 고속철도가 개통되면서 철도는 다시 한번 부흥기를 맞이하였으며, 이제 친환경 수단으로서 교통혁명의 주역으로 자리 잡고 있다. 우리나라도 2004년에 고속철도가 개통되어 우리나라의 국토와 교통에 큰 변화를 주고 있다.

철도는 다양한 기능을 가진 교통수단으로 여러 가지 측면에서 사회 · 경제적으로 영향을 미쳤다. 철도를 통한 사회변화는 마치 로마의 도로가 유럽에 영향을 미친 것과 비교할 수 있으며, 당시의 변화는 고속철도가 개통되면서 사회에 영향을 미친 것과 유사한 면이 있다. 기원전 312년부터 시작하여 유럽 전역에 건설된 약 85,000km의 로마 시대 도로는 군사적인 목적뿐만 아니라 국제무역, 경제교류 활성화, 문화교류 확대 등에 큰 영향을 미쳤다. 고속철도의 경우에도 신속한 사람과 물자의 이동을 통한 경제교류 활성화 등 거의 동일한 현상을 보이고 있다. 기술적인 측면에서도 신속한 이동을 목적으로 직선으로 설계된 점, 유지보수 비용을 최소화하는 기술이 적용된 점, 6m 이상의 노선 폭으로 설계된 점 등 많은 공통점을 가지고 있다.

우리나라는 경부선의 개통으로 지역 간 이동이 빨라졌고, 국토 공간 구조가 크게 변화하였다. 영국의 한 지리학자 견문기에 따르면 1894년 당시 서울 ~ 부산 간의 이동에는 약 14일이 소요되었다고 한다. 그러나 경부선이 개통되면서 서울 ~ 부산 간의 이동 시간은 약 11시간으로 감소하였다.

1905년에는 경부선, 1906년에는 경의선, 1914년에는 호남선, 1914년에는 경원선이 개통됨에 따라 X자형의 종단철도망이 완성되었고, 이러한 철도망의 영향으로 우리나라는 종축의 철도망을 중심으로 발전하기 시작하였다. 또한 당시 서울 ~ 용인 ~ 충주 ~ 조령 ~ 문경 ~ 대구 ~ 밀양 ~ 부산의 도로노선과 철도노선을 비교해 볼 때, 철도노선이 충청북도를 지나지 않고 대전 방향으로 통과함에 따라 그간 교통의 요충지였던 충주와 청주보다 대전을 중심으로 발전하기 시작하였다. 따라서 철도망이 지나는 서울 ~ 대전 ~ 김천 ~ 대구 ~ 부산 축이 우리나라 국토발전의 중심축으로 자리 잡기 시작하였다.

이러한 경부 축 중심의 발전은 인구와 철도 <u>수송양 / 수송량</u>, 도시 발전에서 확연하게 드러나고 있다. 상주는 철도망으로부터 소외되어 발전이 멈춘 대표적인 도시의 하나이다. 상주는 조선 시대 경상도의 도청이 있던 곳으로, 1928년 통계를 보면 상주의 인구는 24,000명, 김천 13,000명, 안동 10,000명, 문경 2,000명, 예천 5,000명으로 상주는 그 지역의 중심이었다. 그러나 경부선이 김천을 경유함에 따라 김천이 발전하기 시작하였고, 2013년 상주의 인구는 10.3만 명, 김천 13.5만 명이 되었다.

철도와 고속철도의 개통을 통해 철도에 대한 다양한 학문적인 연구가 진행되었다. 철도와 관련된 학문에 관련해서는 교통학뿐만 아니라 역사학, 과학사, 건축학, 경영사, 기술사 등에 큰 영향을 미치고 있으며, 이와 관련해서 좋은 책들이 출판되고 있다.

01 다음 중 철도의 발전이 우리나라에 미친 영향으로 적절하지 않은 것은?

① 사회·경세석 영향
② 도시 인구의 변화
③ 해외 수출의 증가
④ 관련 도서 출판
⑤ 관련 학문 분야의 확대

02 밑줄 친 단어 중 맞춤법이 옳은 것을 고르고, 이와 동일한 규칙이 적용된 단어들로 바르게 연결된 것은?

① 수송량 – 강수량, 생산량, 구름량
② 수송량 – 독서량, 생산량, 구름량
③ 수송량 – 독서량, 강수량
④ 수송양 – 독서양, 강수양
⑤ 수송양 – 생산양, 구름양

03 다음 중 제시문의 내용을 보충할 수 있는 자료로 옳지 않은 것은?

① 〈로마제국의 도로와 고속철도의 비교〉

구분	로마 시대 도로	고속철도
전체거리	85,000km(AD 200년)	17,502km(2000년)
영향력	군사, 정치, 문화, 경제, 기술면에서 큰 영향력, 특히 무역에 큰 공헌	정치, 문화, 경제, 기술면에서 큰 영향력
특징	직선, 훌륭한 배수시설로 유지보수 비용 최소화, 폭은 20 ~ 23피트(약 6미터)	직선, 슬라브 궤도 등으로 유지보수 비용 최소화, 여유 공간 합한 폭 6미터 이상

② 〈교통망과 통행시간의 변화〉

구분	철도 개통 이전 교통망(도로)	철도 개통 이후 교통망(철도)
노선	서울 ~ 용인 ~ 충주 ~ 조령 ~ 문경 ~ 대구 ~ 밀양 ~ 부산	서울 ~ 수원 ~ 천안 ~ 대전 ~ 김천 ~ 대구 ~ 부산
소요시간	14일	11시간

③ 〈철도개통과 인구 변화〉

구분	상주	김천
초기인구(A)	24,000명(1928년)	13,000명(1928년)
최근인구(B)	10.3만 명(2013년)	13.5만 명(2013년)
B/A	4.3	10.0
철도개통	1924년(경북선)	1905년(경부선)

④ 〈각국의 철도박물관 현황〉

박물관명	운영주체와 영업개시일	건설비 및 규모	특징
한국 의왕 철도박물관	철도공사 소유 1988년	- 부지면적 8,495평 - 건물면적 1,451평	- 연간 29만 명 방문 - 10,387점의 유물 소장
영국 요크 국립 철도박물관	국립철도박물관 1925년	- 부지면적 24,500평	- 연간 70만 명 방문 - 300만 점의 유물 보관
중국 베이징 철도박물관	국립철도박물관 2002년	- 부지면적 47,575평 - 건물면적 6,212평	- 교외 위치로 증기기관차 등의 차 량 위주 보존

⑤ 〈철도와 관련된 저서들〉

분야	저서명	저자	특징
철도 정책	철도의 르네상스를 꿈꾸며(2004) 철도정책론(2009)	서선덕 외 김동건 외	- 철도부흥과 각국철도 - 철도 정책의 제시
역사	일제침략과 한국철도(2004) 조선교통사(2012)	정재정 철도문화재단	- 일제강점기 철도 특징 - 일제강점기 철도 소개
고속철도	고속철도시스템의 이해(1999)	김선호	- 고속철도의 기술적 이해

04 다음 〈조건〉을 근거로 판단할 때, 〈보기〉에서 옳은 것만을 모두 고르면?

> **조건**
> • 한글 단어의 단어점수는 그 단어를 구성하는 자음으로만 결정된다.
> • 단어점수는 각기 다른 자음의 자음점수를 모두 더한 값을 그 단어를 구성하는 자음 종류의 개수로 나눈 값이다.
> • 자음점수는 그 자음이 단어에 사용된 횟수만큼 2를 거듭제곱한 값이다. 단, 사용되지 않는 자음의 자음점수는 0이다.
> • 예를 들어 글자 수가 4개인 셋방살이는 ㅅ 3개, ㅇ 2개, ㅂ 1개, ㄹ 1개의 자음으로 구성되므로 단어점수는 $(2^3 + 2^2 + 2^1 + 2^1)$ / 4의 값인 4점이다.
> ※ 의미가 없는 글자의 나열도 단어로 인정한다.

> **보기**
> ㄱ. '각기'는 '논리'보다 단어점수가 더 높다.
> ㄴ. 단어의 글자 수는 달라도 단어점수가 같을 수 있다.
> ㄷ. 글자 수가 4개인 단어의 단어점수는 250점을 넘을 수 없다.

① ㄴ
② ㄷ
③ ㄱ, ㄴ
④ ㄱ, ㄷ
⑤ ㄱ, ㄴ, ㄷ

05 다음은 팀원들을 적절한 위치에 효과적으로 배치하기 위한 3가지 원칙에 대한 글이다. 다음 중 ⊙ ~ ㉣에 들어갈 말이 바르게 연결된 것은?

> ___⊙___ 는 개인에게 능력을 발휘할 수 있는 기회와 장소를 부여하고, 그 성과를 바르게 평가한 뒤 평가된 실적에 대해 그에 상응하는 부상을 주는 원칙을 말한다. 이때, 미래에 개발 가능한 능력까지도 함께 고려해야 한다. 반면, ___©___ 는 팀의 효율성을 높이기 위해 팀원의 능력이나 성격 등과 가장 적합한 위치에 배치하여 팀원 개개인의 능력을 최대로 발휘해 줄 것을 기대하는 것이다. 즉, 작업이나 직무가 요구하는 요건과 개인이 보유하고 있는 조건이 서로 균형 있고 적합하게 대응되어야 한다. 결국 ___©___ 는 ___㉣___ 의 하위개념이라고 할 수 있다.

	⊙	©	©	㉣
①	능력주의	적재적소주의	적재적소주의	능력주의
②	능력주의	적재적소주의	능력주의	적재적소주의
③	적재적소주의	능력주의	능력주의	적재적소주의
④	적재적소주의	능력주의	적재적소주의	능력주의
⑤	능력주의	균형주의	균형주의	능력주의

※ 다음은 철도국의 2020년 예산안에 관한 글이다. 다음 글을 읽고 이어지는 질문에 답하시오. **[6~7]**

〈철도국 2020년 예산안〉

국토교통부는 철도망 확충을 통한 지역 균형 발전과 촘촘한 철도안전 기반 조성을 위해 2020년 철도국 예산 정부안을 지난해(5.3조 원) 대비 19.3% 증가한 6.3조 원으로 편성하였다.

철도국 2020년 예산안은 고속·일반 철도 등 6개 분야(프로그램) 총 68개 세부사업으로 구성하였으며, 이 중 철도 부문 5개 분야 예산은 건설공사 설계, 착수 및 본격 추진, 안전 강화 등을 위한 필수 소요를 반영하여 증액 편성하였다. 특히 노후화된 철도시설 개량, 부족한 안전·편의시설에 대한 수요 증가 등으로 철도안전 분야 예산을 큰 폭으로 증액(10,360억 원 → 15,501억 원)하였다. 한편 예비타당성조사 면제사업의 조속한 추진 등을 위해 9개 사업을 신규로 선정하여 775억 원을 편성하였으며, 2020년에는 익산~대야 복선전철 등 5개 노선을 개통할 계획이다.

철도국 2020년 예산안의 주요 특징을 살펴보면, 먼저 수도권 교통 혼잡 해소를 위한 GTX-A·B·C 등의 노선을 본격 추진할 예정이다. 수도권 내 만성적인 교통난으로 인한 시민 불편을 획기적으로 개선하기 위해 수도권광역급행철도(GTX) 및 신안산선 등 광역철도 건설사업의 차질 없는 추진을 위한 적정 소요를 반영하여 관련 예산을 3,650억 원에서 4,405억 원으로 증액하였다. GTX는 지하 40m 이하의 대심도로 건설하여 평균 약 100km/h로 운행하는 신개념 고속전철 서비스로, 수도권 외곽지역에서 서울 도심까지 30분 내로 이동이 가능하다. 경기 서북부와 서울 도심, 경기 동남부를 가로지르는 GTX-A노선(파주 운정~동탄)의 경우 착공 후 현장 공사 추진 중으로, 2020년 공사 본격 추진을 위한 보상비, 건설보조금 등으로 1,350억 원을 편성하였다. 수도권 동북부와 남부지역을 잇는 GTX-C노선(양주 덕정~수원)은 예비타당성조사 통과 후 기본계획수립 중으로, 2020년 민간투자시설사업기본계획(RFP) 수립 등을 위해 10억 원이 신규 반영되었다. 아울러 지난 8월 서부 수도권과 동부 수도권을 횡으로 연결하는 GTX-B노선(송도~남양주 마석)의 예비타당성 조사 통과로 GTX 3개 노선의 사업 추진이 확정됨에 따라 신·구도심 간 균형 발전 촉진뿐만 아니라 수도권 교통지도 개편 및 노선 간 네트워크 효과를 기대하고 있다.

다음으로 노후시설 개량, 안전시설 확충 등을 위한 철도안전 투자가 강화되었다. 노후 철도시설 개량을 확대하고 시설 안전 관리 및 생활 안전 지원을 강화하기 위해 10,360억 원에서 15,501억 원으로 안전 투자를 확장 편성하였다. 이를 통해 시설 노후화로 각종 안전사고가 빈발하는 도시철도(서울·부산)의 노후 시설물 개량 지원을 414억 원에서 566억 원으로 확대하고, 이용객 편의를 도모하기 위해 노후 철도역사(282억 원, 신규)의 개량을 지원할 예정이다. 또한 시설물을 안전하게 관리하고 장애 발생 시 보다 신속히 대처할 수 있도록 IoT 기반 원격제어, 센서 등을 활용한 스마트 기술도 도입된다. 철도 이용객 안전을 위한 스크린도어 등 승강장 안전시설, 건널목 안전설비, 선로 무단횡단 사고 예방을 위한 방호 울타리 설치 등 생활 안전시설의 확충을 지원할 예정이다. 한편 철도차량 및 철도시설 이력 관리 정보시스템 구축에 대한 지원도 41억 원에서 94억 원으로 확대했다. 철도차량 고장으로 인한 운행장애 건수 감소를 위해 철도차량의 전 생애주기 관리를 위한 정보망을 구축하고, 철도시설물의 이력, 상태, 속성 정보 등을 통합 관리함으로써 적정 유지보수 및 교체 주기 등을 산출하여 시설물 안전 및 유지관리의 최적화를 구현할 예정이다.

국토교통부 철도국장은 "철도국 2020년 예산은 ＿＿＿＿＿＿＿＿＿＿＿＿ 철도안전에 집중·확대 투자했으며, 예비타당성 조사 면제사업, GTX 등 철도 네트워크 확충을 위한 예산도 적정 소요를 반영했다."고 밝혔다.

06 다음 중 글의 내용과 일치하지 않는 것은?

① 철도국의 2020년 예산은 지난해보다 1조 원이 증가하였다.
② 철도국 2020년 예산안에서는 철도안전 분야 예산이 약 49.6% 증가하였다.
③ 철도국 2020년 예산안에서는 GTX – C노선의 RFP 수립을 위해 예산을 새로 편성하였다.
④ 철도국 2020년 예산안에서는 노후 시설물 개량을 위한 예산을 새로 편성하였다.
⑤ 철도국 2020년 예산안에서는 철도차량 및 철도시설 이력 관리 정보시스템을 구축하기 위해 예산을 확대 편성하였다.

07 다음 중 빈칸에 들어갈 내용으로 가장 적절한 것은?

① 지역의 균형적인 발전을 위해
② 수도권의 교통난을 개선하기 위해
③ 노선 확장 공사의 차질 없는 추진을 위해
④ 잦은 열차 지연으로 낮아진 고객의 신뢰도 향상을 위해
⑤ 예상치 못한 철도안전 사고 등을 선제적으로 예방하기 위해

08 다음 글의 결론으로 가장 적절한 것은?

> 정치 갈등의 중심에는 불평등과 재분배의 문제가 자리하고 있다. 이 문제로 좌파와 우파는 오랫동안 대립해 왔다. 두 진영이 협력하여 공동의 목표를 이루려면 두 진영이 불일치하는 지점을 찾아 이 지점을 올바르고 정확하게 분석해야 한다. 바로 이것이 우리가 논증하고자 하는 바다.
>
> 우파는 시장 원리, 개인 주도성, 효율성이 장기 관점에서 소득 수준과 생활환경을 실제로 개선할 수 있다고 주장한다. 반면 정부 개입을 통한 재분배는 그 규모가 크지 않아야 한다. 이 점에서 이들은 선순환 메커니즘을 되도록 방해하지 않는 원천징수나 근로장려세 같은 조세 제도만을 사용해야 한다고 주장한다.
>
> 반면 19세기 사회주의 이론과 노동조합 운동을 이어받은 좌파는 사회 및 정치 투쟁이 극빈자의 불행을 덜어주는 더 좋은 방법이라고 주장한다. 이들은 불평등을 누그러뜨리고 재분배를 이루려면 우파가 주장하는 조세 제도만으로는 부족하고, 생산수단을 공유화하거나 노동자의 급여 수준을 강제하는 등 보다 강력한 정부 개입이 있어야 한다고 주장한다. 정부의 개입이 생산 과정의 중심에까지 영향을 미쳐야 시장 원리의 실패와 이 때문에 생긴 불평등을 해소할 수 있다는 것이다.
>
> 좌파와 우파의 대립은 두 진영이 사회정의를 바라보는 시각이 다른 데서 비롯된 것이 아니다. 오히려 불평등이 왜 생겨났으며 그것을 어떻게 해소할 것인가를 다루는 사회경제 이론이 다른 데서 비롯되었다. 사실 좌우 진영은 사회 정의의 몇 가지 기본 원칙에 합의했다.
>
> 행운으로 얻었거나 가족에게 물려받은 재산의 불평등은 개인이 통제할 수 없다. 개인이 통제할 수 없는 요인 때문에 생겨난 불평등을 그런 재산의 수혜자에게 책임지우는 것은 옳지 않다. 이 점에서 행운과 상속의 혜택을 받은 이들에게 이런 불평등 문제를 해결하라고 요구하는 것은 바람직하지 않다. 혜택 받지 못한 이들, 곧 매우 불리한 형편에 부닥친 이들의 처지를 개선하려고 애써야 할 당사자는 당연히 국가다. 정의로운 국가라면 국가가 사회 구성원 모두 평등권을 되도록 폭넓게 누리도록 보장해야 한다는 정의의 원칙은 좌파와 우파 모두에게 널리 받아들여진 생각이다.
>
> 불리한 형편에 놓인 이들의 삶을 덜 나쁘게 하고 불평등을 누그러뜨려야 하는 국가의 목표를 이루는 데 두 진영이 협력하는 첫걸음이 무엇인지는 이제 거의 분명해졌다.

① 좌파와 우파는 자신들의 문제점을 개선하려고 애써야 한다.

② 좌파와 우파는 정치 갈등을 해결하려는 의지가 있어야 한다.

③ 좌파와 우파는 불평등을 일으키고 이를 완화하는 사회경제 메커니즘을 보다 정확히 분석해야 한다.

④ 좌파와 우파는 분배 문제 해결에 국가가 앞장서야 한다는 데 동의해야 한다.

⑤ 좌파와 우파는 사회정의를 위한 기본 원칙에 먼저 합의해야 한다.

09 K사원은 A기업과 B기업의 사례를 통해 〈보기〉와 같은 결론을 도출하였다. 다음 중 빈칸에 들어갈 말이 차례대로 연결된 것은?

국내 대표 주류업체인 A기업과 B기업은 오래전부터 업계 1위를 경쟁해오고 있었다. 그러나 최근에는 A기업의 저조한 판매 실적으로 인해 B기업이 계속해서 업계 선두를 차지하고 있는 상황이다. A기업은 판매 부진 문제를 해결하기 위해 많은 비용을 투입하고 있지만, B기업을 따라잡기에는 역부족이다. 특히 해외의 유명 주류업체들이 국내 시장에 진출함에 따라 국내 시장에서의 A기업의 입지는 더욱더 좁아지고 있다. 반면, B기업은 해외 주류업체들의 국내 시장 진출에도 불구하고 국내 입지가 더욱 탄탄해지고 있으며, 판매율 역시 계속해서 높은 수준을 유지하고 있다. 이미 해외 주류업체의 국내 진출 전부터 이에 대한 문제를 인식하고 대책을 마련해왔기 때문이다.

> **보기**
>
> A기업은 현재 겪고 있는 _____ 문제만을 해결하는 데 급급했지만, B기업은 미래에 발생할지도 모르는 _____ 문제를 인식하고 이를 대비했다. 결국 문제를 인식하는 _____의 차이가 두 기업의 성장에 많은 차이를 초래할 수 있음을 알 수 있었다.

① 발생형 – 탐색형 – 시점　　　　　　② 발생형 – 설정형 – 시점
③ 탐색형 – 발생형 – 관점　　　　　　④ 탐색형 – 설정형 – 관점
⑤ 설정형 – 발생형 – 방법

10 뇌물수수 혐의자 A ~ D에 관한 다음 진술들 중 하나만 참일 때, 이들 가운데 뇌물을 받은 사람의 수는?

- A가 뇌물을 받았다면, B는 뇌물을 받지 않았다.
- A와 C와 D 중 적어도 한 명은 뇌물을 받았다.
- B와 C 중 적어도 한 명은 뇌물을 받지 않았다.
- B와 C 중 한 명이라도 뇌물을 받았다면, D도 뇌물을 받았다.

① 0명　　　　　　　　　　　　　② 1명
③ 2명　　　　　　　　　　　　　④ 3명
⑤ 4명

※ 다음 사례를 읽고 이어지는 질문에 답하시오. [11~12]

〈상황〉

설탕과 프림을 넣지 않은 고급 인스턴트 블랙커피를 커피믹스와 같은 스틱 형태로 선보이겠다는 아이디어를 제시하였지만, 인스턴트커피를 제조하고 판매하는 F회사의 경영진의 반응은 차가웠다. F회사의 커피믹스가 너무 잘 판매되고 있었기 때문이었다.

〈회의 내용〉

기획팀 부장 : 신제품 개발과 관련된 회의를 진행하도록 하겠습니다. 이 자리는 누구에게 책임이 있는지를 묻는 회의가 아닙니다. 신제품 개발에 대한 서로의 상황을 인지하고 문제 상황을 해결해보자는 데 그 의미가 있습니다. 먼저 신제품 개발과 관련하여 마케팅팀 의견을 제시해 주십시오.

마케팅 부장 : A제품이 생산될 수 있도록 연구소 자체 공장에 파일럿 라인을 만들어 샘플을 생산하였으면 합니다.

연구소 소장 : 성공 여부가 불투명한 신제품을 위한 파일럿 라인을 만들기는 어렵습니다.

기획팀 부장 : 조금이라도 신제품 개발을 위해 생산현장에서 무언가 협력할 방안은 없을까요?

마케팅 부장 : 고급 인스턴트커피의 생산이 가능한지를 먼저 알아본 후 한 단계씩 전진하면 어떨까요?

기획팀 부장 : 좋은 의견인 것 같습니다. 소장님은 어떻게 생각하십니까?

연구소 소장 : 커피 전문점 수준의 고급 인스턴트커피를 만들기 위해서는 최대한 커피 전문점이 만드는 커피와 비슷한 과정을 거쳐야 할 것 같습니다.

마케팅 부장 : 그렇습니다. 하지만 100% 커피전문점 원두커피를 만드는 것이 아닙니다. 전문점 커피를 100으로 봤을 때, 80~90% 정도 수준이면 됩니다.

연구소 소장 : 퀄리티는 높이고 일회용 스틱 형태의 제품인 믹스의 사용 편리성은 그대로 두자는 이야기죠?

마케팅 부장 : 그렇습니다. 우선 120℃로 커피를 추출하는 장비가 필요합니다. 또한, 액체인 커피를 봉지에 담지 못하니 동결건조방식을 활용해야 할 것 같습니다.

연구소 소장 : 보통 믹스커피는 하루 1t 분량의 커피를 만들 수 있는데, 이야기한 방법으로는 하루에 100kg도 못 만듭니다.

마케팅 부장 : 예, 잘 알겠습니다. 그 부분에 대해서는 조금 더 논의가 필요할 것 같습니다. 검토를 해보겠습니다.

11 마케팅 부장이 취하는 문제해결방법은 무엇인가?

① 소프트 어프로치   ② 하드 어프로치
③ 퍼실리테이션   ④ 비판적 사고
⑤ 창의적 사고

12 F회사의 신제품 개발과 관련하여 가장 필요했던 것은?

① 전략적 사고   ② 분석적 사고
③ 발상의 전환   ④ 내·외부자원의 효과적 활용
⑤ 성과지향 사고

330 · 공기업 NCS 출제유형별 핵심 기출문제집

13 다음은 2017 ~ 2019년 A대학 재학생의 교육에 관한 영역별 만족도와 중요도 점수이다. 이에 대한 〈보기〉의 설명 중 옳은 것만을 모두 고르면?

〈2017 ~ 2019년 영역별 만족도 점수〉

(단위 : 점)

영역 \ 연도	2017년	2018년	2019년
교과	3.60	3.41	3.45
비교과	3.73	3.50	3.56
교수활동	3.72	3.52	3.57
학생복지	3.39	3.27	3.31
교육환경 및 시설	3.66	3.48	3.56
교육지원	3.57	3.39	3.41

〈2017 ~ 2019년 영역별 중요도 점수〉

(단위 : 점)

영역 \ 연도	2017년	2018년	2019년
교과	3.74	3.54	3.57
비교과	3.77	3.61	3.64
교수활동	3.89	3.82	3.81
학생복지	3.88	3.73	3.77
교육환경 및 시설	3.84	3.69	3.73
교육지원	3.78	3.63	3.66

※ 해당영역별 요구충족도(%) = $\dfrac{\text{해당영역 만족도 점수}}{\text{해당영역 중요도 점수}} \times 100$

보기

ㄱ. 중요도 점수가 높은 영역부터 차례대로 나열하면 그 순서는 매년 동일하다.
ㄴ. 2019년 만족도 점수는 각 영역에서 전년보다 높다.
ㄷ. 만족도 점수가 가장 높은 영역과 가장 낮은 영역의 만족도 점수 차이는 2018년이 2017년보다 크다.
ㄹ. 2019년 요구충족도가 가장 높은 영역은 교과 영역이다.

① ㄱ, ㄴ
② ㄱ, ㄷ
③ ㄷ, ㄹ
④ ㄱ, ㄴ, ㄹ
⑤ ㄴ, ㄷ, ㄹ

14 다음 대화 과정에서 B사원의 문제점으로 가장 적절한 것은?

> A사원 : 배송 지연으로 인한 고객의 클레임을 해결하기 위해서는 일단 입고된 상품을 먼저 배송하고, 추가 배송료를 부담하더라도 나머지 상품은 입고되는 대로 다시 배송하는 방법이 나을 것 같습니다.
>
> B사원 : 글쎄요. A사원의 그간 업무 스타일로 보았을 때, 방금 제시한 그 처리 방법이 효율적일지 의문이 듭니다.

① 짐작하기   ② 판단하기
③ 조언하기   ④ 비위 맞추기
⑤ 대답할 말 준비하기

15 다음 사례에 나타난 의사 표현에 영향을 미치는 요소에 대한 설명으로 적절하지 않은 것은?

> • 독일의 유명 가수 슈만 하이크는 "음악회에서 노래를 부를 때 심리적 긴장감을 갖지 않느냐?"는 한 기자의 질문에 대해 "노래하기 전에 긴장감을 느끼지 않는다면, 그때는 내가 은퇴할 때이다."라고 이야기하였다.
> • 영국의 유명 작가 버나드 쇼는 젊은 시절 매우 내성적인 청년이었다. 그는 잘 아는 사람의 집을 방문할 때도 문을 두드리지 못하고 20분이나 문밖에서 망설이며 거리를 서성거렸다. 그는 자신의 내성적인 성격을 극복하기 위해 런던에서 공개되는 모든 토론에 의도적으로 참가하였고, 그 결과 장년에 이르러서 20세기 전반에 가장 재치와 자신이 넘치는 웅변가가 될 수 있었다.

① 소수인의 심리상태가 아니라, 90% 이상의 사람들이 호소하는 불안이다.
② 잘 통제하면서 표현을 한다면 청자는 더 인간답다고 생각하게 될 것이다.
③ 개인의 본질적인 문제이므로 완전히 치유할 수 있다.
④ 분명한 원인은 아직 규명되지 않았다.
⑤ 불안을 심하게 느끼는 사람일수록 다른 사람과 접촉이 없는 직업을 선택하려 한다.

16 한국수력원자력에 근무하는 A대리는 국내 신재생에너지 산업에 대한 SWOT 분석 결과 자료를 토대로, SWOT 분석에 의한 경영전략에 따라 〈보기〉와 같이 판단하였다. 다음 〈보기〉 중 SWOT 전략과 내용이 잘못 연결된 것은?

〈국내 신재생에너지 산업에 대한 SWOT 분석 결과〉

구분	분석 결과
강점(Strength)	• 해외 기관과의 협업을 통한 풍부한 신재생에너지 개발 경험 • 에너지 분야의 우수한 연구개발 인재 확보
약점(Weakness)	• 아직까지 화석연료 대비 낮은 전력효율성 • 도입 필요성에 대한 국민적 인식 저조
기회(Opportunity)	• 신재생에너지에 대한 연구가 세계적으로 활발히 추진 • 관련 정부부처로부터 충분한 예산 확보
위협(Threat)	• 신재생에너지 특성상 설비 도입 시의 높은 초기 비용

보기

ㄱ. SO전략 – 충분한 예산과 개발 경험을 통해 쌓은 기술력을 바탕으로 향후 효과적인 신재생에너지 산업 개발 가능
ㄴ. ST전략 – 우수한 연구개발 인재들을 활용하여 초기 비용 감축방안 연구 추진
ㄷ. WO전략 – 확보한 예산을 토대로 우수한 연구원 채용
ㄹ. WT전략 – 세계의 신재생에너지 연구를 활용한 전력효율성 개선

① ㄱ, ㄴ   ② ㄱ, ㄷ
③ ㄴ, ㄷ   ④ ㄴ, ㄹ
⑤ ㄷ, ㄹ

17 다음은 한국수력원자력의 원전용 리튬이온전지 개발 승인관련 자료이다. 자료에 대한 내용으로 옳지 않은 것은?

> 한국수력원자력은 대한전기협회로부터 원자력발전소 비상 리튬이온전지 사용을 위한 기술기준 승인을 받았다고 밝혔다.
> 원자력발전소는 전기가 끊어졌을 때를 대비해 비상용으로 납축전지를 사용해 왔는데, 전원 차단으로 발생한 후쿠시마 원전 사고 이후 비상용 전지의 용량 확대 필요성이 제기돼 왔다. 이번에 기술기준 승인을 받은 리튬이온전지 용량은 납축전지의 2 ~ 3배에 달해 원전 안전성에 크게 기여할 것으로 평가받고 있다.
> 한수원 중앙연구원은 자체 R & D로 2013년부터 2016년까지 원전에 사용할 리튬이온전지의 성능과 안전성에 대한 시험을 수행해 왔다. 그 결과 4개의 기술기준을 세계 최초로 개발했고, 2017년 대한전기협회로부터 이 기술기준들을 전력산업기술기준으로 채택하는 최종 승인을 받았다.
> 전력산업기술기준(KEPIC)이란 안전한 전력생산을 위해 ASME, IEEE 같은 국제 전기표준에 맞춰 1995년 제정한 국내기술기준으로, 원자력발전소의 경우 신고리 1, 2호기 건설부터 적용 중이다.

① 리튬이온전지 기술개발을 위해서는 승인이 필요하다.
② 전원 차단이 없었다면, 후쿠시마 원전 사고는 일어나지 않았을 수도 있다.
③ 리튬이온전지 용량이 클수록 안전성도 커진다.
④ 한국수력원자력은 리튬이온전지를 세계 최초로 개발하였다.
⑤ 국내기술기준은 해외의 영향을 받았다.

18 다음은 갈등의 유형 중 하나인 '불필요한 갈등'에 대한 설명이다. 이에 대한 이해로 적절하지 않은 것은?

> 개개인이 저마다의 문제를 다르게 인식하거나 정보가 부족한 경우, 또한 편견 때문에 발생한 의견 불일치로 적대적 감정이 생길 때 '불필요한 갈등'이 일어난다.

① 근심, 걱정, 스트레스, 분노 등의 부정적인 감정으로 나타날 수 있다.
② 두 사람의 정반대되는 욕구나 목표, 가치, 이해를 통해 발생할 수 있다.
③ 잘못 이해하거나 부족한 정보 등 전달이 불분명한 커뮤니케이션으로 나타날 수 있다.
④ 변화에 대한 저항, 항상 해오던 방식에 대한 거부감 등에서 나오는 의견 불일치가 원인이 될 수 있다.
⑤ 관리자의 신중하지 못한 태도로 인해 불필요한 갈등은 더 심각해질 수 있다.

19 다음은 A ~ E리조트의 1박 기준 일반요금 및 회원할인율에 관한 자료이다. 이에 대한 〈보기〉의 설명 중 옳은 것만을 모두 고르면?

〈비수기 및 성수기 일반요금(1박 기준)〉

(단위 : 천 원)

구분＼리조트	A	B	C	D	E
비수기 일반요금	300	250	200	150	100
성수기 일반요금	500	350	300	250	200

〈비수기 및 성수기 회원할인율(1박 기준)〉

(단위 : %)

구분	회원유형	A	B	C	D	E
비수기 회원할인율	기명	50	45	40	30	20
	무기명	35	40	25	20	15
성수기 회원할인율	기명	35	30	30	25	15
	무기명	30	25	20	15	10

※ 회원할인율(%)＝$\dfrac{\text{일반요금} - \text{회원요금}}{\text{일반요금}} \times 100$

보기

ㄱ. 리조트 1박 기준, 성수기 일반요금이 낮은 리조트일수록 성수기 무기명 회원요금이 낮다.
ㄴ. 리조트 1박 기준, B리조트의 회원요금 중 가장 높은 값과 가장 낮은 값의 차이는 125,000원이다.
ㄷ. 리조트 1박 기준, 각 리조트의 기명 회원요금은 성수기가 비수기의 2배를 넘지 않는다.
ㄹ. 리조트 1박 기준, 비수기 기명 회원요금과 비수기 무기명 회원요금 차이가 가장 작은 리조트는 성수기 기명 회원요금과 성수기 무기명 회원요금 차이도 가장 작다.

① ㄱ, ㄴ
② ㄱ, ㄷ
③ ㄷ, ㄹ
④ ㄱ, ㄴ, ㄹ
⑤ ㄴ, ㄷ, ㄹ

20 다음 정의에 따른 경력개발 방법으로 적절하지 않은 것을 〈보기〉에서 고른 것은?

〈정의〉

경력개발은 개인이 경력목표와 전략을 수립하고 실행하며 피드백하는 과정으로 직업인은 한 조직의 구성원으로서 조직과 함께 상호작용하며, 자신의 경력을 개발해 나간다.

보기

㉠ 영업직에 필요한 것은 사교성일 수도 있지만, 무엇보다 사람에 대한 믿음과 성실함이 기본이어야 한다고 생각한다. 영업팀에서 10년째 근무 중인 나는 인맥을 쌓기 위해 오랜 기간 인연을 지속한 사람들을 놓치지 않으려고 노력하였다. 시대에 뒤떨어지지 않기 위해 최신 IT 기기 및 기술을 습득하고 있다.
㉡ 전략기획팀에서 근무하고 있는 나는 앞으로 회사의 나아갈 방향을 설정하는 업무를 주로 하고 있다. 따라서 시대의 흐름을 놓쳐서는 안 된다. 나의 이러한 감각을 배양하기 위해 전문 서적을 탐독하고, 경영환경 변화에 대한 공부를 끊임없이 하고 있다.
㉢ 나는 지난달부터 체력단련을 위해 헬스를 하고 있다. 자동차 동호회 활동을 통해 취미활동도 게을리 하지 않는다.
㉣ 직장 생활도 중요하지만, 개인적인 삶을 풍요롭게 할 필요가 있다. 회사는 내가 필요한 것과 내 삶을 윤택하게 하는 데 도움을 주는 요소이다. 그러므로 회사 내의 활동이나 모임 등에 집중하기보다는 나를 위한 투자(운동, 개인학습 등)에 소홀하지 않아야 한다.

① ㉠, ㉡
② ㉠, ㉢
③ ㉡, ㉢
④ ㉡, ㉣
⑤ ㉢, ㉣

21 다음 글을 근거로 판단할 때, ○○백화점이 한 해 캐롤 음원이용료로 지불해야 하는 최대 금액은?

○○백화점에서는 매년 크리스마스 트리 점등식(11월 네 번째 목요일) 이후 돌아오는 첫 월요일부터 크리스마스(12월 25일)까지 백화점 내에서 캐롤을 틀어 놓는다(단, 휴점일 제외). 이 기간 동안 캐롤을 틀기 위해서는 하루에 2만 원의 음원이용료를 지불해야 한다. ○○백화점 휴점일은 매월 네 번째 수요일이지만, 크리스마스와 겹칠 경우에는 정상영업을 한다.

① 48만 원
② 52만 원
③ 58만 원
④ 60만 원
⑤ 66만 원

22 다음은 사내 비즈니스 예절 교육에 참여한 신입사원들의 대화 내용이다. 명함 교환 예절에 대해 잘못 설명하고 있는 사람은?

A사원 : 앞으로 바지 주머니가 아닌 상의 주머니에 명함을 넣어야겠어.
B사원 : 명함을 줄 때에는 일어 선 상태에서 건네는 것이 좋겠어.
C사원 : 타 업체를 방문할 때는 그 업체의 직원에게 먼저 명함을 건네야 해.
D사원 : 상대에게 명함을 받는다면 반드시 나도 명함을 줘야 하는군.
E사원 : 앉은 상태에서는 명함을 테이블 위에 놓고 손으로 밀어 건네는 것이 예의이군.

① A사원
② B사원
③ C사원
④ D사원
⑤ E사원

23 다음 글의 내용이 모두 참일 때, 반드시 참인 것만을 〈보기〉에서 모두 고르면?

전통문화 활성화 정책의 일환으로 일부 도시를 선정하여 문화관광특구로 지정할 예정이다. 특구 지정 신청을 받아 본 결과, A, B, C, D 네 개의 도시가 신청하였다. 선정과 관련하여 다음 사실이 밝혀졌다.
• A가 선정되면 B도 선정된다.
• B와 C가 모두 선정되는 것은 아니다.
• B와 D 중 적어도 한 도시는 선정된다.
• C가 선정되지 않으면 B도 선정되지 않는다.

> **보기**
> ㉠ A와 B 가운데 적어도 한 도시는 선정되지 않는다.
> ㉡ B도 선정되지 않고 C도 선정되지 않는다.
> ㉢ D는 선정된다.

① ㉠
② ㉡
③ ㉠, ㉢
④ ㉡, ㉢
⑤ ㉠, ㉡, ㉢

24 다음 중 업무수행 성과를 높이기 위한 행동전략을 잘못 사용하고 있는 사람은?

> 사원 A : 저는 해야 할 일이 생기면 미루지 않고, 그 즉시 바로 처리하려고 노력합니다.
> 사원 B : 저는 여러 가지 일이 생기면 비슷한 업무끼리 묶어서 한 번에 처리하곤 합니다.
> 대리 C : 저는 다른 사람이 일하는 방식과 다른 방식으로 생각하여 더 좋은 해결책을 발견하기도 합니다.
> 대리 D : 저도 C대리의 의견과 비슷합니다. 저는 저희 팀의 업무 지침이 마음에 들지 않아 저만의 방식을 찾고자 합니다.
> 인턴 E : 저는 저희 팀에서 가장 일을 잘한다고 평가받는 김 부장님을 제 역할모델로 삼았습니다.

① 사원 A
② 사원 B
③ 대리 C
④ 대리 D
⑤ 인턴 E

25 개인윤리와 직업윤리의 조화로운 상황으로 옳지 않은 것은?

① 업무상 개인의 판단과 행동이 사회적 영향력이 큰 기업시스템을 통하여 다수의 이해관계자와 관련되게 된다.
② 수많은 사람이 관련되어 고도화된 공동의 협력을 요구하므로 맡은 역할에 대한 책임완수가 필요하고, 정확하고 투명한 일 처리가 필요하다.
③ 규모가 큰 공동의 재산, 정보 등을 개인의 권한 하에 위임·관리하므로 높은 윤리 의식이 요구된다.
④ 팔은 안으로 굽는다는 속담은 직장 내에서도 활용된다.
⑤ 각각의 직무에서 오는 특수한 상황에서는 개인적 덕목차원의 일반적인 상식과 기준으로는 규제할 수 없는 경우가 많다.

26 다음 대화 내용이 모두 참일 때, ㉠으로 적절한 것은?

> 서희 : 우리 회사 전 직원을 대상으로 A, B, C업무 중에서 자신이 선호하는 것을 모두 고르라는 설문 조사를 실시했는데, A와 B를 둘 다 선호한 사람은 없었어.
> 영민 : 나도 그건 알고 있어. 그뿐만 아니라 C를 선호한 사람은 A를 선호하거나 B를 선호한다는 것도 이미 알고 있지.
> 서희 : A는 선호하지 않지만 B는 선호하는 사람이 있다는 것도 이미 확인된 사실이야.
> 영민 : 그럼, ㉠ 종범이 말한 것이 참이라면, B만 선호한 사람이 적어도 한 명 있겠군.

① A를 선호하는 사람은 모두 C를 선호한다.
② A를 선호하는 사람은 누구도 C를 선호하지 않는다.
③ B를 선호하는 사람은 모두 C를 선호한다.
④ B를 선호하는 사람은 누구도 C를 선호하지 않는다.
⑤ C를 선호하는 사람은 모두 B를 선호한다.

27 다음 〈보기〉에서 직업인에게 요구되는 기본자세를 모두 고른 것은?

> **보기**
>
> ㉠ 소명의식   ㉡ 천직의식
> ㉢ 특권의식   ㉣ 봉사정신
> ㉤ 협동정신   ㉥ 지배정신
> ㉦ 책임의식   ㉧ 회피의식
> ㉨ 전문의식   ㉩ 공평무사한 자세

① ㉠, ㉡, ㉢, ㉣, ㉤, ㉥, ㉧
② ㉠, ㉢, ㉤, ㉥, ㉦, ㉧, ㉨
③ ㉠, ㉡, ㉣, ㉤, ㉦, ㉨, ㉩
④ ㉠, ㉢, ㉤, ㉥, ㉧, ㉨, ㉩
⑤ ㉠, ㉢, ㉥, ㉦, ㉧, ㉨, ㉩

28 다음 글에서 알 수 있는 것은?

> 구글의 디지털도서관은 출판된 모든 책을 디지털화하여 온라인을 통해 제공하는 프로젝트이다. 이는 전 세계 모든 정보를 취합하여 정리한다는 목표에 따라 진행되며, 이미 1,500만 권의 도서를 스캔하였다. 덕분에 셰익스피어 저작집 등 저작권 보호 기간이 지난 책들이 무료로 서비스되고 있다.
>
> 이에 대해 미국 출판업계가 소송을 제기하였고, 2008년에 구글이 1억 2,500만 달러를 출판업계에 지급하는 것으로 양자 간 합의안이 도출되었다. 그러나 연방법원은 이 합의안을 거부하였다. 디지털도서관은 많은 사람들에게 혜택을 줄 수 있지만, 이는 구글의 시장독점을 초래할 우려가 있으며, 저작권 침해의 소지도 있기에 저작권자도 소송에 참여하라고 주문하였다.
>
> 구글의 지식 통합 작업은 많은 이점을 가져오겠지만, 모든 지식을 한곳에 집중시키는 것이 옳은 방향인가에 대해서는 숙고가 필요하다. 문명사회를 지탱하고 있는 사회계약이란 시민과 국가 간의 책임과 권리에 관한 암묵적 동의이며, 집단과 구성원 간, 또는 개인 간의 계약을 의미한다. 이러한 계약을 위해서는 쌍방이 서로에 대해 비슷한 정도의 지식을 가지고 있어야 한다는 전제조건이 충족되어야 한다. 그런데 지식 통합 작업을 통한 지식의 독점은 한쪽 편이 상대방보다 훨씬 많은 지식을 가지는 지식의 비대칭성을 강화한다. 따라서 사회계약의 토대 자체가 무너질 수 있다.
>
> 또한 지식 통합 작업은 지식을 수집하여 독자들에게 제공하고자 하는 것이지만, 더 나아가면 지식의 수집뿐만 아니라 선별하고 배치하는 편집 권한까지 포함하게 된다. 이에 따라 사람들이 알아도 될 것과 그렇지 않은 것을 결정하는 막강한 권력을 구글이 갖게 되는 상황이 초래될 수 있다.

① 구글과 저작권자의 갈등은 소송을 통해 해결되었다.
② 구글의 지식 통합 작업은 사회계약의 전제조건을 더 공고하게 할 것이다.
③ 구글의 지식 통합 작업은 독자들과 구글 사이에 평등한 권력 관계를 확대할 것이다.
④ 구글의 디지털도서관은 지금까지 스캔한 1,500만 권의 책을 무료로 서비스하고 있다.
⑤ 구글의 지식 통합 작업은 지식의 수집에서 편집권한을 포함하는 것까지 확대될 수 있다.

29 다음은 2020년도의 시도별 질병 환자 현황을 조사한 자료이다. 자료에 대한 〈보기〉의 설명 중 옳은 것을 모두 고르면?

〈시도별 질병 환자 현황〉

(단위 : 명, 개)

구분	질병 환자 수	감기 환자 수	발열 환자 수	한 명당 가입한 의료보험의 수
전국	1,322,406	594,721	594,409	1.3
서울특별시	246,867	96,928	129,568	1.3
부산광역시	77,755	37,101	33,632	1.3
대구광역시	56,985	27,711	23,766	1.2
인천광역시	80,023	36,879	33,962	1.3
광주광역시	35,659	19,159	16,530	1.2
대전광역시	37,736	15,797	17,166	1.3
울산광역시	32,861	18,252	12,505	1.2
세종특별자치시	12,432	5,611	6,351	1.3
경기도	366,403	154,420	166,778	1.3
강원도	35,685	15,334	15,516	1.3
충청북도	40,021	18,556	17,662	1.3
충청남도	56,829	27,757	23,201	1.3
전라북도	38,328	18,922	16,191	1.3
전라남도	40,173	19,691	15,614	1.3
경상북도	61,237	30,963	24,054	1.3
경상남도	85,031	43,694	33,622	1.3
제주특별자치도	18,387	7,950	8,294	1.4

보기

ㄱ. 부산광역시는 경상남도보다 감기 환자 수가 적다.
ㄴ. 대구광역시의 질병 환자가 가입한 의료보험의 수는 6만 5천 개 이상이다.
ㄷ. 질병 환자 한 명당 발열 환자 수는 강원도가 제일 적다.
ㄹ. 질병 환자 한 명당 발열 환자 수는 서울특별시가 제일 많다.

① ㄱ, ㄴ   ② ㄴ, ㄷ
③ ㄱ, ㄴ, ㄹ   ④ ㄱ, ㄷ, ㄹ
⑤ ㄴ, ㄷ, ㄹ

30 다음은 스마트 기술을 적용하여 쓰레기 수거관리를 효율화한 사례에 대한 기사이다. 밑줄 친 내용에 대한 설명으로 가장 적절한 것은?

> L사가 통신기술의 일종인 'NB'에 바탕을 둔 스마트 쓰레기 수거관리 시스템을 전국 곳곳에 구축한다. L사는 스마트 쓰레기통 시스템 개발업체 이큐브랩과 'NB 네트워크 기반 상품 개발 및 공동 마케팅 상호협력을 위한 양해각서(MOU)'를 체결했다고 31일 밝혔다. 양사는 스마트시티 시범 서비스로 고양시에 구축 중인 NB 스마트 쓰레기 수거관리 시스템을 서울, 부산, 제주, 전주 등에도 구축키로 했다.
>
> 양사의 스마트 쓰레기 수거관리 시스템은 센서가 달린 대로변과 주택 밀집 지역 쓰레기통에 쓰레기가 얼마나 쌓였는지 파악해 NB 전용망을 거쳐 각 지자체 관제센터와 관할 환경미화원 스마트폰으로 실시간 전송하는 방식으로 운영된다. 태양광 에너지로 구동되는 '압축 쓰레기통'은 쓰레기가 쌓이더라도 넘치지 않도록 자동으로 압축해 주므로 기존 가로변 쓰레기통보다 최대 8배 더 많은 쓰레기를 담을 수 있다. 또한, 화재 감지 기능도 있다.
>
> 쓰레기 수거차량에는 GPS와 비콘이 설치돼, 관제센터는 수거차량의 실시간 위치와 수거결과를 지도상에서 실시간으로 확인할 수 있다. 지자체들은 예측 알고리즘과 빅데이터 분석을 통해 지역별 쓰레기 발생량을 사전에 예측하고 수거차량과 환경미화원을 배치할 때 이를 이용할 수 있다.
>
> L사 NB 담당자는 "양사의 이번 사업협력은 전국 지자체 도시환경 사업에 NB 기술과 솔루션을 보급할 수 있는 계기가 될 것"이라고 말했다. E사 대표는 "L사와의 긴밀한 기술협력을 통해 일반 쓰레기뿐만 아니라 음식물 쓰레기, 건물 내 쓰레기, 산업 폐기물 등 다양한 수거관리 시스템을 개발해 국내 시장뿐만 아니라 NB 도입을 추진 중인 해외 20여 개국에서 글로벌 사업화를 공동 추진할 것"이라고 말했다.

① 텐서플로(Tensor Flow)
② 빅데이터(Big Data)
③ 머신러닝(Machine Learning)
④ 사물인터넷(Internet of Things)
⑤ 기계독해(Machine Reading Comprehension)

안심Touch

31 다음 통역경비 산정기준과 상황을 근거로 판단할 때, A사가 甲시에서 개최한 설명회에 쓴 총 통역경비는?

〈통역경비 산정기준〉

통역경비는 통역료와 출장비(교통비, 이동보상비)의 합으로 산정한다.

• 통역료(통역사 1인당)

구분	기본요금 (3시간까지)	추가요금 (3시간 초과시)
영어, 아랍어, 독일어	500,000원	100,000원/시간
베트남어, 인도네시아어	600,000원	150,000원/시간

• 출장비(통역사 1인당)
 − 교통비는 왕복으로 실비 지급
 − 이동보상비는 이동 시간당 10,000원 지급

〈상황〉

A사는 2019년 3월 9일 甲시에서 설명회를 개최하였다. 통역은 영어와 인도네시아어로 진행되었고, 영어 통역사 2명과 인도네시아어 통역사 2명이 통역하였다. 설명회에서 통역사 1인당 영어 통역은 4시간, 인도네시아어 통역은 2시간 진행되었다. 甲시까지는 편도로 2시간이 소요되며, 개인당 교통비는 왕복으로 100,000원이 들었다.

① 244만 원
② 276만 원
③ 288만 원
④ 296만 원
⑤ 326만 원

32 문제의 원인을 파악하는 과정에서 원인과 결과의 분명한 구분 여부에 따라 원인의 패턴을 구분할 수 있다. 문제 원인의 패턴을 다음과 같이 구분하였을 때, ㉠ ～ ㉢에 해당하는 관계가 바르게 연결된 것은?

㉠은 원인과 결과를 분명하게 구분할 수 있는 경우로, 어떤 원인이 앞에 있어 여기에서 결과가 생기는 인과관계를 의미한다. 반대로 ㉡은 원인과 결과를 구분하기 어려운 인과관계를 의미하며, ㉢은 ㉠과 ㉡ 유형이 서로 얽혀 있는 인과관계를 의미한다.

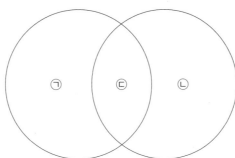

	㉠	㉡	㉢
①	단순한 인과관계	닭과 계란의 인과관계	복잡한 인과관계
②	단순한 인과관계	복잡한 인과관계	닭과 계란의 인과관계
③	단순한 인과관계	복잡한 인과관계	단순·복잡한 인과관계
④	닭과 계란의 인과관계	복잡한 인과관계	단순한 인과관계
⑤	닭과 계란의 인과관계	단순한 인과관계	복잡한 인과관계

33 다음은 A학교의 교실 천장 교체공사와 관련된 수의계약 공고문이다. 다음 중 입찰에 참가하고자 하는 회사의 회의 내용으로 적절하지 않은 것을 모두 고르면?

〈A학교 교실 천장 교체공사 수의계약 안내 공고〉

다음과 같이 시설공사 수의 견적서 제출 안내 공고합니다.

1. 견적에 부치는 사항
   가. 공사명 : A학교 교실 천장 교체공사
   나. 공사기간 : 착공일로부터 28일간
   다. 공사내용 : 본관 교실 7실 및 복도(1, 2층)
2. 견적 제출 및 계약방식
   가. 국가종합전자조달시스템을 이용하여 2인 이상으로부터 견적서를 제출받는 소액수의계약 및 전자입찰 방식으로 제출하여야 합니다.
   나. 안전 입찰서비스를 이용하여 입찰서를 제출하여야 합니다.
3. 견적서 제출기간
   가. 견적서 제출기간 : 2021. 06. 01(화) 09:00 ~ 2021. 06. 14(월) 10:00
   나. 견적서 제출확인은 국가종합전자조달 전자입찰시스템의 웹 송신함에서 확인하시기 바라며, 마감 시간이 임박하여 견적 제출 시 입력 도중 중단되는 경우가 있으니 10분 전까지 입력을 완료하시기 바랍니다.
   다. 전자입찰은 반드시 안전 입찰서비스를 이용하여 입찰서를 제출하여야 합니다(자세한 사항은 안전 입찰서비스 유의사항 안내 참고).
4. 개찰일시 및 장소
   가. 개찰일시 : 2021. 06. 14(월) 11:00
   나. 개찰장소 : K시 교육청 입찰집행관 PC(전산 장애 발생 시 개찰 시간이 다소 늦어지거나 연기될 수 있습니다)
5. 견적 제출 참가 자격
   가. 수의 견적 제출 안내 공고일 전일부터 계약체결일까지 해당 지역에 법인등기부상 본점 소재지를 둔 업체이어야 하며, 그러하지 않을 경우 낙찰자 결정을 취소합니다(이외 지역 업체는 견적 제출에 참가할 수 없으며, 제출 시 무효 처리됩니다).
   나. 본 입찰은 「지문인식 신원확인 입찰」이 적용되므로 개인인증서를 보유한 대표자 또는 입찰대리인은 미리 지문정보를 등록하여야 전자입찰서 제출이 가능합니다. 다만, 지문인식 신원확인 입찰이 곤란한 자는 예외적으로 개인인증서에 의한 전자입찰서 제출이 가능합니다.
   다. 기타 자세한 사항은 K시 교육청 재정지원팀으로 문의하시기 바랍니다.

2021. 05. 29.

〈입찰 공고에 대한 회의 발언〉

ㄱ. 김 대리님, 법인등기부에 우리 회사 본점 소재지가 K시로 변경된 점 확인하셨나요? 이미 완료되어 있어야만 견적서를 제출할 수 있어요.
ㄴ. 네, 지난주에 이미 확인했습니다. 이 대리님은 국가종합전자조달시스템을 이용해본 적 있으신가요? 견적서 제출은 이 시스템을 통해서만 가능하다고 하네요.
ㄷ. 네, 경쟁사들이 이번 입찰에 어느 정도 참여하는지 확인해보고 마감 시간 5분 전에 작성하여 제출하려고 합니다.
ㄹ. 아! 그리고 이번 입찰에서 입찰대리인은 신원확인이 필요하다고 하네요. 지문이나 개인인증서로 신원을 확인할 수 있다고 하니 둘 중 하나를 선택하면 되겠어요.

① ㄱ, ㄴ   ② ㄱ, ㄷ
③ ㄴ, ㄷ   ④ ㄴ, ㄹ
⑤ ㄷ, ㄹ

34 다음은 논리적 사고를 개발하기 위한 방법을 그림으로 나타낸 자료이다. 자료에 대한 설명으로 가장 적절한 것은?

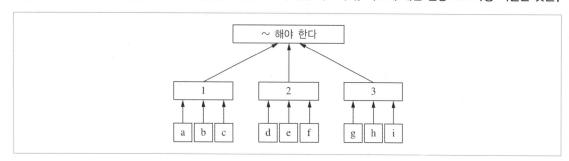

① 눈앞에 있는 정보로부터 의미를 찾아내어 가치 있는 정보를 이끌어낸다.
② 논리적으로 분해한 문제의 원인을 나무 모양으로 나열하여 문제를 해결한다.
③ 하위의 사실이나 현상부터 사고하여 상위의 주장을 만들어간다.
④ 내·외부적으로 발생되는 장점 및 단점을 종합적으로 고려하여 해결 방안을 찾는다.
⑤ '중복 없이, 누락 없이'를 통해 상위의 개념을 하위의 개념으로 논리적으로 분해한다.

35 다음 중 ㉠ ~ ㉢에 들어갈 말이 순서대로 올바르게 연결된 것은?

> 배치의 유형에는 3가지가 있다. 먼저 양적 배치는 작업량과 조업도, 여유 또는 부족 인원을 감안하여 소요인원을 결정하여 배치하는 것을 말한다. 반면, 질적 배치는 효과적인 인력배치의 3가지 원칙 중 ____㉠____ 주의에 따른 배치를 말하며, ____㉡____ 배치는 팀원의 ____㉢____ 및 흥미에 따라 배치하는 것을 말한다.

	㉠	㉡	㉢
①	균형	적성	능력
②	적재적소	균형	능력
③	적재적소	적성	적성
④	능력	적성	적성
⑤	능력	균형	적성

36

다음 ㉠을 지지하는 관찰 결과로 가장 적절한 것은?

멜라토닌은 포유동물의 뇌의 일부분인 송과선이라는 내분비 기관에서 분비되는 호르몬이다. 멜라토닌은 밤에 많이 생성되고 낮에는 덜 생성된다. 이러한 특성을 이용하여 포유동물은 멜라토닌에 의해 광주기의 변화를 인지한다. 포유동물은 두부(頭部)의 피부나 망막에 들어오는 빛의 양을 감지하여 멜라토닌의 생성을 조절하는 방식으로 생체리듬을 조절한다. 일몰과 함께 멜라토닌의 생성이 증가하면서 졸음이 오게 된다. 동이 트면 멜라토닌의 생성이 감소하면서 잠이 깨고 정신을 차리게 된다. 청소년기에는 멜라토닌이 많이 생성되기 때문에 청소년은 성인보다 더 오래 잠을 자려는 경향이 있다. 또한 ㉠ 멜라토닌은 생식 기관의 발달과 성장을 억제한다. 멜라토닌이 시상하부에 작용하여 생식선자극호르몬방출호르몬(LHRH)의 분비를 억제하면, 난자와 정자의 생성이나 생식 기관의 성숙을 일으키는 테스토스테론과 에스트로겐의 분비가 억제되어 생식 기관의 성숙이 억제된다.

① 송과선을 제거한 포유동물은 비정상적으로 성적 성숙이 더뎌진다.
② 봄이 되면 포유동물의 혈액 속 멜라토닌의 평균 농도가 높아지고 번식과 짝짓기가 많아진다.
③ 성숙한 포유동물을 지속적으로 어둠 속에서 키웠더니 혈액 속 멜라토닌의 평균 농도가 낮아졌다.
④ 어린 포유동물을 밤마다 긴 시간 동안 빛에 노출하였더니 생식 기관이 비정상적으로 조기에 발달하였다.
⑤ 생식 기관의 발달이 비정상적으로 저조한 포유동물 개체들이 생식 기관의 발달이 정상적인 같은 종의 개체들보다 혈액 속 멜라토닌의 평균 농도가 낮았다.

37

다음 글과 표를 근거로 판단할 때, A사무관이 선택할 4월의 광고수단은?

• 주어진 예산은 월 3천만 원이며, A사무관은 월별 광고효과가 가장 큰 광고수단 하나만을 선택한다.
• 광고비용이 예산을 초과하면 해당 광고수단은 선택하지 않는다.
• 광고효과는 아래와 같이 계산한다.

$$광고효과 = \frac{총\ 광고\ 횟수 \times 회당\ 광고\ 노출자\ 수}{광고비용}$$

• 광고수단은 한 달 단위로 선택된다.

광고수단	광고 횟수	회당 광고 노출자 수	월 광고비용(천 원)
TV	월 3회	100만 명	30,000
버스	일 1회	10만 명	20,000
KTX	일 70회	1만 명	35,000
지하철	일 60회	2천 명	25,000
포털사이트	일 50회	5천 명	30,000

① TV
② 버스
③ KTX
④ 지하철
⑤ 포털사이트

38 다음 글의 논지를 약화하는 것으로 가장 적절한 것은?

> 과학 연구는 많은 자원을 소비하지만 과학 연구에 사용할 수 있는 자원은 제한되어 있다. 따라서 우리는 제한된 자원을 서로 경쟁적인 관계에 있는 연구 프로그램들에 어떻게 배분하는 것이 옳은가라는 물음에 직면한다. 이 물음에 관해 생각해 보기 위해 상충하는 두 연구 프로그램 A와 B가 있다고 해 보자. 현재로서는 A가 B보다 유망해 보이지만 어떤 것이 최종적으로 성공하게 될지 아직 아무도 모른다. 양자의 관계를 고려하면, A가 성공하고 B가 실패하거나, A가 실패하고 B가 성공하거나, 아니면 둘 다 실패하거나 셋 중 하나이다. 합리적 관점에서 보면 A와 B가 모두 작동할 수 있을 정도로, 그리고 그것들이 매달리고 있는 문제가 해결될 확률을 극대화하는 방향으로 자원을 배분해야 한다. 그렇게 하려면 자원을 어떻게 배분해야 할까?
>
> 이 물음에 답하려면 구체적인 사항들에 대한 세세한 정보가 필요하겠지만, 한 쪽에 모든 자원을 투입하고 다른 쪽에는 아무 것도 배분하지 않는 것은 어떤 경우에도 현명한 방법이 아니다. 심지어 A가 B보다 훨씬 유망해 보이는 경우라도 A만 선택하여 지원하는 '선택과 집중' 전략보다는 '나누어 걸기' 전략이 더 바람직하다. 이유는 간단하다. 현재 유망한 연구 프로그램이 쇠락의 길을 걷게 될 수도 있고 반대로 현재 성과가 미미한 연구 프로그램이 얼마 뒤 눈부신 성공을 거둘 가능성이 있기 때문이다. 따라서 현명한 사회에서는 대부분의 자원을 A에 배분하더라도 적어도 어느 정도의 자원은 B에 배분할 것이다. 다른 조건이 동일하다고 가정하면, 현재 시점에서 평가된 각 연구 프로그램의 성공 확률에 비례하는 방식으로 자원을 배분하는 것이 합리적일 것이다. 이런 원칙은 한 영역에 셋 이상 다수의 상충하는 연구 프로그램이 경쟁하고 있는 경우에도 똑같이 적용될 수 있다. 물론 적절한 주기로 연구 프로그램을 평가하여 자원 배분의 비율을 조정하는 일은 잊지 않아야 한다.

① '선택과 집중' 전략은 기업이 투자 전략으로 바람직하지 않다.

② 연구 프로그램들에 대한 현재의 비교 평가 결과는 몇 년 안에 확연히 달라질 수도 있다.

③ 상충하는 연구 프로그램들이 모두 작동하기 위해서는 배분 가능한 것 이상의 자원이 필요한 경우가 발생할 수 있다.

④ 연구 프로그램이 아무리 많다고 하더라도 그것들 중에 최종적으로 성공하게 되는 것이 하나도 없을 가능성이 존재한다.

⑤ 과학 연구에 투입되는 자원의 배분은 사회의 성패와 관련된 것이므로 한 사람이나 몇몇 사람의 생각으로 결정해서는 안 된다.

39 다음 중 창의적 사고에 대해 잘못 설명하고 있는 사람을 모두 고른 것은?

> A : 창의적 사고는 아무것도 없는 무에서 유를 만들어 내는 것이다.
> B : 창의적 사고는 끊임없이 참신한 아이디어를 산출하는 힘이다.
> C : 우리는 매일매일 끊임없이 창의적 사고를 계속하고 있다.
> D : 필요한 물건을 싸게 사기 위해서 하는 많은 생각들은 창의적 사고에 해당하지 않는다.
> E : 창의적 사고를 대단하게 여기는 사람들의 편견과 달리 창의적 사고는 누구에게나 존재한다.

① A, C   ② A, D
③ C, D   ④ C, E
⑤ D, E

40 인적자원의 특성을 다음과 같이 나누어 살펴볼 때, 인적자원에 대한 설명으로 가장 적절하지 않은 것은?

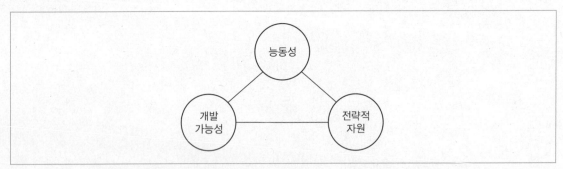

① 인적자원은 능동적이고 반응적인 성격을 지니고 있으므로 이를 잘 관리하면 기업의 성과를 높일 수 있다.
② 인적자원은 오랜 기간 동안에 걸쳐서 개발될 수 있는 많은 잠재능력과 자질을 보유하고 있다.
③ 환경변화에 따른 조직변화가 심해질수록 인적자원 개발가능성의 중요성은 점점 작아질 것이다.
④ 인적자원은 조직에 필요한 자원 활용을 담당하므로 어느 자원보다도 전략적 중요성이 강조된다.
⑤ 인적자원의 모든 특성을 고려할 때 인적자원에 대한 관리는 조직의 성과에 큰 영향을 미친다.

41 다음은 조직의 문화를 기준을 통해 4가지 문화로 구분한 것이다. (가) ~ (라)에 대한 설명으로 옳지 않은 것은?

	유연성, 자율성 강조 (Flexibility & Discretion)		
내부지향성, 통합 강조 (Internal Focus & Integration)	(가)	(나)	외부지향성, 차별 강조 (External Focus & Differentiation)
	(다)	(라)	
	안정, 통제 강조 (Stability & Control)		

① (가)는 조직구성원 간 인화단결, 협동, 팀워크, 공유가치, 사기, 의사결정과정에 참여 등을 중요시한다.
② (나)는 규칙과 법을 준수하고, 관행과 안정, 문서와 형식, 명확한 책임소재 등을 강조하는 관리적 문화의 특징을 가진다.
③ (다)는 조직내부의 통합과 안정성을 확보하고, 현상유지 차원에서 계층화되는 조직문화이다.
④ (라)는 실적을 중시하고, 직무에 몰입하며, 미래를 위한 계획을 수립하는 것을 강조한다.
⑤ (가)는 개인의 능력개발에 대한 관심이 높고, 조직구성원에 대한 인간적 배려와 가족적인 분위기를 만들어내는 특징을 가진다.

42 다음은 A ~ D국의 성별 평균소득과 대학진학률의 격차지수만으로 계산한 '간이 성평등지수'에 관한 자료이다. 이에 대한 〈보기〉의 설명 중 옳은 것을 모두 고르면?

〈A ~ D국의 성별 평균소득, 대학진학률 및 '간이 성평등지수'〉

(단위 : 달러, %)

국가＼항목	평균소득			대학진학률			간이 성평등 지수
	여성	남성	격차지수	여성	남성	격차지수	
A	8,000	16,000	0.50	68	48	1.00	0.75
B	36,000	60,000	0.60	( )	80	( )	( )
C	20,000	25,000	0.80	70	84	0.83	0.82
D	3,500	5,000	0.70	11	15	0.73	0.72

※ 1) 격차지수는 남성 항목값 대비 여성 항목값의 비율로 계산하며, 그 값이 1을 넘으면 1로 함
　 2) '간이 성평등지수'는 평균소득 격차지수와 대학진학률 격차지수의 산술 평균임
　 3) 격차지수와 '간이 성평등지수'는 소수점 이하 셋째 자리에서 반올림한 값임

보기

ㄱ. A국의 여성 평균소득과 남성 평균소득이 각각 1,000달러씩 증가하면 A국의 '간이 성평등지수'는 0.80 이상이 된다.
ㄴ. B국의 여성 대학진학률이 85%이면 '간이 성평등지수'는 B국이 C국보다 높다.
ㄷ. D국의 여성 대학진학률이 4%p 상승하면 D국의 '간이 성평등지수'는 0.80 이상이 된다.

① ㄱ
② ㄴ
③ ㄷ
④ ㄱ, ㄴ
⑤ ㄱ, ㄷ

43 다음은 환경 분석에 사용하는 3C 분석 방법에 대한 자료이다. 다음 (가) ~ (다) 항목에 대한 분석 내용을 〈보기〉에서 찾아 바르게 연결한 것은?

사업 환경을 구성하고 있는 요소인 자사(Company), 경쟁사(Competitor), 고객(Customer)을 3C라고 하며, 3C에 대한 체계적인 분석을 통해 환경 분석을 수행할 수 있다.

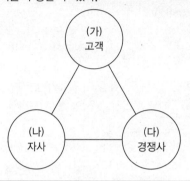

보기
ㄱ 주요 소비층은 무엇을 좋아하는가?
ㄴ 우리 조직의 장단점은 무엇인가?
ㄷ 신규 경쟁자의 진입장벽은 무엇인가?
ㄹ 경쟁사의 핵심 경쟁력은 무엇인가?
ㅁ 소비자들의 정보습득 및 교환은 어디서 일어나는가?

	(가)	(나)	(다)
①	ㄱ, ㄷ	ㄴ, ㄹ	ㅁ
②	ㄱ, ㅁ	ㄴ	ㄷ, ㄹ
③	ㄴ, ㄹ	ㄱ, ㅁ	ㄷ
④	ㄴ, ㅁ	ㄷ, ㄹ	ㄱ
⑤	ㅁ	ㄴ, ㄷ	ㄱ, ㄹ

44 다음 기술의 특징을 설명하는 글을 읽고 이해한 내용으로 옳지 않은 것은?

> 일반적으로 기술에 대한 특징은 다음과 같이 정의될 수 있다.
> 첫째, 하드웨어나 인간에 의해 만들어진 비자연적인 대상, 혹은 그 이상을 의미한다.
> 둘째, 기술은 '노하우(Know-How)'를 포함한다. 즉, 기술을 설계하고, 생산하고, 사용하기 위해 필요한 정보, 기술, 절차를 갖는데 노하우(Know-How)가 필요한 것이다.
> 셋째, 기술은 하드웨어를 생산하는 과정이다.
> 넷째, 기술은 인간의 능력을 확장시키기 위한 하드웨어와 그것의 활용을 뜻한다.
> 다섯째, 기술은 정의 가능한 문제를 해결하기 위해 순서화되고 이해 가능한 노력이다.
> 이와 같은 기술이 어떻게 형성되는가를 이해하는 것과 사회에 의해 형성되는 방법을 이해하는 것은 두 가지 원칙에 근거한다. 먼저 기술은 사회적 변화의 요인이다. 기술체계는 의사소통의 속도를 증가시켰으며, 이것은 개인으로 하여금 현명한 의사결정을 할 수 있도록 도와준다. 또한, 사회는 기술 개발에 영향을 준다. 사회적, 역사적, 문화적 요인은 기술이 어떻게 활용되는가를 결정한다.
> 기술은 두 개의 개념으로 구분될 수 있으며, 하나는 모든 직업 세계에서 필요로 하는 기술적 요소들로 이루어지는 광의의 개념이고, 다른 하나는 구체적 직무수행능력 형태를 의미하는 협의의 개념이다.

① 기술은 건물, 도로, 교량, 전자장비 등 인간이 만들어낸 모든 물질적 창조물을 생산하는 과정으로 볼 수 있구나.
② 전기산업기사, 건축산업기사, 정보처리산업기사 등의 자격 기술은 기술의 광의의 개념으로 볼 수 있겠어.
③ 영국에서 시작된 산업혁명 역시 기술 개발에 영향을 주었다고 볼 수 있어.
④ 컴퓨터의 발전은 기술체계가 개인으로 하여금 현명한 의사결정을 할 수 있는 사례로 볼 수 있지 않을까?
⑤ 미래 산업을 위해 인간의 노동을 대체할 로봇을 활용하는 것 역시 기술이라고 볼 수 있겠지?

45 다음은 고객 불만 처리 프로세스 8단계를 나타낸 것이다. 밑줄 친 (A) ~ (E)에 대한 설명으로 옳지 않은 것은?

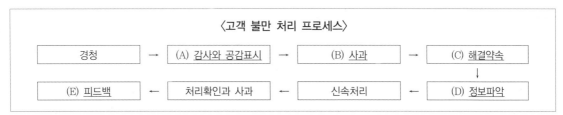

① (A)의 경우 고객이 일부러 시간을 내서 해결의 기회를 준 것에 대한 감사를 표시한다.
② (B)의 경우 고객의 이야기를 듣고 문제점에 대한 인정과 잘못된 부분에 대해 사과한다.
③ (C)의 경우 고객이 납득할 수 있도록 신중하고 천천히 문제를 해결할 것임을 약속한다.
④ (D)의 경우 문제해결을 위해 꼭 필요한 질문만 하여 정보를 얻는다.
⑤ (E)의 경우 고객 불만 사례를 회사 및 전 직원에게 알려 다시는 동일한 문제가 발생하지 않도록 한다.

46 K컨설팅사에 근무하고 있는 A사원은 팀장으로부터 새로운 프로젝트를 수주하기 위해 제안서를 작성하라는 과제를 받았다. 우선 프로젝트 제안 비용을 결정하기 위해 직접비와 간접비를 기준으로 예산을 작성하려 한다. 다음 중 직접비와 간접비의 연결이 잘못된 것은?

	직접비	간접비
①	재료비	보험료
②	과정개발비	여행(출장) 및 잡비
③	인건비	광고비
④	시설비	사무비품비
⑤	여행(출장) 및 잡비	통신비

47 다음은 기술선택을 위한 절차를 나타내는 도표이다. 밑줄 친 (A) ~ (E)에 대한 행동으로 옳은 것은?

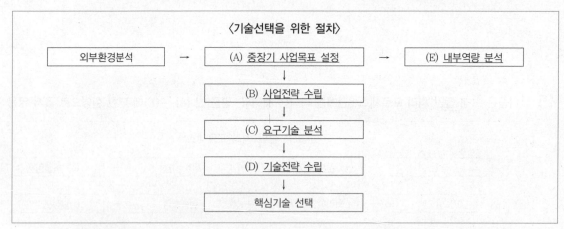

① (A) : 기술획득 방법 결정
② (B) : 사업 영역 결정, 경쟁 우위 확보 방안 수립
③ (C) : 기업의 장기비전, 매출목표 및 이익목표 설정
④ (D) : 기술능력, 생산능력, 마케팅 / 영업능력, 재무능력 등 분석
⑤ (E) : 제품 설계 / 디자인 기술, 제품 생산 공정, 원재료 / 부품 제조기술 분석

48 다음 글을 근거로 판단할 때 옳은 것은?

○○기업은 5명(甲 ~ 戊)을 대상으로 면접시험을 실시하였다. 면접시험의 평가기준은 가치관, 열정, 표현력, 잠재력, 논증력 5가지 항목이며 각 항목 점수는 3점 만점이다. 이에 따라 5명은 항목별로 다음과 같은 점수를 받았다.

〈면접시험 결과〉

(단위 : 점)

구분	甲	乙	丙	丁	戊
가치관	3	2	3	2	2
열정	2	3	2	2	2
표현력	2	3	2	2	3
잠재력	3	2	2	3	3
논증력	2	2	3	3	2

종합점수는 각 항목별 점수에 항목가중치를 곱하여 합산하며, 종합점수가 높은 순으로 등수를 결정했다. 결과는 다음과 같다.

〈등수〉

1등	乙
2등	戊
3등	甲
4등	丁
5등	丙

① 잠재력은 열정보다 항목가중치가 높다.
② 논증력은 열정보다 항목가중치가 높다.
③ 잠재력은 가치관보다 항목가중치가 높다.
④ 가치관은 표현력보다 항목가중치가 높다.
⑤ 논증력은 잠재력보다 항목가중치가 높다.

49 다음은 문서의 종류에 따른 문서 작성법이다. 문서 작성법에 따른 문서의 종류가 바르게 연결된 것은?

> (가) 상품이나 제품에 대해 정확하게 기술하기 위해서는 가급적 전문용어의 사용을 삼가고 복잡한 내용은 도표화한다.
>
> (나) 대외문서이고, 장기간 보관되는 문서이므로 정확하게 기술해야 하며, 한 장에 담아내는 것이 원칙이다.
>
> (다) 보통 업무 진행 과정에서 쓰는 경우가 대부분이므로 무엇을 도출하고자 했는지 핵심내용을 구체적으로 제시한다. 이때, 간결하고 핵심적인 내용의 도출이 우선이므로 내용의 중복을 피해야 한다.
>
> (라) 상대가 요구하는 것이 무엇인지 고려하여 설득력을 갖추어야 하며, 제출하기 전에 충분히 검토해야 한다.

	(가)	(나)	(다)	(라)
①	공문서	보고서	설명서	기획서
②	공문서	기획서	설명서	보고서
③	설명서	공문서	기획서	보고서
④	설명서	공문서	보고서	기획서
⑤	기획서	설명서	보고서	공문서

50 다음 중 가장 적절한 의사표현법을 사용하고 있는 사람은?

① A대리 : (늦잠으로 지각한 후배 사원의 잘못을 지적하며) "오늘도 지각을 했네요. 어제도 늦게 출근하지 않았나요? 왜 항상 지각하는 거죠?"

② B대리 : (후배 사원의 고민을 들으며) "방금 뭐라고 이야기했죠? 미안해요. 아까 이야기한 고민에 대해서 어떤 답을 해줘야 할지 생각하고 있었어요."

③ C대리 : (후배 사원의 실수가 발견되어 이를 질책하며) "이번 프로젝트를 위해 많이 노력했다는 것 압니다. 다만, 발신 메일 주소를 한 번 더 확인하는 습관을 갖는 것이 좋겠어요. 앞으로는 더 잘할 거라고 믿어요."

④ D대리 : (거래처 직원에게 변경된 계약서에 서명할 것을 설득하며) "이 정도는 그쪽에 큰 손해 사항도 아니지 않습니까? 지금 서명해주지 않으시면 곤란합니다."

⑤ E대리 : (후배 사원에게 업무를 지시하며) "이번 일은 직접 발로 뛰어야 해요. 특히 빨리 처리해야 하니까 반드시 이 순서대로 진행하세요!"

51 다음 글과 甲지방자치단체 공직자윤리위원회 위원 현황을 근거로 판단할 때 옳은 것은?(단, 오늘은 2021년 3월 10일이다)

제○○조

① 지방자치단체는 공직사윤리위원회(이하 '위원회'라 한다)를 두어야 한다.

② 위원회는 위원장과 부위원장 각 1명을 포함한 9명의 위원으로 구성하되, 위원은 다음 각 호에 따라 위촉한다.

　　1. 5명의 위원은 법관, 교육자, 시민단체에서 추천한 자로 한다. 이 경우 제2호의 요건에 해당하는 자는 제외된다.

　　2. 4명의 위원은 해당 지방의회 의원 2명, 해당 지방자치단체 소속 행정국장, 기획관리실장(이하 '소속 공무원' 이라 한다)으로 한다.

③ 위원회의 위원장과 부위원장은 위원회에서 다음 각 호에 따라 선임한다.

　　1. 위원장은 제2항 제1호의 5명 중에서 선임

　　2. 부위원장은 제2항 제2호의 4명 중에서 선임

제○○조

① 위원의 임기는 2년으로 하되, 한 차례만 연임할 수 있다.

② 지방자치단체의회 의원 및 소속 공무원 중에서 위촉된 위원의 임기는 제1항에도 불구하고 지방의회 의원인 경우에는 그 임기 내로 하고, 소속 공무원인 경우에는 그 직위에 재직 중인 기간으로 한다.

③ 전조 제2항 제1호에 따른 위원 중 결원이 생겼을 경우 그 자리에 새로 위촉된 위원의 임기는 전임자의 남은 기간으로 한다.

〈甲지방자치단체 공직자윤리위원회 위원 현황〉

성명	직위	최초 위촉일자
A	甲지방의회 의원	2019. 9. 1.
B	시민넌내 회원	2019. 9. 1.
C	甲지방자치단체 소속 기획관리실장	2019. 9. 1.
D	지방법원 판사	2020. 3. 1.
E	대학교 교수	2019. 9. 1.
F	고등학교 교사	2017. 9. 1.
G	중학교 교사	2019. 9. 1.
H	甲지방의회 의원	2019. 9. 1.
I	甲지방자치단체 소속 행정국장	2019. 9. 1.

※ 모든 위원은 최초 위촉 이후 계속 위원으로 활동하고 있다.

① B가 사망하여 새로운 위원을 위촉하는 경우 甲지방의회 의원을 위촉할 수 있다.

② C가 오늘자로 명예퇴직하더라도 위원직을 유지할 수 있다.

③ E가 오늘자로 사임한 경우 당일 그 자리에 위촉된 위원의 임기는 위촉된 날로부터 2년이다.

④ F는 임기가 만료되면 연임할 수 있다.

⑤ I는 부위원장으로 선임될 수 있다.

52 다음은 자아인식, 자기관리, 경력개발의 의미를 설명한 자료이다. 다음을 읽고 〈보기〉에서 자기관리에 해당하는 질문을 모두 고른 것은?

자아인식	직업생활과 관련하여 자신의 가치, 신념, 흥미, 적성, 성격 등을 통해 자신이 누구인지 아는 것이다.
자기관리	자신의 목표성취를 위해 자신의 행동 및 업무수행을 관리하고 조정하는 것이다.
경력개발	개인의 일과 관련된 경험에서 목표와 전략을 수립하고, 실행하며, 피드백하는 과정이다.

보기

(가) 자기관리 계획은 어떻게 수립하는 것일까?
(나) 나의 업무수행에 있어 장단점은 무엇인가?
(다) 나는 언제쯤 승진하고, 퇴직을 하게 될까?
(라) 나의 직업흥미는 무엇인가?
(마) 나의 업무에서 생산성을 높이기 위해서는 어떻게 해야 할까?
(바) 경력개발과 관련된 최근 이슈는 어떤 것이 있을까?
(사) 내가 설계하는 나의 경력은 무엇인가?
(아) 다른 사람과의 대인관계를 향상시키기 위한 방법은?
(자) 나의 적성은 무엇인가?

① (가), (마), (아)
② (나), (라), (바)
③ (다), (마), (사)
④ (라), (사), (자)
⑤ (마), (바), (아)

다음 글에 대한 분석으로 적절한 것만을 〈보기〉에서 모두 고르면?

우리는 흔히 행위를 윤리적 관점에서 '해야 하는 행위'와 '하지 말아야 하는 행위'로 구분한다. 그리고 전자에는 '윤리적으로 옳음'이라는 가치 속성을, 후자에는 '윤리적으로 그름'이라는 가치 속성을 부여한다. 그런데 윤리적 담론의 대상이 되는 행위 중에는 윤리적으로 권장되는 행위나 윤리적으로 허용되는 행위도 존재한다.

윤리적으로 권장되는 행위는 자선을 베푸는 것과 같이 윤리적인 의무는 아니지만 윤리적으로 바람직하다고 판단되는 행위를 의미한다. 이와 달리 윤리적으로 허용되는 행위는 윤리적으로 그르지 않으면서 정당화 가능한 행위를 의미한다. 예를 들어, 응급환자를 태우고 병원 응급실로 달려가던 중 신호를 위반하고 질주하는 행위는 맥락에 따라 윤리적으로 정당화 가능한 행위라고 판단될 것이다. 우리가 윤리적으로 권장되는 행위나 윤리적으로 허용되는 행위에 대해 옳음이나 그름이라는 윤리적 가치 속성을 부여한다면, 이 행위들에는 윤리적으로 옳음이라는 속성이 부여될 것이다.

이런 점에서 '윤리적으로 옳음'이란 윤리적으로 해야 하는 행위, 권장되는 행위, 허용되는 행위 모두에 적용되는 매우 포괄적인 용어임에 유의할 필요가 있다. '윤리적으로 옳은 행위가 무엇인가?'라는 질문에 답할 때, 이러한 포괄성을 염두에 두지 않고, 윤리적으로 해야 하는 행위, 즉 적극적인 윤리적 의무에 대해서만 주목하는 경향이 있다. 하지만 구체적인 행위에 대해 '윤리적으로 옳은가?'라는 질문을 할 때에는 위와 같은 분류를 바탕으로 해당 행위가 해야 하는 행위인지, 권장되는 행위인지, 혹은 허용되는 행위인지 따져볼 필요가 있다.

보기

ㄱ. 어떤 행위는 그 행위가 이루어진 맥락에 따라 윤리적으로 허용되는지의 여부가 결정된다.

ㄴ. '윤리적으로 옳은 행위가 무엇인가?'라는 질문에 답하기 위해서는 적극적인 윤리적 의무에만 주목해야 한다.

ㄷ. 윤리적으로 권장되는 행위와 윤리적으로 허용되는 행위에 대해서는 윤리적으로 옳음이라는 가치 속성이 부여될 수 있다.

① ㄱ
② ㄴ
③ ㄱ, ㄷ
④ ㄴ, ㄷ
⑤ ㄱ, ㄴ, ㄷ

54 다음은 2020년 A ~ D국의 산업별 기업수와 국내총생산(GDP)에 대한 자료이다. 이와 〈조건〉에 근거하여 A ~ D에 해당하는 국가를 바르게 나열한 것은?

〈A ~ D국의 산업별 기업수〉

(단위 : 개)

산업 국가	전체	제조업	서비스업	기타
A	3,094,595	235,093	2,283,769	575,733
B	3,668,152	396,422	2,742,627	529,103
C	2,975,674	397,171	2,450,288	128,215
D	3,254,196	489,530	2,747,603	17,063

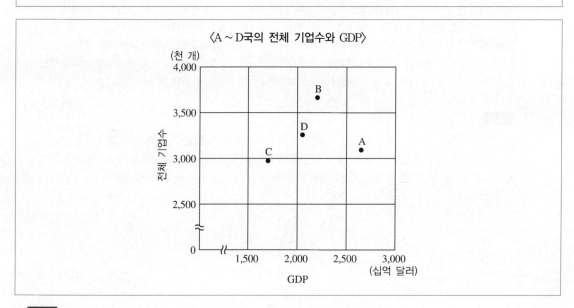

〈A ~ D국의 전체 기업수와 GDP〉

조건
- 갑 ~ 정 국 중 전체 기업수 대비 서비스업 기업수의 비중이 가장 큰 국가는 갑 국이다.
- 정 국은 을 국보다 제조업 기업수가 많다.
- 을 국은 병 국보다 전체 기업수는 많지만 GDP는 낮다.

	A	B	C	D
①	갑	정	을	병
②	을	병	정	갑
③	병	을	갑	정
④	병	을	정	갑
⑤	정	을	병	갑

55 다음 글을 근거로 판단할 때, 〈보기〉에서 옳은 것을 모두 고르면?

> 甲국의 공무원연금공단은 다음 기준에 따라 사망조위금을 지급하고 있다. 사망조위금은 최우선 순위의 수급권자 1인에게만 지급한다.
>
> 〈사망조위금 지급기준〉
>
> | 사망자 | 수급권자 순위 | | |
> |---|---|---|---|
> | | 해당 공무원이 1인인 경우 | 해당 공무원 | |
> | 공무원의 배우자·부모(배우자의 부모 포함)·자녀 | 해당 공무원이 2인 이상인 경우 | 1. 사망한 자의 배우자인 공무원
2. 사망한 자를 부양하던 직계비속인 공무원
3. 사망한 자의 최근친 직계비속인 공무원 중 최연장자
4. 사망한 자의 최근친 직계비속의 배우자인 공무원 중 최연장자 직계비속의 배우자인 공무원 | |
> | 공무원 본인 | 1. 사망한 공무원의 배우자
2. 사망한 공무원의 직계비속 중 공무원
3. 장례와 제사를 모시는 자 중 아래의 순위
　가. 사망한 공무원의 최근친 직계비속 중 최연장자
　나. 사망한 공무원의 최근친 직계존속 중 최연장자
　다. 사망한 공무원의 형제자매 중 최연장자 | | |

보기

> ㄱ. A와 B는 비(非)공무원 부부이며 공무원 C(37세)와 공무원 D(32세)를 자녀로 두고 있다. 공무원 D가 부모님을 부양하던 상황에서 A가 사망하였다면, 사망조위금 최우선 순위 수급권자는 D이다.
> ㄴ. A와 B는 공무원 부부로 비공무원 C를 아들로 두고 있으며, 공무원 D는 C의 아내이다. 만약 C가 사망하였다면, 사망조위금 최우선 순위 수급권자는 A이다.
> ㄷ. 공무원 A와 비공무원 B는 부부이며 비공무인 C(37세)와 비공무원 D(32세)를 자녀로 두고 있다. A가 사망하고 C와 D가 상례와 제사를 모시는 경우, 사망조위금 최우선 순위 수급권자는 C이다.

① ㄱ　　　　　　　　　　　② ㄴ
③ ㄷ　　　　　　　　　　　④ ㄱ, ㄴ
⑤ ㄱ, ㄷ

56 다음 글의 ㉠과 ㉡에 대한 평가로 적절하지 않은 것은?

미국 수정헌법 제1조는 국가가 시민들에게 진리에 대한 권위주의적 시각을 강제하는 일을 금지함으로써 정부가 다양한 견해들에 중립적이어야 한다는 중립성 원칙을 명시하였다. 특히 표현에 관한 중립성 원칙은 지난 수십 년에 걸쳐 발전해 왔다. 이 발전 과정의 초기에 미국 연방대법원은 표현의 자유를 부르짖는 급진주의자들의 요구에 선동적 표현의 위험성을 근거로 내세우며 맞섰다. 1940~50년대에 연방대법원은 수정헌법 제1조가 보호하는 표현과 그렇지 않은 표현을 구분하는 ㉠ 이중기준론을 표방하면서, 수정헌법 제1조의 보호 대상이 아닌 표현들이 있다고 판결했다. 추잡하고 음란한 말, 신성 모독적인 말, 인신공격이나 타인을 모욕하는 말, 즉 발언만으로도 누군가에게 해를 입히거나 사회의 양속을 해칠 말이 이에 포함되었다.

이중기준론의 비판자들은 연방대법원이 표현의 범주를 구분하는 과정에서 표현의 내용에 관한 가치 판단을 내림으로써 실제로 표현의 자유를 침해했다고 공격하였다. 1960~70년대를 거치며 연방대법원은 점차 비판자들의 견해를 수용했다. 1976년 연방대법원이 상업적 표현도 수정헌법 제1조의 보호 범위에 포함된다고 판결한 데 이어, 인신 비방 발언과 음란성 표현 등도 표현의 자유에 포함되기에 이르렀다.

정부가 모든 표현에 대해 중립적이어야 한다는 원칙은 1970~80년대에 ㉡ 내용중립성 원칙을 통해 한층 더 또렷이 표명되었다. 내용중립성 원칙이란, 정부가 어떤 경우에도 표현되는 내용에 대한 평가에 근거하여 표현을 제한해서는 안 된다는 것이다. 다시 말해 정부는 표현되는 사상이나 주제나 내용을 이유로 표현을 제한할 수 없다. 이렇게 해석된 수정헌법 제1조에 따르면, 미국 정부는 특정 견해를 편들 수 없을 뿐만 아니라 어떤 문제가 공공의 영역에서 토론하거나 논쟁할 가치가 있는지 없는지 미리 판단하여 선택해서도 안 된다.

① 시민을 보호하기 위해 제한해야 할 만큼 저속한 표현의 기준을 정부가 정하는 것은 ㉠과 상충하지 않는다.
② 음란물이 저속하고 부도덕하다는 이유에서 음란물 유포를 금하는 법령은 ㉠과 상충한다.
③ 어떤 영화의 주제가 나치즘 찬미라는 이유에서 상영을 금하는 법령은 ㉡에 저촉된다.
④ 경쟁 기업을 비방하는 내용의 광고라는 이유로 광고의 방영을 금지하는 법령은 ㉡에 저촉된다.
⑤ 인신공격하는 표현으로 특정 정치인을 힐난하는 내용의 기획물이라는 이유로 TV 방송을 제재할 것인지에 관해 ㉠과 ㉡은 상반되게 답할 것이다.

※ 다음은 자료, 정보, 지식을 구분해 놓은 것이다. 자료는 다음과 같은 과정을 거쳐 정보가 되고 지식이 된다. 다음 자료를 읽고, 이어지는 질문에 답하시오. **[57~58]**

<자료, 정보, 지식에 대한 구분>

자료 (Data)	⇨	객관적 실제의 반영이며, 그것을 전달할 수 있도록 기호화한 것	⇨	예	• 고객의 휴대폰 기종 • 고객의 휴대폰 활용 횟수
⇩					
정보 (Information)	⇨	자료를 특정한 목적과 문제해결에 도움이 되도록 가공한 것	⇨	예	• 중년층의 휴대폰 기종 • 중년층의 휴대폰 활용 횟수
⇩					
지식 (Knowledge)	⇨	정보를 집적하고 체계화하여 장래의 일반적인 사항에 대비해 보편성을 갖도록 한 것	⇨	예	• 휴대폰 디자인에 대한 중년층의 취향 • 중년층을 주요 타깃으로 신종 휴대폰 개발

57 다음 〈보기〉 중 정보(Information)에 대한 사례를 모두 고른 것은?

보기

㉠ 라면 종류별 전체 판매량	㉡ 1인 가구의 인기 음식
㉢ 남성을 위한 고데기 개발	㉣ 다큐멘터리와 예능 시청률
㉤ 만보기 사용 횟수	㉥ 5세 미만 아동들의 선호 색상

① ㉠, ㉢
② ㉡, ㉣
③ ㉡, ㉥
④ ㉢, ㉥
⑤ ㉣, ㉤

58 다음 〈보기〉에 나열되어 있는 자료(Data)를 통해 추론할 수 있는 지식(Knowledge)으로 적절하지 않은 것은?

보기

• 연령대별 선호 운동
• 직장인 평균 퇴근 시간
• 실내운동과 실외운동의 성별 비율
• 운동의 목적에 대한 설문조사 자료
• 선호하는 운동 부위의 성별 비율
• 운동의 실패 원인에 대한 설문조사 자료

① 퇴근 후 부담없이 운동 가능한 운동기구 개발
② 20・30대 남성들을 위한 실내체육관 개설 계획
③ 요일마다 특정 운동부위 발달을 위한 운동 가이드 채널 편성
④ 다이어트에 효과적인 식이요법 자료 발행
⑤ 목적에 맞는 운동 프로그램 계획 설계

안심Touch

59 다음은 갑 국의 인구 구조와 노령화에 대한 자료이다. 이에 대한 〈보기〉의 설명 중 옳은 것만을 모두 고르면?

〈인구 구조 현황 및 전망〉

(단위 : 천 명, %)

연도	총인구	유소년인구(14세 이하)		생산가능인구(15 ~ 64세)		노인인구(65세 이상)	
		인구수	구성비	인구수	구성비	인구수	구성비
2000	47,008	9,911	21.1	33,702	71.7	3,395	7.2
2010	49,410	7,975	( )	35,983	72.8	5,452	11.0
2016	51,246	( )	( )	( )	( )	8,181	16.0
2020	51,974	( )	( )	( )	( )	9,219	17.7
2030	48,941	5,628	11.5	29,609	60.5	( )	28.0

※ 2020년, 2030년은 예상치임

〈노년부양비 및 노령화지수〉

(단위 : %)

연도 / 구분	2000	2010	2016	2020	2030
노년부양비	10.1	15.2	( )	25.6	46.3
노령화지수	34.3	68.4	119.3	135.6	243.5

※ 1) 노년부양비(%) = $\dfrac{\text{노인인구}}{\text{생산가능인구}} \times 100$

2) 노령화지수(%) = $\dfrac{\text{노인인구}}{\text{유소년인구}} \times 100$

보기

ㄱ. 2020년 대비 2030년의 노인인구 증가율은 55% 이상으로 예상된다.
ㄴ. 2016년에는 노인인구가 유소년인구보다 많다.
ㄷ. 2016년 노년부양비는 20% 이상이다.
ㄹ. 2020년 대비 2030년의 생산가능인구 감소폭은 600만 명 이상일 것으로 예상된다.

① ㄱ, ㄷ
② ㄴ, ㄷ
③ ㄴ, ㄹ
④ ㄱ, ㄴ, ㄷ
⑤ ㄴ, ㄷ, ㄹ

60 다음 A도서관의 자료 폐기 지침을 근거로 판단할 때 옳은 것은?

〈A도서관 자료 폐기 지침〉

가. 자료 선정

도서관 직원은 누구든지 수시로 서가를 살펴보고, 이용하기 곤란하다고 생각되는 자료는 발견 즉시 회수하여 사무실로 옮겨야 한다.

나. 목록 작성

사무실에 회수된 자료는 사서들이 일차적으로 갱신 대상을 추려내어 갱신하고, 폐기 대상 자료로 판단되는 것은 폐기심의대상 목록으로 작성하여 폐기심의위원회에 제출한다.

다. 폐기심의위원회 운영

폐기심의위원회 회의(이하 '회의'라 한다)는 연 2회 정기적으로 개최한다. 회의는 폐기심의대상 목록과 자료의 실물을 비치한 회의실에서 진행되고, 위원들은 실물과 목록을 대조하여 확인하여야 한다. 폐기심의위원회는 폐기 여부만을 판정하며 폐기 방법의 결정은 사서에게 위임한다. 폐기 대상 판정 시 위원들 사이에 이견(異見)이 있는 자료는 당해 연도의 폐기 대상에서 제외하고, 다음 연도의 회의에서 재결정한다.

라. 폐기 방법

(1) 기증 : 상태가 양호하여 다른 도서관에서 이용될 수 있다고 판단되는 자료는 기증 의사를 공고하고 다른 도서관 등 희망하는 기관에 기증한다.

(2) 이관 : 상태가 양호하고 나름의 가치가 있는 자료는 자체 기록보존소, 지역 및 국가의 보존전문도서관 등에 이관한다.

(3) 매각과 소각 : 폐지로 재활용 가능한 자료는 매각하고, 폐지로도 매각할 수 없는 자료는 최종적으로 소각 처리한다.

마. 기복 보존 및 목록 최신화

연도별로 폐기한 자료의 목록과 폐기 경위에 관한 기록을 보존하되, 폐기한 자료에 대한 내용을 도서관의 각종 현행자료 목록에서 삭제하여 목록을 최신화한다.

※ 갱신 : 손상된 자료의 외형을 수선하거나 복사본을 만듦

---

① 사서는 폐기심의대상 목록만을 작성하고, 자료의 폐기 방법은 폐기심의위원회가 결정한다.

② 폐기 대상 판정 시 폐기심의위원들 간에 이견이 있는 자료의 경우, 바로 다음 회의에서 그 자료의 폐기 여부가 논의되지 않을 수 있다.

③ 폐기심의위원회는 자료의 실물을 확인하지 않고 폐기 여부를 판정할 수 있다.

④ 매각 또는 소각한 자료는 현행자료 목록에서 삭제하고, 폐기 경위에 관한 기록도 제거하여야 한다.

⑤ 사서가 아닌 도서관 직원은, 이용하기 곤란하다고 생각되는 자료를 발견하면 갱신하거나 폐기심의대상 목록을 작성하여야 한다.

I wish you the best of luck!

학습플래너

◉ 사람으로서 할 수 있는 최선을 다한 후에는 오직 하늘의 뜻을 기다린다.
◉
◉

과목	내용	체크
NCS	문제해결능력 이론 학습	○
NCS	문제해결능력 문제 풀이	○

MEMO

학습플래너

Date	.	.	.	D-		공부시간	H	M

◎
◎
◎

과목	내용	체크

MEMO

| Date . . . | D- | 공부시간 | H M |

◎

◎

◎

과목	내용	체크

MEMO

학습플래너

Date	. . .	D-	공부시간	H	M

◎
◎
◎

과목	내용	체크

MEMO

현재 나의 실력을 객관적으로 파악해 보자!

모바일 OMR
답안채점 / 성적분석 서비스

도서에 수록된 모의고사에 대한 객관적인 결과(정답률, 순위)를 종합적으로 분석하여 제공합니다.

OMR 입력

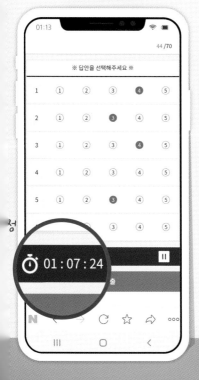

성적분석

채점결과

※OMR 답안채점 / 성적분석 서비스는 등록 후 30일간 사용 가능합니다.

참여방법

도서 내 모의고사 우측 상단에 위치한 QR코드 찍기 →

로그인 하기 →

'시작하기' 클릭 →

'응시하기' 클릭 →

나의 답안을 모바일 OMR 카드에 입력 →

'성적분석 & 채점결과' 클릭 →

현재 내 실력 확인하기

공기업 취업

NCS는 우리가 책임진다!

SD에듀 NCS 직업기초능력평가 시리즈

NCS의 FREE Pass! NCS 기본서 시리즈

NCS의 가장 확실한 입문서! NCS 왕초보 시리즈

공기업* NCS

유형별 · 연도별
기출문제
+ 모의고사 7회

+ 무료NCS특강

출제유형별
핵심 기출문제집

NCS직무능력연구소 편저

정답 및 해설

2021년 상반기 기출문제 정답 및 해설

01	02	03	04	05	06	07	08	09	10	11	12	13	14	15	16	17	18	19	20
③	④	④	⑤	①	③	⑤	④	③	④	③	⑤	①	①	②	①	④	②	②	④

01
정답 ③

올해는 보조금 지급 기준을 낮춘다고 한 내용으로 미루어 짐작할 수 있다.

오답분석

① 대상자 선정은 4월 중에 이루어진다.
② 우수물류기업의 경우 예산의 50% 내에서 이루어지며, 중소기업이 예산의 20% 내에서 우선 선정된다.
④ 전체가 아닌 증가 물량의 100%이다.
⑤ 2010년부터 시작된 사업으로 작년까지 감소한 탄소 배출량이 약 194만 톤이다.

02
정답 ④

외국인이 마스크를 구매할 경우 외국인등록증뿐만 아니라 건강보험증도 함께 보여줘야 한다.

오답분석

① 4월 27일부터 마스크를 3장까지 구매할 수 있게 된 건 맞지만, 지정된 날에만 구입이 가능하다.
② 만 10세 이하 동거인의 마스크를 구매하기 위해선 주민등록등본 혹은 가족관계증명서와 함께 대리 구매자의 신분증을 제시해야 한다.
③ 지정된 날에만 마스크 구매가 가능하며, 별도의 추가 구매는 불가능하다.
⑤ 대리 구매자의 신분증, 주민등록등본, 임신확인서 3개를 지참해야 대리 구매가 가능하다.

03
정답 ④

시골개, 떠돌이개 등이 지속적으로 유입되었다는 내용으로 미루어 짐작할 수 있는 사실이다.

오답분석

① 2018년 이후부터의 수치를 제시하고 있기 때문에 이전에도 그랬는지는 알 수가 없다.
② 지난해 경기 지역이 가장 많은 유기견 수를 기록했다는 내용만 알 수 있을 뿐 항상 그랬는지는 알 수가 없다.
③ 2016년부터 2019년까지는 꾸준히 증가하는 추세였으나, 작년에는 12만 8,719마리로 감소했음을 알 수 있다.
⑤ 유기견 번식장에 대한 규제가 필요하다는 말을 미루어 봤을 때 적절한 규제가 이루어지지 않음을 짐작할 수 있다.

04

정답 ⑤

ⅰ) 7명이 〈조건〉에 따라서 앉는 경우의 수

운전석에 앉을 수 있는 사람은 3명이고 조수석에는 부장님이 앉지 않으므로 $3 \times 5 \times 5! = 1,800$가지이다.

ⅱ) A씨가 부장님 옆에 앉지 않을 경우의 수

전체 경우의 수에서 부장님과 옆에 앉는 경우를 빼면 A씨가 부장님 옆에 앉지 않는 경우가 되므로 A씨가 부장님 옆에 앉는 경우의 수를 구하면 다음과 같다.

A씨가 운전석에 앉거나 조수석에 앉으면 부장님은 운전을 하지 못하고 조수석에 앉지 않으므로 부장님 옆에 앉지 않는다. 즉 A씨가 부장님 옆에 앉을 수 있는 경우는 가운데 줄에서의 2가지 경우와 마지막 줄에서 1가지 경우가 있다. A씨가 부장님 옆에 앉는 경우는 총 3가지이고, 서로 자리를 바꿔서 앉는 경우까지 2×3가지이다. 운전석에는 A를 제외한 2명이 앉을 수 있고, 조수석을 포함한 나머지 4자리에 4명이 앉는 경우의 수는 $4!$가지이다. 그러므로 A씨가 부장님 옆에 앉는 경우의 수는 $2 \times 3 \times 2 \times 4! = 288$가지이다.

따라서 A씨가 부장님 옆에 앉지 않을 경우의 수는 $1,800 - 288 = 1,512$가지이므로 A씨가 부장님의 옆자리에 앉지 않을 확률은 $\frac{1,512}{1,800} = 0.84$이다.

05

정답 ①

A, B, C팀이 사원 수를 각각 a명, b명, c명으로 가정한다. 이때 A, B, C의 총 근무 만족도 점수는 각각 $80a$, $90b$, $40c$이다. A팀과 B팀의 근무 만족도, B팀과 C팀의 근무 만족도에 대한 평균 점수가 제공되었으므로 해당 식을 이용하여 방정식을 세운다.

A팀과 B팀의 근무 만족도 평균은 88점인 것을 이용하면 아래의 식을 얻는다.

$$\frac{80a+90b}{a+b} = 88 \rightarrow 80a+90b = 88a+88b \rightarrow 2b = 8a \rightarrow b = 4a$$

B팀과 C팀의 근무 만족도 평균은 70점인 것을 이용하면 아래의 식을 얻는다.

$$\frac{90b+40c}{b+c} = 70 \rightarrow 90b+40c = 70b+70c \rightarrow 20b = 30c \rightarrow 2b = 3c$$

따라서 $2b = 3c$이므로 식을 만족하기 위해서 c는 짝수여야 한다.

[오답분석]

② 근무 만족도 평균이 가장 낮은 팀은 C팀이다.

③ B팀의 사원 수는 A팀의 사원 수의 4배이다.

④ C팀은 A팀 사원 수의 $\frac{8}{3}$배이다.

⑤ A, B, C의 근무 만족도 점수는 $80a+90b+40c$이며, 총 사원의 수는 $a+b+c$이다. 이때, b와 c를 a로 정리하여 표현하면 세 팀의 총 근무

만족도 점수 평균은 $\dfrac{80a+90b+40c}{a+b+c} = \dfrac{80a+360a+\frac{320}{3}a}{a+4a+\frac{8}{3}a} = \dfrac{240a+1,080a+320a}{3a+12a+8a} = \dfrac{1,640a}{23a} \fallingdotseq 71.3$이다.

06

정답 ③

올더스 헉슬리에 대한 내용이다. 올더스 헉슬리는 오히려 사람들이 너무 많은 정보를 접하는 상황에 대해 두려워했지만 조지 오웰은 정보가 통제당하는 상황을 두려워했다.

[오답분석]

① 조지 오웰은 서적이 금지당하고 정보가 통제 당하는 등 자유를 억압받는 상황을 두려워했다.

② 올더스 헉슬리는 스스로가 압제를 받아들인다고 생각했다.

④ 올더스 헉슬리는 즐길 거리 등을 통해 사람들을 통제할 수 있다고 보았다.

⑤ 조지 오웰은 우리가 증오하는 것이, 올더스 헉슬리는 우리가 좋아하는 것이 자신을 파멸시킬 상황을 두려워했다.

07

정답 ⑤

공적마스크를 구매할 수 있는 날은 7일마다 돌아온다. 이때, 36일은 7×5+1이므로 2차 마스크 구매 요일은 1차 마스크 구매 요일과 하루 차이임을 알 수 있다. 이때, 1차 마스크 구매는 평일에 이루어졌다고 하였으므로, A씨가 2차로 마스크를 구매한 요일은 토요일임을 알 수 있다. 따라서 1차로 구매한 요일은 금요일이고, 출생 연도 끝자리는 5이거나 0이다. 또한, A씨의 1차 마스크 구매 날짜는 3월 13일이며, 36일 이후는 4월 18일이다. 따라서 주말을 제외하고 공적마스크를 구매할 수 있는 날짜는 3/13, 3/20, 3/27, 4/3, 4/10, 4/17, 4/24, 5/1, 5/8, 5/15 … 이다.

08

정답 ④

4×6 사이즈는 x개, 5×7 사이즈는 y개, 8×10 사이즈는 z개를 인화했다고 하면 $150x + 300y + 1,000z = 21,000$이다. 모든 사이즈를 최소 1장씩은 인화하였으므로 $x+1=x'$, $y+1=y'$, $z+1=z'$라고 하면 $150x' + 300y' + 1,000z' = 19,550$원이다. 십 원 단위는 300원과 1,000원으로는 나올 수 없는 금액이므로 4×6 사이즈 1장을 더 구매한 것으로 보고, 나머지 금액을 300원과 1,000원으로 구매할 수 있는지 확인한다. 19,400원에서 백 원 단위는 1,000원으로 구매할 수 없으므로 300원으로 구매해야 한다. 5×7 사이즈인 $300 \times 8 = 2,400$원을 제외하면 $19,400 - 2,400 = 17,000$원이 남는데 나머지는 1,000원으로 구매할 수 있으나, 5×7 사이즈를 최대로 구매해야 하므로 300의 배수인 $300 \times 50 = 15,000$원을 추가로 구매한다. 나머지 2,000원은 8×10 사이즈로 구매한다. 따라서 5×7 사이즈는 최대 $1+8+50=59$장을 구매할 수 있다.

09

정답 ③

대표적인 직접비용으로는 재료비, 원료와 장비비, 시설비, 여행(출장)비와 잡비, 인건비가 있고, 간접비용으로는 보험료, 건물관리비, 광고비, 통신비, 사무비품비, 각종 공과금이 있다. 따라서 ③은 직접비용, ①・②・④・⑤는 간접비용에 해당된다.

10

정답 ④

물품의 분실이란 실질적으로 분실하여 다시 구입해야 하는 경제적 손실을 의미하는 것으로 A씨의 경우 물건이 집에 어딘가에 있지만 찾지 못하는 경우에 해당한다. 따라서 분실로 보기는 어렵다.

오답분석
① A씨는 물품을 정리하였다기보다 창고에 쌓아두었으므로 이는 정리하지 않고 보관한 경우로 볼 수 있다.
② A씨는 물건을 아무렇게나 보관하였기 때문에 그 보관 장소를 파악하지 못해 다시 그 물건이 필요하게 된 상황임에도 찾는 데 어려움을 겪었다.
③ A씨는 커피머신을 제대로 보관하지 않았기 때문에 그로 인해 물품이 훼손되는 경우가 발생하였다.
⑤ A씨는 지금 당장 필요하지 않음에도 구입을 했으므로 이는 목적 없는 구매에 해당한다.

11

정답 ③

제시된 상황에 해당하는 고객은 제품의 기능에 대해 믿지 못하고 있으므로, 의심형에 해당한다. 따라서 의심형에 해당하는 고객에게는 분명한 증거나 근거를 제시해 고객이 확신을 갖도록 유도하는 대처가 필요하다.

오답분석
①・② 이 방법은 트집을 잡는 유형의 고객에게 적합한 방법으로, 이 외에도 '손님의 말씀이 맞습니다. 역시 손님께서 정확하십니다.' 하고 고객의 지적이 옳음을 표시한 후 '저도 그렇게 생각하고 있습니다만 ….' 하고 설득하는 것도 좋다.
④・⑤ 이 방법은 거만한 유형의 고객에게 적합한 방법으로, 이들에게는 정중하게 대하는 것이 가장 좋은 방법이다.

12

정답 ⑤

진정성 있는 태도는 신뢰 관계 형성에 매우 중요한데, 이를 가장 잘 보여줄 수 있는 행동이 진정성 있는 사과이다. 하지만 진정성 있는 사과도 반복적이라면 불성실한 사과와 마찬가지로 느껴지기 때문에 오히려 신뢰를 인출하는 행위가 된다.

오답분석

① 대인관계란 이해와 양보를 기반으로 이루어지기 때문에 상대방의 입장에서 양보하고 배려하는 노력은 타인의 마음속에 신뢰를 저축할 수 있는 가장 중요한 방법이 될 것이다.
② 사람들은 매우 상처받기 쉽고 민감한 존재로, 비록 외적으로 대단히 거칠고 냉담하게 보일지라도 내적으로는 민감한 느낌과 감정을 갖고 있기 마련이다. 따라서 대부분의 인간관계에서의 커다란 손실은 사소한 것으로부터 비롯되기 때문에 이를 예방하기 위해 사소한 일에 대해 관심을 기울여야 할 것이다.
③ 책임을 지고 약속을 지키는 것은 중요한 신뢰를 쌓는 중요한 행위이며 약속을 어기는 것은 신뢰를 무너뜨리는 중대한 행위에 해당한다. 또한, 언행일치 역시 그 사람에게 있어 정직 그 이상의 의미를 갖도록 하게 한다.
④ 상대방에 대한 칭찬과 감사의 표시는 상호 신뢰관계를 형성하고 사람의 마음을 움직이게 하는 중요한 감정 행위로, 사람들은 작은 칭찬과 배려, 감사하는 마음에 감동하곤 한다.

13

정답 ①

시스템적인 관점에서 인식하는 능력은 기술적 능력에 대한 것으로, 기술경영자의 역할이라기보다는 기술관리자의 역할에 해당하는 내용이다.

기술경영자의 역할
• 기술을 효과적으로 평가할 수 있는 능력
• 조직 내의 기술 이용을 수행할 수 있는 능력
• 새로운 제품개발 시간을 단축할 수 있는 능력
• 기술을 기업의 전반적인 전략 목표에 통합시키는 능력
• 빠르고 효과적으로 새로운 기술을 습득하고 기존의 기술에서 탈피하는 능력
• 기술 이전을 효과적으로 할 수 있는 능력
• 크고 복잡하고 서로 다른 분야에 걸쳐 있는 프로젝트를 수행할 수 있는 능력
• 기술 전문 인력을 운용할 수 있는 능력

14

정답 ①

제시문에서 설명하는 논리적 오류는 허수아비 공격의 오류이다. 허수아비의 공격의 오류는 상대가 의도하지 않은 것을 강조하거나 허점을 비판하여 자신의 주장을 내세우는 것으로 상대방의 주장과는 상관없는 별개의 논리를 만들어 공격하는 오류이다.

오답분석

② 피장파장의 오류 : 다른 사람의 잘못을 들어 자기의 잘못을 정당화하려고 하는 오류이다.
③ 애매성의 오류 : 논증에 사용된 개념이 여러 가지로 해석될 수 있을 때, 상황에 맞지 않은 의미로 해석하는 오류이다.
④ 성급한 일반화의 오류 : 적절한 증거가 부족했음에도 불구하고 성급하게 결론을 내리는 오류이다.

15

정답 ②

ㄴ. 기술적 전문성이 있는 멤버, 대인관계에 능숙한 멤버, 문제해결능력이 뛰어난 멤버 등 다양한 멤버를 모두 섞어서 구성하는 것이 특정 분야에 특화된 멤버로만 구성하는 것보다 성과를 높일 수 있다.
ㄹ. 의미가 있는 비전을 갖게 하는 것과 구체적인 목표를 설정해 주면 성과를 높일 수 있다.

오답분석

ㄱ. 팀제의 성과를 높이기 위해서는 구성원의 수는 10명 전후로 적게 하는 것이 좋다.
ㄷ. 조직 내 상명하복 문화가 강하거나 기존의 보상체계가 개개인의 퍼포먼스에 기반해서 오랫동안 유지되어 온 경우에는 팀제 도입이 실패할 수 있다. 개인적 보상뿐만 아니라 그룹의 퍼포먼스에 대해서도 별도의 보상체계를 마련하는 것이 성과를 올리는 데 중요하다.

16

ㄱ. 성희롱은 성추행이나 성폭행과 달리 형사처벌 대상에 해당되지는 않는다.
ㄴ. 성희롱 여부 판단의 법적 기준은 피해자의 성적 수치심을 느꼈는지 여부이다.

17

업무용 명함은 악수를 한 이후 교환하며, 아랫사람이나 손님이 먼저 꺼내 오른손으로 상대방에게 주고, 받는 사람은 두 손으로 받는 것이 예의이다.

오답분석

㉠ 악수는 오른손으로 한다.
㉡ 우리나라에서는 악수할 때 가볍게 절을 한다.
㉢ 업무용 명함은 손님이 먼저 꺼낸다.
㉣ 명함은 한 번 보고한 후 탁자 위에 보이게 놓거나 명함지갑에 넣는다.

18

SMART 법칙은 목표 설정 후 그 목표를 성공적으로 달성하기 위해 꼭 필요한 필수 요건을 S.M.A.R.T라는 5개 철자에 따라 제시한 것으로, M(Measurable)은 측정이 가능하도록 수치화 및 객관화시키는 것이다.

오답분석

① S(Specific) : 구체적으로 목표를 세우기
③ A(Action-oriented) : 행동 지향적으로 목표 세우기
④ R(Realistic) : 현실성 있게 목표 세우기
⑤ T(Time Limited) : 시간적 제약이 있게 목표 세우기

19

벤치마킹은 특정 분야에서 뛰어난 업체나 상품, 기술, 경영 방식 등을 배워 합법적으로 응용하는 것으로 비교 대상에 따라 내부·경쟁적·비경쟁적·글로벌 벤치마킹으로 분류되고, 수행 방식에 따라 직접적·간접적 벤치마킹으로 분류된다. 스타벅스코리아의 사례는 같은 기업 내의 다른 지역, 타 부서, 국가 간의 유사한 활용을 비교 대상으로 한 내부 벤치마킹이다.

오답분석

① 글로벌 벤치마킹 : 프로세스에 있어 최고로 우수한 성과를 보유한 동일 업종의 비경쟁적 기업을 대상으로 하는 벤치마킹이다.
③ 비경쟁적 벤치마킹 : 제품, 서비스 및 프로세스의 단위 분야에 있어 가장 우수한 실무를 보이는 비경쟁적 기업 내의 유사 분야를 대상으로 하는 벤치마킹이다.
④ 경쟁적 벤치마킹 : 동일 업종에서 고객을 직접적으로 공유하는 경쟁기업을 대상으로 하는 벤치마킹이다.
⑤ 직접적 벤치마킹 : 벤치마킹 대상을 직접 방문하여 자료를 입수하고 조사하는 벤치마킹이다.

20

㉠에 들어갈 단계는 처리 확인과 사과이다. 불만처리 후 고객에게 처리 결과에 만족하는지 여부를 확인하여야 한다. 마지막 단계인 ㉡은 고객 불만사례를 회사 및 전 직원에게 공유하여 동일문제 발생을 방지하는 피드백 단계이다.

2020년 기출문제 정답 및 해설

01	02	03	04	05	06	07	08	09	10	11	12	13	14	15	16	17	18	19	20
①	⑤	③	③	①	②	②	②	①	②	③	②	③	②	①	④	①	③	①	③

21	22	23	24	25	26	27	28	29	30	31	32	33	34	35	36	37	38	39	40
③	①	④	②	⑤	⑤	③	④	①	②	④	②	②	①	⑤	⑤	⑤	④	④	①

01

정답 ①

• 유례 : 같거나 비슷한 예
• 유래 : 사물이나 일이 생겨남. 또는 그 사물이나 일이 생겨난 바
• 공약 : 정부, 정당, 입후보자 등이 어떤 일에 대하여 국민에게 실행할 것을 약속함. 또는 그런 약속
• 공략 : 적극적인 자세로 나서 어떤 영역 따위를 차지하거나 어떤 사람 등을 자기편으로 만듦을 비유적으로 이르는 말

02

정답 ⑤

ⓒ의 전화해 보겠다는 이 대리의 대답에는 오 주임이 출근하지 않았다는 사실이 함축적으로 담겨 있지만, ㉠·㉡·㉢의 대화에서는 함축적인 의미를 담은 표현이 사용되지 않았다.

03

정답 ③

오답분석

• 웬지 → 왠지
• 어떡게 → 어떻게
• 말씀드리던지 → 말씀드리든지
• 바램 → 바람

04

정답 ③

'가정의 행복'의 '의'는 조사이므로 표준 발음법 제5항에 따라 [의]로 발음하는 것이 원칙이지만, '다만 4'에 따라 [에]로도 발음할 수 있다. 따라서 '가정의'는 [가정의], [가정에]가 표준 발음에 해당한다.

05

정답 ①

오답분석

② 입원료[이붠뇨]
③ 물난리[물랄리]
④ 광한루[광 : 할루]
⑤ 이원론[이 : 원논]

06

정답 ②

'혼동'은 어떤 대상과 다른 대상을 구별하지 못하고 헷갈리는 경우에 사용되며, '혼돈'은 온갖 대상들이 마구 뒤섞여 어지럽고 복잡할 때 사용한다.

• 혼돈 : 마구 뒤섞여 있어 갈피를 잡을 수 없음. 또는 그런 상태
• 혼동 : 구별하지 못하고 뒤섞어서 생각함

07

정답 ②

가옥(家屋)은 집을 의미하는 한자어이므로 ㉠과 ㉡의 관계는 동일한 의미를 지니는 한자어와 고유어의 관계이다. ㉣의 수확(收穫)은 익은 농작물을 거두어들이는 것 또는 거두어들인 농작물의 의미를 가지므로 벼는 수확의 대상이 될 뿐 수확과 동일한 의미를 지니지 않는다.

08

정답 ②

㉡에는 고르거나 가지런하지 않고 차별이 있음을 의미하는 '차등(差等)'이 사용되어야 한다.

• 차등(次等) : 다음가는 등급

오답분석

① 자생력(自生力) : 스스로 살길을 찾아 살아나가는 능력이나 힘
③ 엄선(嚴選) : 엄격하고 공정하게 가리어 뽑음
④ 도출(導出) : 판단이나 결론 따위를 이끌어 냄
⑤ 지속적(持續的) : 어떤 상태가 오래 계속되는

09

정답 ①

㉠ 함량(含量) : 물질이 어떤 성분을 포함하고 있는 분량
㉡ 성분(成分) : 유기적인 통일체를 이루고 있는 것의 한 부분
㉢ 원료(原料) : 어떤 물건을 만드는 데 들어가는 재료
㉣ 함유(含有) : 물질이 어떤 성분을 포함하고 있음

오답분석

• 분량(分量) : 수효, 무게 따위의 많고 적음이나 부피의 크고 작은 정도
• 성질(性質) : 사물이나 현상이 가지고 있는 고유의 특성
• 원천(源泉) : 사물의 근원
• 내재(內在) : 어떤 사물이나 범위의 안에 들어 있음. 또는 그런 존재

10

정답 ②

설명서의 서술은 가능한 한 단순하고 간결해야 하며, 비전문가도 쉽게 이해할 수 있어야 한다. 따라서 전문용어의 사용을 삼가야 한다.

오답분석

① 추상적 명사보다는 행위 동사를 사용한다.
③ 의미전달을 명확하게 하기 위해서는 수동태보다 능동태의 동사를 사용한다.
④ 한 문장에는 통상적으로 하나의 명령 또는 밀접하게 관련된 명령만을 포함해야 한다.
⑤ 제품 설명서는 제품 사용 중 해야 할 일과 하지 말아야 할 일까지 함께 정의해야 한다.

11

정답 ③

수열 1은 '3, −2, −5'와 '−3, 2, 5'가 번갈아 나열되는 수열로 빈칸에 들어갈 수는 3이다. 수열 2는 홀수 번째 수에는 이전 홀수 번째 수에 ÷3, 짝수 번째 수에는 이전 짝수 번째 수에 ×3을 적용하는 값을 나타낸 수열로, 빈칸인 5번째 숫자는 9÷3=3이 된다. 따라서 두 수열의 빈칸에 공통으로 들어갈 수는 3이다.

12

정답 ②

H공사에서는 출발역과 350km, 840km, 도착역(1,120km)에 기본으로 4개 역을 새로 세우고, 모든 구간에 일정한 간격으로 역을 신설할 계획이다. 출발역을 제외한 350km, 840km, 1,120km 지점을 포함하는 일정한 간격인 거리를 구하기 위해 이 세 지점의 최대공약수를 구하면 10×7=70임을 알 수 있다.

$$\begin{array}{c|ccc} 10 & 350 & 840 & 1{,}120 \\ \hline 7 & 35 & 84 & 112 \\ \hline & 5 & 12 & 16 \end{array}$$

따라서 출발역에서 70km 간격으로 역을 세우면 도착역까지 $\dfrac{1{,}120}{70}=16$개이며, 출발역까지 합하면 역은 최소 17개가 된다.

13

정답 ③

배차간격은 동양역에서 20분, 서양역에서 15분이며, 두 기차의 속력은 같다. 그러므로 배차시간의 최소공배수를 구하면 5×4×3=60으로 60분마다 같은 시간에 각각의 역에서 출발하여 10시 다음 출발시각은 11시가 된다. 동양역과 서양역의 편도 시간은 1시간이므로 50km 지점은 출발 후 30분에 도달한다. 따라서 두 번째로 50km 지점에서 두 기차가 만나는 시각은 11시 30분이다.

14

정답 ②

A사원이 콘퍼런스에 제시간에 도착하지 못할 확률은 공항버스를 못타거나 비행기를 놓치거나 시외버스를 못 탔을 때의 확률을 모두 더한 값으로, 여사건을 이용하여 풀면 전체에서 A사원이 콘퍼런스에 도착할 확률을 빼준다. 따라서 A사원이 콘퍼런스에 제시간에 도착하지 못할 확률은 [1−(0.95×0.88×0.92)]×100=23.088%, 즉 23%(∵ 소수점 이하 버림)이다.

15

정답 ①

세 번째 조건에서 중앙값이 28세이고, 최빈값이 32세라고 했으므로 신입사원 5명 중 2명은 28세보다 어리고, 28세보다 많은 사람 2명은 모두 32세가 되어야 한다. 또한 두 번째 조건에서 신입사원 나이의 총합은 28.8×5=144세라 하였으므로, 27세 이하인 2명의 나이 합은 144−(28+32+32)=52세가 된다. 그러므로 2명의 나이는 (27세, 25세), (26세, 26세)가 가능하지만 최빈값이 32세이기 때문에 26세는 불가능하다. 따라서 28세보다 어린 2명은 25세와 27세이며, 가장 어린 사람과 가장 나이가 많은 사람의 나이 차는 32−25=7세이다.

16

정답 ④

1등 당첨자를 a명이라 하면 2등 당첨자는 $2a$명이 되고, 3등 당첨자를 b명이라 하자. 총 당첨자 수와 사은품에 든 총비용에 대한 방정식은 각각 다음과 같다.

$a+2a+b=29 \rightarrow 3a+b=29 \cdots \bigcirc$

$10a+3\times2a+2b=88 \rightarrow 16a+2b=88 \rightarrow 8a+b=44 \cdots \bigcirc\!\bigcirc$

㉠과 ㉡을 연립하면 $a=3$, $b=20$이 나온다. 따라서 등수별 당첨자는 1등은 3명, 2등은 6명, 3등은 20명이다.

17
정답 ①

부서 인원 6명을 2명씩 3개 조로 만들 수 있는 방법은 $_6C_2 \times _4C_2 \times _2C_2 \times \dfrac{1}{3!} = \dfrac{6 \times 5}{2} \times \dfrac{4 \times 3}{2} \times 1 \times \dfrac{1}{3 \times 2} = 15$가지이다. 또한, 3개의 조가 8월 첫째 주부터 셋째 주 중 여름휴가를 신청할 수 있는 방법은 $3! = 3 \times 2 \times 1 = 6$가지이다. 따라서 부서에서 여름휴가를 신청할 수 있는 방법은 총 $15 \times 6 = 90$가지이다.

18
정답 ③

현재 손 세정제의 매출액은 $2,000 \times 6,000 = 12,000,000$원이다. 가격 변화에 따른 판매량 변화를 고려하여 매출액을 계산하면 다음과 같다.
① $4,000 \times 3,000 = 12,000,000$원
② $3,500 \times 3,750 = 13,125,000$원
③ $3,000 \times 4,500 = 13,500,000$원
④ $2,500 \times 5,250 = 13,125,000$원
따라서 가격을 3,000원으로 책정할 때 매출액이 가장 커진다.

19
정답 ①

색칠된 부분의 넓이를 구하기 위해서는 $\triangle CDE$와 부채꼴 BCE의 넓이, 그리고 둘 사이의 색칠되지 않은 부분의 넓이를 알아야 한다.

• $\triangle CDE$의 넓이 : $\dfrac{\sqrt{3}}{4} \times 12^2$ ($\because$ 정삼각형의 넓이 공식)

• 부채꼴 BCE의 넓이 : $12^2 \pi \times \dfrac{30°}{360°} = 12\pi$

• [색칠되지 않은 부분(EC)의 넓이] = (부채꼴 CDE의 넓이) − ($\triangle CDE$의 넓이) : $24\pi - 36\sqrt{3}$

∴ 색칠된 부분의 넓이 $= 36\sqrt{3} + 12\pi - (24\pi - 36\sqrt{3}) = 72\sqrt{3} - 12\pi$

20
정답 ③

ⅰ) 집 – 도서관 : $3 \times 2 = 6$가지
   도서관 – 영화관 : $4 \times 1 = 4$가지 → $6 \times 4 = 24$가지
ⅱ) 집 – 도서관 : $3 \times 1 = 3$가지
   도서관 – 영화관 : $4 \times 3 = 12$가지 → $3 \times 12 = 36$가지
∴ $24 + 36 = 60$가지

21
정답 ③

김 대리는 시속 80km로 대전에서 200km 떨어진 K지점으로 이동했으므로 소요시간은 $\dfrac{200}{80} = 2.5$시간이다. 이때, K지점의 위치는 두 가지 경우로 나눌 수 있다.
1) K지점이 대전과 부산 사이에 있어 부산에서 300km 떨어진 지점인 경우
   이 대리가 이동한 거리는 300km, 소요시간은 김 대리보다 4시간 30분($=4.5$시간) 늦게 도착하여 $2.5 + 4.5 = 7$시간이다. 이 대리의 속력은 시속 $\dfrac{300}{7} = 42.9$km로 김 대리의 속력보다 느리므로 네 번째 조건과 맞지 않는다.
2) K지점이 대전에서 부산 방향의 반대 방향으로 200km 떨어진 지점인 경우
   부산에서 K지점까지의 거리는 $200 + 500 = 700$km이다. 따라서 이 대리는 시속 $\dfrac{700}{7} = 100$km로 이동했다.

22

정답 ①

산책로의 폭은 일정하므로 xm라고 할 때, 전체 공원의 넓이 $18 \times 10 = 180\text{m}^2$에서 산책로가 아닌 면적의 넓이 153m^2를 뺀 값은 산책로의 넓이이므로 x의 값을 구하면 다음과 같다.

$180 - 153 = 10x + 18x - x^2 \rightarrow x^2 - 28x + 27 = 0 \rightarrow (x-1)(x-27) = 0$, $x = 1$이거나 $x = 27$이다.

이때, 산책로의 폭은 공원의 가로, 세로의 길이보다 클 수 없으므로 $x = 1$이다.

23

정답 ④

1시간 동안 만들 수 있는 상품의 개수는 $\dfrac{1 \times 60 \times 60}{15} = 240$개이다. 안정성 검사와 기능 검사를 동시에 받는 상품은 12와 9의 최소공배수인 $3 \times 3 \times 4 = 36$번째 상품마다 시행된다. $240 \div 36 = 6.66\cdots$이므로 1시간 동안 6개 상품이 안정성 검사와 기능 검사를 동시에 받는다.

24

정답 ②

먼저, 네 번째 조건에 따라 마 지사장은 D지사에 근무하며 다섯 번째 조건에 따라 바 지사장은 본사와 두 번째로 가까운 B지사에 근무하는 것을 알 수 있다. 다 지사장은 D지사에 근무하는 마 지사장 바로 옆 지사에 근무하지 않는다는 두 번째 조건에 따라 C 또는 E지사에 근무할 수 없다. 이때, 다 지사장은 나 지사장과 나란히 근무해야 하므로 F지사에 다 지사장이, E지사에 나 지사장이 근무하는 것을 알 수 있다. 마지막으로 라 지사장이 가 지사장보다 본사에 가깝게 근무한다는 세 번째 조건에 따라 라 지사장이 A지사에, 가 지사장이 C지사에 근무하게 된다.

본사	A	B	C	D	E	F
	라	바	가	마	나	다

따라서 A ~ F지사로 발령받은 지사장을 순서대로 나열하면 '라 - 바 - 가 - 마 - 나 - 다'이다.

25

정답 ⑤

먼저 두 번째 조건에 따라 사장은 은지에게 '상'을 주었으므로 나머지 지현과 영희에게 '중' 또는 '하'를 주었음을 알 수 있다. 이때, 인사팀장은 영희에게 사장이 준 점수보다 낮은 점수를 주었다는 네 번째 조건에 따라 사장은 영희에게 '중'을 주었음을 알 수 있다. 따라서 사장은 은지에게 '상', 영희에게 '중', 지현에게 '하'를 주었고, 세 번째 조건에 따라 이사 역시 같은 점수를 주었다. 한편, 사장이 영희 또는 지현에게 회장보다 낮거나 같은 점수를 주었다는 두 번째 조건에 따라 회장이 은지, 영희, 지현에게 줄 수 있는 경우는 다음과 같다.

구분	은지	지현	영희
경우 1	중	하	상
경우 2	하	상	중

또한 인사팀장은 '하'를 준 영희를 제외한 은지와 지현에게 '상' 또는 '중'을 줄 수 있다. 따라서 은지, 영희, 지현이 회장, 사장, 이사, 인사팀장에게 받을 수 있는 점수를 정리하면 다음과 같다.

구분	은지	지현	영희
회장	중	하	상
	하	상	중
사장	상	하	중
이사	상	하	중
인사팀장	상	중	하
	중	상	하

따라서 인사팀장이 은지에게 '상'을 주었다면, 은지는 사장, 이사, 인사팀장 3명에게 '상'을 받으므로 은지가 최종 합격하게 된다.

26

등락률은 전일 대비 주식가격에 대한 비율이다. 1월 7일의 1월 2일 가격 대비 증감율은 $1.1 \times 1.2 \times 0.9 \times 0.8 \times 1.1 = 1.04544$이므로 매도 시 주식가격은 $100,000 \times 1.04544 = 104,544$원이다.

오답분석

① 1월 2일 대비 1월 5일 주식가격 증감율은 $1.1 \times 1.2 \times 0.9 = 1.188$이며, 매도할 경우 $100,000 \times 1.188 = 118,800$원에 매도 가능하므로 $18,800$원 이익이다.

②·④ 1월 6일에 주식을 매도할 경우 가격은 $100,000 \times (1.1 \times 1.2 \times 0.9 \times 0.8) = 95,040$원이다. 따라서 $100,000 - 95,040 = 4,960$원 손실이며, 1월 2일 대비 주식가격 감소율(이익률)은 $\dfrac{100,000 - 95,040}{100,000} \times 100 = 4.96\%$이다.

③ 1월 4일에 주식을 매도할 경우 가격은 $100,000 \times (1.1 \times 1.2) = 132,000$원이므로, 이익률은 $\dfrac{132,000 - 100,000}{100,000} \times 100 = 32\%$이다.

27

A와 D의 진술이 모순되므로, A의 진술이 참인 경우와 거짓인 경우를 구한다.
ⅰ) A의 진술이 참인 경우
　A의 진술에 따라 D가 부정행위를 하였으며, 거짓을 말하고 있다. B는 A의 진술이 참이므로 B의 진술도 참이며, B의 진술이 참이므로 C의 진술은 거짓이 되고, E의 진술은 참이 된다. 따라서 부정행위를 한 사람은 C, D이다.
ⅱ) A의 진술이 거짓인 경우
　A의 진술에 따라 D는 참을 말하고 있고, B는 A의 진술이 거짓이므로 B의 진술도 거짓이 된다. B의 진술이 거짓이므로 C의 진술은 참이 되고, E의 진술은 거짓이 된다. 그러면 거짓을 말한 사람은 A, B, E이지만 조건에서 부정행위를 한 사람은 두 명이므로 모순이 되어 옳지 않다.

28

채권에 투자하는 금액을 x억 원이라고 할 때, 예금에 투자하는 금액은 $(100-x)$억 원이다.
• 예금 이익 : $(100-x) \times 0.1 = 10 - 0.1x$
• 채권 이익 : $0.14x$
이때 예금과 채권 이익의 합은 $10 - 0.1x + 0.14x = 10 + 0.04x$이다. 세금으로 20%를 낸 후의 이익이 10억 원이므로 $(10 + 0.04x) \times 0.8 = 10$
$\rightarrow 0.032x = 2 \rightarrow x = 62.5$억 원
따라서 채권에 투자하는 금액은 62억 5천만 원이다.

29

노하우(Know-How)는 경험적이고 반복적인 행위에 의해 얻어지는 체화된 기술이므로, 겉으로 드러나지 않는 상태의 지식인 암묵적 지식에 해당한다. 반면 노와이(Know-Why)는 이론적인 지식으로서 과학적인 탐구에 의해 얻어지는 기술이므로, 문서 등의 형태로 표시되는 명시적 지식에 해당한다.

오답분석

② 노하우(Know-How)는 경험적이고 반복적인 행위에 의해 얻어진다.
③ 노와이(Know-Why)는 과학적인 탐구에 의해 얻어진다.
④ 과학은 추상적 이론이나 지식을 위한 지식, 본질에 대한 이해를 강조하지만, 기술은 추상적인 이론보다 실용성, 효용, 디자인을 강조한다.
⑤ 기술은 원래 노하우(Know-How)의 개념이 강하였으나, 시대가 지남에 따라 노하우(Know-How)와 노와이(Know-Why)가 결합하게 되었다.

30

브레인스토밍은 문제의 해결책을 찾기 위해 여러 사람이 자유롭게 아이디어를 제시하는 방법이므로, 어떠한 내용의 아이디어라도 그에 대해 비판을 해서는 안 된다.

31

정답 ④

숨겨진 자아는 타인은 모르지만, 나는 아는 나의 모습을 의미한다. 자신의 평판에 대해 직장 동료나 상사에게 물어보는 것은 타인은 알고 있지만, 나는 알지 못하는 나의 모습을 의미하는 눈먼 자아와 연결된다.

조해리의 창(Johari's Window)
조해리의 창은 대인관계에 있어서 자신이 어떻게 보이고, 또 어떤 성향을 가지고 있는지를 파악할 수 있도록 한 심리학 이론으로, 미국의 심리학자 조셉 루프트와 해리 잉햄이 고안하였다.
• 눈먼 자아 : 나에 대해 타인은 알고 있지만, 나는 알지 못하는 모습
• 아무도 모르는 자아 : 타인도 나도 모르는 나의 모습
• 공개된 자아 : 타인도 나도 아는 나의 모습
• 숨겨진 자아 : 타인은 모르지만, 나는 아는 나의 모습

32

정답 ②

고객접점서비스(MOT)는 고객과 서비스 요원 사이에서 15초 동안의 짧은 순간 이루어지는 서비스로, 이 15초 동안 고객접점에 있는 서비스 요원이 책임과 권한을 가지고 우리 회사를 선택한 것이 가장 좋은 선택이었다는 사실을 고객에게 입증해야 한다. 이때, 서비스 요원의 용모와 복장 등은 첫인상을 좌우하는 중요한 요소가 된다.

[오답분석]
ㄱ. 고객접점서비스는 모든 서비스에서 100점을 맞았더라도 한 접점에서 불만이 나오면 $100 \times 0 = 0$의 곱셈 법칙이 적용되어 모든 서비스 점수가 0점이 된다.
ㄷ. 고객접점서비스를 강화하기 위해서는 서비스 요원의 권한을 강화하여야 한다.

33

정답 ②

거절은 빠르게 하는 것이 좋다.

올바른 거절 방법
• 거절에 대해 먼저 사과하고, 상대방이 이해할 수 있게 응할 수 없는 이유를 설명한다.
• 거절은 시간을 들이지 말고 바로 하는 것이 좋다.
• 노호한 태도를 보이는 것보다 단호하게 거절하는 것이 좋다.
• 정색을 하면 상대방의 감정이 상하므로 주의한다.
• 거절한 다음에는 도움을 주지 못하는 것에 대해 아쉬움을 표현한다.

34

정답 ①

직업윤리의 일반적 덕목에는 소명의식, 천직의식, 직분의식, 책임의식, 전문가의식, 봉사의식 등이 있으며, 한국인들은 중요한 직업윤리 덕목으로 책임감, 성실성, 정직함, 신뢰성, 창의성, 협조성, 청렴함 등을 강조한다.

35

진지한 사과는 감정은행계좌에 신뢰를 예입하는 것이지만, 반복되는 사과나 일상적인 사과는 불성실한 사과와 같은 의미로 받아들여져 감정이 인출될 수 있다.

감정은행계좌 주요 예입수단
• 상대방에 대한 이해심 : 다른 사람을 진정으로 이해하기 위해 노력하는 것이야말로 우리가 할 수 있는 가장 중요한 예입수단이다.
• 사소한 일에 대한 관심 : 약간의 친절과 공손함은 매우 중요하다. 이와 반대로 작은 불손, 작은 불친절, 하찮은 무례 등은 막대한 인출을 가져온다.
• 약속의 이행 : 책임을 지고 약속을 지키는 것은 중요한 감정 예입 행위이며, 약속을 어기는 것은 중대한 인출 행위이다.
• 기대의 명확화 : 신뢰의 예입은 처음부터 기대를 분명히 해야 가능하다.
• 언행일치 : 개인의 언행일치는 신뢰를 가져오고, 감정은행계좌에 많은 종류의 예입을 가능하게 하는 기초가 된다.
• 진지한 사과 : 진지한 사과는 감정은행계좌에 신뢰를 예입하는 것이다.

36

먼저 하나의 사례를 제시하면서 글의 서두가 전개되고 있으므로 이와 비슷한 사례를 제시하고 있는 (다)가 이어지는 것이 적절하다. 이어서 (다) 사례의 내용이 비현실적이라고 언급하고 있는 (나)가 오는 것이 적절하며, 다음으로 (나)에서 언급한 사물인터넷과 관련된 설명의 (라)가 이어지는 것이 적절하다. 마지막으로 (가)는 (라)에서 언급한 지능형 전력망을 활용함으로써 얻게 되는 효과를 설명하는 내용이므로 문단의 순서는 (다) – (나) – (라) – (가)가 적절하다.

37

카드 결제 시스템에 특수 장치를 설치하여 불법으로 카드 정보를 복사하는 방식은 스키밍(Skimming)이다. 폼재킹이란 사용자의 결제 정보 양식을 중간에서 납치한다는 의미의 합성어로, 해커들이 온라인 쇼핑몰 등의 웹 사이트를 악성코드로 미리 감염시키고, 구매자가 물건을 구입할 때 신용카드 등의 금융정보를 입력하면 이를 탈취한다.

38

㉠ 제로 트러스트 모델이란 아무도 신뢰하지 않는다는 뜻으로 내·외부를 막론하고 적절한 인증 절차 없이는 그 누구도 신뢰하지 않는다.
㉢ 기업 내부에서 IT 인프라 시스템에 대한 접근 권한이 있는 내부인에 의해 보안 사고가 발생함에 따라 만들어진 IT 보안 모델이다.
㉣ MFA란 사용자 다중 인증을 말하며, 패스워드 강화 및 추가적인 인증 절차를 통해 접근 권한을 부여하는 것이다. IAM은 식별과 접근 관리를 말하며, ID와 패스워드를 종합적으로 관리해 주는 역할 기반의 사용자 계정 관리 솔루션이다.

[오답분석]
㉡ 네트워크 설계의 방향은 내부에서 외부로 설정한다.

39

a라는 변수에 0을 저장한다. range함수는 'range(start, stop, step)'로 표시되기 때문에 'range(1, 11, 2)'를 입력하면 1부터 10까지의 생성된 수를 2씩 증가시켜 합을 출력한다(range함수의 2번째 파라미터는 출력되지 않는 값이다). 따라서 누적된 a의 값인 25가 출력된다.

40

정답 ①

먼저 첫 번째 조건과 세 번째 조건에 따라 하경이의 바로 오른쪽 자리에는 성준, 민준, 민시가 앉을 수 없으므로 하경이의 오른쪽 자리에는 슬기 또는 경서만 앉을 수 있다. 하경이의 자리를 1번으로 가정하여 이를 기준으로 바로 오른쪽 6번 자리에 슬기가 앉은 경우와 경서가 앉은 경우를 나누어 보면 다음과 같다.

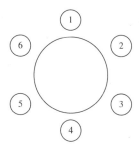

1) 6번 자리에 슬기가 앉은 경우

네 번째 조건에 따라 민준이는 4번 또는 2번에 앉을 수 있지만, 첫 번째 조건에 따라 하경이의 바로 옆 자리인 2번에는 앉을 수 없으므로 결국 4번에 앉은 것을 알 수 있다. 또한 두 번째 조건에 따라 5번 자리에는 경서 또는 성준이가 앉을 수 있지만, 세 번째 조건에 따라 경서는 반드시 민지의 왼쪽에 앉아야 하므로 5번 자리에는 성준이 앉고 나머지 2번과 3번 자리에 민지와 경서가 나란히 앉은 것을 알 수 있다.

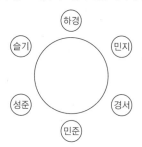

2) 6번 자리에 경서가 앉은 경우

세 번째 조건에 따라 5번 자리에는 민지가 앉으므로 첫 번째 조건에 따라 3번 자리에는 슬기만 앉을 수 있다. 이때, 두 번째 조건에 따라 슬기는 성준이 옆 자리에 앉아야 하므로 3번에는 성준이가 앉고, 나머지 4번에 민준이가 앉은 것을 알 수 있다.

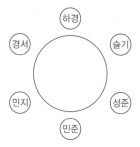

따라서 항상 참이 되는 것은 '하경이와 민준이가 서로 마주 보고 앉아 있다.'이다.

PART 1 ┃ 모듈형 5개년 기출문제

01	02	03	04	05	06	07	08	09	10	11	12	13	14	15	16	17	18	19	20
④	④	④	③	②	③	③	①	⑤	③	④	②	②	①	④	③	④	②	①	①
21	22	23	24	25	26	27	28	29	30	31	32	33	34	35	36	37	38	39	40
①	②	④	④	④	①	④	④	④	⑤	③	③	②	①	④	③	②	②	④	④

01
정답 ④

㉠ 수행성취, ㉡ 모델링, ㉢ 사회적, ㉣ 정서적 각성

02
정답 ④

경청의 5단계
㉠ 무시(0%)
㉡ 듣는 척하기(30%)
㉢ 선택적 듣기(50%)
㉣ 적극적 듣기(70%)
㉤ 공감적 듣기(100%)

03
정답 ④

한글 맞춤법에 따르면 '률(率)'은 모음이나 'ㄴ' 받침 뒤에서는 '이자율, 회전율'처럼 '율'로 적고, 그 이외의 받침 뒤에서는 '능률, 합격률'처럼 '률'로 적는다. 따라서 '수익률'이 올바른 표기이다.

오답분석
① 추계(推計) : '일부를 가지고 전체를 미루어 계산함'의 의미를 지닌 단어로 재정 추계는 국가 또는 지방 자치 단체가 정책을 시행하기 위해 필요한 자금을 추정하여 계산하는 일을 말한다.
② 그간(-間) : '조금 멀어진 어느 때부터 다른 어느 때까지의 비교적 짧은 동안'이라는 의미를 지닌 한 단어이다.
③ 전제(前提) : '어떠한 사물이나 현상을 이루기 위하여 먼저 내세우는 것'의 의미를 지닌 단어로 옳은 표기이다.

04
정답 ③

• 간헐적(間歇的) : 얼마 동안의 시간 간격을 두고 되풀이하여 일어나는
• 이따금 : 얼마쯤씩 있다가 가끔

오답분석
① 근근이 : 어렵사리 겨우
② 자못 : 생각보다 매우
④ 빈번히 : 번거로울 정도로 도수(度數)가 잦게
⑤ 흔히 : 보통보다 더 자주 있거나 일어나서 쉽게 접할 수 있게

05

모든 일에는 지켜야 할 질서와 차례가 있음에도 불구하고 이를 무시한 채 무엇이든지 빠르게 처리하려는 한국의 '빨리빨리' 문화는 일의 순서도 모르고 성급하게 덤빔을 비유적으로 이르는 ②와 가장 관련이 있다.

[오답분석]

① 모양이나 형편이 서로 비슷하고 인연이 있는 것끼리 서로 잘 어울리고, 사정을 보아주며 감싸 주기 쉬움을 비유적으로 이르는 말

③ 속으로는 가기를 원하면서 겉으로는 만류하는 체한다는 뜻으로, 속생각은 전혀 다르면서도 말로만 그럴듯하게 인사치레함을 비유적으로 이르는 말

④ 한마디 말을 듣고도 여러 가지 사실을 미루어 알아낼 정도로 매우 총기가 있다는 말

⑤ 작은 힘이라도 꾸준히 계속하면 큰일을 이룰 수 있음을 비유적으로 이르는 말

06

가중평균은 원값에 해당되는 가중치를 곱한 총합을 가중치의 합으로 나눈 것을 말한다. A의 가격을 a만 원이라고 가정하여 가중평균에 대한 방정식을 구하면 다음과 같다.

$$\frac{(a\times30)+(70\times20)+(60\times30)+(65\times20)}{30+20+30+20}=66 \rightarrow \frac{30a+4,500}{100}=66 \rightarrow 30a=6,600-4,500 \rightarrow a=\frac{2,100}{30} \rightarrow a=70$$

따라서 A의 가격은 70만 원이다.

07

A, B, C설탕물의 설탕 질량을 구하면 다음과 같다.

• A설탕물의 설탕 질량 : $200\times0.12=24g$
• B설탕물의 설탕 질량 : $300\times0.15=45g$
• C설탕물의 설탕 질량 : $100\times0.17=17g$

A, B설탕물을 합치면 설탕물 500g에 들어있는 설탕은 $24+45=69g$, 농도는 $\frac{69}{500}\times100=13.8\%$이다. 합친 설탕물을 300g만 남기고, C설탕물과 합치면 설탕물 400g이 되고 여기에 들어있는 설탕의 질량은 $300\times0.138+17=58.4g$이다. 또한 이 합친 설탕물도 300g만 남기면 농도는 일정하므로 설탕물이 $\frac{3}{4}$으로 줄어든 만큼 설탕의 질량도 같이 줄어든다. 따라서 설탕의 질량은 $58.4\times\frac{3}{4}=43.8g$이다.

08

작년과 올해 공제받은 금액의 1,200만 원 초과금을 x, y만 원이라 하고 공제받은 총금액에 관한 방정식으로 x, y를 구하면 다음과 같다.

• 작년 : $72+0.15\times x=4,000\times0.05 \rightarrow 0.15\times x=200-72 \rightarrow x=\frac{128}{0.15}\fallingdotseq853$

• 올해 : $72+0.15\times y=4,000\times0.1 \rightarrow 0.15\times y=400-72 \rightarrow y=\frac{328}{0.15}\fallingdotseq2,187$

따라서 작년 대비 올해 증가한 소비 금액은 $(2,187+1,200)-(853+1,200)=1,334$만 원이다.

09

A, B기차의 길이를 각각 a, bm라고 가정하고 터널을 지나는 시간에 대한 방정식을 세우면 다음과 같다.

• A기차 : $\frac{600+a}{36}=25 \rightarrow 600+a=900 \rightarrow a=300$

• B기차 : $\frac{600+b}{36}=20 \rightarrow 600+b=720 \rightarrow b=120$

따라서 A기차의 길이는 300m, B기차의 길이는 120m이다.

10

숫자 21을 2, 8, 16진수로 바꾸면 다음과 같다.
• 2진수

2) 21
2) 10 … 1
2) 5 … 0
2) 2 … 1
　　 1 … 0

아래부터 차례대로 적으면 10101이 21의 2진수 숫자이다.
• 8진수

8) 21
　 2 … 5

21의 8진수는 25이다.
• 16진수

16) 21
　 1 … 5

21의 16진수는 15이다.
따라서 옳지 않은 대답을 한 사람은 C사원이다.

11

정답 ④

알파벳의 순서를 숫자로 바꾸어 나열하면 1, 2, 3, 5, 8, 13, ( ), 34이다. 이는 피보나치 수열로 앞의 두 항의 합이 다음 항에 해당하므로 빈칸에는 $8+13=21$번째의 알파벳 'u'가 적절하다.

12

정답 ②

집으로 다시 돌아갈 때 거리 2.5km를 시속 5km로 걸었으므로 이때 걸린 시간은 $\frac{2.5}{5}=0.5$시간(30분)이고, 회사로 자전거를 타고 출근하는 데 걸린 시간은 $\frac{5}{15}=\frac{20}{60}$ 시간(20분)이다. 따라서 총 50분이 소요되어 회사에 도착한 시각은 오전 7시 10분+50분=오전 8시이다.

13

정답 ②

미지수 a와 b에 가능한 수는 60의 약수이다. 따라서 a에 12개(1, 2, 3, 4, 5, 6, 10, 12, 15, 20, 30, 60)의 숫자가 가능하므로 이에 속하지 않는 ②가 정답이다.

14

정답 ①

9월은 30일까지 있으며, 주말은 9일간, 추석은 3일간이지만 추석연휴 중 하루는 토요일이므로 평일에 초과근무를 할 수 있는 날은 $30-(9+3-1)=19$일이다. 또한, 특근하는 날까지 포함하면 추석 연휴기간을 제외한 27일 동안 초과근무가 가능하다.
적어도 하루는 특근할 확률을 구하기 위해 전체에서 이틀 모두 평일에 초과근무를 하는 확률을 빼면 빠르게 구할 수 있다. 따라서 하루 이상 특근할 확률은 $1-\frac{_{19}C_2}{_{27}C_2}=1-\frac{19}{39}=\frac{20}{39}$이며, 분자와 분모는 서로소이므로 $p+q=20+39=59$이다.

15

1차 면접시험 응시자를 x명으로 가정하면, 2차 면접시험 응시자는 $0.6x$명이다. 2차 면접시험 남성 불합격자는 63명이며, 남녀 성비는 7 : 5이므로 여성 불합격자는 $7 : 5 = 63 : a \rightarrow 5 \times 63 = 7a \rightarrow a = 45$, 45명이다. 따라서 2차 면접시험 불합격자 총인원은 $45 + 63 = 108$명임을 알 수 있다. 세 번째 조건에서 2차 면접시험 불합격자는 2차 면접시험 응시자의 60%이므로 2차 면접시험 응시자는 $\dfrac{108}{0.6} = 180$명이고, 1차 면접시험 응시자는 $x = \dfrac{180}{0.6} = 300$명이 된다. 따라서 1차 면접 합격자는 응시자의 90%이므로 $300 \times 0.9 = 270$명이다.

16

평균속력 $= \dfrac{(\text{전체 이동거리})}{(\text{전체 이동시간})}$ 공식으로 평균속력을 구하면 다음과 같다.

전체 이동거리는 $10 + 4 + 7 = 21$km이고, 전체 이동시간은 $1 + 0.5 + 1.5 = 3$시간이다. 따라서 평균속력은 $21 \div 3 = 7$km/h이다.

17

작년 남자 사원수를 x명, 여자 사원수를 y명이라 가정하면
$x + y = 500 \cdots \bigcirc$
$0.9x + 1.4y = 500 \times 1.08 \rightarrow 0.9x + 1.4y = 540 \cdots \bigcirc$
$\bigcirc$과 $\bigcirc$을 연립하면 $x = 320$, $y = 180$이 나온다.
따라서 작년 남자 사원수는 320명이다.

18

각각 20개씩 구입할 때 사과는 $120 \times 20 = 2{,}400$원, 배는 $260 \times 20 = 5{,}200$원, 귤은 $40 \times 20 = 800$원이며 총예산에서 이 금액을 제외하면 $20{,}000 - (2{,}400 + 5{,}200 + 800) = 11{,}600$원이다.
남은 돈으로 사과, 배, 귤을 똑같은 개수로 더 구입한다면 $11{,}600 \div (120 + 260 + 40) = 27.6 \cdots$, 즉 27개씩 구입이 가능하다.
이때 드는 비용은 $27 \times (120 + 260 + 40) = 11{,}340$원이므로, 총 예산에서 $20 + 27 = 47$개씩 구입하고 남은 금액은 $11{,}600 - 11{,}340 = 260$원이다. 남은 금액이 배 한 개를 구입할 수 있는 금액이므로 배를 가장 많이 구입했을 때 배의 최소 개수는 $20 + 27 + 1 = 48$개이다.

19

전 세계 인구를 100명이라 했을 때, 이 중 실제로 Z병에 걸린 사람은 10%로 10명이며, 90명은 병에 걸리지 않았다. 이때 오진일 확률이 90%이므로, 정확한 진단을 받은 사람은 10%이다. Z병에 걸린 사람과 걸리지 않은 사람으로 나누어 오진일 확률을 구하면 다음과 같다.
• 실제로 Z병에 걸린 사람 : 10명
　– 오진(Z병에 걸리지 않았다는 진단) : 10명 × 0.9 = 9명
　– 정확한 진단(Z병에 걸렸다는 진단) : 10명 × 0.1 = 1명
• 실제로 Z병에 걸리지 않은 사람 : 90명
　– 오진(Z병에 걸렸다는 진단) : 90명 × 0.9 = 81명
　– 정확한 진단(Z병에 걸리지 않았다는 진단) : 90명 × 0.1 = 9명
따라서 병에 걸리지 않았다고 진단받은 사람은 9명 + 9명 = 18명이고, 이때 오진이 아닌 정확한 진단을 받은 사람은 9명이므로 A가 검사 후 병에 걸리지 않았다고 진단받았을 때 오진이 아닐 확률은 $\dfrac{9}{18} \times 100 = 50\%$이다.

20

여성 가입고객의 경우 예금을 가입한 인원은 35명, 적금을 가입한 인원은 30명이므로 여성 가입고객 중 예·적금 모두 가입한 인원은 $(35+30)-50=$ 15명이다. 또한 남성 전체 고객 중 예·적금 모두 가입한 인원은 20%라고 했으므로 $50 \times 0.2 = 10$명이 된다. 따라서 전체 가입고객 중 예·적금 모두 가입한 고객은 $15+10=25$명이므로 비중은 $\frac{25}{100} \times 100 = 25\%$이다.

21

세 종류의 스낵을 가장 많이 구입하기 위해서는 가장 저렴한 스낵을 가장 많이 구매하면 된다. a, b, c스낵을 한 개씩 구매한 금액은 $1,000+1,500+2,000=4,500$원이고, 남은 금액은 $50,000-4,500=45,500$원이다. 이때 a, c스낵은 천 원 단위이므로 오백 원 단위를 맞추기 위해 b스낵을 하나 더 사야 하고, 남은 금액으로 a스낵을 $44,000 \div 1,000 = 44$개 구매한다. 따라서 a스낵 $44+1=45$개, b스낵 2개, c스낵 1개를 구입하여 최대 $45+2+1=48$개의 스낵을 구입할 수 있다.

22

두 소금물을 합하면 소금물의 양은 800g이 되고, 이 소금물을 농도 10% 이상인 소금물로 만들기 위한 물의 증발량을 xg이라고 가정할 때, 소금물 농도에 대한 부등식을 세워 계산한다.

$$\frac{(300 \times 0.07) + (500 \times 0.08)}{800-x} \times 100 \geq 10 \rightarrow (21+40) \times 10 \geq 800-x \rightarrow x \geq 800-610 \rightarrow x \geq 190$$

따라서 800g인 소금물에서 물을 최소 190g 증발시켜야 농도 10% 이상인 소금물을 얻을 수 있다.

23

작년보다 제주도 숙박권은 20%, 여행용 파우치는 10% 더 늘린다고 했으므로 제주도 숙박권은 $10 \times 0.2 = 2$명, 여행용 파우치는 $20 \times 0.1 = 2$명이 경품을 더 받는다. 따라서 작년보다 총 4명이 경품을 더 받을 수 있다.

24

B의 예금 1년 이자는 $1,200,000 \times 0.006 = 7,200$원이다.
A의 금액은 월 10만 원 납입, 연이자율 2% 단리로 경과 기간에 따른 이자를 구하면 다음과 같다.

• 1개월 후 : $100,000 \times \frac{1 \times 2}{2} \times \frac{0.02}{12} \fallingdotseq 167$원

• 2개월 후 : $100,000 \times \frac{2 \times 3}{2} \times \frac{0.02}{12} \fallingdotseq 500$원

• 3개월 후 : $100,000 \times \frac{3 \times 4}{2} \times \frac{0.02}{12} \fallingdotseq 1,000$원

• 4개월 후 : $100,000 \times \frac{4 \times 5}{2} \times \frac{0.02}{12} \fallingdotseq 1,667$원

$\vdots$

• 8개월 후 : $100,000 \times \frac{8 \times 9}{2} \times \frac{0.02}{12} \fallingdotseq 6,000$원

• 9개월 후 : $100,000 \times \frac{9 \times 10}{2} \times \frac{0.02}{12} \fallingdotseq 7,500$원

$\vdots$

• 12개월 후 : $100,000 \times \frac{12 \times 13}{2} \times \frac{0.02}{12} \fallingdotseq 13,000$원

따라서 9개월 후 A의 단리적금 이자가 B의 예금 이자보다 더 많아진다.

25

정답 ④

주어진 명제를 정리하면 다음과 같다.

- p : 도보 이용
- q : 자가용 이용
- r : 자전거 이용
- s : 버스 이용

$p \rightarrow \sim q$, $r \rightarrow q$, $\sim r \rightarrow s$이며, 두 번째 명제의 대우인 $\sim q \rightarrow \sim r$이 성립함에 따라 $p \rightarrow \sim q \rightarrow \sim r \rightarrow s$가 성립한다. 따라서 명제 '도보로 걷는 사람은 버스를 탄다.'는 반드시 참이 된다.

26

정답 ①

원탁 자리에 다음과 같이 임의로 번호를 지정하고, 기준이 되는 C를 앉히고 나머지를 배치한다.

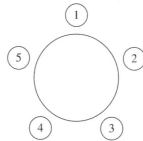

C를 1번에 앉히면, 첫 번째 조건에서 C 바로 옆에 E가 앉아야 하므로 E는 5번 또는 2번에 앉는다. 만약 E가 2번 자리에 앉으면 세 번째 조건에 따라 D가 A의 오른쪽에 앉아야 한다. A, D가 4번과 3번에 앉으면 B가 5번에 앉게 되어 첫 번째 조건에 부합하지 않는다. 또한 A가 5번, D가 4번에 앉는 경우 B는 3번에 앉게 되지만 두 번째 조건에서 D와 B는 나란히 앉을 수 없어 불가능하다.

E를 5번에 앉히고 A는 3번, D는 2번에 앉게 되면 B는 4번에 앉아야 하므로 모든 조건을 만족하게 된다. 따라서 원탁 자리 1번으로부터 세 번째에 있는 사람은 3번 자리에 앉는 A이다.

27

정답 ④

노후준비지원실은 복지이사 산하에 속한다.

오답분석

①·② 중앙노후준비지원센터와 지역노후준비지원센터는 노후준비지원실 산하에 속한다.

28

정답 ④

조직은 영리성을 기준으로 영리조직과 비영리조직으로 구분할 수 있다.

ㄱ 영리조직 : 재산상의 이익을 목적으로 활동하는 조직
ㄴ 비영리조직 : 자체의 이익을 추구하지 않고 공익을 목적으로 하는 조직

29

정답 ④

K주임이 가장 먼저 해야 하는 일은 오늘 2시에 예정된 팀장 회의 일정을 P팀장에게 전달해야 하는 것이다. 다음으로 내일 진행될 언론홍보팀과의 회의 일정에 대한 답변을 오늘 내로 전달해달라는 요청을 받았으므로 먼저 익일 업무 일정을 확인 후 회의 일정에 대한 답변을 전달해야 한다. 이후 회의 전에 미리 숙지해야 할 자료를 확인하는 것이 적절하다. 따라서 K주임은 ④의 순서로 업무를 처리하는 것이 가장 옳다.

30

서머타임을 적용하면 헝가리는 서울보다 −6시간, 호주는 +2시간이고, 베이징은 서머타임을 적용하지 않으므로 서울보다 −1시간이다. 헝가리의 업무시간 오전 9시일 때, 서울은 9+6=오후 3시이며, 호주는 15+2=오후 5시, 베이징은 15−1=오후 2시이다.

두 번째 조건에서 호주는 현지시간으로 오후 2시부터 오후 5시까지 회의가 있고, 첫 번째 조건에서 헝가리는 현지시간으로 오전 10시부터 낮 12시까지 외부출장이 있어 오전에 화상 회의를 하게 되면 오전 9시부터 1시간만 가능하다. 따라서 해외지사 모두 화상 회의가 가능한 시간은 서울 기준으로 오후 3시부터 4시까지이다.

31

정답 ③

8번의 '우 도로명주소' 항목에 따르면 우편번호를 먼저 기재한 다음, 행정기관이 위치한 도로명 및 건물번호 등을 기재해야 한다.

[오답분석]

① 6번 항목에 따르면 직위가 있는 경우에는 직위를 쓰고, 직위가 없는 경우에는 직급을 온전하게 써야 한다.
② 7번 항목에 따르면 시행일과 접수일란에 기재하는 연월일은 각각 마침표(.)를 찍어 숫자로 기재하여야 한다.
④ 11번 항목에 따르면 전자우편주소는 행정기관에서 공무원에게 부여한 것을 기재하여야 한다.

32

정답 ③

주어진 〈조건〉을 표로 정리하면 다음과 같다.

구분	A	B	C	D	E
짱구		×		×	
철수				×	
유리			○		
훈이		×			
맹구		×		×	×

유리는 C를 제안하였으므로 D는 훈이가, B는 철수가 제안하였음을 알 수 있고, A는 맹구가, 나머지 E는 짱구가 제안하였음을 알 수 있다. 따라서 제안자와 그 제안이 바르게 연결된 것은 철수 B, 짱구 E이다.

33

정답 ②

주어진 〈조건〉을 기호로 정리하면 다음과 같다.

• ~A → B
• A → ~C
• B → ~D
• ~D → E

E가 행사에 참여하지 않는 경우, 네 번째 〈조건〉의 대우인 ~E → D에 따라 D가 행사에 참여한다. D가 행사에 참여하면 세 번째 〈조건〉의 대우인 D → ~B에 따라 B는 행사에 참여하지 않는다. 또한 B가 행사에 참여하지 않으면 첫 번째 〈조건〉의 대우에 따라 A가 행사에 참여하고, A가 행사에 참여하면 두 번째 〈조건〉에 따라 C는 행사에 참여하지 않는다. 따라서 E가 행사에 참여하지 않을 경우 행사에 참여 가능한 사람은 A와 D 2명이다.

34

정답 ①

C의 진술이 참일 경우 D의 진술도 참이 되므로 한 명만 진실을 말하고 있다는 조건이 성립하지 않는다. 따라서 C의 진술은 거짓이 되고, D의 진술도 거짓이 되므로 C와 B는 모두 주임으로 승진하지 않았음을 알 수 있다. 따라서 B가 주임으로 승진하였다는 A의 진술도 거짓이 된다. 결국 A가 주임으로 승진하였다는 B의 진술이 참이 되므로 주임으로 승진한 사람은 A사원이 된다.

35

정답 ④

10명의 동아리 회원 중 3명이 당첨되는 경우는 $_{10}C_3 = \dfrac{10 \times 9 \times 8}{3 \times 2 \times 1} = 120$가지이고, 3명 중 남자가 여자보다 당첨자가 많을 경우는 다음과 같다.

ⅰ) 남자 3명이 모두 당첨자가 되는 경우

$_4C_3 = {_4}C_1 = 4$가지

ⅱ) 남자 2명, 여자 1명이 당첨자가 되는 경우

$_4C_2 \times {_6}C_1 = \dfrac{4 \times 3}{2 \times 1} \times 6 = 36$가지

따라서 남자가 여자보다 당첨자가 많을 확률은 $\dfrac{(4+36)}{120} \times 100 = \dfrac{1}{3} \times 100 ≒ 33.33\%$이다.

36

정답 ③

CCL이란 저작권자가 저작물 사용 조건을 미리 제시해 사용자가 저작권자에게 따로 허락을 구하지 않고도 창작물을 사용할 수 있게 한 오픈 라이선스이다. 저작물의 사용 조건을 규격화한 CCL 마크를 통해 저작물에 대한 이용 방법과 조건을 쉽게 알 수 있다.

〈CCL 마크〉

구분	의미	구분	의미
(cc)	저작물을 공유함	(인물 아이콘)	저작자의 이름, 출처 등 저작자에 대한 사항을 반드시 표시해야 함
(달러 금지 아이콘)	저작물을 영리 목적으로 이용할 수 없음	(등호 아이콘)	저작물을 변경하거나 저작물을 이용한 2차적 저작물 제작을 금지
(순환 화살표 아이콘)	동일한 라이선스 표시 조건하에서의 저작물을 활용한 다른 저작물 제작을 허용		

37

정답 ②

간결하고 명확하게 표현하고, 일반화되지 않은 약어와 전문 용어 등의 사용은 지양하여 이해하기 쉽게 작성한다.

38

정답 ②

• 지향(志向) : 어떤 목표로 뜻이 쏠리어 향함. 또는 그 방향이나 그쪽으로 쏠리는 의지
• 지양(止揚) : 더 높은 단계로 오르기 위하여 어떠한 것을 하지 아니함
따라서 '어떠한 목표(방향)로 쏠리어 향한다.'는 의미를 지닌 '지향(志向)'이 적절하다.

[오답분석]

① 입찰의 뜻을 고려할 때, 문맥상 '어떤 문제를 다른 곳이나 다른 기회로 넘기어 맡기다.'의 의미인 '부치는'으로 고쳐 써야 한다.
③ '계약이나 조약 따위를 공식적으로 맺음'의 의미를 지닌 '체결(締結)'로 고쳐 써야 한다.
④ 세금이 면제되는 면세 사업자에 해당하므로 문맥상 '비교하여 덜어 내다.'의 의미를 지닌 '차감(差減)한'으로 고쳐 써야 한다.

39

정답 ④

㉠ 싱크 노드(Sink Node) : 베이스 노드(Base Node)라고도 하며, 싱크 노드는 센서 노드와 달리 하드웨어 제약을 받지 않는다.

㉡ 게이트웨이(Gateway) : 현재 사용자가 위치한 네트워크 혹은 세그먼트(Segment)에서 다른 네트워크(인터넷 등)로 이동하기 위해 반드시 거쳐야 하는 거점을 의미한다.

㉢ 센서 노드(Sensor Node) : 물리적인 현상을 관측하기 위한 수집된 센싱과 통신 기능을 가지고 있는 일종의 작은 장치로 무선 센서 네트워크를 구성하는 기본 요소이다.

40

정답 ④

A ~ C기계를 하루 동안 가동시켰을 때 전체 불량률은 $\dfrac{(전체\ 불량품)}{(전체\ 생산량)} \times 100$이다. 기계에 따른 생산량과 불량품 개수를 구하면 다음과 같다.

(단위 : 개)

구분	하루 생산량	불량품
A기계	5,000	5,000×0.007=35
B기계	5,000×1.1=5,500	5,500×0.01=55
C기계	5,500+500=6,000	6,000×0.003=18
합계	16,500	108

따라서 전체 불량률은 $\dfrac{108}{16,500} \times 100 ≒ 0.65\%$이다.

2018년 기출문제 정답 및 해설

01	02	03	04	05	06	07	08	09	10	11	12	13	14	15	16	17	18	19	20
⑤	④	③	②	④	①	⑤	①	③	①	④	④	③	⑤	②	①	④	③	②	③
21	22	23	24	25	26	27	28	29	30	31	32	33	34	35	36	37	38	39	40
②	③	④	②	④	③	⑤	③	②	②	④	②	①	⑤	④	①	①	①	⑤	①

01
정답 ⑤

성급한 일반화의 오류

[오답분석]
① 흑백논리의 오류, ② 순환논증의 오류, ③ 무지로부터의 오류, ④ 대중에 호소하는 오류

02
정답 ④

[오답분석]
① 요령의 격률 : 상대방에게 부담이 가는 표현을 최소화하고 상대방의 이익을 극대화한다.
② 관용의 격률 : 화자 자신에게 혜택을 주는 표현을 최소화하고 화자 자신에게 부담을 주는 표현은 최대화한다.
③ 찬동의 격률 : 다른 사람에 대한 비방을 최소화하고 칭찬을 극대화한다.
⑤ 동의의 격률 : 자신의 의견과 다른 사람의 의견 사이의 차이점을 최소화하고 자신의 의견과 다른 사람의 의견의 일치점을 극대화한다.

03
정답 ③

1g은 0.001kg이고, 1kg은 0.001t이므로 답은 ③이다.

04
정답 ②

남자 인원수를 a명, 여자 인원수를 b명, 참석한 전체 인원을 $a+b$명이라 하면

$a=(a+b)\dfrac{1}{5}+65 \rightarrow 4a-b=325 \cdots \textcircled{\small ㄱ}$

$b=(a+b)\dfrac{1}{2}-5 \rightarrow a-b=10 \cdots \textcircled{\small ㄴ}$

$\textcircled{\small ㄱ}$, $\textcircled{\small ㄴ}$을 연립하여 풀면 $a=105$, $b=95$
따라서 전체 인원은 $105+95=200$명이다.

05
정답 ④

같은 양의 물건을 k라고 하면 갑, 을, 병 한 사람이 하루에 사용하는 양은 각각 $\dfrac{k}{30}$, $\dfrac{k}{60}$, $\dfrac{k}{40}$이며, 세 사람이 함께 하루 동안 사용하는 양은

$\dfrac{k}{30}+\dfrac{k}{60}+\dfrac{k}{40}=\dfrac{9k}{120}=\dfrac{3k}{40}$이다.

세 사람에게 나누어 줄 물건의 양을 합하면 $3k$이며, $3k$의 물건을 세 사람이 하루에 사용하는 양으로 나누면 $3k \div \dfrac{3k}{40}=40$이다.

따라서 세 사람이 함께 모든 물건을 사용하는 데 걸리는 시간은 40일이다.

06
정답 ①

B사원이 마시는 녹차의 농도를 구하는 식은 $\dfrac{\text{용질}}{\text{용액}}=\dfrac{\text{녹차가루의 양}}{\text{녹차가루}+\text{물}}$이므로, 녹차 농도에 대하여 식을 세우면 다음과 같다.

$\dfrac{(50-35)}{(200-65)+(50-35)}\times100=\dfrac{15}{135+15}\times100=10\%$

따라서 B사원이 마시는 녹차의 농도는 10%이다.

07
정답 ⑤

A ~ E 5명이 주문한 음료는 아메리카노 3잔과 카페라테 한 잔, 그리고 생과일주스 한 잔이다. 아메리카노 1잔의 가격을 a원, 카페라테 1잔의 가격을 b원이라고 할 때, 이를 식으로 나타내면 다음과 같다.

$a\times3+b+5{,}300=21{,}300 \rightarrow 3a+b=16{,}000 \cdots \bigcirc$

그리고 A의 아메리카노와 B의 카페라테의 금액은 총 8,400원이므로

$a+b=8{,}400 \cdots \bigcirc$

㉠과 ㉡을 연립하여 풀면 $a=3{,}800$, $b=4{,}600$

따라서 카페라테 가격은 4,600원이다.

08
정답 ①

뒤의 항은 앞의 항의 마지막 숫자를 첫 자리로 이동시켜서 만들어진 수이다. 따라서 빈칸에는 앞의 항인 275,814의 마지막 숫자인 '4'가 첫 자리로 이동한 427,581이 적절하다.

09
정답 ③

$17\times409\times23=159{,}919$

10
정답 ①

먼저, 35km의 거리비용은 $25\times50+10\times50\times0.5=1{,}500$달러이며,

이삿짐 화물비용은 $60\times25=1{,}500$달러이다.

따라서 K과장의 이사비용은 3,000달러임을 알 수 있다.

11

A대리가 맞힌 문제를 x개, 틀린 문제를 $(20-x)$개라고 가정하여 얻은 점수에 대한 식은 다음과 같다.
$5x-3(20-x)=60 \rightarrow 8x=120 \rightarrow x=15$
따라서 A대리가 맞힌 문제의 수는 15개임을 알 수 있다.

12

ⅰ) 중앙값
   중앙값은 자료에 나타난 값을 작은 수부터 나열했을 때 가장 가운데 오는 값으로, 값이 홀수일 때는 가장 가운데 오는 수이지만, 짝수일 때는 가운데에 위치하는 두 값의 평균이 중앙값이 된다.
   최종 평가 점수를 작은 수부터 나열하면 12, 13, 15, 17, 17, 20이다. 따라서 중앙값은 15점과 17점의 평균값인 16점이다.
ⅱ) 최빈값
   최빈값은 가장 많은 빈도로 나타나는 값이다. 따라서 업무 평가 점수에서의 최빈값은 17점이다.

13

작년 남자 신입사원 수를 a명이라 하면, 여자 신입사원 수는 $325-a$명이 된다. 따라서 작년보다 증가한 올해 신입사원 수는 다음과 같다.
$a\times0.08+(325-a)\times0.12=32 \rightarrow 8a+12\times325-12a=3,200 \rightarrow 3,900-3,200=4a$
즉, 작년 남자 신입사원 수 $a=175$명이 된다.
따라서 올해 남자 신입사원 수는 작년보다 8% 증가했으므로, $175\times1.08=189$명임을 알 수 있다.

14

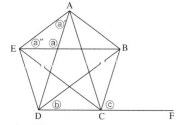

정오각형 내각의 합은 540°이므로, 한 내각의 크기는 108°이다.
ⅰ) ⓐ′는 정오각형 한 내각의 크기를 삼등분한 값이므로 $108\div3=36°$이다. △AA′E는 이등변삼각형이므로 ⓐ′와 ⓐ″의 내각의 크기는 같다. 따라서 ⓐ는 $180-(36\times2)=108°$이다.
ⅱ) ⓑ는 정오각형 한 내각의 크기를 삼등분한 값이므로 $108\div3=36°$이다.
ⅲ) ⓒ는 정오각형 한 외각의 크기이다. 따라서 ⓒ는 $180-108=72°$이다.
∴ ⓐ$\div$ⓑ$\times$ⓒ$=108\div36\times72=216$

15

ⅰ) 시침이 1시간 동안 움직이는 각도 : $\dfrac{360°}{12}=30°$

시침이 1분 동안 움직이는 각도 : $\dfrac{360°}{12\times60}=0.5°$

ⅱ) 분침이 1분 동안 움직이는 각도 : $\dfrac{360°}{60}=6°$

ⅲ) 11시 40분일 때, 시침의 각도 : $30\times11+0.5\times40=350°$

11시 40분일 때, 분침의 각도 : $6\times40=240°$

따라서 시침과 분침이 이루는 작은 쪽의 각도는 $350-240=110°$이다.

16

• A : 가장 많은 종류의 음식을 좋아하는 사람은 소연이로 돼지고기, 소고기, 새우, 생선 총 4가지를 좋아한다.
• B : 진솔이는 새우와 닭고기를, 현진이는 새우와 돼지고기를 좋아한다.

17

'다독자'를 p, '국어를 잘한다.'는 q, '사회를 잘한다.'는 r이라고 하면, 제시된 명제에 의해 $p \rightarrow q$, r 임을 알 수 있다. 이의 대우는 $\sim q$ 또는 $\sim r$이면 $\sim p$이다.

오답분석

② q, $r \rightarrow p(\times)$
③ $r \rightarrow p(\times)$

18

임대인이란 주택이나 상가 등을 조건에 의해 타인에게 빌려주고 대가를 받는 사람을 뜻하며 임차인은 주택이나 상가를 빌려 대가를 지불하는 자이다. 원상회복청구권에서 임대를 할 당시의 모습으로 돌려줄 것을 요구할 수 있는 사람은 임대인이므로 ㉠은 임대인, ㉡은 임차인이 적절하다.
유익비는 집의 개량을 목적으로 지출한 비용을 뜻하며 집의 가치를 높이는 데 사용된다. 유익비상환청구권은 임차인이 임대차 기간 동안 집의 가치를 높이는 데 사용되었다는 증명을 통해 자신이 사용한 유익비를 임대인에게 청구할 수 있는 것이므로 ㉢은 임차인이다.

19

오답분석

① 지급 : 돈이나 물품 따위를 정하여진 몫만큼 내줌
③ 원상복구 : 원래 처음의 본디 상태로 돌리는 것
④ 매수 : 물건을 사들임
⑤ 보존 : 잘 보호하고 간수하여 남김

20

정답 ③

〈보기〉는 연역적 추리에 대한 것으로 ③은 삼단논법의 전형적인 형식이다.

모든 사람은 죽는다. → 대전제

소크라테스는 사람이다. → 소전제

소크라테스는 죽는다. → 결론

오답분석

①·④ 귀납적 추리

② 유비 추리

21

정답 ②

세 번째 조건에서 D는 A의 바로 왼쪽에 앉으며, 마지막 조건에서 B는 E의 바로 오른쪽에 앉는다. 따라서 'D − A', 'E − B'를 각각 한 묶음으로 생각하여 나타낼 수 있는 경우는 다음과 같다.

구분	첫 번째	두 번째	세 번째	네 번째	다섯 번째
경우 1	D	A	C	E	B
경우 2	E	B	C	D	A

경우 2는 다섯 번째 조건에 맞지 않으므로 경우 1만 가능하다. 따라서 ②가 적절하다.

오답분석

① D는 첫 번째 자리에 앉는다.

③ C는 세 번째 자리에 앉는다.

④ C는 E의 왼쪽 자리에 앉는다.

⑤ C는 A의 오른쪽 자리에 앉는다.

22

정답 ③

A, B, C, D의 진술이 참인 경우를 각각 나누어 구해보면 다음과 같다.

ⅰ) A의 진술이 참인 경우

조건에 의해 B의 진술은 거짓이며, D의 진술은 참이다. D의 진술이 참이므로 C의 진술은 거짓이다. 이때, A와 C 중 C만 거짓을 말했으므로 두 사람 모두 거짓말을 하고 있다는 B의 진술은 거짓임을 확인할 수 있다.

∴ A − 참, B − 거짓, C − 거짓, D − 참

ⅱ) B의 진술이 참인 경우

조건에 의해 A와 C의 진술은 거짓이다. C의 진술이 거짓이므로 D의 진술은 참이다. 이때, B의 진술이 참이라는 가정과 B가 거짓을 말하고 있다는 D의 진술은 모순이므로 성립하지 않는다.

ⅲ) C의 진술이 참인 경우

조건에 의해 D의 진술은 거짓이다. D의 진술이 거짓이므로 B의 진술은 참이다. B의 진술이 참이므로 A의 진술은 참이다. 이때, B의 진술이 참이라는 가정과 B가 거짓을 말하고 있다는 D의 진술은 모순이므로 성립하지 않는다.

ⅳ) D의 진술이 참인 경우

조건에 의해 B의 진술은 거짓이므로 A의 진술은 참이다. 또한, D의 진술이 참이므로 C의 진술은 거짓이다. 이때, A와 C 중 C만 거짓을 말했으므로 두 사람 모두 거짓말을 하고 있다는 B의 진술은 거짓임을 확인할 수 있다.

∴ A − 참, B − 거짓, C − 거짓, D − 참

따라서 거짓을 말하는 사람은 B, C 두 명이다.

23

세 번째 조건에서 C>D가 성립하고, 네 번째와 다섯 번째 조건에 의해 C=E>B=D가 성립한다. 따라서 점수가 높은 순서대로 나열하면, C·E>B·D가 되고 두 번째 조건에 의해 A와 B는 같이 합격하거나 같이 불합격한다고 하였으므로 둘 다 불합격한다. 따라서 합격한 사람은 C와 E이다.

24

런던에서 A대리는 11월 1일 오전 9시부터 22시까지 일을 하여 13시간이 걸렸다. 시애틀의 B대리는 11월 2일 15시부터 서울 시각으로 11월 3일 오전 9시에 일을 끝마쳤다. 서울 시각을 시애틀 시각으로 바꾸면 시애틀이 서울보다 16시간 느리므로 B대리가 끝마친 시각은 11월 2일 17시가 된다. B대리가 업무하는 데 걸린 시간은 2시간이다. 마지막으로 C대리는 11월 3일 오전 9시부터 자정까지 작업을 하고 보고했으므로 15시간이 걸렸다.

따라서 세 명의 대리가 업무를 마무리하는 데 걸린 시간은 총 13+2+15=30시간임을 알 수 있다.

25

차장급 이하 직원들은 전체 인원 270명 중에 50%이므로 135명이고, 차장급 이하 직원들을 뺀 나머지 135명 중 20%가 임원진이므로 임원진은 27명이다. 또한 주주들과 협력업체 직원들은 차장급 이하 직원 135명과 임원진 27명을 제외한 108명이며, 이 중 절반이 협력업체 사람들이므로 협력업체 사람들은 54명이다.

26

〈표1〉에 따라 〈보기〉의 기호는 ▬▬▬=16, ●●●=3이다. 이때, 둘째 자리에는 20^1, 첫째 자리에는 20^0을 곱해야 한다.

$16 \times 20^1 + 3 \times 20^0 = 323$

$\therefore 323$

27

용지 가격과 배송비용에 따른 구매가격을 계산하면 다음과 같다.

• A쇼핑몰 : 200장당 5,000원이므로 총 8,600장을 주문해야 한다.

$\dfrac{8,600}{200} \times 5,000 + 5,000(\because 배송비) = 220,000원$

• B쇼핑몰 : 2,500장당 47,000원이므로 총 10,000장을 주문해야 한다.

$\dfrac{10,000}{2,500} \times 47,000 = 188,000원$

• C쇼핑몰 : 1,000장당 18,500원이므로 총 9,000장을 주문해야 한다.

$\dfrac{9,000}{1,000} \times 18,500 + 6,000(\because 배송비) = 172,500원$

• D쇼핑몰 : 장당 20원이므로 수량에 맞게 8,500장을 주문하면 된다.

$8,500 \times 20 = 170,000원$

• E쇼핑몰 : 500장당 9,000원이므로 수량에 맞게 8,500장을 주문하면 된다.

$\dfrac{8,500}{500} \times 9,000 \times 1.1(\because 배송비) = 168,300원$

따라서 E쇼핑몰에서 구매하는 것이 가장 저렴하다.

28

세차 가격이 무료가 되는 주유량은
- A의 경우 : $1,550a \geq 50,000$원 → $a \geq 32.2$이므로 33L부터 세차 가격이 무료이다.
- B의 경우 : $1,500b \geq 70,000$원 → $b \geq 46.6$이므로 47L부터 세차 가격이 무료이다.

주유량에 따른 주유 가격과 세차에 드는 비용은 아래 표와 같다.

구분	32L 이하	33L 이상 46L 이하	47L 이상
A주유소	$1,550a+3,000$	$1,550a$	$1,550a$
B주유소	$1,500b+3,000$	$1,500b+3,000$	$1,500b$

주유량이 32L 이하와 47L 이상일 때, A주유소와 B주유소의 세차 가격 포함 유무가 동일하므로 이때는 B주유소가 더 저렴하다.
따라서 A주유소가 유리한 주유량 범위는 33L 이상 46L 이하임을 알 수 있다.

29

이미지를 함수로 표현하는 '벡터 이미지'에 대한 설명이다. 대표적인 벡터 이미지 프로그램으로 Adobe Illustrator(확장자 .ai)가 있다.

[오답분석]

①・③・④・⑤ 비트맵(래스터 이미지) 확장자에 해당한다.

30

㉠은 다른 재료로 대체한 S에 해당되고, ㉡은 서로 다른 물건이나 아이디어를 결합한 C에 해당되고, ㉢은 형태, 모양 등을 다른 용도로 사용한 P에 해당된다.
또 다른 예로 A에는 우엉씨 → 벨크로(찍찍이), M에는 둥근 지우개 → 네모 지우개, E에는 자동차 → 오픈카, R에는 스캐너 → 양면 스캐너 등이 있다.

31

PERMA 모델의 'E'는 몰입(Engagement & Flow)로 시간 가는 줄 모르는 것, 어떤 활동에 빠져드는 동안 자각하지 못하는 것, 자발적으로 업무에 헌신하는 것 등을 말하므로 ④가 적절하다.

[오답분석]

① 인간관계(Relationship)에 대한 설명이다.
② 성취(Accomplishment & Achievement)에 대한 설명이다.
③ 긍정적인 감정(Positive Emotion)에 대한 설명이다.
⑤ 의미(Meaning & Purpose)에 대한 설명이다.

32

갑은 무관한 사건을 자신과 관련된 것으로 잘못 해석하고 있는 개인화의 오류를 범하고 있다.

[오답분석]

① 정신적 여과 : 상황의 주된 내용은 무시하고, 특정한 일부의 정보에만 주의를 기울여 전체의 의미를 해석하는 오류이다.
③ 과잉 일반화 : 한두 번의 사건에 근거하여 일반적 결론을 내리고, 무관한 상황에도 그 결론을 적용하는 오류이다.
④ 이분법적 사고 : 여러 가지 가능성이 있음에도 불구하고 두 가지 가능성에 한정하여 사고하는 오류이다.
⑤ 예언자적 사고 : 충분한 근거 없이 미래에 일어날 일을 단정하고 확신하는 오류이다.

33
정답 ①

유비는 상대의 나이나 신분과 관계없이 스스로를 낮추는 겸손의 태도를 통해 능력 있는 인재들을 등용하여 함께 목표를 달성하고자 했다. 이러한 유비의 태도는 리더가 부하를 섬기며 서로 간의 신뢰를 형성하고, 그들의 성장 및 발전을 통해 궁극적으로 조직의 목표를 달성하는 서번트 리더십을 보여준다.

오답분석
② 카리스마 리더십 : 리더는 구성원의 의견보다는 자신의 주관을 갖고 팀을 이끈다.
③ 거래적 리더십 : 리더가 구성원들과 맺은 교환 관계에 기초해서 영향력을 발휘한다.
④ 민주적 리더십 : 리더는 구성원들의 참여와 합의에 따라 의사결정을 한다.
⑤ 방임적 리더십 : 리더는 최소한의 영향만을 행사하며, 의사결정권을 구성원에게 일임한다.

34
정답 ⑤

본원적 벤치마킹(과정 벤치마킹)은 가장 넓은 범위의 벤치마킹으로, 비교 대상은 경쟁 관계나 산업영역에 구애받지 않는다. 따라서 전혀 다른 제품을 생산하는 회사의 사업 과정도 그 비교 대상이 될 수 있다.

35
정답 ④

빈칸의 앞 문장에서는 치매안심센터의 효과적인 운영을 위한 정부차원의 적극적인 지원의 필요성을 다루고, 빈칸의 뒤 문장에서는 치매케어의 전문적 수행을 위한 노력과 정책적 지원의 필요성을 다루므로 두 문장은 치매국가책임제를 효과적으로 추진하기 위해 필요한 것들로 볼 수 있다. 따라서 두 문장을 연결해 주는 접속어로 '그 위에 더' 또는 '거기에다 더'를 뜻하는 '또한'이 적절하다.

36
정답 ①

분석대상자 수와 진단율을 곱하여 천식 진단을 받은 학생 수를 구하면 아래와 같다.

구분	남학생	여학생
중1	$5,178 \times 0.091 ≒ 471$명	$5,011 \times 0.067 ≒ 335$명
중2	$5,272 \times 0.108 ≒ 569$명	$5,105 \times 0.076 ≒ 387$명
중3	$5,202 \times 0.102 ≒ 530$명	$5,117 \times 0.085 ≒ 434$명
고1	$5,069 \times 0.104 ≒ 527$명	$5,096 \times 0.076 ≒ 387$명
고2	$5,610 \times 0.098 ≒ 549$명	$5,190 \times 0.082 ≒ 425$명
고3	$5,293 \times 0.087 ≒ 460$명	$5,133 \times 0.076 ≒ 390$명

따라서 천식 진단을 받은 여학생의 수는 중·고등학교 모두 남학생의 수보다 적다.

37
정답 ①

한국전력공사의 인공지능 로봇 '파워봇'을 고객을 응대하는 창구 로봇과 직원의 업무를 보조하는 비서 로봇으로 나누고, 창구 로봇과 비서 로봇이 각각 담당하는 역할에 대해 설명하고 있다.

38
정답 ①

엑셀 자동필터 설정 단축키는 Ctrl + Shift + L 이다.

오답분석
② 백분율 적용
③ 테두리 적용
④ 현재 시간 나타내기
⑤ 셀 서식

39

정은 중요한 업무를 앞두고 있음에도 불구하고 쓰러진 할머니를 외면하지 않겠다는 대답을 통해 바람직한 윤리적 태도를 보여주었다. 무의 대답에서는 입사 이후에도 자신의 직무와 관련된 능력을 연마하겠다는 바람직한 직업관과 태도를 볼 수 있다. 따라서 면접관의 질문에 대해 적절한 대답을 한 지원자는 정과 무이다.

오답분석

- 갑 : 직업을 보수를 받기 위한 수단으로만 보는 그릇된 직업관을 지니고 있다. 또한, 선호하지 않는 일에 대해 물었는데 다른 대답을 하고 있다.
- 을 : 직업은 일정한 수입을 얻는 것이므로 보수와 관계없는 자원봉사를 직업으로 볼 수 없다.
- 병 : 직업은 일정 기간 계속 수행되어야 한다는 계속성을 지닌다. 1개월 아르바이트는 이러한 계속성을 지니지 못하므로 직업으로 볼 수 없다.

40

'시간적인 사이를 두고서 가끔씩'이라는 의미의 어휘는 '간간이'이다.

오답분석

② 왠지 : 왜 그런지 모르게. 또는 뚜렷한 이유도 없이
③ 박이다 : 손바닥, 발바닥 따위에 굳은살이 생기다.
④ −든지 : 나열된 동작이나 상태, 대상 중에서 어느 것이든 선택될 수 있음을 나타내는 연결 어미
⑤ 깊숙이 : 위에서 밑바닥까지, 또는 겉에서 속까지의 거리가 멀고 으슥하게

2017년 기출문제 정답 및 해설

01	02	03	04	05	06	07	08	09	10	11	12	13	14	15	16	17	18	19	20
③	⑤	④	⑤	④	②	③	①	⑤	⑤	①	①	④	②	③	②	④	③	①	③
21	22	23	24	25	26	27	28	29	30	31	32	33	34	35	36	37	38	39	40
②	②	④	⑤	②	④	④	②	③	④	⑤	⑤	①	③	②	③	③	②	②	①

01
정답 ③

• 분류 : 종류에 따라서 가름
• 분리 : 서로 나뉘어 떨어짐. 또는 그렇게 되게 함
• 구분 : 일정한 기준에 따라 전체를 몇 개로 갈라 나눔

02
정답 ⑤

필리핀에서 한국인을 대상으로 범죄가 이루어지고 있다는 것은 심각하게 고민해야 할 사회문제이지만, 그렇다고 우리나라로 취업하기 위해 들어오려는 필리핀 사람들의 규제를 강화하는 것은 적절하지 않은 행동이다.

03
정답 ④

■, ▲, ♥의 무게를 각각 x, y, z라 하자. 제시된 무게를 식으로 나타내면
$2x = y + z \cdots ㉠$
$2x + 2y = 2z \rightarrow x = -y + z \cdots ㉡$
$y = 200 \cdots ㉢$
㉠-㉡을 하면 $x = 2y \cdots ㉣$
㉣에 ㉢을 대입하면 $x = 2 \times 200 = 400$
따라서 ■+▲의 무게는 $x + y = 400 + 200 = 600$원이다.

04
정답 ⑤

• 3가지 막대 중 1가지만 선택하는 경우 : 3cm, 4cm, 8cm
• 3가지 막대 중 2가지를 선택해 긴 막대를 만드는 경우 : 3+4=7cm, 3+8=11cm, 4+8=12cm
• 3가지 막대 중 2가지를 선택해 짧은 막대를 만드는 경우 : 4-3=1cm, 8-4=4cm, 8-3=5cm
• 3가지 막대 중 2가지를 선택해 더한 후 나머지 막대의 길이를 더하거나 빼서 만드는 경우 : 8-(3+4)=1cm, (8+3)-4=7cm, (8+4)-3=9cm
• 3가지 막대를 모두 사용해 긴 막대를 만드는 경우 : 3+4+8=15cm
따라서 구하는 경우의 수는 10가지이다(∵ 1cm, 4cm, 7cm는 두 번 나옴).

05
정답 ④

T씨는 작년에 이어 올해도 요양보호사 직무교육을 실시하려고 하는 것이므로 B직무교육기관은 신규지정 신청 교육기관이 아니다. 따라서 기 공단에 지정된 직무교육기관이므로 별도 지정 신청 없이 교육을 실시할 수 있다.

06

정답 ②

- 고욱 → 교육 : ~ 아래 내용을 반드시 참고하시어 <u>교육</u>을 실시하여 주시기 바랍니다.
- 마춤 → 맞춤 : ※ 상시심사(1:1기업 <u>마춤</u>형 교육) 신청 업무는 ~
- 유이 → 유의 : ■ 직무교육기관 <u>유이</u>사항
- 혜당 → 해당 : 7. 직무교육기관 지정 관련(신규지정 신청기관만 <u>혜당</u>)

07

정답 ③

A사와 B사의 제품 판매단가를 x원(단, $x>0$)이라 하면 두 번째 조건에 따라 A사와 B사의 어제 판매수량의 비는 $4:3$이므로 A사와 B사의 판매수량은 각각 $4y$개, $3y$개이다. 세 번째 조건에 의하여 오늘 A사와 B사의 제품 판매가는 각각 x원, $0.8x$원이고, 네 번째 조건에 의하여 오늘 A사의 판매수량은 $4y$개, 오늘 B사의 판매수량은 $(3y+150)$개이다. 다섯 번째 조건에 의하여 두 회사의 오늘 전체 판매액은 동일하므로 $4xy=0.8x(3y+150)$ → $4y=0.8(3y+150)$ → $y=75$

따라서 오늘 B사의 판매수량은 $3\times75+150=375$개이다.

오답분석

① · ⑤ $300x=300x$이다. 즉, x에 어떤 수를 대입해도 식이 성립하므로 A사와 B사의 제품 판매 단가를 알 수 없다.

② · 오늘 A사의 판매수량 : $4\times75=300$개

　　 · 어제 B사의 판매수량 : $3\times75=225$개

　　 ∴ 오늘 A사의 판매수량과 어제 B사의 판매수량의 차 : $300-225=75$개

④ 오늘 A사와 B사의 판매수량 비는 $300:375=4:5$이므로 동일하지 않다.

08

정답 ①

모든 암호는 각 자릿수의 합이 21이 되도록 구성되어 있다.

- K팀 : $9+0+2+3+x=21$ → $x=7$
- L팀 : $7+y+3+5+2=21$ → $y=4$

∴ $x+y=7+4=11$

09

정답 ⑤

각 사원의 일일업무량을 a, b, c, d, e라고 하자. 먼저 E사원이 30일 동안 진행한 업무량은 $30e=5,280$이므로 $e=176$이다.

D사원과 E사원의 일일업무량의 총합은 C사원의 일일업무량에 258을 더한 것과 같으므로 $d+e=c+258$이고 여기에 $e=176$을 대입하여 정리하면, $d-c=82\cdots\text{㉠}$이다.

C사원이 이틀 동안 일한 것과 D사원이 8일 동안 일한 업무량의 합은 996이라 하였으므로 $2c+8d=996\cdots\text{㉡}$이다.

㉠과 ㉡을 연립하여 계산하면, $d=116$, $c=34$이다.

B사원의 일일업무량은 D사원 일일업무량의 $\frac{1}{4}$이므로 $b=\frac{1}{4}\times116=29$, A사원의 일일업무량은 B사원의 일일업무량보다 5만큼 적으므로 $a=29-5=24$이다.

따라서 A, B, C, D, E사원의 일일업무량의 총합은 $24+29+34+116+176=379$이다.

10

정답 ⑤

규칙에 따라 사용할 수 있는 숫자는 1, 5, 6을 제외한 나머지 2, 3, 4, 7, 8, 9의 총 6개이다. (한 자리 수)×(두 자리 수)=156이 되는 수를 알기 위해서는 156의 소인수를 구해보면 된다. 156의 소인수는 3, 2^2, 13으로 여기서 156이 되는 수의 곱 중에 조건을 만족하는 것은 2×78과 4×39이다. 따라서 선택지 중에 A팀 또는 B팀에 들어갈 수 있는 암호배열은 39밖에 없으므로 답은 ⑤이다.

11

최 대리가 맞힌 2점짜리 문제의 개수는 김 대리가 맞은 개수와 같으므로 8개, 즉 16점을 획득했다. 최 대리가 맞힌 3점짜리와 5점짜리 문제를 합하면 38−16=22점이 나와야 한다. 3점과 5점의 합으로 22가 나오기 위해서는 3점짜리는 4문제, 5점짜리는 2문제를 맞혀야 한다.
따라서 최 대리가 맞힌 문제의 총 개수는 8개(2점짜리)+4개(3점짜리)+2개(5점짜리)=14개이다.

12

〈조건〉에 따라 9월 달력을 확인하면 다음과 같다.

월	화	수	목	금	토	일
				1	2	3
4	5	6	7	8	9	10
11	12	13 치과	14	15	16	17
18	19	20 치과	21	22	23	24
25	26	27	28 회의	29	30 추석연휴	

치과 진료는 수요일 연속 3주간 받는다고 하였으므로 셋째 주, 넷째 주 수요일은 무조건 치과 진료가 있다. 또한 8박 9일간 신혼여행을 간다고 하였으므로 적어도 9일은 쉴 수 있어야 한다. 위 달력에서 9일 동안 아무 일정이 없는 날은 1일부터 12일까지다. 신혼여행으로 인한 휴가는 5일 동안이므로 이 조건을 고려하면 노민찬 대리의 신혼여행은 9월 2일부터 10일까지이다. 결혼식 다음날 신혼여행을 간다고 하였으므로 노민찬 대리의 결혼날짜는 9월 1일이다.

13

각 지점에 (이동경로, 거리의 합)을 표시해 문제를 해결한다.
이때, 다음 그림과 같이 여러 가지 경로가 생기는 경우 거리의 합이 최소가 되는 (이동경로, 거리의 합)을 표시한다.

예

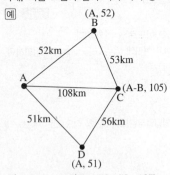

ⅰ) A−B−C 경로 : 52+53=105km
ⅱ) A−D−C 경로 : 51+56=107km
ⅲ) A−C 경로 : 108km

각 지점에 (이동경로, 거리의 합)을 표시하면 다음과 같다.

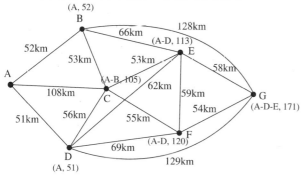

따라서 A지점에서 G지점으로 가는 최단경로는 D지점, E지점을 거쳐 G지점으로 가는 경로이고, 이때의 거리는 171km이다.

14

정답 ②

C지점을 거쳐야 하므로, C지점을 거치지 않는 경로를 제외한 후 각 지점에 (이동경로, 거리의 합)을 표시하면 다음과 같다.

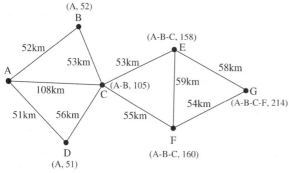

즉, C지점을 거쳐 간 때의 최단경로는 B, C, F지점을 거쳐 G지점으로 가는 경로이고 이때의 최단거리는 214km이다.
A지점에서 G지점으로 가는 최단거리는 171km이므로 C지점을 거치지 않았을 때의 최단거리와 C지점을 거쳐 갈 때의 최단거리의 차는
214−171＝43km이다.

15

정답 ③

E사원은 경영교육을 15시간 이수하였으므로 추가로 15시간을 더 이수해야 한다. 하지만 사무영어교육은 30시간으로, 기준보다 10시간 초과하여
이수했기 때문에 조건에 따라 초과한 10시간은 시간당 0.5점씩 경영점수로 환산할 수 있다.
따라서 5점이 경영점수로 환산되어 경영점수는 20점이 되므로 총 의무 이수 교육 점수는 10점이 부족하다.

16

4월은 30일까지 있으므로 조건에 따라 달력에 표시를 해 보면 다음과 같다.

월	화	수	목	금	토	일
1	2 팀장	3 팀장	4 팀장	5	6	7
8	9	10 B과장	11 B과장	12 B과장	13	14
15 B과장	16 B과장	17 C과장	18 C과장	19	20	21
22	23	24	25	26 세미나	27	28
29	30					

따라서 5일 동안 연속으로 참석할 수 있는 날은 4월 5일부터 9일까지이므로 A대리의 연수 마지막 날짜는 9일이다.

17

1일 평균임금을 x원이라 놓고 퇴직금 산정공식을 이용하여 계산하면,

1,900만 원=$[30x \times (5 \times 365)] \div 365$

→ 1,900만 원=$150x$

→ $x ≒ 13$만 원(∵ 천의 자리에서 올림)

1일 평균임금이 13만 원이므로 甲의 평균 연봉을 계산하면 13만 원×365일=4,745만 원이다.

18

제시된 〈조건〉에 따라 배치하면 아래와 같다.

보안팀	국내영업 3팀	국내영업 1팀	국내영업 2팀
복도			
홍보팀	해외영업 1팀	해외영업 2팀	행정팀

19

주어진 〈조건〉에 근거하여 가능한 경우를 표로 정리하면 아래와 같다.

부서	사원	팀장
A	?	윤 or 박
B	박 or 오	박 or 오
C	윤 or 박	윤 or 박

〈조건〉 중에 A부서 팀장의 성이 C부서의 사원과 같다고 하였으므로 두 가지 경우가 나올 수 있다.

ⅰ) C부서 사원의 성이 '박' 씨인 경우

　　C부서 사원의 성이 '박' 씨이므로 A부서의 팀장도 '박' 씨이다. 같은 성씨인 사원과 팀장은 같은 부서에 근무하지 않으므로 C부서의 팀장은 '윤' 씨가 된다. B부서의 사원 또는 D부서 팀장의 성은 '박' 씨와 '오' 씨 중에 하나가 되는데, '박' 씨는 C부서의 사원과 A부서의 팀장의 성이므로 B부서의 사원과 B부서의 팀장은 '오' 씨가 된다. 그러나 같은 성씨인 사원과 팀장은 같은 부서에서 근무할 수 없으므로 조건에 어긋나게 된다.

부서	사원	팀장
A	윤	박
B	오	오
C	박	윤

ⅱ) C부서 사원의 성이 '윤' 씨인 경우

　　C부서 사원의 성이 '윤' 씨이므로 A부서의 팀장도 '윤' 씨이다. 같은 성씨인 사원과 팀장은 같은 부서에 근무하지 않으므로 C부서의 팀장은 '박' 씨가 된다. 같은 조건에 따라 B부서의 팀장은 '오' 씨이고 B부서의 사원은 '박' 씨이다. A부서의 사원은 '오' 씨 성을 가진 사원이다.

부서	사원	팀장
A	오	윤
B	박	오
C	윤	박

따라서 같은 부서에 소속된 사원과 팀장의 성씨가 올바르게 짝지어진 것은 ①이다.

20　　　　정답　③

임원용 보고서 1부의 가격은 85페이지×300원+2×2,000원(플라스틱 커버 앞 / 뒤)+2,000원(스프링 제본)=31,500원으로, 총 10부가 필요하므로 315,000원이다. 직원용 보고서 1부의 가격은 84페이지(표지 제외)÷2(2쪽씩 모아 찍기)÷2(양면 인쇄)=21페이지이므로 21페이지×70원+100원(집게 두 개)+300원(표지)=1,870원이다. 총 20부가 필요하므로 37,400원이다.

21　　　　정답　②

먼저 W씨와 첫 번째 친구가 선택한 A, C강의의 수강료는 ((50,000+80,000)×0.9)×2=234,000원이다. 두 번째 친구의 B강의 수강료는 70,000원이고, 모든 강의를 수강하는 마지막 친구의 수강료는 (50,000+70,000+80,000)×0.8=160,000원이다. 따라서 총 결제해야 할 금액은 234,000+70,000+160,000=464,000원이다.

22　　　　정답　②

중간에 D과장이 화요일에 급한 업무가 많다고 하였으므로 수요일에만 회의가 가능하다. 수요일만 살펴보면 9시부터 11시까지는 B대리가 안 되고, 12시부터 1시까지는 점심시간이며, 1시부터 4시까지는 A사원의 외근으로 불가능하고, E사원이 4시 전까지만 가능하다고 했으므로 수요일 11시에 회의를 할 수 있다.

23　　　　정답　④

화요일 3시부터 4시까지 외근을 하려면 2시부터 5시까지 스케줄이 없어야 하므로 화요일에 급한 업무가 많은 D과장과 스케줄이 겹치는 B대리, A사원은 불가능하다. 따라서 2시부터 5시까지 스케줄이 없는 E사원이 적절하다.

24

정답 ⑤

글피는 모레의 다음날로 15일이다. 15일은 비는 내리지 않고 최저기온은 영하이다.

오답분석

① 12 ~ 15일의 일교차를 구하면 다음과 같다.
- 12일 : 11−0=11℃
- 13일 : 12−3=9℃
- 14일 : 3−(−5)=8℃
- 15일 : 8−(−4)=12℃

따라서 일교차가 가장 큰 날은 15일이다.
② 제시된 자료에서 미세먼지에 관한 내용은 확인할 수 없다.
③ 14일의 경우 비가 예보되어 있지만 낙뢰에 관한 예보는 확인할 수 없다.
④ 14일의 최저기온은 영하이지만 최고기온은 영상이다.

25

정답 ②

수준 높은 금융 서비스를 통해 글로벌 경쟁에서 우위를 차지하는 것은 강점을 이용해 글로벌 금융사와의 경쟁 심화라는 위협을 극복하는 ST전략이다.

오답분석

① 해외 비즈니스TF팀을 신설해 해외 금융시장 진출을 확대하는 것은 글로벌 경쟁력이 낮다는 약점을 극복하고 해외 금융시장 진출 확대라는 기회를 활용하는 WO전략이다.
③ 탄탄한 국내 시장점유율이 국내 금융그룹의 핀테크 사업 진출의 기반이 되는 것은 강점을 통해 기회를 살리는 SO전략이다.
④ 우수한 자산건전성 지표를 홍보하여 고객 신뢰를 회복하는 것은 강점으로 위협을 극복하는 ST전략이다.

26

정답 ④

WO전략은 약점을 극복함으로써 기회를 활용할 수 있도록 내부 약점을 보완해 좀 더 효과적으로 시장 기회를 추구한다. 따라서 바로 옆에 유명한 프랜차이즈 레스토랑이 생겼다는 사실을 이용하여 홍보가 미흡한 점을 보완할 수 있도록 레스토랑과 제휴하여 레스토랑 내에 홍보물을 비치하는 방법이므로 적절하다.

27

정답 ④

자료는 연간 계획된 행사를 표로 정리하여 보여주고 있다. 따라서 연간행사계획표가 자료의 제목으로 적절하다.

28

정답 ②

6월의 주제는 '음악'이므로 통기타 연주회가 주제와 어울리지 않는다는 말은 적절하지 않다.

29

정답 ③

오답분석

① WTO : 세계무역기구
② IMF : 국제통화기금
④ WHO : 세계보건기구
⑤ SOFA : 한·미 행정협정

30

오답분석

① A - 호주, ② B - 캐나다, ③ C - 프랑스, ⑤ E - 일본

31

정답 ⑤

오답분석

① 새 문서
② 쪽 번호 매기기
③ 저장하기
④ 인쇄하기

32

정답 ⑤

오답분석

① 꼬리표(Tag)가 붙은 화상(이미지) 파일 형식
② 인터넷 표준 그래픽 형식으로 8비트 컬러를 사용하여 2^8 가지 색을 표현, 애니메이션 표현이 가능함
③ GIF를 대체하여 인터넷에서 이미지를 표현하기 위해 제정한 그래픽 형식, 애니메이션은 표현이 불가능함
④ 정지영상을 표현하기 위한 국제 표준 압축 방식으로 24비트 컬러를 사용하여 2^{24} 가지의 색을 표현함

33

정답 ①

말하기, 듣기, 쓰기, 읽기를 가로와 세로 방향에 따라 그 특성으로 분류한 것이다. 먼저, 세로 방향으로 말하기와 쓰기는 생각이나 느낌 등을 표현하는 것이기 때문에 산출이고, 듣기와 읽기는 타인의 생각이나 느낌 등을 받아들이는 것이기 때문에 수용이다.
가로 방향으로 쓰기와 읽기는 의사소통의 방식으로 문자를 사용한다. 이에 따라 말하기와 듣기는 의사소통 방식으로 음성을 사용하므로 ㉠에 들어갈 말은 ①이다.

34

정답 ②

과장은 아랫사람에게 인사를 먼저 건네며 즐겁게 하루를 시작하는 공경심이 있는 예도를 행하였다.

오답분석

① 비상금을 털어 무리하게 고급 생일선물을 사는 것은 자신이 감당할 수 있는 능력을 벗어나므로 적절하지 않다.
③ 선행이나 호의를 베풀 때도 받는 자에게 피해가 되지 않도록 주의해야 하므로 적절하지 않다.
④ 아랫사람의 실수를 너그럽게 관용하는 태도에 부합하지 않으므로 적절하지 않다.
⑤ 장례를 치르는 문상자리에서 애도할 줄 모르는 것이므로 올바르지 않다.

35

정답 ②

전화응대 매뉴얼 3번에 해당하며 전화 당겨 받기 후 상대에게 당겨 받은 이유를 설명하였기에 적절하다.

36

정답 ③

제시문과 ③의 '맞다'는 '시간이 흐름에 따라 오는 어떤 때를 대하다.'는 의미이다.

오답분석

① 오는 사람이나 물건을 예의로 받아들이다.

② 적이나 어떤 세력에 대항하다.
④ 점수를 받다.
⑤ 자연 현상에 따라 내리는 눈, 비 따위의 닿음을 받다.

37

정답 ③

제시문과 ③의 '들다'는 '의식이 회복되거나 어떤 생각이나 느낌이 일다.'는 의미이다.

[오답분석]

① 잠이 생기어 몸과 의식에 작용하다.
② 몸에 병이나 증상이 생기다.
④ 버릇이나 습관이 몸에 배다.
⑤ 아이나 새끼를 가지다.

38

정답 ②

금화가 총 13개가 있고 상자마다 가지고 있는 금화의 개수는 다르며 금화의 개수가 A<B<C라고 하였으므로 이를 표로 나타내면 다음과 같다.

경우	상자 A	상자 B	상자 C
(1)		2	10
(2)	1	3	9
(3)		4	8
(4)		5	7
(5)		3	8
(6)	2	4	7
(7)		5	6
(8)	3	4	6

갑이 A상자를 열어본 후 B와 C에 각각 몇 개가 들었는지 알 수 없다고 하였으므로, (8)은 제외한다. 을이 C상자를 열어본 후 A와 B에 각각 몇 개가 들었는지 알 수 없다고 하였으므로, (1), (2), (7)이 제외된다. 이는 C상자에 10개, 9개, 6개가 들어있는 경우 조건에 따라 A상자와 B상자의 금화의 개수를 계산할 수 있기 때문이다. 두 사람의 말을 듣고 병이 B상자를 열어본 후 A상자와 C상자에 각각 몇 개가 들었는지 알 수 없다고 하였으므로 (4)와 (5)가 제외된다. 따라서 성립할 수 있는 경우는 (3)과 (6)이고, 이 두 경우에 B상자에 들어있는 금화의 개수는 4개이다.

39

정답 ②

모스크바에서 4월 22일 오전 10시 15분에 메일을 보내면 밴쿠버는 모스크바보다 10시간이 늦으므로 밴쿠버 시각으로 4월 22일 오전 00시 15분에 도착한다. 하지만 4월 22일 오전 10시 전까지는 업무시간이 아니므로 메일을 확인할 수 없고, 오전 10시부터 15분간 전력점검행사를 진행했다고 하였으므로 4월 22일 오전 10시 15분에 메일을 확인할 수 있게 된다.

40

정답 ①

①·⑤ 회화(영어·중국어) 중 한 과목을 수강하고, 지르박을 수강하면 2과목 수강이 가능하고, 지르박을 수강하지 않고 차차차와 자이브를 수강하면 최대 3과목 수강이 가능하다.

[오답분석]

② 자이브의 강좌시간이 3시간 30분으로 가장 길다.
③ 중국어 회화의 한 달 수강료는 60,000÷3=20,000원이고, 차차차의 한 달 수강료는 150,000÷3=50,000원이므로 한 달 수강료는 70,000원이다.
④ 차차차의 강좌시간은 12:30~14:30이고, 자이브의 강좌시간은 14:30~18:00이므로 둘 다 수강할 수 있다.

PART

2

PSAT형 5개년 기출문제

정답 및 해설

2021년 상반기 기출문제 정답 및 해설

01	02	03	04	05	06	07	08	09	10	11	12	13	14	15					
②	⑤	⑤	③	⑤	④	②	⑤	③	④	⑤	③	①	②	②					

01
정답 ②

플라톤 시기에는 이제 막 알파벳이 보급되고, 문자문화가 전래의 구술적 신화문화를 대체하기 시작한 시기였다.

오답분석

① 타무스왕은 문자를 죽었다고 표현하며, 생동감 있고 살아있는 기억력을 퇴보시킬 것이라 보았다.
③ 문자와 글쓰기는 콘텍스트를 떠나 비현실적이고 비자연적인 세계 속에서 수동적으로 이뤄진다고 보았다.
④ 물리적인 강제의 억압에 의해 말살되어질 위기에 처한 진리의 소리는 기념비적인 언술행위의 문자화를 통해서 저장되어야 한다고 보는 입장이 있으므로 적절하지 않다.
⑤ 문화적 기억력에 대한 성찰과 가치 판단이 부재하다면 새로운 매체는 단지 댓글 파노라마에 불과할 것이라고 보았다.

02
정답 ⑤

15일에는 준공식이 예정되어 있으나, 첫 운행이 언제부터인지에 대한 정보는 제시되고 있지 않다.

오답분석

① 코엑스 아셈볼룸에서 준공을 기념하는 국제 심포지엄이 열렸다.
② 시험용 철도선로가 아닌 영업선로를 사용했기 때문에 실제 운행중인 열차와의 사고 위험성이 존재했다.
③ 세계 최초로 고속・일반철도 차량용 교류전력(AC)과 도시철도 전동차용 직류전력(DC)을 모두 공급할 수 있도록 설비했다.
④ 기존에는 해외 수출을 위해 성능시험을 현지에서 실시하곤 했다.

03
정답 ⑤

스마트 시티의 성공은 인공지능과의 접목을 통한 기술 향상이 아니라 시민의 행복을 느끼는 것이다.

오답분석

① 컨베이어 벨트 체계는 2차 산업혁명 시기부터 도입되었다.
② 과거에는 컴퓨터, 휴대전화만 연결 대상이었으나 현재 자동차, 세탁기로까지 확대되었다.
③ 정보 공유형은 3차 산업혁명 '유 시티'의 특성이다.
④ 빅데이터는 속도, 규모, 다양성으로 정의할 수 있다.

04

경덕왕 시기 통일된 석탑 양식은 지방으로까지 파급되지 못하고 경주에 밀집된 모습을 보였다.

오답분석
① 문화가 부흥할 수 있었던 배경에는 안정된 왕권과 정치제도가 바탕이 되었다.
② 장항리 오층석탑 역시 통일 신라 경덕왕 시기 유행했던 통일된 석탑 양식으로 주조되었다.
④ 통일된 양식 이전에는 시원 양식과 전형기가 유행했다.
⑤ 1층의 탑신에 비해 2층과 3층은 낮게 만들어 체감율에 있어 안정감을 추구하였다.

05

정답 ⑤

주어진 조건에 따라 시간대별 고객 수의 변화 및 각 함께 온 일행들이 앉은 테이블을 정리하면 다음과 같다.

시간	새로운 고객	기존 고객	시간	새로운 고객	기존 고객
09:20	2(2인용)	0	15:10	5(6인용)	4(4인용)
10:10	1(4인용)	2(2인용)	16:45	2(2인용)	0
12:40	3(4인용)	0	17:50	5(6인용)	0
13:30	5(6인용)	3(4인용)	18:40	6(입장 ×)	5(6인용)
14:20	4(4인용)	5(6인용)	19:50	1(2인용)	0

오후 3시 15분에는 오후 3시 10분에 입장하여 6인용 원탁에 앉은 5명의 고객과 오후 2시 20분에 입장하여 4인용 원탁에 앉은 4명의 고객까지 총 9명의 고객이 있을 것이다.

06

정답 ④

ㄴ. 오후 6시 40분에 입장한 일행은 6인용 원탁에만 앉을 수 있으나, 5시 50분에 입장한 일행이 사용 중이어서 입장이 불가하였다.
ㄹ. 오후 2시 정각에는 6인용 원탁에만 고객이 앉아 있었다.

오답분석
ㄱ. 오후 6시에는 오후 5시 50분에 입장한 고객 5명이 있다.
ㄷ. 오전 9시 20분에 2명, 오전 10시 10분에 1명, 총 3명이 방문하였다.

07

정답 ②

ㄱ. 특수택배를 먼저 배송한 후에 보통택배 배송을 시작할 수 있으므로 2개까지 가능하다.
ㄴ. 특수택배 상품 배송 시, 가 창고에 있는 특01을 배송하고, 나 창고에 있는 물품 특02, 특03을 한 번에 배송하면, 최소 10+10(휴식)+(15+10-5) =40분이 소요된다.

오답분석
ㄷ. 3개의 상품(보03, 보04, 보05)을 한번에 배송하면, 총 시간에서 10분이 감소하므로 20+10+25-10=45분이 소요된다. 따라서 50분을 넘지 않아 가능하다.

PART 2 | PSAT형 5개년 7 출문제

CHAPTER 01 2021년 상반기 기출문제 • **45**

08

주어진 〈조건〉에 따라 최소 소요 시간을 계산하면 특수택배 배송 완료까지 소요되는 최소 시간은 40분이다. 보통택배의 배송 소요 시간을 최소화하기 위해서는, 같은 창고에 있는 택배를 최대한 한 번에 배송하여야 한다. 가 창고의 보통택배 배송 소요 시간은 10+10-5=15분이고, 휴식 시간은 10분이다. 나 창고의 보통택배 배송 소요 시간은 15분이며, 휴식 시간은 10분이다. 다 창고의 보통택배 배송 소요 시간은 20+10+25-10=45분이다. 이를 모두 합치면 배송 소요 시간이 최소가 되는 총 소요 시간은 40+15+10+15+10+45=135분이다. 따라서 9시에 근무를 시작하므로, 11시 15분에 모든 택배의 배송이 완료된다.

09

(가) ~ (마) 중 계산이 가능한 매출을 주어진 정보를 이용하여 구한다. 먼저 (가)는 2015년 총매출액으로 방송사 매출액과 방송사 이외 매출액을 더한 값인 1,143,498십억 원이다. (다)는 방송사 매출액을 모두 더한 값으로 855,874십억 원임을 알 수 있으며, (나)는 2016년 총매출액으로 방송사 매출액과 방송사 이외 매출액을 더한 값인 1,428,813십억 원이 된다. (마)는 방송사 이외 매출액의 소계 정보에서 판매수입을 제한 값인 212,341십억 원이다. 이때, 주어진 정보만으로는 (라)의 매출액을 알 수 없다.

[오답분석]

① (가)는 1,143,498십억 원으로 (나) 1,428,813십억 원보다 작다.

② (다)는 855,874십억 원으로 2015년 방송사 매출액과의 차이는 100,000십억 원 이상이다.

④ (마)는 212,341십억 원으로 2017년 방송사 이외 판매수입보다 작다.

⑤ 2016년 방송사 매출액 판매수입은 819,351십억 원으로 212,341십억 원의 3배 이상이다.

10

2번 이상 같은 지역을 신청할 수 없고, D는 1년 차와 2년 차 서울 지역에서 근무하였으므로 3년 차에는 지방으로 가야 한다. 따라서 신청지로 배정받지 못할 것이다.

[오답분석]

① B는 1년 차 근무를 마친 A가 신청한 종로를 제외한 어느 곳이나 갈 수 있으므로 신청지인 영등포로 이동하게 될 것이다.

② C보다 E가 전년도 평가가 높으므로 E는 여의도에, C는 지방으로 이동할 것이다.

③ 1년 차 신입은 전년도 평가 점수가 100점이므로 신청한 근무지에서 근무할 수 있다. 따라서 A는 입사 시 1년 차 근무지로 대구를 선택했음을 알 수 있다.

⑤ D는 규정에 부합하지 않게 신청했으므로 C가 제주로 이동한다면, 남은 지역인 광주나 대구로 이동하게 된다.

11

한국의 자동차 1대당 인구 수는 2.9로 러시아와 스페인 전체 인구에서의 자동차 1대당 인구 수인 2.8보다 크다.

[오답분석]

① 중국의 자동차 1대당 인구 수는 28.3으로 멕시코의 자동차 1대당 인구 수의 $\frac{28.3}{4.2} ≒ 6.7$배이다.

② 폴란드의 자동차 1대당 인구수는 2이다.

③ 러시아와 스페인 전체 인구에서의 자동차 1대당 인구 수는 $\frac{14,190+4,582}{3,835+2,864} = \frac{18,772}{6,699} ≒ 2.8$이므로 폴란드의 자동차 1대당 인구 수인 2보다 크다.

④ 한국의 자동차 1대당 인구 수는 2.9로 미국과 일본의 자동차 1대당 인구 수의 합 1.2+1.7=2.9와 같다.

12

정답 ③

주어진 조건에 따라 각 여행지의 항목별 점수를 계산하면 다음과 같다.

여행지	접근점수	입지점수	숙소점수	날씨점수	최종점수
A	15	15	15	20	65
B	20	12	15	15	62
C	30	12	20	5	67
D	15	15	15	5	50

따라서 최종점수가 가장 높은 C를 선택할 것이다.

13

정답 ①

변경된 조건에 따라 각 여행지의 항목별 점수를 계산하면 다음과 같다.

여행지	접근점수	입지점수	숙소점수	날씨점수	최종점수
A	27	15	18	20	80
B	27	12	18	15	72
C	30	12	20	5	67
D	21	15	18	5	59

따라서 최종점수가 가장 높은 A를 선택할 것이다.

14

정답 ②

분류코드에서 알 수 있는 정보를 앞에서부터 순서대로 나열하면 다음과 같다.
발송코드 : c4 : 충청지역에서 발송
배송코드 : 304 : 경북지역으로 배송
보관코드 : HP : 고가품
운송코드 : 115 : 15톤 트럭으로 배송
서비스코드 : 01 : 당일 배송 서비스 상품

15

정답 ②

제품 A의 분류코드는 앞에서부터 순서대로, 수도권인 경기도에서 발송되었으므로 a1, 울산지역으로 배송되므로 062, 냉동보관이 필요하므로 FZ, 5톤 트럭으로 운송되므로 105, 배송일을 7월 7일로 지정하였으므로 02가 연속되는 a1062FZ105602이다.

2020년 기출문제 정답 및 해설

01	02	03	04	05	06	07	08	09	10	11	12	13	14	15	16	17	18	19	20
⑤	①	②	③	③	④	③	⑤	②	③	④	⑤	③	③	④	⑤	②	④	⑤	③
21	22	23	24	25	26	27	28	29	30	31	32	33	34	35	36	37	38	39	40
⑤	③	②	⑤	⑤	③	③	⑤	②	①	④	④	②	③	①	②	④	③	②	③

01
정답 ⑤

마지막 문단을 통해 바퀴가 인류의 생활상을 변화시켜 왔음을 알 수 있다.

02
정답 ①

제시된 상황에서 메살라는 바퀴에 붙은 칼날을 이용하여 상대 전차의 바퀴를 공격하였다는 것을 알 수 있으며, 제시문의 세 번째 문단을 통해 공격받은 바퀴가 전차의 하중을 견디지 못해 넘어졌다는 것을 추론할 수 있다.

03
정답 ②

오답분석

① 이동시간이 절반 가까이 감소한 구간은 서울~목포 구간이다.
③ 국민 1인당 일반철도 이용 거리는 감소세가 지속되고 있으며, 감소폭이 줄어들고 있다.
④ 수도권~부산의 고속철도 개통 전의 수송분담률은 항공과 일반철도가 가장 많은 비율을 차지했으나, 고속철도 개통 이후 고속철도가 59%로 가장 큰 비율을 차지한다.
⑤ 2019년 1월 우리나라의 고속철도 총 연장은 1,628.9km이다.

04
정답 ③

마지막 문단을 통해 앞으로 하수 처리 시스템이 나아가야 할 방향을 제시하고 있다.

05
정답 ③

오답분석

① 삼강령과 팔조목은 『대학』이 『예기』의 편명으로 있었을 때에는 사용되지 않았으나, 『대학』이 사서의 하나로 격상되면서부터 사용되기 시작했다고 하였다.
② 삼강령과 팔조목은 종적으로 서로 밀접한 관계를 형성하고 있어 한 항목이라도 없으면 과정에 차질이 생기는 것은 옳으나, 횡적으로는 서로 독립된 항목이라 보고 있다.
④ 백성의 명덕을 밝혀 백성과 한마음이 되는 것은 제가・치국・평천하이다.
⑤ 팔조목은 반드시 순서에 따라 이루어지는 것은 아니며, 서로 유기적으로 연관되어 있는 것이므로 함께 또는 동시에 갖추어야 할 실천 항목이라 볼 수 있다고 하였다.

06

두 번째 문단의 산받이에 대한 설명을 통해, 주로 박첨지와의 대화를 통해 극을 이끌어가며 사건을 해설해 주고, 무대에 드러나지 않은 사실들을 보완하는 등 놀이 전체의 해설자 역할을 하는 것을 알 수 있다.

오답분석

① 중국, 일본과 우리나라의 꼭두각시놀음은 무대의 구조나 연출방식, 인형조종법 등이 많이 흡사함을 알 수 있으나, 각각의 차별되는 특징에 대한 언급은 없다.

② 꼭두각시놀음이 남사당패가 행하는 6종목 중 하나의 놀이임을 알 수 있으나, 비중이 어떤지는 알 수 없다.

③ 포장 안에서 직접 인형을 조종하는 재담과 노래, 대사 전달 등을 담당한다.

⑤ 꼭두각시놀음은 여러 시대를 지나오면서, 시대상을 반영하여 하나 둘씩 막이 추가되면서 변화되어 왔다.

07

정답 ③

제시문의 첫 번째 문단은 꼭두각시놀음의 정의 및 유래, 두 번째와 세 번째 문단은 꼭두각시놀음의 무대와 공연구성, 네 번째 문단은 꼭두각시놀음의 특징과 의의로 전개되고 있다. 따라서 글의 주제로 가장 적절한 것은 ③이다.

08

정답 ⑤

최근 5년간 최저기온이 0℃ 이하이면서 일교차가 9℃를 초과하는 일수가 1일 증가할 때마다 하루 평균 59건의 사고가 증가하였다는 내용과 온도가 급격히 떨어질 때 블랙아이스가 생성된다는 내용을 통해 블랙아이스(결빙) 교통사고는 기온과 상관관계가 높은 것을 알 수 있다. 또한, 마지막 문단의 겨울철 급격한 일교차 변화에 따른 블랙아이스가 대형사고로 이어질 위험성이 크다는 수석연구원의 의견을 통해서도 이를 확인할 수 있다.

오답분석

① 인천광역시의 결빙교통사고율이 평균보다 높다는 것은 알 수 있지만, 교통사고 사망자 수에 대한 정보는 알 수 없다.

② 최근 5년간 결빙으로 인한 교통사고 건수는 6,548건, 사망자 수는 199명이므로 사망자 수는 사고 100건당 $\frac{199}{6,548} \times 100 ≒ 3.0$명이다.

③ 블랙아이스 사고가 많은 겨울철 새벽에는 눈먼 결빙에 주의해 안전운전을 해야 한다.

④ 충남 지역의 경우 통과 교통량이 많은 편에 속하지만, 전체사고 대비 결빙사고 사망자 비율은 충북 지역이 7.0%로 가장 높다.

09

정답 ②

제시된 논문에서는 '교통안전사업'을 시설개선, '교통 단속', 교육홍보연구라는 3가지 범주로 나누어 '비용감소효과'를 분석하였고, 그 결과 사망자 사고비용 감소를 위해 가장 유효한 사업은 '교통 단속'이며, 중상자 및 경상자 사고비용 감소를 위해 가장 유효한 사업은 '보행환경조성'으로 나타났다고 이야기한다. 따라서 논문의 내용을 4개의 단어로 요약하였을 때 가장 적절하지 않은 단어는 '사회적 비용'이다.

10

정답 ③

• (가) : 고용으로 얽혀 있는 건설사의 하도급 건설노동자가 적정한 임금을 받을 수 있도록 제도를 마련한 한국토지주택공사의 사례는 공공기관으로서 외부조직의 사회적 가치 실현을 위해 지원하는 가치사슬상 사회적 가치 이행 및 확산에 해당한다. → 타입 3

• (나) : 한국수자원공사의 기존 일상 업무였던 수도 검침 작업을 통해 사회적 가치를 실현한 사례이므로 조직 운영상 사회적 책임 이행에 해당한다. → 타입 2

• (다) : 한국철도공사법 제1조에 사회적 가치 실현을 위한 문구를 추가하여 한국철도공사의 설립 목적을 정비한 사례이므로 기관 설립 목적 및 고유사업 정리에 해당한다. → 타입 1

11
정답 ④

공공기관의 사회적 가치 실현과 관련된 다섯 가지 원칙에 관한 내용은 제시문에서 찾아볼 수 없다.

[오답분석]
① 국민 인식조사 결과, 국민들은 공공기관의 사회적 가치 실현이 현재 미흡하다고 인식한다.
② 사회적 가치를 추구하는 과정에서 공공성과 효율성을 어떻게 조화시킬 것인가에 대한 고민이 계속될 것이라는 담당자의 발언을 통해 알 수 있다.
③ 기관의 사회적 가치 실현을 위해 외부 기관의 진단이나 평가 등을 제도화하는 것이 중요하다는 담당자의 당부 내용을 통해 알 수 있다.
⑤ 공공기관의 사회적 가치 실현을 위해 기관 전체 차원에서 관점의 변화가 필요하다는 담당자의 발언을 통해 알 수 있다.

12
정답 ⑤

제시문에 따르면 열원에서 만들어진 냉온수를 압력 손실 없이 실별로 분배한 뒤 환수하는 분배기는 주로 난방용으로 이용되어 왔으나, 냉방기에도 이용이 가능하다.

[오답분석]
① 분배기는 냉온수를 압력 손실 없이 실별로 분배한 뒤 환수한다.
② 열원은 난방 시 열을 공급하고 냉방 시 열을 제거하는 열매체를 생산한다.
③ 패널은 각 실의 바닥, 벽, 천장 표면에 설치되어 열매체를 순환시킨다.
④ 복사 냉난방 패널 시스템은 열매체의 온도가 낮아 난방 시 에너지 절약 성능이 뛰어나다.

13
정답 ③

공급자가 소수 기업에 의해 지배되는 경우, 즉 독과점에 해당하는 경우나 공급자가 공급하는 상품이 업계에서 중요한 부품인 경우와 같이 공급자의 힘이 커지면 산업 매력도는 떨어지게 된다.

14
정답 ③

지난달 한 명의 직원이 그만두어 이번 달 근로자 수가 9명이 되었으나, 전년도 근로자 수가 월평균 10명이었으므로 전년도에 근로자 수가 월평균 10명 미만이어야 하는 조건에 부합하지 않는다. 또한 전년도 근로자 수가 월평균 10명 이상일 경우에는 지원신청일이 속한 달의 직전 3개월 동안 근로자 수가 연속하여 10명 미만이어야 하는데 이번 달부터 근로자 수가 9명이므로 해당 조건에도 부합하지 않는다.

[오답분석]
① 비과세 근로소득을 제외하면 전년도 근로소득은 2,550만 원이 되므로 전년도 월평균보수는 212.5만 원이 된다. 따라서 A는 월평균보수 215만 원 미만의 지원금액 조건을 충족한다.
② 전년도 근로자 수가 10명 미만인 사업이 지원 대상이다.
④ 두루누리 사회보험료 지원사업은 고용보험과 국민연금의 일부를 국가에서 지원한다.

E회사의 근로자 수는 8명이므로 고용보험과 국민연금의 80%를 지원받을 수 있으며, 사업주는 $0.8+0.25=1.05$%의 고용보험료율이 적용된다.

• 고용보험
  − 보험료 총액 : $1,800,000 \times (1.05+0.8)\% = 33,300$원
  − 사업주 지원액 : $1,800,000 \times 1.05\% \times 80\% = 15,120$원
  − 근로자 지원액 : $1,800,000 \times 0.8\% \times 80\% = 11,520$원

구분	신규지원자
보험료 총액(A)	33,300원
사업주 지원액(B)	15,120원
근로자 지원액(C)	11,520원
지원액 합계(D=B+C)	26,640원
납부할 보험료(A−D)	6,660원

• 국민연금
  − 보험료 총액 : $1,800,000 \times 9\% = 162,000$원
  − 사업주 지원액 : $1,800,000 \times 4.5\% \times 80\% = 64,800$원
  − 근로자 지원액 : $1,800,000 \times 4.5\% \times 80\% = 64,800$원

구분	신규지원자
보험료 총액(A)	162,000원
사업주 지원액(B)	64,800원
근로자 지원액(C)	64,800원
지원액 합계(D=B+C)	129,600원
납부할 보험료(A−D)	32,400원

따라서 이번 달 E회사의 사업주와 K씨가 납부할 보험료의 합은 $6,660+32,400=39,060$원이다.

16

최대 10일을 유급으로 사용할 수 있기 때문에 모두 사용하여도 통상임금에 변화는 없다.

오답분석

① 다태아가 아니면 최대 90일 중 출산 이후 45일 이상의 기간이 보장되어야 하기 때문에 50일 전에 사용할 수 없다.
② 같은 자녀에 대해 부부 동시 육아휴직이 가능하다.
③ 가족 돌봄 휴직에서 자녀 양육 사유 중 손자녀가 해당되므로 신청할 수 있다.
④ 하루 1시간까지 통상임금이고 그 외의 시간은 80%를 받는다. 하루 최대 5시간 주 25시간까지 가능하기 때문에 100%를 받는 시간은 5시간, 80%를 받는 시간은 20시간이다. 따라서 최대 $5 \times 10,000 + 20 \times 8,000 = 210,000$원을 지원받을 수 있다.

• ㉠ : 남편의 출산 전후 휴가는 최대 10일까지 사용할 수 있다.
• ㉡ : 육아기 근로시간 단축은 육아 휴직을 포함하여 최대 2년까지 가능하므로 총 22개월을 신청할 수 있다.
• ㉢ : 남편은 출산한 날로부터 90일 이내에 청구해야 하므로 63일을 이내에 청구해야 한다.
• ㉣ : 출산 전후 휴가 중 통상임금의 100%가 지급되기 때문에 100만 원을 받을 수 있다.
따라서 ㉠~㉣에 들어갈 수의 총합은 $10+22+63+100=195$이다.

제시문에서는 4단계로 나뉘는 감염병 위기경보 수준을 설명하며, 각 단계에 따라 달라지는 정부의 주요 대응 활동에 관해 이야기하고 있다. 따라서 제목으로 가장 적절한 것은 ⑤이다.

19

⑤

다. 자료에서 수출 증감률이 가장 높은 해는 2004년이고, 수입 증감률이 가장 높은 해는 2000년이라는 것을 알 수 있다.

마. 1999년의 수출 금액의 4배는 143,685,459×4=574,741,836천 달러이고, 2019년 수출 금액은 542,232,610천 달러로, 4배 미만으로 증가한 것을 알 수 있다.

오답분석

가. 수출입 금액이 1조 이상이면 가입할 수 있는 '1조 달러 클럽'에 가입 가능한 연도는 2019년, 2018년, 2017년, 2014년, 2013년, 2012년, 2011년으로 총 7번이다.
- 2019년 수출입 금액 : 542,232,610+503,342,947=1,045,575,557천 달러
- 2018년 수출입 금액 : 604,859,657+535,202,428=1,140,062,085천 달러
- 2017년 수출입 금액 : 573,694,421+478,478,296=1,052,172,717천 달러
- 2014년 수출입 금액 : 572,664,607+525,514,506=1,098,179,113천 달러
- 2013년 수출입 금액 : 559,632,434+515,585,515=1,075,217,949천 달러
- 2012년 수출입 금액 : 547,869,792+519,584,473=1,067,454,265천 달러
- 2011년 수출입 금액 : 555,213,656+524,413,090=1,079,626,746천 달러

나. 자료에서 무역수지가 음(-)의 값을 나타내는 해는 2008년 한 번이다.

라. 자료에서 2002~2008년 전년 대비 증감률은 양(+)의 값을 나타내는 것을 통해 2002년부터 2008년까지 수출 금액과 수입 금액은 매년 증가했다는 것을 알 수 있다.

20

정답 ③

영희는 누적방수액의 유무와 상관없이 재충전 횟수가 200회 이상이면 충분하다고 하였으므로 100회 이상 300회 미만으로 충전이 가능한 리튬이온배터리를 구매한다. 누적방수액을 바르지 않은 것이 더 저렴하므로 영희가 가장 저렴하게 구매하는 가격은 5,000원이다.

오답분석

① • 철수가 가장 저렴하게 구매하는 가격 : 20,000원
  • 영희가 가장 저렴하게 구매하는 가격 : 5,000원
  • 상수가 가장 저렴하게 구매하는 가격 : 5,000원
  따라서 철수, 영희, 상수가 리튬이온배터리를 가장 저렴하게 구매하는 가격은 20,000+5,000+5,000=30,000원이다.

② • 철수가 가장 비싸게 구매하는 가격 : 50,000원
  • 영희가 가장 비싸게 구매하는 가격 : 10,000원
  • 상수가 가장 비싸게 구매하는 가격 : 50,000원
  따라서 철수, 영희, 상수가 리튬이온배터리를 가장 비싸게 구매하는 가격은 50,000+10,000+50,000=110,000원이다.

④ 영희가 가장 비싸게 구매하는 가격은 10,000원, 상수가 가장 비싸게 구매하는 가격은 50,000원이다. 두 가격의 차이는 40,000원으로 30,000원 이상이다.

⑤ 상수가 가장 비싸게 구매하는 가격은 50,000원, 가장 저렴하게 구매하는 가격은 5,000원이므로 두 가격의 차이는 45,000원이다.

21

정답 ⑤

ⓒ 전체 교통사고 발생 건수는 2월부터 5월까지 증가하다가 6월에 감소하였다.

ⓔ 전체 교통사고 사망자 대비 교통사고 사망자는 어린이의 경우 2%를 미만이고, 노인의 경우 11월을 제외하면 전체 교통사고 사망자 수의 50%에 미치지 못한다.

22

'주차 공간에 차가 있는지 여부를 감지하는 센서를 설치한 스마트 주차'라고 했으므로 주차를 해주는 것이 아니라 주차공간이 있는지의 여부를 확인해 주는 것이다.

오답분석

① '각국 경제 및 발전 수준, 도시 상황과 여건에 따라 매우 다양하게 정의 및 활용되고, 접근 전략에도 차이가 있다.'라고 하였으므로 적절하다.
② 두 번째 문단에서 '이 스마트 가로등은 … 인구 밀집도까지 파악할 수 있다.'라고 하였으므로 적절하다.
④ 세 번째 문단에서 항저우를 비롯한 중국의 여러 도시들은 알리바바의 알리페이를 통해 항저우 택시의 98%, 편의점의 95% 정도에서 모바일 결제가 가능하고, 정부 업무, 차량, 의료 등 60여 종에 달하는 서비스 이용이 가능하다고 하였으므로 지갑을 가지고 다니지 않아도 일부 서비스를 이용할 수 있다.
⑤ 마지막 문단에서 '세종에서는 … 개인 맞춤형 의료 서비스 등을 받을 수 있다.'라고 하였으므로 적절하다.

23

정답 ②

pH가 가장 높은 구역은 8.2인 D구역이며, BOD농도는 0.9mg/L, DO농도는 7.9mg/L이므로 수질 등급 기준표에서 D구역이 해당하는 등급은 '매우 좋음'인 1a등급이다.
상수도 구역별 각 농도 및 pH에 맞는 등급을 정리하면 다음 표와 같다.

구분	A구역	B구역	C구역	D구역	E구역	F구역
DO(mg/L)	4.2	5.2	1.1	7.9	3.3	2.4
BOD(mg/L)	8.0	4.8	12	0.9	6.5	9.2
pH	5.0	6.0	6.3	8.2	7.6	8.1
등급	pH 수치가 기준 범위에 속하지 않는다.	약간 나쁨 4	매우 나쁨 6	매우 좋음 1a	약간 나쁨 4	나쁨 5

오답분석

① BOD농도가 5mg/L 이하인 상수도 구역은 B구역과 D구역이며, 3등급은 없다.
③ 상수도 구역에서 등급이 '약간 나쁨(4등급)' 또는 '나쁨(5등급)'인 구역은 B, E, F구역으로 세 곳이다.
④ 수질 등급 기준을 보면 DO농도는 높을수록, BOD농도는 낮을수록 좋은 등급을 받는다.
⑤ 수소이온농도가 높을수록 pH의 수치는 0에 가까워지고, '매우 좋음' 등급의 pH 수치 범위는 6.5 ~ 8.5이기 때문에 옳지 않은 내용이다.

24

정답 ⑤

유·무상 수리 기준에 따르면 A전자 서비스센터 외에서 수리한 후 고장이 발생한 경우 고객 부주의에 해당하므로 무상 수리를 받을 수 없다. 따라서 해당 고객이 수리를 요청할 경우 유상 수리 건으로 접수해야 한다.

25

정답 ⑤

서비스 요금 안내에 따르면 서비스 요금은 부품비, 수리비, 출장비의 합계액으로 구성된다. 전자레인지 부품 마그네트론의 가격은 20,000원이고, 출장비는 평일 18시 이전에 방문하였으므로 18,000원이 적용된다. 따라서 53,000-(20,000+18,000)=15,000원이다.

CHAPTER 02 2020년 기출문제 · **53**

PART 2 | PSAT형 5개년 7출문제

26

예외사항에 따르면 제품사용 빈도가 높은 기숙사 등에 설치하여 사용한 경우 제품의 보증기간이 $\frac{1}{2}$로 단축 적용된다. 따라서 기숙사 내 정수기의 보증기간은 6개월이므로 8개월 전 구매한 정수기는 무상 수리 서비스를 받을 수 없다.

오답분석
①·②·④ 보증기간인 6개월이 지나지 않았으므로 무상으로 수리가 가능하다.
⑤ 휴대폰 소모성 액세서리의 경우 유상 수리 후 2개월간 품질이 보증되므로 무상으로 수리가 가능하다.

27

정답 ③

최근 5년간 운행 장애 현황에서 운행 장애는 위험사건과 지연운행으로 구분되며, 2016~2019년의 전년 대비 운행 장애 건수는 '감소 – 증가 – 감소 – 증가'로 증감을 반복하고 있다.

오답분석
① 철도안전관리체계 수시검사는 지난 달 18일부터 예방적 수시검사를 도입하여 시행 중이다.
② 사후적 수시검사는 사고 및 장애가 발생할 경우 철도안전관리체계 위반 여부를 검사하는 것이고, '예방적 수시검사'는 사전 점검을 말한다.
④ 지연운행의 원인 중 가장 많은 2가지 원인은 매년 시설장비결함과 외부요인이다.
⑤ 지연운행의 원인 중 시설장비결함의 차량 / 전철IF와 차량 / 시설IF의 발생건수가 없는 해는 2017년, 2019년이다.

28

정답 ⑤

ⓒ 최근 5년간 운행 장애 현황에서 전체 운행 장애 건수 중 지연운행이 차지하는 비율은 $\frac{1,330}{1,340} \times 100 ≒ 99.3\%$이다.

ⓒ 최근 5년간 지연운행 원인에서 지연운행 중 시설장비결함 건수가 차지하는 비율은 $\frac{936}{1,330} \times 100 ≒ 70.4\%$이다.

오답분석
㉠ 최근 5년간 철도사고 및 운행 장애 발행 현황을 보면 철도사고 발생건수와 사상자 수는 2015년부터 계속 감소하고 있으며, 운행 장애 발생건수는 5년 동안 증감을 반복하다가 2019년에 최대치를 기록하였다. 2019년 운행 장애 발생건수는 전년대비 $\frac{349-233}{233} \times 100 ≒ 49.8\%$ 증가하였다.
㉣ 최근 5년간 지연운행 원인에서 시설장비결함의 5년간 전체 발생건수는 1,330−(111+228+55)=936건이며, 그 중 차량결함의 비율은 $\frac{695}{936} \times 100 ≒ 74.3\%$, 신호결함의 비율은 $\frac{144}{936} \times 100 ≒ 15.4\%$이다.

29

정답 ②

학생과 성인의 연령별 독서형태를 보면 종이책은 2018년에 비해 2019년의 독서량 비율이 전부 작아졌고, 전자책 사용비율은 모두 높아졌다.

오답분석
① 성인 중 오디오북을 본 사람은 6,000×0.035=210명, 학생 중 오디오북을 본 사람은 3,126×0.187≒584명으로 학생이 더 많다.
③ 오디오북 독서량은 중년기인 40대는 1,158×0.042≒48명, 50대는 1,192×0.016≒19명이며, 성년기에 속하는 20대는 1,057×0.065≒68명, 30대는 1,022×0.062≒63명이다. 따라서 중년기 오디오북 독서량은 48+19=67명이므로 성년기의 독서량 68+63=131명보다 적다.
④ 노년기(60세 이상)의 전자책 독서량은 1.3%에서 2.0%로 늘어났다.
⑤ 2018년 아동기(초등학생)의 종이책을 본 학생은 1,005×0.968≒972명이고, 청소년기에 속하는 중학생은 985×0.925≒911명, 고등학생은 1,136×0.872≒990명이므로 청소년기 학생 수가 더 많다.

54 · 공기업 NCS 출제유형별 핵심 기출문제집

30

스틱형 커피는 최근 다양한 유형으로 출시되고 있으며, 인스턴트 커피는 로스팅 커피에 비해 저렴한 가격을 무기로 성장세를 이어가고 있다. 따라서 차별화된 프리미엄 상품을 스틱형으로 출시한다는 마케팅 전략은 적절하지 않다.

31

정답 ④

통돌이 세탁기 기능 조작부 설명에 따르면 세탁통 청소 시 사용하는 통세척 코스에서는 냉수만 선택 가능하다. 따라서 통세척 코스를 선택한 뒤에 온수세탁을 선택할 수 없다.

[오답분석]

① 통돌이 세탁기 기능 조작부 설명에 따르면 작동 중 세탁기 문을 열고자 할 때는 동작 / 일시정지 버튼을 눌러 세탁기가 정지한 후에 세탁기 문을 열어야 한다.
② 통돌이 세탁기 기능 조작부에는 물높이에 따른 세제량이 그림으로 표시되어 있어 물높이에 맞는 세제량을 확인할 수 있다.
③ 통돌이 세탁기의 세탁 코스 설명에 따르면 급속 코스의 적정 세탁량은 5.5kg 이하이며, 급속 코스에서는 4 이상의 물높이가 선택되지 않는다.
⑤ 통돌이 세탁기의 예약 옵션 설명에 따르면 예약 시간은 3 ~ 18시간까지 설정 가능하며, 3시간 미만은 예약되지 않는다.

32

먼저 세탁기의 전원 버튼을 1번 눌러야 하며, 세탁 버튼은 19분이 선택될 수 있도록 총 7번 눌러야 한다. 이때, 온수로 세탁하므로 온수세탁 버튼도 1번 눌러야 한다. 또한 헹굼 버튼은 3회가 선택되도록 3번, 탈수 버튼은 '약'이 선택되도록 2번 눌러야 한다. 마지막으로 모든 세탁 과정을 예약 세탁으로 설정해야 하므로 예약 버튼을 1번 누른 후 예약 시간이 4:00이 되도록 예약 버튼을 1번 더 눌러야 한다(3 ~ 12시간까지는 1시간 단위로 예약이 가능하다). 따라서 A씨는 세탁기 조작부의 버튼을 총 1+7+1+3+2+2=16번 눌러야 한다.

33

정답 ②

불림 10분, 냉수세탁 12분, 헹굼 10×2=20분, 탈수(강) 15분으로 총 10+12+20+15=57분이 소요된다.

[오답분석]

① 14(온수세탁)+10×3(헹굼 3회)+10[탈수(약)]=54분
③ 12(냉수세탁)+10×3(헹굼 3회)+10[탈수(약)]=52분
④ 12(냉수세탁)+10×2(헹굼 2회)+8[탈수(섬세)]=40분
⑤ 12(냉수세탁)+10×2(헹굼 2회)=32분

34

스마트 스테이션에서는 분산된 분야별 역사 관리 정보를 정보통신기술을 기반으로 통합 관리하므로 현재 스마트 스테이션을 시범 운영하고 있는 5호선 군자역에서는 역사 관리 정보가 통합되어 관리되고 있다.

[오답분석]

① 서울교통공사는 스마트 스테이션을 2021년 3월까지 2호선 50개 전 역사에 구축할 예정이다.
② 스마트 스테이션은 올해 2020년 4월 지하철 5호선 군자역에서 시범 운영되었다.
④ 모바일 버전의 구축은 이번에 체결한 계약의 주요 개선사항 중 하나이므로 현재는 모바일을 통해 역사를 모니터링할 수 없다.
⑤ 스마트 스테이션은 기존 통합 모니터링 시스템을 개량하는 방식으로 도입될 예정이므로 앞으로 도입될 스마트 스테이션에는 새롭게 개발된 모니터링 시스템이 아닌 보완·개선된 기존의 모니터링 시스템이 적용될 것이다.

35

정답 ①

스마트 스테이션이 군자역에서 시범 운영된 결과, 순회 시간이 평균 28분에서 10분으로 줄었다. 따라서 일반 역의 순찰 시간은 스마트 스테이션의 순찰 시간보다 더 긴 것을 알 수 있다.

오답분석

② 스마트 스테이션이 시범 운영된 결과, 운영 효율이 향상된 것으로 나타났으므로 일반 역은 스마트 스테이션에 비해 운영비용이 많이 드는 것을 알 수 있다.

③ 스마트 스테이션이 시범 운영된 결과, 돌발 상황에 대한 대응 시간이 평균 11분에서 3분으로 단축되었으므로 일반 역의 대응 시간은 스마트 스테이션보다 더 긴 것을 알 수 있다.

④ 스마트 스테이션이 도입되면 3D맵과 지능형 CCTV를 통해 가상순찰이 가능해지므로 스마트 스테이션에서는 일반 역보다 적은 인력이 필요할 것이다.

⑤ 스마트 스테이션의 경우 지능형 CCTV를 통해 무단침입이나 역사 화재 등을 실시간으로 인지힐 수 있지만, 일반 역에서는 이를 실시간으로 인지하기 어렵다.

36

정답 ②

지능형 CCTV(◎)의 경우 높은 화소와 객체 인식 기능을 통해 사물이나 사람의 정확한 식별이 가능하다. 따라서 ATM기 맞은편에 설치된 일반 CCTV(○)보다 ATM기 오른쪽에 설치된 지능형 CCTV(◎)를 통해 범죄자 얼굴을 쉽게 파악할 수 있다.

오답분석

① 일반 CCTV(○)는 유지보수가 용이하다는 장점이 있다.

③ 제시된 3D맵을 보면 모든 지능형 CCTV(◎)는 IoT센서(●)와 함께 설치되어 있음을 알 수 있다.

④ 지능형 CCTV(◎)는 객체 인식 기능을 통해 제한구역의 무단침입 등이 발생할 경우 이를 실시간으로 알려 준다.

⑤ 지하철 역사 내부를 3차원으로 표현한 3D맵에서는 지능형 CCTV(◎)와 IoT 센서(●) 등을 통해 가상순찰이 가능하다.

37

정답 ④

근로기준법 제109조(벌칙)에 따르면 제76조의3 제6항을 위반한 자는 3년 이하의 징역 또는 3천만 원 이하의 벌금에 처한다는 벌칙에 따라 불리한 처우를 한 사용자는 2년의 징역에 처할 수 있다.

오답분석

① 근로기준법 제76조의3 제1항에 따라 누구든지 직장 내 괴롭힘 발생 사실을 알게 된 경우 그 사실을 사용자에게 신고할 수 있지만, 반드시 신고해야 하는 것은 아니다.

② 근로기준법 제76조의3 제2항에 따라 사용자는 신고를 접수하거나 직장 내 괴롭힘 발생 사실을 인지한 경우에는 지체 없이 그 사실 확인을 위한 조사를 실시하여야 한다.

③ 근로기준법 제76조의3 제4항에 따라 사용자는 조사 결과 직장 내 괴롭힘 발생 사실이 확인된 때에는 피해근로자가 요청하면 근무장소의 변경, 배치전환, 유급휴가 명령 등 적절한 조치를 하여야 한다. 따라서 피해자의 요청 없이도 반드시 적절한 조치를 취해야 하는 것은 아니다.

38

정답 ③

의류팀 T팀장의 행위는 성과 향상을 위한 업무 독려 및 지시 행위로 볼 수 있으며, 업무상 적정 범위를 넘는 행위에 해당한다고 보기 어렵다. 따라서 J씨가 T팀장의 행위로 인해 스트레스를 받았더라도 관련법상 직장 내 괴롭힘에 해당하지 않는다.

오답분석

① R이사의 이유 없는 회식 참여 강요, 메신저로 부당 업무지시는 직장 내 괴롭힘에 해당한다.

② 성적 언동으로 Q씨에게 피해를 준 R이사의 행동은 성희롱에 해당하므로 남녀고용평등과 일·가정 양립지원에 관한 법에 적용된다. 일반적으로 성적 언동이 문제가 된 사안이라면 남녀고용평등과 일·가정 양립지원에 관한 법이 우선 적용된다.

④ X본부장은 L씨에게 업무와 관계없는 사적인 일을 지시하였으므로 직장 내 괴롭힘에 해당하며, 이를 알게 된 근로자는 신고를 할 수 있다.

39

보행자의 시인성을 증진시키기 위한 보행 활성화를 통해 보행사고를 감소시킬 수 있으나, 자동차 주행 경로 등에 보행자가 직접 노출되면 보행자 사고가 발생할 가능성이 커지므로 자동차 주행 경로에서의 보행 활성화 방안은 적절하지 않다.

오답분석

① 도로에서의 사람의 이동은 사회적·경제적·정치적으로 필수 불가결하지만, 이러한 이동은 교통사고로 이어질 수 있으므로 자동차에 노출되는 보행자를 감소시켜야 한다.

③ 기존의 차량 소통 위주의 도로 운영 전략과 달리 보행 안전 우선의 시설물 설치 전략 등을 제시한다고 하였으므로 기존의 도로 운영 전략에서는 원활한 차량의 소통을 강조하였음을 알 수 있다.

④ 차량의 속도는 보행사고의 심각도에 결정적인 역할을 하므로 차량 속도 저감 기법을 통해 보행사고의 심각도를 감소시킬 수 있다.

⑤ 운전자와 보행자 모두 법규를 지켰을 때 안전한 도로가 만들어질 수 있다.

40

Target의 발음은 [taːrgɪt]이므로 외래어 표기법에 따라 '타깃'이 올바른 표기이다. Collaboration[kəlaebəreɪʃn] 역시 발음에 따라 '컬래버레이션'으로 표기하며, Symbol[símbl]과 Mania[méɪnɪə]는 각각 '심벌'과 '마니아'로 표기한다.

2019년 기출문제 정답 및 해설

01	02	03	04	05	06	07	08	09	10	11	12	13	14	15	16	17	18	19	20
④	①	②	⑤	①	⑤	③	①	③	④	②	②	③	④	③	③	①	④	③	③
21	22	23	24	25	26	27	28	29	30	31	32	33	34	35	36	37	38	39	40
②	③	④	①	④	⑤	②	④	③	⑤	③	④	④	①	③	②	②	①	③	①

01

정답 ④

제시문에서는 스마트폰 생산에 필요한 콜탄으로 인해 콩고의 내전이 끊이지 않고 있음을 이야기한다. 특히 (나) 문단에서는 콜탄이 콩고의 내전 장기화에 많은 영향을 끼치고 있음을 이야기하며, 이를 '휴대폰 이용자들이 기기를 바꿀 때마다 콩고 주민 수십 명이 죽는다는 말도 있다.'고 표현한다. 따라서 기사의 표제로 ④가 가장 적절함을 알 수 있다.

02

정답 ①

(가) 문단에서는 스마트폰 생산에 사용되는 탄탈럼을 언급하며, 탄탈럼의 원석인 콜탄의 소비량 증가와 가격 상승으로 인해 전 세계 콜탄의 70~80%가 매장되어 있는 콩고에서 전쟁이 그치지 않고 있음을 이야기하고 있다. 따라서 사람들의 스마트폰 사용 현황과 콜탄의 가격 상승을 보여주는 그래프와 콜탄 채굴 현황을 나타내는 표는 모두 (가) 문단의 내용을 효과적으로 나타내고 있다.

03

정답 ②

기존에 상위 40%와 하위 20%의 입찰금액을 제외했던 종합심사제 균형가격 산정 기준은 이번 개정을 통해 상·하위 20% 입찰금액으로 완화되었다.

[오답분석]
① 개정된 계약기준은 공단 홈페이지 및 전자조달시스템 사이트에 공개되었다.
③ 용역 분야에서 신용평가 등급 기준을 BBB-로 낮추고, 신기술개발 및 투자실적 평가의 만점 기준을 완화하여 중소기업의 경영 부담을 줄였다.
④ 공사 분야 사망사고에 대한 신인도 감점을 회당 -2점에서 -5점으로 강화하여 철도 건설 현장의 안전을 제고하였다.

04

정답 ⑤

전화를 처음 발명한 사람으로 알려진 알렉산더 그레이엄 벨이 전화에 대한 특허를 받았음을 이야기하는 (라) 문단이 첫 번째 문단으로 적절하며, 다음으로 벨이 특허를 받은 뒤 치열한 소송전이 이어졌다는 (다) 문단이 오는 것이 적절하다. 이후 벨은 그레이와의 소송에서 무혐의 처분을 받으며 마침내 전화기의 발명자는 벨이라는 판결이 났다는 (나) 문단과 지금도 벨의 전화 시스템이 세계 통신망에 뿌리를 내리고 있다는 (가) 문단이 차례로 오는 것이 적절하다.

05

누가 먼저 전화를 발명했는지에 대한 치열한 소송이 있었지만, (나) 문단의 1887년 재판에서 전화의 최초 발명자는 벨이라는 판결에 따라 법적으로 전화를 처음으로 발명한 사람은 벨임을 알 수 있다.

오답분석

② 벨과 그레이는 1876년 2월 14일 같은 날 특허를 신청했으며, 누가 먼저 제출했는지는 글을 통해 알 수 없다.
③ 무치는 1871년 전화에 대한 임시특허만 신청하였을 뿐, 정식 특허로 신청하지 못하였다.
④ 벨이 만들어낸 전화 시스템은 현재 세계 통신망에 뿌리를 내리고 있다.
⑤ 소송 결과 그레이가 전화의 가능성을 처음 인지하긴 하였으나, 전화를 완성하기 위한 후속 조치를 취하지 않았다고 판단되었다.

06

마지막 문단에서는 UPS 사용 시 배터리를 일정 주기에 따라 교체해 주어야 한다고 이야기하고 있을 뿐, 배터리 교체 방법에 대해서는 알 수 없다.

오답분석

① 첫 번째 문단에 따르면 일관된 전력 시스템의 필요성이 높아짐에 따라 큰 손실과 피해를 야기할 수 있는 급격한 전원 환경의 변화를 방지할 수 있는 UPS가 많은 산업 분야에서 필수적으로 요구되고 있다.
② 두 번째 문단에 따르면 UPS는 일종의 전원 저장소로, 갑작스러운 전원 환경의 변화로부터 기업의 서버를 보호한다.
③ 세 번째 문단에 따르면 UPS를 구매할 때는 용량을 고려하여 필요 용량의 1.5배 정도의 UPS를 구입하는 것이 적절하다.
④ 마지막 문단에 따르면 가정용 UPS에 사용되는 MF배터리의 수명은 1년 정도이므로 이에 맞춰 주기적인 교체가 필요하다.

07

국가철도공단의 호남고속철도 건설사업은 건설 초기 2010년 2월부터 UN 청정개발체제사업으로 추진되었으나, 2015년 국내 탄소 시장이 개설됨에 따라 국내 배출권거래제 외부사업으로 전환되었다. 따라서 국내 탄소 시장은 2010년이 아닌 2015년에 개설되었음을 알 수 있다.

오답분석

① 배출권거래제는 정부가 온실가스를 배출하는 기업에 연간 정해진 배출권을 할당하고, 부족분과 초과분에 대해 업체 간 거래를 허용하는 제도이다. 이를 통해 정부가 기업의 연간 온실가스 배출량을 제한하고 있음을 알 수 있다.
② 배출권거래제 외부사업은 배출권거래제 대상이 아닌 기업이 온실가스 감축 활동에 참여하는 것이므로 배출권거래제 외부사업의 승인을 받은 국가 철도공단은 배출권거래제 대상 기업이 아님을 알 수 있다.
④ 호남고속철도 건설사업에서 승인 기간(10년) 동안 약 380억 원의 탄소배출권 매각 수익을 창출할 수 있을 것으로 예상된다는 내용을 통해 알 수 있다.

08

태양광 전기 350kWh 사용 시 한 달 전기사용량에 따른 정상요금에서 실제요금의 비율은 전기사용량이 많아질수록 커진다.

- 350kWh : $\dfrac{1,130}{62,900} \times 100 ≒ 1.8\%$

- 600kWh : $\dfrac{33,710}{217,350} \times 100 ≒ 15.5\%$

- 400kWh : $\dfrac{3,910}{78,850} \times 100 ≒ 5.0\%$

- 700kWh : $\dfrac{62,900}{298,020} \times 100 ≒ 21.1\%$

- 450kWh : $\dfrac{7,350}{106,520} \times 100 ≒ 6.9\%$

- 800kWh : $\dfrac{106,520}{378,690} \times 100 ≒ 28.1\%$

- 500kWh : $\dfrac{15,090}{130,260} \times 100 ≒ 11.6\%$

② 2015 ~ 2019년까지 태양광 발전기 대여 설치 가구의 전년 대비 증가량은 다음과 같다.

구분	전년 대비 증가량(가구)
2014년	$256-0=256$
2015년	$428-256=172$
2016년	$523-428=95$
2017년	$1,664-523=1,141$
2018년	$4,184-1,664=2,520$
2019년	$7,580-4,184=3,396$

2015년과 2016년의 태양광 발전기 대여 설치 가구의 증가량은 전년 대비 감소하였다.

③ 2014년부터 전체 태양광 발전기 설치 가구 중 대여 설치 가구의 비율은 다음과 같고, 대여 설치하지 않은 가구의 비율이 점차 감소한다는 것은 대여 설치한 가구의 비율이 증가한다는 것과 같다.

구분	대여 가구 수 비율(%)
2014년	$\dfrac{256}{18,767}\times100\fallingdotseq1.4$
2015년	$\dfrac{428}{26,988}\times100\fallingdotseq1.6$
2016년	$\dfrac{523}{40,766}\times100\fallingdotseq1.3$
2017년	$\dfrac{1,664}{65,838}\times100\fallingdotseq2.5$
2018년	$\dfrac{4,184}{101,770}\times100\fallingdotseq4.1$
2019년	$\dfrac{7,580}{162,145}\times100\fallingdotseq4.7$

따라서 2016년은 전체 설치 가구 중 대여 설치 가구의 비율이 전년보다 낮아졌으므로 대여 설치하지 않은 가구의 비율은 높아졌음을 알 수 있다.

④ 2014년 태양광 발전기를 대여 설치한 가구는 256가구이며, 한 달 전기사용량 350kWh를 태양광으로 사용할 경우 전기요금은 총 $256\times1,130=$ 289,280원으로 30만 원 미만이다.

⑤ 2017년과 2018년 태양광 발전기 대여 설치 가구의 전년 대비 증가율은 각각 $\dfrac{1,664-523}{523}\times100\fallingdotseq218.2\%$, $\dfrac{4,184-1,664}{1,664}\times100\fallingdotseq151.4\%$이다. 따라서 두 증가율의 차이는 $218.2-151.4=66.8\%\text{p}$이다.

09

정답 ③

시장점유율이 수출액에서 차지하는 비율과 동일할 때, 2019년 반도체 수출액은 99,712백만 달러이며 이중 C회사의 수출액은 $99,712\times0.045=$ 4,487.04백만 달러이다. 따라서 수출액은 40억 달러 이상이다.

① 2018년 수출액이 전년 대비 증가한 반도체인 '개별소자 반도체'의 2019년의 전년 대비 수출액 증가율은 9.6%이고, 2018년에는 10.5%이므로 2019년 전년 대비 증가율이 더 낮다.

② 2019년 환율이 1,100원/달러로 일정할 때, 실리콘 웨이퍼의 4분기 수출액은 1분기보다 $(185-153)\times1,100=35,200$백만 원$=352$억 원 더 많다.

④ A ~ E회사의 2019년 시장점유율의 합은 $15.9+11.8+4.5+4.2+3.9=40.3\%$이며, I회사 점유율(2.7%)의 $\dfrac{40.3}{2.7}\fallingdotseq15$배이다.

⑤ 반도체 수출 현황에서 2018 ~ 2019년 동안 수출액이 많은 순서는 '집적회로 반도체＞개별소자 반도체＞실리콘 웨이퍼'로 매년 동일하다.

10

입학인원 대비 합격률이 가장 낮은 곳은 57.28%인 J대학이며, 응시 대비 불합격률은 26.25%이다. 따라서 입학인원 대비 합격률의 50%는 57.28×0.5=28.64%로 응시 대비 불합격률보다 크므로 옳지 않은 해석이다.

[오답분석]

① B대학과 I대학은 입학인원 차이는 110−70=40명이고, 석사학위 취득자의 차이는 85−60=25명으로 입학인원 차이가 석사학위 취득자보다 40−25=15명 더 많다.

② A~J대학 중 응시 대비 합격률이 가장 높은 로스쿨 3곳은 응시 대비 불합격률이 가장 낮은 3곳으로 A, C, E대학이며, 응시 대비 합격률은 각각 100−4.88=95.12%, 100−6.25=93.75%, 100−10.53=89.47%이다.

③ 입학자 중 석사학위 취득자 비율은 D대학$\left(\frac{104}{129}\times100≒80.6\%\right)$이 G대학$\left(\frac{95}{128}\times100≒74.2\%\right)$보다 80.6−74.2=6.4%p 더 높다.

⑤ A~J대학 전체 입학인원은 154+70+44+129+127+66+128+52+110+103=983명이고, D, E, F대학의 총 입학인원은 129+127+66=322명이다. 따라서 전체 입학인원 대비 D, E, F대학의 총 입학인원 비율은 $\frac{322}{983}\times100≒32.8\%$이다.

11

2011~2018년 가계대출이 전년 대비 가장 많이 증가한 해는 583.6−530=53.6조 원인 2016년도이다.

(단위 : 조 원)

구분	가계대출 증가액
2011년	427.1−403.5=23.6
2012년	437.5−427.1=10.4
2013년	450−437.5=12.5
2014년	486.4−450=36.4
2015년	530−486.4=43.6
2016년	583.6−530=53.6
2017년	621.8−583.6=38.2
2018년	640.6−621.8=18.8

[오답분석]

① 2012~2017년 주택담보대출의 전년 대비 증가액이 부동산담보대출 증가액보다 높지 않은 해는 2012년, 2013년, 2017년이다.

③ 부동산담보대출이 세 번째로 많은 해는 2016년이며, 이때의 주택담보대출은 가계대출의 $\frac{421.5}{583.6}\times100≒72.2\%$이다.

④ 2018년 주택담보대출의 2016년 대비 증가율은 $\frac{455-421.5}{421.5}\times100≒7.9\%$이고, 기업대출 증가율은 $\frac{584.3-539.4}{539.4}\times100≒8.3\%$이므로 기업대출 증가율이 더 높다.

⑤ 2015년 은행대출의 2010년 대비 증가율은 $\frac{(530+527.6)-(403.5+404.5)}{(403.5+404.5)}\times100=\frac{1,057.6-808}{808}\times100≒30.9\%$이다.

CHAPTER 03 2019년 기출문제 • 61

PART 2 PSAT형 5개년 기출문제

안심Touch

12

10월의 전기세는 기타 계절의 요금으로 구한다.
먼저 전기요금을 구하면 기본요금은 341kWh를 사용했으므로 1,600원이다.
전력량 요금은 341kWh을 사용했으므로 다음과 같다.
- 1단계 : $200\text{kWh} \times 93.3$원$/\text{kWh} = 18,660$원
- 2단계 : $141\text{kWh} \times 187.9$원$/\text{kWh} = 26,493.9$원

따라서 전기요금은 $1,600 + (18,660 + 26,493) = 1,600 + 45,153 = 46,753$원이고, 부가가치세는 $46,753 \times 0.1 ≒ 4,675$원, 전력산업기반기금은 $46,753 \times 0.037 ≒ 1,720$원이다.
그러므로 10월 청구금액은 $46,753 + 4,675 + 1,720 = 53,140$원이다.

13

제5조에 따르면 운영부서는 증빙자료와 함께 마일리지 적립현황을 분기마다 주관부서에 제출해야 하며, 주관부서는 이를 확인하여 매년 12월 31일까지 감사실에 제출해야 한다. 따라서 청렴마일리지 제도를 잘못 이해하고 있는 사람은 C주임이다.

[오답분석]
① 제4조 제4호에 따라 반부패・청렴 교육을 이수한 경우 청렴마일리지를 부여받을 수 있다. 그러나 A사원은 청렴마일지리를 받지 못했으므로 제6조 제2항에 따라 감사실장에 이의신청을 할 수 있다.
② 제7조 제1항에 따르면 적립된 청렴마일리지는 개인 및 부서별 포상에 활용할 수 있다.
④ 제6조 제1항에 따르면 감사실장은 신고된 내용에 대하여 사실 여부를 확인한 후 청렴마일리지를 부여한다.

14

각 상품의 가격은 다음과 같다.
- 상품 A
  - 포스터 : $(60+30) \times 10 + 90 = 990$원
  - 다이어리 : $(50+15) \times 40 + 70 = 2,670$원
  - 팸플릿 : $(20+30) \times 10 = 500$원
  - 도서 : $(60+20) \times 700 = 56,000$원
  → $990 + 2,670 + 500 + 56,000 = 60,160$원
- 상품 B
  - 포스터 : $(40+20) \times 15 = 900$원
  - 다이어리 : $(40+10) \times 60 + 50 = 3,050$원
  - 팸플릿 : $(40+40) \times 15 = 1,200$원
  - 도서 : $(80 \times 600) + (6 \times 90) = 48,000 + 540 = 48,540$원
  → $900 + 3,050 + 1,200 + 48,540 = 53,690$원
- 상품 C
  - 포스터 : $(80+35) \times 20 + 100 = 2,400$원
  - 다이어리 : $(20+5) \times 80 = 2,000$원
  - 팸플릿 : $(20+30) \times 16 = 800$원
  - 도서 : $(50+10) \times 800 = 48,000$원
  → $2,400 + 2,000 + 800 + 48,000 = 53,200$원
- 상품 D
  - 포스터 : $(100+40) \times 10 = 1,400$원
  - 다이어리 : $(60+20) \times 50 = 4,000$원
  - 팸플릿 : $(10+20) \times 12 + 20 = 380$원
  - 도서 : $(45 \times 900) + (9 \times 50) = 40,950$원
  → $1,400 + 4,000 + 380 + 40,950 = 46,730$원

따라서 상품 D가 46,730원으로 가장 저렴하다.

15

정답 ③

대·중소기업 동반녹색성장의 추진절차에 따르면 사업 설명회는 참여기업이 확정되기 전에 개최된다. 즉, 사업 설명회를 통해 참여를 원하는 기업의 의견을 수렴한 뒤 참여기업을 확정한다.

16

정답 ③

빈칸 앞 문장에서 변혁적 리더는 구성원의 욕구 수준을 상위 수준으로 끌어올린다고 하였으므로 구성원에게서 기대되었던 성과만을 얻어내는 거래적 리더십을 발휘하는 리더와 달리 변혁적 리더는 구성원에게서 보다 더 높은 성과를 얻어낼 수 있을 것임을 추론해볼 수 있다. 따라서 빈칸에 들어갈 내용으로는 '기대 이상의 성과를 얻어낼 수 있다.'는 ③이 가장 적절하다.

17

정답 ①

합리적 사고와 이성에 호소하는 거래적 리더십과 달리 변혁적 리더십은 감정과 정서에 호소하는 측면이 크다. 따라서 변혁적 리더십을 발휘하는 변혁적 리더는 구성원의 합리적 사고와 이성이 아닌 감정과 정서에 호소한다.

18

정답 ④

독일과 일본의 국방예산 차액은 461-411=50억 원이고, 영국과 일본의 차액은 487-461=26억 원이다. 따라서 영국과 일본의 차액은 독일과 일본의 차액의 $\frac{26}{50} \times 100 = 52\%$로 55% 미만이다.

오답분석

① 국방예산이 가장 많은 국가는 러시아(692억 원)이며, 가장 적은 국가는 한국(368억 원)으로 두 국가의 예산 차액은 692-368=324억 원이다.

② 사우디아라비아의 국방예산은 프랑스의 국방예산보다 $\frac{637-557}{557} \times 100 = 14.4\%$ 많다.

③ 인도보다 국방예산이 적은 국가는 영국, 일본, 독일, 한국, 프랑스이다.

⑤ 8개 국가 국방예산 총액은 692+637+487+461+411+368+559+557=4,172억 원이며, 한국이 차지하는 비중은 $\frac{368}{4,172} \times 100 = 8.8\%$이다.

19

정답 ③

여성 조사인구가 매년 500명일 때, 2016년도 '매우 노력함'을 택한 인원은 500×0.168=84명이고, 2017년도는 500×0.199=99.5명으로 2016년도에 비해 15.5명이 더 늘어났다.

오답분석

① 남성과 여성 모두 정확한 조사대상 인원이 나와있지 않으므로 알 수 없다.

② 2017년도에 모든 연령대에서 '노력 안함'의 비율이 가장 낮은 연령대는 40대이다.

④ 2017년 60대 이상 '조금 노력함'의 비율은 전년 대비 $\frac{30.7-31.3}{31.3} \times 100 = -1.9\%$만큼 감소했다.

⑤ 2016년 대비 2017년에 연령대별 '매우 노력함'을 선택한 비율은 50대와 60대 이상은 감소했다.

정답 ③

주어진 정보에 따라 지방상수도 현대화사업 우선추진 후보지들의 항목별 점수와 낙후점수를 산출하면 다음과 같다.

(단위 : 점)

구분	상수도 노후연수	운영수지 기대개선도	예상 유수율 향상도	시간당 누수량
A지역	12	16	20	8
B지역	16	18	17	5
C지역	20	16	15	10
D지역	8	14	17	5
E지역	12	16	17	2

구분	지자체 사업비 부담률	상수도 이용 인구수	낙후점수
A지역	6	12	74
B지역	9	9	74
C지역	9	9	79
D지역	12	6	62
E지역	9	6	62

낙후점수 최고점을 받은 것은 C지역이고, A지역과 B지역이 동점으로 그 다음 순위이다. A지역과 B지역의 상수도 노후연수와 운영수지 기대개선도 항목 점수의 합은 A지역은 12+16=28점, B지역은 16+18=34점으로 B지역이 높다. 따라서 C지역과 B지역이 선정된다.

정답 ②

변경된 점수부여 방식에 따라 지방상수도 현대화사업 우선추진 후보지들의 항목별 점수와 낙후점수를 산출하면 다음과 같다.

(단위 : 점)

구분	상수도 노후연수	운영수지 기대개선도	예상 유수율 향상도	시간당 누수량
A지역	12	16	15	8
B지역	16	18	12	5
C지역	20	16	9	10
D지역	8	14	12	5
E지역	12	16	12	2

구분	지자체 사업비 부담률	상수도 이용 인구수	낙후점수
A지역	14	12	77
B지역	14	9	74
C지역	14	9	78
D지역	17	6	62
E지역	17	6	65

따라서 낙후점수가 78점으로 가장 높은 C지역과, 그 다음으로 높은 77점을 받은 A지역이 우선추진지역으로 선정된다.

22

수정된 후보지 정보에 따라 지방상수도 현대화사업 우선추진 후보지들의 항목별 점수와 낙후점수를 산출하면 다음과 같다.

(단위 : 점)

구분	상수도 노후연수	운영수지 기대개선도	예상 유수율 향상도	시간당 누수량
A지역	12	16	15	8
B지역	16	18	12	5
C지역	20	16	9	5
D지역	8	14	12	5
E지역	12	18	12	8

구분	지자체 사업비 부담률	상수도 이용 인구수	낙후점수
A지역	14	12	77
B지역	14	9	74
C지역	14	9	73
D지역	17	6	62
E지역	17	9	76

수정된 정보에 따라 C지역의 시간당 누수량 점수가 10점에서 5점으로 변경되며, E지역의 운영수지 기대개선도 점수는 16점에서 18점으로, 시간당 누수량 점수는 2점에서 8점으로, 상수도 이용 인구수 점수는 6점에서 9점으로 상승한다.
따라서 낙후점수가 77점으로 가장 높은 A지역과, 그 다음으로 높은 76점을 받은 E지역이 우선추진지역이 된다.

23

싱가포르는 독일보다 수입금액은 적지만 수입중량이 크다.

[오답분석]

① 2014 ~ 2017년 동안 수출금액은 매년 감소했고, 수출중량 추이는 '감소 − 증가 − 감소'이다.

② 2017년 5개국 수입금액 총합은 $39,090+14,857+25,442+12,852+18,772=111,013$천 달러로 전체 수입금액에서 $\frac{111,013}{218,401} \times 100 ≒ 50.8\%$

를 차지한다.

③ 무역수지는 수출금액에서 수입금액을 뺀 것으로 2014년부터 2017년까지 무역수지는 다음과 같다.

연도	무역수지(천 달러)
2014년	$24,351-212,579=-188,228$
2015년	$22,684-211,438=-188,754$
2016년	$22,576-220,479=-197,903$
2017년	$18,244-218,401=-200,157$

따라서 매년 전년 대비 감소함을 알 수 있다.

⑤ 2017년 5개 국가에서 무역수지가 가장 낮은 국가는 미국이다.

구분	무역수지(천 달러)
미국	$518-39,090=-38,572$
중국	$6,049-14,857=-8,808$
말레이시아	$275-25442=-25,167$
싱가포르	$61-12,852=-12,791$
독일	$1-18,772=-18,771$

24

건설업체에서 외국인근로자 신규 1명을 고용하고자 도입위탁과 취업교육을 신청할 때, 도입위탁 신규 60,000원과 건설업 취업교육 224,000원이 든다. 따라서 총수수료는 60,000+224,000=284,000원이다.

오답분석

② 근로자 도입위탁 대행의 신규 입국자 수수료는 1인당 60,000원이므로 2명은 120,000원을 지불해야 한다.

③ 외국인 신규 입국자 2명을 민간 대행기관에 각종신청 대행 업무를 맡기려고 할 때, 입국 전・후 행정 대행료 61,000원씩을 내야 한다. 따라서 A씨는 총 61,000×2=122,000원을 지불할 것이다.

④ 제조업에 종사하는 D씨는 공단에 위탁업무를 맡겼다고 했으므로 근로자 도입위탁과 취업교육 비용을 모두 지불해야 한다. 1명은 재입국자이고, 2명은 신규 입국자이므로 총비용은 (119,000+60,000×2)+(195,000×3)=824,000원이다.

⑤ 서비스업체에서 신규 근로자 1명의 필수 및 선택 대행 업무를 모두 신청하여 드는 총비용은 60,000+195,000+61,000+72,000=388,000원이다.

25

모든 채널의 만족도가 4.0점 이상인 평가 항목은 없다.

오답분석

① 실생활 정보에 도움을 주는 프로그램의 척도는 내용 항목에서 알 수 있으므로 채널 중 WORK TV가 4.2점으로 만족도가 가장 높다.

② 가중치를 적용한 두 채널의 만족도 점수를 구하면 다음과 같다.
- 연합뉴스TV : (3.5×0.3)+(3.4×0.2)+(4.5×0.1)+(3.4×0.4)=3.54점
- JOBS : (3.8×0.3)+(3.0×0.2)+(3.1×0.1)+(3.2×0.4)=3.33점

따라서 JOBS는 연합뉴스 TV보다 3.54−3.33=0.21점 낮다.

③ 가중치는 전체 집단에서 개별 구성요소가 차지하는 중요도를 수치화한 값을 말한다. 따라서 만족도 평가 항목의 중요도는 가중치의 크기로 비교하면 '편의성 – 유익성 – 내용 – 진행'순으로 중요하다.

⑤ 직업방송 관련 채널 만족도 점수가 가장 높은 두 채널은 EBS(3.94점), 방송대학 TV(3.68점)이다.
- WORK TV : (3.4×0.3)+(4.2×0.2)+(3.5×0.1)+(3.1×0.4)=3.45점
- 연합뉴스 TV : (3.5×0.3)+(3.4×0.2)+(4.5×0.1)+(3.4×0.4)=3.54점
- 방송대학 TV : (3.5×0.3)+(3.0×0.2)+(4.3×0.1)+(4.0×0.4)=3.68점
- JOBS : (3.8×0.3)+(3.0×0.2)+(3.1×0.1)+(3.2×0.4)=3.33점
- EBS : (3.8×0.3)+(4.1×0.2)+(3.8×0.1)+(4.0×0.4)=3.94점

26

28일은 전문자격시험(물류관리사) 접수일이므로 이 날에만 전직원의 시외출장은 갈 수 없고, 29일은 전 직원이 외부출장을 갈 수 있다.

오답분석

① 9일 경영지도사 시험은 전문자격시험 시험일이므로 두 번째 조건에서 시험이 있는 주에는 책임자 한 명은 있어야한다. 따라서 다음날인 10일에 직원 모두 출장은 불가능하다.

② 17일은 전문자격시험에 해당되는 기술행정사 합격자 발표일이며, 네 번째 조건을 보면 전문자격시험 합격자 발표일에 담당자는 사무실에 대기해야 한다.

③ 19일은 토요일이며, 일곱 번째 조건을 보면 출장은 주중에만 갈 수 있다.

④ 세 번째 조건에서 전문자격시험 원서 접수일에는 출장을 갈 수 없다고 했으므로 23일은 기술행정사 시험 접수일로 외부출장을 갈 수 없다.

27

ㄴ. 구간길이가 두 번째로 긴 구간은 경부선의 영천IC – 옥천휴게소(157.7km)이며, 제한속도는 100km/h이다. 길이가 가장 짧은 구간은 울산선의 울산TG – 울산IC(1.6km)로 제한속도는 80km/h이다.

ㄷ. 중부내륙선 구간길이 합은 139.2+143.7+18.5=301.4km이고, 경부선 구간길이 합인 157.7+75.8+75.9=309.4km보다 8km 짧다.

오답분석

ㄱ. 제한최고속도가 100km/h인 구간은 경부선 2곳, 서해안선 1곳, 울산선 1곳, 수원광명선 1곳, 중부내륙선 2곳, 영동선 2곳, 중앙선 2곳으로 총 11곳이고, 110km/h인 구간은 경부선, 서해안선, 중부내륙선에 각각 1곳씩 있으므로 총 3곳이다. 따라서 100km/h인 구간은 110km/h인 구간의 $\frac{11}{3}$ ≒3.7배이다.

ㄹ. 제한최고속도가 80km/h인 구간의 길이 합은 1.6+22.8+5=29.4km이다.

28

국민연금 전체 운용수익률은 연평균기간이 짧을수록 5.24% → 3.97% → 3.48% → −0.92%로 감소하고 있다.

오답분석

① 2018년 운용수익률에서 기타부문은 흑자를 기록했다.
② 금융부문 운용수익률은 최근 평균으로 올수록 점차 감소하고 있다.
③ 공공부문의 경우 1988~2018년 전체 수치만 있으므로 알 수 없다.
⑤ 표에서는 기간별 연평균으로 분류하여 수익률을 나타내므로 매년 증가하고 있는지 알 수 없다.

29

기준소득월액이 468만 원 초과이므로 468만 원으로 적용하고, 지역가입자이므로 보험료율은 9%를 적용한다. 연금보험료는 4,680,000×0.09=421,200원이다.

오답분석

① 기준소득월액이 30만 원 미만이므로 30만 원으로 적용하고, 임의가입자이므로 보험료율은 9%를 적용한다. 연금보험료는 300,000×0.09=27,000원이다.
② 기준소득월액이 340만 원이고 사업장가입자이므로, 보험료율 9%를 적용하고 이의 절반인 4.5%를 납부한다. 연금보험료는 3,400,000×0.045=153,000원이다.
④ 기준소득월액이 130만 원인 임의가입자이므로 보험료율은 9%를 적용한다. 연금보험료는 1,300,000×0.09=117,000원이다.
⑤ 기준소득월액이 250만 원이고 사업장가입자이므로, 보험료율 9%를 적용하고 이의 절반인 4.5%를 납부한다. 연금보험료는 2,500,000×0.045=112,500원이다.

30

입원진료 시 본인부담률은 A씨의 딸이 15세이므로 요양급여비용총액의 5%를 부담하고, 식대는 총액의 50%를 부담한다. 또한 외래진료의 경우는 동지역이고, 일반 환자이므로 요양급여비용총액의 40%를 부담한다. 따라서 A씨가 지불해야하는 딸의 부담액은 40,000×20×0.05+3×20×4,500×0.5+20,000×15×0.4=40,000+135,000+120,000=295,000원이다.

31

ㄱ. 소재지는 동지역이고, 일반 의약분업 예외환자로 본인일부부담률은 '약값 총액의 30%+나머지 요양급여비용의 40%'이다. 부담액은 5만 원×0.3 +3만 원×0.4=2.7만 원이다.

ㄴ. 소재지는 읍지역이고, 임신부 일반 환자로 요양급여비용총액의 20%를 부담한다. 부담액은 5만 원×0.2=1만 원이다.

ㄷ. 소재지는 동지역이고, 1세 미만 일반 환자로 요양급여비용총액의 10%를 부담한다. 부담액은 (2+6)만 원×0.1=0.8만 원이다.

ㄹ. 소재지는 면지역이고, 1세 미만 의약분업 예외환자로 본인일부부담률은 '약값 총액의 21%+나머지 요양급여비용의 10%'이다. 부담액은 20만 원×0.21+7만 원×0.1=4.9만 원이다.

따라서 외래진료 시 부담액이 높은 순서는 'ㄹ－ㄱ－ㄴ－ㄷ'이다.

32

정답 ④

문서별 정리 일정에 따라 5월 달력에 각 문서정리가 해당되는 날을 나타내면 다음과 같다.

〈5월 달력〉

일요일	월요일	화요일	수요일	목요일	금요일	토요일
			1 A	2 A	3	4 B
5	6 D	7 F	8 A	9 A, E	10	11
12	13	14 F	15 A	16 A	17	18 B
19	20 D, E	21 F	22 A	23 A	24	25
26	27	28 F	29 A	30 A	31	

C문서는 A 또는 E문서를 정리하는 날에 같이 정리하므로, 이에 해당되는 날짜 중 3일만 하면 된다. 따라서 두 번째로 정리를 많이 한 문서는 F문서이다.

33

정답 ④

C문서 정리를 첫째 주에 할 수도 있고, 다섯째 주에도 할 수 있다. 따라서 3종류 이상 문서를 정리 하지 않은 주는 정확히 알 수 없다.

34

정답 ①

C문서를 14일 전까지 끝내기 위해서는 첫째 주와 둘째 주에 정리를 끝내야 한다. 이때, 첫째 주에는 F문서를 정리하지 않으므로 첫째 주에 1번, 둘째 주에 2번 정리하게 된다. 그러므로 C문서는 1일 또는 2일 중에 1번 정리하고, 둘째 주에는 8일과 9일에 각각 1번씩 정리한다. 따라서 첫째 주에는 4번, 둘째 주에는 7번, 셋째 주에는 4번, 넷째 주에는 5번, 다섯째 주에는 3번 문서를 정리한다.

35

정답 ③

32번 해설에서 정리한 달력을 참고하면 B, D문서는 격주로 문서를 정리한다.

오답분석

A문서는 일주일에 두 번, C문서는 한 달에 세 번, E문서는 한 달에 두 번, F문서는 일주일에 한 번 주기로 정리한다.

36
정답 ②

제시문에서는 건강 불평등 격차를 줄여 모든 국민의 건강권을 보장하고자 하는 네덜란드의 의료복지 정책에 대해 설명하며, 건강 불평등 격차가 큰 우리나라의 현재 상황을 제시하고 있다. 따라서 제시문의 뒤에 이어질 내용으로는 네덜란드의 보험 제도를 참고하여 우리나라의 건강 불평등 해소 방향을 생각해볼 수 있다는 ②가 가장 적절하다.

37
정답 ②

A사원이 용산역에서 7시 30분 이후에 출발한다고 하였으므로 07:45에 출발하는 KTX 781 열차를 탑승하고, 여수에 11:19에 도착한다. 여수 지사방문 일정에는 40분이 소요되므로 일정을 마치는 시각은 11:59이고, 12:00부터는 점심식사 시간이므로 13:00까지 식사를 한다. 식사를 마친 뒤 여수에서 순천으로 가는 열차는 13:05에 출발하는 KTX 712 열차를 탑승하고, 순천에 13:22에 도착한다. 순천 지사방문 일정에는 2시간이 소요되므로 일정을 마치는 시각은 15:22이다. 따라서 용산역으로 돌아오는 열차는 16:57에 출발하는 KTX 718 열차를 탑승할 수 있고, 이때 용산역 도착 시각은 19:31이다. 또한, 각 열차의 요금은 KTX 781 – 46,000원, KTX 712 – 8,400원, KTX 718 – 44,000원이므로 총 요금은 46,000+8,400+44,000 =98,400원이다.

38
정답 ①

오답분석

ㄱ. 2018년에 전력소비량이 가장 많은 지역은 경기지역이고, 두 번째로 많은 지역은 충남지역이다. 두 지역의 전력소비량 차이는 122,696−52,013 =70,683GWh이므로 충남지역의 전력소비량 52,013GWh보다 크다.

ㄴ. 2017년에 전력소비량이 가장 적은 지역은 세종지역이고, 세종지역은 2018년에도 전력소비량이 가장 적다.

ㄷ. • 2018년 부산지역과 인천지역의 전력소비량 합 : 21,217+24,922=46,139GWh
   • 2017년 부산지역과 인천지역의 전력소비량 합 : 21,007+24,514=45,521GWh
   따라서 서울지역의 2017년 전력소비량은 46,294GWh이고, 2018년 전력소비량은 47,810GWh이므로 2017년과 2018년에 부산지역과 인천지역의 전력소비량 합은 서울지역의 전력소비량보다 적다.

ㄹ. 전년 대비 2018년 전남지역의 전력소비량 증가율은 $\frac{34,118-33,562}{33,562}\times100≒1.7\%$이므로 1.5% 이상이다.

39
정답 ③

2017년과 2018년 2월부터 6월까지 전월 대비 전국 총 이동률 증감추이는 다음과 같다.
• 2017년 : 증가 – 감소 – 감소 – 증가 – 감소
• 2018년 : 증가 – 감소 – 감소 – 감소 – 감소
전월 대비 5월의 총 이동률 증감추이가 다르므로 옳지 않은 내용이다.

오답분석

① 전국 이동인구 및 이동률 표에서 총 이동률이 가장 높은 달은 2017년 2월(19.1%), 2018년 2월(17.7%)로 같다.
② 2018년에 전년 대비 시도별 총 전입자 수가 증가한 지역은 '인천, 광주, 대전, 세종, 경기, 강원, 충북, 충남, 전북'으로 총 9곳이다.
④ 2017년 전국 시도 내와 시도 간 이동률 차이는 다음과 같다.

(단위 : %p)

구분		시도 내와 시도 간 이동률 차이
2017년	1월	8.5−4.8=3.7
	2월	11.9−7.1=4.8
	3월	9.9−5.5=4.4
	4월	8.4−4.2=4.2
	5월	8.9−4.4=4.5
	6월	8.6−4.2=4.4
	7월	8.4−4.1=4.3

	8월	9.6−4.8=4.8
	9월	9.6−4.4=5.2
2017년	10월	8.4−3.8=4.6
	11월	9.7−4.4=5.3
	12월	9.3−4.8=4.5

따라서 2017년 전국 시도 내와 시도 간 이동률 차이는 매월 3%p 이상이다.

⑤ 지역별 순 이동인구의 부호를 보고 비교하면 된다. 양의 부호이면 총 전입자가 더 많은 것이고, 반대로 음의 부호이면 총 전출자가 많은 것이다. 순 이동인구가 (−)인 지역은 2017년에 9곳(서울, 부산, 대구, 광주, 대전, 울산, 전북, 전남, 경북)이며, 2018년은 12곳(2017년 9곳, 인천, 강원, 경남)이고, (+)인 지역은 2017년 7곳, 2018년 5곳으로 2017년과 2018년 모두 총 전출자 수가 많은 지역이 총 전입자 수가 많은 지역보다 많다.

40

정답 ①

2017년 순 이동인구 절댓값이 세 번째로 많은 지역은 경기, 서울 다음으로 세종이다. 세종의 전년 대비 2018년 총 전입자 증감률을 구하면 $\frac{85-81}{81} \times 100 ≒ 4.9\%$, 총 전출자 증감률을 구하면 $\frac{54-49}{49} \times 100 ≒ 10.2\%$이다.

CHAPTER 04 2018년 기출문제 정답 및 해설

01	02	03	04	05	06	07	08	09	10	11	12	13	14	15	16	17	18	19	20
②	③	③	④	④	⑤	①	①	⑤	②	②	④	③	③	③	②	①	③	②	①
21	22	23	24	25	26	27	28	29	30	31	32	33	34	35	36	37	38	39	40
⑤	③	①	④	⑤	③	④	⑤	④	③	①	②	①	③	②	⑤	⑤	④	④	④

01
정답 ②

에너지 신산업 분야 4개 기업이 에너지 데이터 공유 시범사업을 추진하기로 업무협약을 체결한 것은 산업통상자원부가 아니라 한국전력공사이다.

02
정답 ③

혼잡한 시간대에도 같은 노선의 앞차를 앞지르지 못하는 유연하지 않은 버스 운행 규칙으로 인해 버스의 배차 간격이 일정하지 않은 문제가 나타났다.

03
정답 ③

겨울철 이상한파 현상은 지구온난화로 인해 북극의 찬 공기를 가두던 북극의 제트기류가 약해져 북극의 찬 공기가 우리나라 근처까지 흘러와 발생한다. 즉, 겨울철 이상한파 현상은 북극의 제트기류가 아닌 북극의 찬 공기로 인해 발생한다.

04
정답 ④

고용노동부는 일자리사업 개선을 위해 성과평가 결과에 따라 성과가 좋은 사업의 예산은 늘리고, 성과가 낮은 사업의 예산은 줄이는 것을 원칙으로 평가결과를 예산에 반영한다.

05
정답 ④

모듈러 로봇은 외부 자극에 대한 반응이 제대로 작동되지 않는 부분을 다른 모듈로 교체하거나 제거하는 작업을 통해 스스로 치유할 수 있는 것이 특징이다.

06
정답 ⑤

'Eye Love 천사 Project' 사업 기금은 국내외 실명위기 환자들이 안과 수술을 통해 실명을 예방하고 일상생활을 할 수 있도록 수술비를 지원하는 한전의 사회공헌활동이다. 따라서 이미 실명한 환자는 해당하지 않는다.

07

오답분석

㉠ MOU는 어떠한 거래를 시작하기 전에 쌍방 당사자의 기본적인 이해를 담기 위해 진행되는 것으로 체결되는 내용에 법적 구속력을 갖지 않는 것이 일반적이다.

㉡ 본문에서 제시한 MOU는 국가가 아니라 기업 간 협약이다.

㉢ EVNEPS사는 2016년 설립되었으며, 베트남전력공사 산하기관인 EVNGENCO3사의 자회사로서 EVNGENCO3사 소유의 발전소 유지보수를 수행하고 있다.

㉣ 양해각서는 발전소 운전 및 정비 그리고 기술인력 교육 등 양사 간 사업협력과 인적교류를 주요 내용으로 하고 있다.

08

제시된 글은 치매의 정의, 증상, 특성 등을 말하고 있으므로 '치매의 의미'가 글의 주제로 적절하다.

09

사무실에서 P지점에 있는 거래처까지는 오른쪽으로 2칸, 위로 5칸으로 총 7칸이므로 17.5km이다. P지점에 있는 거래처에서 Q지점에 있는 거래처까지는 오른쪽으로 6칸, 위로 5칸으로 총 11칸이므로 27.5km이다. 즉, 사무실에서 P지점의 거래처를 들러 Q지점의 거래처까지의 거리는 45km이다.

• A차량에 주유할 때
  A차량의 연비는 15km/L이므로 총 3L의 휘발유를 주유해야 한다. 이때, 휘발유의 리터당 가격은 1,563원이므로 총 주유비는 4,689원이다.
• B차량에 주유할 때
  B차량의 연비는 13km/L이므로 총 3.5L의 경유를 주유해야 한다. 이때, 경유의 리터당 가격은 1,403원이므로 총 주유비는 4,910.5원이다.
• C차량에 주유할 때
  C차량의 연비는 9km/L이므로 총 5L의 LPG를 주유해야 한다. 이때, LPG의 리터당 가격은 904원이므로 총 주유비는 4,520원이다.

10

2016년도 휴대전화 스팸 수신량은 2015년도보다 0.34-0.33=0.01통이 많으며, 2017년도에는 2015년도보다 0.33-0.32=0.01통이 적다. 따라서 증가량과 감소량이 0.01통으로 같음을 알 수 있다.

오답분석

① 2015년부터 2017년까지 휴대전화 스팸 수신량은 2016년도에는 증가하고 다음해에 감소했으며, 이메일 스팸 수신량은 계속 감소했다.

③ 전년도 대비 이메일 스팸 수신량 감소율은 2015년도에 $\frac{1.06-1.48}{1.48} \times 100 ≒ -28.4\%$, 2016년도에 $\frac{1.00-1.06}{1.06} \times 100 ≒ -5.7\%$로 2015년도 감소율이 2016년도의 약 5배이므로 옳지 않다.

④ 휴대전화 스팸 수신량이 가장 적은 해는 2017년도이다.

⑤ 2013년도의 이메일 스팸 수신량은 1.16통으로 휴대전화 스팸 수신량의 2.5배인 약 1.33통보다 작다.

11

㉠ 2017년 통합SMP는 2016년보다 81.77-77.06=4.71원/kWh 상승했다.

㉣ 2016년 대비 2017년 제주SMP의 상승률 : $\frac{119.72-91.77}{91.77} \times 100 ≒ 30.46\%$

  즉, 2017년 제주SMP는 전년 대비 33% 미만 상승하였다.

ⓒ 2011 ~ 2017년 SMP 추이를 보면 2012년 통합SMP는 160.83원/kWh이며 2016년까지 계속 하락했음을 확인할 수 있다.
ⓓ 2011 ~ 2017년 제주와 육지의 SMP 추이를 보면 2015년 제주SMP는 육지SMP보다 큰 폭으로 하락했음을 쉽게 확인할 수 있다.

2011 ~ 2017년 SMP 추이를 이용해 2014년 대비 2015년 제주와 육지의 SMP 하락폭을 계산하면 다음과 같다.
  • 제주 : 195.87 − 125.83 = 70.04원/kWh
  • 육지 : 141.78 − 101.54 = 40.24원/kWh

12

정답 ④

• 2018년 육지의 예상 SMP : 81.39 × 1.12 ≒ 91.15원/kWh
• 2018년 제주의 예상 SMP : 119.72 × 1.25 = 149.65원/kWh

13

정답 ③

2분기의 선호 장르인 공포의 월 수익은 50% 증가, 월 손해는 50% 감소해서 계산해야 한다.

• SF : $\dfrac{5+6+4-7}{4}$ = 2억 원

• 공포 : $\dfrac{-1+4.5-2+1.5}{4}$ = 0.75억 원

• 코미디 : $\dfrac{6+4-1+8}{4}$ = 4.25억 원

• 로맨스 : $\dfrac{2+0+3+1}{4}$ = 1.5억 원

따라서 C영화관이 2분기 기대수익의 평균을 가장 크게 하려면 코미디물을 선택해야 한다.

14

정답 ③

소비자들은 3분기에 코미디물과 로맨스물 둘 다 선호한다고 하였으므로 이를 고려하여 3분기 월 수익을 정리하면 다음과 같다.

구분		C영화관			
		SF	공포	코미디	로맨스
L영화관	SF	(3, 5)	(4, −2)	(−1, 9)	(0, 3)
	공포	(−1, 6)	(2, 3)	(7, 6)	(−4, 0)
	코미디	(9, 4)	(12, −4)	(3, −0.5)	(7.5, 4.5)
	로맨스	(4.5, −7)	(7.5, 1)	(−2, 12)	(3, 1.5)

L영화관과 C영화관의 기대수익 차의 절댓값을 구하면 다음과 같다.

구분		C영화관			
		SF	공포	코미디	로맨스
L영화관	SF	|3−5|=2	|4−(−2)|=6	|−1−9|=10	|0−3|=3
	공포	|−1−6|=7	|2−3|=1	|7−6|=1	|−4−0|=4
	코미디	|9−4|=5	|12−(−4)|=16	|3−(−0.5)|=3.5	|7.5−4.5|=3
	로맨스	|4.5−(−7)|=11.5	|7.5−1|=6.5	|−2−12|=14	|3−1.5|=1.5

따라서 L영화관이 코미디물을, C영화관이 공포물을 상영할 때, 기대수익 차이가 가장 크다.

15

- 갑 : $(56×0.3)+(82×0.4)+(67×0.06)+(20×0.04)+(92×0.2)=72.82$점
- 을 : $(70×0.3)+(43×0.4)+(67×0.06)+(100×0.04)+(88×0.2)=63.82$점
- 병 : $(81×0.3)+(73×0.4)+(100×0.06)+(40×0.04)+(63×0.2)=73.7$점
- 정 : $(67×0.3)+(55×0.4)+(33×0.06)+(100×0.04)+(95×0.2)=67.08$점

따라서 성과급 점수의 총합이 가장 높은 사람은 병이다.

16

- 갑 : $(56×0.3)+(82×0.4)+(92×0.3)=77.2$점 → 180만 원+10만 원($\because$ 자격증)=190만 원
- 을 : $(70×0.3)+(43×0.4)+(88×0.3)=64.6$점 → 110만 원+10만 원($\because$ 자격증)=120만 원
- 병 : $(81×0.3)+(73×0.4)+(63×0.3)=72.4$점 → 150만 원+10만 원($\because$ 자격증)=160만 원
- 정 : $(67×0.3)+(55×0.4)+(95×0.3)=70.6$점 → 150만 원

따라서 성과급을 가장 많이 받는 사람은 갑이고, 갑의 성과급은 190만 원이다.

17

충남 지역의 발전설비와 발전량은 가장 많지만, 전력판매량은 경기 지역이 더 많다.

[오답분석]

② 발전설비가 가장 적은 지역은 대전으로, 발전량도 186,769MWh로 가장 적다.
③ 발전량이 1,000,000MWh 미만인 지역은 서울, 광주, 대전으로 3개이다.
④ 전력판매량의 평균은 $(46,493+20,467+15,268+23,876+8,558+9,380+32,095+109,424+16,499+24,009+48,454+22,734+33,097$
  $+44,648+34,497+4,738+2,802)÷17≒29,238$GWh이다.
⑤ 자료를 통해 확인할 수 있다.

18

- 베를린에 도착한 시각

한국시각		11월 2일 오전 10시 45분
소요시간	+	17시간 45분
시차	−	8시간
	=	11월 2일 오후 8시 30분

- 인천에서 베를린까지 소요시간

(인천 → 런던)		10시간 55분
(런던 경유시간)	+	4시간 45분
(런던 → 베를린)	+	2시간 05분
	=	17시간 45분

19

전년도 대비 소각 증가율은 다음과 같다.

• 2016년 : $\frac{11,604-10,609}{10,609} \times 100 ≒ 9.4\%$

• 2017년 : $\frac{12,331-11,604}{11,604} \times 100 ≒ 6.3\%$

전년도 대비 2016년도 소각 증가율은 2017년도 소각 증가율의 2배인 약 12.6%보다 작으므로 옳지 않다.

오답분석

① 매년 재활용량은 전체 생활 폐기물 처리량 중 50% 이상을 차지한다.
③ 5년간 소각량 대비 매립량 비율은 다음과 같다.

• 2014년 : $\frac{9,471}{10,309} \times 100 ≒ 91.9\%$

• 2015년 : $\frac{8,797}{10,609} \times 100 ≒ 82.9\%$

• 2016년 : $\frac{8,391}{11,604} \times 100 ≒ 72.3\%$

• 2017년 : $\frac{7,613}{12,331} \times 100 ≒ 61.7\%$

• 2018년 : $\frac{7,813}{12,648} \times 100 ≒ 61.8\%$

따라서 매년 소각량 대비 매립량 비율은 60% 이상임을 알 수 있다.
④ 2014년부터 2017년까지 매립량은 감소하고 있다.

⑤ 2018년도 재활용된 폐기물량 비율은 $\frac{30,454}{50,915} \times 100 ≒ 59.8\%$로 2014의 소각량 비율인 $\frac{10,309}{50,906} \times 100 ≒ 20.3\%$의 3배인 60.9%보다 작으므로 옳다.

20

〈보기〉의 사례에 적용된 원칙은 트리즈의 3가지 분리 원칙 중 '전체와 부분의 분리'이다. 이는 모순되는 요구를 전체와 부분에 따라 분리해서 상반되는 특성을 모두 만족시키는 원리로, 〈보기〉에서는 안테나 전체의 무게를 늘리지 않고 가볍게 유지하면서 안테나의 한 부분인 기둥에는 눈이 달라붙도록 하여 지지대를 강화하였다. ①의 경우 자전거 전체로 동력을 전달하기 위해서는 유연해야 하고, 부분적으로는 내구성을 갖추기 위해 단단해야 하는 2개의 특성을 지님으로써 '전체와 부분의 분리' 사례로 적합하다.

오답분석

②·④ '시간에 의한 분리'에 대한 사례이다.
③·⑤ '공간에 의한 분리'에 대한 사례이다.

21

북쪽 방향 활주로는 06, 32L, 32R, 33L, 33R, 34, 36으로 모두 7개이고, 남쪽 방향 활주로는 14, 15R, 15L, 16, 18, 24로 모두 6개이다. 따라서 북쪽 방향 활주로의 개수가 더 많다.

오답분석

① 남동쪽은 09 초과 18 미만 사이의 숫자로 A공항이 3개(15R, 15L, 16), B공항이 1개(14)이다.
② A공항은 15(R/L), 33(R/L)으로 같은 방위의 활주로를 가장 많이 보유하고 있다.
③ 활주로 운영등급의 최고 등급은 CAT - Ⅲc이다.
④ B공항은 CAT - Ⅲb등급으로 결심고도 15m 미만에 해당한다. 따라서 DH 15m 미만에서 활주로 또는 주변 시각참조물 식별이 가능한 경우 착륙이 가능한 공항은 B이다.

22

환자가 의사능력이 있는 경우엔 사전에 작성한 사전연명의료의향서를 바탕으로 연명의료중단을 결정할 수 있지만, 환자가 의사능력이 없을 경우 사전연명의료의향서를 이전에 작성했다 하더라도 담당의사의 판단만으로 연명의료를 중단할 수 없다.

오답분석

① 연명의료중단등결정을 이행하기 이전에 담당의사는 먼저 ① 이행 대상 환자인지 판단하고, ② 의료중단등결정에 관한 해당 환자의 의사를 확인하는 단계를 거쳐야 한다.
② 이행 대상 환자 판단 과정에서 담당의사와 해당 분야 전문의 1명은 해당 환자가 임종과정에 있는지 여부를 판단하여야 한다.
④ 담당의사는 연명의료중단 이행을 거부할 수 있으며 이행 거부를 이유로 담당의사에게 해고나 그 밖의 불리한 처우를 해서는 안 된다.

23

환자가족은 19세 이상이어야 하며, 실종신고가 되었거나 행방불명 사실이 신고된 날부터 3년 이상 경과한 사람, 자신의 의사를 표현할 수 없는 사람은 환자가족의 범위에서 제외된다. 따라서 미성년자인 막내아들의 경우 환자가족의 범위에서 제외된다.

24

H대리 가족은 어른 2명과 어린이 2명이므로, 보기에 해당하는 교통수단 이용순서에 따라 〈조건〉에 부합하는 요금을 계산하면 다음 표와 같다.

구분	교통수단	비용		
		어른	어린이	총 비용
①	지하철 → 지하철 → 기차	(1,850원+1,250원+4,800원)×2명 =15,800원	1,850원×0.4+1,250원×0.4+4,800원 ×0.5×2명=6,040원	21,840원
②	버스 → 지하철 → 기차	(2,500원+1,250원+4,800원)×2명 =17,100원	2,500원×0.2+1,250원×0.4+4,800원 ×0.5×2명=5,800원	22,900원
③	지하철 → 버스 → 기차	(1,850원+1,200원+4,800원)×2명 =15,700원	1,850원×0.4+1,200원×0.2+4,800원 ×0.5×2명=5,780원	21,480원
④	기차 → 버스 → 지하철	(2,700원+1,200원+2,150원)×2명 =12,100원	2,700원×0.5×2명+1,200원×0.2+2,1 50원×0.4=3,800원	15,900원
⑤	기차 → 지하철 → 지하철	(2,700원+1,250원+2,150원)×2명 =12,200원	2,700원×0.5×2명+1,250원×0.4+2,1 50원×0.4=4,060원	16,260원

따라서 수원역에서 가평역까지 소요시간에 상관없이 기차를 한 번 이용하여 최소비용으로 가는 방법은 '기차 → 버스 → 지하철'이며, 비용은 15,900원임을 알 수 있다.

25

교통수단 순서에 소요시간 및 총 비용은 다음과 같다.

구분	교통수단	소요시간	총 비용
①	지하철 → 지하철 → 기차	63분+18분+38분=119분	21,840원
②	버스 → 지하철 → 기차	76분+18분+38분=132분	22,900원
③	지하철 → 버스 → 기차	63분+40분+38분=141분	21,480원
④	기차 → 버스 → 지하철	32분+40분+77분=149분	15,900원
⑤	기차 → 지하철 → 지하철	32분+18분+77분=127분	16,260원

따라서 소요시간이 120분 ~ 140분인 교통수단 순서는 ② · ⑤이며, 그중 최소비용은 ⑤ '기차 → 지하철 → 지하철'의 16,260원이다.

26

정답 ③

A ~ C길을 이용할 때 드는 비용(통행료+총 주유비)은 다음과 같다.
A길 : 4,500원+124원/km×98.28km≒16,690원
B길 : 4,400원+124원/km×97.08km≒16,440원
C길 : 6,600원+124원/km×102.35km≒19,290원
따라서 최대비용 C길과 최소비용 B길의 금액차이는 19,290원−16,440원=2,850원이다.

27

정답 ④

언택트 기술이 낳을 수 있는 문제에 대응하기 위해서는 인간 중심의 비대면 접촉이 이루어져야 한다. 인력이 불필요한 곳은 기술로 대체하되, 보다 대면 접촉이 필요한 곳에 인력을 재배치해야 한다는 것이다. 따라서 될 수 있는 한 인력을 언택트 기술로 대체해야 한다는 ④는 글의 내용과 일치하지 않는다.

28

정답 ⑤

'언택트 마케팅'에 사용되는 기술의 보편화는 디지털 환경에 익숙하지 않은 고령층을 소외시키는 '언택트 디바이드'와 같은 문제를 낳을 수 있다. 따라서 ⑤는 언택트 마케팅의 확산 원인으로 적절하지 않다.

29

정답 ④

언택트 마케팅은 전화 통화나 대면 접촉에 부담을 느끼는 이들이 증가함에 따라 확산되고 있는 것으로, ④ 24시간 상담원과의 통화연결은 언택트 마케팅의 사례로 보기 어렵다. 오히려 채팅앱이나 메신저를 통한 24시간 상담 등을 언택트 마케팅의 사례로 볼 수 있다. ①·②·③·⑤는 언택트 마케팅의 대표적인 사례이다.

30

정답 ③

보조배터리는 기내 수하물(가지고 타는 짐)에 반입 가능하며 반입기준은 항공사마다 다를 수 있다.

오답분석

① 타인이 수하물 운송을 부탁할 경우 사고 위험이 있으므로 반드시 거절해야 한다.
② 카메라, 귀금속류 등 고가의 물품은 직접 휴대할 것을 권하고 있다.
④ 대형 수하물의 규격은 (A)가로 45cm+(B)세로 90cm+(C)폭 70cm 이상이며, 무게가 50kg 이상일 경우 해당된다.
⑤ 항공기 내 반입 금지 물품이 발견될 경우에만 수하물검사실에서 개봉검색을 시행한다.

31

정답 ①

K씨 가족은 4명이므로 4인승 이상의 자동차를 택해야 한다. 2인승인 B자동차를 제외한 나머지 4종류 자동차의 주행거리에 따른 연료비용은 다음과 같다.

• A자동차 : $\frac{140}{25} \times 1,640 ≒ 9,180$원

• C자동차 : $\frac{140}{19} \times 1,870 ≒ 13,780$원

• D자동차 : $\frac{140}{20} \times 1,640 = 11,480$원

• E자동차 : $\frac{140}{22} \times 1,870 = 11,900$원

따라서 K씨 가족은 A자동차를 이용하는 것이 가장 비용이 적게 든다.

32

각 연령대별 총 일자리 수가 표에 나와 있으므로 각각에 해당되는 총 일자리 수와 비율을 곱하여 일자리 개수를 구할 수 있다.
20 ~ 29세 여성의 신규채용일자리 수는 330.5만×0.244=80.642개이며, 50 ~ 59세 남성의 지속일자리 수는 531.6만×0.449=238.6884개이다.
따라서 두 일자리 수 차이는 238.6884−80.642=158.0464개로, 약 158.0만 개이다.

33

정답 ①

40 ~ 49세 남성의 총 일자리 수는 45.6+14.1=59.7이다. 그러므로 40대 남성 총 일자리 수는 617.8만×0.597=368.8266개이다. 또한, 40대 남성 지속일자리 수는 617.8만×0.456=281.7168개이다.

따라서 40대 남성 총 일자리 수 대비 지속일자리 수의 비율은 $\frac{281.7168}{368.8266}\times100≒76.4\%$이다.

34

정답 ③

ㄱ. 49세까지 남성 지속일자리 비율은 증가하고 있으나 신규채용일자리 비율은 감소하고 있으므로, 두 항목의 증감추세는 반대임을 알 수 있다.
ㄴ. 30 ~ 59세 여성 지속일자리 비율과 신규채용일자리 비율의 증감추세는 '증가 − 감소'로 같음을 알 수 있다.
ㄹ. 40대 남성 신규채용일자리 대비 여성 신규채용일자리 비율은 $\frac{11.7}{14.1}\times100≒83.0\%$. 따라서 80% 이상이다.

오답분석

ㄷ. 20대 총 일자리 수는 40대 총 일자리 수의 $\frac{330.5}{617.8}\times100≒53.5\%$로, 55% 미만이다.

35

정답 ②

A ~ E의 조건별 점수를 구하면 아래와 같다.

구분	직급	직종	호봉	근속연수	동반가족 (실제동거)	주택유무	합계
A	3점 (대리)	5점 (사무)	1.5점 (3호봉)	3점 (3년)	7점 (1명)	10점	29.5점
B	1점 (사원)	10점 (기술)	0.5점 (1호봉)	1점 (1년)	14점 (2명)	10점	36.5점
C	4점 (과장)	10점 (연구)	3점 (6호봉)	7점 (7년)	21점 (3명)	0점	45점
D	2점 (주임)	5점 (사무)	1점 (2호봉)	2점 (2년)	28점 (4명)	10점	48점
E	5점 (차장)	10점 (기술)	2점 (4호봉)	7점 (7년)	35점 (5명)	0점	59점

따라서 D와 E가 사택을 제공받을 수 있다.

36

정답 ⑤

세계 각국에서는 기존 교류 방식의 발전·송전·배전 시스템을 모두 직류 방식으로 구축하려는 시도를 펼치고 있다고 하였다.

37

태양광 발전으로 만든 전기를 일반 교류 방식 가전제품에서 쓰려면 전력 손실을 감수하고 변환 과정을 거쳐야 한다. 가전제품 중 일부 핵심부품은 직류 방식을 도입하고 있기에 내부에서는 교류로 들어온 전류를 직류로 다시 변환하는 과정을 수행한다. 이 과정에서 5 ~ 15% 가량 전력 손실이 발생한다. 친환경 발전 시스템에서는 직류 방식의 전기가 생산되기 때문에 일반 가전제품에서 손실 없이 전기를 사용하기 위해서는 완전한 직류 방식 도입이 필요하다.

38

ㄴ. 2016년 대비 2017년 외국인 관람객 수의 감소율 : $\dfrac{3,849-2,089}{3,849} \times 100 = 45.73\%$이다. 따라서 2017년 외국인 관람객 수는 전년 대비 43% 이상 감소하였다.

ㄹ. 제시된 그래프를 보면 2015년과 2017년 전체관람객 수는 전년보다 감소했으며, 증가폭은 2014년이 2016년보다 크다. 그래프에 제시되지 않은 2011년, 2012년, 2013년의 전년 대비 전체관람객 수 증가폭과 2014년의 전년 대비 전체관람객 수 증가폭을 비교하면 다음과 같다.
- 2011년 : $(6,805+3,619)-(6,688+3,355)=381$천 명
- 2012년 : $(6,738+4,146)-(6,805+3,619)=460$천 명
- 2013년 : $(6,580+4,379)-(6,738+4,146)=75$천 명
- 2014년 : $(7,566+5,539)-(6,580+4,379)=2,146$천 명

따라서 전체관람객 수가 전년 대비 가장 많이 증가한 해는 2014년이다.

[오답분석]

ㄱ. 제시된 자료를 통해 확인할 수 있다.

ㄷ. 제시된 그래프를 보면 2014 ~ 2017년 전체관람객 수와 유료관람객 수는 증가 – 감소 – 증가 – 감소의 추이를 보인다.

39

- 2018년 예상 유료관람객 수 : $5,187\times1.24 = 6,431$천 명
- 2018년 예상 무료관람객 수 : $3,355\times2.4=8,052$천 명
 ∴ 2018년 예상 전체관람객 수 : $6,431+8,052=14,483$천 명
- 2018년 예상 외국인관람객 수 : $2,089+35=2,124$천 명

40

임산부가 임신·출산 진료비를 지원받기 위해서는 공단에 직접 방문하여 신청서를 접수해야 했으나, 2017년 1월 이후 공단 홈페이지를 통해 온라인 지원신청이 가능해졌으므로 ④는 올바르지 않다.

2017년 기출문제 정답 및 해설

01	02	03	04	05	06	07	08	09	10	11	12	13	14	15	16	17	18	19	20
②	②	②	①	①	①	⑤	④	③	①	③	④	②	②	⑤	③	②	③	①	①
21	22	23	24	25	26	27	28	29	30	31	32	33	34	35	36	37	38	39	40
⑤	④	③	⑤	③	④	④	③	③	①	④	③	③	②	④	①	④	③	②	③

01
정답 ②

비트코인은 인터넷 환전사이트에서 구매 가능하며, 현금화할 수 있다.

[오답분석]
① 비트코인의 총발행량은 2,100만 개로 희소성을 가지고 있으며 2017년 12월 기준 전체의 약 80%가 채굴되었다.
③ 비트코인을 얻기 위해서는 컴퓨팅 파워와 전기를 소모해서 어려운 수학 문제를 풀어야 한다.
④ 비트코인은 통화를 발행하고 통제하는 중앙통제기관이 존재하지 않는 구조를 가지고 있다.

02
정답 ②

제시문은 알파고, 인공지능, 3당 대표연설에 대한 전제를 시작으로 널리 일반화되어 있는 4차 산업혁명을 소개하고 있다. 그러나 이렇게 보편적으로 언급되는 4차 산업혁명에 대해 얼마나 알고 있는지 의문을 제시하며 클라우스 슈바프 회장의 의견을 통해 4차 산업혁명이 기존의 산업혁명들과 다른 이유를 설명하고 있다. 따라서 ②가 적절한 제목으로 볼 수 있다.

03
정답 ②

제시문에서 사물인터넷은 인터넷을 기반으로 사람과 사물, 사물과 사물 간에 정보를 상호 소통함을 설명하고 있다. 소셜 미디어는 이용자 간의 상호작용적 참여와 커뮤니케이션을 설명하고 있기 때문에 사람과 사람 간에 정보를 설명하고 있어 사물인터넷 사례로 적절하지 않다.

[오답분석]
① 사용자의 정보를 통해 전기와 난방 등을 관리하므로 사람과 사물의 상호 소통으로 볼 수 있다.
③ 버스와 전광판의 정보 교환으로 사물과 사물의 상호 소통으로 볼 수 있다.
④ 스마트키와 차 문의 정보 교환으로 사물과 사물의 상호 소통으로 볼 수 있다.

04

마지막 구간의 도로 길이를 구하면 다음과 같다.

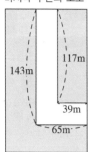

조건에 의해 직원과 직원 사이의 거리는 양쪽 도로에서 모두 같아야 하므로 117, 39, 143, 65의 최대공약수를 구해야 한다. 117, 39, 143, 65의 최대공약수는 13이므로 13m 간격으로 직원을 세우면 된다.

양 끝과 꼭짓점에 반드시 한 명의 직원을 세워야 하므로 안쪽 도로에 배치될 인원수는 $\frac{117+39}{13}+1=13$명이다.

바깥쪽 도로에 배치될 인원수는 $\frac{143+65}{13}+1=17$명이다.

총인원은 30명이고 이에 책정된 비용이 150만 원이므로 150만 원÷30명=5만 원이다.

따라서 한 사람당 받을 수 있는 일당은 5만 원이다.

05

크기는 $2.5\text{m}\times1.2\text{m}=3\text{m}^2$이고, 기본 판($2\text{m}^2$)을 초과하는 나머지 부분($1\text{m}^2$)에 대해 3,000원씩 추가되므로 $1\text{m}^2\times3,000$원/$\text{m}^2=3,000$원이 추가된다. 즉, 배너 크기에 관한 비용은 15,000+3,000=18,000원이다. 그리고 배너는 3색으로 디자인되었기 때문에 3,000원이 추가된다. 또한 요청서를 보낸 날은 월요일이고 행사 일정상 같은 주 금요일까지 완료해달라고 하였으므로 일주일 내로 완성해야 하는 경우 부과되는 10% 수수료도 포함된다. 여기에 배송료 3,000원을 더해 배너 제작 비용을 계산하면 $(18,000+3,000)\times1.1+3,000=26,100$원이다.

06

대우조선은 지난달에 이어 이달에도 200여 명이 무급휴직에 들어가지만 지난달 첫 무급휴직자 대상자들은 이달부터 전원 업무에 복귀했다.

07

• A씨 부부의 왕복 비용 : $(59,800\times2)\times2=239,200$원
• 만 6세 아들의 왕복 비용 : $(59,800\times0.5)\times2=59,800$원
• 만 3세 딸의 왕복 비용 : $59,800\times0.25=14,950$원

따라서 A씨 가족이 지불한 교통비는 239,200+59,800+14,950=313,950원이다.

08

직급에 따른 업무항목별 계산식에 따르면 B차장의 업무평점은 $(80\times0.3)+(85\times0.2)+(90\times0.5)=86$점이다.

09

직급에 따른 업무항목별 계산식에 따르면 A사원의 업무평점은 $(86\times0.5)+(70\times0.3)+(80\times0.2)=80$점이고, 승진심사 평점은 업무(80%)+능력(10%)+태도(10%)이므로 $(80\times0.8)+(80\times0.1)+(60\times0.1)=78$점이다.

10

VM팀은 경영기획관리부서에서 함께 관리한다고 하였으므로 4층이 아닌 5층에 배정된다. 4층에는 디자인, 마케팅, 영업기획, 영업관리팀이 속한다.

11

VM팀은 5층에 있으므로 첫 번째 번호는 5, VM을 한글로 변환하면 '비주얼 마케팅'이므로 'ㅂ'에 해당하는 자리는 3, 대리에 부여되는 번호도 3이므로 VM팀의 H대리의 내선번호는 00-533이다.
총무팀은 6층에 있으므로 첫 번째 번호는 6, 'ㅊ'에 해당하는 자리는 4, 사원에 부여되는 번호도 4이므로 총무팀 A사원의 내선번호는 00-644이다.

12

다영이가 입사한 3월 24일은 넷째 주 수요일이므로 가장 빠르게 이수할 수 있는 교육은 홀수달 셋째, 넷째 주 목요일에 열리는 'Excel 쉽게 활용하기'이다. 이후에 가장 빠른 것은 매월 첫째 주 목요일에 열리는 'One page 보고서 작성법'이지만 교육비가 각각 20만 원, 23만 원으로 지원금액인 40만 원을 초과하기 때문에 신청할 수 없다. 그 다음으로 빠른 것은 짝수달 첫째 주 금요일에 열리는 '성희롱 예방교육'으로 교육비는 15만 원이다. 총 교육비는 35만 원으로 지원금액을 만족한다. 따라서 다영이가 지원금액 안에서 가장 빠르게 신청할 수 있는 강의는 ④이다.

13

일정표에 따라 겹치는 교육들을 정리해 보면 먼저 '신입사원 사규 교육 – One page 보고서 작성법'은 2, 3월 첫째 주에 겹치지만 입사일이 3월 24일인 동수는 '신입사원 사규 교육'을 일정상 들을 수 없으므로 옳지 않다. '비즈니스 리더십 – 생활 속 재테크'의 경우엔 4, 8월 셋째 주 월요일로 겹치지만 같은 월요일에 진행되므로 같은 주에 두 개를 듣는다는 조건에 부합하지 않아 옳지 않다. 'One page 보고서 작성법'과 '성희롱 예방교육'은 2, 4, 6, 8, 10, 12월 첫째 주라는 점이 겹치며, 'One page 보고서 작성법'은 목요일, '성희롱 예방교육'은 금요일에 진행되므로 같은 주에 두 개를 듣는다는 조건에 부합한다. 따라서 동수가 신청하려고 했던 교육은 ②이다.

14

D사원의 출장 기간은 4박 5일이다. 숙박요일은 수·목·금·토요일이므로 숙박비를 계산하면 120+120+150+150=USD 540이다.
총 숙박비의 20%를 예치금으로 지불해야 하므로 예치금은 USD 540×0.2=USD 108이다. 일요일은 체크아웃하는 날이므로 숙박비가 들지 않는다.

15

D사원의 출발일은 호텔 체크인 당일이다. 체크인 당일 취소 시 환불이 불가능하므로 D사원은 환불받을 수 없다.

16

우선 아랍에미리트는 해외 EPS센터가 없으므로 제외한다. 또한, 한국 기업이 100개 이상 진출해 있어야 한다는 두 번째 조건으로 인도네시아와 중국으로 후보를 좁힐 수 있다. 치안에 대한 상황은 둘 다 제시되지 않았으니 현재 취업실태를 이해해 골라야 한다. '우리나라 사람들의 해외취업을 위한 박람회'이므로 성공적인 박람회 개최를 위해선 취업까지 이어지는 것이 중요하다. 중국의 경우 청년 실업률은 높지만 경쟁력 부분에서 현지 기업의 80% 이상이 우리나라 사람을 고용하기를 원하므로 중국 청년 실업률과는 별개로 우리나라 사람들의 취업이 쉽게 이루어질 수 있음을 알 수 있다. 따라서 중국이 적절하다.

17

신체적 접촉이 없어도 성적 혐오감을 유발하는 언어적·시각적 성적 언동도 성희롱이 되므로 A는 시각적 성희롱에 해당하며, 자신의 지위를 이용해 상대방이 원치 않는 성관계를 맺은 B는 성폭력에 해당한다.

18

1월 11일에 있는 햇빛새싹발전소 발전사업 대상지 방문 일정에는 3명이 참가한다. 하지만 짐 무게 3kg당 탑승인원 1명으로 취급하므로 총 4명의 인원이 탈 수 있는 렌터카가 필요하다. 최대 탑승인원을 만족하는 A, B, C, D렌터카 중 가장 저렴한 것은 A렌터카이지만 1월 1일 ~ 1월 12일에 신년할인행사로 휘발유 차량을 30% 할인하므로 B렌터카의 요금이 60,000×(1−0.3)=42,000원으로 가장 저렴하다.

1월 18일 보령 본사 방문에 참여하는 인원은 4명인데, 짐 무게 6kg은 탑승인원 2명으로 취급하므로 총 6명이 탈 수 있는 렌터카가 필요하다. 최대 탑승인원을 만족하는 C와 D렌터카는 요금이 동일하므로 조건에 따라 최대 탑승인원이 더 많은 C렌터카를 선택한다.

19

납기일에 잔액이 부족한 경우, 잔액 한도 내에서 먼저 출금이 되고 미납금은 익월 10일, 25일에 재출금된다.

20

• A씨의 경우, 7일에 자동이체 신규를 신청하였으므로 정기 청구파일 생성일인 4월 6일을 넘겨서 신청하였다.
  따라서 A씨의 신청분은 4월 보험료부터 자동이체가 적용되므로 다음 달인 5월 10일에 출금된다.
• B씨의 경우, 출금일은 매달 10일이고 정기 청구파일 생성일은 납부마감일로부터 휴일을 제외한 3일 전인 5일이다.
  따라서 B씨의 자동이체 해지 신청일은 4월 3일로 정기 청구파일 생성일보다 전에 신청했으므로 신청한 날 즉시 자동이체 해지를 적용한다.

21

각 펀드의 총점을 통해 비교 결과를 유추하면 다음과 같다.
• A펀드 : 한 번은 우수(5점), 한 번은 우수 아님(2점)
• B펀드 : 한 번은 우수(5점), 한 번은 우수 아님(2점)
• C펀드 : 두 번 모두 우수 아님(2점+2점)
• D펀드 : 두 번 모두 우수(5점+5점)

각 펀드의 비교 대상은 다른 펀드 중 두 개이며, 총 4번의 비교를 했다고 하였으므로 다음과 같은 경우를 고려할 수 있다.

i)

A		B		C		D	
B	D	A	C	B	D	A	C
5	2	2	5	2	2	5	5

표의 결과를 정리하면 D>A>B, A>B>C, B·D>C, D>A·C이므로 D>A>B>C이다.

ii)

A		B		C		D	
B	C	A	D	A	D	C	B
2	5	5	2	2	2	5	5

표의 결과를 정리하면 B>A>C, D>B>A, A·D>C, D>C·B이므로 D>B>A>C이다.

iii)

A		B		C		D	
D	C	C	D	A	B	A	B
2	5	5	2	2	2	5	5

표의 결과를 정리하면 D>A>C, D>B>C, A·B>C, D>A·B이므로 D>A·B>C이다.

ㄱ. 세 가지 경우에서 모두 D펀드는 C펀드보다 우수하다.
ㄴ. 세 가지 경우에서 모두 B펀드보다 D펀드가 우수하다.
ㄷ. 마지막 경우에서 A펀드와 B펀드의 우열을 가릴 수 있으면 A ~ D까지 우열순위를 매길 수 있다.

22

입사예정인 신입사원은 총 600명이므로 볼펜 600개와 스케줄러 600권이 필요하다.

A, B, C 세 업체 모두 스케줄러의 구매가격에 따라 특가상품의 해당 여부를 판단할 수 있으므로 스케줄러의 가격을 먼저 계산한다.

- A도매업체 : 25만 원×6=150만 원
- B도매업체 : 135만 원
- C도매업체 : 65만 원×2=130만 원

즉, 세 업체 모두 특가상품 구매 조건을 충족하였으므로 특가상품을 포함해 볼펜의 구매가격을 구하면

- A도매업체 : 25.5만 원(볼펜 300개 특가)+(13만 원×2묶음)=51.5만 원
- B도매업체 : 48만 원(볼펜 600개 특가)
- C도매업체 : 23.5만 원(볼펜 300개 특가)+(8만 원×3묶음)=47.5만 원

따라서 업체당 전체 구매가격을 구하면 다음과 같다.

- A도매업체 : 150만 원+51.5만 원=201.5만 원
- B도매업체 : 135만 원+48만 원=183만 원
- C도매업체 : 130만 원+47.5만 원=177.5만 원

즉, 가장 저렴하게 구매할 수 있는 업체는 C도매업체이며, 구매가격은 177.5만 원이다.

23

A조와 겹치지 않는 프로그램으로 조건에 맞춰 일정을 짜면 다음과 같다.

- 최소 18시간을 이수하여야 하므로, 소요시간이 긴 프로그램부터 고려한다.
- 토론은 첫째 날에만 가능한 수업이므로 이후 B조의 일정에서 제외한다.
- 첫째 날 : 토론을 제외하고 리더십 교육(5시간), 팀워크(4시간) 순으로 소요시간이 길지만 리더십 교육은 비상대응역량 교육을 수강해야 이수할 수 있으므로 팀워크(4시간)를 첫째 날 오후에 배치한다.
- 둘째 날 : 리더십 교육을 위해서는 비상대응역량 교육이 필요하다. 따라서 오전에는 비상대응역량 교육을, 오후에는 리더십 교육을 배치한다.
- 셋째 날 : 나머지 프로그램 중 소요시간이 3시간인 원전과정1, 2를 순서대로 배치한다.
- 넷째 날 : B조는 어학 프로그램을 반드시 이수한다는 조건에 맞춰 어학을 배치한다.

구분		첫째 날		둘째 날	
		오전	오후	오전	오후
A조	프로그램	공항도착	토론	원전과정1	팀워크
	시간	×	5	3	4
B조	프로그램	공항도착	팀워크	비상대응 역량 교육	리더십 교육
	시간	×	4	2	5

구분		셋째 날		넷째 날	
		오전	오후	오전	오후
A조	프로그램	비상대응 역량 교육	리더십 교육		
	시간	2	5		
B조	프로그램	원전과정1	원전과정2	어학	
	시간	3	3	1	

따라서 B조의 총 연수기간은 3박 4일이다.

24

한국 → 필리핀	4일	6일	9일	16일	20일	22일
	×	×	×	○	○	○
필리핀 → 한국	8일	11일	19일	23일	25일	26일
	×	×	×	○	○	×

• 앞 문제의 결과를 바탕으로 B조의 연수기간은 총 3박 4일이다. 5일과 9일은 회사 행사로 인해 연수에 참가하지 못하므로 해당일자가 연수기간에 포함되는 출국일인 4, 6, 9일은 불가능하다. 따라서 출국일은 16, 20, 22일이 가능하다.
• 제외된 출국일로 인해 귀국일에 해당하지 않는 8일, 11일을 제외한다.
• 귀국 다음 날 연수 과정을 정리해 상사에게 보고해야 하므로 귀국 다음날이 평일이 아닌 금요일, 토요일은 제외해야 한다. 따라서 19, 26일을 제외한다.
• 20 ~ 23일과 22 ~ 25일 선택지 모두 가능하지만 마지막 날 어학 프로그램이 오전 10시에 끝나므로 23일 오전 10시 비행기를 탈 수 없다. 따라서 22 ~ 25일이 적절하다.

25

정답 ③

2017년 7월 2일에 측정한 발전소별 수문 자료를 보면 이날 온도가 27℃를 초과한 발전소는 춘천, 섬진강, 보성강, 괴산이다. 춘천을 제외한 나머지 발전소의 출력량의 합은 다음과 같다.
• 섬진강 : $9.8 \times 6.9 \times 20 \times 0.9$
• 보성강 : $9.8 \times 1.1 \times 20 \times 0.9$
• 괴산 : $9.8 \times 74.2 \times 20 \times 0.9$
∴ 합계 : $9.8 \times 20 \times 0.9 \times (6.9 + 1.1 + 74.2) = 14,500.08 \text{kW}$
춘천의 출력량은 총 출력량 15,206.08kW에서 나머지 발전소의 출력량의 합을 뺀 $15,206.08 - 14,500.08 = 706 \text{kW}$이다.
춘천의 초당 유량을 $x \text{m}^3/\text{sec}$라 하였을 때,
$706 = 9.8 \times x \times 20 \times 0.9 \rightarrow x = 706 \div (9.8 \times 20 \times 0.9) \rightarrow x \fallingdotseq 4$
따라서 춘천 발전소의 분당 유량은 $60 \times 4 = 240 \text{m}^3/\text{min}$이다.

26

정답 ④

• A고객의 상품값 : [전복(1kg)]+[블루베리(600g)]+[고구마(200g)]+[사과(10개)]+[오렌지(8개)]+[우유(1L)]
  $= 50,000 + (6 \times 1,200) + (2 \times 5,000) + (2 \times 10,000) + 12,000 + 3,000 = 102,200$원
• B고객의 상품값 : [블루베리(200g)]+[오렌지(8개)]+[S우유(1L)]+[소갈비(600g)]+[생닭(1마리)]
  $= (2 \times 1,200) + 12,000 + (3,000 - 200) + 20,000 + 9,000$
  $= 46,200$원
• A고객의 총액 : (상품값)+(배송비)+(신선포장비)
  $= 102,200 + 3,000 + 1,500 = 106,700$원(배송 시 봉투 무료 제공)
• B고객의 총액 : (상품값)+(생닭 손질비)+(봉투 2개)
  $= 0.95 \times (46,200 + 1,000 + 2 \times 100)$
  $= 45,030$원(S카드 결제 시 5% 할인 적용)

27

정답 ④

6일	7일	9일	11일	12일	13일	15일	17일
210분	120분	최소 30분	최소 60분	최소 60분	최소 60분	180분	30분

따라서 C씨가 최소 일한 시간은 $210 + 120 + 30 + 60 + 60 + 60 + 180 + 30 = 750$분, 즉 12시간 30분이다.

28

6일	41,950×1.2=50,340원(∵ 야간가산)
7일	30,690원
9일	50,770원(∵ 60분 이상 근무)
11일	65,410원
12일	50,770×1.3=66,001원(∵ 휴일가산)
13일	40,840×0.8=32,672원(∵ 50분 근무)
15일	38,560×1.2=46,272원(∵ 야간가산)
17일	11,810원

따라서 급여비용의 합은 50,340+30,690+50,770+65,410+66,001+32,672+46,272+11,810=353,965원이다. 여기에 4사5입을 적용하면 353,970원이 된다.

29

미납금액이 66,000원, 연체일이 83일이므로 연체금은 $66,000 \times \frac{30}{1,000} + 66,000 \times \frac{53}{3,000} \fallingdotseq 3,140$원이다.

오답분석

① 미납금액이 51,000원, 연체일이 211일이므로 연체금은 $51,000 \times \frac{30}{1,000} + 51,000 \times \frac{181}{3,000} \fallingdotseq 4,600$원이다.

　하지만 최대 연체금은 미납보험금의 9%까지 부과될 수 있으므로 부과할 연체금은 51,000×0.09=4,590원이다.

② 미납금액이 72,000원, 연체일이 62일이므로 연체금은 $72,000 \times \frac{30}{1,000} + 72,000 \times \frac{32}{3,000} \fallingdotseq 2,920$원이다.

④ 미납금액이 123,000원, 연체일이 54일이므로 연체금은 $123,000 \times \frac{30}{1,000} + 123,000 \times \frac{24}{3,000} \fallingdotseq 4,670$원이다.

30

외국인근로자의 체류기간 만료, 개인사정(일시적 출국 제외), 자진출국, 강제퇴거 등 출국사유가 발생한 경우 보험금을 신청할 수 있으나, 신청기한은 명시되어 있지 않다.

31

지역가입자 A ~ D씨의 생활수준 및 경제활동 참가율 구간별 점수표를 정리하면 다음과 같다.

구분	성별	연령	성별 및 령점수	재산	재산정도 점수	연간 동차세액	자동차세액 수
A	남성	32세	6.6점	2,500만 원	7.2점	12.5만 원	9.1점
B	여성	56세	4.3점	5,700만 원	9점	35만 원	12.2점
C	남성	55세	5.7점	20,000만 원	12.7점	43만 원	15.2점
D	여성	23세	5.2점	1,400만 원	5.4점	6만 원	3점

• A씨의 보험료 : (6.6+7.2+9.1+200+100)×183≒59,090원
• B씨의 보험료 : (4.3+9+12.2+200+100)×183≒59,560원
• C씨의 보험료 : (5.7+12.7+15.2+200+100)×183≒61,040원
• D씨의 보험료 : (5.2+5.4+3+200+100)×183≒57,380원

32

③

직무 관련자에게 1회 100만 원(연간 300만 원) 이하의 금품을 받았다면 대가성이 입증되지 않더라도 수수금액의 2 ~ 5배를 과태료로 물어야 한다.

33

정답 ③

학부모와 교사 사이에는 성적 평가 등의 직접적인 직무 관련성이 있다. 직무 관련자에게 1회 100만 원(연간 300만 원) 이하의 금품을 받았다면 대가성이 입증되지 않더라도 수수금액의 2 ~ 5배를 과태료로 물어야 한다. 따라서 사례 C의 담임 A교사는 80 ~ 200만 원 상당의 과태료를 물어야 한다.

오답분석

① 학부모와 교사 사이에는 성적 평가 등의 직접적인 직무 관련성이 있다. 따라서 사례 A의 3만 원 미만의 간식은 선물이 아닌 100만 원 이하의 금품으로 보아야 하며 수수금액의 2 ~ 5배의 과태료를 물어야 한다.
② 2017년 12월 이후부터 현금 없이 경조사 화한만 제공할 경우에는 10만 원까지 인정되므로 처벌 대상이 되지 않는다.
④ 2017년 12월 이후부터 경조사비는 현금 10만 원에서 5만 원으로 낮아졌기 때문에 처벌 대상이 된다.

34

정답 ②

A부서의 수리 요청 내역별 수리요금을 구하면 다음과 같다.
• RAM 8GB 교체
  – 수량 : 15개(교체 12개, 추가설치 3개)
  – 개당 교체ㆍ설치비용 : 8,000+96,000=104,000원
  ∴ A부서의 RAM 8GB 교체 및 설치비용 : 104,000×15=1,560,000원
• SSD 250GB 추가 설치
  – 수량 : 5개
  – 개당 설치비용 : 9,000+110,000=119,000원
  ∴ A부서의 SSD 250GB 추가 설치비용 : 119,000×5=595,000원
• 프로그램 설치
  – 수량 : 3D그래픽 프로그램 10개, 문서작성 프로그램 10개
  – 문서작성 프로그램 개당 설치비용 : 6,000원
  – 3D그래픽 프로그램 개당 설치비용 : 6,000+1,000=7,000원
  ∴ A부서의 프로그램 설치비용 : (6,000×10)+(7,000×10)=130,000원

35

정답 ④

• HDD 1TB 교체
  – 개당 교체비용 : 8,000+50,000=58,000원
  – 개당 백업비용 : 100,000원
  ∴ B부서의 HDD 1TB 교체비용 : (100,000+58,000)×4=632,000원
• HDD 포맷ㆍ배드섹터 수리
  – 개당 수리비용 : 10,000원
  ∴ B부서의 HDD 포맷ㆍ배드섹터 수리비용 : 10,000×15=150,000원
• 바이러스 치료 및 백신 설치
  – 개당 치료ㆍ설치비용 : 10,000원
  ∴ B부서의 바이러스 치료 및 백신 설치비용 : 10,000×6=60,000원
따라서 B부서에 청구되어야 할 수리비용은 632,000+150,000+60,000=842,000원이다.

36

- 진단 시간 : 2시간

- 데이터 복구 소요 시간 : $\dfrac{270}{7.5}=36$시간

즉, 데이터를 복구하는 데 걸리는 총시간은 2+36=38시간=1일 14시간이다. 2일 차에 데이터 복구가 완료되고 다음 날 직접 배송하므로 Y사원이 U과장에게 안내할 기간은 3일이다.

37

B동에 사는 변학도 씨는 매주 월, 화 오전 8시부터 오후 3시까지 하는 카페 아르바이트로 화~금요일 오전 9시 30분부터 오후 12시까지 진행되는 '그래픽 편집 달인되기'를 수강할 수 없다.

38

1) 예약가능 객실 수 파악

7월 19일부터 2박 3일간 워크숍을 진행한다고 했으므로 19일, 20일에 객실 예약이 가능한지를 확인하여야 한다. 호텔별 잔여객실 수를 파악하면 다음과 같다.

(단위 : 실)

구분	A호텔	B호텔	C호텔	D호텔	E호텔
7월 19일	88-20=68	70-11=59	76-10=66	68-12=56	84-18=66
7월 20일	88-26=62	70-27=43	76-18=58	68-21=47	84-23=61

2) 필요 객실 수 파악

기술혁신본부의 전체 임직원 수는 총 80명이다. 조건에 따르면 차장급 이상은 1인 1실을 이용하므로 4명(부장)+12명(차장)=16명, 즉 16실이 필요하다. 나머지 직원 80-16=64명은 2인 1실을 사용하므로 총 64÷2=32실이 필요하다. 따라서 이틀간 각각 48실이 필요하다. B호텔은 7월 20일에 사용 가능한 객실이 43실이고, D호텔은 7월 20일에 사용 가능한 객실이 47실이기 때문에 예약 대상에서 제외된다.

따라서 A호텔, C호텔, E호텔이 워크숍 장소로 적합하다.

3) 세미나룸 현황 파악

총 임직원이 80명인 것을 고려할 때, A호텔의 세미나룸은 최대수용인원이 70명으로 제외된다. E호텔은 테이블(4인용)을 총 15개를 보유하고 있어 부족하므로 제외된다.

따라서 K대리는 모든 조건을 충족하는 C호텔을 예약한다.

39

간호·간병통합서비스 병동 내 전동침대가 100% 구비된 경우만 추가 품목(스트레쳐카트, 낙상감지장치, 낙상감지센서) 구입이 가능하다.

40

C병원의 경우 이미 보유하고 있는 병상 개수가 40개이고, 새로 신청한 병상은 70개이다. 그러나 기 지원액이 따로 작성되어 있지 않으므로 C병원은 간호·간병통합서비스 신규 참여기관임을 알 수 있다. 따라서 C병원의 지원금액은 7,000만 원이 된다.

01	02	03	04	05	06	07	08	09	10	11	12	13	14	15	16	17	18	19	20
④	④	⑤	⑤	③	①	④	③	⑤	⑤	③	⑤	③	①	③	③	①	④	④	④
21	22	23	24	25	26	27	28	29	30	31	32	33	34	35	36	37	38	39	40
②	⑤	②	③	⑤	②	③	③	②	④	④	④	③	⑤	②	④	⑤	①	⑤	⑤
41	42	43	44	45	46	47	48	49	50	51	52	53	54	55	56	57	58	59	60
②	④	⑤	⑤	④	④	②	⑤	③	③	③	②	④	③	①	①	③	④	④	③

01
정답 ④

상대방이 이해하기 어려운 전문적 언어(㉣)나 단조로운 언어(㉤)는 의사표현에 사용되는 언어로 적절하지 않다.

오답분석

의사표현에 사용되는 적절한 언어로는 이해하기 쉬운 언어(㉠), 상세하고 구체적인 언어(㉡), 간결하면서 정확한 언어(㉢), 문법적 언어(㉦), 감각적 언어 등이 있다.

02
정답 ④

성과 이름은 붙여 쓰고 이에 덧붙는 호칭어, 관직명 등은 띄어 써야 하므로 '김민관 씨'가 올바른 표기이다. 따라서 ④는 신입사원 A에 대한 상사 B의 조언으로 적절하지 않다.

03
정답 ⑤

'경위'를 A, '파출소장'을 B, '30대'를 C라고 하면, 첫 번째 명제와 마지막 명제는 다음과 같은 벤다이어그램으로 나타낼 수 있다.

1) 첫 번째 명제

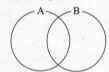

2) 마지막 명제

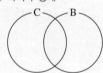

마지막 명제가 참이 되기 위해서는 B와 공통되는 부분의 A와 C가 연결되어야 하므로 A를 C에 모두 포함시켜야 한다. 즉, 다음과 같은 벤다이어그램이 성립할 때 마지막 명제가 참이 될 수 있으므로 빈칸에 들어갈 명제는 '모든 경위는 30대이다.'이다.

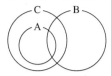

오답분석

①·② 다음과 같은 경우 성립하지 않는다.

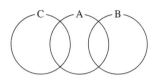

③ 다음과 같은 경우 성립하지 않는다.

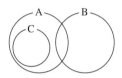

04
정답 ⑤

빈칸에 해당하는 단계는 필요한 자원을 확보한 뒤 그 자원을 실제 필요한 업무에 할당하여 계획을 세우는 자원 활용 계획 세우기 단계로, 계획을 세울 때에는 업무나 활동의 우선순위를 고려해야 한다.

오답분석

① 필요한 자원의 종류와 양 확인, ② 계획대로 수행하기, ③ 계획대로 수행하기, ④ 이용 가능한 자원 수집하기

05
정답 ③

백화점에 모여 있는 직원과 고객은 조직의 특징인 조직의 목적과 구조가 없고, 또한 목적을 위해 서로 협동하는 모습도 볼 수 없으므로 조직의 사례로 적절하지 않다.

06
정답 ①

정보관리의 3원칙
• 목적성 : 사용목표가 명확해야 한다.
• 용이성 : 쉽게 작업할 수 있어야 한다.
• 유용성 : 즉시 사용할 수 있어야 한다.

07

은행별 감축률을 구하면 다음과 같다.

- A은행 : $\dfrac{1,170-1,009}{1,170} \times 100 ≒ 13.8\%$

- B은행 : $\dfrac{1,695-1,332}{1,695} \times 100 ≒ 21.4\%$

- C은행 : $\dfrac{980-950}{980} \times 100 ≒ 3.1\%$

- D은행 : $\dfrac{1,530-1,078}{1,530} \times 100 ≒ 29.5\%$

따라서 D - B - A - C 순서로 우수하다.

[오답분석]
① 제시된 자료에서 2018년 대비 2019년에 모든 은행의 민원 건수가 감소한 것을 확인할 수 있다.
② C은행의 2019년 금융민원 건수는 950건으로 가장 적지만, 감축률은 3.1%로 다른 은행과 비교해 미비한 수준이다.
③ 각 은행의 고객 수는 '(전체 민원 건수)÷(고객 십만 명당 민원 건수)×(십만 명)'으로 구할 수 있다. B은행이 약 29,865,471명으로 가장 많으며, 2019년 금융민원 건수도 1,332건으로 가장 많다.
⑤ D은행은 총 민원 건수가 452건 감소하였으므로 적절하다.

08

탐색형 문제는 현재의 상황을 개선하거나 효율을 높이기 위한 문제로, 눈에 보이지 않지만 방치하면 뒤에 큰 손실이 따르거나 결국 해결할 수 없는 문제로 나타날 수 있다. ③의 현재 상황은 문제가 되지 않지만, 생산성 향상을 통해 현재 상황을 개선하면 대외경쟁력과 성장률을 강화할 수 있으므로 ③은 탐색형 문제에 해당한다.

[오답분석]
①·④ 현재 직면하고 있으면서 바로 해결해야 하는 발생형 문제
②·⑤ 앞으로 발생할 수 있는 설정형 문제

09

기계적 조직과 유기적 조직의 특징을 통해 안정적이고 확실한 환경에서는 기계적 조직이, 급변하는 환경에서는 유기적 조직이 적합함을 알 수 있다.

기계적 조직과 유기적 조직의 특징

기계적 조직	유기적 조직
• 구성원들의 업무가 분명하게 정의된다. • 많은 규칙과 규제들이 있다. • 상하 간 의사소통이 공식적인 경로를 통해 이루어진다. • 엄격한 위계질서가 존재한다. • 대표적인 기계조직으로 군대를 볼 수 있다.	• 의사결정 권한이 조직의 하부구성원들에게 많이 위임되어 있다. • 업무가 고정되지 않고, 공유 가능하다. • 비공식적인 상호의사소통이 원활하게 이루어진다. • 규제나 통제의 정도가 낮아 변화에 따라 의사결정이 쉽게 변할 수 있다.

10

업무의 공공성을 바탕으로 공사구분을 명확히 하고, 모든 것을 숨김없이 투명하게 처리하는 원칙은 객관성의 원칙이다.

직업윤리의 5대 원칙
• 객관성의 원칙
• 고객중심의 원칙
• 전문성의 원칙
• 정직과 신용의 원칙
• 공정경쟁의 원칙

11

• 문서적인 의사소통 : ㉠, ㉢, ㉤
• 언어적인 의사소통 : ㉡, ㉣
직업생활에서 요구되는 문서적인 의사소통능력은 문서로 작성된 글이나 그림을 읽고 내용을 이해하고 요점을 판단하며, 이를 바탕으로 목적과 상황에 적합하도록 아이디어와 정보를 전달할 수 있는 문서를 작성하는 능력을 말한다. 반면, 언어적인 의사소통능력은 상대방의 이야기를 듣고 의미를 파악하며, 이에 적절히 반응하고, 이에 대한 자신의 의사를 목적과 상황에 맞게 설득력을 가지고 표현하기 위한 능력을 말한다.

12

• 술에 부과되는 세금
  - 종가세 부과 시 : 2,000원×20병×0.2=8,000원
  - 정액세 부과 시 : 300원×20병=6,000원
• 담배에 부과되는 세금
  - 종가세 부과 시 : 4,500원×100갑×0.2=90,000원
  - 정액세 부과 시 : 800원×100갑=80,000원
따라서 조세 수입을 극대화시키기 위해서 술과 담배 모두 종가세를 부여해야 하며, 종가세 부과 시 조세 총수입은 8,000+90,000=98,000원이다.

13

기술 발전에 있어 환경 보호를 추구하는 점을 볼 때, 지속가능한 개발의 사례로 볼 수 있다. 지속 가능한 개발은 경제 발전과 환경 보전의 양립을 위하여 새롭게 등장한 개념으로 볼 수 있으며, 미래세대가 그들의 필요를 충족시킬 수 있는 가능성을 손상시키지 않는 범위에서 현재 세대의 필요를 충족시키는 개발인 것이다.

[오답분석]
① 개발독재 : 개발도상국에서 개발이라는 이름으로 행해지는 정치적 독재를 말한다.
② 연구개발 : 자연과학기술에 대한 새로운 지식이나 원리를 탐색하고 해명해서 그 성과를 실용화하는 일을 말한다.
④ 개발수입 : 기술이나 자금을 제3국에 제공하여 미개발자원 등을 개발하거나 제품화하여 수입하는 것을 말한다.
⑤ 조직개발 : 기업이 생산능률을 높이기 위하여 기업조직을 개혁하는 일을 말한다.

14

인맥을 활용하면 각종 정보와 정보의 소스를 주변 사람으로부터 획득할 수 있다. 또한 '나' 자신의 인간관계나 생활에 대해서 알 수 있으며, 이로 인해 자신의 인생에 탄력을 불어넣을 수 있다. 게다가 주변 사람들의 참신한 아이디어를 통해 자신만의 사업을 시작할 수도 있다. 따라서 A사원의 메모는 모두 옳은 내용이다.

15

N사는 모바일 게임 시장은 사라질 것이라는 과거의 고정관념에서 벗어나 인식의 틀을 전환하여 오히려 신기술인 AR을 게임에 도입하여 큰 성공을 거두었다. 즉, N사는 기존에 가지고 있는 인식의 틀을 전환하여 새로운 관점에서 사물과 세상을 바라보는 발상의 전환을 통해 문제를 해결한 것이다.

16

이달 말부터 a만 원씩 갚는다고 하면 이자를 포함하여 갚는 금액의 총합은 $a+a\times1.015+\cdots+a\times1.015^{11}=\dfrac{a(1.015^{12}-1)}{1.015-1}=\dfrac{a(1.2-1)}{0.015}=\dfrac{0.2a}{0.015}$

$=\dfrac{40}{3}a$이다. 40만 원 12개월 후의 원리합계는 $40\times1.015^{12}=40\times1.2=48$이므로 $\dfrac{40}{3}a=48$이다.

$a=\dfrac{18}{5}=3.6$만 원이므로 매달 3만 6천 원씩 갚아야 한다.

17

메일머지는 똑같은 내용의 편지를 이름이 다른 여러 사람에게 보낼 때 사용하는 기능이다. 수신자에 대한 정보를 담고 있는 데이터베이스 파일로부터 정보를 받아들여 워드프로세서로 작성한 편지나 문서를 여러 명에게 보낼 때 사용한다.

오답분석
② 인덱스(Index) : 데이터를 기록할 경우 그 데이터의 이름과 크기 등 속성과 기록장소 등을 표로 표시한 것
③ 시소러스(Thesaurus) : 데이터 검색을 위한 키워드(색인어) 간의 관계, 즉 동의어, 하위어, 관련어 등의 관계를 나타낸 사전
④ 액세스(Access) : 컴퓨터에서 메모리나 자기디스크 등의 기억장치에 대해 데이터의 쓰기나 읽기를 하는 행위
⑤ 디더링(Dithering) : 해상도를 초과하여 이미지에 빈 공간이 생기는 결점을 보완하기 위한 기술

18

이청득심(以聽得心)이란 귀를 기울이면 상대방의 마음을 얻을 수 있다는 뜻으로, 장자는 중국 노나라 왕의 일화를 통해 경청의 중요성을 이야기하였다.

오답분석
① 노심초사(勞心焦思) : 마음속으로 애를 쓰고 생각이 많아 속이 탄다는 뜻으로, 어떤 일에 대한 걱정과 우려로 몹시 불안한 상태를 의미
② 견강부회(牽強附會) : 이치에 맞지 않는 말을 억지로 끌어다 붙여 자기주장의 조건에 맞도록 함을 비유하는 말
③ 설참신도(舌斬身刀) : 혀는 몸을 베는 칼이라는 뜻으로, 항상 말조심해야 한다는 것을 의미
⑤ 경전하사(鯨戰蝦死) : 고래 싸움에 새우가 죽는다는 뜻으로, 강자들의 권력 다툼 사이에서 약자가 해를 입는 것을 의미하는 말

19

정답 ④

일방적으로 자신의 말만 하고, 무책임한 마음으로 자신의 말이 '정확히 전달되었는지', '정확히 이해했는지'를 확인하지 않는 미숙한 의사소통 기법이 직장생활에서의 원만한 의사소통을 저해하고 있다.

20

거절의 의사결정에는 이 일을 거절함으로써 발생될 문제들과 자신이 거절하지 못해서 그 일을 수락했을 때의 기회비용을 따져보고, 거절하기로 결정하였다면 이를 추진할 수 있는 의지가 필요하다. 거절의 의사결정을 하고 이를 표현하기 위해서는 다음에 유의하여야 한다.
• 상대방의 말을 들을 때에는 주의하여 귀를 기울여서 문제의 본질을 파악한다.
• 거절의 의사결정은 빠를수록 좋다. 오래 지체될수록 상대방은 긍정의 대답을 기대하게 되고, 의사결정자는 거절을 하기 더욱 어려워진다.
• 거절을 할 때에는 분명한 이유를 만들어야 한다.
• 대안을 제시한다.

21

정답 ②

A트럭의 적재량을 a톤이라 하자. 하루에 두 번 옮기므로 $2a$톤씩 12일 동안 192톤을 옮기므로 A트럭의 적재량은 $2a \times 12 = 192 \rightarrow a = \dfrac{192}{24} = 8$톤이 된다. A트럭과 B트럭이 동시에 운행했을 때는 8일이 걸렸으므로 A트럭이 옮긴 양은 $8 \times 2 \times 8 = 128$톤이며, B트럭은 8일 동안 $192 - 128 = 64$톤을 옮기므로 B트럭의 적재량은 $\dfrac{64}{2 \times 8} = 4$톤이다.

B트럭과 C트럭을 같이 운행했을 때 16일 걸렸다면 B트럭이 옮긴 양은 $16 \times 2 \times 4 = 128$톤이며, C트럭은 64톤을 옮겼다. 따라서 C트럭의 적재량은 $\dfrac{64}{2 \times 16} = 2$톤이다.

22

정답 ⑤

A기업은 전자가격표시기 도입으로 작업 소요 시간을 일주일 평균 31시간에서 3.8시간으로 단축하였다. 기업의 입장에서 작업 소요 시간을 단축하게 되면 생산성 향상, 가격 인상, 위험 감소, 시장 점유율 증가의 효과를 얻을 수 있다.

23

정답 ②

도색이 벗겨진 차선과 지워지기 직전의 흐릿한 차선은 현재 직면하고 있으면서 바로 해결 방법을 찾아야 하는 문제이므로 눈에 보이는 발생형 문제에 해당한다. 발생형 문제는 기준을 일탈함으로써 발생하는 일탈 문제와 기준에 미달하여 생기는 미달 문제로 나누어 볼 수 있는데, 기사에서는 정해진 규격 기준에 미달하는 불량 노료를 사용하여 문제가 발생하였다고 하였으므로 이를 미달 문제로 분류할 수 있다. 따라서 기사에 나타난 문제는 발생형 문제로, 미달 문제에 해당한다.

24

정답 ③

시험 준비는 각자 자신의 성적을 위한 것으로 팀워크의 특징인 공동의 목적으로 보기 어렵다. 또한 상호관계성을 가지고 협력하는 업무로 보기 어려우므로 팀워크의 사례로 적절하지 않다.

25

정답 ⑤

자기개발은 교육기관 이외에도 실생활에서 이루어지며, 평생에 걸쳐서 이루어지는 과정이다. 우리의 직장생활을 둘러싸고 있는 환경은 끊임없이 변화하고 있으며, 이로 인해 특정한 사건과 요구가 있을 경우뿐만 아니라 지속적으로 학습할 것이 요구된다. 또한 우리는 날마다 다른 상황에 처하게 되는데, 이러한 상황에 대처하기 위해서는 학교교육에서 배우는 원리, 원칙을 넘어서, 실생활에서도 지속적인 자기개발이 필요하다.

26

바리스타로 일하는 것은 경제적 보상이 있으며, 자발적인 의사에 의한 것으로 볼 수 있고, 장기적으로 계속해서 일하는 점을 볼 때 직업의 사례로 적절하다. ①·③·④의 경우는 취미활동과 봉사활동으로 경제적인 보상이 없으며, ⑤의 경우는 강제노동으로 본인의 자발적인 의사에 위배되었다.

27

세탁기 신상품의 컨셉이 중년층을 대상으로 하기 때문에 성별이 아닌 연령에 따라 자료를 분류하여 중년층의 세탁기 디자인 선호도에 대한 정보가 필요함을 알 수 있다.

28

불만족을 선택한 고객을 x명, 만족을 선택한 고객을 $100-x$명이라 가정하자. 80점 이상을 받으려면 $3\times(100-x)-4x \geq 80 \rightarrow 300-80 \geq 7x \rightarrow x \leq 31.4$이므로 최대 31명까지 허용된다.

29

문제해결 절차는 '문제 인식 → 문제 도출 → 원인 분석 → 해결안 개발 → 실행 및 평가'이다.
㉠은 강 대리가 문제 인식을 하고 팀장님께 보고한 후 어떤 문제가 발생했는지 도출해 내는 단계이므로 문제를 명확히 하는 '문제 도출' 단계이다.
㉡은 최 팀장에게 왜 그런 현상이 나타나는 것인지에 대해 대답할 차례이므로 문제가 나타나는 현상에 대한 원인을 분석하는 '원인 분석' 단계이다.

30

(A)는 고객접점 서비스이다. 고객접점 서비스는 짧은 순간의 서비스를 통해 고객의 인상이 달라질 수 있으며, 이로 인해 서비스 직원의 첫인상은 매우 중요하다고 볼 수 있다. 따뜻한 미소와 친절한 한마디 역시 중요하지만, 서비스 직원의 용모와 복장은 친절한 서비스를 제공하기 전에 첫인상을 좌우하는 첫 번째 요소이므로 고객접점 서비스에서 중요하다.

31

D를 제외한 A, B, C, E의 발언을 보면 H화장품 회사의 신제품은 10대를 겨냥하고 있음을 알 수 있다. D는 이러한 제품의 타깃층을 무시한 채 단순히 소비성향에 따라 20 ~ 30대를 위한 마케팅이 필요하다고 주장하고 있다. 따라서 D는 자신이 알고 있는 단순한 정보에 의존하여 잘못된 판단을 하고 있음을 알 수 있다.

32

문서의 기능
1) 의사의 기록·구체화
   문서는 사람의 의사를 구체적으로 표현하는 기능을 갖는다. 사람이 가지고 있는 주관적인 의사는 문자·숫자·기호 등을 활용하여 종이나 다른 매체에 표시하여 문서화함으로써 그 내용이 구체화된다.
2) 의사의 전달
   문서는 자기의 의사를 타인에게 전달하는 기능을 갖는다. 문서에 의한 의사 전달은 전화나 구두로 전달하는 것보다 좀 더 정확하고 변함없는 내용을 전달할 수 있다.
3) 의사의 보존
   문서는 의사를 오랫동안 보존하는 기능을 갖는다. 문서로써 전달된 의사는 지속적으로 보존할 수 있고 역사자료로서 가치를 갖기도 한다.
4) 자료 제공
   보관·보존된 문서는 필요한 경우 언제든 참고자료 내지 증거자료로 제공되어 행정 활동을 지원·촉진시킨다.
5) 업무의 연결·조정
   문서의 기안·결재 및 협조 과정 등을 통해 조직 내외의 업무처리 및 정보 순환이 이루어져 업무의 연결·조정 기능을 수행하게 한다.

33

정답 ③

세 번째 열에서 B+C+D=44이고, A의 값만 구한 첫 번째 열(㉠)과 세 번째 행(㉡)의 식을 연립한다.

2A+B=34 ··· ㉠

A+2B=44 ··· ㉡

㉠×2-㉡을 하면 3A=24 → A=8이므로 A+B+C+D=8+44=52이다.

34

정답 ⑤

사람들은 마감 기한보다 결과의 질을 중요하게 생각하는 경향이 있으나, 어떤 일이든 기한을 넘겨서는 안 된다. 완벽에 가깝지만 기한을 넘긴 일은 완벽하지는 않지만 기한 내에 끝낸 일보다 인정을 받기 어렵다. 따라서 시간관리에 있어서 주어진 기한을 지키는 것이 가장 중요하다.

[오답분석]

① A사원 : 시간관리는 상식에 불과하다는 오해

② B사원 : 시간에 쫓기면 일을 더 잘한다는 오해

③ C사원 : 시간관리는 할 일에 대한 목록만으로 충분하다는 오해

④ D사원 : 창의적인 일을 하는 사람에게는 시간관리가 맞지 않는다는 오해

35

정답 ②

②는 리더가 아닌 관리자의 행동으로 볼 수 있다. 리더는 혁신을 신조로 가지며, 일이 잘 될 때에도 더 좋아지는 방법이 있다면 변화를 추구한다. 반면 관리자는 현재의 현상과 지금 잘하고 있는 것을 계속 유지하려하는 모습을 보인다.

리더와 관리자의 차이점

리더	관리자
• 새로운 상황을 창조한다.	• 상황에 수동적이다.
• 혁신지향적이다.	• 유지지향적이다.
• 내일에 초점을 둔다.	• 오늘에 초점을 둔다.
• 사람의 마음에 불을 지핀다.	• 사람을 관리한다.
• 사람을 중시한다.	• 체제나 기구를 중시한다.
• 정신적이다.	• 기계적이다.
• 계산된 리스크를 취한다.	• 리스크를 회피한다.
• '무엇을 할까?'를 생각한다.	• '어떻게 할까'를 생각한다.

36

정답 ④

조직의 구조, 기능, 규정 등이 조직화되어 있는 것은 공식조직이며, 비공식조직은 개인들의 협동과 상호작용에 따라 형성된 자발적인 집단으로 볼 수 있다. 공식조직은 인간관계에 따라 형성된 비공식조직으로부터 시작되지만, 조직의 규모가 커지면서 점차 조직 구성원들의 행동을 통제할 장치를 마련하게 되고, 이를 통해 공식화된다.

37

정답 ⑤

비영리조직은 공익을 추구하는 특징을 가진다. 기업은 이윤을 목적으로 하는 영리조직이다.

38

설득은 논쟁이 아니라 논증을 통해 더욱 정교해지며, 공감을 필요로 한다. 나의 주장을 다른 사람에게 이해시켜 납득시키고 그 사람이 내가 원하는 행동을 하게 만드는 것이며, 이해는 머리로 하고 납득은 머리와 가슴이 동시에 공감되는 것을 말하고 이 공감은 논리적 사고가 기본이 된다. 따라서 ①의 내용은 상대방이 했던 이야기를 이해하도록 노력하면서 공감하려는 태도가 보이므로 설득임을 알 수 있다.

[오답분석]
② 상대의 생각을 모두 부정하지 않고, 상황에 따른 생각을 이해함으로써 새로운 지식이 생길 가능성이 있으므로 논리적 사고 구성요소 중 '타인에 대한 이해'에 해당한다.
③ 상대가 말하는 것을 잘 알 수 없어 구체적인 사례를 들어 이해하려는 것으로 논리적 사고 구성요소 중 '구체적인 생각'에 해당한다.
④ 상대 주장에 대한 이해가 부족하다는 것을 인식해 상대의 논리를 구조화하려는 것으로 논리적 사고 구성요소 중 '상대 논리의 구조화'에 해당한다.
⑤ 상대방의 말한 내용이 명확하게 이해가 안 되어 먼저 자신이 생각하여 이해하도록 노력하는 것으로 논리적 사고 구성요소 중 '생각하는 습관'에 해당한다.

39

자료를 다운받는 데 걸리는 시간을 x초라고 하자.
자료를 다운받는 데 걸리는 시간이 사이트에 접속하는 데 걸리는 시간의 4배라고 하였으므로

사이트에 접속하는 데 걸리는 시간은 $\frac{1}{4}x$초이다.

$x + \frac{1}{4}x = 75 \rightarrow 5x = 300$

$\therefore x = 60$

따라서 600KB의 자료를 다운받는 데 1초가 걸리므로 A씨가 다운받은 자료의 용량은 $600 \times 60 = 36,000$KB이다.

40

창의적인 사고는 통상적인 것이 아니라 기발하거나, 신기하며 독창적이다. 또한 발산적 사고로서 아이디어가 많고, 다양하고, 독특한 것을 의미하며, 유용하고 가치가 있어야 한다.

41

• A : 비판적 사고의 목적은 단순히 주장의 단점을 찾아내는 것이 아니라, 종합적인 분석과 검토를 통해 그 주장이 타당한지 그렇지 않은지를 밝혀내는 것이다.
• D : 비판적 사고는 논증, 추론에 대한 문제의 핵심을 파악하는 방법을 통해 배울 수 있으며, 타고난 것이라고 할 수 없다.

42

경청을 통해 상대방의 입장에 공감하며, 상대방을 이해하게 된다는 것은 자신의 생각이나 느낌, 가치관 등의 선입견이나 편견을 가지고 상대방을 이해하려 하지 않고, 상대방으로 하여금 자신이 이해받고 있다는 느낌을 갖도록 하는 것이다.

43

• 직접비용 : ㉠, ㉡, ㉢, ㉮
• 간접비용 : ㉢, ㉣
직접비용은 제품 또는 서비스를 창출하기 위해 직접 소비된 것으로 여겨지는 비용을 말하며, 재료비, 원료와 장비 구입비, 인건비, 출장비 등이 직접비용에 해당한다.
간접비용은 생산에 직접 관련되지 않은 비용을 말하며, 광고비, 보험료, 통신비 등이 간접비용에 해당한다.

44

(A)의 경우 상대방이 제시하는 것을 일방적으로 수용한다는 점을 볼 때, 유화(상대편을 너그럽게 용서하고 사이좋게 지냄)전략임을 알 수 있으며, (B)의 경우 자신의 이익을 극대화하기 위한 공격적 전략이라는 점에서 강압전략임을 알 수 있다. (C)의 경우 협상을 피하는 점으로 회피전략임을, (D)의 경우 협동과 통합으로 문제를 해결한다는 점에서 협력전략임을 알 수 있다.

45

㉠ A는 패스트푸드점이 가까운 거리에 있음에도 불구하고 배달료를 지불해야 하는 배달 앱을 통해 음식을 주문하고 있으므로 편리성을 추구하는 (나)에 해당한다.
㉡ B는 의자 제작에 필요한 재료들인 물적자원만 고려하고 시간은 고려하지 않았으므로 시간이라는 자원에 대한 인식 부재인 (다)에 해당한다.
㉢ C는 자원관리의 중요성을 인식하고 프로젝트를 완성하기 위해 나름의 계획을 세워 수행하였지만, 경험이 부족하여 계획한 대로 진행하지 못하였으므로 노하우 부족인 (라)에 해당한다.
㉣ D는 홈쇼핑 시청 중 충동적으로 계획에 없던 여행 상품을 구매하였으므로 비계획적 행동인 (가)에 해당한다.

46

• C사원 : 문서의 첨부 자료는 반드시 필요한 자료 외에는 첨부하지 않도록 해야 하므로 옳지 않다.
• D사원 : 문서를 작성한 후에는 다시 한번 내용을 검토해야 하지만, 문장 표현은 작성자의 성의가 담기도록 경어나 단어사용에 신경을 써야 하므로 낮춤말인 '해라체'로 고쳐 쓰는 것은 옳지 않다.

47

가위바위보 게임에서 A가 이긴 횟수를 x회, 진 횟수를 y회라 하자.
A가 받은 금액은 $10 \times x - 7 \times y = 49 - 20 \rightarrow 10x - 7y = 29 \cdots$ ㉠
B가 받은 금액은 $10 \times y - 7 \times x = 15 - 20 \rightarrow -7x + 10y = -5 \cdots$ ㉡
㉠과 ㉡을 연립하면
$100x - 49x = 290 - 35 \rightarrow 51x = 255$
$\therefore x = 5$

48

㉢ 시간 계획을 세우는 데 있어서 가장 중요한 것은 그 계획을 따르는 것이지만, 너무 계획에 얽매여서는 안 된다. 이를 방지하기 위해 융통성 있는 시간 계획을 세워야 한다.
㉣ 시간 계획을 세우더라도 실제 행동할 때는 차이가 발생하기 마련이다. 자신은 뜻하지 않았지만 다른 일을 해야 할 상황이 발생할 수 있기 때문이다. 따라서 이를 염두하고 시간 계획을 세우는 것이 중요하다.
㉤ 이동 시간이나 기다리는 시간 등 자유로운 여유 시간도 시간 계획에 포함하여 활용해야 한다.

49

자신이 그동안 성취한 것을 재평가하는 것은 경력중기 단계에서 볼 수 있다. 경력초기 단계에서는 직무와 조직의 규칙과 규범에 대해서 배우게 된다. 그리고 자신이 맡은 업무의 내용을 파악하고, 새로 들어간 조직의 규칙이나 규범, 분위기 등을 알고 적응해 나가는 것이 중요한 단계이다.

50

정보를 관리하지 않고 그저 머릿속에만 기억해두는 것은 정보관리에 허술한 사례이다.

오답분석
① · ④ 정보검색의 바람직한 사례이다.
② · ⑤ 정보전파의 바람직한 사례이다.

51

보고서는 업무 진행 과정에서 쓰는 경우가 대부분이므로 무엇을 도출하고자 했는지 핵심내용을 구체적으로 제시해야 한다. 내용의 중복을 피하고 산뜻하고 간결하게 작성하며, 복잡한 내용일 때에는 도표나 그림을 활용한다. 또한 보고서는 개인의 능력을 평가하는 기본요인이므로 제출하기 전에 최종점검을 해야 한다. 따라서 P사원이 작성해야 할 문서는 보고서이다.

52

임원진 한 명이 원탁의 아홉 자리 중 하나에 앉는 방법은 1가지이다. 다른 임원진 한 명은 앉은 임원진의 왼쪽 혹은 오른쪽에 앉게 되므로 2가지이다. 외부 인사들끼리 일렬로 앉는 방법은 3!=6가지이고 팀장들끼리 일렬로 앉는 방법은 4!=24가지이다.
따라서 앉을 수 있는 경우의 수는 1×2×6×24=288가지이다.

53

해결안 개발은 문제로부터 도출된 근본원인을 효과적으로 해결할 수 있는 최적의 해결방안을 수립하는 단계로 해결안 도출, 해결안 평가 및 최적안 선정의 절차로 진행된다. 홍보팀 팀장은 팀원들이 제시한 다양한 홍보 방안을 중요도와 실현 가능성 등을 고려하여 최종 홍보 방안을 결정해야 한다. 따라서 해결안 개발 단계 중에서도 해결안을 평가하고 가장 효과적인 해결안을 선정해야 하는 단계에 해당한다.

54

오답분석
① 예산 집행 과정에서의 적절한 관리 및 통제는 사업과 같은 큰 단위만이 해당되는 것이 아니라 직장인의 경우 월급, 용돈 등 개인적인 단위에도 해당된다.
② 예산을 잘 수립했다고 해서 예산을 잘 관리하는 것은 아니다. 예산을 적절하게 수립하였다고 하더라도 집행 과정에서 관리에 소홀하면 계획은 무용지물이 된다.
④ 예산 사용 내역에서 계획보다 비계획의 항목이 더 많은 경우는 예산 집행 과정을 적절하게 관리하지 못하는 경우라고 할 수 있다.
⑤ 가계부는 개인 차원에서의 관리에 활용되며, 프로젝트나 과제의 경우에는 워크시트를 작성함으로 효과적으로 예산 집행 과정을 관리할 수 있다.

55

제품 매뉴얼은 제품의 설계상 결함이나 위험 요소를 대변해서는 안 된다.

56

변화에 저항하는 직원들을 성공적으로 이끌기 위해서는 주관적인 자세보다 가능한 객관적인 자세로 업무에 임할 수 있도록 해야 한다. 변화를 수행하는 것이 힘들더라도 변화가 필요한 이유를 직원들이 명확히 알도록 해야 하며, 변화의 유익성을 밝힐 수 있는 객관적인 수치 및 사례를 직원들에게 직접 확인시킬 필요가 있다.

변화에 저항하는 직원들을 성공적으로 이끄는데 도움이 되는 방법
• 개방적인 분위기를 조성한다.
• 객관적인 자세를 유지한다.
• 직원들의 감정을 세심하게 살핀다.
• 변화의 긍정적인 면을 강조한다.
• 변화에 적응할 시간을 준다.

57

군인은 하나의 직업으로, 직업을 가진 사람이라면 누구나 반드시 지켜야 할 직업윤리를 가진다. 직업윤리는 기본적으로 개인윤리를 바탕으로 성립되는 규범이기는 하지만 상황에 따라 개인윤리와 직업윤리는 서로 충돌하는 경우가 발생한다. 즉 사례의 경우 K의 입장에서 타인에 대한 물리적 행사는 절대 금지되어 있다고 생각되는 개인윤리와 군인의 입장에서 필요한 경우 물리적 행사가 허용된다는 직업윤리가 충돌하고 있다. 이러한 상황에서 직업인이라면 직업윤리를 개인윤리보다 우선하여야 한다는 조언이 가장 적절하다.

58

D는 물품을 분실한 경우로 보관 장소를 파악하지 못한 경우와 비슷할 수 있으나, 분실한 경우에는 물품을 다시 구입하지 않으면 향후 활용할 수 없다는 점에서 차이가 있다. 물품을 분실한 경우 물품을 다시 구입해야 하므로 경제적인 손실을 가져올 수 있으며, 경우에 따라 동일한 물품이 시중에서 판매되지 않는 경우가 있을 수 있다.

59

한자음 '녀'가 단어 첫머리에 올 때는 두음 법칙에 따라 '여'로 적으나, 의존 명사의 경우는 '녀' 음을 인정한다. 해를 세는 단위의 '년'은 의존 명사이므로 ④의 '연'은 '년'으로 적어야 한다.

오답분석
① 이사장의 말을 직접 인용하고 있으므로 '라고'의 쓰임은 적절하다.
② '말'이 표현을 하는 도구의 의미로 사용되었으므로 '로써'의 쓰임은 적절하다.
③ 받침 'ㅇ'으로 끝나는 말 뒤에 쓰였으므로 '률'의 쓰임은 적절하다.
⑤ 아라비아 숫자만으로 연월일을 모두 표시하고 있으므로 마침표의 사용은 적절하다.

60

정보의 사용 절차는 전략적으로 기획하여 필요한 정보를 수집하고, 수집된 정보를 필요한 시점에 사용될 수 있도록 관리하여 정보를 활용하는 것이다.

01	02	03	04	05	06	07	08	09	10	11	12	13	14	15	16	17	18	19	20
⑤	①	④	③	②	③	③	②	②	③	②	④	②	③	③	⑤	⑤	④	③	⑤
21	22	23	24	25	26	27	28	29	30	31	32	33	34	35	36	37	38	39	40
②	⑤	①	⑤	⑤	⑤	④	②	②	②	①	②	①	③	①	⑤	⑤	⑤	②	③
41	42	43	44	45	46	47	48	49	50	51	52	53	54	55	56	57	58	59	60
①	③	③	①	③	④	②	③	④	③	④	④	④	①	②	③	③	①	①	⑤

01

정답 ⑤

제시문에 따르면 작업으로서의 일과 고역으로서의 일의 구별은 단순히 지적 노고와 육체적 노고의 차이에 의해 결정되지 않는다. 구별의 근본적 기준은 인간의 존엄성과 관련되므로 작업으로서의 일은 자의적·창조적 활동이 되며, 고역으로서의 일은 타의적·기계적 활동이 된다. 따라서 작업과 고역을 지적 노동과 육체적 노동으로 각각 구분한 ⑤는 옳지 않다.

오답분석

① 고역은 상품 생산만을 목적으로 하며, 작업은 상품 생산을 통한 작품 창작을 목적으로 한다. 즉, 작업과 고역 모두 생산 활동이라는 목적을 지닌다.
② 작업은 자의적인 활동이며, 고역은 타의에 의해 강요된 활동이다.
③ 작업은 창조적인 활동이며, 고역은 기계적인 활동이다.
④ 작업과 고역을 구별하는 근본적 기준은 그것이 인간의 존엄성을 높이는 것이냐, 아니면 타락시키는 것이냐에 있다.

02

정답 ①

ㄱ. 해외연수 경험이 있는 지원자의 합격률은 $\frac{53}{53+414+16} \times 100 ≒ 11\%$로, 해외연수 경험이 없는 지원자의 합격률인 $\frac{11+4}{11+37+4+139} \times 100 ≒$ 7.9%보다 높다.

ㄴ. 인턴 경험이 있는 지원자의 합격률은 $\frac{53+11}{53+414+11+37} \times 100 = \frac{64}{515} \times 100 ≒ 12.4\%$로, 인턴 경험이 없는 지원자의 합격률인 $\frac{4}{16+4+139} \times$ $100 = \frac{4}{159} \times 100 ≒ 2.5\%$보다 높다.

오답분석

ㄷ. 인턴 경험과 해외연수 경험이 모두 있는 지원자 합격률(11.3%)의 2배는 22.6%로, 인턴 경험만 있는 지원자 합격률(22.9%)보다 낮다.
ㄹ. 인턴 경험과 해외연수 경험이 모두 없는 지원자와 인턴 경험만 있는 지원자 간 합격률 차이는 22.9−2.8=20.1%p로 30%p보다 작다.

03

ㄴ. 사슴의 남은 수명이 20년인 경우, 사슴으로 계속 산다면 $20 \times 40 = 800$이 총 효용을 얻지만, 독수리로 사는 것을 선택한다면 $(20-5) \times 50 = 750$의 총 효용을 얻는다. 사슴은 여생의 총 효용이 줄어드는 선택은 하지 않으므로 독수리를 선택하지 않을 것이다.

ㄷ. 사슴의 남은 수명이 x년이라 할 때, 사자로 사는 것을 선택한다면 $(x-14) \times 250$의 총 효용을 얻고, 호랑이로 사는 것을 선택한다면 $(x-13) \times 200$의 총 효용을 얻는다. 이때, 사슴의 남은 수명인 x년이 18년이라면 둘의 총 효용이 같게 되므로 사슴의 남은 수명이 18년일 때, 사자를 선택했을 때와 호랑이를 선택했을 때 여생의 총 효용이 같게 된다.

[오답분석]

ㄱ. 사슴의 남은 수명이 13년인 경우, 사슴으로 계속 산다면 $13 \times 40 = 520$의 총 효용을 얻지만, 곰으로 사는 것을 선택한다면 $(13-11) \times 170 = 340$의 총 효용을 얻는다. 사슴은 여생의 총 효용이 줄어드는 선택은 하지 않으므로 곰을 선택하지 않을 것이다.

04

순환성의 원리에 따르면 화자와 청자의 역할은 원활하게 교대되어 정보가 순환될 수 있어야 한다. 그러나 대화의 상황에 맞게 원활한 교대가 이루어져야 하므로 대화의 흐름을 살펴 순서에 유의하여 말하는 것이 좋으며, 상대방의 말을 가로채는 것은 바람직하지 않다.

[오답분석]
① 공손성의 원리
② 적절성의 원리
④ 순환성의 원리
⑤ 관련성의 원리

05

[세부절차 설명] (2)에서 공유기의 DHCP 기능을 중지하도록 안내하고 있다. 또한, [안내]에서도 공유기에 내부 IP 주소 변경과 DHCP 서버 기능을 중단하도록 알려주고 있다.

06

[세부절차 설명] (3)을 살펴보면 스위치로 동작하는 〈공유기2〉의 WAN 포트에는 아무것도 연결하지 않도록 안내하고 있으므로, WAN 포트에 연결하라는 답변은 올바르지 않다.

07

조선시대의 미(未)시는 오후 1 ~ 3시를, 유(酉)시는 오후 5 ~ 7시를 나타낸다. 오후 2시부터 4시 30분까지 운동을 하였다면, 조선시대 시간으로 미(未)시 정(正)부터 신(申)시 정(正)까지 운동을 한 것이 되므로 옳지 않다.

[오답분석]
① 초등학교의 점심 시간이 오후 1시부터 2시까지라면, 조선시대 시간으로 미(未)시(1 ~ 3시)에 해당한다.
② 조선시대의 인(寅)시는 현대 시간으로 오전 3 ~ 5시를 나타낸다.
④ 축구 경기가 전반전 45분과 후반전 45분으로 총 90분 동안 진행되었으므로 조선시대 시간으로 한시진(2시간)이 되지 않는다.
⑤ 조선시대의 술(戌)시는 오후 7 ~ 9시를 나타내므로 오후 8시 30분은 술(戌)시에 해당한다.

08

고객 불만 처리는 정확하게, 그리고 최대한 신속히 이루어져야 한다. 재발 방지 교육은 고객 보고 후 실시해도 무방하므로 신속하게 고객에게 상황을 보고하는 것이 우선이다.

오답분석
① 고객 보고 후 피드백이 이루어지면, 고객 불만처리의 결과를 잘 파악할 수 있다.
③ 고객 불만 접수와 함께 진심어린 사과도 이루어져야 한다.
④ 고객 불만 접수 단계에서는 고객의 불만을 경청함으로써 불만 사항을 잘 파악하는 것이 중요하다.
⑤ 불만 처리 과정을 고객에게 통보해 줌으로써 업체에 대한 고객의 신뢰도를 높일 수 있다.

09

ㄱ. AI가 돼지로 식별한 동물 중 실제 돼지가 아닌 비율은 $\frac{408-350}{408} \times 100 = \frac{58}{408} \times 100 ≒ 14.2\%$로 10% 이상이다.

ㄷ. 전체 동물 중 AI가 실제와 동일하게 식별한 비율은 $\frac{1,605}{1,766} \times 100 ≒ 90.9\%$로 85% 이상이다.

오답분석
ㄴ. 실제 여우 중 AI가 여우로 식별한 비율은 $\frac{600}{635} \times 100 ≒ 94.5\%$로, 실제 돼지 중 AI가 돼지로 식별한 비율 $\frac{350}{399} \times 100 ≒ 87.7\%$보다 높다.

ㄹ. 실제 염소를 AI가 고양이로 식별한 수(2마리)가 양으로 식별한 수(1마리)보다 많다.

10

지점이동을 원하는 직원들 중 1차 희망지역에 서울을 신청한 직원은 C, E, I이고, 경기를 적은 직원은 D, G, L이다. 하지만 조건에서 희망지역을 신청한 사람 중 2명만 이동할 수 있으며, 3명 이상이 지원하면 경력이 높은 사람이 우선된다고 했으므로 서울을 신청한 직원 중 경력이 6년인 E, I가 우선이며, 경기는 경력이 2년인 D, L이 우선이 된다. 따라서 서울 지역으로 이동할 직원은 E, I이며, 경기 지역은 D, L이다.

11

지점이동을 원하는 직원들 중 첫 번째와 두 번째 조건에 따라 1차 희망지역으로 발령을 받는 직원을 정리하면 다음과 같다.

서울	경기	대구	대전
E, I	D, L	J, N	B
부산	광주	포항	울산
F, M	K		

1차 희망지역에 탈락한 직원은 A, C, G, H이며, 4명의 2차 희망지역에서 순위 선정 없이 바로 발령을 받는 직원은 울산을 지원한 A이다. G와 H는 광주를 지원했지만 광주에는 K가 이동하여 한 명만 더 갈 수 있기 때문에 둘 중 보직 우선순위에 따라 차량관리를 하고 있는 G가 이동하게 된다. H는 3차 희망지역으로 울산을 지원하여 울산에 배정된 직원은 A 1명이므로 울산으로 이동한다. C의 경우 2·3차 희망지역인 경기, 대구 모두 2명의 정원이 배정되어 있으므로 이동하지 못한다. 따라서 지점이동을 하지 못하는 직원은 C이다.

12

제시문에 따르면 한 연구팀은 유전자의 발현에 관한 물음에 답하기 위해 유전자의 발현에 대해 연구했고, 그 결과 어미에게 많이 핥인 새끼가 그렇지 않은 새끼보다 GR 유전자의 발현을 촉진하는 NGF 단백질 수치가 더 높다는 것을 발견했다. 즉, 연구팀이 발견한 것은 '어미에게 많이 핥인 정도'라는 후천 요소가 'GR 유전자 발현'에 영향을 미친다는 것이다. 따라서 '후천 요소가 유전자의 발현에 영향을 미칠 수 있는가'가 ㉠으로 가장 적절하다.

13

국제해양기구의 의견에 따라 '회의 시설'에서 C를 받은 도시는 개최도시에서 제외되므로 대전과 제주는 후보도시에서 제외된다. 서울과 인천, 부산의 합산점수를 정리하면 다음과 같다.

(단위 : 점)

구분		서울	인천	부산
회의 시설		10	10	7
숙박 시설		10	7	10
교통		7	10	7
개최 역량		10	3	10
가산점	교통	–	5	–
	바다	–	5	5
합산점수		37	40	39

따라서 합산점수가 가장 높은 인천이 개최도시로 선정된다.

14

ㄱ. 甲의 자본금액은 200억 원이므로 종업원 수에 따라 주민세 50만 원을 납부해야 하는 첫 번째 유형 또는 20만 원을 납부해야 하는 세 번째 유형에 해당할 수 있다. 따라서 甲이 세 번째 유형인 '자본금액 50억 원을 초과하는 법인으로서 종업원 수가 100명 이하인 법인'에 해당한다면 최소 20만 원을 주민세로 납부해야 한다.
ㄹ. 자본금액이 100억 원을 초과하는 甲은 첫 번째 유형에 해당할 수 있으므로 최대 50만 원을 주민세로 납부해야 한다. 또한 자본금액이 20억 원인 乙은 네 번째 유형에 해당할 수 있으므로 최대 10만 원을 납부해야 하며, 종업원 수가 100명을 초과하는 丙 역시 첫 번째 유형에 해당할 수 있으므로 최대 50만 원을 납부해야 한다. 따라서 甲, 乙, 丙이 납부해야 할 주민세 금액의 합계는 최대 50+10+50=110만 원이다.

[오답분석]

ㄴ. 乙의 자본금액은 20억 원이므로 종업원이 50명인 경우 '그 밖의 법인'에 해당하여 10만 원이 아닌 5만 원의 주민세를 납부해야 한다.
ㄷ. 丙의 종업원 수는 200명이나, 자본금액에 대한 정보는 알 수 없으므로 모든 유형에 해당할 수 있다. 따라서 丙의 자본금액이 10억 원 이하로 다섯 번째 유형인 '그 밖의 법인'에 해당한다면 주민세로 납부해야 하는 최소 금액은 10만 원이 아닌 5만 원이다.

15

ㄱ. 판매종사자의 경우, 다른 직업에 비해 주 근무시간이 주 52시간을 초과하는 근로자의 수가 6,602×36.1%≒2,383명으로 가장 많다.
ㄷ. 실제 근로시간이 주 52시간을 초과하는 근로자의 비중이 높은 직업일수록 주 52시간 근로제 도입 후 근로시간 단축효과가 클 것임을 추론할 수 있다. 관리자의 경우, 해당 비율이 6.3%이고, 단순노무종사자의 경우 20.7%이므로 옳은 설명이다.

[오답분석]

ㄴ. 군인의 경우, 다른 직업에 비해 희망 근무시간이 53시간 이상인 근로자의 수가 119×4.6%≒5명으로 가장 적다.

16

ㄴ. 갑~무 도시에 있는 드림카페의 합은 4×5=20개이며, 갑과 병에는 총 8개가 있어야 하므로 |편차|에 따라 한 곳은 6개, 다른 한 곳은 2개가 된다.
ㄷ. 정 도시의 해피카페 점포 수는 20-17=3개이므로, 드림카페 점포 수인 5개보다 적다.
ㄹ. 무 도시에 있는 해피카페 중 1개 점포가 병 도시로 브랜드의 변경 없이 이전할 경우, 병과 무 도시의 카페 점포 수는 각각 3개가 되며, 편차 절댓값도 똑같이 1이 된다. 따라서 |편차|의 평균도 변하지 않는다.

[오답분석]

ㄱ. 해피카페 |편차|의 평균은 1.2로, 드림카페 |편차|의 평균 1.6보다 적다.

17

규칙에 맞추어 음과 악기의 지점을 연결하면 다음과 같다.

㉮	㉯	㉰	㉱	㉲	㉳	㉴	㉵	㉶	㉷	㉸
A	A#	B	C	C#	D	D#	E	F	F#	G

따라서 ㉲에 해당하는 음은 E이며, E는 가락에 4회 나타나므로 ㉲를 누른 상태로 줄을 튕기는 횟수는 4회이다.

18

정답 ④

슈퍼잡초를 제거하기 위해서는 제초제를 더 자주 사용하거나 여러 제초제를 섞어서 사용하거나 새로 개발된 제초제를 사용해야 한다. 이로 인해 농부들은 더 많은 비용을 지불해야 했다.

오답분석

① 조사 기간 동안 미국에서 살충제 소비가 약 56,000톤 줄었다. 따라서 모든 종류의 농약 사용이 증가한 것은 아니다.
② 미국에서 유전자 변형 작물을 재배하기 시작한 시점은 1996년이다. 또한 글리포세이트라는 제초제를 매년 반복해서 사용한 이후에 이 제초제에 내성을 가진 슈퍼잡초가 생겨났다고 설명했으나 슈퍼잡초가 나타나기 시작한 정확한 시점은 제시되어 있지 않다.
③ 유전자 변형 작물 재배 지역에서는 살충제의 소비가 줄었다고 언급했으나, 일반 작물 재배 지역의 살충제 소비 증감에 대한 언급은 없다.
⑤ 일반 작물을 재배하는 지역에서 슈퍼잡초가 발생했는지에 대한 언급은 없다.

19

정답 ③

물품출납 및 운용카드는 물품에 대한 상태를 지속적으로 확인하고 작성하여 개정할 필요가 있다.

20

정답 ⑤

기업의 입장에서 일을 수행하는 데 있어 소요되는 시간이 단축되면, 그에 따른 비용이 절감되고 상대적으로 이익이 늘어남으로써 사실상 '가격 인상'의 효과를 볼 수 있다.

21

정답 ②

㉠ 2019년 추석교통대책기간 중 총 고속도로 이동인원은 6,160만 명으로 전년 대비 $\frac{6,160-3,540}{3,540} \times 100 ≒ 74\%$ 증가했다.

㉢ 2019년 추석 당일 고속도로 교통량은 588만 대로 전년 대비 $\frac{588-535}{535} \times 100 ≒ 9.9\%$ 증가했다.

오답분석

㉡ 2019년 1일 추석교통대책기간 중 평균 이동인원은 560만 명으로 전년 대비 $\frac{3,540}{6} = 590$만 명보다 $\frac{560-590}{590} \times 100 ≒ -5.1\%$ 감소했다.

㉣ 2019년 고속도로 최대 소요 시간은 귀성의 경우, 서울 - 부산 구간은 7시간 15분에서 7시간 50분으로 증가하였으므로 옳지 않은 설명이다.

22

정답 ⑤

ㄴ. 제시된 그래프에서 에너지소비량은 연도별로 원점부터 좌표까지 칸의 개수로 비교하면 빨리 구할 수 있다. 따라서 기업 A는 매년 칸의 개수가 많아지므로 에너지소비량이 증가하고 있음을 알 수 있다.
ㄷ. 2016년의 에너지소비량은 기업 B가 기업 A보다 칸의 개수가 4칸 더 많으므로 에너지소비량도 더 많다.

오답분석

ㄱ. 기업 A는 2015년에 전년 대비 에너지원단위가 증가하였다.

23

먼저 청소 횟수가 가장 많은 C구역을 살펴보면, 청소를 한 구역은 바로 다음 영업일에는 청소를 하지 않는다고 하였으므로 일요일 전후인 월요일과 토요일은 청소를 하지 않는다. 따라서 C구역은 휴업일인 수요일을 제외하고 화요일, 목요일, 금요일에 청소가 가능하다. 그러나 목요일과 금요일에 연달아 청소를 할 수 없으므로 반드시 화요일에 청소를 해야 하며, 다음 영업일인 목요일에는 청소를 하지 않는다. 따라서 C구역 청소를 하는 요일은 일요일, 화요일, 금요일이다.

일	월	화	수	목	금	토
C		C	휴업		C	

다음으로 B구역을 살펴보면, B구역은 나머지 월요일, 목요일, 토요일에 청소가 가능하다. 그러나 B구역의 경우 청소를 한 후 이틀간 청소를 하지 않으므로 다음 청소일과의 사이가 이틀이 되지 않는 토요일에는 청소를 할 수 없다. 따라서 B구역 청소를 하는 요일은 월요일, 목요일이다.

일	월	화	수	목	금	토
C	B	C	휴업	B	C	

A구역은 남은 토요일에 청소하므로 甲레스토랑의 청소 일정표는 다음과 같다.

일	월	화	수	목	금	토
C	B	C	휴업	B	C	A

따라서 B구역 청소를 하는 요일은 월요일과 목요일이다.

24

두 번째 문단에서 '한국어를 예로 들면 한국어를 이루고 있는 각 지역의 말 하나하나, 즉 그 지역의 언어 체계 전부를 방언이라 한다.'는 내용과 '충청도 방언은 충청도 특유의 언어 요소만을 가리키는 것이 아니라 충청도의 토박이들이 전래적으로 써 온 한국어 전부를 가리킨다.'는 내용을 통해 한국어는 표준어와 지역 방언 전체를 아우르는 개념이라고 이해할 수 있다. 따라서 (마)의 '공통부분'은 옳지 않은 내용이며, '표준어와 지역 방언의 전체를 지칭하는 개념'이라고 고쳐야 한다.

오답분석

① (가)의 바로 뒷부분에 '방언을 비표준어로서 낮잡아 보는 인식이 담겨 있다.'고 했는데, 이는 ①에서 제시한 내용과 의미가 통한다.
② (나)의 바로 다음 문장에서 '이러한 용법에는 방언이 표준어보다 열등하다는 오해와 편견이 담겨있다.'고 했으므로 (나)에는 방언을 낮추어 부른다는 의미를 가진 ②가 적절하다.
③ (다)의 바로 앞 문장에서 '사투리는 그 지역의 말 가운데 표준어에는 없는, 그 지역 특유의 언어 요소만을 일컫기도 한다.'고 설명했으므로 (다)에는 다른 지역과 같지 않은 성질을 강조한 ③이 적절하다.
④ 두 번째 문단에서 '한국어를 이루고 있는 각 지역의 말 하나하나, 즉 그 지역의 언어 체계 전부를 방언이라 한다.'고 설명했으므로 (라)에는 각 지역의 방언을 한국어의 하위 단위로 보는 ④가 적절하다.

25

ㄷ. 정이 1차 시기에서 심사위원 A ~ D에게 10점씩 더 높은 점수를 받는다면, 1차 평균점수도 10점이 높아지고, 최종점수도 10점이 높아져 176+10=186점으로 가장 높다.
ㄹ. 1차 시기에서 심사위원 C는 4명의 선수 모두에게 심사위원 A보다 높은 점수를 부여했음을 확인할 수 있다.

오답분석

ㄱ. 정의 최종점수는 176점으로 을의 166점보다 높다.
ㄴ. 갑의 3차 시기 평균점수는 94점으로 병의 71점보다 높다.

PART 3 | 실전모의고사

제2회 PSAT형 NCS 기출동형 모의고사 • 107

26

주어진 상황을 벤다이어그램으로 나타낸 후 계산하면 다음과 같다.

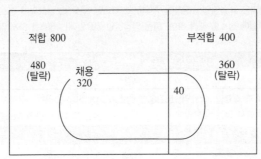

ㄱ 오탈락률 : $\frac{480}{800} \times 100 = 60\%$

ㄴ 오채용률 : $\frac{40}{400} \times 100 = 10\%$

27

시스템 오류 확인 및 시스템 개선 업무는 고객지원팀이 아닌 시스템개발팀이 담당하는 업무이며, 고객지원팀은 주로 민원과 관련된 업무를 담당한다.

28

ㄱ. 습도가 70%일 때 연간소비전력량이 가장 적은 제습기는 A(790kWh)이다.
ㄷ. 습도가 40%일 때 제습기 E의 연간소비전력량(660kWh)은 습도가 50%일 때 제습기 B의 연간소비전력량(640kWh)보다 많다.

[오답분석]

ㄴ. 습도 60%일 때의 연간소비전력량이 가장 많은 제습기는 D이며, 습도 70%일 때에는 E로 순서는 동일하지 않다.
ㄹ. E의 경우 40%일 때 연간소비전력량의 1.5배는 660×1.5=990kWh인데, 80%일 때는 970kWh이므로 1.5배 미만이다.

29

문제해결과정
문제 인식 → 문제 도출 → 원인 분석 → 해결안 개발 → 실행 및 평가

30

먼저 A의 말이 거짓이라면 A, E 두 명이 드라큘라 가면을 쓰게 되고, E의 말이 거짓이라면 드라큘라 가면을 아무도 쓰지 않게 되므로 둘 다 세 번째 조건에 어긋난다. 또한 C의 말이 거짓이라면 식품영양학과에 다니는 학생이 없으므로 두 번째 조건에 어긋나며, D의 말이 거짓이라면 A, B, C, D, E 다섯 명 모두 남학생이 되므로 첫 번째 조건에 어긋난다. 따라서 거짓만을 말하고 있는 사람은 B이며, 이때 B는 경제학과에 다니는 여학생으로 가면파티에서 유령 가면을 쓸 것이다.

31

ㄱ. 각 연령별로 반을 편성할 경우 각 반마다 보육교사를 배치하여야 하므로 만 1세 미만의 영유아 4명에는 1 : 3 비율에 따라 보육교사 2명, 만 1세 이상 만 2세 미만의 영유아 5명에는 1 : 5 비율에 따라 보육교사 1명을 배치해야 한다. 즉, 보육교사는 총 3명을 배치해야 한다. 한편, (1)과 (2)의 혼합반으로 반을 편성할 경우에는 영유아가 모두 9명이 되므로 1 : 3 비율에 따라 보육교사 3명을 배치해야 한다. 따라서 보육교사는 최소 3명을 배치해야 한다.

오답분석

ㄴ. 각 연령별로 반을 편성할 경우 만 1세 이상 만 2세 미만의 영유아 6명에는 1 : 5 비율에 따라 보육교사 2명, 만 2세 이상 만 3세 미만의 영유아 12명에는 1 : 7 비율에 따라 보육교사 2명을 배치해야 하므로 총 4명의 보육교사를 배치해야 한다. 한편, (2)와 (3)의 혼합반으로 반을 편성할 경우에는 영유아가 모두 18명이 되므로 1 : 5 비율에 따라 보육교사 4명을 배치해야 한다. 따라서 보육교사는 최소 4명을 배치해야 한다.

ㄷ. 각 연령별로 반을 편성할 경우 만 1세 미만의 영유아 1명에는 보육교사 1명, 만 2세 이상 만 3세 미만의 영유아 2명에도 보육교사 1명을 배치해야 하므로 총 2명의 보육교사를 배치해야 한다. 한편, (1)과 (3)의 혼합반은 편성이 불가하므로 보육교사는 최소 2명을 배치해야 한다.

32

RANK 함수는 범위에서 특정 데이터의 순위를 구할 때 사용하는 함수이다. RANK 함수의 형식은 「=RANK(인수,범위,논리값)」인데, 논리값의 경우 0이면 내림차순, 1이면 오름차순으로 나타나게 된다. 발전량이 가장 높은 곳부터 순위를 매기려면 내림차순으로 나타내야 하므로 (B)셀에는 「=RANK(F5,$F$5:$F$12,0)」을 입력해야 한다.

33

영국 의사 S는 개인 정보 데이터베이스 자료를 분석한 결과 온갖 병균에 의한 잦은 감염 경험이 알레르기성 질환으로부터 아이들을 보호한다고 주장했다. 따라서 병원균 노출의 기회가 적을수록 알레르기 발생 확률이 높아진다는 가설을 제시할 수 있다.

오답분석

② 영국 의사 S는 가설을 뒷받침하는 증거로 가족 관계에서 차지하는 서열을 제시하였으나, 또 다른 증거인 형제자매의 수에 대한 내용은 포함하지 못하므로 주장할 수 있는 가설로 적절하지 않다.

③ 제시된 본문에는 이와 관련한 내용이 없으므로 진위를 판단할 수 없다.

④ 알레르기의 원인을 병원균의 침입으로 보았던 전통적인 이론과 달리 영국 의사 S는 오히려 병균에 의한 잦은 감염이 알레르기 예방에 유리하다고 주장했다.

⑤ 영국 의사 S는 가설을 뒷받침하는 증거로 함께 자란 형제자매의 수를 제시하였으나, 또 다른 증거인 가족 관계에서 차지하는 서열에 대한 내용은 포함하지 못하므로 적절하지 않다.

34

- 산업기사 전체 응시율 : $\frac{151}{186} \times 100 ≒ 81.2\%$

- 기능사 전체 응시율 : $\frac{252}{294} \times 100 ≒ 85.7\%$

따라서 산업기사 전체 응시율은 기능사 전체 응시율보다 낮다.

오답분석

① • 산업기사 전체 합격률 : $\frac{61}{151} \times 100 ≒ 40.4\%$

　• 기능사 전체 합격률 : $\frac{146}{252} \times 100 ≒ 57.9\%$

따라서 산업기사 전체 합격률은 기능사 전체 합격률보다 낮다.

② 산업기사 종목을 합격률이 높은 것부터 나열하면 치공구설계(63.6%), 기계설계(40.8%), 컴퓨터응용가공(33.3%), 용접(18.1%) 순이다.

④ 산업기사 종목 중 응시율이 가장 낮은 것은 용접(45.8%)으로, 컴퓨터응용가공의 응시율은 87.5%보다 낮다.

⑤ 기능사 종목 중 응시율이 100%인 귀금속가공의 경우 합격률은 72.7%로, 합격률이 85.2%인 컴퓨터응용선반이나 80%인 컴퓨터응용밀링보다 낮다. 따라서 응시율이 높은 종목이라 하여 합격률도 높다고 할 수는 없다.

35
정답 ①

ㄱ. 첫 번째 조의 제1항에 따라 기획재정부장관은 각 국세금융기구에 출자를 할 때 자유교환성 통화로 출자금을 납입할 수 있으므로 옳은 내용이다.

오답분석

ㄴ. 첫 번째 조의 제1항에 따라 기획재정부장관은 출자금을 내국통화로 분할하여 납입할 수 있으므로 옳지 않다.

ㄷ. 첫 번째 조의 제2항에 따라 내국통화로 출자하는 경우 그 출자금의 전부 또는 일부를 내국통화로 표시된 증권으로 출자할 수 있으나 미합중국통화로 표시된 증권에 관하여는 언급하지 않으므로 옳지 않다.

ㄹ. 두 번째 조의 제1항에 따라 기획재정부장관은 출자한 증권의 전부 또는 일부에 대하여 각 국제금융기구가 지급을 청구하면 지체 없이 이를 지급하여야 한다. 즉, 한국은행장이 아닌 기획재정부장관이 지급해야 하므로 옳지 않다.

36
정답 ⑤

ㄷ. 통신사별 스마트폰의 통화성능 평가점수의 평균을 계산하면

갑 : $\dfrac{1+2+1}{3}=\dfrac{4}{3}$, 을 : $\dfrac{1+1+1}{3}=1$, 병 : $\dfrac{2+1+2}{3}=\dfrac{5}{3}$로 병 통신사가 가장 높다.

ㄹ. 평가점수 항목별 총합은 화질은 24점, 내비게이션은 22점, 멀티미디어는 26점, 배터리 수명은 18점, 통화성능은 12점으로 멀티미디어의 총합이 가장 높다.

오답분석

ㄱ. 소매가격이 200달러인 스마트폰은 B, C, G이다. 이중 종합품질점수는 B는 2+2+3+1+2=10점, C는 3+3+3+1+1=11점, G는 3+3+3+2+2=13점으로 G스마트폰이 가장 높다.

ㄴ. 소매가격이 가장 낮은 스마트폰은 50달러인 H이며, 종합품질점수는 3+2+3+2+1=11점으로 9점인 F보다 높다.

37
정답 ⑤

완전한 문자 체계란 구어의 범위를 포괄하는 기호 체계를 말한다고 했는데, 제시문에서는 고대 이집트 상형문자를 완전한 문자 체계의 하나로 보고 있다. 따라서 고대 이집트 상형문자는 구어의 범위를 포괄하고 있다고 볼 수 있다.

오답분석

① 원시 수메르인들은 거래 기록의 보존처럼 구어로는 하지 못할 일을 하기 위해서 문자를 사용했다.

② 수메르어 문자 체계가 완전하지 않아 자기 마음을 표현하는 시를 적고 싶었더라도 그렇게 할 수 없었다고 한 부분을 통해 알 수 있다.

③ 기호를 읽고 쓸 줄 아는 사람은 얼마 되지 않았다고 한 부분을 통해 알 수 있다.

④ 원시 수메르어 문자 체계는 숫자를 나타내는 데 1, 10, 60 등의 기호를 사용했고, 사람, 동물 등을 나타내기 위해 다른 종류의 기호를 사용했다고 한 부분을 통해 알 수 있다.

38
정답 ⑤

세 물품 B, C, D의 가격을 각각 x, y, z라 하자.

〈조건〉에서 세 사람이 가지고 있는 물품들의 가격에 대한 총합은

• 갑 : $x+y+z$

• 을 : $24,000+y$

• 병 : $x+z+16,000=44,000$원

병의 물품 가격에 대한 방정식을 통해 x와 z의 합이 28,000원이며, 이에 해당되는 선택지는 ①을 제외한 나머지이다. 또한 세 사람의 물품 가격의 합에 대한 대소 관계를 통해 y의 값을 유추해 보면 을 > 병 → 24,000+y > 44,000원 → y>20,000원이다. 따라서 y의 값이 20,000원이 넘는 것은 ⑤임을 알 수 있다.

39

주어진 상황에 따라 甲~丁이 갖춘 직무역량을 정리하면 다음과 같다.

구분	의사소통역량	대인관계역량	문제해결역량	정보수집역량	자원관리역량
甲	○	○	×	×	○
乙	×	×	○	○	○
丙	○	×	○	○	×
丁	×	○	○	×	○

이를 바탕으로 甲~丁의 수행 가능한 업무는 다음과 같다.
• 甲 : 심리상담, 지역안전망구축
• 乙 : 진학지도
• 丙 : 위기청소년지원, 진학지도
• 丁 : 지역안전망구축
따라서 서로 다른 업무를 맡으면서 4가지 업무를 분담할 수 있는 후보는 甲과 丙뿐이므로 A복지관에 채용될 후보자는 甲, 丙이다.

40

정답 ③

먼저 대출 기간을 보면 만화와 시로 분류되는 도서는 7일이며, 나머지 도서는 14일로 이 중 연장 신청을 한 2권의 경우는 21일이다. 또한 시, 수필, 희곡 도서의 대출일 기준으로 출간일이 6개월 이내로 신간에 해당하여 연체료가 2배로 부과된다. 이때, 연체료를 최소화하기 위해서는 연체료가 2배로 부과되는 도서의 대출 기간을 연장해야 한다. 따라서 시, 수필, 희곡 중 연장 신청이 가능한 수필, 희곡의 도서의 대출 기간을 21일로 적용한다.
• 만화 : 대출 기간은 10월 16일까지로 14일을 연체하였으므로 연체료는 $14 \times 100 = 1,400$원이다.
• 시 : 대출 기간은 10월 26일까지로 4일을 연체하였고, 해당 도서는 신간에 해당하므로 연체료는 2배로 부과되어 $4 \times 100 \times 2 = 800$원이다.
• 소설 : 대출 기간은 10월 18일까지로 12일을 연체하였으므로 연체료는 $12 \times 100 = 1,200$원이다.
• 수필 : 대출 기간은 10월 30일까지이므로 연체료는 0원이다.
• 희곡 : 대출 기간은 10월 25일까지로 5일을 연체하였고, 해당 도서는 신간에 해당하므로 연체료는 2배로 부과되어 $5 \times 100 \times 2 = 1,000$원이다.
따라서 甲이 지불한 연체료는 총 $1,400 + 800 + 1,200 + 1,000 = 4,400$원이다.

41

정답 ①

ㄱ. 제시문에 따르면 종전의 공간 모형은 암세포들 간 유전 변이를 잘 설명하지 못하였는데, 새로 개발된 컴퓨터 설명 모형은 모든 암세포들이 왜 그토록 많은 유전 변이들을 갖고 있으며, '주동자 변이'가 어떻게 전체 종양에 퍼지게 되는지를 잘 설명해 준다고 하였다. 따라서 컴퓨터 설명 모형이 종전의 공간 모형보다 암세포의 유전 변이를 더 잘 설명하는 것을 알 수 있다.

[오답분석]

ㄴ. 첫 번째 문단에 따르면 종전의 공간 모형은 종양의 3차원 공간 구조를 잘 설명하였으나, 공간 모형이 컴퓨터 설명 모형보다 더 잘 설명하는지에 대한 언급은 없다.

ㄷ. 두 번째 문단에서 종전의 공간 모형에 따르면 암세포는 다른 세포를 올라타고서만 다른 곳으로 옮겨갈 수 있다고 하였으므로 암세포의 자체 이동 능력을 인정하지 않은 것을 알 수 있다.

42

정답 ③

다음 선택지의 순서에 따라 직접 규칙을 적용하여 정리하면 ③의 'B - A - C' 순서로 방에 출입하였음을 알 수 있다.

전구번호	1	2	3	4	5	6
	○	○	○	×	×	×
B	−	×	−	○	−	○
A	−	−	×	−	−	×
C	×	−	−	×	−	−
결과	×	×	×	×	×	×

제2회 PSAT형 NCS 기출동형 모의고사 • 111

① A – B – C

전구번호	1	2	3	4	5	6
	○	○	○	×	×	×
A	–	–	×	–	–	–
B	–	×	–	○	–	○
C	–	–	–	×	–	×
결과	○	×	×	×	×	×

② A – C – B

전구번호	1	2	3	4	5	6
	○	○	○	×	×	×
A	–	–	×	–	–	–
C	×	×	–	–	–	–
B	–	○	–	○	–	○
결과	×	○	×	○	×	○

④ B – C – A

전구번호	1	2	3	4	5	6
	○	○	○	×	×	×
B	–	×	–	○	–	○
C	–	–	–	×	–	×
A	–	–	×	–	–	–
결과	○	×	×	×	×	×

⑤ C – B – A

전구번호	1	2	3	4	5	6
	○	○	○	×	×	×
C	×	×	–	–	–	–
B	–	○	–	○	–	○
A	–	–	×	–	–	×
결과	×	○	×	○	×	×

43

정답 ③

각 상품의 주문금액 대비 신용카드 결제금액 비율을 구하면 다음 표와 같다.

요가용품세트	가을스웨터	샴푸	보온병
$\frac{32,700}{45,400} \times 100 ≒ 72\%$	$\frac{48,370}{57,200} \times 100 ≒ 85\%$	$\frac{34,300}{38,800} \times 100 ≒ 88\%$	$\frac{7,290}{9,200} \times 100 ≒ 79\%$

따라서 요가용품세트의 비율이 가장 낮다.

① 전체 할인율은 $\frac{22,810}{150,600} \times 100 ≒ 15.1\%$이다.

② 보온병의 할인율은 $\frac{1,840}{9,200} \times 100 ≒ 20\%$로, 요가용품세트 할인율인 $\frac{4,540+4,860}{45,400} \times 100 ≒ 20.7\%$보다 낮다.

④ 10월 주문금액의 3%는 $150,600 \times 0.03 = 4,518$포인트로, 결제금액에서 사용한 포인트인 $3,300+260+1,500+70=5,130$포인트보다 적다.

⑤ 결제금액 중 포인트로 결제한 금액이 차지하는 비율이 두 번째로 낮은 상품은 보온병으로 $\frac{70}{7,360} \times 100 = 0.95\%$이며, 가을스웨터는 $\frac{260}{48,630} \times 100 = 0.5\%$로 그 비율이 가장 낮다.

44

• 모모 : 역사 안에는 자연의 힘으로 벌어지는 일과 지성과 사랑의 힘에 의해 일어나는 일이 있으며, 자연의 힘으로 벌어지는 일에는 선과 악이 없지만, 지성과 사랑의 힘에 의해 일어나는 일에는 선과 악이 있다. 따라서 역사 안에서 일어나는 일 가운데는 선과 악이 있는 일도 존재하게 되는 것이라고 하였으므로 모두 참이 된다.

오답분석

• 나나 : 자연의 힘으로 벌어지는 모든 일에는 선과 악이 없으므로 자연의 힘만으로 전개되는 역사 안에서 일어나는 모든 일에는 선과 악이 없지만, 개인이 선할 가능성은 남아 있다고 하였다. 그러나 개인은 역사 바깥에 나가지도 못하고, 자연의 힘을 벗어날 수도 없다고 하였으므로 결국 개인이 선할 가능성은 없으므로 이는 모순이 된다.
• 수수 : 역사 중에는 지성과 사랑의 역사가 있으나 그것을 포함한 모든 역사는 자연의 힘만으로 벌어지며, 자연의 힘만으로 벌어지는 모든 일에는 선과 악이 없다. 즉, 자연의 힘만으로 인간 지성과 사랑이 출현한 일에도 선과 악이 존재할 수 없는 것이다. 그러나 인간 지성과 사랑이 출현한 일에 선이 있음이 분명하다고 하였으므로 이는 모순이 된다.

45

먼저 제시문에서 주어진 조건을 정리하면 다음과 같다.
• 이미 지원을 받고 있는 단체는 최종 후보에서 제외된다.
• 최종 선정 시 올림픽 관련 단체를 엔터테인먼트 사업 단체보다 우선한다.
• A와 C 중 적어도 한 단체가 최종 후보가 되지 못한다면, B와 E 중 적어도 한 단체가 최종 후보가 된다.
• D가 최종 후보가 된다면, A는 최종 후보가 될 수 없다.
• 가장 적은 부가가치를 창출한 단체는 최종 후보에서 제외된다.
첫 번째와 다섯 번째 조건에 따라 이미 □□부로부터 지원을 받고 있는 B와 가장 저조한 부가가치를 창출한 E는 최종 후보에서 제외된다. B와 E가 최종 후보가 되지 못하므로 세 번째 조건의 대우인 'B와 E 모두 최종 후보가 되지 못한다면, A와 C는 모두 최종 후보가 된다.'에 따라 A와 C 모두 최종 후보가 된다. A가 최종 후보가 되면서 네 번째 조건의 대우인 'A가 최종 후보가 된다면, D는 최종 후보가 될 수 없다.'에 따라 D는 최종 후보에서 제외된다.
따라서 최종 후보는 A와 C이며, 엔터테인먼트 사업 단체보다 올림픽 관련 단체를 우선 선정한다는 두 번째 조건에 따라 올림픽의 폐막식 행사를 주관하는 C단체가 최종 선정된다.

46

제시된 자료에서 일차방정식을 세워 인원수를 구할 수 있다.
먼저 A, B, C의 인원수를 각각 a, b, c라 가정하고 평균점수에 대한 방정식을 세우면
$\frac{40a+60b}{80} = 52.5 \rightarrow 4a+6b=420 \rightarrow 2a+3b=210 \cdots \bigcirc$
$a+b=80 \rightarrow b=80-a \cdots \bigcirc$
$\bigcirc$에 $\bigcirc$을 대입하면 $2a+3(80-a)=210 \rightarrow a=240-210=30$이 나온다. 즉, A의 인원수는 30명이고, B의 인원수는 50명이다. B와 C의 총인원수는 120명이므로 C의 인원수는 70명임을 알 수 있다.
따라서 (가)에 들어갈 수는 30+70=100이고, (나)는 A와 C의 평균점수로 $\frac{30 \times 40 + 70 \times 90}{100} = 75$이다.

47

ㄴ. 표의 네 번째 행 D+F=82만 원(㉠)과 다섯 번째 행 B+D+F=127만 원(㉡)을 통해 ㉠, ㉡ 두 식의 차이를 구하면 B업체는 45만 원임을 알 수 있다. 이때, B업체 가격은 정가에서 10% 할인된 가격이므로 할인 전 가격은 45÷0.9=50만 원이었음을 알 수 있다.

오답분석

ㄱ. A업체 가격이 26만 원이라면, 표의 첫 번째 행 A+C+E=76만 원에서 C+E=50만 원(㉠)임을 알 수 있다. 이때, 두 번째 행에서 C+F=58만 원(㉡)이므로 ㉠, ㉡ 두 식의 차이를 구하면 F−E=8만 원임을 알 수 있다. 즉, F업체 가격이 E업체 가격보다 8만 원 비싸므로 옳지 않다.

ㄷ. C업체 가격이 30만 원이라면, 표의 두 번째 행 C+F=58만 원에서 F업체 가격은 58−30=28만 원임을 알 수 있다. 이때, 제시된 조건에 따라 A~F 각 업체의 가격은 모두 상이하므로 E업체 가격이 F업체 가격인 28만 원이 될 수 없다.

ㄹ. 표의 두 번째 행 C+F=58만 원(㉠)과 네 번째 행 D+F=82만 원(㉡)을 통해 ㉠, ㉡ 두 식의 차이를 구하면 D−C=24만 원임을 알 수 있다. 즉, D업체 가격이 C업체 가격보다 24만 원 비싸므로 옳지 않다.

48

주어진 상황을 그림으로 정리하면 다음과 같다.

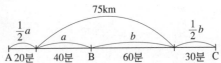

甲과 乙의 첫 번째 대화 지점에서부터 B시까지의 거리를 a라고 하면, 출발지인 A시에서부터 첫 번째 대화 지점까지의 거리는 $\frac{1}{2}a$가 된다. 이때, 乙은 자동차를 일정한 속력으로 운전하므로 거리가 2배 늘어나면 소요시간도 2배 늘어나게 된다. 따라서 첫 번째 대화 지점에서부터 B시까지 소요되는 시간은 20분의 두 배인 40분이 되는 것을 알 수 있다.

또한 두 번째 대화 지점과 B시와의 거리를 b라고 하면, 두 번째 대화 지점에서부터 C시까지의 거리는 $\frac{1}{2}b$가 된다. 이때, $\frac{1}{2}b$만큼의 거리를 가는 데 30분이 소요되었으므로 B시에서부터 두 번째 대화 지점까지는 30분의 두 배인 60분이 소요되었음을 알 수 있다.

결국 첫 번째 대화 지점부터 두 번째 대화 지점까지의 거리인 75km를 가는 데 총 100분이 소요되었으므로 乙은 45km/h의 속력으로 운전하고 있음을 알 수 있다.

따라서 A시에서 B시까지 60분이 소요되었으므로 거리는 45km이다.

49

2016~2019년 동안 SOC 투자규모의 전년 대비 증감방향은 '증가 − 감소 − 감소 − 감소'이고, 총지출 대비 SOC 투자규모 비중은 '증가 − 증가 − 감소 − 감소'이다.

오답분석

① 2019년 총지출을 a조 원이라고 가정하면 $a \times 0.069 = 23.1$조 원이므로, $a = \frac{23.1}{0.069} = 334.8$로 300조 원 이상이다.

② 2016년 SOC 투자규모의 전년 대비 증가율은 $\frac{25.4-20.5}{20.5} \times 100 = 23.9\%$이다.

③ 2016~2019년 동안 SOC 투자규모가 전년에 비해 가장 큰 비율로 감소한 해는 $\frac{23.1-24.4}{24.4} \times 100 = -5.3\%$인 2019년이다.

　　2017년 : $\frac{25.1-25.4}{25.4} \times 100 = -1.2\%$, 2018년 : $\frac{24.4-25.1}{25.1} \times 100 = -2.8\%$

⑤ 2020년 SOC 투자규모의 전년 대비 감소율이 2019년과 동일하다면, 2020년 SOC 투자규모는 $23.1 \times (1-0.053) = 21.9$조 원이다.

114 · 공기업 NCS 출제유형별 핵심 기출문제집

50

B대리는 A사원의 질문에 대해 명료한 대답을 하지 않고 모호한 태도를 보이고 있으므로 협력의 원리 중 태도의 격률을 어기고 있음을 알 수 있다.

51

대답별 선택한 직원 수에 따른 원점수는 다음 표와 같다.

구분	전혀 아니다	아니다	보통이다	그렇다	매우 그렇다
원점수	21×1=21점	18×2=36점	32×3=96점	19×4=76점	10×5=50점
가중치 적용 점수	21×0.2=4.2점	36×0.4=14.4점	96×0.6=57.6점	76×0.8=60.8점	50×1.0=50점

따라서 10명의 직원이 선택한 설문지 가중치를 적용한 점수의 평균은 $\dfrac{4.2+14.4+57.6+60.8+50}{10}=18.7$점이다.

52

제시된 상황에서는 전자문서가 아닌 서면으로 제출하였으므로 특허출원료 산정 시 '나'와 '라' 조항이 적용된다.
1) 국어로 작성한 경우
  • 특허출원료 : 66,000+(7×1,000)=73,000원
  • 특허심사청구료 : 143,000+(44,000×3)=275,000원
  • 수수료 총액 : 73,000+275,000=348,000원
2) 외국어로 작성한 경우
  • 특허출원료 : 93,000+(7×1,000)=100,000원
  • 특허심사청구료 : 275,000원
  • 수수료 총액 : 100,000+275,000=375,000원

53

각 뉴치원에 1단계에 있는 조건에 충족하는 최대 원아수 및 여유면적을 정리하면 다음과 같다.

(단위 : 명)

유치원	원아수	교실조건	교사조건	차량조건	여유면적조건(m^2)
A	132	25×5=125	15×12=180	100×3=300	3,800−450−2,400=950
B	160	25×7=175	15×5=75	100×2=200	1,300−420−200=680
C	120	25×5=125	15×7=105	100×1=100	1,000−420−440=140
D	170	25×7=175	15×12=180	100×2=200	1,500−550−300=650
E	135	25×6=150	15×9=135	100×2=200	2,500−550−1,000=950

ㄱ. A유치원은 1단계 조건에서 교실조건을 제외한 모든 조건을 충족한다.
ㄴ. 1단계 조건에서 A유치원은 교실조건, B유치원은 교사조건을 충족시키지 못하고, C유치원은 교실조건만 충족시키며, D, E유치원은 모든 조건을 충족한다. 따라서 2단계 조건에 따라 D와 E유치원 중 교사평균경력이 4년으로 더 긴 D유치원이 갑 사업에 선정된다.
ㄹ. B유치원은 교사조건만 충족을 시키지 못하였으므로 4년 이상인 경력의 준교사 6명을 증원하면 1단계를 통과한다. 그리고 D유치원의 교사평균경력보다 B유치원 교사평균경력이 길어지므로 갑 사업에 B유치원이 선정된다.

오답분석

ㄷ. C유치원의 원아수를 15% 줄여도 120×0.85=102명으로 차량조건인 100명보다 많아 차량조건은 충족되지 않는다.

54

갑의 예측과 정의 예측은 서로 어긋나므로 둘은 동시에 참이 되거나 거짓이 될 수 없다. 즉, 둘 중 하나의 예측만 옳다는 것을 알 수 있다. 두 가지 경우를 나누어 정리하면 다음과 같다.

1) 갑의 예측이 옳은 경우

    갑의 예측과 정의 예측에 대한 대우에 따라 가영이는 미국에 가고 나준이는 프랑스에 가며, 다석이는 중국에 간다. 이때 을의 예측에 대한 대우인 '가영이가 미국에 가면, 나준이가 프랑스에 간다.'가 성립하므로 을의 예측은 옳으나, 다석이는 중국에 가므로 병의 예측은 옳지 않다. 따라서 갑과 을의 예측은 옳고, 병과 정의 예측이 그르다는 것을 알 수 있다. 따라서 가영이는 미국에 간다는 ㄱ만 참이 된다.

2) 정의 예측이 옳은 경우

    갑의 예측에 대한 대우와 정의 예측에 따라 가영이는 미국에 가지 않고 나준이는 프랑스에 가지 않으며, 다석이는 중국에 가지 않는다. 이때 을의 예측과 병의 예측은 모두 참이 된다. 따라서 갑을 제외한 을·병·정의 예측이 모두 참이 되므로 을의 예측과 병의 예측 중 적어도 한 예측은 옳지 않으며 네 예측 중 두 예측만 옳다는 제시문의 내용과 모순된다.

55

ㄱ. 시력은 구분 가능한 최소 각도와 반비례한다. 즉, 구분 가능한 최소 각도가 $1'$일 때의 시력이 1.0이고, $2'$일 때의 시력이 $0.5\left(=\dfrac{1}{2}\right)$이므로 구분 가능한 최소 각도가 $10'$이라면 시력은 $0.1\left(=\dfrac{1}{2}\right)$이다.

ㄴ. 시력은 구분 가능한 최소 각도와 반비례하여 구분 가능한 최소 각도가 $0.5\left(=\dfrac{1}{2}\right)'$일 때의 시력이 2.0이므로, $5''\left[=\left(\dfrac{5}{60}\right)'=\left(\dfrac{1}{12}\right)'\right]$까지의 차이를 구분할 수 있는 천문학자 A의 시력은 12로 추정할 수 있다.

오답분석

ㄷ. 시력은 구분 가능한 최소 각도와 반비례하므로 구분 가능한 최소 각도가 작을수록 시력이 더 높다. 따라서 구분 가능 최소 각도가 $1.25'$인 甲보다 $0.1'$인 乙의 시력이 더 좋다.

56

〈표 1〉에서 각각 메인 메뉴의 단백질 함량은 포화지방 함량보다 2배 이상인 것을 확인할 수 있다.

오답분석

① 새우버거의 중량 대비 열량의 비율은 $\dfrac{395}{197}≒2$이고, 칠리버거는 $\dfrac{443}{228}≒1.9$로 칠리버거가 더 낮다.

② 〈표 1〉의 나트륨 함량의 단위 mg을 당 함량 단위 g과 같게 만들면 $0.5g <$ 나트륨 $< 1.2g$의 범위가 나온다. 그런데 당 함량은 모두 6g 이상이므로 나트륨 함량보다 모든 메뉴에서 항상 많다.

④ 〈표 2〉에서 모든 스낵의 단위당 중량 합은 $114+68+47=229g$이고, 〈표 1〉에서 메인 메뉴 중 베이컨버거의 중량은 242g이므로 모든 스낵의 단위당 중량 합보다 많다.

⑤ 메인 메뉴와 스낵 메뉴 중 열량이 가장 낮은 햄버거와 조각치킨의 열량 합은 $248+165=413kcal$이고, $500-413=87kcal$ 이하인 음료 메뉴는 커피 또는 오렌지 주스이므로 커피말고 오렌지 주스도 가능하다.

57 　정답　③

제시된 표는 직무평가의 방법 중 서열법에 해당한다. 서열법은 기업 내의 각 직무에 대해 상대적인 숙련·노력·책임·작업조건 등의 요소를 기준으로 종합적으로 판단하여 전체적으로 순위를 매기는 방법이다. 이 방법은 과학적인 방법은 아니며, 직무간의 차이가 명확하거나 평가자기 모든 직무를 잘 알고 있을 경우에만 적용이 가능하다.

오답분석

① 점수법
② 분류법
④·⑤ 요소비교법

58 　정답　①

수라상은 원반과 협반 두 개의 상에 차려지므로 협반은 수라상을 차릴 때마다 사용되는 것을 알 수 있다. 따라서 행차 둘째 날의 수라는 죽수라, 조수라, 석수라 총 3회 차려졌으므로 협반 역시 총 3회 사용되었을 것이다.

오답분석

② 전체 상차림을 살펴보면 미음상은 행차 첫째 날 종로에서만 차려졌으며, 행차 둘째 날 화성참에서는 차려지지 않았음을 알 수 있다.
③ 행차 첫째 날과 둘째 날 낮 모두 주수라는 차려지지 않았고, 주다반과만 차려졌음을 알 수 있다.
④ 후식류를 자기에 담은 상차림은 반과상이며, 행차 첫째 날 밤 시흥참과 둘째 날 밤 화성참에서 야다반과가 차려졌으므로 옳은 내용이다.
⑤ 국수를 주식으로 한 상은 반과상이며, 행차 첫째 날 조다반과, 주다반과, 야다반과가 차려졌고, 둘째 날 주다반과, 야다반과가 차려졌으므로 반과상은 총 5회 차려졌다. 따라서 옳은 내용이다.

59 　정답　①

ㄱ. 2019년 한국, 중국, 일본 모두 원자재 수출액이 수입액보다 적으므로 원자재 무역수지는 적자이다.

오답분석

ㄴ. 2019년 한국의 소비재 수출액은 138억 달러로 2000년 수출액의 1.5배인 117×1.5＝175.5억 달러보다 적다.
ㄷ. 2019년 자본재 수출경쟁력은 일본이 한국보다 낮나.

　• 일본 : $\dfrac{4,541-2,209}{4,541+2,209} ≒ 0.35$

　• 한국 : $\dfrac{3,444-1,549}{3,444+1,549} ≒ 0.38$

60 　정답　⑤

두 번째 문단에 따르면 정교한 형태의 네트워크 유지에 필요한 비용이 줄어듦에 따라 시민 단체, 범죄 조직 등 비국가행위자들의 영향력이 사회 모든 부문으로 확대되면서 국가가 사회에서 차지하는 역할의 비중이 축소되었음을 알 수 있다.

오답분석

① 네트워크가 복잡해질수록 결집력이 강해지므로 가장 기초적인 형태의 네트워크인 점조직의 결집력은 '허브' 조직이나 '모든 채널' 조직에 비해 상대적으로 약하다.
② 네트워크의 확산이 인류 미래에 긍정적·부정적 영향을 미칠 것을 예상하고 있으나, 영향력의 크기를 서로 비교하는 내용은 찾아볼 수 없으므로 알 수 없다.
③ 조직의 네트워크가 복잡해질수록 외부 세력이 조직을 와해시키기 어려워지므로 네트워크의 외부 공격에 대한 대응력은 조직의 정교성 또는 복잡성과 관계가 있음을 알 수 있다.
④ 조직 구성원 수에 따른 네트워크의 발전 가능성은 제시문에 나타나 있지 않으므로 알 수 없다.

PART 3 ｜ 실전모의고사

제2회 PSAT형 NCS 기출동형 모의고사 • 117

01	02	03	04	05	06	07	08	09	10	11	12	13	14	15	16	17	18	19	20
③	③	④	③	①	④	⑤	③	②	④	③	③	①	②	③	⑤	④	②	④	⑤
21	22	23	24	25	26	27	28	29	30	31	32	33	34	35	36	37	38	39	40
③	⑤	③	④	④	④	③	⑤	③	④	④	①	⑤	③	③	④	⑤	③	②	③
41	42	43	44	45	46	47	48	49	50	51	52	53	54	55	56	57	58	59	60
②	③	②	②	③	②	②	④	④	②	⑤	①	③	④	①	②	③	④	⑤	②

01

정답 ③

제시문에 따르면 철도는 여러 가지 측면에서 사회·경제적으로 많은 영향을 미쳤다. 그러나 해외 수출의 증가와 관련된 내용은 제시문에 나타나 있지 않다.

[오답분석]
① 지역 간 이동 속도, 국토 공간 구조의 변화 등 사회·경제적으로 많은 영향을 미쳤다.
② 철도망을 통한 도시 발전에 따라 상주와 김천 등의 도시 인구 수 변화에 많은 영향을 미쳤다.
④·⑤ 철도에 대한 다양한 학문적 연구가 진행됨에 따라 교통학, 역사학 등에 많은 영향을 미치고 있으며, 이와 관련한 도서가 출판되고 있다.

02

정답 ③

한글 맞춤법에 따르면 단어 첫머리의 '량'은 두음 법칙에 따라 '양'으로 표기하지만, 단어 첫머리 이외의 '량'은 '량'으로 표기한다. 그러나 고유어나 외래어 뒤에 결합한 한자어는 독립적인 한 단어로 인식되기 때문에 두음 법칙이 적용되어 '양'으로 표기해야 한다. 즉, '량'이 한자와 결합하면 '량'으로 표기하고, 고유어와 결합하면 '양'으로 표기한다. 따라서 '수송량'의 '수송(輸送)'은 한자어이므로 '수송량'이 옳은 표기이며, 이와 동일한 규칙이 적용된 단어는 '독서(讀書)-량'과 '강수(降水)-량'이다.

[오답분석]
'구름'은 고유어이므로 '구름양'이 옳은 표기이다.

03

정답 ④

각국의 철도박물관에 관한 내용은 제시문에 나타나 있지 않다.

[오답분석]
① 사회에 미친 로마 시대 도로의 영향과 고속철도의 영향을 비교하는 내용의 다섯 번째 문단을 뒷받침하는 자료로 적절하다.
② 서울~부산 간의 이동 시간과 노선을 철도 개통 이전과 개통 이후로 비교하는 내용의 여섯~일곱 번째 문단을 뒷받침하는 자료로 적절하다.
③ 경부선의 개통 전후 상주와 김천의 인구수를 비교하는 내용의 여덟 번째 문단을 뒷받침하는 자료로 적절하다.
⑤ 철도(고속철도) 개통을 통해 철도와 관련된 다양한 책들이 출판되고 있다는 내용의 마지막 문단을 뒷받침하는 자료로 적절하다.

04

ㄱ. '각기'의 단어점수는 ㄱ이 3회 사용되어 $2^3 \div 1 = 8$이며, '논리'의 단어점수는 ㄴ이 2회, ㄹ이 1회 사용되어 $(2^2 + 2^1) \div 2 = 3$이다. 즉, '논리'보다 '각기'의 단어점수가 더 높으므로 옳은 내용이다.

ㄴ. 예를 들어 두 글자인 '글자'의 단어점수는 ㄱ이 1회, ㄹ이 1회, ㅈ이 1회 사용되어 $(2^1 + 2^1 + 2^1) \div 3 = 2$이며, 한 글자인 '곳'의 단어점수 역시 ㄱ이 1회, ㅅ이 1회 사용되어 $(2^1 + 2^1) \div 2 = 2$이다. 즉, 단어의 글자 수는 달라도 단어점수는 같을 수 있다.

[오답분석]

ㄷ. 글자 수가 4개인 단어 중 단어점수가 최대로 나오는 경우는 '난난난난'과 같이 하나의 자음이 총 8회 나오는 경우이다. 이 경우 단어점수가 $2^8 = 256$으로 250점을 넘을 수 있으므로 옳지 않다.

05

㉠은 능력주의, ㉡은 적재적소주의, ㉢은 적재적소주의, ㉣은 능력주의이다. 개인에게 능력을 발휘할 수 있는 기회와 장소를 부여하고, 그 성과를 바르게 평가한 뒤 평가된 능력과 실적에 대해 그에 상응하는 보상을 주는 능력주의 원칙은 적재적소주의 원칙의 상위개념이라고 할 수 있다. 즉, 적재적소주의는 능력주의의 하위개념에 해당한다.

06

시설 노후화로 각종 안전사고가 빈발하는 도시철도(서울·부산)의 노후 시설물 개량 지원을 414억 원에서 566억 원으로 확대한다고 하였으므로 예산을 새로 편성한 것이 아니라 기존의 예산에서 확대 편성하였음을 알 수 있다.

[오답분석]

① 철도국 예산안을 5.3조 원이었던 지난해 대비 19.3% 증가한 6.3조 원으로 편성하였으므로 철도국의 2020년 예산은 지난해보다 1조 원이 증가하였다.

② 철도안전 분야 예산을 10,360억 원에서 15,501억 원으로 증액하였으므로 철도안전 분야 예산은 약 $\frac{15,501 - 10,360}{10,360} \times 100 = 49.6\%$ 증가하였다.

③ 수도권 동북부와 남부지역을 잇는 GTX - C노선의 민간투자시설사업기본계획(RFP) 수립 등을 위해 10억 원을 신규 반영하였다

⑤ 철도차량 및 철도시설 이력 관리 정보시스템 구축에 대한 지원을 41억 원에서 94억 원으로 확대 편성하였다.

07

철도국의 2020년 예산안에 따르면 각종 안전사고가 빈발하는 노후 시설물 개량과 철도 이용객 안전을 위한 안전시설의 확충 등을 위해 철도안전 투자가 강화되었다. 따라서 철도안전 사고 등을 선제적으로 예방하기 위해 철도안전에 예산을 집중·확대 투자하였음을 추론할 수 있다.

08

제시문에서는 먼저 좌파와 우파 진영이 협력하여 공동의 목표를 이루기 위해서는 두 진영이 불일치하는 지점을 찾아 이 지점을 올바르고 정확하게 분석해야 한다고 주장한다. 이후 이러한 좌파와 우파의 서로 다른 입장을 설명하면서 이러한 두 진영의 대립은 불평등이 왜 생겨났으며 그것을 어떻게 해소할 것인가를 다루는 사회 경제 이론이 다른 데서 비롯되었다고 이야기한다. 따라서 이를 정리하면 제시문의 결론으로 좌파와 우파가 불일치하는 지점인 '불평등을 일으키고 이를 완화하는 사회경제 메커니즘'을 정확하게 분석해야 한다는 ③이 가장 적절하다.

09

정답 ②

A기업과 B기업의 사례를 통해 현재 겪고 있는 문제만을 인식하는 기업과 미래에 발생할지도 모르는 문제도 인식하는 기업의 차이가 있음을 알 수 있다. 이러한 관점에서 문제의 유형을 현재 직면하고 있는 발생형 문제, 현재 상황은 문제가 아니지만 현재 상황을 개선하기 위한 탐색형 문제, 장래의 환경변화에 대응해서 앞으로 발생할 수 있는 설정형 문제로 구분할 수 있다. 즉, A기업은 현재 겪고 있는 발생형 문제만을 해결하는 데 급급했지만, B기업은 미래에 발생할지도 모르는 설정형 문제를 인식하고 이를 대비했다. 결국 문제를 인식하는 시점의 차이가 두 기업의 성장에 많은 차이를 초래하였음을 알 수 있다.

10

정답 ④

두 번째 진술이 거짓일 경우 A, C, D는 모두 뇌물을 받지 않고, 세 번째 진술이 거짓일 경우 B, C 모두 뇌물을 받게 되므로 두 번째 진술과 세 번째 진술은 동시에 거짓이 될 수 없다. 따라서 두 번째 진술 또는 세 번째 진술이 참인 경우를 나누어 정리하면 다음과 같다.

1) 두 번째 진술이 참인 경우
   A, C, D 중 적어도 한 명 이상이 뇌물을 받았고, 나머지 진술은 모두 거짓이 되어 B와 C는 모두 뇌물을 받았다. 또한 B와 C가 모두 뇌물을 받았으므로 D는 뇌물을 받지 않았다. 한편 첫 번째 진술이 거짓이 되려면 진술의 대우 역시 성립하지 않아야 한다. 즉, 'B가 뇌물을 받았다면, A는 뇌물을 받지 않는다.'가 성립하지 않으려면 A는 뇌물을 받아야 한다. 따라서 뇌물을 받은 사람은 D를 제외한 A, B, C 3명이다.

2) 세 번째 진술이 참인 경우
   A, C, D 모두 뇌물을 받지 않았으며, B와 C 중 적어도 한 명 이상은 뇌물을 받지 않았다. 나머지 진술은 모두 거짓이 되어야 하는데, 먼저 첫 번째 진술이 거짓이 되려면 대우 역시 성립하지 않아야 하므로 B는 뇌물을 받지 않아야 한다. 또한 마지막 진술 역시 거짓이 되려면 대우인 'D가 뇌물을 받지 않았다면, B와 C 모두 뇌물을 받지 않았다.'가 성립하지 않아야 한다. 그러나 이때 B와 C는 모두 뇌물을 받지 않았으므로 마지막 진술의 대우가 성립하여 네 번째 진술은 참이 된다. 따라서 참인 진술이 둘이 되므로 조건에 맞지 않는다.

11

정답 ③

문제해결을 위한 방법으로 소프트 어프로치, 하드 어프로치, 퍼실리테이션(Facilitation)이 있다. 그중 마케팅 부장은 연구소 소장과 기획팀 부장 사이에서 의사결정에 서로 공감할 수 있도록 도와주는 일을 하고 있다. 또한, 상대의 입장에서 공감을 해주며, 서로 타협점을 좁혀 생산적인 결과를 도출할 수 있도록 대화를 하고 있다. 따라서 마케팅 부장이 취하는 문제해결방법은 ③이다.

[오답분석]
① 소프트 어프로치 : 대부분의 기업에서 볼 수 있는 전형적인 스타일로 조직 구성원들은 같은 문화적 토양으로 가지고 이심전심으로 서로를 이해하려 하며, 직접적인 표현보다 무언가를 시사하거나 암시를 통한 의사전달로 문제를 해결하는 방법이다.
② 하드 어프로치 : 다른 문화적 토양을 가지고 있는 구성원을 가정하고, 서로의 생각을 직설적으로 주장하며 논쟁이나 협상을 하는 방법으로 사실과 원칙에 근거한 토론이다.
④ 비판적 사고 : 어떤 주제나 주장 등에 대해 적극적으로 분석하고 종합하며 평가하는 능동적인 사고로 어떤 논증, 추론, 증거, 가치를 표현한 사례를 타당한 것으로 받아들일 것인지 결정을 내릴 때 요구되는 사고력이다.
⑤ 창의적 사고 : 당면한 문제를 해결하기 위해 이미 알고 있는 경험과 지식을 해체하여 다시 새로운 정보로 결합함으로써 가치 있고 참신한 아이디어를 산출하는 사고이다.

12

정답 ③

기존 커피믹스가 잘 팔리고 있어 새로운 것에 도전하지 않는 것으로 보인다. 또한, 기존에 가지고 있는 커피를 기준으로 틀에 갇혀 블랙커피 커피믹스는 만들기 어렵다는 부정적인 시선으로 보고 있기 때문에 '발상의 전환'이 필요하다.

[오답분석]
① 전략적 사고 : 지금 당면하고 있는 문제와 해결방법에만 국한되어 있지 말고, 상위 시스템 및 다른 문제와 관련이 있는지 생각해 봐야 한다.
② 분석적 사고 : 전체를 각각의 요소로 나누어 그 요소의 의미를 도출한 다음 우선순위를 부여하고 구체적인 문제해결방법을 실행하는 것이다.
④ 내·외부자원의 효과적 활용 : 문제해결 시 기술·재료·방법·사람 등 필요한 자원 확보 계획을 수립하고, 내·외부자원을 활용하는 것을 말한다.
⑤ 성과지향 사고 : 분석적 사고의 하나로 기대하는 결과를 명시하고, 효과적으로 달성하는 방법을 사전에 구상하고 실행에 옮기는 것이다.

13

ㄱ. 중요도 점수가 높은 영역부터 차례대로 나열하면 '교수활동 – 학생복지 – 교육환경 및 시설 – 교육지원 – 비교과 – 교과'로 이 순서는 매년 동일하다.

ㄴ. 영역별 만족도 점수를 통해 전년 대비 2019년 만족도 점수는 각 영역에서 모두 높음을 알 수 있다.

[오답분석]

ㄷ. 2017년 만족도 점수가 가장 높은 영역(비교과)과 가장 낮은 영역(학생복지)의 만족도 점수 차이는 $3.73-3.39=0.34$점이고, 2018년 만족도 점수가 가장 높은 영역(교수활동)과 가장 낮은 영역(학생복지)의 만족도 점수 차이는 $3.52-3.27=0.25$점으로, 2018년이 2017년보다 작다.

ㄹ. 2019년 요구충족도가 가장 높은 영역은 $\frac{3.56}{3.64} \times 100 ≒ 97.8\%$인 비교과 영역이며, 교과 영역의 요구충족도는 $\frac{3.45}{3.57} \times 100 ≒ 96.6\%$이다.

14

B사원은 현재 문제 상황과 관련이 없는 A사원의 업무 스타일을 근거로 들며, A사원의 의견을 무시하고 있다. 즉, 상대방에 대한 부정적인 판단 때문에 상대방의 말을 듣지 않는 태도가 B사원의 경청을 방해하고 있는 것이다.

[오답분석]

① 짐작하기 : 상대방의 말을 듣고 받아들이기보다 자신의 생각에 들어맞는 단서들을 찾아 자신의 생각을 확인하는 것이다.

③ 조언하기 : 지나치게 다른 사람의 문제를 본인이 해결해 주고자 하여 상대방의 말끝마다 조언하려고 끼어드는 것이다.

④ 비위 맞추기 : 상대방을 위로하기 위해서 혹은 비위를 맞추기 위해서 너무 빨리 동의하는 것이다.

⑤ 대답할 말 준비하기 : 상대방의 말을 듣고 곧 자신이 다음에 할 말을 생각하기에 바빠 상대방이 말하는 것을 잘 듣지 않는 것이다.

15

제시된 사례에 나타난 의사 표현에 영향을 미치는 요소는 연단공포증이다. 연단공포증은 90% 이상의 사람들이 호소하는 불안이므로, 이러한 심리현상을 잘 통제하면서 구두표현을 한다면 청자는 그것을 더 인간다운 것으로 생각하게 될 것이다. 이러한 공포증은 본질적인 것이기 때문에 완전히 치유할 수는 없으나, 노력에 의해서 심리적 불안을 얼마간 유화시킬 수 있다. 따라서 완전히 치유할 수 있다는 ③은 적절하지 않다.

16

ㄷ. 이미 우수한 연구개발 인재를 확보한 것이 강점이므로, 추가로 우수한 연구원을 채용하는 것은 WO전략으로 적절하지 않다. 기회인 예산을 확보하면, 약점인 전력효율성이나 국민적 인식 저조를 해결하는 전략을 세워야 한다.

ㄹ. 세계의 신재생에너지 연구(O)와 전력효율성 개선(W)을 활용하므로 WT전략이 아닌 WO전략에 대한 내용이다. WT전략은 위협인 높은 초기 비용에 대한 전략이 나와야 한다.

17

리튬이온전지가 아닌 4개의 기술기준을 세계 최초로 개발하였다.

[오답분석]

① '리튬이온전지 사용을 위한 기술기준 승인을 받았다.'라고 한 내용에서 승인이 필요함을 알 수 있다.

② '전원 차단으로 발생한 후쿠시마 원전 사고'라고 언급되어 있으므로 전원 차단이 되지 않았다면, 후쿠시마 원전 사고는 일어나지 않았을 수도 있을 것이라 추측할 수 있다.

③ '용량은 납축전지의 2~3배에 달해 원전 안전성에 크게 기여할 것으로 평가받고 있다.'에서 용량이 커져 안정성에 크게 기여한다고 했으므로 맞는 설명이다.

⑤ '국제 전기표준에 맞춰 1995년 제정한 국내기술기준으로'라는 내용에서 해외의 영향을 받았음을 알 수 있다.

18

②는 '해결할 수 있는 갈등'에 대한 설명이다. 해결할 수 있는 갈등은 목표와 욕망, 가치, 문제를 바라보는 시각과 이해하는 시각이 다를 경우에 일어날 수 있는 갈등이다.

19

정답 ④

ㄱ. 리조트 1박 기준, 성수기 일반요금이 낮은 리조트일수록 성수기 무기명 회원할인율도 낮아 회원요금이 낮다.
ㄴ. 리조트 1박 기준, B리조트의 회원요금 중 가장 높은 값은 성수기 무기명 회원요금이고, 가장 낮은 값은 비수기 기명 회원요금이다. 따라서 두 금액의 차이는 $350×(1-0.25)-250×(1-0.45)=262.5-137.5=125$천 원, 즉, 125,000원이다.
ㄹ. 리조트 1박 기준, 비수기 기명 회원요금과 비수기 무기명 회원요금 차이가 가장 작은 리조트는 E리조트이며, 이 경우 성수기 기명 회원요금과 성수기 무기명 회원요금 차이도 가장 작다.

[오답분석]

ㄷ. 리조트 1박 기준, A리조트의 기명 회원요금은 성수기($500×0.65=325$천 원)가 비수기의 2배인 $300×0.5×2=300$천 원보다 많다.

20

정답 ⑤

ⓒ의 체력단련이나 취미활동은 정의에서 언급하는 개인의 경력목표로 볼 수 없다. ⓔ의 경우 직장 생활보다 개인적 삶을 중요시하고 있으므로 조직과 함께 상호작용하며 경력을 개발해 나가야 한다는 경력개발의 정의와 일치하지 않는다. 따라서 ⓒ과 ⓔ은 정의에 따른 경력개발 방법으로 적절하지 않다.

21

정답 ③

캐롤 음원이용료가 최대 금액으로 산출되기 위해서는 11월 네 번째 목요일이 캐롤을 틀어 놓는 마지막 날인 크리스마스와 최대한 멀리 떨어져 있어야 한다. 따라서 11월 1일을 목요일로 가정하면 네 번째 목요일은 11월 22일이 되고, 이후 돌아오는 월요일은 11월 26일이 된다. 즉, ○○백화점은 11월 26일부터 12월 25일까지 캐롤을 틀어 놓는다. 그런데 이때 11월의 네 번째 수요일인 28일은 백화점 휴점일이므로 캐롤을 틀어 놓는 날에서 제외된다. 따라서 ○○백화점은 총 29일 동안 캐롤을 틀어 놓으며 최대 $29×20,000=58$만 원의 캐롤 음원이용료를 지불해야 한다.

22

정답 ⑤

명함은 선 자세로 교환하는 것이 예의이고, 테이블 위에 놓고서 손으로 밀거나 서류봉투 위에 놓아서 건네는 것은 좋지 않다. 명함을 받을 때는 건넬 때와 마찬가지로 일어선 채로 두 손으로 받아야 한다.

23

정답 ③

제시된 글의 조건을 기호화하면 다음과 같다.
• A → B
• B와 C 모두 선정되는 것은 아님
• B or D
• ~C → ~B
네 번째 조건의 대우 B → C에 따라 B가 선정되면 C도 선정된다. 그러나 두 번째 조건에서 B와 C가 모두 선정되는 것은 아니라고 하였으므로 B는 선정되지 않음을 알 수 있다. 이때, B가 선정되지 않으면 첫 번째 조건의 대우인 ~B → ~A에 따라 A 역시 선정되지 않으며, B와 D 중 적어도 한 도시는 선정된다는 세 번째 조건에 따라 D가 반드시 선정되는 것을 알 수 있다. 따라서 A와 B는 선정되지 않으며, D는 선정된다. 그리고 C의 선정 여부는 주어진 조건으로 판단할 수 없다.
㉠ A와 B 모두 선정되지 않으므로 반드시 참이다.
ⓒ D는 선정되므로 반드시 참이다.

122 • 공기업 NCS 출제유형별 핵심 기출문제집

ⓛ B는 선정되지 않지만 C의 선정 여부는 알 수 없다.

24

회사와 팀의 업무 지침은 변화하는 환경 속에서 그 일의 전문가들에 의해 확립된 것이므로, 기본적으로 지켜야 할 것은 지키되 그 속에서 자신의 방식을 발견해야 한다. 따라서 본인이 속한 팀의 업무 지침이 마음에 들지 않는다는 이유로 이를 지키지 않고 본인만의 방식을 찾겠다는 D대리의 행동전략은 적절하지 않다.

25

팔은 안으로 굽는다는 속담은 공과 사를 구분하지 못한 것으로 올바른 직업윤리라고 할 수 없다.

26

제시된 대화의 내용을 벤다이어그램으로 정리해 보면 다음과 같다.

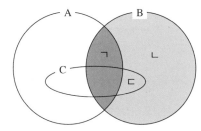

서희의 첫 번째, 두 번째 대화를 통해 ㄱ은 공집합이라는 것과 ㄴ이 공집합이 아니라는 것을 알 수 있다. 여기에 종범의 대화를 추가하여 ㄷ이 공집합이라는 결론을 얻어낼 수 있다면, 대화 내용은 모두 참이 된다. 따라서 ㄷ이 공집합이라는 결론을 얻어낼 수 있는 ④가 ㉠으로 적절하다.

27

직업인의 기본자세
• 소명의식
• 천직의식
• 봉사정신
• 협동정신
• 책임의식
• 전문의식
• 공평무사한 자세

28

세 번째 문단의 '지식 통합 작업은 지식을 수집하여 독자들에게 제공하고자 하는 것이지만, 더 나아가면 지식의 수집뿐만 아니라 선별하고 배치하는 편집권한까지 포함하게 된다.'는 문장을 통해 확인할 수 있다.

① 구글과 출판업계는 소송을 통해 합의안을 도출하였으나, 연방법원은 저작권 침해의 소지를 우려하여 저작권자도 소송에 참여할 것을 주문하며 합의안을 거부하였다.
② 구글의 지식 통합 작업을 통한 지식의 독점은 지식의 비대칭성을 강화하므로 계약을 위해서는 서로 비슷한 정도의 지식을 가지고 있어야 한다는 사회계약의 전제조건을 약화시킨다.

③ 구글의 지식 통합 작업을 통해 구글이 막강한 권력을 갖게 되는 상황이 초래될 수 있다.
④ 구글의 디지털도서관은 지금까지 스캔한 1,500만 권의 도서 중 저작권 보호 기간이 지난 책들에 대해서만 무료로 서비스하고 있다.

29

ㄱ. 부산광역시의 감기 환자의 수는 37,101명으로 경상남도의 감기 환자의 수인 43,694명보다 적다.
ㄴ. 대구광역시의 질병 환자가 가입한 의료보험의 수는 56,985×1.2=68,382개로 6만 8천 개 이상이다.
ㄹ. 질병 환자 한 명당 발열 환자 수는 서울이 129,568÷246,867≒0.52로 가장 크다. 그 외 지역들은 발열 환자 수가 전체 질병 환자의 반이 되지 않는다.

[오답분석]
ㄷ. 질병 환자 한 명당 발열 환자 수는 강원도의 경우 15,516÷35,685≒0.43이지만, 울산광역시의 경우는 12,505÷32,861≒0.38이므로 옳지 않다.

30
정답 ④

스스로 쓰레기를 압축하고 화재를 감지하기도 하는 것은 사물인터넷(IoT)에 해당한다.

[오답분석]
① 텐서플로 : 데이터 플로 그래프를 활용해 수치 계산을 하여, 머신 러닝 등에 활용하기 위해 개발된 오픈소스 소프트웨어이다.
② 빅데이터 : 디지털 환경에서 생성되는 데이터로 그 규모가 방대하고, 생성 주기도 짧고, 형태도 수치 데이터뿐 아니라 문자와 영상 데이터를 포함하는 대규모 데이터이다.
③ 머신러닝 : 경험적 데이터를 기반으로 학습을 하고 예측을 수행하고 스스로의 성능을 향상시키는 시스템과 이를 위한 알고리즘을 연구하고 구축하는 기술이다.
⑤ 기계독해 : 인공지능(AI) 알고리즘이 스스로 문제를 분석하고 질문에 최적화된 답안을 찾아내는 기술이다.

31
정답 ④

통역경비 산정기준에 따라 통역경비를 구하면 다음과 같다.
• 통역사 1인당 통역료
  - 영어 : 500,000(기본요금)+100,000(1시간 추가요금)=600,000원
  - 인도네시아어 : 600,000원(기본요금)
• 통역사 1인당 출장비 : 100,000(교통비)+40,000(왕복 4시간의 이동보상비)=140,000원
영어 통역사 2명, 인도네시아 통역사 2명이 통역하였으므로
A사가 甲시에서 개최한 설명회에 쓴 총 통역경비는 600,000×2+600,000×2+140,000×4=2,960,000원이다.

32
정답 ①

㉠ 단순한 인과관계 : 원인과 결과를 분명하게 구분할 수 있는 경우이다.
㉡ 닭과 계란의 인과관계 : 원인과 결과를 구분하기 어려운 경우이다.
㉢ 복잡한 인과관계 : 단순한 인과관계와 닭과 계란의 인과관계의 두 유형이 복잡하게 서로 얽혀 있는 경우이다.

124 • 공기업 NCS 출제유형별 핵심 기출문제집

33

ㄷ. 견적서 제출기간에 따르면 마감 시간은 6월 14일 10시이나, 마감 시간이 임박하여 제출할 경우 입력 도중 중단되는 경우가 있으니 적어도 마감 시간 10분 전까지 입력을 완료해야 한다.

ㄹ. 견적 제출 참가 자격에 따르면 이번 입찰은 '지문인식 신원확인 입찰'이 적용되므로 입찰대리인은 미리 지문정보를 등록하여야 하나, 예외적으로 지문인식 신원확인이 곤란한 자에 한하여 개인인증서에 의한 제출이 가능하다. 따라서 둘 중 하나의 방법을 선택한다는 내용은 적절하지 않다.

오답분석

ㄱ. 견적 제출 참가 자격에 따르면 수의 견적 제출 안내 공고일 전일부터 계약체결일까지 해당 지역에 법인등기부상 본점 소재지를 둔 업체만 이번 견적 제출에 참가할 수 있다.

ㄴ. 견적 제출 및 계약방식에 따르면 국가종합전자조달시스템을 이용하여 견적서를 제출해야 한다.

34

자료에 나타난 논리적 사고 개발 방법은 피라미드 구조 방법으로, 하위의 사실이나 현상부터 사고함으로써 상위의 주장을 만들어간다. 그림의 'a ~ i'와 같은 보조 메시지들을 통해 주요 메인 메시지인 '1 ~ 3'을 얻고, 다시 메인 메시지를 종합한 최종적인 정보를 도출해낸다.

오답분석

① So What 기법
② Logic Tree 기법
④ SWOT 기법
⑤ MECE 기법

35

배치의 3가지 유형
• 양적 배치 : 작업량과 조업도, 여유 또는 부족 인원을 감안하여 소요인원을 결정하고 배치하는 것
• 질적 배치 : 적재적소의 배치
• 적성 배치 : 팀원의 적성 및 흥미에 따라 배치하는 것

36

생식 기관의 성장을 억제하는 멜라토닌은 어두울 때 많이 생성되고 밝을 때 덜 생성된다. 즉, 빛이 멜라토닌의 생성을 억제하는 것이다. 따라서 포유동물이 긴 시간 동안 빛에 노출되었다면 생식 기관의 성장을 억제하는 멜라토닌 생성이 억제되어 오히려 생식 기관이 더욱더 빠르게 발달할 것이다.

오답분석

① 멜라토닌이 생성되는 송과선이 제거되면 멜라토닌이 생성되지 않으므로 오히려 포유동물의 성적 성숙이 빨라질 것이다.
② 멜라토닌이 많이 생성되면 난자와 정자의 생성이 억제되므로 포유동물의 번식과 짝짓기는 줄어들 것이다.
③ 멜라토닌은 어두울 때 많이 생성되므로 지속적으로 어둠 속에서 자란 포유동물의 혈액 속 멜라토닌의 평균 농도는 오히려 높아져야 한다.
⑤ 멜라토닌은 생식 기관의 발달을 억제하므로 생식 기관의 발달이 저조한 포유동물의 경우 그렇지 않은 포유동물보다 멜라토닌의 평균 농도가 높을 것이다.

37

정답 ⑤

주어진 예산은 3천만 원이므로 월 광고비용이 3천 500만 원인 KTX는 제외된다. TV, 버스, 지하철, 포털사이트의 광고효과를 구하면 다음과 같다.

- TV : $\dfrac{3회 \times 100만\ 명}{30,000천\ 원} = 0.1$

- 버스 : $\dfrac{1회/일 \times 30일 \times 10만\ 명}{20,000천\ 원} = 0.15$

- 지하철 : $\dfrac{60회/일 \times 30일 \times 2천\ 명}{25,000천\ 원} = 0.144$

- 포털사이트 : $\dfrac{50회/일 \times 30일 \times 5천\ 명}{30,000천\ 원} = 0.25$

따라서 A사무관은 광고효과가 가장 높은 포털사이트를 선택한다.

38

정답 ③

제시문의 논증 과정을 정리하면 다음과 같다.
- 전제 : 제한된 자원을 합리적으로 배분하면 상충하는 연구 프로그램들이 모두 작동할 수 있다.
- 주장 : 연구 프로그램 지원에 있어서 '선택과 집중' 전략보다는 '나누어 걸기' 전략이 바람직하다.
- 논거 : 현재 유망한 연구 프로그램이 쇠락의 길을 걷게 될 수도 있고 반대로 현재 미미한 연구 프로그램이 얼마 뒤 눈부신 성공을 거둘 가능성이 있기 때문이다.

논지를 약화하기 위해서는 전제나 논거를 반박하는 것이 효과적이다. ③의 경우 연구 프로그램들이 모두 작동하기 위해서는 제한된 자원 이상의 자원이 필요할 수 있다는 내용을 통해 제시문의 전제를 반박하고 있으므로 논지를 약화할 수 있다.

오답분석

① 제시문의 주장과 같다.
② 제시문의 논거와 같다.
④ 첫 번째 문단에서 이미 두 개의 연구 프로그램이 모두 실패할 가능성을 언급하고 있으므로 제시문의 논지를 약화한다고 보기 어렵다.
⑤ 제시문의 논증 과정과 관련이 없다.

39

정답 ②

- A : 창의적 사고는 아무것도 없는 무에서 유를 만들어 내는 것이 아니라, 끊임없이 참신한 아이디어를 산출하는 힘이다.
- D : 필요한 물건을 싸게 사기 위해서 하는 많은 생각들도 창의적 사고에 해당한다. 즉, 위대한 창의적 사고에서부터 일상생활의 조그마한 창의적 사고까지 창의적 사고의 폭은 넓으며, 우리는 매일매일 창의적 사고를 하고 있다고 볼 수 있다.

40

정답 ③

인적자원은 자연적인 성장과 성숙은 물론, 오랜 기간 동안에 걸쳐 개발될 수 있는 많은 잠재능력과 자질, 즉 개발가능성을 보유하고 있다. 환경변화와 이에 따른 조직변화가 심할수록 현대조직의 인적자원관리에서 개발가능성이 차지하는 중요성은 더욱 커진다.

41

규칙과 법을 준수하고, 관행과 안정, 문서와 형식, 명확한 책인소재 등을 강조하는 관리적 문화의 특징을 가진 문화는 (다)이다.
(가)는 집단문화, (나)는 개발문화, (다)는 계층문화, (라)는 합리문화이며, 각 분야별 주요 특징은 다음과 같다.

조직문화 유형	주요 특징
(가) 집단문화	관계지향적인 문화이며, 조직구성원 간 인간애 또는 인간미를 중시하는 문화로서 조직내부의 통합과 유연한 인간관계를 강조한다. 따라서 조직구성원 간 인화단결, 협동, 팀워크, 공유가치, 사기, 의사결정과정에 참여 등을 중요시하며, 개인의 능력개발에 대한 관심이 높고, 조직구성원에 대한 인간적 배려와 가족적인 분위기를 만들어 내는 특징을 가진다.
(나) 개발문화	높은 유연성과 개성을 강조하며, 외부환경에 대한 변화지향성과 신축적 대응성을 기반으로 조직구성원의 도전의식, 모험성, 창의성, 혁신성, 자원획득 등을 중시하며, 조직의 성장과 발전에 관심이 높은 조직문화를 의미한다. 따라서 조직구성원의 업무수행에 대한 자율성과 자유재량권 부여 여부가 핵심요인이다.
(다) 계층문화	조직내부의 통합과 안정성을 확보하고, 현상유지 차원에서 계층화되고 서열화된 조직구조를 중요시하는 조직문화이다. 즉, 위계질서에 의한 명령과 통제, 업무처리시 규칙과 법을 준수, 관행과 안정, 문서와 형식, 보고와 정보관리, 명확한 책임소재 등을 강조하는 관리적 문화의 특징을 나타내고 있다.
(라) 합리문화	과업지향적인 문화로, 결과지향적인 조직으로써의 업무의 완수를 강조한다. 조직의 목표를 명확하게 설정하여 합리적으로 달성하고, 주어진 과업을 효과적이고 효율적으로 수행하기 위하여 실적을 중시하고, 직무에 몰입하며, 미래를 위한 계획을 수립하는 것을 강조한다. 합리문화는 조직구성원간의 경쟁을 유도하는 문화이기 때문에 때로는 지나친 성과를 강조하게 되어 조직에 대한 조직구성원들의 방어적인 태도와 개인주의적인 성향을 드러내는 경향을 보인다.

42

ㄷ. D국의 여성 대학진학률이 4%p 상승하면 15%로 대학진학률 격차지수가 1이 되어 D국의 '간이 성평등지수'는 $\frac{1.7}{2}=0.85$가 된다.

오답분석

ㄱ. A국의 여성 평균소득과 남성 평균소득이 각각 1,000달러씩 증가하면 A국의 평균소득 격차지수는 $\frac{9,000}{17,000}≒0.53$이 되고, '간이 성평등지수'는 0.77이 된다.

ㄴ. B국의 여성 대학진학률이 85%이면 대학진학률 격차지수가 1이 되고, '간이 성평등지수'는 0.8이므로 C국(0.82)보다 낮다.

43

(가) 고객 분석 : ㉠, ㉤과 같은 고객에 대한 질문을 통해 고객에 대한 정보를 분석한다.
(나) 자사 분석 : ㉡과 같은 질문을 통해 자사의 수준에 대해 분석한다.
(다) 경쟁사 분석 : ㉢, ㉣과 같은 질문을 통해 경쟁사를 분석함으로써 경쟁사와 자사에 대한 비교가 가능하다.

44

전기산업기사, 건축산업기사, 정보처리산업기사 등의 자격 기술은 구체적 직무수행능력 형태를 의미하는 기술의 협의의 개념으로 볼 수 있다.

오답분석

① 기술은 하드웨어를 생산하는 과정이며, 하드웨어는 소프트웨어에 대비되는 용어로, 건물, 도로, 교량, 전자장비 등 인간이 만들어 낸 모든 물질적 창조물을 뜻한다.
③ 사회는 기술 개발에 영향을 준다는 점을 볼 때, 산업혁명과 같은 사회적 요인은 기술 개발에 영향을 주었다고 볼 수 있다.
④ 컴퓨터의 발전으로 개인이 정보를 효율적으로 활용 / 관리하게 됨으로써 현명한 의사결정이 가능해졌음을 알 수 있다.
⑤ 로봇은 인간의 능력을 확장시키기 위한 하드웨어로 볼 수 있으며, 기술은 이러한 하드웨어와 그것의 활용을 뜻한다.

PART 3 | 실전모의고사

제3회 ORP형 NCS 기출동형 모의고사 • 127

45

정답 ③

고객 불만 처리 프로세스 중 '해결약속' 단계에서는 고객이 불만을 느낀 상황에 대해 관심과 공감을 보이며, 문제의 빠른 해결을 약속해야 한다.

고객 불만 처리 프로세스 8단계
1. 경청
2. 감사와 공감표시
3. 사과
4. 해결약속
5. 정보파악
6. 신속처리
7. 처리확인과 사과
8. 피드백

46

정답 ②

직접비용은 제품 또는 서비스를 창출하기 위해 직접 소요되는 비용으로 재료비, 원료와 장비, 여행(출장) 및 잡비, 인건비 등이 포함된다. 그리고 간접비용은 생산에 직접 관련되지 않는 비용으로 보험료, 건물관리비, 광고비, 통신비 등이 포함된다.

따라서 ②의 여행(출장) 및 잡비는 제품 또는 서비스 창출에 직접 관련 있는 항목으로 직접비에 해당한다.

47

정답 ②

기술선택을 위한 절차
• 외부환경분석 : 수요 변화 및 경쟁자 변화, 기술 변화 등 분석
• 중장기 사업목표 설정 : 기업의 장기비전, 중장기 매출목표 및 이익목표 설정
• 내부역량 분석 : 기술능력, 생산능력, 마케팅 / 영업능력, 재무능력 등 분석
• 사업전략 수립 : 사업 영역 결정, 경쟁 우위 확보 방안 수립
• 요구기술 분석 : 제품 설계 / 디자인 기술, 제품 생산 공정, 원재료 / 부품 제조기술 분석
• 기술전략 수립 : 기술획득 방법 결정

48

정답 ③

다섯 개의 항목 중 3개 항목의 점수가 같고, 나머지 2개 항목의 점수가 서로 다른 두 사람의 종합점수 비교를 통해 항목가중치를 파악할 수 있다. 丙과 丁의 점수를 비교하면,
1) 丙의 종합점수 : 3×가치관+2×열정+2×표현력+2×잠재력+3×논증력
2) 丁의 종합점수 : 2×가치관+2×열정+2×표현력+3×잠재력+3×논증력
여기서 서로 같은 값을 모두 제거하면 丙의 가치관, 丁의 잠재력만 남게 된다. 이때, 丙보다 丁의 등수가 더 높으므로 잠재력의 가중치가 가치관보다 더 높음을 알 수 있다.

[오답분석]
① 乙과 戊의 종합점수를 같은 방식으로 비교하면 乙의 열정과 戊의 잠재력이 남게 된다. 이때, 戊보다 乙의 등수가 더 높으므로 열정의 가중치가 잠재력보다 더 높음을 알 수 있다.
② 논증력과 열정의 점수는 다르면서 나머지 3개 항목의 점수가 같은 경우는 없으므로 서로 비교할 수 없다.
④ 甲과 戊의 종합점수를 같은 방식으로 비교하면 甲의 가치관과 戊의 표현력이 남게 된다. 이때, 甲보다 戊의 등수가 더 높으므로 표현력의 가중치가 가치관보다 더 높음을 알 수 있다.
⑤ 甲과 丙의 종합점수를 같은 방식으로 비교하면 甲의 잠재력과 丙의 논증력이 남게 된다. 이때, 丙보다 甲의 등수가 더 높으므로 잠재력의 가중치가 논증력보다 더 높음을 알 수 있다.

49

(가) : 설명서
- 상품이나 제품에 대해 설명하는 글이므로 정확하게 기술한다.
- 전문용어는 소비자들이 이해하기 어려우므로 가급적 전문용어의 사용은 삼간다.

(나) : 공문서
- 공문서는 대외문서이고, 장기간 보관되는 문서이기 때문에 정확하게 기술한다.
- 회사 외부로 전달되는 글인 만큼 누가, 언제, 어디서, 무엇을, 어떻게가 드러나도록 써야 한다.

(다) : 보고서
- 보통 업무 진행 과정에서 쓰는 경우가 대부분이므로 무엇을 도출하고자 했는지 핵심내용을 구체적으로 제시한다.
- 간결하고 핵심적인 내용의 도출이 우선이므로 내용의 중복은 피한다.

(라) : 기획서
- 기획서는 상대에게 어필해 상대가 채택하게끔 설득력을 갖춰야 하므로 상대가 요구하는 것이 무엇인지 고려하여 작성한다.
- 기획서는 완벽해야 하므로 제출하기 전에 충분히 검토한다.

50

상대방에게 잘못을 지적하며 질책을 해야 할 때는 '칭찬의 말+질책의 말+격려의 말'의 순서인 샌드위치 화법으로 표현하는 것이 좋다. 즉, 칭찬을 먼저 한 다음 질책의 말을 하고, 끝에 격려의 말로 마무리한다면 상대방은 크게 반발하지 않고 질책을 받아들이게 될 것이다.

[오답분석]

① 상대방의 잘못을 지적할 때는 지금 당장의 잘못에만 한정해야 하며, 추궁하듯이 묻지 않아야 한다.
② 상대방의 말이 끝나기 전에 어떤 답을 할까 궁리하는 것은 좋지 않다.
④ 상대방을 설득해야 할 때는 일방적으로 강요하거나 상대방에게만 손해를 보라는 식으로 대화해서는 안 된다. 먼저 양보해서 이익을 공유하겠다는 의지를 보여주는 것이 좋다.
⑤ 상대방에게 명령을 해야 할 때는 강압적으로 말하기보다는 '~해 주는 것이 어떻겠습니까?'와 같이 부드럽게 표현하는 것이 효과적이다.

51

전조 제3항 제2호에 따르면 부위원장은 제2항 제2호에 해당하는 4명의 위원 중에서 선임한다. 지방자치단체 소속 행정국장인 I는 전조 제2항 제2호에 해당하므로 부위원장으로 선임될 수 있다.

[오답분석]

① 전조 제2항 제1호에 따르면 법관, 교육자, 시민단체에서 추천한 5명의 위원에서 제2호의 요건에 해당하는 자는 제외된다. 지방의회 의원은 전조 제2항 제2호에 해당하는 자이므로 제1호에 해당하는 B의 자리에 위촉될 수 없다.
② 후조 제2항에 따르면 위원으로 위촉된 소속 공무원의 임기는 그 직위에 재직 중인 기간이므로 C가 오늘자로 명예퇴직을 할 경우 위원직을 상실하게 된다.
③ 후조 제3항에 따르면 결원이 생겼을 경우 그 자리에 새로 위촉된 위원의 임기는 전임자의 남은 기간이므로 E자리에 새로 위촉된 위원의 임기는 2021. 8. 31.까지이다.
④ 후조 제1항에 따르면 위원은 한 차례 연임할 수 있다. 그러나 F의 경우 최초 위촉일자가 2017. 9. 1.이므로 이미 임기인 2년을 채우고 한 차례 연임 중임을 알 수 있다. 따라서 F는 임기가 만료되면 더 이상 연임할 수 없다.

52

정답 ①

자기관리는 자신의 목표성취를 위해 자신의 행동과 자신의 업무수행을 관리하고 조정하는 것이라는 점에서 (가) 자기관리 계획, (마) 업무의 생산성 향상 방안, (아) 대인관계 향상 방안이 자기관리에 해당하는 질문으로 적절하다.

[오답분석]

• (나), (라), (자) : 자아인식에 해당하는 질문이다.
• (다), (바), (사) : 경력개발에 해당하는 질문이다.

53

ㄱ. 윤리적으로 허용되는 행위는 윤리적으로 그르지 않으면서 정당화 가능한 행위로, 신호 위반 행위가 맥락에 따라 윤리적으로 정당화 가능한 행위로 판단될 수도 있다.

ㄷ. 윤리적으로 권장되는 행위나 윤리적으로 허용되는 행위에 대해 윤리적 가치 속성을 부여한다면, 윤리적으로 옳음이라는 속성이 부여될 것이다.

[오답분석]

ㄴ. '윤리적으로 옳은 행위가 무엇인가'라는 질문에 답할 때는 적극적인 윤리적 의무뿐만 아니라, 윤리적으로 해야 하는 행위, 권장되는 행위, 허용되는 행위 모두에 적용되는 '윤리적으로 옳음'의 포괄성을 염두에 두어야 한다.

54

정답 ④

두 번째 조건에서 정 국은 제조업 기업수가 가장 적은 A가 될 수 없으므로 ⑤는 제외되며, 세 번째 조건에서 병 국이 A가 되며, 을 국은 B 또는 D가 될 수 있으므로, 답은 ③ · ④ 중 하나가 되고 을 국이 B가 된다.

첫 번째 조건에서 갑 국이 전체 기업수 대비 서비스업 기업수의 비중이 가장 큰 국가라고 했으므로 대략적으로 만의 자리에서 반올림하여 C와 D의 비중을 구하면 다음과 같다.

- C : $\frac{25만}{30만} ≒ 0.83$

- D : $\frac{28만}{33만} ≒ 0.85$

따라서 갑 국은 D이고, 을 국은 B, 병 국은 A, 정 국은 C가 된다.

55

정답 ①

ㄱ. 공무원의 부모가 사망했을 때 해당 공무원이 2인 이상인 경우 최우선 순위 수급권자는 사망한 자의 배우자인 공무원이 되지만, 사망한 A의 배우자인 B가 비공무원이므로 두 번째 순위인 사망한 자를 부양하던 직계비속 공무원이 수급권자가 된다. 따라서 A와 B를 부양하던 공무원 D가 사망조위금 최우선 순위 수급권자가 된다.

[오답분석]

ㄴ. 공무원의 배우자나 자녀가 사망했을 때 해당 공무원이 2인 이상인 경우 사망한 자의 배우자인 공무원이 사망조위금 최우선 순위의 수급권자가 된다. 따라서 C의 배우자인 공무원 D가 사망조위금 최우선 순위 수급권자가 된다.

ㄷ. 공무원 본인이 사망한 경우 사망한 공무원의 배우자가 사망조위금 최우선 순위의 수급권자가 된다. 따라서 사망한 A의 배우자인 B가 사망조위금 최우선 순위 수급권자가 된다.

56

정답 ②

㉠은 추잡하고 음란한 말 등 발언만으로도 누군가에게 해를 입히거나 사회의 양속을 해칠 수 있는 표현을 금지하는 것을 정당하다고 본다. 추잡하고 음란한 말은 수정헌법 제1조의 보호 대상에 포함되지 않는다고 보기 때문이다. 따라서 ②는 ㉠에 동조하는 것이다.

[오답분석]

① ㉠에 따르면 누군가에게 해를 입히거나 사회의 양속을 해칠 수 있는 저속한 표현은 수정헌법 제1조의 보호 범위에 포함되지 않으므로, 이에 따라 정부는 보호 범위에 포함되지 않는 표현의 기준을 정할 수 있다.

③ ㉡은 정부는 표현되는 사상이나 주제나 내용을 이유로 표현을 제한할 수 없다는 것이므로 영화의 주제가 부도덕하다는 이유로 상영을 금하는 법령은 ㉡에 저촉된다.

④ 1976년 연방대법원이 상업적 표현도 보호 범위에 포함된다고 판결한 데 이어, 인신 비방 발언도 표현의 자유에 포함됐다고 했으므로 ④는 ㉡에 저촉된다.

⑤ ㉠의 지지자들은 특정 정치인에 대한 공개적 인신공격이 누군가에게 상처를 입힐 수 있기 때문에 금지하자고 주장할 것이다. 반면에 ㉡의 지지자들은 표현되는 사상 · 주제 · 내용을 이유로 표현을 제한할 수 없다고 보므로 특정 정치인에 대한 공개적 인신공격을 금지할 수 없다고 주장할 것이다.

130 · 공기업 NCS 출제유형별 핵심 기출문제집

57

정답 ③

'1인 가구의 인기 음식(ⓒ)'과 '5세 미만 아동들의 선호 색상(ⓗ)'은 각각 음식과 색상에 대한 자료를 가구, 연령으로 특징지음으로써 자료를 특정한 목적으로 가공한 정보(Information)로 볼 수 있다.

[오답분석]

ⓐ·ⓓ·ⓔ 특정한 목적이 없는 자료(Data)의 사례이다.
ⓑ 특정한 목적을 달성하기 위한 지식(Knowledge)의 사례이다.

58

정답 ④

〈보기〉의 자료는 '운동'을 주제로 나열되어 있는 자료임을 알 수 있다. ①·②·③·⑤는 운동을 목적으로 하는 지식의 사례이나, ④는 운동이 아닌 '식이요법'을 목적으로 하는 지식의 사례로 볼 수 있다.

59

정답 ⑤

ㄴ. 2016년 노령화지수는 119.3%이므로, 분자인 노인인구가 분모인 유소년인구보다 많음을 알 수 있다.

ㄷ. 2016년 노령화지수를 이용하여 유소년인구 구성비를 구하면 $119.3 = \dfrac{16}{(유소년인구\ 구성비)} \times 100 \rightarrow (유소년인구\ 구성비) = \dfrac{16}{119.3} \times 100 ≒$

13.4%이다. 생산가능인구 구성비는 $100 - (16 + 13.4) = 70.6\%$로, 노년부양비는 $\dfrac{16}{70.6} \times 100 ≒ 22.7\%$가 된다.

ㄹ. 2020년 생산가능인구 구성비는 노인부양비를 이용하면 $\dfrac{17.7}{25.6} \times 100 ≒ 69.1\%$이다. 따라서 2020년 생산가능인구는 $51,974 \times 0.691 ≒ 35,914$천 명이고 2030년 생산가능인구는 $48,941 \times 0.605 ≒ 29,609$천 명이므로, 2020년 대비 2030년의 생산가능인구 감소폭은 $35,914 - 29,609 = 6,305$천 명, 약 630만 명이다.

[오답분석]

ㄱ. 2030년 노인인구는 $48,941 \times 0.28 = 13,703$천 명이다. 따라서 2020년 대비 2030년 노인인구 증가율은 $\dfrac{13,703 - 9,219}{9,219} \times 100 ≒ 48.6\%$로 55% 미만이다.

60

정답 ②

폐기 대상 판정 시 위원들 사이에 이견이 있는 자료는 다음 연도의 회의에서 재결정된다. 이때, 폐기심의위원회는 연 2회 개최되므로 이견이 발생한 회의가 해당 연도의 첫 번째 회의라면 그 자료의 폐기 여부는 바로 다음 회의가 아닌 그다음 해의 회의에서 논의될 것이다. 따라서 ②는 올바른 판단이다.

[오답분석]

① 사서는 폐기심의대상 목록을 작성하고, 자료의 폐기 방법도 결정한다.
③ 폐기심의위원들은 자료의 실물과 폐기심의대상 목록을 대조하여 확인하고 자료의 폐기 여부를 판정한다.
④ 매각 또는 소각을 통해 폐기한 자료는 현행자료 목록에서 삭제하나, 폐기한 자료의 목록과 폐기 경위에 관한 기록은 보존하여야 한다.
⑤ 도서관 직원이 아닌 사서가 폐기심의대상 목록을 작성해야 한다.

I wish you the best of luck!

NCS 직업기초능력평가 답안카드

성 명

지원분야

문제지 형별기재란

(형)

Ⓐ Ⓑ

수험번호

	0	1	2	3	4	5	6	7	8	9
	0	1	2	3	4	5	6	7	8	9
	0	1	2	3	4	5	6	7	8	9
	0	1	2	3	4	5	6	7	8	9
	0	1	2	3	4	5	6	7	8	9
	0	1	2	3	4	5	6	7	8	9
	0	1	2	3	4	5	6	7	8	9

감독위원 확인

(인)

문항	①	②	③	④	⑤	문항	①	②	③	④	⑤	문항	①	②	③	④	⑤
1	①	②	③	④	⑤	21	①	②	③	④	⑤	41	①	②	③	④	⑤
2	①	②	③	④	⑤	22	①	②	③	④	⑤	42	①	②	③	④	⑤
3	①	②	③	④	⑤	23	①	②	③	④	⑤	43	①	②	③	④	⑤
4	①	②	③	④	⑤	24	①	②	③	④	⑤	44	①	②	③	④	⑤
5	①	②	③	④	⑤	25	①	②	③	④	⑤	45	①	②	③	④	⑤
6	①	②	③	④	⑤	26	①	②	③	④	⑤	46	①	②	③	④	⑤
7	①	②	③	④	⑤	27	①	②	③	④	⑤	47	①	②	③	④	⑤
8	①	②	③	④	⑤	28	①	②	③	④	⑤	48	①	②	③	④	⑤
9	①	②	③	④	⑤	29	①	②	③	④	⑤	49	①	②	③	④	⑤
10	①	②	③	④	⑤	30	①	②	③	④	⑤	50	①	②	③	④	⑤
11	①	②	③	④	⑤	31	①	②	③	④	⑤	51	①	②	③	④	⑤
12	①	②	③	④	⑤	32	①	②	③	④	⑤	52	①	②	③	④	⑤
13	①	②	③	④	⑤	33	①	②	③	④	⑤	53	①	②	③	④	⑤
14	①	②	③	④	⑤	34	①	②	③	④	⑤	54	①	②	③	④	⑤
15	①	②	③	④	⑤	35	①	②	③	④	⑤	55	①	②	③	④	⑤
16	①	②	③	④	⑤	36	①	②	③	④	⑤	56	①	②	③	④	⑤
17	①	②	③	④	⑤	37	①	②	③	④	⑤	57	①	②	③	④	⑤
18	①	②	③	④	⑤	38	①	②	③	④	⑤	58	①	②	③	④	⑤
19	①	②	③	④	⑤	39	①	②	③	④	⑤	59	①	②	③	④	⑤
20	①	②	③	④	⑤	40	①	②	③	④	⑤	60	①	②	③	④	⑤

NCS 직업기초능력평가 답안카드

※ 본 답안지는 마킹연습용 모의 답안지입니다.

성 명	

지원 분야	

문제지 형별기재란	
(형)	Ⓐ Ⓑ

수험번호

0	0	0	0	0	0	0
①	①	①	①	①	①	①
②	②	②	②	②	②	②
③	③	③	③	③	③	③
④	④	④	④	④	④	④
⑤	⑤	⑤	⑤	⑤	⑤	⑤
⑥	⑥	⑥	⑥	⑥	⑥	⑥
⑦	⑦	⑦	⑦	⑦	⑦	⑦
⑧	⑧	⑧	⑧	⑧	⑧	⑧
⑨	⑨	⑨	⑨	⑨	⑨	⑨

감독위원 확인
㊞

번호	①	②	③	④	⑤		번호	①	②	③	④	⑤		번호	①	②	③	④	⑤
1	①	②	③	④	⑤		21	①	②	③	④	⑤		41	①	②	③	④	⑤
2	①	②	③	④	⑤		22	①	②	③	④	⑤		42	①	②	③	④	⑤
3	①	②	③	④	⑤		23	①	②	③	④	⑤		43	①	②	③	④	⑤
4	①	②	③	④	⑤		24	①	②	③	④	⑤		44	①	②	③	④	⑤
5	①	②	③	④	⑤		25	①	②	③	④	⑤		45	①	②	③	④	⑤
6	①	②	③	④	⑤		26	①	②	③	④	⑤		46	①	②	③	④	⑤
7	①	②	③	④	⑤		27	①	②	③	④	⑤		47	①	②	③	④	⑤
8	①	②	③	④	⑤		28	①	②	③	④	⑤		48	①	②	③	④	⑤
9	①	②	③	④	⑤		29	①	②	③	④	⑤		49	①	②	③	④	⑤
10	①	②	③	④	⑤		30	①	②	③	④	⑤		50	①	②	③	④	⑤
11	①	②	③	④	⑤		31	①	②	③	④	⑤		51	①	②	③	④	⑤
12	①	②	③	④	⑤		32	①	②	③	④	⑤		52	①	②	③	④	⑤
13	①	②	③	④	⑤		33	①	②	③	④	⑤		53	①	②	③	④	⑤
14	①	②	③	④	⑤		34	①	②	③	④	⑤		54	①	②	③	④	⑤
15	①	②	③	④	⑤		35	①	②	③	④	⑤		55	①	②	③	④	⑤
16	①	②	③	④	⑤		36	①	②	③	④	⑤		56	①	②	③	④	⑤
17	①	②	③	④	⑤		37	①	②	③	④	⑤		57	①	②	③	④	⑤
18	①	②	③	④	⑤		38	①	②	③	④	⑤		58	①	②	③	④	⑤
19	①	②	③	④	⑤		39	①	②	③	④	⑤		59	①	②	③	④	⑤
20	①	②	③	④	⑤		40	①	②	③	④	⑤		60	①	②	③	④	⑤

NCS 직업기초능력평가 답안카드

문번						문번						문번					
1	①	②	③	④	⑤	21	①	②	③	④	⑤	41	①	②	③	④	⑤
2	①	②	③	④	⑤	22	①	②	③	④	⑤	42	①	②	③	④	⑤
3	①	②	③	④	⑤	23	①	②	③	④	⑤	43	①	②	③	④	⑤
4	①	②	③	④	⑤	24	①	②	③	④	⑤	44	①	②	③	④	⑤
5	①	②	③	④	⑤	25	①	②	③	④	⑤	45	①	②	③	④	⑤
6	①	②	③	④	⑤	26	①	②	③	④	⑤	46	①	②	③	④	⑤
7	①	②	③	④	⑤	27	①	②	③	④	⑤	47	①	②	③	④	⑤
8	①	②	③	④	⑤	28	①	②	③	④	⑤	48	①	②	③	④	⑤
9	①	②	③	④	⑤	29	①	②	③	④	⑤	49	①	②	③	④	⑤
10	①	②	③	④	⑤	30	①	②	③	④	⑤	50	①	②	③	④	⑤
11	①	②	③	④	⑤	31	①	②	③	④	⑤	51	①	②	③	④	⑤
12	①	②	③	④	⑤	32	①	②	③	④	⑤	52	①	②	③	④	⑤
13	①	②	③	④	⑤	33	①	②	③	④	⑤	53	①	②	③	④	⑤
14	①	②	③	④	⑤	34	①	②	③	④	⑤	54	①	②	③	④	⑤
15	①	②	③	④	⑤	35	①	②	③	④	⑤	55	①	②	③	④	⑤
16	①	②	③	④	⑤	36	①	②	③	④	⑤	56	①	②	③	④	⑤
17	①	②	③	④	⑤	37	①	②	③	④	⑤	57	①	②	③	④	⑤
18	①	②	③	④	⑤	38	①	②	③	④	⑤	58	①	②	③	④	⑤
19	①	②	③	④	⑤	39	①	②	③	④	⑤	59	①	②	③	④	⑤
20	①	②	③	④	⑤	40	①	②	③	④	⑤	60	①	②	③	④	⑤

NCS 직업기초능력평가 답안카드

번호	①	②	③	④	⑤	번호	①	②	③	④	⑤	번호	①	②	③	④	⑤
1	①	②	③	④	⑤	21	①	②	③	④	⑤	41	①	②	③	④	⑤
2	①	②	③	④	⑤	22	①	②	③	④	⑤	42	①	②	③	④	⑤
3	①	②	③	④	⑤	23	①	②	③	④	⑤	43	①	②	③	④	⑤
4	①	②	③	④	⑤	24	①	②	③	④	⑤	44	①	②	③	④	⑤
5	①	②	③	④	⑤	25	①	②	③	④	⑤	45	①	②	③	④	⑤
6	①	②	③	④	⑤	26	①	②	③	④	⑤	46	①	②	③	④	⑤
7	①	②	③	④	⑤	27	①	②	③	④	⑤	47	①	②	③	④	⑤
8	①	②	③	④	⑤	28	①	②	③	④	⑤	48	①	②	③	④	⑤
9	①	②	③	④	⑤	29	①	②	③	④	⑤	49	①	②	③	④	⑤
10	①	②	③	④	⑤	30	①	②	③	④	⑤	50	①	②	③	④	⑤
11	①	②	③	④	⑤	31	①	②	③	④	⑤	51	①	②	③	④	⑤
12	①	②	③	④	⑤	32	①	②	③	④	⑤	52	①	②	③	④	⑤
13	①	②	③	④	⑤	33	①	②	③	④	⑤	53	①	②	③	④	⑤
14	①	②	③	④	⑤	34	①	②	③	④	⑤	54	①	②	③	④	⑤
15	①	②	③	④	⑤	35	①	②	③	④	⑤	55	①	②	③	④	⑤
16	①	②	③	④	⑤	36	①	②	③	④	⑤	56	①	②	③	④	⑤
17	①	②	③	④	⑤	37	①	②	③	④	⑤	57	①	②	③	④	⑤
18	①	②	③	④	⑤	38	①	②	③	④	⑤	58	①	②	③	④	⑤
19	①	②	③	④	⑤	39	①	②	③	④	⑤	59	①	②	③	④	⑤
20	①	②	③	④	⑤	40	①	②	③	④	⑤	60	①	②	③	④	⑤

성 명

지원 분야

문제지 형별기재란

( )형 Ⓐ Ⓑ

수 험 번 호

⓪	①	②	③	④	⑤	⑥	⑦	⑧	⑨
⓪	①	②	③	④	⑤	⑥	⑦	⑧	⑨
⓪	①	②	③	④	⑤	⑥	⑦	⑧	⑨
⓪	①	②	③	④	⑤	⑥	⑦	⑧	⑨
⓪	①	②	③	④	⑤	⑥	⑦	⑧	⑨
⓪	①	②	③	④	⑤	⑥	⑦	⑧	⑨
⓪	①	②	③	④	⑤	⑥	⑦	⑧	⑨

감독위원 확인

(인)

NCS 직업기초능력평가 답안카드

성 명	

지원분야	

문제지 형별기재란	( )형	Ⓐ Ⓑ

수험번호

⓪	⓪	⓪	⓪	⓪	⓪	⓪
①	①	①	①	①	①	①
②	②	②	②	②	②	②
③	③	③	③	③	③	③
④	④	④	④	④	④	④
⑤	⑤	⑤	⑤	⑤	⑤	⑤
⑥	⑥	⑥	⑥	⑥	⑥	⑥
⑦	⑦	⑦	⑦	⑦	⑦	⑦
⑧	⑧	⑧	⑧	⑧	⑧	⑧
⑨	⑨	⑨	⑨	⑨	⑨	⑨

감독위원 확인

(인)

번호	답					번호	답					번호	답				
1	①	②	③	④	⑤	21	①	②	③	④	⑤	41	①	②	③	④	⑤
2	①	②	③	④	⑤	22	①	②	③	④	⑤	42	①	②	③	④	⑤
3	①	②	③	④	⑤	23	①	②	③	④	⑤	43	①	②	③	④	⑤
4	①	②	③	④	⑤	24	①	②	③	④	⑤	44	①	②	③	④	⑤
5	①	②	③	④	⑤	25	①	②	③	④	⑤	45	①	②	③	④	⑤
6	①	②	③	④	⑤	26	①	②	③	④	⑤	46	①	②	③	④	⑤
7	①	②	③	④	⑤	27	①	②	③	④	⑤	47	①	②	③	④	⑤
8	①	②	③	④	⑤	28	①	②	③	④	⑤	48	①	②	③	④	⑤
9	①	②	③	④	⑤	29	①	②	③	④	⑤	49	①	②	③	④	⑤
10	①	②	③	④	⑤	30	①	②	③	④	⑤	50	①	②	③	④	⑤
11	①	②	③	④	⑤	31	①	②	③	④	⑤	51	①	②	③	④	⑤
12	①	②	③	④	⑤	32	①	②	③	④	⑤	52	①	②	③	④	⑤
13	①	②	③	④	⑤	33	①	②	③	④	⑤	53	①	②	③	④	⑤
14	①	②	③	④	⑤	34	①	②	③	④	⑤	54	①	②	③	④	⑤
15	①	②	③	④	⑤	35	①	②	③	④	⑤	55	①	②	③	④	⑤
16	①	②	③	④	⑤	36	①	②	③	④	⑤	56	①	②	③	④	⑤
17	①	②	③	④	⑤	37	①	②	③	④	⑤	57	①	②	③	④	⑤
18	①	②	③	④	⑤	38	①	②	③	④	⑤	58	①	②	③	④	⑤
19	①	②	③	④	⑤	39	①	②	③	④	⑤	59	①	②	③	④	⑤
20	①	②	③	④	⑤	40	①	②	③	④	⑤	60	①	②	③	④	⑤

※ 본 답안지는 마킹연습용 모의 답안지입니다.

※ 본 답안지는 다깅연습용 모의 답안지입니다.

	①	②	③	④	⑤		①	②	③	④	⑤		①	②	③	④	⑤
1	①	②	③	④	⑤	21	①	②	③	④	⑤	41	①	②	③	④	⑤
2	①	②	③	④	⑤	22	①	②	③	④	⑤	42	①	②	③	④	⑤
3	①	②	③	④	⑤	23	①	②	③	④	⑤	43	①	②	③	④	⑤
4	①	②	③	④	⑤	24	①	②	③	④	⑤	44	①	②	③	④	⑤
5	①	②	③	④	⑤	25	①	②	③	④	⑤	45	①	②	③	④	⑤
6	①	②	③	④	⑤	26	①	②	③	④	⑤	46	①	②	③	④	⑤
7	①	②	③	④	⑤	27	①	②	③	④	⑤	47	①	②	③	④	⑤
8	①	②	③	④	⑤	28	①	②	③	④	⑤	48	①	②	③	④	⑤
9	①	②	③	④	⑤	29	①	②	③	④	⑤	49	①	②	③	④	⑤
10	①	②	③	④	⑤	30	①	②	③	④	⑤	50	①	②	③	④	⑤
11	①	②	③	④	⑤	31	①	②	③	④	⑤	51	①	②	③	④	⑤
12	①	②	③	④	⑤	32	①	②	③	④	⑤	52	①	②	③	④	⑤
13	①	②	③	④	⑤	33	①	②	③	④	⑤	53	①	②	③	④	⑤
14	①	②	③	④	⑤	34	①	②	③	④	⑤	54	①	②	③	④	⑤
15	①	②	③	④	⑤	35	①	②	③	④	⑤	55	①	②	③	④	⑤
16	①	②	③	④	⑤	36	①	②	③	④	⑤	56	①	②	③	④	⑤
17	①	②	③	④	⑤	37	①	②	③	④	⑤	57	①	②	③	④	⑤
18	①	②	③	④	⑤	38	①	②	③	④	⑤	58	①	②	③	④	⑤
19	①	②	③	④	⑤	39	①	②	③	④	⑤	59	①	②	③	④	⑤
20	①	②	③	④	⑤	40	①	②	③	④	⑤	60	①	②	③	④	⑤

성 명

지원 분야

문제지 형별기재란

ⒶⒷ

( )형

수험번호

⓪	①	②	③	④	⑤	⑥	⑦	⑧	⑨
⓪	①	②	③	④	⑤	⑥	⑦	⑧	⑨
⓪	①	②	③	④	⑤	⑥	⑦	⑧	⑨
⓪	①	②	③	④	⑤	⑥	⑦	⑧	⑨
⓪	①	②	③	④	⑤	⑥	⑦	⑧	⑨
⓪	①	②	③	④	⑤	⑥	⑦	⑧	⑨
⓪	①	②	③	④	⑤	⑥	⑦	⑧	⑨

감독위원 확인

㊞

NCS 직업기초능력평가 답안카드

성 명		

지원 분야		

문제지 형별기재란	( )형	Ⓐ Ⓑ

수험번호

⓪	⓪	⓪	⓪	⓪	⓪	⓪
①	①	①	①	①	①	①
②	②	②	②	②	②	②
③	③	③	③	③	③	③
④	④	④	④	④	④	④
⑤	⑤	⑤	⑤	⑤	⑤	⑤
⑥	⑥	⑥	⑥	⑥	⑥	⑥
⑦	⑦	⑦	⑦	⑦	⑦	⑦
⑧	⑧	⑧	⑧	⑧	⑧	⑧
⑨	⑨	⑨	⑨	⑨	⑨	⑨

감독위원 확인	(인)

문번	답란	문번	답란	문번	답란
1	① ② ③ ④ ⑤	21	① ② ③ ④ ⑤	41	① ② ③ ④ ⑤
2	① ② ③ ④ ⑤	22	① ② ③ ④ ⑤	42	① ② ③ ④ ⑤
3	① ② ③ ④ ⑤	23	① ② ③ ④ ⑤	43	① ② ③ ④ ⑤
4	① ② ③ ④ ⑤	24	① ② ③ ④ ⑤	44	① ② ③ ④ ⑤
5	① ② ③ ④ ⑤	25	① ② ③ ④ ⑤	45	① ② ③ ④ ⑤
6	① ② ③ ④ ⑤	26	① ② ③ ④ ⑤	46	① ② ③ ④ ⑤
7	① ② ③ ④ ⑤	27	① ② ③ ④ ⑤	47	① ② ③ ④ ⑤
8	① ② ③ ④ ⑤	28	① ② ③ ④ ⑤	48	① ② ③ ④ ⑤
9	① ② ③ ④ ⑤	29	① ② ③ ④ ⑤	49	① ② ③ ④ ⑤
10	① ② ③ ④ ⑤	30	① ② ③ ④ ⑤	50	① ② ③ ④ ⑤
11	① ② ③ ④ ⑤	31	① ② ③ ④ ⑤	51	① ② ③ ④ ⑤
12	① ② ③ ④ ⑤	32	① ② ③ ④ ⑤	52	① ② ③ ④ ⑤
13	① ② ③ ④ ⑤	33	① ② ③ ④ ⑤	53	① ② ③ ④ ⑤
14	① ② ③ ④ ⑤	34	① ② ③ ④ ⑤	54	① ② ③ ④ ⑤
15	① ② ③ ④ ⑤	35	① ② ③ ④ ⑤	55	① ② ③ ④ ⑤
16	① ② ③ ④ ⑤	36	① ② ③ ④ ⑤	56	① ② ③ ④ ⑤
17	① ② ③ ④ ⑤	37	① ② ③ ④ ⑤	57	① ② ③ ④ ⑤
18	① ② ③ ④ ⑤	38	① ② ③ ④ ⑤	58	① ② ③ ④ ⑤
19	① ② ③ ④ ⑤	39	① ② ③ ④ ⑤	59	① ② ③ ④ ⑤
20	① ② ③ ④ ⑤	40	① ② ③ ④ ⑤	60	① ② ③ ④ ⑤

NCS 직업기초능력평가 답안카드

번호	①	②	③	④	⑤	번호	①	②	③	④	⑤	번호	①	②	③	④	⑤
1	①	②	③	④	⑤	21	①	②	③	④	⑤	41	①	②	③	④	⑤
2	①	②	③	④	⑤	22	①	②	③	④	⑤	42	①	②	③	④	⑤
3	①	②	③	④	⑤	23	①	②	③	④	⑤	43	①	②	③	④	⑤
4	①	②	③	④	⑤	24	①	②	③	④	⑤	44	①	②	③	④	⑤
5	①	②	③	④	⑤	25	①	②	③	④	⑤	45	①	②	③	④	⑤
6	①	②	③	④	⑤	26	①	②	③	④	⑤	46	①	②	③	④	⑤
7	①	②	③	④	⑤	27	①	②	③	④	⑤	47	①	②	③	④	⑤
8	①	②	③	④	⑤	28	①	②	③	④	⑤	48	①	②	③	④	⑤
9	①	②	③	④	⑤	29	①	②	③	④	⑤	49	①	②	③	④	⑤
10	①	②	③	④	⑤	30	①	②	③	④	⑤	50	①	②	③	④	⑤
11	①	②	③	④	⑤	31	①	②	③	④	⑤	51	①	②	③	④	⑤
12	①	②	③	④	⑤	32	①	②	③	④	⑤	52	①	②	③	④	⑤
13	①	②	③	④	⑤	33	①	②	③	④	⑤	53	①	②	③	④	⑤
14	①	②	③	④	⑤	34	①	②	③	④	⑤	54	①	②	③	④	⑤
15	①	②	③	④	⑤	35	①	②	③	④	⑤	55	①	②	③	④	⑤
16	①	②	③	④	⑤	36	①	②	③	④	⑤	56	①	②	③	④	⑤
17	①	②	③	④	⑤	37	①	②	③	④	⑤	57	①	②	③	④	⑤
18	①	②	③	④	⑤	38	①	②	③	④	⑤	58	①	②	③	④	⑤
19	①	②	③	④	⑤	39	①	②	③	④	⑤	59	①	②	③	④	⑤
20	①	②	③	④	⑤	40	①	②	③	④	⑤	60	①	②	③	④	⑤

성 명

지원분야

문제지 형별기재란

Ⓐ Ⓑ

( )형

수험번호

⓪	①	②	③	④	⑤	⑥	⑦	⑧	⑨
⓪	①	②	③	④	⑤	⑥	⑦	⑧	⑨
⓪	①	②	③	④	⑤	⑥	⑦	⑧	⑨
⓪	①	②	③	④	⑤	⑥	⑦	⑧	⑨
⓪	①	②	③	④	⑤	⑥	⑦	⑧	⑨
⓪	①	②	③	④	⑤	⑥	⑦	⑧	⑨
⓪	①	②	③	④	⑤	⑥	⑦	⑧	⑨

감독위원 확인

인

NCS 직업기초능력평가 답안카드

번호	1	2	3	4	5
1	①	②	③	④	⑤
2	①	②	③	④	⑤
3	①	②	③	④	⑤
4	①	②	③	④	⑤
5	①	②	③	④	⑤
6	①	②	③	④	⑤
7	①	②	③	④	⑤
8	①	②	③	④	⑤
9	①	②	③	④	⑤
10	①	②	③	④	⑤
11	①	②	③	④	⑤
12	①	②	③	④	⑤
13	①	②	③	④	⑤
14	①	②	③	④	⑤
15	①	②	③	④	⑤
16	①	②	③	④	⑤
17	①	②	③	④	⑤
18	①	②	③	④	⑤
19	①	②	③	④	⑤
20	①	②	③	④	⑤

번호	1	2	3	4	5
21	①	②	③	④	⑤
22	①	②	③	④	⑤
23	①	②	③	④	⑤
24	①	②	③	④	⑤
25	①	②	③	④	⑤
26	①	②	③	④	⑤
27	①	②	③	④	⑤
28	①	②	③	④	⑤
29	①	②	③	④	⑤
30	①	②	③	④	⑤
31	①	②	③	④	⑤
32	①	②	③	④	⑤
33	①	②	③	④	⑤
34	①	②	③	④	⑤
35	①	②	③	④	⑤
36	①	②	③	④	⑤
37	①	②	③	④	⑤
38	①	②	③	④	⑤
39	○	②	③	④	⑤
40	①	②	③	④	⑤

번호	1	2	3	4	5
41	①	②	③	④	⑤
42	①	②	③	④	⑤
43	①	②	③	④	⑤
44	①	②	③	④	⑤
45	①	②	③	④	⑤
46	①	②	③	④	⑤
47	①	②	③	④	⑤
48	①	②	③	④	⑤
49	①	②	③	④	⑤
50	①	②	③	④	⑤
51	①	②	③	④	⑤
52	①	②	③	④	⑤
53	①	②	③	④	⑤
54	①	②	③	④	⑤
55	①	②	③	④	⑤
56	①	②	③	④	⑤
57	①	②	③	④	⑤
58	①	②	③	④	⑤
59	①	②	③	④	⑤
60	①	②	③	④	⑤

NCS 직업기초능력평가 답안카드

	①	②	③	④	⑤
41	①	②	③	④	⑤
42	①	②	③	④	⑤
43	①	②	③	④	⑤
44	①	②	③	④	⑤
45	①	②	③	④	⑤
46	①	②	③	④	⑤
47	①	②	③	④	⑤
48	①	②	③	④	⑤
49	①	②	③	④	⑤
50	①	②	③	④	⑤
51	①	②	③	④	⑤
52	①	②	③	④	⑤
53	①	②	③	④	⑤
54	①	②	③	④	⑤
55	①	②	③	④	⑤
56	①	②	③	④	⑤
57	①	②	③	④	⑤
58	①	②	③	④	⑤
59	①	②	③	④	⑤
60	①	②	③	④	⑤

	①	②	③	④	⑤
21	①	②	③	④	⑤
22	①	②	③	④	⑤
23	①	②	③	④	⑤
24	①	②	③	④	⑤
25	①	②	③	④	⑤
26	①	②	③	④	⑤
27	①	②	③	④	⑤
28	①	②	③	④	⑤
29	①	②	③	④	⑤
30	①	②	③	④	⑤
31	①	②	③	④	⑤
32	①	②	③	④	⑤
33	①	②	③	④	⑤
34	①	②	③	④	⑤
35	①	②	③	④	⑤
36	①	②	③	④	⑤
37	①	②	③	④	⑤
38	①	②	③	④	⑤
39	①	②	③	④	⑤
40	①	②	③	④	⑤

	①	②	③	④	⑤
1	①	②	③	④	⑤
2	①	②	③	④	⑤
3	①	②	③	④	⑤
4	①	②	③	④	⑤
5	①	②	③	④	⑤
6	①	②	③	④	⑤
7	①	②	③	④	⑤
8	①	②	③	④	⑤
9	①	②	③	④	⑤
10	①	②	③	④	⑤
11	①	②	③	④	⑤
12	①	②	③	④	⑤
13	①	②	③	④	⑤
14	①	②	③	④	⑤
15	①	②	③	④	⑤
16	①	②	③	④	⑤
17	①	②	③	④	⑤
18	①	②	③	④	⑤
19	①	②	③	④	⑤
20	①	②	③	④	⑤

성 명

지원 분야

문제지 형별기재란

(   )형   Ⓐ Ⓑ

수 험 번 호

⓪	①	②	③	④	⑤	⑥	⑦	⑧	⑨
⓪	①	②	③	④	⑤	⑥	⑦	⑧	⑨
⓪	①	②	③	④	⑤	⑥	⑦	⑧	⑨
⓪	①	②	③	④	⑤	⑥	⑦	⑧	⑨
⓪	①	②	③	④	⑤	⑥	⑦	⑧	⑨
⓪	①	②	③	④	⑤	⑥	⑦	⑧	⑨
⓪	①	②	③	④	⑤	⑥	⑦	⑧	⑨

감독위원 확인

(인)

좋은 책을 만드는 길
독자님과 함께하겠습니다.

도서나 동영상에 궁금한 점, 아쉬운 점, 만족스러운 점이
있으시다면 어떤 의견이라도 말씀해 주세요.
SD에듀는 독자님의 의견을 모아 더 좋은 책으로 보답하겠습니다.

www.sdedu.co.kr

2022 최신판 공기업 NCS 출제유형별
핵심 기출문제집 + 모의고사 7회 + 무료NCS특강

개정1판1쇄 발행	2022년 08월 30일 (인쇄 2022년 06월 08일)
초 판 발 행	2021년 09월 30일 (인쇄 2021년 07월 27일)
발 행 인	박영일
책 임 편 집	이해욱
저 자	NCS직무능력연구소
편 집 진 행	구현정
표지디자인	조혜령
편집디자인	김지수 · 곽은슬
발 행 처	(주)시대고시기획
출 판 등 록	제 10-1521호
주 소	서울시 마포구 큰우물로 75 [도화동 538 성지 B/D] 9F
전 화	1600-3600
팩 스	02-701-8823
홈 페 이 지	www.sdedu.co.kr
I S B N	979-11-383-2702-2 (13320)
정 가	22,000원